TRAGÉDIE ET ESPOIR

L'HISTOIRE CONTEMPORAINE
DE NOTRE MONDE

TOME I

*De la civilisation occidentale dans son contexte
mondial à la politique de l'apaisement*

Discovery Publisher

Titre original : *Tragedy & Hope: A History of the World in Our Time*
1966, ©The Macmillan Company, ©Carroll Quigley
All rights reserved

Pour l'édition française :
©2020, Discovery Publisher
Tous droits réservés.

Aucune partie de ce livre ne peut être reproduite ou utilisée sous aucune forme ou par quelque procédé que ce soit, électronique ou mécanique, y compris des photocopies et des rapports ou par aucun moyen de mise en mémoire d'information et de système de récupération sans la permission écrite de l'éditeur.

Auteur : Carroll Quigley
Traduction : Justine Lefebvre, Clémence Taddei, Marine Bonnichon
Relecture : Augustin Brabant, Léo Hercouët, Audrey Lapenne

616 Corporate Way
Valley Cottage, New York.
www.discoverypublisher.com
editors@discoverypublisher.com
Fièrement pas sur Facebook ou Twitter

New York • Paris • Dublin • Tokyo • Hong Kong

TABLE DES MATIÈRES

Tragédie et Espoir: l'histoire contemporaine de notre monde   *1*
  Préface   *3*

I

La civilisation occidentale dans son contexte mondial   *9*
  L'évolution culturelle des civilisations   *10*
  La diffusion culturelle dans la civilisation occidentale   *20*
  Le passage au XXe siècle en Europe   *32*

II

La civilisation occidentale jusqu'en 1914   *41*
  Le modèle d'évolution   *42*
  Les développements économiques de l'Europe   *52*
    Le capitalisme commercial   *52*
    Le capitalisme industriel, 1770-1850   *58*
    Le capitalisme financier, 1850-1931   *61*
      Pratiques financières nationales et internationales   *65*
    LA SITUATION AVANT 1914   *79*
  Les États-Unis jusqu'en 1917   *82*

III

L'Empire russe jusqu'en 1917   *93*

IV

Les zones tampons *123*

  Le Proche-Orient jusqu'en 1914 *125*

  La crise impériale britannique : l'Afrique, l'Irlande et l'Inde jusqu'en 1926 *140*

    Introduction *140*

    L'Égypte et le Soudan jusqu'en 1922 *150*

    L'Afrique de l'Est jusqu'en 1910 *151*

    L'Afrique du Sud de 1895 À 1933 *154*

    La formation du Commonwealth – 1910-1926 *162*

    L'Afrique de l'Est de 1910 à 1931 *167*

    L'Inde jusqu'en 1926 *173*

    L'Irlande jusqu'en 1939 *195*

  L'Extrême-Orient jusqu'à la Première Guerre mondiale *198*

    L'effondrement de la Chine jusqu'en 1920 *198*

    La renaissance du Japon jusqu'en 1918 *215*

V

La Première Guerre mondiale *233*

  La croissance des tensions internationales, 1871-1914 *234*

    Introduction *234*

    La création de la Triple-Alliance, 1871-1890 *235*

    La création de la Triple-Entente, 1890-1907 *236*

    Les efforts afin de réduire l'écart entre les deux coalitions, 1890-1914 *239*

    Les crises internationales, 1905-1914 *242*

  L'histoire militaire, 1914-1918 *249*

  L'histoire de la diplomatie, 1914-1948 *260*

  Le front intérieur, 1914-1918 *281*

VI

Le système de Versailles et le retour à la « normale », 1919-1929 *293*

  Les traités de paix, 1919-1923 *294*

La sécurité, 1919-1935	*312*
Le désarmement, 1919-1935	*325*
Les réparations, 1919-1932	*335*

VII

Finance, politique commerciale et développement des affaires — *345*

Relance et inflation, 1897-1925	*346*
La période de stabilisation, 1922-1930	*351*
La période de déflation, 1927-1936	*371*
Le krach de 1929	*374*
La crise de 1931	*377*
La crise aux États-Unis, 1933	*382*
La conférence économique mondiale, 1933	*384*
La crise dans le bloc de l'or, 1934-1936	*386*
Relance et inflation, 1933-1947	*393*
La période d'inflation, 1938-1945	*403*

VIII

Le socialisme international et le challenge soviétique — *407*

Le mouvement socialiste international	*408*
De la révolution bolchévique à 1924	*418*
Le stalinisme, 1924-1939	*426*

IX

L'Allemagne de Kaiser à Hitler — *443*

Introduction	*444*
La République de Weimar, 1918-1933	*454*
Le régime nazi	*470*
L'arrivée au pouvoir, 1933-1934	*470*
Les gouvernants et les gouvernés, 1934-1945	*480*

X

La Grande-Bretagne : Les dessous de l'apaisement, 1900-1939 — *499*

Le contexte social et constitutionnel — *500*

L'histoire politique jusqu'en 1939 — *521*

XI

Changer le paradigme économique — *537*

Introduction — *538*

La Grande-Bretagne — *540*

L'Allemagne — *549*

La France — *558*

Les États-Unis d'Amérique — *573*

Facteurs économiques — *580*

Conséquences de la dépression économique — *592*

Économie pluraliste et blocs mondiaux — *596*

XII

La politique de l'apaisement, 1931-1936 — *605*

Introduction — *606*

L'assaut japonais, 1931-1934 — *608*

L'assaut italien, 1934-1936 — *618*

Cercles et contrecercles, 1935-1939 — *625*

La tragédie espagnole, 1931-1939 — *635*

TRAGÉDIE ET ESPOIR

—

L'HISTOIRE CONTEMPORAINE DE NOTRE MONDE

TOME I
De la civilisation occidentale dans son contexte mondial à la politique de l'apaisement

Préface

L'expression « histoire contemporaine » se contredit probablement, car ce qui est contemporain n'est pas historique, et ce qui est historique n'est pas contemporain. L'historien raisonnable s'abstient généralement d'écrire le récit des évènements du passé récent, car il se rend compte que les documents originaux concernant de tels évènements, en particulier les documents officiels indispensables, ne sont pas disponibles. De plus, même avec ceux dont il dispose, il est très difficile pour quiconque d'obtenir le recul nécessaire pour traiter d'évènements s'étant déroulés pendant sa propre vie adulte. Mais je ne dois surement pas être un historien raisonnable, ou du moins, un historien ordinaire, car si j'ai couvert l'histoire humaine dans sa totalité en seulement 271 pages dans un précédent ouvrage[1], j'ai écrit ici plus de 1300 pages sur les évènements d'une seule vie. Il existe néanmoins une logique à cela. Il sera évident aux yeux d'un lecteur attentif que j'ai consacré de longues années aux études ainsi qu'à de nombreuses recherches personnelles, mais il devrait être également évident que la valeur de ce travail, quelle qu'elle soit, repose sur sa dimension globale. J'ai essayé de remédier au manque de certaines preuves par une mise en perspective, non seulement en projetant les schémas de l'histoire passée dans le présent et l'avenir, mais en essayant aussi de placer les évènements présents dans leur contexte global, en examinant tous leurs divers aspects, et pas seulement ceux économiques ou politiques, comme c'est souvent le cas, mais en faisant l'effort d'inclure également les éléments militaires, technologiques, sociaux et intellectuels.

Le résultat ainsi obtenu est, je l'espère, autant une interprétation du présent que du passé immédiat et du futur proche, libérée des clichés, des slogans, et des autojustifications habituels qui entachent si souvent « l'histoire contemporaine ». J'ai consacré la plus grande partie de ma vie d'adulte à enseigner à des étudiants

---

1. *The Evolution of Civilizations*, Carroll Quigley, bientôt disponible chez les Discovery Publisher.

de premier cycle universitaire des techniques d'analyse historique leur permettant de détacher leur compréhension de l'histoire de toutes les catégories répandues et des classifications cognitives de la société où nous vivons. Celles-ci, en effet, bien qu'elles puissent être nécessaires à notre mécanisme de pensée, aux concepts et aux symboles indispensables pour communiquer à propos de la réalité, elles agissent souvent comme des barrières nous empêchant de voir les faits sous-jacents pour ce qu'ils sont. Le présent ouvrage est le résultat d'une tentative de ce genre, visant à examiner les situations réelles qui reposent sous les symboles conceptuels et verbaux. J'ai le sentiment qu'il offre, de cette manière, une explication différente en quelque sorte, plus fraiche, et (je l'espère) plus satisfaisante sur les raisons qui nous ont amenés à la situation traitée.

L'écriture de ce livre m'a pris plus de vingt ans. Bien que la plus grande partie soit basée sur les récits d'évènements, certaines portions reposent sur des recherches personnelles intensives, effectuées notamment sur des documents manuscrits. Ces parties concernent les sujets suivants : la nature et les techniques du capitalisme financier, la structure économique française sous la Troisième République, l'histoire sociale des États-Unis ainsi que les membres et les activités de la classe dirigeante anglaise. Mes recherches concernant les autres sujets ont été aussi vastes qu'il m'ait été possible de les faire, et j'ai constamment essayé de les regarder avec des points de vue aussi variés que larges. Bien que je me considère, à des fins de classification, comme un historien, j'ai beaucoup étudié les sciences politiques à Harvard, et j'ai mené pendant plus de trente ans des recherches personnelles sur la théorie psychologique moderne. J'ai été membre de l'Association Anthropologique Américaine, Association Économique Américaine, Association Américaine pour le développement de la science, et Association Historique Américaine[1] ainsi que de Association Historique Américaine[1] pendant plusieurs années.

Ainsi, la raison principale qui m'a poussé à écrire ce long ouvrage, en dépit de la quantité restreinte de documentation, s'appuie sur ma volonté à remédier à cette inévitable déficience, en adoptant un point de vue historique pour me permettre de projeter les tendances du passé dans le présent et même dans le futur, ainsi que

---

1. American Anthropological Association, American Economic Association, American Association for the Advancement of Science, American Historical Association.

sur mes efforts pour donner une base plus solide à cette tentative en exploitant tous les indices fournis par une grande variété de disciplines académiques.

En conséquence de ces efforts pour utiliser cette vaste, et peut-être complexe méthode, ce livre est presque outrageusement long. Pour cela, je dois présenter mes excuses, en signalant pour ma défense que je n'ai pas eu le temps de le raccourcir, et que de toute façon, une œuvre expérimentale et interprétative se doit d'être plus longue qu'une présentation plus précise ou plus dogmatique. À ceux qui trouveraient cette longueur excessive, je ne peux que répondre que j'ai exclu plusieurs chapitres, déjà rédigés, concernant trois sujets : l'histoire agricole de l'Europe, l'histoire nationale de la France et de l'Italie, et l'histoire intellectuelle du XXe siècle en général, que j'ai intégrés à d'autres chapitres.

Bien que je projette mon interprétation dans le futur proche à de nombreuses reprises, le récit historique s'arrête en 1964, non pas parce que le cours des évènements historiques a rattrapé la date d'écriture, mais parce que la période s'étendant de 1862 à 1964 me semble marquer la fin d'une ère de développement historique et constituer une pause avant le début d'une époque différente, présentant des problèmes plutôt différents. Cette évolution est visible dans un certain nombre d'évènements évidents, par exemple le fait que les dirigeants de tous les pays principaux (sauf la Chine communiste et la France), et de nombreux autres moins importants (comme le Canada, l'Inde, l'Allemagne de l'Ouest, le Vatican, le Brésil, et l'Israël) furent remplacés durant cette période. Bien plus important encore : la Guerre froide, qui atteint son point culminant avec la crise de Cuba en octobre 1962, commença à tirer vers sa fin au cours des deux années suivantes, ce qui se manifesta au travers de plusieurs évènements, comme le remplacement rapide du terme « Guerre froide » par « coexistence compétitive », l'effritement des deux grands blocs qui s'étaient affrontés durant la Guerre froide, la montée du neutralisme, à la fois dans ces grands blocs et dans les pays faisant office de zone d'amortissement entre eux, l'invasion de l'Assemblée générale des Nations Unies par une nuée de pseudopouvoirs nouvellement indépendants et parfois microscopiques, le fossé grandissant entre l'Union soviétique et les États-Unis, ainsi que l'attention croissante, dans le monde entier, sur les problèmes du niveau de vie, de l'inadaptation sociale et de la santé mentale, remplaçant l'emphase précédemment portée sur l'armement, les tensions nucléaires et l'industrie lourde. Une telle période, où une ère semble se terminer et une autre, différente, bien qu'encore indistincte, commence à apparaitre, me semble être un moment aussi valable qu'un autre pour évaluer le passé et chercher à comprendre comment nous sommes arrivés là où nous sommes aujourd'hui.

Dans toute préface de ce genre, il est de coutume de conclure par des remerciements envers ceux qui ont aidé à la création de l'œuvre. Ceux-ci sont si nombreux que je trouverais injuste d'en choisir certains et d'en exclure d'autres. Mais quatre se doivent d'être mentionnés. Une grande partie de ce livre a été dactylographiée par ma femme, aussi parfaitement qu'à son habitude. Elle s'est occupée de la version originale et des versions révisées, en dépit des distractions constantes de ses devoirs domestiques, de sa propre carrière professionnelle dans une autre université et de ses propres écrits et publications. Je lui suis infiniment reconnaissant d'avoir accepté ce fardeau avec bonne humeur.

De même, je suis reconnaissant pour la patience, l'enthousiasme et les connaissances incroyablement vastes de Peter V. Ritner, mon éditeur à la The Macmillan Company.

Je voudrais exprimer ma gratitude envers la commission des subventions universitaires de l'Université de Georgetown, qui a par deux fois fourni des fonds pour mes recherches d'été.

Et, enfin, je dois dire un mot de remerciement à mes étudiants qui, depuis de nombreuses années, m'ont forcé à suivre l'évolution rapide des coutumes et des perspectives de nos jeunes, et m'ont parfois obligé à reconnaitre que ma manière de voir le monde n'était pas forcément la seule possible, ni même la meilleure. Beaucoup de ces étudiants, passés, présents et futurs, sont concernés par la dédicace de ce livre.

Carroll Quigley
Washington D.C.
Le 8 mars 1965.

I

INTRODUCTION :
LA CIVILISATION OCCIDENTALE
DANS SON CONTEXTE MONDIAL

L'évolution culturelle des civilisations	10
La diffusion culturelle dans la civilisation occidentale	20
Le passage au XXe siècle en Europe	32

L'évolution culturelle des civilisations

Il y a toujours eu des hommes pour demander : « Où va-t-on ? » Mais il semble qu'ils n'ont jamais été très nombreux. Et ces innombrables interrogateurs n'ont surement jamais posé leurs questions sur des tons aussi douloureux ni ne les ont reformulées avec des mots si désespérés : « L'homme peut-il survivre ? » Même sur un plan moins cosmique, les interrogateurs apparaissent partout, à la recherche de « signification » ou « d'identité », ou même, sur la base la plus étroitement égocentrique, « en quête de soi. »

L'une de ces questions persistantes est plus caractéristique du XXe siècle que des époques antérieures : notre mode de vie peut-il survivre ? Notre civilisation est-elle condamnée à disparaitre, comme celles des Incas, des Sumériens, ou des Romains ? De Giovanni Battista Vico, au début du XVIIIe siècle, à Oswald Spengler au début du XXe ou Arnold J. Toynbee[1] de nos jours, les hommes se sont demandé si les civilisations suivaient un cycle de vie ou des schémas de changement similaires. De ce débat a émergé une conclusion relativement générale, selon laquelle les hommes vivent dans des sociétés organisées différemment, chacune avec sa propre culture, que certaines de ces sociétés, dotées de l'écriture et de la vie citadine, existent à un degré culturel supérieur aux autres, et devraient donc être appelées par cet autre terme : « civilisations », et que ces civilisations tendent à traverser des expériences suivant un schéma commun.

D'après ces études, les civilisations traverseraient un processus d'évolution qui peut être brièvement expliqué ainsi : chaque civilisation nait d'une manière inexplicable et, après un début lent, entre dans une période d'expansion vigoureuse, augmentant sa taille et son pouvoir à la fois intérieurement et aux dépens de ses voisins, jusqu'à ce qu'une crise d'organisation apparaisse graduellement. Quand cette crise est surmontée et que la civilisation s'est réorganisée, elle semble quelque peu différente. Sa vigueur et sa morale ont été affaiblies. Elle se stabilise, puis finit par stagner. Après un âge d'or, de paix et de prospérité, des crises internes ressurgissent. À ce moment apparait, pour la première fois, une faiblesse morale et physique qui soulève à son tour, pour la première fois, des questions sur la capacité de la civilisation à se défendre des menaces extérieures. Rongée par des luttes sociales et constitutionnelles internes, affaiblie par la perte de foi dans ses anciennes idéologies et par l'opposition des nouvelles idées incompatibles avec sa nature passée, la civilisation devient de

---

1. N.D.É. 1889-1975

L'évolution culturelle des civilisations

plus en plus faible jusqu'à être submergée par des ennemis venus de l'extérieur, avant de finalement disparaitre.

Quand on commence à appliquer ce procédé, même dans sa forme la plus vague, à la civilisation occidentale, on remarque que certaines modifications doivent être apportées. Comme les autres civilisations, la civilisation occidentale a commencé par une période de mélange d'éléments culturels venant d'autres sociétés, qu'elle a peu à peu agrégés pour créer une culture bien à elle. Elle a ensuite commencé à s'étendre avec une rapidité grandissante, comme d'autres avant elle, avant d'entrer dans une période de crise. Mais à ce moment, le schéma a changé.

Dans plus d'une douzaine d'autres civilisations, l'Âge d'Expansion a été suivi par un Âge de Crise puis, à nouveau, par une période d'Empire universel dans lequel une seule entité politique a dirigé la totalité de la civilisation. La civilisation occidentale, au contraire, n'est pas passée de l'Âge de Crise à l'Âge d'Empire universel, mais a été capable de se reformer pour entrer dans une nouvelle période d'expansion. De plus, elle ne l'a pas fait qu'une fois, mais à plusieurs reprises. C'est cette capacité à se réformer et à se réorganiser encore et encore qui a fait de la civilisation occidentale le facteur mondial dominant au début du XXe siècle.

En observant les trois âges qui forment le cœur du cycle de vie d'une civilisation, on peut repérer un schéma récurrent. L'Âge d'Expansion est généralement marqué par quatre types d'expansion : (1) de la population, (2) du territoire, (3) de la production, et (4) des connaissances.

L'expansion de la production et l'expansion des connaissances entrainent l'expansion de la population, et ces trois expansions combinées entrainent l'expansion du territoire. Cette expansion territoriale revêt une certaine importance, car elle donne à la civilisation une sorte de structure nucléaire composée d'une zone centrale plus âgée (qui existait déjà avant la période d'expansion) et d'une nouvelle zone périphérique (qui ne se rajoute à cette civilisation que pendant et après sa période d'expansion). Si nous voulons affiner davantage cette analyse, nous pouvons distinguer une troisième zone, semi-périphérique, entre la zone centrale et la réelle zone périphérique.

Il est facile de discerner ces différentes zones dans les anciennes civilisations. Elles jouent un rôle vital dans leurs changements historiques. Dans le cas de la civilisation mésopotamienne (6000 av. J.-C. à 300 av. J.-C.), la zone centrale se situait dans la vallée inférieure de la Mésopotamie, la zone semi-périphérique était constituée des parties moyennes et supérieures de la vallée, tandis que la zone périphérique englobait les hauts plateaux environnants et des régions encore plus éloignées, comme l'Iran, la Syrie, et même l'Anatolie. La partie centrale de la civilisation crétoise (3500 av. J.-C. à 1100 av. J.-C.) était l'ile de

Crète, et ses régions périphériques incluaient les iles égéennes et les côtes des Balkans. Pour la civilisation classique, la zone centrale se trouvait sur les côtes de la mer Égée, la partie semi-périphérique s'étendait sur le reste de la région nord de la mer Méditerranée orientale, alors que la région périphérique couvrait le reste des côtes méditerranéennes ainsi que l'Espagne, l'Afrique du Nord et la Gaule. Dans la civilisation cananéenne (2200 av. J.-C. à 100 av. J.-C.), la zone centrale était le Levant et la zone périphérique, située dans la partie ouest de la Méditerranée, s'étendait de Tunis, l'ouest de la Sicile et l'est de l'Espagne. La région centrale de la civilisation occidentale (400 apr. J.-C. à quelque part dans le futur) couvre la partie nord de l'Italie, la France, l'extrême ouest de l'Allemagne, et la Grande-Bretagne. La zone semi-périphérique s'étend sur l'Europe de l'Ouest, Centrale et Méridionale ainsi que sur la péninsule ibérique, et les parties périphériques comprennent l'Amérique du Sud et du Nord, l'Australie, la Nouvelle-Zélande, l'Afrique du Sud et encore d'autres régions.

La distinction d'au moins deux zones géographiques dans toutes les civilisations est d'une importance majeure. Ce processus d'expansion, qui commence dans la zone centrale, y entame un ralentissement alors même que les zones périphériques sont encore en pleine expansion. Par conséquent, vers la fin de l'Âge d'Expansion, les régions périphériques d'une civilisation ont tendance à devenir plus riches et plus puissantes que la zone centrale. Autrement dit, le centre passe de l'Âge d'Expansion à l'Âge de Conflit avant la périphérie. À terme, dans la plupart des civilisations, la vitesse d'expansion commence à décliner partout.

C'est cette baisse du rythme d'expansion d'une civilisation qui marque son passage à l'Âge de Conflit. Ce dernier est la période la plus intéressante, complexe et essentielle des cycles de vie d'une civilisation. Il est marqué par quatre caractéristiques principales : (a) une époque de ralentissement d'expansion, (b) une époque de tensions et de conflits sociaux grandissants, (d) une période de guerres impérialistes de plus en plus violentes et de plus en plus fréquentes, et (d) une période marquée par le développement de l'irrationalité, du pessimisme, des superstitions et d'autres futilités.

Tous ces phénomènes se manifestent dans la zone centrale d'une civilisation avant d'apparaitre dans les zones plus périphériques.

Le ralentissement de l'expansion au cours de l'Âge de Conflit entraine, du moins en partie, le développement de ses autres caractéristiques. Suite aux longues années de l'Âge d'Expansion, l'esprit du peuple et ses organisations sociales s'adaptent à l'expansion, et il est alors très difficile de les réajuster à une baisse du rythme d'expansion. Les classes sociales et les entités politiques au sein de la civilisation essayent de pallier ce ralentissement d'expansion par une croissance normale en créant des conflits violents avec les autres classes ou les autres entités politiques. Ainsi apparaissent les luttes entre les classes sociales et les guerres impérialistes. Les conséquences de ces luttes internes à la civilisation n'ont pas de grand impact sur son futur. Ce qui pourrait en avoir un, en revanche, serait la réorganisation de la structure de la civilisation, dans le but de retrouver une croissance normale. Puisqu'une telle réorganisation nécessite l'élimination des causes du déclin de la civilisation, le triomphe d'une classe sociale sur une autre ou d'une entité politique sur une autre n'a alors pas, en principe, d'influence majeure sur les causes du déclin et ne peut pas (sauf par accident) aboutir à la réorganisation structurelle nécessaire pour donner naissance à une nouvelle période d'expansion. En effet, les luttes de classes et les guerres impérialistes de l'Âge de Conflit ont probablement pour effet de précipiter le déclin de la civilisation, car elles dissipent le capital et détournent les richesses et les énergies vers des activités non productives.

Dans la plupart des civilisations, la longue agonie de l'Âge du Conflit se termine enfin par le commencement d'une nouvelle période : l'Âge de l'Empire universel. En conséquence des guerres impérialistes de l'Âge de Conflit, le nombre d'entités politiques présentes dans la civilisation est réduit par affrontement. Finalement, une en sort victorieuse. Quand cela arrive, il n'y a plus qu'une entité politique pour la civilisation entière. Exactement de la même façon que la zone centrale passe de l'Âge d'Expansion à l'Âge de Conflit avant les régions périphériques, il arrive qu'elle soit conquise par un unique État avant que toute la civilisation ne soit conquise par l'Empire universel. Lorsque cela se produit, l'Empire central est en général un État semi-périphérique, alors que l'Empire universel est en général un État périphérique. Ainsi, le centre de la Mésopotamie fut conquis par la semi-périphérique Babylone vers 1700 av. J.-C., avant d'être conquise dans son intégralité par l'Assyrie, qui était plus périphérique, vers 725 av. J.-C. (puis par la Perse totalement périphérique, vers 525 av. J.-C.). Pour la civilisation classique, la partie centrale fut conquise par la zone semi-périphérique de la Macédoine vers 336 av. J.-C., puis la civilisation entière fut avalée par la Rome périphérique vers 146 av. J.-C. Dans les autres civilisations, l'Empire universel est toujours un État périphérique, même dans les cas où la région centrale n'avait pas d'abord été conquise par un État semi-périphérique. Pour la civilisation maya (1000 av. J.-C. à 1550 apr. J.-C.), la région centrale se trouvait, semble-t-il, au Yucatan et au Guatemala, mais l'Empire universel des Aztèques était situé sur les hauts plateaux périphériques du centre du Mexique. Pour la civilisation andine (1500 av. J.-C. à 1600 apr. J.-C.), les zones centrales se situaient sur les pentes et les vallées inférieures du nord et du centre de la cordillère des Andes, mais l'Empire universel des Incas était centré sur la partie la plus haute de la cordillère des Andes, là encore une zone périphérique. La civilisation cananéenne (2200 av. J.-C. à 146 av. J.-C.) avait pour zone centrale le Levant, mais son Empire universel, l'Empire punique, était situé à Carthage, dans l'ouest de la Méditerranée. Si l'on se tourne vers l'Extrême-Orient, on ne distingue pas moins de trois civilisations. La première de celles-ci, la civilisation sonique, naquit dans la vallée du fleuve Jaune à partir de 2000 av. J.-C., atteignit son apogée avec les empires de Chin et Han à dater de 200 av. J.-C., et fut en grande partie détruite par les envahisseurs ouralo-altaïques, après l'an 400. De la même manière que la civilisation classique émergea de la civilisation crétoise ou que la civilisation occidentale émergea de la civilisation classique, deux autres civilisations naquirent de cette civilisation sonique : (a) la civilisation chinoise, qui apparut vers l'an 400, culmina pendant la dynastie Qing après 1644, et fut perturbée par des envahisseurs européens dans la période 1790 à 1930, et (b) la civilisation japonaise, qui naquit vers l'époque du Christ, connut un point culminant avec le shogounat Tokugawa après 1600, et fut totalement perturbée par des envahisseurs issus de la civilisation occidentale durant le siècle suivant 1853.

En Inde, comme en Chine, deux civilisations se succédèrent. Bien que nous en sachions relativement peu sur la plus ancienne des deux, la dernière (là encore comme en Chine) aboutit à un Empire universel gouverné par un peuple étranger et périphérique. La civilisation de la vallée de l'Indus, qui naquit vers 3500 av. J.-C., fut détruite par des envahisseurs aryens vers 1700 av. J.-C. La civilisation hindoue, qui succéda à la précédente vers la même époque, aboutit à l'Empire mogol[1] avant d'être détruite par les envahisseurs de la civilisation occidentale entre 1500 et 1900.

En se tournant vers la zone extrêmement compliquée du Proche-Orient, on peut discerner une tendance similaire. La civilisation islamique, qui commença vers l'an 500, culmina sous l'Empire ottoman dans la période 1300 à 1600 et entra depuis environ 1750 dans son processus de destruction par les envahisseurs issus de la civilisation occidentale.

Dits de cette façon, ces schémas des cycles de vie des différentes civilisations peuvent sembler confus. Mais si on les met sous forme de tableau, le modèle se dessine avec une certaine simplicité.

Civilisation	Dates	Empire universel	Invasion finale	Leurs dates
Mésopotamienne	-6000 à -300	Assyrien, Perse -725 à -333	Grecs	-335 à -300
Égyptienne	-5500 à -300	Égyptien	Grecs	-334 à -300
Crétoise	-3500 à -1150	Minoen-mycénien	Grecs doriques	-1200 à -1000
Vallée de l'indus	-3500 à -1700	Harappa ?	Aryens	-1800 à -1600
Cananéenne	-2200 à -100	Punique	Romains	-264 à -146
Est et Sud-Est asiatiques	-2000 à 400	Chin Han	Oural altaïque	200 à 500
Hittite	-1800 à -1150	Hittite	Indo-européen	-1200 à 1000

1. N.D.É. Membre d'une dynastie musulmane qui régna en Inde de 1526 à 1857.

L'évolution culturelle des civilisations

Civilisation	Dates	Empire universel	Invasion finale	Leurs dates
Classique	-1150 à 500	Romain	Germanique	350 à 600
Andine	-1500 à 1600	Inca	Européens	1534
Mayenne	-1000 à 1550	Aztèque	Européens	1519
Hindoue	-1800 à 1900	Mogol	Européens	1500 à 1900
Chinoise	400 à 1930	Mandchou	Européens	1790 à 1930
Japonaise	-850 à ?	Tokugawa	Européens	1853 –
Islamique	500 à ?	Ottoman	Européens	1750 –
Occidentale	350 à ?	États-Unis ?	Future ?	?
Orthodoxe	350 à ?	Soviétique	Future ?	?

De ce tableau émerge un fait des plus extraordinaires. Sur la vingtaine de civilisations ayant existé au cours de l'histoire humaine, nous en avons listé seize. Sur celles-ci, douze, ou peut-être quatorze, ont déjà disparu ou sont sur le point de disparaitre, leurs cultures détruites par des étrangers capables de s'ingérer avec suffisamment de puissance pour perturber une civilisation, de détruire ses modes de pensée et d'action établis, et finalement de l'anéantir. Sur ces douze cultures mortes ou en déclin, six ont été détruites par des Européens porteurs de la civilisation occidentale. Lorsque nous considérons le nombre incalculable d'autres sociétés, plus simples que des civilisations, que la civilisation occidentale a détruites ou est actuellement en train de détruire, tels que les Hottentots, les Iroquois, les Tasmaniens, les Navajos, les Caraïbes, et d'innombrables autres, la puissance terrifiante de la civilisation occidentale apparait clairement.

Une des causes, qui n'est pas la plus importante, de la capacité de la civilisation occidentale à détruire d'autres cultures vient du fait qu'elle est en expansion depuis longtemps. Ce fait, à son tour, repose sur une autre condition à laquelle nous avons déjà fait allusion : le fait que la civilisation occidentale ait traversé trois périodes d'expansion, qu'elle soit entrée dans un Âge de Conflit à trois reprises, qu'elle ait manqué à chaque fois de voir sa région centrale conquise par une unique entité politique, mais n'ait pas réussi à entamer l'Âge de l'Empire universel. En effet, de la confusion de l'Âge de Conflit émerge à chaque reprise une nouvelle organisation de la société, capable de s'étendre par sa propre puissance organisationnelle, entrainant le remplacement progressif des quatre phénomènes caractéristiques de l'Âge du Conflit (le ralentissement de l'expansion, les conflits de classes, les guerres impérialistes, l'irrationalité) par à nouveau les quatre sortes d'expansions typiques de l'Âge d'Expansion (démographique, géographique, productif et des connaissances). D'un point de vue strictement technique, cette transition de l'Âge de Conflit à l'Âge d'Expansion est marquée par une reprise de l'investissement et de l'accumulation à grande échelle de capital, tout comme le passage de l'Âge d'Expansion à l'Âge de Conflit est affecté par une baisse du taux d'investissement et, au final, par une diminution du taux d'accumulation du capital.

La civilisation occidentale commença, comme toutes les autres civilisations, par une période de mixité culturelle. Dans ce cas précis, il s'agissait d'un mélange résultant des invasions barbares qui détruisirent la civilisation classique entre 350 et 700. En créant une nouvelle culture à partir des divers éléments apportés par les tribus barbares, le monde romain, le monde sarrasin et surtout le monde juif avec le christianisme, la civilisation occidentale devin une nouvelle société.

Cette société devint une civilisation quand elle s'organisa, dans la période 700 à 970, où il y eut accumulation de capital et un début d'investissement de celui-ci dans de nouvelles méthodes de production. Celles-ci furent associées au passage de la force d'infanterie à la cavalerie au niveau militaire, de la main-d'œuvre (et donc de l'esclavage) à la traction animale au niveau de l'énergie utilisée pour la production, de la charrue à bras, de la rotation des cultures sur deux parcelles et du système de jachère de l'Europe méditerranéenne à la charrue à huit bœufs et la rotation des cultures sur trois parcelles des peuples germaniques, et enfin, de l'organisation politique centralisée sur l'État des Romains vers le réseau féodal privé et décentralisé du monde médiéval. Dans le nouveau système, une poignée d'hommes équipés et entrainés à se battre recevaient des cotisations et des services de l'écrasante majorité des hommes qui devaient labourer le sol. De ce système militaire inéquitable, mais efficace émergea une répartition injuste du pouvoir politique qui entraina une répartition inégale du revenu économique et social. Cela finit par provoquer une accumulation de capital, qui, en augmentant la demande des produits de luxe exotiques, commença à faire basculer l'accent économique de la société de son ancienne organisation basée sur des unités agraires autonomes (seigneuries) vers l'échange commercial, la spécialisation économique, et, à partir du treizième siècle, vers un schéma entièrement nouveau de société dotée de villes, d'une classe bourgeoise, d'alphabétisation croissante, d'une plus grande liberté de choix sociaux, et enfin, de nouvelles pensées, souvent dérangeantes.

De tout cela naquit la première période d'expansion de la civilisation occidentale, qui couvrit les années 970 à 1270. À la fin de cette période, l'organisation de la société devint une collection pétrifiée d'intérêts acquis. L'investissement diminua, et le rythme d'expansion commença à ralentir. Ainsi, la civilisation occidentale entra, pour la première fois, dans un Âge de Conflit. Cette période, celle de la guerre de Cent Ans, de la peste noire, des grandes inquisitions, et des graves conflits de classes, dura des années 1270 jusqu'à 1420. Vers la fin de cette période, la Grande-Bretagne et la Bourgogne redoublèrent d'efforts pour conquérir le centre de la civilisation occidentale. Mais, à ce même moment, un nouvel Âge d'Expansion, utilisant une nouvelle organisation de la société contournant les anciens intérêts acquis de la société féodale, commença.

Ce nouvel Âge d'Expansion, fréquemment appelé la période du capitalisme commercial, dura de 1440 à 1680. Ce sont les efforts fournis pour la recherche de profits à travers les échanges de marchandises, surtout de semi-luxes ou de luxes, sur de longues distances qui donnèrent l'impulsion nécessaire à l'expansion économique. À terme, ce système de capitalisme commercial se vit pétrifié dans une structure d'intérêts dans laquelle on cherchait à créer des bénéfices en imposant des restrictions sur la production ou l'échange de marchandises, plutôt qu'en encourageant ces activités. Cette nouvelle culture d'intérêts, souvent appelée le mercantilisme, devint un tel fardeau pour les activités économiques que la rapidité d'expansion de la vie économique ralentit, donnant même lieu à une période de déclin économique dans les décennies suivant 1690. Les luttes de classes et les guerres impérialistes engendrées par cet Âge de Conflit sont parfois appelées la « deuxième guerre de Cent Ans ». Les guerres continuèrent jusqu'en 1815, et les luttes entre les classes sociales plus longtemps encore. En conséquence de cela, la France avait conquis, en 1810, la plus grande partie du centre de la civilisation occidentale. Mais ici, exactement comme cela avait été le cas en 1420 quand la Grande-Bretagne avait également conquis une partie du centre de la civilisation durant la dernière partie d'un Âge de Conflit, la victoire devint insignifiante par l'apparition d'une nouvelle période d'expansion. De la même manière que le capitalisme commercial avait contourné l'institution pétrifiée du système féodal et seigneurial (de la chevalerie) après 1440, le capitalisme industriel contourna l'institution pétrifiée du capitalisme commercial (le mercantilisme) après 1820.

Le nouvel Âge d'Expansion, qui rendit la victoire politique et militaire de Napoléon de 1810 impossible à maintenir, avait commencé bien avant en Grande-Bretagne. Il prit la forme de la révolution agricole (vers 1725) et de la révolution industrielle (vers 1775), mais n'apparut comme une véritable poussée d'expansion pas avant 1820. Une fois démarré, il avança avec un élan tel que le monde n'en avait encore jamais vu ; c'était comme si la civilisation occidentale pouvait couvrir l'intégralité du globe. Les dates de ce troisième Âge d'Expansion pourraient être fixées entre 1770 à 1929, à la suite du second Âge de Conflit de 1690 à 1815. L'organisation sociale qui était au centre de ce nouveau développement peut être appelée « capitalisme industriel ». Au cours de la dernière décennie du XIXe siècle, il émergea une structure d'intérêts que nous pourrions qualifier de « capitalisme monopoliste ». Dès 1890, sans doute, certains aspects d'un nouvel Âge de Conflit, le troisième de la civilisation occidentale, commencèrent à apparaître, particulièrement dans la zone centrale, avec la renaissance de l'impérialisme, la lutte des classes, les guerres violentes et les irrationalités.

À partir de 1930, il devint clair que la civilisation occidentale était à nouveau dans un Âge de Conflit. En 1942, l'Allemagne, un État semi-périphérique, avait conquis une grande partie du centre de la civilisation. Cet effort fut contrecarré par l'entrée d'un État périphérique (les États-Unis) et d'un autre, d'une civilisation extérieure (la société soviétique) dans la mêlée. Il n'est pas encore déterminé si la civilisation occidentale continuera à suivre le chemin tracé par tant de civilisations avant elle, ou si elle sera en mesure de se réorganiser suffisamment pour entrer dans son quatrième Âge d'Expansion. Si le premier se produit, cet Âge de Conflit se poursuivra, sans aucun doute possible, avec ses quatre caractéristiques : la lutte des classes, la guerre, l'irrationalité et le ralentissement du progrès. Dans ce cas, nous aurons sans doute un Empire universel dans lequel les États-Unis dirigeront la plus grande partie de la civilisation occidentale. Il s'en suivra, comme pour les autres civilisations, une période de déclin et, finalement, alors que la civilisation s'affaiblira, par des invasions et la destruction totale de la culture occidentale. À l'inverse, si la civilisation occidentale est capable de se réorganiser et d'entrer dans un quatrième Âge d'Expansion, sa capacité à survivre et à continuer à accroître sa prospérité et sa puissance sera assurée. Ce futur hypothétique mis à part, il semblerait donc que la civilisation occidentale, en environ mille-cinq-cents ans, ait traversé les huit périodes suivantes :

1. Mixité : 350-700
2. Gestation : 700-970
3A. Première Expansion : 970-1270
4A. Premier Conflit : 1270-1440
   Empire central : la Grande-Bretagne, 1420
3B. Seconde Expansion : 1440-1690
4B. Second Conflit : 1690-1815
   Empire central : la France, 1810
3C. Troisième Expansion : 1770-1929
4C. Troisième Conflit : à partir de 1893
   Empire central : l'Allemagne, 1942

L'avenir nous réserve l'une des deux possibilités suivantes :

RÉORGANISATION
3D. Quatrième Expansion :
à partir de 1944

POURSUITE DU PROCESSUS
5. Empire universel (États-Unis)
6. Déclin
7. Invasion (fin de la civilisation)

Dans la liste des civilisations donnée précédemment, il devient un peu plus facile de voir comment la civilisation occidentale a été capable de détruire (ou est encore en train de détruire) les cultures de six autres civilisations. Dans chacun de ces six cas, la civilisation victime avait déjà dépassé la période de

L'évolution culturelle des civilisations

l'Empire universel et se trouvait profondément ancrée dans l'Âge de Déclin. Dans une telle situation, la civilisation occidentale joue le même rôle de l'envahisseur que les tribus germaniques pour la civilisation classique, les Doriens pour la civilisation crétoise, les Grecs pour les civilisations mésopotamiennes ou égyptiennes, les Romains pour la civilisation cananéenne, ou encore par les Aryens pour la civilisation de la vallée de l'Indus. Les Occidentaux qui firent irruption chez les Aztèques en 1519, les Incas en 1534, dans l'Empire mogol durant le XVIIIe siècle, dans la dynastie Qing après 1790, dans l'Empire ottoman après 1774, et dans le shogounat Tokugawa après 1853 jouaient le même rôle que les Visigoths et autres tribus barbares face à l'Empire romain après 377. Dans chaque cas, les résultats d'une collision entre deux civilisations, une dans son Âge d'Expansion et l'autre vivant son Âge de Déclin, étaient inévitables. L'expansion engloutit le déclin.

Durant ses diverses expansions, la civilisation occidentale est entrée en collision avec une seule civilisation n'ayant pas entamé son Âge de Déclin. Cette exception n'était autre que sa demi-sœur, pour ainsi dire : la civilisation désormais représentée par l'Empire soviétique. Il n'est pas facile de distinguer à quel stade en est cette civilisation « orthodoxe », mais elle n'est manifestement pas dans son âge de déclin. Il semblerait que cette civilisation orthodoxe soit apparue pendant une période de mixité (500 à 1300) et soit maintenant dans sa seconde période d'expansion. La première période d'expansion, couvrant la période 1500 à 1900, avait tout juste commencé à tomber dans l'Âge de Conflit (1900 à 1920) quand les intérêts de la société furent effacés par la défaite face à l'Allemagne en 1917, et remplacés par une nouvelle organisation de la société qui donna naissance à un nouvel Âge d'Expansion, qui dure depuis 1921. Pendant une grande partie des quatre-cents dernières années, culminant au XXe siècle, les régions périphériques de l'Asie furent occupées par un demi-cercle d'anciennes civilisations en déclin : islamique, hindoue, chinoise et japonaise. Celles-ci furent soumises à la pression de la civilisation occidentale venue de l'océan et de la civilisation orthodoxe provenant du cœur du continent eurasien. La pression océanique commença avec Vasco da Gama, en Inde, en 1498, puis culmina avec le cuirassé Missouri, dans la baie de Tokyo en 1945, et continue de nos jours avec l'attaque franco-anglaise de Suez en 1956. La pression russe venue des terres continentales est exercée aux frontières terrestres de la Chine, de l'Iran et de la Turquie depuis le XVIIe siècle jusqu'à nos jours. Une grande partie de l'histoire du monde au XXe siècle provient des interactions de ces trois facteurs : le cœur continental du pouvoir russe, les cultures diverses des zones d'amortissement en Asie, et les pouvoirs océaniques de la civilisation occidentale.

La diffusion culturelle dans la civilisation occidentale

Nous avons vu que la culture d'une civilisation nait d'abord dans sa zone centrale, puis s'étend à ses zones périphériques qui s'intègrent ainsi dans la civilisation. Ce mouvement d'éléments culturels est appelé « diffusion » par ceux qui étudient ce sujet. Il est à noter que les éléments matériels de la culture, comme les outils, les armes, les véhicules, ou d'autres encore, se diffusent plus facilement, et donc rapidement, que les éléments immatériels tels que les idées, les formes d'art, les concepts religieux, ou les modèles de comportement social. C'est pour cette raison que les parties périphériques d'une civilisation (comme l'Assyrie pour la civilisation mésopotamienne, Rome ou l'Espagne pour la civilisation classique, et les États-Unis ou l'Australie dans le cas de la civilisation occidentale) tendent à posséder une culture un peu plus grossière et matérielle que la zone centrale de la même civilisation.

Les éléments matériels d'une culture se diffusent aussi au-delà des frontières de la civilisation, vers les autres sociétés, et cela beaucoup plus rapidement que les éléments immatériels de la culture. Pour cette raison, ce sont ces éléments immatériels et spirituels qui donnent à une culture son caractère distinctif, et non pas ses outils ou ses armes, qui peuvent être si facilement exportés vers des sociétés entièrement différentes. Ainsi, le caractère distinctif de la civilisation occidentale repose sur son héritage chrétien, ses approches scientifiques, ses éléments humanitaires, et son point de vue particulier en ce qui concerne les droits des personnes et le respect des femmes, plutôt que sur des choses aussi matérielles que les armes à feu, les tracteurs, la robinetterie, ou les gratte-ciels, qui sont tous des biens exportables.

L'exportation d'éléments matériels d'une culture au travers de ses zones périphériques et même au-delà, vers des peuples issus de sociétés complètement différentes, entraine des résultats étranges. Alors que les éléments d'une culture matérielle voyagent à l'intérieur d'une civilisation du centre vers la périphérie, ils ont tendance, à long terme, à renforcer la périphérie au détriment du centre, car celui-ci est davantage gêné dans l'utilisation des innovations matérielles par la force des anciens intérêts acquis, et parce qu'il consacre une plus grande partie de sa richesse et de son énergie à sa culture immatérielle. Ainsi, les aspects de la révolution industrielle, tels que les radios ou les automobiles, sont des inventions européennes plutôt qu'américaines, mais elles furent développées et étaient utilisées dans une plus large mesure en Amérique, car leur utilisation ne fut pas entravée par les éléments subsistants de la féodalité, de la domination de l'Église, des distinctions de classes sociales rigides (par exemple dans l'éducation), ou par une attention générale accordée à la musique, la poésie, l'art, ou la religion, comme c'était le cas en Europe. Un contraste similaire peut être observé au sein de la civilisation classique, entre les Grecs et les Romains, ou dans la civilisation mésopotamienne entre les Assyriens et les Sumériens, ou encore pour la civilisation maya entre les Mayas et les Aztèques.

La diffusion des éléments de la culture au-delà des frontières d'une société vers la culture d'une autre représente un cas plutôt différent. Les frontières entre les sociétés font assez peu obstacle à la diffusion des éléments matériels, mais offrent relativement plus de résistance face à celle des éléments immatériels. C'est en effet cela qui détermine où se trouvent les frontières de la société, car si les éléments immatériels se diffusaient aussi, la nouvelle zone dans laquelle ils se répandraient serait une périphérie de cette société, plutôt qu'une partie d'une société différente.

La diffusion des éléments matériels d'une société à une autre a un effet complexe sur la société d'accueil. À court terme, elle bénéficie généralement de cette importation, mais sur le long terme, elle en ressort souvent désorganisée et affaiblie. Quand les hommes blancs arrivèrent pour la première fois en Amérique du Nord, les éléments matériels de la civilisation occidentale se propagèrent rapidement entre les différentes tribus indiennes. Avant 1543, par exemple, les Indiens des plaines étaient faibles et appauvris. Mais cette année-là, les Espagnols du Mexique commencèrent à répandre le cheval vers le nord. En l'espace d'un siècle, le niveau de vie des Indiens des plaines s'améliora beaucoup (en raison de la possibilité de chasser le bison à cheval), et leur capacité à résister aux Américains venant de l'Ouest à travers le continent se renforça grandement. Au même moment, les Indiens Appalaches, qui avaient été très puissants au XVIe siècle et au début du XVIIe siècle, commencèrent à recevoir des armes à feu, des pièges en acier, la rougeole, et finalement, le whisky, d'abord de la part des Français puis des Anglais, par la voie du Saint-Laurent. Cela affaiblit grandement les Indiens habitant les forêts de la zone trans-Appalaches, ainsi qu'à terme, les Indiens des plaines de la région du Mississippi, car la rougeole et le whisky eurent des effets à la fois dévastateurs et démoralisants. De plus, l'utilisation des pièges et des fusils par certaines tribus les forçait à dépendre des Blancs pour leur approvisionnement, tout en leur permettant d'exercer une grande pression physique sur les tribus plus reculées qui n'avaient pas encore bénéficié des fusils ou des pièges. Tout front uni de Peaux-Rouges contre les Blancs était impossible, et les Indiens furent désorganisés, démoralisés, puis éliminés. En général, l'importation d'un élément de culture matérielle d'une société vers une autre est utile à la société d'accueil uniquement (a) s'il est productif, (b) s'il peut être produit dans la société, et (c) s'il peut s'intégrer à la culture immatérielle de la société d'accueil sans la démoraliser.

L'impact destructeur de la civilisation occidentale sur de nombreuses autres sociétés repose sur sa capacité à démoraliser leurs cultures idéologiques et spirituelles, ainsi que sur sa capacité à les détruire matériellement par la force des armes à feu.

Quand une société est détruite par l'impact d'une autre, son peuple se retrouve avec les débris d'éléments culturels issus de sa propre culture brisée ainsi que ceux de la culture envahissante. Ces éléments fournissent généralement les instruments nécessaires pour satisfaire les besoins matériels du peuple, mais elles ne peuvent pas être organisées en une société fonctionnelle, car il leur manque une idéologie et une cohésion spirituelle. De tels peuples périssent ou sont incorporés en tant qu'individus ou petits groupes dans d'autres cultures, dont ils adoptent l'idéologie pour eux-mêmes, et surtout pour leurs enfants. Dans certains cas, cependant, les personnes abandonnées dans les débris d'une culture brisée sont en mesure de réintégrer ses éléments culturels dans une nouvelle société et une nouvelle culture. Cela leur est possible par l'obtention d'une nouvelle culture immatérielle, et donc d'une nouvelle idéologie et d'une nouvelle morale, qui servent de force de cohésion pour les éléments épars de la culture précédente, qu'ils ont à disposition. Cette nouvelle idéologie peut être importée ou indigène, mais dans les deux cas, elle s'intègre suffisamment aux éléments nécessaires de la culture matérielle pour créer un ensemble fonctionnel, et ainsi une nouvelle société. C'est par un processus de ce genre que toutes les nouvelles sociétés, et donc toutes les nouvelles civilisations, sont créées. De cette façon, la civilisation classique naquit des ruines de la civilisation crétoise dans la période s'étendant entre 1150 av. J.-C. et 900 av. J.-C., et de ses propres ruines naquit la civilisation occidentale entre 350 et 700 apr. J.-C. Il est possible que de nouvelles civilisations naissent des débris des civilisations de la périphérie asiatique détruites par la civilisation occidentale. Dans ces décombres, on retrouve des débris venus des civilisations islamique, hindoue, chinoise et japonaise. Il semble à l'heure actuelle que de nouvelles civilisations puissent être en voie de naitre au Japon, peut-être en Chine, moins probablement en Inde, et avec très peu de certitude en Indonésie ou en Turquie. La naissance d'une puissante civilisation dans un ou plusieurs de ces endroits serait d'une importance primordiale dans l'histoire du monde, car elle servirait à pondérer l'expansion de la civilisation soviétique sur le continent eurasien.

Mais laissons de côté ce futur hypothétique pour retrouver le passé historique. On peut suivre la diffusion des éléments culturels à l'intérieur de la civilisation occidentale depuis son centre vers ses périphéries, et à l'extérieur vers d'autres sociétés. Certains de ces éléments sont suffisamment importants pour appeler à un examen plus détaillé.

Parmi les éléments de la tradition occidentale qui ne se sont diffusés que lentement, ou même qui ne se sont pas diffusés du tout, on trouve le tissu d'idées formant la base de l'idéologie occidentale. Cela inclut le christianisme, les approches scientifiques, l'humanitarisme, ainsi que les idées de valeur universelle et des droits individuels. Mais de ce tissu d'idées ont surgi un certain nombre d'éléments de la culture matérielle, dont les plus remarquables sont liés à la technologie. Ceux-ci se sont diffusés facilement, même à d'autres sociétés. Cette capacité de la technologie occidentale à émigrer, combinée à l'incapacité de l'esprit scientifique, qui y est assez étroitement associé, à faire de même, a créé une situation anormale : les sociétés comme l'Union soviétique ayant démontré peu d'inventivité en matière de technologie à cause du manque d'une tradition de méthode scientifique sont néanmoins capables de menacer la civilisation occidentale par l'utilisation, à une échelle gigantesque, d'une technologie presque entièrement importée de cette même civilisation. Une situation similaire pourrait bien se développer dans toute nouvelle civilisation apparaissant dans la périphérie de l'Asie.

Les points les plus importants de la technologie occidentale peuvent être regroupés en quatre rubriques :

1. La capacité de tuer : développement des armes
2. La capacité de préserver la vie : développement de l'hygiène et des services médicaux
3. La capacité de produire à la fois de la nourriture et des biens industriels
4. Les améliorations des moyens de transport et de communication

Nous avons déjà parlé de la diffusion des armes à feu occidentales. L'impact que celles-ci eurent sur les zones périphériques et sur d'autres sociétés, depuis l'invasion du Mexique par Cortez en 1519 jusqu'à l'utilisation de la première bombe atomique sur le Japon en 1945, est évident. La capacité de la civilisation occidentale à prévenir les maladies et à allonger l'espérance de vie par la promotion de l'hygiène et des progrès médicaux est moins évidente, certes, mais revêt sur le long terme beaucoup plus d'importance. Ces progrès commencèrent avant 1500 dans le centre de la civilisation occidentale, mais n'exercent leur plein effet que depuis environ 1750, avec l'apparition de la vaccination, l'éradication de la peste, et les progrès réguliers qui permirent de sauver des vies grâce à la découverte de l'antisepsie, au XIXe siècle, et des antibiotiques, au XXe siècle. Ces découvertes et techniques se diffusèrent vers l'extérieur du centre de la civilisation occidentale et eurent pour résultat une chute du taux de mortalité presque immédiate dans l'Europe de l'Ouest et en Amérique, plus tardivement dans l'Europe de l'Est et l'Europe méridionale, et uniquement à partir de 1900 en Asie. L'importance fondamentale de cette diffusion sera examinée dans un instant.

Les progrès de la civilisation occidentale en matière de techniques de production sont tellement exceptionnels qu'on leur attribue le terme de « révolution » dans tous les livres d'histoire traitant du sujet. La résolution du problème de la production alimentaire, connue sous le nom de révolution agricole, commença en Grande-Bretagne dès le début du XVIIIe siècle, vers 1725. La résolution du problème de la production de biens manufacturés, connue sous le nom de révolution industrielle, débuta également en Grande-Bretagne, environ cinquante ans après la révolution agricole, vers 1775. Les liens existant entre ces deux « révolutions », et ceux qui les unissent à la « révolution » de l'hygiène et de la santé publique, ainsi que leurs différents rythmes de diffusion, sont de la plus haute importance pour comprendre l'histoire de la civilisation occidentale et son impact sur les autres sociétés.

Les activités agricoles, qui constituent la principale source de nourriture de toute civilisation, drainent le sol de ses éléments nutritifs. Si ceux-ci ne sont pas renouvelés, la productivité du sol se trouve dangereusement amoindrie. Dans la période médiévale et au début de la période moderne de l'histoire européenne, ces éléments nutritifs, en particulier l'azote, étaient renouvelés par l'action du temps en laissant la terre en jachère une année sur trois, voire tous les deux ans. Cela entrainait la réduction de la surface des terres arables d'un tiers ou de moitié. La révolution agricole constitua un énorme pas en avant, car elle permettait de remplacer l'année de jachère par la culture de légumineuses, dont les racines permettent d'augmenter la teneur en azote du sol en récupérant ce gaz dans l'air pour le fixer ensuite dans le sol, sous une forme exploitable par les végétaux. Puisque la culture qui remplaçait l'année de jachère du cycle agricole était généralement une culture de légumineuses telles que la luzerne, le trèfle ou le sainfoin, qui constituaient l'alimentation du bétail, cette révolution agricole non seulement accrut la teneur en azote du sol pour les cultures subséquentes de céréales, mais augmenta également le nombre et la qualité des animaux de ferme, développant ainsi l'offre de viande et des produits alimentaires d'origine animale, tout en améliorant la fertilité des sols à l'aide d'engrais à base de fumier. Le résultat net de l'ensemble de la révolution agricole fut donc l'amélioration à la fois de la quantité et de la qualité de la nourriture. Il devint possible de produire une quantité si importante de nourriture avec peu de main-d'œuvre que de nombreux hommes furent ainsi libérés de leur charge de production et purent se consacrer à d'autres activités, comme la politique, l'éducation, la science ou les affaires. Il est dit qu'en 1700, la production de nourriture pour vingt-et-une bouches nécessitait le travail de vingt personnes, alors que dans certaines régions, à partir de 1900, trois personnes pouvaient produire assez de nourriture pour vingt-et-une, permettant ainsi à dix-sept personnes de se consacrer à des activités non agricoles.

Cette révolution agricole, qui naquit en Grande-Bretagne avant 1725, atteignit la France après 1800, mais ne s'étendit pas à l'Allemagne ou l'Italie avant les années 1830. Jusqu'en 1900, elle se propagea à peine en Espagne, au sud de l'Italie et en Sicile, aux Balkans ou en Europe de l'Est en général. Cette révolution agricole reçut en Allemagne, vers 1840, un nouvel élan grâce à l'introduction des engrais chimiques, et connut une autre impulsion aux États-Unis après 1880 par l'introduction de machines agricoles, qui permirent de réduire le besoin de main-d'œuvre humaine. Ces deux mêmes régions, avec les contributions d'autres pays, donnèrent un autre élan considérable à la production agricole après 1900 avec l'arrivée de nouvelles variétés et de cultures de meilleure qualité grâce à la sélection des semences et à l'hybridation.

Ces grands progrès agricoles postérieurs à 1725 rendirent possibles les progrès de la production industrielle après 1775, en fournissant la nourriture et ainsi la main-d'œuvre nécessaires à la croissance des usines et à la montée en puissance des cités industrielles. Les améliorations en matière d'hygiène et des services médicaux après 1775 contribuèrent au même résultat, en réduisant le taux de mortalité et en rendant possible pour un grand nombre de personnes de vivre dans les villes sans être menacées par les épidémies.

La « révolution des transports » contribua également à la création du monde moderne. Cette contribution commença, assez lentement, vers 1750, avec la construction de canaux et de routes à péage, selon les méthodes de construction de John L. McAdam (à l'origine des routes « macadamisées »). Après 1800, les nouvelles cités industrielles étaient ravitaillées en charbon par les canaux et en nourriture par les nouvelles routes. Après 1825, vinrent s'ajouter les réseaux de chemins de fer et le télégraphe (après 1837), ainsi que le câble (après 1850). Cette « abolition de la distance » fut incroyablement accélérée au XXe siècle par l'utilisation de moteurs à combustion interne pour les voitures, les avions et les navires, ainsi que par l'avènement des téléphones et des communications radio. Le résultat principal de cette formidable accélération des communications et des transports fut que les différentes parties du monde se trouvèrent grandement rapprochées, et l'impact de la culture européenne sur le monde non européen fut grandement intensifié. Cet impact fut rendu encore plus écrasant par le fait que la révolution des transports s'étendit vers l'extérieur de l'Europe très rapidement, presque autant que l'avaient fait les armes européennes, un peu plus que l'hygiène et les services médicaux européens, et beaucoup plus que l'industrialisation, les techniques agricoles, ou l'idéologie européennes. Comme nous le verrons dans un instant, un grand nombre des problèmes auxquels le monde fut confronté durant le XXe siècle étaient dus au fait que ces différents aspects du mode de vie européen se diffusaient vers le monde non européen à des vitesses tellement différentes qu'il les obtenait, et dans un ordre complètement différent de celui dans lequel ils apparurent en Europe.

Le fait que la révolution industrielle avait généralement lieu avant la révolution des transports en Europe, alors que dans le reste du monde la séquence était inversée, est un exemple de cette différence.

Cela signifiait que l'Europe était en mesure de produire son propre fer, acier et cuivre pour construire ses propres chemins de fer et fils télégraphiques, alors que le monde non européen ne pouvait construire ces choses qu'en obtenant les matériaux industriels nécessaires de l'Europe, développant alors une dette envers celle-ci. Il est facile de voir à quelle vitesse la révolution des transports s'étendit depuis l'Europe, où les chemins de fer apparurent avant 1830 et le télégraphe avant 1840, l'automobile vers 1890 et la radio vers 1900. Le chemin de fer transcontinental ouvrit en 1869 aux États-Unis ; en 1900, le chemin de fer transsibérien et le chemin de fer du Cap au Caire étaient en construction, et la voie de Berlin à Bagdad n'en était qu'à ses débuts. Vers la même date (1900), l'Inde, les Balkans, la Chine et le Japon se couvrirent d'un réseau de voies ferrées, bien qu'aucune de ces régions, à cette époque, n'était assez industriellement développée pour se procurer l'acier ou le cuivre nécessaire à la construction et à l'entretien d'un tel réseau. Les étapes ultérieures de la révolution des transports, comme l'automobile ou la radio, se propagèrent encore plus rapidement et furent utilisées pour traverser les déserts du Sahara ou d'Arabie une génération à peine après leur avènement en Europe.

On peut voir un autre exemple important de cette situation dans le fait que la révolution agricole commença en Europe avant la révolution industrielle. C'est pour cela que l'Europe fut capable d'augmenter sa production de nourriture, et donc l'offre de main-d'œuvre pour l'industrialisation. Mais dans le monde non européen (sauf en Amérique du Nord), l'effort d'industrialisation commençait généralement avant tout succès notable dans l'obtention d'un système agricole plus productif. En conséquence, l'offre accrue de nourriture (et donc de main-d'œuvre) nécessaire à la croissance des villes industrielles dans le monde non européen était généralement obtenue non pas par une hausse de la production de nourriture, mais par une diminution de la part de nourriture produite destinée aux paysans. Dans l'Union soviétique, en particulier, la vitesse élevée de l'industrialisation dans la période 1926 à 1940 s'acheva par l'oppression impitoyable de la communauté rurale, durant laquelle des millions de paysans perdirent la vie. L'effort de la Chine communiste pour copier cette méthode soviétique précipita cette région au bord de la catastrophe dans les années 1950.

L'exemple le plus flagrant des différents rythmes de diffusion de ces deux développements européens est celui de la différence entre la propagation de la révolution de la production alimentaire et la diffusion de la révolution de l'hygiène et des services médicaux. Cette différence eut des conséquences fondamentales vers le milieu du XXe siècle, auxquelles nous devons accorder un examen approfondi.

En Europe, la révolution agricole, qui permit d'augmenter l'approvisionnement en nourriture, commença au moins cinquante ans avant les débuts de la révolution de l'hygiène et de la santé, qui diminua le nombre de décès, provoquant ainsi une hausse de la population. Les dates de ces deux débuts peuvent être estimées à 1725 et 1775. En raison de cette différence, l'Europe eut, en général, suffisamment de nourriture pour nourrir son surcroit de population. Lorsque la population atteignit un point où l'Europe ne pouvait plus la nourrir (vers 1850), les régions périphériques des mondes européens et non européens étaient si désireuses de s'industrialiser (ou d'obtenir des chemins de fer) que l'Europe fut en mesure d'obtenir de la nourriture non européenne en échange de ses biens industriels. Cette série d'évènements représenta une combinaison très profitable pour l'Europe. Mais la série d'évènements qui se déroula dans le monde non européen fut plutôt différente, et leur fut bien moins profitable. Non seulement le reste du monde obtint l'industrialisation avant de connaitre une révolution de la production alimentaire, mais il accéda également à la révolution de l'hygiène et de la santé avant d'avoir la quantité de nourriture nécessaire pour nourrir la population ainsi accrue. En conséquence, l'explosion démographique en Europe au début du XIXe siècle s'étendit à l'Europe orientale et à l'Asie avec des répercussions de plus en plus malheureuses. Il en résulta la création du plus grand problème social du monde du XXe siècle.

La plupart des sociétés stables et primitives, comme les Indiens d'Amérique avant 1492 ou l'Europe médiévale, n'eurent pas de grand problème de population, car le taux de natalité était contrebalancé par le taux de mortalité. Dans ce type de société, ces deux taux sont élevés, la population est stable et majoritairement jeune (en dessous de dix-huit ans). Ce type de société (souvent appelé « population de type A ») est celle qui existait en Europe à l'époque médiévale (vers 1400) ou même au début de la période moderne (vers 1700). En raison de l'augmentation des réserves de nourriture en Europe après 1725, et des chances accrues de sauver des vies grâce aux progrès de l'hygiène et de la santé après 1775, le taux de mortalité commença à chuter, alors que le taux de natalité restait élevé, et la population commença à croitre, augmentant aussi le nombre de personnes âgées. Cela donna naissance à ce qu'on appelle l'explosion démographique (ou « population de type B »). À la suite de cela, la population européenne (à commencer par celle de l'Europe occidentale) s'accrut durant le XIXe siècle, et la majeure partie de sa population se trouvait dans la fleur de l'âge (entre 18 ans et 45 ans), l'âge pour les hommes de porter les armes, et pour les femmes de porter des enfants.

À ce stade, le cycle démographique d'une population en expansion entame une troisième étape (« population de type C »), dans laquelle le taux de natalité commence lui aussi à baisser. Les causes de cette baisse n'ont jamais été expliquées de manière satisfaisante, mais, à la suite de celle-ci, une nouvelle situation démographique apparait, marquée par un taux de natalité en diminution, un taux de mortalité bas, et une population vieillissante en voie de stabilisation, dont la plus grande partie se trouve dans les années de maturité, entre trente et soixante ans. Alors que la population vieillit, à cause de la baisse du nombre de naissances et de l'augmentation de l'espérance de vie, une partie de plus en plus grande de la population dépasse l'âge de porter des enfants ou des armes. Cela entraine une baisse encore plus rapide du taux de natalité, et la population vieillit tellement que le taux de mortalité recommence à grimper en raison de la forte augmentation de décès dus à l'âge, ou des victimes de l'inévitable sénilité. En conséquence de quoi la société passe dans une quatrième étape du cycle démographique (« population de type D »). Cette étape est marquée par un taux de natalité en déclin, un taux de mortalité en augmentation, une diminution de la population, dont la majeure partie a plus de cinquante ans.

Je dois avouer que la nature du quatrième stade de ce cycle démographique est basée sur des considérations théoriques plutôt que sur l'observation empirique, car l'Europe, même occidentale (où le cycle est le plus avancé) ne l'a pas encore atteint. Cependant, il semble tout à fait probable qu'elle entrera dans cette étape vers l'année 2000, et déjà le nombre croissant de personnes âgées a donné naissance à de nouveaux problèmes et à une nouvelle science nommée la gériatrie, tant en Europe occidentale que dans l'est des États-Unis.

Comme nous l'avons dit, l'Europe a déjà connu les trois premières étapes de ce cycle de croissance, à la suite de la révolution agricole après 1725 et de la révolution de l'hygiène et de la santé après 1775. Alors que ces deux révolutions se diffusèrent vers l'extérieur de l'Europe occidentale, vers les zones périphériques du monde (la révolution permettant de sauver des vies transmettant celle de la production alimentaire en même temps), ces régions plus éloignées entrèrent, une par une, dans le cycle démographique. Cela signifie que l'explosion démographique (« population de type B ») se déplaça de l'Europe occidentale vers l'Europe centrale, puis vers l'Europe orientale, et enfin vers l'Asie et l'Afrique. Vers le milieu du XXe siècle, l'Inde était entièrement sous l'emprise de l'explosion démographique, sa population augmentant de 5 millions de têtes par an, alors que la population du Japon atteignait les 94 millions en 1960, contre 55 millions en 1920. On peut observer à Ceylan un bel exemple du fonctionnement de ce processus : en 1920, le taux de natalité était de 40 pour mille et le taux de mortalité était de 32 pour mille, alors qu'en 1950, si le taux de natalité était toujours de 40, le taux de mortalité était tombé à 12. Avant d'examiner l'impact de ce développement sur l'histoire du monde au XXe siècle, penchons-nous sur deux brefs tableaux qui permettront de clarifier ce processus.

Le cycle démographique peut être divisé en quatre étapes, que nous avons désignées par les quatre premières lettres de l'alphabet. Ces quatre étapes peuvent être distinguées selon quatre traits : le taux de natalité, le taux de mortalité, la proportion de la population et sa pyramide des âges. La nature de ces quatre étapes selon ces quatre points peut être observée dans le tableau suivant :

\multicolumn{5}{c	}{Le cycle démographique}
Étape	A	B	C	D
Taux de natalité	Élevé	Élevé	En baisse	Bas
Taux de mortalité	Élevé	En baisse	Bas	En hausse
Proportion	Stable	En hausse	Stable	En baisse
Pyramide des âges	Beaucoup de jeunes (moins de 18 ans)	Beaucoup de personnes dans la fleur de l'âge (entre 18 et 45 ans)	Beaucoup de personnes d'âge moyen (plus de 30 ans)	Beaucoup de personnes âgées (plus de 50 ans)

Les conséquences de ce cycle démographique (et de l'explosion démographique qui en résulte) durant sa diffusion de l'Europe occidentale vers des régions plus périphériques du monde peuvent être rassemblées dans le tableau suivant, qui établit la chronologie de ce mouvement dans quatre zones : l'Europe occidentale, l'Europe centrale, l'Europe orientale et l'Asie.

\multicolumn{5}{c	}{Diffusion du cycle démographique}
	\multicolumn{4}{c	}{Régions}
Dates	Europe occidentale	Europe centrale	Europe orientale	Asie
1700	A	A	A	A
1800	B	A	A	A
1850	B	B	A	A
1900	C	B	B	A
1950	C	C	B	B
2000	D	D	C	B

La ligne de la plus grande pression démographique (celle de l'explosion démographique de population de type B) a été marquée par une ligne pointillée dans ce tableau. Cela montre qu'il y a eu une séquence de quatre pressions démographiques successives, à intervalles d'environ cinquante ans, qui peuvent être désignées par les noms suivants :

- La pression franco-anglaise, vers 1850
- La pression germano-italienne, vers 1900
- La pression slave, vers 1950
- La pression asiatique, vers 2000

Cette diffusion de la pression depuis l'Europe de l'Ouest, cœur de la civilisation occidentale, vers l'extérieur, peut grandement contribuer à la compréhension de la période 1850 à 2000. Cela aide à expliquer la rivalité franco-anglaise vers 1850, l'alliance anglo-française basée sur la peur de l'Allemagne après 1900, l'alliance du monde libre basée sur la peur de l'Union soviétique après 1950, et le danger que représentera en 2000 la pression de l'Asie à la fois pour la civilisation soviétique et pour la civilisation occidentale.

Ces exemples montrent comment notre compréhension du XXe siècle peut être éclairée par une étude des différents développements de l'Europe occidentale et par les rythmes variables avec lesquels ils se sont diffusés vers l'extérieur, vers des portions plus périphériques de la civilisation occidentale et, finalement, vers le monde non occidental. On peut lister ces développements d'une manière grossière dans l'ordre où ils sont apparus en Europe occidentale, ainsi que l'ordre dans lequel ils sont apparus dans le reste plus éloigné du monde.

Développements dans l'Europe occidentale	Développements en Asie
1. Idéologie occidentale	1. Révolution de l'armement
2. Révolution de l'armement (en particulier des armes à feu)	2. Révolution des transports et des communications
3. Révolution agricole	3. Révolution de l'hygiène et de la santé
4. Révolution industrielle	4. Révolution industrielle
5. Révolution de l'hygiène et de la santé	5. Explosion démographique
6. Explosion démographique	6. Révolution agricole
7. Révolution des transports et des communications	7. Et enfin, l'idéologie occidentale (si elle finit par y arriver)

Naturellement, ces deux listes ne sont qu'une estimation grossière de la réalité. Dans le cas de la liste européenne, il devrait être précisé que les points sont organisés selon leurs apparitions, et que chacun d'eux est, depuis, en processus de développement continu. Dans le cas de la liste asiatique, il devrait être clair que l'ordre d'arrivée des différents traits est très différent selon les domaines, et que l'ordre donné dans cette liste est simplement celui qui semble s'appliquer à plusieurs régions importantes. Naturellement, les problèmes posés par l'arrivée de ces traits dans les zones asiatiques dépendent de l'ordre dans lequel ils arrivent, et sont donc très différents dans les régions où l'ordre d'arrivée n'est pas le même. La différence principale vient d'une inversion de l'ordre entre les points 3 et 4.

Le fait que l'Asie ait obtenu ces traits dans un ordre différent de celui de leur apparition en Europe est de la plus haute importance. Nous allons consacrer une grande partie du reste de ce livre à l'examen de ce sujet. À ce stade, nous pourrions en pointer deux aspects. En 1830, la démocratie connaissait une croissance rapide en Europe et en Amérique. À cette époque, le développement des armes avait atteint un point où les gouvernements ne pouvaient pas obtenir des armes beaucoup plus efficaces que celles que les citoyens pouvaient se procurer. De plus, les citoyens pouvaient se procurer de bonnes armes, car ils avaient un niveau de vie suffisant pour se le permettre (grâce à la révolution agricole), et ces armes étaient peu chères (grâce à la révolution industrielle). En 1930 (et plus encore vers 1950), le développement de l'armement avait progressé à un tel point que les gouvernements pouvaient obtenir des armes plus efficaces (bombardiers en piqué, véhicules blindés, lance-flammes, gaz toxiques et autres du même acabit) que les particuliers. De plus, en Asie, ces armes plus perfectionnées arrivèrent avant que le niveau de vie pût être amélioré par la révolution agricole, ou que le cout des armes pût être suffisamment réduit par la révolution industrielle. En outre, le niveau de vie en Asie était maintenu bas par le fait que la révolution de l'hygiène et de la santé et l'explosion démographique s'étaient produites avant la révolution agricole. En conséquence, en 1830, les gouvernements d'Europe n'osaient pas (ou osaient timidement) opprimer le peuple, ce qui engendra un développement de la démocratie, mais dans le monde non européen de 1930 (et encore plus de 1950), les gouvernements n'hésitaient plus à opprimer leurs peuples, qui pouvaient difficilement se défendre. Si nous ajoutons à cette analyse le fait que l'idéologie de l'Europe occidentale comportait de forts éléments démocratiques dérivés de ses traditions chrétiennes et scientifiques, alors que la vie politique des pays asiatiques était marquée par une tradition autoritaire, nous pouvons voir que si cette démocratie avait un avenir prometteur en Europe en 1830, ses perspectives en Asie étaient plus qu'incertaines en 1950.

D'un autre point de vue, nous pouvons voir que la séquence des révolutions agricoles-industrielles-transports permit à l'Europe d'augmenter le niveau de vie de sa population et de limiter l'oppression rurale, puisque la révolution agricole fournit de la nourriture, et donc de la main-d'œuvre, pour l'industrialisation et pour les installations de transport. En Asie, où la séquence de ces trois révolutions était différente (généralement : transports-industrielle-agricole), la main-d'œuvre put être obtenue grâce à la révolution de l'hygiène et de la santé, mais la production de la nourriture nécessaire à cette main-d'œuvre ne put être obtenue qu'en opprimant la population rurale et en empêchant toute réelle amélioration du niveau de vie. Certains pays essayèrent d'éviter cela en empruntant des capitaux à l'Europe pour la construction des chemins de fer et des aciéries, plutôt qu'en collectant des capitaux à partir des épargnes réalisées par leurs propres peuples. Mais cela signifiait que ces pays devenaient alors des débiteurs (et donc, dans une certaine mesure, des subordonnés) de l'Europe. Le nationalisme asiatique en vint à rejeter ce rôle de débiteur, et à lui préférer l'oppression rurale de son peuple, par son gouvernement. L'exemple le plus frappant de cette préférence pour l'oppression rurale plutôt que pour l'endettement étranger s'observe dans l'Union soviétique de 1928, avec l'introduction des plans quinquennaux. Des choix semblables, bien que moins drastiques, furent effectués plus tôt que cela au Japon, et bien plus tard en Chine. Mais nous ne devons pas oublier que ces choix difficiles, et bien d'autres encore, durent être faits par les asiatiques parce qu'ils obtinrent les éléments diffusés de la civilisation occidentale dans un ordre différent de celui de leur apparition en Europe.

Le passage au XXe siècle en Europe

Pendant que les traits européens se diffusaient vers le reste du monde, l'Europe connut aussi de profonds changements et dut faire face à des choix difficiles. Ces derniers s'accompagnèrent de changements drastiques, parfois même de véritables inversions de tendance du point de vue de l'Europe. Ces changements peuvent être classés en huit rubriques. Le XIXe siècle fut marqué par (1) la croyance en la bonté innée de l'homme, (2) la laïcité, (3) la foi dans le progrès, (4) le libéralisme, (5) le capitalisme, (6) la foi dans la science, (7) la démocratie, et (8) le nationalisme. D'une manière générale, ces huit facteurs fonctionnèrent ensemble durant le XIXe siècle. Ils étaient généralement considérés comme étant compatibles les uns avec les autres ; ceux qui étaient favorables à l'un étant en principe favorables aux autres, et ceux qui s'opposaient à l'un s'opposant généralement au reste. Metternich et De Maistre étaient opposés aux huit, alors que Thomas Jefferson et John Stuart Mill leur étaient tous favorables.

L'origine de la croyance en la bonté innée de l'homme remonte au XVIIIe siècle, quand un grand nombre de personnes développèrent l'idée selon laquelle l'homme naissait bon et libre, mais était partout déformé, corrompu et asservi par de mauvaises institutions et conventions. Comme le dit Rousseau : « l'homme est né libre, et partout il est dans les fers ». Ainsi naquit le concept du « bon sauvage », la nostalgie romantique pour la nature et pour la noblesse simple, et l'honnêteté des habitants d'un pays lointain. Si seulement l'homme pouvait être libéré, pensaient-ils, de la corruption de la société et de ses conventions artificielles, du fardeau de la propriété, de l'État, du clergé, des règles du mariage, alors, il leur semblait clair que l'homme pourrait s'élever à des sommets inespérés jusqu'alors. Il pourrait, en effet, devenir une sorte de surhomme, presque un dieu. C'est ce courant d'idées qui conduisit à la Révolution française. C'est ce courant d'idées qui incita l'explosion d'indépendance et d'optimisme si caractéristique de la période s'étendant de 1770 à 1914.

Évidemment, si l'homme était naturellement bon et n'avait besoin que d'être libéré des restrictions sociales, il serait capable de formidables réalisations dans ce monde, et n'aurait pas besoin de reporter ses espoirs de salut personnel dans l'éternité. Évidemment, si l'homme était une créature presque divine dont les actions indignes d'un être divin étaient uniquement dues aux frustrations venant des conventions sociales, il n'y aurait pas lieu de se soucier de la consécration du Seigneur ou de se dévouer à toute autre finalité de ce monde. L'homme pourrait accomplir beaucoup, juste en se consacrant à lui-même et en se dévouant aux objectifs de ce monde. Ainsi vint le triomphe de la laïcité.

Plusieurs théories sur la nature du mal étaient étroitement liées à ces croyances du XIXe siècle selon lesquelles l'homme était naturellement bon, la société mauvaise, et l'optimisme et la laïcité des attitudes raisonnables.

Pour l'esprit du XIXe siècle, le mal, ou le péché était une conception négative. Il n'était qu'un manque ou une distorsion du bien. Toute idée de péché, ou de mal en tant que forme positive opposée au bien, capable d'exister par sa propre nature, était totalement absente de l'esprit typique du XIXe siècle. Pour un tel esprit, le seul mal était la frustration, et le seul péché la répression.

Tout comme la conception négative de la nature du mal découlait de la croyance selon laquelle l'humain était bon de nature, l'idée du libéralisme découlait de la croyance selon laquelle la société était mauvaise. Car, si la société était mauvaise, l'État, qui était le pouvoir coercitif organisé de la société, serait doublement mauvais, et si l'homme était bon, il devrait être libéré, avant tout, du pouvoir coercitif de l'État. Le libéralisme était la culture qui émergea de ce terreau. Dans son aspect le plus global, le libéralisme croyait que les hommes devaient être libérés du pouvoir coercitif de l'État. Dans son aspect le plus strict, le libéralisme croyait que les activités économiques de l'homme devaient être complètement libérées de «l'interférence de l'État». Cette dernière croyance, résumée par le cri de guerre «pas de gouvernement dans les affaires», était appelée plus communément le «laissez-faire». Le libéralisme, qui incluait le laissez-faire, était un terme plus large, car il aurait libéré l'homme du pouvoir coercitif de toute Église, armée ou autre institution, et aurait laissé à la société à peine plus de pouvoir qu'il était nécessaire pour empêcher les forts d'opprimer physiquement les faibles.

Que ce soit dans son aspect le plus large ou le plus strict, le libéralisme était basé sur une superstition presque universellement acceptée au XIXe siècle, connue sous le nom de «communauté d'intérêts». Cette croyance étrange, et peu examinée soutenait qu'il existait réellement, sur le long terme, une communauté d'intérêts entre les membres d'une société. Elle affirmait qu'à long terme ce qui était bon pour un des membres de la société était bon pour tous, et ce qui était mauvais pour l'un était mauvais pour tous. Mais cette affirmation allait bien plus loin que cela. La théorie de la «communauté d'intérêts» soutenait qu'il existait un modèle social possible dans lequel chaque membre d'une société serait en sécurité, libre et prospère, et que ce modèle pouvait être réalisé par un processus d'ajustement par lequel chaque personne se situerait à la place attribuée de droit par ses capacités innées d'après ce modèle. Cela impliquait deux corolaires que le XIXe siècle était prêt à accepter : (1) que les capacités humaines étaient innées, et ne pouvaient être déformées ou supprimées qu'au travers de la discipline sociale, et (2) que l'individu était le plus apte à juger de ses intérêts personnels.

Combinés, ils formaient la doctrine de la « communauté d'intérêts », une doctrine qui maintenait que si chaque individu faisait ce qui semblait le mieux pour lui, le résultat à long terme serait positif pour l'ensemble de la société.

Deux autres convictions du XIXe siècle étaient étroitement liées à l'idée de la « communauté d'intérêts » : la foi dans le progrès et la croyance dans la démocratie. L'homme moyen de 1880 était convaincu qu'il était l'aboutissement d'un long procédé de progrès inéluctable, qui durait depuis des millénaires et qui continuerait indéfiniment dans le futur. Cette foi dans le progrès était figée à un tel point qu'elle tendait à voir le progrès comme étant à la fois inévitable et automatique. Des choses meilleures émergeaient constamment des luttes et des conflits de l'univers, et les souhaits et plans de ces objets n'avaient que peu de rapport avec le processus.

L'idée de la démocratie était aussi reconnue comme inévitable, quoique pas toujours autant désirable, car le XIXe siècle ne pouvait pas se débarrasser entièrement du sentiment persistant selon lequel la loi du meilleur ou la loi du plus fort serait préférable à la loi de la majorité. Mais le développement politique rendit la loi de la majorité inévitable, et elle finit par être acceptée, du moins en Europe occidentale, en particulier parce qu'elle était compatible avec le libéralisme et l'idéologie de la communauté d'intérêts.

Le libéralisme, le concept de la communauté d'intérêts et la foi dans le progrès menèrent, presque inévitablement, à la pratique et à la théorie du capitalisme. Le capitalisme était un système économique dont la force de motivation reposait dans le désir de profits privés déterminés par un système de prix. Un tel système, présumait-on, en cherchant la multiplication des profits pour chaque individu, aboutirait à un progrès économique sans précédent, sous le drapeau du libéralisme, et en accord avec le concept de la communauté d'intérêts. Au XIXe siècle, ce système, en association avec les avancées extraordinaires en sciences naturelles, avait donné lieu à l'industrialisation (c'est-à-dire la production d'énergie) et à l'urbanisme (c'est-à-dire la vie urbaine), qui étaient tous deux considérés comme nécessairement associés au progrès par de nombreuses personnes, bien qu'une minorité persistante sachant se faire entendre les considérait avec beaucoup de méfiance.

Le XIXe siècle fut également un âge de science. Par ce terme, on entendait l'idée selon laquelle l'univers obéissait à des lois rationnelles, qui pouvaient être découvertes par l'observation, et donc être utilisées pour le contrôler. Cette idée était étroitement liée à l'optimisme de cette période, à la foi dans le progrès inévitable, et à la laïcité. Cette dernière semblait tendre vers le matérialisme. Celui-ci pourrait être défini comme étant la croyance selon laquelle toute réalité était en fin de compte explicable sur le plan des lois physiques et chimiques qui s'appliquaient à la matière temporelle.

La dernière caractéristique du XIXe siècle était loin d'être la moindre : il s'agissait du nationalisme. C'était la grande époque du nationalisme, un mouvement qui était discuté dans de nombreux livres, longs et peu concluants, mais qui pourrait être défini pour notre usage comme « un mouvement visant à l'unité politique avec ceux auxquels nous nous identifions ». En tant que tel, le nationalisme du XIXe siècle possédait une force dynamique qui fonctionnait dans deux directions. D'un côté, il servait à rassembler les personnes d'une même nationalité dans une unité resserrée, émotionnellement satisfaisante. D'un autre côté, il permettait de séparer les personnes de nationalités différentes en des groupes antagonistes, souvent au détriment de leurs réels avantages politiques, économiques ou culturels mutuels. Ainsi, durant la période à laquelle nous faisons référence, le nationalisme agissait parfois comme une force cohésive, créant une Allemagne ou une Italie unie à partir d'un patchwork d'unités politiques distinctes. Mais parfois, au contraire, le nationalisme agissait comme une force perturbatrice au sein d'États dynastiques comme l'empire des Habsbourg ou l'Empire ottoman, fractionnant ces grands États en un certain nombre d'entités politiques distinctes.

Ces caractéristiques du XIXe siècle furent si largement modifiées au XXe siècle qu'il pourrait sembler, à première vue, que ce dernier n'était rien de plus que l'opposé du premier. Cela n'était pas totalement le cas, mais il ne pouvait y avoir aucun doute sur le fait que ces caractéristiques avaient subi des changements drastiques durant le XXe siècle.

Ce changement naquit d'une série d'expériences bouleversantes qui avaient profondément perturbé les modèles de comportement et de croyance, d'organisation sociale et des espoirs humains. Les plus importantes de ces expériences bouleversantes avaient été le traumatisme de la Première Guerre mondiale, l'interminable agonie de la grande dépression, et la violence sans précédent des destructions de la Seconde Guerre mondiale. De ces trois-là, la Première Guerre mondiale avait sans aucun doute été la plus importante. Pour un peuple qui croyait en la bonté innée de l'homme, au progrès inévitable, à la communauté d'intérêts, et qui concevait le mal comme une absence de bien, la Première Guerre mondiale, avec ses millions de morts et ses milliards de dollars gaspillés, avait frappé si fort que les hommes étaient devenus incapables de la comprendre. Et, de fait, son analyse n'avait rencontré que peu de succès. Les gens de cette époque la percevaient comme une aberration temporaire et inexplicable, qui devait être terminée le plus vite possible, et oubliée dès son achèvement. En conséquence, en 1919, les hommes étaient presque unanimes dans leur détermination à rétablir le monde de 1913. Cette tentative se solda par un échec. Après dix ans d'efforts pour cacher la nouvelle réalité de la vie sociale derrière un paravent peint pour ressembler à 1913, les faits s'extirpèrent des faux-semblants, et les hommes furent forcés, qu'ils le voulussent ou non, d'affronter la sombre réalité du XXe siècle. Les évènements qui détruisirent ce joli monde onirique de 1919-1929 furent l'effondrement du marché boursier, la grande dépression économique mondiale, la crise financière mondiale, et finalement l'appel martial pour le réarmement et l'agression. Ainsi, la dépression et la guerre forcèrent les hommes à se rendre compte que le Vieux Monde du XIXe siècle était bel et bien révolu, et les forcèrent à chercher à créer un Nouveau Monde en accord avec la réalité de la condition des temps présents. Ce monde nouveau, issu de la période 1914-1945, ne prit sa forme reconnaissable que vers l'approche de la fin de la première moitié du XXe siècle.

Le XXe siècle, contrastant ainsi avec la croyance du XIXe siècle selon laquelle l'humain était bon de nature et que la société était source de corruption, en vint à croire que la nature humaine, si elle n'était pas fondamentalement mauvaise, était au moins capable d'être particulièrement maléfique. Laissé à lui-même, semble-t-il, aujourd'hui, l'homme tomberait facilement au niveau de sauvage, ou plus bas encore, et ce résultat ne pourrait être évité que par une formation et par le pouvoir coercitif de la société. Ainsi, l'homme serait capable de faire le mal, mais la société pourrait l'en empêcher. En plus de ce passage de l'homme bon et de la mauvaise société vers l'homme mauvais et de la bonne société, on constata l'apparition d'un mouvement de l'optimisme vers le pessimiste, et de la laïcité vers la religion. En même temps, la vision du mal comme une absence du bien fut remplacée par l'idée que le mal était une force positive à laquelle on devait résister, et qui devait être surmontée. Les horreurs des camps de concentration d'Hitler et des camps de travaux forcés de Staline furent les principales raisons de ce changement.

À ceux-ci, beaucoup d'autres s'ajoutèrent. La croyance selon laquelle les capacités humaines étaient innées et devaient être libérées des contraintes sociales afin de s'exprimer fut remplacée par l'idée selon laquelle les capacités humaines étaient le résultat de la formation sociale, et devaient être dirigées vers des buts socialement acceptables. Ainsi le libéralisme et le laissez-faire furent remplacés, semble-t-il, par la discipline sociale et la planification. La communauté d'intérêts qui devait apparaitre si les hommes poursuivaient simplement leurs propres désirs fut remplacée par l'idée de la communauté de l'aide sociale, qui devait être créée par une action d'organisation consciente. La foi dans le progrès fut remplacée par la peur de la régression sociale, voire l'annihilation humaine. La démocratie céda devant l'avance insidieuse de l'autoritarisme, et le capitalisme individuel à la recherche du profit semble aujourd'hui sur le point d'être remplacé par le capitalisme d'État, pour l'économie dirigée vers l'aide sociale. La science est de toute part contestée par les croyances, dont certaines marchent sous la bannière de la science ; l'urbanisme atteignit sa limite et fut remplacé par le suburbanisme ou le « retour au pays » ; et le nationalisme vit son appel patriotique défié par l'appel des groupes plus importants à portée idéologique, continentale, ou de classes sociales.

Nous avons déjà porté notre attention sur la manière dont un certain nombre d'innovations originaires de l'Europe occidentale, comme l'industrialisation ou l'explosion démographique, se diffusèrent vers le monde non européen périphérique à des vitesses tellement inégales qu'elles atteignirent l'Asie dans un ordre très différent de celui dans lequel elles avaient quitté l'Europe occidentale. Le même phénomène peut être observé dans la civilisation occidentale en ce qui concerne les caractéristiques de l'Europe au XIXe siècle, que nous avons énumérées. Par exemple, le nationalisme était déjà très visible en Grande-Bretagne au moment de la défaite de l'armada espagnole en 1588 ; il faisait rage en France dans la période qui suivit 1789 ; il n'atteignit l'Allemagne et l'Italie qu'après 1815, est devint une force puissante en Russie et dans les Balkans vers la fin du XIXe siècle, et fut notable en Chine, Inde, Indonésie, et même en Afrique noire au XXe siècle. Des modèles assez semblables de diffusion peuvent être trouvés concernant la propagation de la démocratie, du système de gouvernement parlementaire, du libéralisme et de la laïcité. La règle, cependant, n'est pas si générale, ou si simple, qu'elle semble à première vue. Les exceptions et les complications deviennent plus nombreuses au fur et à mesure de l'approche du XXe siècle. Même plus tôt, il est évident que l'arrivée de l'État souverain ne suivait pas ce modèle, étant donné que le despotisme éclairé ainsi que la croissance de l'autorité publique suprême apparurent en Allemagne, et même en Italie, avant de faire leur apparition en France. L'éducation gratuite universelle apparut également en Europe centrale avant de voir le jour dans un pays occidental comme la Grande-Bretagne. Le socialisme était aussi un produit de l'Europe centrale, plutôt que de l'Europe occidentale, et ne s'étendit de l'une à l'autre que vers la cinquantième année du XXe siècle. Ces exceptions à la règle générale à propos du mouvement vers l'Est des développements de l'histoire moderne ont plusieurs explications. Certaines d'entre elles sont évidentes, mais d'autres sont réellement compliquées. Nous pouvons mentionner, comme exemple d'un tel élément, qu'en Europe occidentale le nationalisme, l'industrialisation, le libéralisme et la démocratie furent, de manière générale, atteints dans cet ordre. Mais en Allemagne, ils apparurent tous au même moment. Il apparut aux yeux des Allemands qu'ils pouvaient obtenir le nationalisme et l'industrialisation, qu'ils désiraient, plus rapidement et avec plus de succès s'ils sacrifiaient le libéralisme et la démocratie. Ainsi, en Allemagne, le nationalisme fut atteint sans l'aide de la démocratie, par « le sang et le fer », comme l'a formulé Bismarck, alors que l'industrialisation fut atteinte sous l'égide de l'État, plutôt qu'avec le libéralisme. Cette sélection d'évènements, ainsi que leur antagonisme mutuel résultant, fut possible dans les zones plus périphériques uniquement parce que ces régions avaient les précédentes expériences de l'Europe occidentale à étudier, copier, éviter ou à modifier. Elles durent parfois modifier ces traits au fur et à mesure de leur développement. Cela peut être observé à partir des considérations suivantes. Lorsque la révolution industrielle commença en Grande-Bretagne et en France, ces pays furent capables de rassembler le capital nécessaire pour leurs nouvelles usines, car ils avaient déjà passé la révolution agricole et que, en tant que premiers producteurs de biens industriels, ils faisaient des profits excessifs qui pouvaient être utilisés comme source de capital. Mais en Allemagne et en Russie, il était beaucoup plus difficile de trouver du capital, car ces pays n'atteignirent la révolution industrielle que plus tard, les mettant en compétition avec la Grande-Bretagne et la France, et ne purent donc faire suffisamment de bénéfices, et aussi parce qu'ils n'avaient pas encore traversé leur révolution agricole sur laquelle ils auraient pu bâtir les bases de leur révolution industrielle.

En conséquence, alors que l'Europe occidentale, possédant beaucoup de capital et d'armes démocratiques bon marché, fut en mesure de financer son industrialisation avec le libéralisme et la démocratie, l'Europe centrale et l'Europe de l'Est rencontrèrent des difficultés pour financer leur industrialisation, et pour elles le processus s'étira sur une période où les armes démocratiques simples et bon marché furent remplacées par des armes complexes et couteuses. Cela signifie que le capital nécessaire pour la construction des chemins de fer et des usines devait être levé avec l'aide du gouvernement ; le libéralisme déclina ; le nationalisme montant encouragea cette tendance et la nature antidémocratique des armes existantes indiqua clairement que le libéralisme et la démocratie étaient tous deux dans une période très précaire.

En conséquence de situations telles que celles-ci, certaines des caractéristiques qui surgirent en Europe occidentale au XIXe siècle se déplacèrent avec beaucoup de difficultés et seulement pour une brève période vers des régions plus périphériques de l'Europe et de l'Asie. Parmi ces traits moins robustes du grand siècle de l'Europe occidentale, on peut citer le libéralisme, la démocratie, le système parlementaire, l'optimisme et la foi dans le progrès inéluctable. Ils furent, pourrait-on dire, des fleurs d'une nature si délicate qu'elles étaient incapables de survivre à toute longue période de tempête. Il est clair que le XXe siècle les soumit à de longues périodes de fortes tempêtes, quand on considère le fait qu'il intercala une dépression économique globale entre deux guerres mondiales.

II

LA CIVILISATION OCCIDENTALE JUSQU'EN 1914

Le modèle d'évolution	42
Les développements économiques de l'Europe	52
Le capitalisme commercial	52
Le capitalisme industriel, 1770-1850	58
Le capitalisme financier, 1850-1931	61
Pratiques financières nationales et internationales	65
La situation avant 1914	79
Les États-Unis jusqu'en 1917	82

Le modèle d'évolution

Dans le but de gagner de la perspective, on divise parfois d'une manière quelque peu arbitraire la culture d'une société en plusieurs aspects différents. Par exemple, on peut la diviser en six aspects : militaire, politique, économique, social, religieux et intellectuel. Naturellement, ces différents aspects sont très fortement liés, et dans chacun d'entre eux il y a de fortes connexions entre ce qui existe aujourd'hui et ce qui existait auparavant. On pourrait ainsi parler de la démocratie comme d'un fait, ou d'un aspect, du plan politique. Afin d'en discuter d'une manière intelligente, on devrait non seulement savoir ce qu'est la démocratie d'aujourd'hui, mais également connaître ses relations avec les précédents faits sur le plan politique, ainsi qu'avec les divers faits sur les cinq autres niveaux de la société. Bien entendu, on ne peut pas discuter d'un sujet de manière intelligente sans avoir une idée plutôt précise de la signification des mots que nous employons. Pour cette raison, nous définirons régulièrement les termes utilisés pour discuter de ce sujet.

Le niveau militaire s'occupe de l'organisation de la force, le niveau politique de celle du pouvoir, et le niveau économique de celle de la richesse. Quand on parle de « l'organisation du pouvoir » au sein d'une société, on entend la manière dont l'obéissance et le consentement (ou l'assentiment tacite) sont obtenus. Les relations étroites entre ces niveaux peuvent être constatées au travers du fait qu'il existe trois façons basiques de gagner l'obéissance : par la force, par l'achat du consentement avec des richesses, et par la persuasion. Chacune de ces trois façons mène vers un niveau différent du plan politique (militaire, économique ou intellectuel). Ainsi, l'organisation du pouvoir d'aujourd'hui (c'est-à-dire les méthodes utilisées pour obtenir l'obéissance dans la société) est un développement des méthodes passées utilisées pour obtenir l'obéissance dans la société.

Ces relations sont importantes, car durant le vingtième siècle, dans la civilisation occidentale, l'ensemble des six niveaux change à une vitesse impressionnante, et les relations entre eux fluctuent aussi très rapidement. Si l'on ajoute à ce tableau confus de la civilisation occidentale le fait qu'elle est influencée par d'autres sociétés, ou bien les influence elle-même, il semble alors que le monde du XXe siècle soit presque trop compliqué à comprendre. C'est en effet le cas, et nous devrons simplifier (peut-être même à l'excès) ces complexités afin d'atteindre une compréhension rudimentaire. Une fois cela fait, on pourra alors élever notre niveau de compréhension en prenant compte, petit à petit,

Le modèle d'évolution

de certaines des complexités présentes dans le monde.

Au niveau militaire de la civilisation occidentale du XXe siècle, le principal développement consiste en une hausse constante de la complexité et du cout des armes. Quand les armes sont peu chères et si faciles d'emploi que presque n'importe qui peut les utiliser après une courte période de formation, les armées se constituent généralement de grandes masses de soldats amateurs. Nous appelons de telles armes des « armes d'amateur », et nous pourrions appeler de telles armées des « armées massives de citoyens-soldats ». Le siècle de Périclès de la Grèce classique et le XIXe siècle de la civilisation occidentale étaient des périodes d'armes d'amateurs et de citoyens-soldats. Mais le XIXe siècle fut précédé (tout comme le siècle de Périclès) par une période durant laquelle les armes étaient chères, et demandaient une longue période de formation avant de pouvoir être utilisées. On appelle de telles armes des « armes spécialisées ». Les périodes avec des armes spécialisées sont en principe des périodes où les armées sont de taille réduite et composées de soldats professionnels (généralement des mercenaires). En outre, la minorité de la population qui possède de telles armes peut, en principe, forcer la majorité qui n'en possède pas à lui obéir. Ainsi, une période d'armes spécialisées a tendance à donner naissance à une période caractérisée par la dominance d'une minorité, et par un gouvernement autoritaire. À l'inverse, une période d'armes d'amateur est une période dans laquelle les hommes sont plus ou moins égaux en pouvoir militaire, où la majorité peut forcer la minorité à céder, et où la règle de la majorité, ou même un gouvernement démocratique, tend à se développer. La période médiévale, durant laquelle l'arme par excellence était habituellement un chevalier à cheval (visiblement, donc, une arme spécialisée), fut une période de gouvernement autoritaire exécuté par une minorité. Même après que le chevalier de l'époque médiévale (tout comme son château en pierres) devint obsolète par l'invention de la poudre à canon et l'apparition des armes à feu, ces armes étaient si chères et si difficiles d'utilisation (du moins jusqu'en 1800) que le système de gouvernement autoritaire dirigé par une minorité perdura, bien qu'il cherchât à imposer sa loi en échangeant des cavaliers contre des mousquetaires et des lanciers professionnels. Mais après 1800, il devint moins couteux de se procurer des armes à feu, et moins difficile de s'en servir. Vers 1840, un révolver Colt se vendait pour 27 dollars, un fusil Springfield coutait à peine plus ; et il s'agissait là, à peu près, des meilleures armes que l'on pouvait se procurer à cette époque. Ainsi, les armées massives de citoyens, équipées de ces armes bon marché et faciles d'utilisation, commencèrent à remplacer les armées de soldats professionnels, à partir d'environ 1800 en Europe et plus tôt encore en Amérique. Parallèlement, des gouvernements démocratiques commencèrent à remplacer les gouvernements autoritaires (mais majoritairement dans les régions où les nouvelles armes peu chères étaient disponibles, et où le niveau de vie était suffisamment haut pour permettre aux gens de se les procurer).

L'arrivée de l'armée massive de citoyens-soldats durant le XIXe siècle créa un difficile problème de contrôle, car les techniques de transport et de communication n'avaient pas atteint un niveau suffisamment élevé pour permettre une gestion flexible d'une armée massive. Une telle armée pouvait se déplacer à pied ou par voie ferrée ; le gouvernement pouvait communiquer avec ses diverses unités en utilisant soit les services postaux ou le télégramme. Le problème que posaient ces techniques pour diriger une armée massive fut résolu en partie durant la guerre de Sécession entre 1861 et 1865, puis amélioré par Helmut von Moltke pour le compte du Royaume de Prusse durant la guerre austro-prussienne de 1866. La solution était rigoureuse : un plan de campagne était préparé à l'avance, contre un adversaire spécifique, avec un programme préétabli et des instructions détaillées pour chaque unité militaire ; les communications étaient préparées et même émises à l'avance pour pouvoir être utilisées selon le programme. Cette stratégie était si inflexible que le signal de mobilisation était presque un ordre d'attaquer un état voisin, parce que le plan, une fois lancé, ne pouvait plus être changé et pouvait à peine être ralenti. Avec cette méthode rigoureuse, la Prusse créa l'Empire allemand en brisant l'Autriche en 1866, puis la France en 1871. En 1900, tous les pays de l'Europe avaient adopté la même méthode, et avaient préparé des plans, dont le signal de mobilisation constituait une attaque contre un État voisin avec lequel, dans certains cas (comme pour l'invasion par les Allemands de la Belgique), l'attaquant n'entretenait aucune animosité. Ainsi, quand le signal de mobilisation fut lancé en 1914, les pays de l'Europe étaient prompts à se sauter à la gorge.

Au XXe siècle, la situation militaire changea radicalement de deux façons. D'une part, les communications et les transports furent améliorés à un tel point par l'invention du moteur à combustion interne et de la radio que le contrôle et le mouvement des troupes, et même des soldats individuels, devinrent très flexibles. La mobilisation cessa d'être synonyme d'attaque, et celle-ci cessa d'être l'équivalent de guerre totale. D'autre part, depuis la première utilisation des tanks, du gaz, des obus explosifs et du bombardement stratégique aérien entre 1915 et 1918, à laquelle s'ajoutèrent toutes les innovations en matière d'armement qui menèrent à la première bombe atomique en 1945, les armes spécialisées devinrent supérieures aux armes d'amateur. Cela aboutit à un double résultat, qui évolua encore à la moitié du siècle : premièrement, l'armée mobilisée composée de citoyens-soldats se vit graduellement remplacée par une armée plus réduite et composée de soldats spécialisés et professionnels, et deuxièmement, le gouvernement autoritaire commença à transformer le gouvernement démocratique.

Au niveau politique également, de profonds changements eurent lieu au XXe siècle. Ces derniers avaient un lien avec le fait qu'on pouvait lancer un appel à l'allégeance, et en particulier avec le besoin de trouver une base d'allégeance qui permettrait de gagner la loyauté d'un nombre de plus en plus important de personnes, sur une région de plus en plus grande. Au début du Moyen Âge, quand il n'y avait ni État ni autorité publique, l'organisation politique était celle du système féodal, qui était construit sur la base de la loyauté personnelle liant un petit groupe de personnes. Avec la réapparition de l'État et de l'autorité publique, de nouveaux modèles de comportements politiques s'organisèrent, formant ce qu'on appelle la « monarchie féodale ». Cela permit à l'État de ressurgir pour la première fois depuis l'effondrement de l'empire de Charlemagne au XIXe siècle, mais avec des allégeances limitées à un nombre de personnes relativement faible, sur une zone relativement petite. Le développement des armes et l'amélioration constante des transports et des communications permirent d'imposer l'obéissance à des régions de plus en plus grandes, et rendirent nécessaire de baser l'allégeance sur quelque chose de plus concret que la loyauté personnelle à un monarque féodal. En conséquence, la monarchie féodale se vit remplacée par la monarchie dynastique. Dans ce système, les sujets juraient allégeance à la famille royale (dynastie), bien que la réelle base de la dynastie reposait sur la loyauté d'une armée professionnelle, composée de lanciers et de mousquetaires.

Le passage de l'armée professionnelle de mercenaires vers l'armée massive de citoyens-soldats, en addition aux autres facteurs agissants sur divers niveaux de culture, rendit nécessaire une fois de plus l'élargissement de la base d'allégeance, après 1800. Cette nouvelle base était le nationalisme, et fit de l'État national l'unité politique typique du XIXe siècle. Les plus grands États dynastiques ne purent effectuer ce changement, car ils régnaient sur de nombreux groupes différents tant en langue qu'en nationalité. En 1900, trois vieilles monarchies dynastiques étaient menacées de désintégration par la marée montante de l'agitation nationaliste. Ces trois dynasties, l'Empire austro-hongrois, l'Empire ottoman et l'Empire russe des Romanov se désintégrèrent après les défaites de la Première Guerre mondiale. Mais les unités territoriales plus petites qui les remplacèrent – des pays comme la Pologne, la Tchécoslovaquie, ou la Lituanie, organisés principalement selon les groupes de langues – reflétaient peut-être suffisamment les sentiments nationalistes du XIXe siècle, mais reflétaient très mal l'évolution des armes, des communications, des transports et de l'économie du XXe siècle. Au milieu de ce dernier siècle[1], ces développements atteignirent un point où les États pouvant produire les derniers instruments de contrainte étaient en mesure d'imposer l'obéissance à des régions beaucoup plus grandes que celles occupées par les peuples parlant la même langue, ou se considérant de la même nationalité. Déjà en 1940, il devint apparent que les nouveaux super-États qui commençaient à naitre avaient besoin de créer de nouvelles bases

---

1. N.D.É. XIXe siècle.

à portée plus continentale que les groupes nationaux qui existaient jusqu'alors. Il devint également clair que la base d'allégeance pour ces nouveaux super-États à échelle continentale devait être fondée sur l'idéologie, plutôt que sur la nationalité. Ainsi, l'État nationaliste du XIXe siècle commença à être remplacé par le bloc idéologique du XXe siècle. Parallèlement, le passage des armes d'amateur vers les armes spécialisées encouragea la nouvelle organisation à être d'un type autoritaire plutôt que démocratique, comme l'avait été l'État national qui l'avait précédée. Cependant, le prestige du pouvoir britannique et son influence au XIXe siècle étaient si grands au cours du premier tiers du XXe siècle que le système parlementaire britannique continua d'être copié partout où les gens étaient amenés à transformer un gouvernement. Cela fut le cas en Russie en 1917, en Turquie en 1908, en Tchécoslovaquie et en Pologne en 1918 et 1919, et dans la plupart des États asiatiques (comme la Chine en 1911).

Quand on se tourne vers le niveau économique, on se trouve face à une série de développements complexes. Il pourrait être tentant de les ignorer, mais nous ne pouvons évidemment pas le faire, car les problèmes économiques furent d'une importance capitale au XXe siècle, et personne ne peut comprendre cette période sans avoir au moins un aperçu de ces problèmes. Pour les simplifier un peu, on peut les diviser en quatre aspects : (a) l'énergie, (b) les matériaux, (c) l'organisation, et (d) le contrôle.

Il est plutôt clair qu'aucun bien économique ne peut être produit sans l'utilisation d'énergie et de matériaux. L'histoire de la première se divise en deux grandes parties, chacune à nouveau séparée en deux sous-parties. La division principale, vers 1830, fait la séparation entre une période où l'énergie utilisée pour la production était obtenue grâce au travail physique, et une période où l'énergie utilisée pour produire était tirée des énergies fossiles, et fournie par des moteurs. Elle est subdivisée en une première période d'utilisation de la main-d'œuvre (et de l'esclavage), et une seconde période d'utilisation d'animaux de trait. Cette subdivision eut lieu vers 1000 av. J.-C. La seconde moitié (débutée en 1830) est subdivisée quant à elle en une première période où le charbon était utilisé pour fournir l'énergie des machines à vapeur, et une seconde où le pétrole fournissait l'énergie des moteurs à combustion interne. Cette subdivision eut lieu vers 1900, voire un peu plus tard.

Chacun est familier avec la notion du développement de l'utilisation des matériaux. On peut distinguer un âge du fer (avant 1830), un âge de l'acier (de 1830 à 1910), et un âge des alliages, des métaux légers, et des matériaux synthétiques (depuis 1910). Naturellement, toutes ces dates sont arbitraires et approximatives, puisque les diverses périodes commencèrent à des dates différentes selon les régions, se diffusant vers l'extérieur depuis leur zone d'origine, le centre de la civilisation occidentale, dans le nord-ouest de l'Europe.

Le modèle d'évolution

Quand on porte notre intérêt vers les développements qui eurent lieu dans l'organisation économique, on aborde alors un sujet d'une grande importance. Là encore, on peut distinguer une séquence de plusieurs périodes. On en compte six, pour être exact, chacune possédant sa propre forme typique d'organisation. Au début, dans les premiers temps du Moyen Âge[1], le système économique de la civilisation occidentale était presque entièrement fondé sur l'agriculture, organisé en fiefs autonomes, avec presque aucun commerce ou industrie. Après 1050 s'ajouta à ce système seigneurial agraire un nouveau système économique basé sur la recherche de profits par le commerce de produits de luxe exotiques. On pourrait appeler celui-ci « capitalisme commercial ». Il connut deux périodes d'expansion, l'une de 1050 à 1270, l'autre de 1440 à 1690. L'organisation typique de ces deux périodes se constituait d'une société commerciale (pour la seconde, on pourrait parler de compagnie commerciale à charte, telle que la Massachusetts Bay Company, la Hudson's Bay Company, ou de diverses Compagnies des Indes orientales). La période suivante d'organisation économique fut l'entrée du capitalisme industriel, qui commença vers 1770, et qui est caractérisée par un système de gestion de propriété tourné vers l'entreprise individuelle ou la société en nom collectif (partenariat). La troisième période pourrait être appelée « capitalisme financier ». Elle commença en 1850, avant d'atteindre son paroxysme en 1914 et de se terminer vers 1932. Ses formes typiques d'organisation économique étaient les sociétés à responsabilité limitée et les sociétés en holding[2]. C'était une période où la gestion était réalisée par les financiers ou les banques plutôt que par les propriétaires, comme dans la période de capitalisme industriel qui l'avait précédée. Cette période de capitalisme financier fut suivie d'une période de capitalisme monopoliste. Durant cette quatrième période, les formes typiques d'organisation économique étaient les cartels et les associations commerciales. Cette période commença vers 1890. Elle s'empara du pouvoir du système économique qui appartenait précédemment aux banquiers vers 1932, et se distingua en tant que période de suprématie gestionnaire en opposition aux deux périodes antérieures basées sur la gestion des propriétaires et des financiers. Un grand nombre de ces caractéristiques sont toujours d'actualité aujourd'hui, mais les évènements dramatiques de la Seconde Guerre mondiale et la période d'après-guerre apportèrent un contexte social et historique si différent qu'on peut parler de la création d'une nouvelle période d'organisation économique, la sixième, qui peut être appelée « économie pluraliste ». Les principaux traits de cette sixième période seront décrits plus tard.

Les relations approximatives existant entre ces différentes périodes peuvent être observées dans le tableau suivant :

---
1. N.D.É. Fin du Ve siècle.
2. N.D.É. Société détenant des participations financières dans d'autres sociétés afin de les diriger.

Nom	Dates	Organisation typique	Gestion
Seigneurial	670-	Fief	Coutume
Capitalisme commercial	a) 1050-1270 b) 1440-1690	Société Compagnie à charte	Mercantilisme municipal Mercantilisme national
Capitalisme industriel	1770-1870	Entreprise privée ou société en nom collectif	Propriétaires
Capitalisme financier	1850-1932	Sociétés à responsabilité limitée et holdings	Banquiers
Capitalisme monopoliste	1890-1950	Cartels et associations commerciales	Cadres
Économie pluraliste	1934-présent	Groupes de lobby	Technocrates[1]

On doit prendre note de deux choses. Tout d'abord, ces différentes étapes, ou périodes, s'additionnent dans un certain sens, et on peut trouver beaucoup d'éléments des anciennes qui survivent dans les nouvelles. En 1925, il existait encore un fief en activité en Grande-Bretagne, et la compagnie à charte de Cecil Rhodes qui établit la Rhodésie (la British South Africa Company) fut agréée par charte royale en 1889. De la même façon, on pourrait créer aujourd'hui des sociétés privées engagées dans des activités industrielles, gérées par leurs propriétaires, ou bien des sociétés à responsabilité limitée et des holdings du secteur financier. Ensuite, toutes les périodes dont nous avons parlé comportent « capitalisme » dans leur désignation. Ce terme signifie « un système économique motivé par la recherche de profits, à l'intérieur d'un système de prix ». Les capitalistes commerciaux cherchent à réaliser des profits en échangeant des biens ; les capitalistes industriels cherchent à réaliser des profits en manufacturant des marchandises ; les capitalistes financiers cherchent à réaliser des profits en manipulant des créances ; et les capitalistes monopolistes cherchent à réaliser des profits en manipulant le marché pour faire en sorte que ses prix et les quantités vendues maximisent les profits.

Il serait intéressant de noter que, en raison de ces différentes étapes d'organisation économique, la civilisation occidentale a traversé quatre étapes principales d'expansion économique, datées respectivement et approximativement de 970 à 1270, de 1440 à 1690, de 1770 à 1928 et enfin depuis 1950. Trois de ces étapes d'expansion sont suivies par le déclenchement de guerres impérialistes, alors qu'elles approchaient de leur fin. Ces guerres sont la guerre de Cent Ans et les guerres d'Italie (1338 à 1445 et 1494 à 1559), la seconde guerre de Cent Ans (1667 à 1815) et les deux guerres mondiales (1914 à 1945). Nous étudierons plus tard dans ce chapitre la dimension économique de la troisième de ces périodes, mais nous devons pour l'instant continuer notre étude générale des caractéristiques de la civilisation occidentale par rapport aux autres aspects de la culture. La quatrième, et dernière, caractéristique du niveau économique

---

1. N.D.É. Haut fonctionnaire, responsable possédant des compétences techniques et faisant prévaloir les aspects techniques des problèmes au détriment des aspects humains.

Le modèle d'évolution

est le contrôle de l'économie.

Celui-ci a traversé quatre étapes dans la civilisation occidentale. La première et la troisième de celles-ci sont des périodes de « contrôle automatique », dans le sens où il n'y avait pas d'effort conscient de la part d'un système centralisé pour contrôler l'économie, alors que la seconde et la quatrième étape sont des périodes d'efforts conscients de contrôle de l'économie. Ces étapes, aux dates approximatives, sont les suivantes :

1. Contrôle automatique : tradition seigneuriale, 650 à 1150
2. Contrôle conscient :
    - a. Mercantilisme municipal, 1150 à 1450
    - b. Mercantilisme d'État, 1450 à 1815
3. Contrôle automatique : le « laissez-faire » appliqué au marché concurrentiel, 1815 à 1934
4. Contrôle conscient : planification (à la fois publique et privée), 1934

Il est évident que ces cinq étapes de contrôle économique sont étroitement associées aux étapes citées précédemment, concernant les deux types d'armes au niveau militaire, ou des formes de gouvernement au niveau politique. Ces cinq mêmes étapes de contrôle économique entretiennent une relation complexe avec les six étapes d'organisation économique que nous avons déjà mentionnées ; celle, importante, du capitalisme industriel chevauchant la transition du mercantilisme d'État vers le laissez-faire.

Quand on s'intéresse au niveau social d'une culture, on peut noter un certain nombre de phénomènes différents, comme les changements de croissance démographique, les changements d'agrégats de cette même population (comme la montée en puissance des villes ou leur déclin), et les changements dans les classes sociales. La plupart de ces choses sont bien trop compliquées pour que nous tentions ici de les traiter d'une manière approfondie. Nous avons déjà parlé des différentes étapes de la croissance démographique, et montré que l'Europe était, vers 1900, d'une manière générale en train de passer d'une étape de croissance de population, avec une majorité de jeunes (type B), vers une étape de stabilisation de la population, avec un plus grand pourcentage de personnes d'âge moyen (type C). Ce passage d'une population de type B à une population de type C eut lieu en Europe à peu près au moment où le XIXe siècle laisse place au XXe. Au même moment, ou un peu plus tard, et intimement lié à la montée du capitalisme monopoliste (qui porta l'emphase sur les automobiles, les téléphones, la radio, etc.), eut lieu un changement dans l'organisation de la masse de la population. Ce changement s'effectue entre une période que nous pouvons appeler l'« exode rural » (durant laquelle, d'année en année, une plus grande partie de la population habite dans les villes) et une période que nous pouvons nommer l'« exode vers les banlieues » ou bien encore la « période des mégalopoles » (durant laquelle la croissance de la concentration résidentielle se déplace vers l'extérieur de la cité pour se concentrer sur ses zones environnantes).

Le troisième aspect du niveau social sur lequel nous devrions porter notre attention est celui des changements dans les classes sociales. Chacune de ces étapes de développement économique est accompagnée par la montée en puissance d'une nouvelle classe sociale. Le système médiéval avait mis en place la noblesse féodale, qui avait été basée sur le système agraire seigneurial. La croissance du capitalisme commercial (en deux étapes) donne naissance à une nouvelle classe de bourgeoisie commerçante. L'essor du capitalisme financier permet l'apparition de deux nouvelles classes : la bourgeoisie industrielle et les ouvriers (ou le prolétariat, comme ils étaient parfois appelés en Europe). Le développement des capitalismes commercial et monopoliste amène à un nouveau groupe de cadres techniciens. La distinction entre la bourgeoisie industrielle et les cadres réside principalement dans le fait que la première contrôle l'industrie et possède le pouvoir en tant que propriétaire, alors que les cadres contrôlent l'industrie (et également le gouvernement, les syndicats de travail ou l'opinion publique) par leur talent ou leur formation à certaines techniques. Comme nous le verrons plus tard, le passage de l'un à l'autre est couplé à une séparation de la propriété et du contrôle dans la vie économique. Ce changement est aussi associé avec ce que nous pourrions appeler le passage d'une société à deux classes vers une société de classe moyenne. Sous le capitalisme industriel, ainsi que dans les premiers temps du capitalisme financier, la société se développe en une société polarisée, à deux classes sociales, dans laquelle la bourgeoisie déjà ancrée s'oppose à la masse du prolétariat. C'est sur ces développements que Karl Marx, en 1850, base ses théories de lutte inévitable entre les classes sociales, dans laquelle les propriétaires deviendraient de moins en moins nombreux et de plus en plus riches, tandis que la masse des ouvriers serait de plus en plus grande et de plus en plus pauvre, jusqu'à ce que finalement cette masse se soulèverait et prendrait le contrôle et les propriétés de la minorité privilégiée. En 1900, les développements sociaux prirent une direction si différente de ceux auxquels s'attendait Marx que son analyse devint inutilisable, et son système dut être imposé par la force dans un pays peu avancé industriellement (la Russie), plutôt que d'arriver de manière inévitable dans les pays les plus industriellement avancés, comme il l'avait prévu.

Les développements sociaux qui rendirent les théories de Marx obsolètes furent le résultat d'avancées économiques et technologiques que Marx n'avait pas anticipées. L'énergie de production provenait de plus en plus de sources de puissance inanimées, et de moins en moins de la force physique des hommes. En conséquence, la production de masse demandait moins de la main-d'œuvre. Mais la production de masse demandait une consommation de masse pour permettre aux produits issus de la nouvelle technologie d'être également distribués aux groupes d'ouvriers, en plus des autres groupes, afin que leur niveau de vie s'améliore, les prolétaires devenant ainsi de moins en moins nombreux et de plus en plus riches. Parallèlement, le besoin en employés de bureau et en cadres issus des niveaux moyens du système économique éleva de nombreux prolétaires à la classe moyenne. La diffusion de la forme sociale de l'entreprise industrielle permit au contrôle d'être séparé de la propriété, et de pouvoir répartir ce premier au sein d'un groupe beaucoup plus large, ce qui rendit les propriétaires de plus en plus nombreux et pauvres. Et, finalement, le contrôle passa des propriétaires aux directeurs. Le résultat de cela fut que la société divisée en deux classes polarisées envisagée par Marx fut, après 1900, de plus en plus remplacée par une société de classe moyenne, avec moins de pauvres et – est-il possible – moins de riches, ou tout au moins un groupe plus nombreux de riches relativement moins fortunés que durant la période précédente. Ce processus d'égalisation partielle des riches et des pauvres puisa sa source dans les forces économiques, mais fut accéléré et amplifié par les politiques gouvernementales concernant les taxes et la protection sociale, en particulier après 1945.

Quand on s'intéresse aux plus hauts niveaux de la culture, tels que les aspects religieux et intellectuels, on peut distinguer une série d'étapes assez similaires à celles que nous avons trouvées pour les niveaux plus matériels. Nous n'en discuterons pas plus pour l'instant, si ce n'est pour dire que le niveau religieux connut un changement, passant d'un XIXe siècle au point de vue principalement séculaire, matérialiste et antireligieux vers un XXe siècle bien plus spiritualiste et religieux. En parallèle, un développement extrêmement complexe au niveau intellectuel provoqua un profond changement de perception, passant d'un point de vue optimiste et scientifique (période entre 1860 et 1890) à un point de vue bien plus pessimiste et irrationnel (période après 1890). Ce changement de point de vue commença dans un groupe plutôt restreint formant une avant-garde intellectuelle vers 1890, un groupe comportant des personnalités telles que Freud, Sorel, Bergson et Proust. Il s'étendit ensuite à des parties de plus en plus grandes de la société occidentale durant le siècle suivant, en raison des expériences dévastatrices des deux guerres mondiales et de la grande dépression. Le résultat de ce processus peut être observé dans le contraste frappant qui existe entre les perspectives typiques de l'Europe au XIXe siècle et de celles du XXe siècle, comme nous l'avons souligné dans le chapitre précédent.

Les développements économiques de l'Europe

LE CAPITALISME COMMERCIAL

La civilisation occidentale est l'organisation sociale la plus riche et la plus puissante jamais créée par l'homme. L'une des raisons de ce succès est son organisation politique. Celle-ci a, comme nous l'avons dit, traversé six étapes successives, parmi lesquelles au moins quatre sont nommées « capitalisme ». Ce développement, dans son ensemble, comporte trois aspects notables.

Tout d'abord, chaque étape met en place les conditions nécessaires à l'arrivée de la suivante, et nous pourrions par conséquent dire qu'en un sens, chaque étape se suicide. L'organisation économique originelle, composée d'unités agraires autonomes (fiefs), existait dans une société bâtie d'une façon telle que ceux qui appartenaient aux rangs les plus élevés (les seigneurs, laïques ou religieux) voyaient leurs besoins primaires si pleinement comblés qu'ils pouvaient se permettre d'échanger leurs surplus contre des produits de luxe exotiques. Cela permit la croissance d'un commerce de biens étrangers (épices, beaux tissus, métaux précieux) qui fut la première preuve de l'apparition de l'étape du capitalisme commercial. Durant cette seconde étape, les profits commerciaux et l'élargissement des marchés créèrent une demande pour les textiles ainsi que pour d'autres biens, qui ne pouvait être satisfaite que par le recours à la puissance de production. Cette nécessité donna lieu à la troisième étape, le capitalisme industriel. Celle-ci donna rapidement naissance à une demande si insatiable pour le capital fixe de grande ampleur, comme les lignes de chemin de fer, les aciéries, les sites de construction navale, et d'autres encore, que ces investissements ne pouvaient être financés par les profits et les fortunes personnelles des propriétaires individuels. De nouveaux outils destinés à financer l'industrie virent le jour, sous la forme de banques d'investissement et de sociétés à responsabilité limitée. Celles-ci, puisqu'elles lui fournissaient du capital, étaient rapidement en mesure de contrôler les principales parties du système industriel. Ainsi naquit le capitalisme financier. Le contrôle du capitalisme financier était utilisé pour intégrer le système industriel à des unités bien plus importantes, dotées de contrôles financiers imbriqués. Cela permit de réduire la compétition, entraînant ainsi la hausse des profits. En conséquence, le système industriel se trouva de nouveau en mesure de financer son expansion à partir de ses propres profits, et, grâce à cela, les contrôles financiers furent affaiblis, amenant l'étape du capitalisme monopoliste. Durant cette cinquième étape, les grandes unités industrielles, qu'elles travaillaient directement ensemble ou par le biais de cartels et d'associations de commerces, étaient en position d'exploiter la plus grande partie de la population. Il en résulta une grande crise économique, qui évolua rapidement en une lutte pour le contrôle de l'État dans laquelle la minorité espérait utiliser le pouvoir politique pour préserver sa position privilégiée, et la majorité espérait utiliser l'État pour limiter le pouvoir et les privilèges de la minorité. Elles espéraient toutes deux utiliser le pouvoir de l'État pour trouver une solution aux aspects économiques de la crise. Cette lutte dualiste s'atténua avec la montée du pluralisme social et économique après 1945.

La seconde caractéristique notable de ce développement est le fait que la transition entre chaque étape ait été associée à une période de dépression économique, ou d'une faible activité économique. En effet, chaque étape, après être d'abord passée par une phase de progression, est ensuite devenue, lors de sa dernière phase, une association de personnes influentes, plus préoccupée par la protection de ses modes d'action établis que par la poursuite des changements progressifs en employant ses ressources dans de nouvelles méthodes plus efficaces. Cela est inévitable dans toute organisation sociale, mais est particulièrement visible dans le cas du capitalisme.

La troisième caractéristique notable de ce développement est étroitement liée à cette nature particulière du capitalisme. Celui-ci fournit des motivations très puissantes pour l'activité économique, car il associe très étroitement les motivations économiques à l'intérêt personnel. Mais cette même caractéristique, qui représente une source de dynamisme pour fournir une motivation économique au travers de la recherche de profits, est également une source de faiblesses, car une telle motivation égoïste contribue très aisément à la perte de coordination économique. Chaque individu, simplement parce qu'il est si fortement motivé par son propre intérêt, perd facilement de vue le rôle que ses propres activités jouent dans le système économique dans son ensemble, et tend à agir comme si ses activités représentaient elles-mêmes l'ensemble, lui portant inévitablement atteinte. Le capitalisme en est un bon exemple, car la recherche de profits étant son objectif premier, il ne cherche pas la prospérité, une production élevée, une consommation élevée, le pouvoir politique, l'amélioration patriotique, ou encore le soutien moral. Tous ces éléments peuvent être réalisés sous le capitalisme, et chacun d'entre eux, ou tous, peut être sacrifié et perdu sous le capitalisme, selon son rapport avec le but principal de l'activité capitaliste : la recherche de profits. Durant les neuf-cents ans d'histoire du capitalisme, celui-ci a, à plusieurs reprises, contribué à la fois à la réalisation et à la destruction de ces autres objectifs sociaux.

Les différentes étapes du capitalisme cherchent à obtenir des bénéfices par le biais de plusieurs types d'activités économiques. L'étape initiale, que nous appelons capitalisme commercial, cherche à réaliser des profits en déplaçant des marchandises d'un endroit à un autre. Les marchandises sont transportées ainsi de lieux où elles n'ont pas beaucoup de valeur vers des lieux où elles en ont plus, alors que l'argent, suivant la même dynamique, se déplace dans la direction opposée. Cette évaluation, qui détermine le mouvement à la fois des marchandises et de l'argent et qui les pousse à se déplacer dans des directions opposées, est réalisée par le rapport entre ces deux éléments. Ainsi, la valeur des produits est exprimée en argent, et la valeur de la monnaie est évaluée en marchandises. Les produits se déplacent depuis des zones à bas prix vers des zones à prix élevé, et l'argent se déplace depuis des zones à prix élevés vers des zones à bas prix, car les marchandises ont plus de valeur là où les prix sont élevés, et que l'argent a plus de valeur là où les prix sont bas.

Ainsi, il est assez évident que l'argent et les marchandises ne représentent pas la même chose, mais sont, au contraire, exactement l'opposé l'un de l'autre. La plus grande part de confusion dans la pensée économique est due à l'incapacité à reconnaitre ce fait. Les marchandises sont la richesse que l'on possède, alors que l'argent est un droit sur une richesse que l'on ne possède pas. Ainsi, la marchandise est un actif, et l'argent est une dette. Si les marchandises sont la richesse, l'argent ne l'est pas ; ce n'est pas une richesse négative, mais une antirichesse. Ils se comportent toujours de façons opposées, tout comme ils se déplacent habituellement dans des directions opposées. Si la valeur de l'un augmente, alors la valeur de l'autre diminue, et ce dans la même proportion. La valeur des produits, exprimée en argent, est nommée « prix », alors que la valeur de l'argent, exprimée en marchandises, est appelée « valeur ».

Le capitalisme commercial naquit lorsque les commerçants, convoyant des marchandises d'une région à l'autre, se virent en mesure de vendre ces biens à leur destination pour un prix couvrant le prix d'origine, tous les frais de déplacement des marchandises, y compris les dépenses du commerçant, plus un bénéfice. Cette évolution, qui commença comme le mouvement des marchandises de luxe, permit l'augmentation de la richesse grâce à la spécialisation des activités à la fois de l'artisanat et de l'agriculture, ce qui améliora les compétences et la production, tout en commercialisant de nouveaux produits.

Finalement, ce stade de capitalisme commercial s'institutionnalisa dans un système restrictif, parfois appelé « mercantilisme », dans lequel les commerçants cherchaient à obtenir des profits non en déplaçant des marchandises, mais en réduisant les déplacements de celles-ci. Ainsi, la recherche de profits, qui auparavant avait mené à une prospérité accrue en multipliant les échanges commerciaux et la production, devint une restriction à la fois pour le commerce et pour la production, car le profit était devenu une fin en soi plutôt qu'un mécanisme accessoire du système économique dans son ensemble.

La façon dont le capitalisme commercial, une organisation économique en expansion, se transforma en mercantilisme, une organisation économique restrictive, à deux reprises dans le passé est très révélatrice, non seulement pour la nature des systèmes économiques et des hommes eux-mêmes, mais aussi pour la nature de la crise économique et de ce qui peut être fait à son sujet.

Sous le capitalisme commercial, les commerçants découvrirent rapidement qu'un mouvement important de marchandises depuis une zone à bas prix vers une zone pratiquant des prix élevés avait tendance à faire monter les prix dans la première zone et baisser les prix dans la deuxième. Chaque fois qu'une cargaison d'épices arrivait à Londres, le prix des épices commençait à diminuer à cet endroit, alors que l'arrivée d'acheteurs et de navires à Malacca entrainait une augmentation des prix. Cette tendance à l'égalisation des niveaux de prix entre deux régions, causée par le mouvement double et réciproque des marchandises et de l'argent, compromettait les profits des commerçants. Même si cela pouvait satisfaire les producteurs et les acheteurs, à chaque bout de la chaine. Ce péril venait du fait que, à cause de la réduction de la différence de prix entre les deux régions, la marge réalisée par le marchand, grâce à laquelle celui-ci pouvait espérer réaliser ses profits, se trouvait alors réduite. Les commerçants astucieux ne mirent pas longtemps à se rendre compte qu'ils pouvaient maintenir cet écart de prix, et donc leurs profits, en restreignant la circulation des marchandises pour faire en sorte de tirer une quantité égale d'argent pour un nombre réduit de marchandises. Ainsi, les cargaisons et les couts étaient réduits, et les profits maintenus.

Nous pouvons remarquer deux choses dans cette situation de mercantilisme. En premier lieu, le marchand, par ses pratiques restrictives, augmente essentiellement sa satisfaction en réduisant celle du producteur d'un côté et celle du consommateur de l'autre. C'est sa position intermédiaire entre ces deux entités qui rend cela possible. En second lieu, tant que le commerçant se charge des marchandises dans son port d'attache, il a tout intérêt à ce que les prix soient, et restent, élevés.

Au fil du temps, cependant, certains commerçants commencèrent à détourner leur attention de l'échange concernant les marchandises vers celui, à l'opposé, centré sur l'aspect monétaire. Ils commencèrent à accumuler les profits des transactions, et devinrent de plus en plus préoccupés non pas par l'envoi et l'échange des marchandises, mais par l'envoi et l'échange de fonds. Avec le temps, ils commencèrent à prêter de l'argent aux commerçants pour financer leurs navires et leurs activités, avec un taux d'intérêt élevé, et la garantie de pouvoir revendiquer les marchandises et les navires comme remboursement.

Durant ce processus, l'attitude et les intérêts de ces nouveaux banquiers devinrent totalement opposés à ceux des commerçants, bien que certains d'entre eux comprenaient le problème. Là où le marchand recherchait désespérément des prix élevés, et devenait de plus en plus avide des faibles taux d'intérêt, le banquier désirait, lui, une monnaie forte (c'est-à-dire des prix bas) et des taux d'intérêt élevés. Chacun d'eux cherchait à maintenir ou à augmenter la valeur de la moitié de la transaction (marchandises contre argent) qui le concernait directement, avec un manque d'intérêt relatif envers la transaction en elle-même (qui était, évidemment, l'affaire des producteurs et des consommateurs).

En somme, la spécialisation des activités économiques, en décomposant le processus économique, permit aux gens de se concentrer sur une partie du processus et, en l'exploitant au maximum, de mettre en péril le reste. Le processus n'était pas uniquement décomposé entre les producteurs, les intermédiaires et les consommateurs ; il existait en plus de cela deux types d'intermédiaires (un spécialisé dans les marchandises, l'autre dans l'argent), avec des objectifs à court terme presque parfaitement opposés. Les problèmes qui en découlèrent inévitablement ne pouvaient être résolus (et le système réformé) que par rapport au système dans son ensemble. Malheureusement, si trois des parties du système, reposant sur la production, le transport et la consommation de marchandises, étaient concrètes et bien visibles, de sorte que presque n'importe qui pouvait les cerner simplement en les examinant, les opérations bancaires et financières étaient quant à elles dissimulées, dispersées, et abstraites, si bien qu'elles semblaient difficiles pour beaucoup. En plus de cela, les banquiers faisaient tout ce qu'ils pouvaient pour rendre leurs activités plus secrètes et plus obscures. Elles étaient notées en symboles mystérieux dans des registres qui étaient inaccessibles aux yeux des étrangers curieux.

Au fil du temps, l'élément central du système économique en développement, la relation entre les marchandises et l'argent, devint claire, au moins pour les banquiers. Ce lien, le système de prix, dépendait de cinq éléments : l'offre et la demande de marchandises, l'offre et la demande de monnaie, et la vitesse d'échange entre les marchandises et l'argent. Une hausse de trois d'entre eux (demande de marchandises, offre de monnaie, ou vitesse de circulation) faisait grimper les prix des biens et descendre la valeur de la monnaie. Cette inflation était inacceptable pour les banquiers, bien que souhaitable par les producteurs et les commerçants. D'un autre côté, une baisse de ces mêmes éléments représentait une déflation, et contentait les banquiers, tout en inquiétant les producteurs et en ravissant les consommateurs (qui obtenaient plus de marchandises pour une somme moins importante). Les autres facteurs fonctionnaient de manière inverse, si bien que s'ils connaissaient une augmentation (offre de marchandises, demande d'argent, et ralentissement de la circulation de l'échange), il en résultait une déflation.

De telles fluctuations des prix, que ce soit une inflation ou une déflation, sont les forces principales de l'histoire de ces six derniers siècles au moins. Au cours de cette longue période, leur capacité à modifier la vie des hommes et l'histoire humaine s'est accrue. Cela se traduit de deux façons. D'une part, la hausse des prix encourage généralement la hausse de l'activité économique, en particulier la production de biens, alors que, d'autre part, les fluctuations des prix permettent de redistribuer la richesse au sein du système économique. L'inflation, particulièrement sous la forme d'une lente et régulière augmentation des prix, encourage les producteurs, car cela signifie qu'ils peuvent s'engager sur des couts de production à un certain prix, puis, plus tard, de proposer le produit fini à la vente pour un prix un peu plus élevé. Cette situation encourage la production, car elle pousse à la confiance en laissant entrevoir une marge de profits presque garantie. D'autre part, la production est découragée en période de déflation, à moins que le producteur ne soit dans la situation très inhabituelle où ses couts baissent plus rapidement que les prix de vente.

La redistribution de la richesse par le changement des prix est d'une importance égale, mais n'attire pas autant l'attention. La hausse des prix bénéficie aux débiteurs, et nuit aux créanciers, tandis que la baisse des prix produit l'effet inverse. Un débiteur appelé à payer une dette à un moment où les prix sont plus élevés que lorsqu'il l'avait contractée doit céder moins de biens et de services qu'il n'en avait obtenus plus tôt, pour un prix inférieur à celui en cours lorsqu'il avait emprunté l'argent. Un créancier, par exemple une banque, qui prête une somme d'argent équivalente à une certaine quantité de biens et services pour un certain prix, se voit rembourser par la même quantité d'argent, mais d'une plus petite quantité de biens et de services quand ledit remboursement a lieu alors que le niveau des prix est plus élevé, car l'argent remboursé a alors moins de valeur. C'est pourquoi les banquiers, en tant que créditeurs en termes d'argent, sont obsédés par le maintien de la valeur de la monnaie, bien que la raison officielle qu'ils donnent d'ordinaire est : « la monnaie saine » entretient la « confiance dans les affaires ». Cette raison tient plus de la propagande que d'une réelle explication.

Il y a plusieurs centaines d'années, les banquiers commencèrent à se spécialiser ; les plus riches et influents d'entre eux s'impliquant de plus en plus dans le commerce extérieur, et dans les opérations de change. Comme ils étaient plus riches, plus cosmopolites et plus préoccupés par des questions de nature politique, comme la stabilité et la dévalorisation des monnaies, la guerre et la paix, les mariages dynastiques, et les monopoles commerciaux internationaux, ils devinrent les financiers ainsi que les conseillers financiers des gouvernements. De plus, comme leurs relations avec les gouvernements étaient toujours de nature monétaire, et non de nature réelle et, étant donné qu'ils avaient toujours été préoccupés par la stabilité des échanges monétaires se déroulant entre l'argent d'un pays et celui d'un autre, ils utilisaient leur pouvoir et leur influence pour réaliser deux choses : (1) obtenir que tout l'argent et toutes les dettes soient exprimés en termes d'une monnaie marchandise strictement limitée (idéalement, l'or), et (2) de faire en sorte que les questions d'ordre monétaires soient hors du contrôle des gouvernements et des autorités politiques, dans le but d'être entre de meilleures mains si elles devenaient à être traitées par des intérêts bancaires privés, sur une base de valeur aussi stable que l'or.

Ces efforts échouèrent à cause du passage du capitalisme commercial au mercantilisme, et de la destruction de l'ensemble de la structure de l'organisation sociale fondée sur la monarchie dynastique, sur les armées de mercenaires professionnels, et sur le mercantilisme, durant la série de guerres qui secouèrent l'Europe à partir du milieu du XVIIe siècle jusqu'à 1815. Le capitalisme commercial passa par deux périodes d'expansion, chacune ayant fini par dégénérer en une phase de guerre, de lutte des classes sociales, et de régression. La première étape, concentrée autour de la mer Méditerranée, fut dominée par les Italiens du nord et les Catalans, mais se termina par une phase de crises après 1300, qui dura jusqu'en 1558. La seconde étape du capitalisme commercial, concentrée sur l'océan Atlantique, fut dominée par les Portugais, les Néerlandais et les Anglais. Cette étape commença à s'étendre en 1440 et atteignit son point culminant en 1600. Mais, à la fin du XVIIe siècle, elle fut impliquée dans les luttes restrictives du mercantilisme d'État et dans la série de guerres qui ravagèrent l'Europe de 1667 à 1815.

Le capitalisme commercial de la période de 1440 à 1815 fut marqué par la suprématie des compagnies à charte, telles que celle de la Hudson's Bay, des Compagnies néerlandaise et britannique des Indes orientales, de la Virginia Company, et de l'association « Merchant Adventurers » (de la Compagnie de Moscovie). La Grande-Bretagne se débarrassa de ses plus grands rivaux commerciaux grâce à sa puissance supérieure, mais aussi, et surtout, par la sécurité accrue que présentait sa position insulaire.

LE CAPITALISME INDUSTRIEL, 1770-1850

Les victoires britanniques sur Louis XIV durant la période de 1667 à 1715 et sur les gouvernements révolutionnaires français et Napoléon entre 1792 et 1815 sont dues à de nombreux facteurs, comme sa position insulaire, son habileté à conserver le contrôle maritime, ou encore sa capacité à se présenter au monde comme le protecteur des libertés et des droits des petites nations de différents groupes sociaux et religieux. Parmi ces nombreux facteurs se trouvent également une cause économique et une cause financière. Financièrement, la Grande-Bretagne avait découvert le secret du crédit. Économiquement, elle avait entamé la révolution industrielle.

Le crédit était connu des Italiens et des Néerlandais bien avant qu'il ne devienne un des outils de la suprématie du monde britannique. Néanmoins, la fondation de la Banque d'Angleterre par William Paterson et ses amis en 1694 représente une des grandes dates de l'histoire du monde. Durant des générations, les hommes avaient cherché à éviter le seul inconvénient que présentait l'or, son poids, en utilisant des morceaux de papier pour en représenter des sommes spécifiques. Aujourd'hui, on appelle de tels morceaux de papier des « certificats sur l'or ». Un tel certificat garantit à son propriétaire de pouvoir l'échanger contre la somme d'or qu'il représente à sa demande, mais, étant donné l'avantage du papier, seule une petite fraction des détenteurs de certificats n'en faisait la demande. Il est vite devenu clair qu'on avait besoin d'avoir à disponibilité uniquement l'or nécessaire pour couvrir la fraction de certificats susceptibles d'être encaissés. En conséquence, le reste de l'or pouvait être utilisé à des fins commerciales, ou, ce qui revenait au même, des certificats pouvaient être émis en plus grande quantité que le volume d'or correspondant à leur encaissement. Nous appelons maintenant un tel excès de demandes de règlement papier sur réserves d'or des « billets de banque ».

En réalité, cette création de demandes de règlement papier, sur un volume plus important que celui réellement disponible, signifiait que les banquiers créaient de l'argent à partir de rien. La même chose pouvait être réalisée d'une autre manière, non par les banques d'émission de billets, mais par les banques de dépôt. Les banquiers de dépôt découvrirent que les mandats et les chèques tirés du dépôt d'un déposant et donnés à une tierce personne n'étaient pas souvent encaissés par celle-ci, mais déposés sur leurs propres comptes. Ainsi, il n'y avait pas de réel mouvement d'argent, et les paiements étaient réalisés simplement en enregistrant les transactions sur les comptes. Par conséquent, les banquiers ne devaient garder à disposition uniquement en monnaie réelle (en or, certificats, et billets) que le nécessaire pour échanger contre la fraction des dépôts susceptibles d'être échangés et encaissés. Le reste pouvait être utilisé pour les prêts, et s'ils étaient effectués en créant un dépôt pour l'emprunteur, qui à son tour tirait cette somme sous forme de chèque plutôt qu'en liquidité, de tels « dépôts créés » ou prêts pouvaient aussi être suffisamment couverts en ne conservant en réserve qu'une fraction de leur valeur. Ces « dépôts créés » représentaient également une création d'argent ex nihilo[1], bien que les banquiers refusaient généralement de définir leurs actions, que ce soit la création de billets ou le prêt de dépôt, en ces termes. William Paterson, cependant, déclara au moment de l'obtention de la charte de la Banque d'Angleterre en 1694, au sujet de l'usage de l'argent qu'il avait gagné lorsqu'il était corsaire, que : « la banque profite des intérêts créés sur toutes les sommes qu'elle fabrique à partir de rien ». Cela fut répété par sir Edward Holden, fondateur de la Midland Bank, le 18 décembre 1907, et est, bien sûr, généralement admis aujourd'hui.

Cette structure organisationnelle destinée à créer des moyens de paiement ex nihilo, que l'on appelle crédit, ne fut pas inventée en Grande-Bretagne, mais plutôt développée par elle, pour devenir une des armes principales qui lui apporta la victoire sur Napoléon en 1815. L'empereur, en tant que dernier grand mercantiliste, ne pouvait concevoir l'argent qu'en termes concrets, et

---

1. N.D.É. À partir de rien.

était convaincu que ses efforts pour mener la guerre sur la base de la « monnaie saine », en évitant la création de crédit, lui permettraient en fin de compte de remporter la victoire, par la faillite de la Grande-Bretagne. Il avait tort, bien que la leçon dût être réapprise par les financiers modernes du XXe siècle.

La victoire britannique sur Napoléon fut également aidée par deux innovations économiques : la révolution agricole, qui était bien établie dans le pays en 1720, et la révolution industrielle, qui était aussi bien installée en 1776, lorsque Watt déposa une demande de brevet pour sa machine à vapeur. La révolution industrielle, comme la révolution des crédits, est fort mal comprise, autant à l'époque que depuis. Cela est regrettable, car elles eurent toutes deux une grande importance durant le XXe siècle, à la fois pour les pays avancés et ceux en développement. La révolution industrielle fut accompagnée par un certain nombre de caractéristiques accessoires, telles que la croissance des villes grâce au système industriel, la croissance rapide d'une offre de main-d'œuvre non qualifiée (prolétariat), la réduction du facteur travail au statut de marchandise sur le marché concurrentiel, et le transfert de la propriété des outils et de l'équipement des travailleurs vers une nouvelle classe sociale : les entrepreneurs. Aucune de celles-ci ne constituait une caractéristique essentielle de l'industrialisation, qui était, en réalité, l'utilisation d'une énergie non vivante dans le processus de production. Cette utilisation, symbolisée par la machine à vapeur et la roue à aubes, permit à long terme de réduire ou d'éliminer l'importance relative de la main-d'œuvre non qualifiée et de l'exploitation de l'énergie humaine ou animale dans le processus de production (automatisation), et d'éloigner le processus de production des villes. Pour faire cela, elle ne cessa d'intensifier la caractéristique vitale de ce système : l'utilisation d'énergie provenant d'autres sources que les organismes vivants.

Dans ce processus continu, la Grande-Bretagne réalisa tellement de profits grâce à son accès rapide à l'industrialisation que, ceux-ci, combinés aux profits dérivés du capitalisme commercial antérieur et de ceux dérivés de la hausse du cout des terres des nouvelles cités et des mines, ses premières entreprises industrielles purent s'autofinancer en grande partie, ou tout au moins se financer à un niveau local. Elles étaient organisées en entreprises individuelles et en partenariats, étaient en contact avec les banques de dépôt locales pour les prêts à court terme, mais avaient peu à faire avec les banquiers internationaux, les gouvernements centraux, les banques d'investissement, ou les formes corporatives de l'organisation des entreprises.

Cette première phase du capitalisme industriel, qui dura en Grande-Bretagne des années 1770 jusqu'à environ 1850, fut partagée d'une certaine manière par la Belgique et la France, mais prit des formes plutôt différentes aux États-Unis, en Allemagne et en Italie, et des formes presque entièrement différentes en Russie et en Asie. La raison principale de ces différences était le besoin de collecte de fonds (capital) nécessaires à la réorganisation des moyens de production (la terre, la main-d'œuvre, les matériaux, les compétences, l'équipement, etc.) indispensables à l'industrialisation. Le nord-ouest de l'Europe, et en particulier la Grande-Bretagne, possédait de vastes réserves financières pour ces nouvelles entreprises. L'Europe centrale et l'Amérique du Nord en avaient bien moins, et les entrepreneurs privés du sud et de l'est de l'Europe en étaient presque dépourvus.

Plus la difficulté à mobiliser du capital en vue de l'industrialisation était grande, plus le rôle de l'investissement des banquiers et des gouvernements dans le processus industriel était important. En réalité, les premières formes d'industrialisation basées sur les textiles, le fer, le charbon et la vapeur s'étendirent si lentement de la Grande-Bretagne à l'Europe que la Grande-Bretagne entra dans une nouvelle étape, celle du capitalisme financier, quand l'Allemagne et les États-Unis avaient tout juste commencé à s'industrialiser (vers 1850). Cette nouvelle étape de capitalisme financier, qui continua à dominer la Grande-Bretagne, la France, et les États-Unis jusqu'en 1930, était indispensable en vue de la grande mobilisation de capital nécessaire à la construction des chemins de fer après 1830. Le capital requis pour les chemins de fer, avec leurs énormes dépenses pour payer les voies et les équipements, ne pouvait pas être réuni à partir d'une seule entreprise individuelle, d'un seul partenariat, ou même au niveau local. Il nécessitait, au contraire, un nouveau type d'entreprise : la société anonyme à responsabilité limitée, ainsi qu'une nouvelle source de fonds : la banque d'investissement internationale, qui avait, jusque-là, concentré son attention presque entièrement sur des émissions internationales d'obligations d'État. Le besoin en équipement des voies ferrées conduit presque immédiatement ce même développement vers la production sidérurgique et l'exploitation du charbon.

LE CAPITALISME FINANCIER, 1850-1931

Cette troisième étape de capitalisme est d'une telle importance dans l'histoire du XXe siècle, et ses ramifications et influences sont si souterraines, voire occultes, que nous pouvons être excusés de consacrer une telle attention à ses organisations et ses méthodes. En somme, le capitalisme financier reprit les anciennes méthodes désorganisées et localisées de la manipulation de l'argent et du crédit et les reforma en un système intégré, sur une base internationale, qui fonctionna avec une efficacité remarquable et bien rodée pendant de nombreuses décennies. Le cœur de ce système était situé à Londres, avec des ramifications importantes à New York et à Paris, et il laissa, comme sa plus grande réalisation, un système bancaire intégré ainsi qu'un cadre à forte capitalisation de l'industrie lourde, bien qu'aujourd'hui en grande partie obsolète, reflété par les chemins de fer, les aciéries, les mines de charbon, et les réseaux électriques.

Ce système établit son centre à Londres pour quatre raisons principales. La première était la quantité importante d'épargnes disponibles en la Grande-Bretagne, qui provenaient de ses précédents succès durant le capitalisme commercial et le capitalisme industriel. La seconde était la structure sociale oligarchique de la Grande-Bretagne (visible en particulier dans la concentration de ses propriétés foncières et à l'accès limité aux opportunités d'éducation), qui réalisait une distribution très inégale des revenus, où les excédents importants revenaient à une petite classe sociale supérieure et énergétique. La troisième était le fait que cette classe supérieure était aristocratique et non noble, et donc basée sur les traditions plutôt que sur la naissance. Elle était disposée à mobiliser l'argent et les compétences des rangs inférieurs de la société, et même de l'extérieur du pays, en accueillant des héritières américaines et des Juifs d'Europe centrale parmi ses membres, presque aussi volontiers qu'elle accueillait des recrues fortunées, capables, et conformistes des classes inférieures de la société anglaise, qui étaient généralement exclues de l'aristocratie privilégiée à cause des handicaps de leur origine qui les avait privées d'éducation et avait fait d'eux des non conformistes (c'est-à-dire non anglicans) religieux. La quatrième (et nullement la dernière) en importance était l'habileté dans la manipulation financière, principalement sur la scène internationale, que le petit groupe de banquiers d'affaires de Londres avait acquise durant les périodes de capitalisme commercial et de capitalisme industriel, et qui se trouvait prête à l'emploi lorsque le besoin d'innovation financière capitaliste devenait urgent.

Dans la période de 1810 à 1850, les banquiers d'affaire de Londres avaient déjà à disposition la Bourse, la Banque d'Angleterre, et le marché monétaire de Londres quand les besoins de l'industrialisation en développement les appelèrent dans le monde industriel, qu'ils avaient jusque-là ignoré. Avec le temps, ils intégrèrent dans leur réseau financier les centres bancaires provinciaux, organisés en banques commerciales et en banques d'épargne, ainsi que les compagnies d'assurance, pour les modeler en un unique système financier à échelle internationale, manipulant la quantité et le flux d'argent de manière à ce qu'il fût capable d'influencer, voire contrôler, les gouvernements d'une part, et les industries de l'autre. Les hommes à l'origine de cela, en revenant à la période de la monarchie dynastique d'où ils tiraient leurs propres racines, aspiraient à établir des dynasties de banquiers internationaux, et eurent, en cela, au moins autant de succès que la plupart des dirigeants politiques dynastiques. La plus grande de ces dynasties fut évidemment celle des descendants de Meyer Amschel Rothschild (1743-1812) de Francfort, dont les descendants masculins, sur au moins deux générations, épousèrent en règle générale leurs cousines germaines, ou même leurs nièces. Les cinq fils de Rothschild, dirigeants des succursales basées à Vienne, Londres, Naples, Paris et Francfort, coopéraient ensemble d'une telle façon que beaucoup d'autres dynasties banquières internationales cherchèrent à copier, mais n'excellaient que rarement.

Le fait que l'on se concentre, comme il se doit, sur les activités économiques ou financières des banquiers internationaux ne doit pas nous amener à ignorer totalement leurs autres attributs. Ils étaient plus cosmopolites que nationalistes, surtout leurs dernières générations. Ils étaient, en général, des gentlemans très instruits et très civilisés, des mécènes de l'art et de l'éducation, de telle manière que, de nos jours, les universités, chaires, compagnies d'opéra, symphonies, bibliothèques et collections de musées reflètent encore leur munificence[1]. Pour ce faire, ils ont mis en place une mosaïque de fonds de dotations que nous pouvons encore trouver aujourd'hui.

Les noms de certaines de ces familles de banquiers nous sont familiers, et devraient l'être plus encore. On y trouve Raring, Lazard, Erlanger, Warburg, Schröder, Seligman, Speyer, Mirabaud, Mallet, Fould, et surtout, Rothschild et Morgan. Même après que ces familles banquières se fussent totalement impliquées dans l'industrie nationale avec l'émergence du capitalisme financier, elles restèrent différentes des banquiers ordinaires de façon particulière : (1) elles étaient cosmopolites et internationales, (2) elles étaient proches des gouvernements et étaient particulièrement intéressées par le sujet des dettes publiques, y compris celles des gouvernements étrangers, et ce même dans des zones qui semblaient, à première vue, trop risquées pour en valoir la peine, comme l'Égypte, la Perse, la Turquie ottomane, la Chine impériale, et l'Amérique latine, (3) leurs intérêts consistaient presque uniquement en des obligations, et très rarement en biens, car ils admiraient la « liquidité » et considéraient les engagements en biens ou immobiliers comme le premier pas vers la faillite, (4) ils étaient, en conséquence, des dévots fanatiques de la déflation (qu'ils appelaient monnaie « saine » à cause de ses liens étroits avec les taux d'intérêt élevés et la valeur élevée de la monnaie) et de l'étalon-or, qui, à leurs yeux, symbolisait et assurait ces valeurs, et enfin (5) ils étaient presque autant dévoués au secret et à l'utilisation discrète de l'influence financière dans la vie politique. Ces banquiers furent bientôt appelés « banquiers internationaux », et étaient plus particulièrement connus en Grande-Bretagne comme « banquiers d'affaire », en France comme « banquiers privés » et aux États-Unis comme « banquiers d'investissement ». Ils poursuivaient différents types d'activités bancaires et de change dans tous les pays, mais partout ils se distinguaient des autres sortes de banques, plus apparentes, telles que les banques d'épargne ou les banques commerciales.

Une de leurs caractéristiques moins évidentes était qu'ils demeuraient sous la forme d'entreprises privées non constituées en société, souvent en partenariats, sans émission d'actions, de rapports, et généralement sans publicité, jusqu'à

---

1. N.D.É. Générosité.

récemment.[1] Ce statut risqué, qui les privait de leur responsabilité limitée, fut conservé dans la plupart des cas, jusqu'à ce que les frais de succession modernes rendirent indispensable de protéger une telle richesse familiale grâce au statut immortalisant de société, à des fins d'évasion fiscale. Cette volonté de demeurer sous le statut d'entreprise privée se prolongea, car celui-ci garantissait l'anonymat et le secret pour ces personnes au pouvoir public immense, qui redoutaient que le public prenne connaissance de leurs activités presque autant qu'ils redoutaient l'inflation. En conséquence, les gens ordinaires n'avaient aucun moyen de connaitre le montant de la richesse ou les domaines d'activités de telles entreprises, qui restaient souvent floues quant à leurs adhérents. Ainsi, il était possible que ceux qui possédaient une grande connaissance des affaires politiques n'eût jamais associé les noms Walter Burns, Clinton Dawkins, Edward Grenfell, Willard Straight, Thomas Lamont, Dwight Morrow, Nelson Perkins, Russell Leffingwell, Elihu Root, John W. Davis, John Foster Dulles, et S. Parker Gilbert avec le nom « Morgan », et pourtant ils faisaient tous partie du système d'influence centré dans le bureau de J. P. Morgan, au 23, Wall Street. Cette entreprise, comme d'autres de la fraternité bancaire internationale, fonctionnait toujours en utilisant les sociétés et les gouvernements, et resta pourtant sous la forme d'un partenariat obscur et privé, jusqu'à ce que le capitalisme financier international disparaisse. J. P. Morgan et Cie, fondée à l'origine à Londres sous le nom « George Peabody et Cie » en 1838, ne fut enregistrée que le 21 mars 1940, et disparut en tant qu'entité distincte le 24 avril 1959, lorsqu'elle fusionna avec la « Garanty Trust Company », sa filiale bancaire commerciale la plus importante. Sa filiale londonienne, Morgan Grenfell, fut enregistrée en 1934, et existe encore aujourd'hui.[1]

L'influence du capitalisme financier, et des banquiers internationaux qui la créèrent, portait à la fois sur les affaires et sur les gouvernements. Mais cela aurait été impossible s'ils n'avaient pas été persuadés d'accepter deux « axiomes » issus de cette idéologie. Ceux-ci étaient tous deux basés sur l'hypothèse selon laquelle les politiciens étaient trop faibles et trop sensibles aux pressions populaires temporaires pour se voir confier le contrôle du système monétaire. En conséquence, le caractère sacré de la valeur et de la solidité de la monnaie devait être protégé de deux manières : en basant la valeur de la monnaie sur l'or, et en accordant le droit aux banquiers de contrôler la masse monétaire. Pour ce faire, il était nécessaire de cacher, voire d'induire en erreur à la fois les gouvernements et le peuple sur la nature de la monnaie et ses méthodes de fonctionnements.

Par exemple, les banquiers appelaient le processus d'étalonnage d'un système monétaire sur l'or, la « stabilisation », laissant entendre par là qu'il concernait, en conséquence logique, la stabilisation du taux de change et la stabilisation des prix. En réalité, ce processus ne touchait que la stabilisation des taux de

---

1 N.D.É. Écrit en 1960.

change, et son influence sur les prix n'était que collatérale et indépendante, et pouvait être déstabilisante (à cause de sa tendance habituelle à forcer la baisse des prix, en limitant l'offre de monnaie). En conséquence, de nombreuses personnes, y compris des financiers et même des économistes, furent très étonnées de découvrir, au XXe siècle, que l'étalon-or avait entraîné des taux de change stables et des prix fluctuants. Il avait, cependant, déjà contribué à une situation similaire, bien que moins extrême, durant une grande partie du XIXe siècle.

Les taux de changes étaient stabilisés sur l'or, car dans plusieurs pays, la loi faisait en sorte que l'unité monétaire avait la même valeur qu'une certaine quantité déterminée d'or, faisant en sorte que les deux soient échangeables selon ce rapport légal. Durant la période qui précéda 1914, la monnaie fut stabilisée dans certains pays comme indiqué ci-dessous :

- En Grande-Bretagne : 77 shillings et 10½ dimes valaient une once[1] standard (11/12 d'or pur)
- Aux États-Unis : 20,67$ valaient une once pure (12/12 d'or pur)
- En France : 3.447,74 francs valaient un kilogramme d'or
- En Allemagne : 2790 marks valaient un kilogramme d'or

Ces rapports furent établis par l'obligation légale selon laquelle une personne apportant de l'or, des pièces d'or ou des certificats au trésor public (ou à d'autres lieux désignés) devait pouvoir échanger un de ces éléments contre un autre, sans limitation de quantité et sans frais. Par conséquent, grâce à l'étalon-or intégral, l'or avait une position unique : il tenait à la fois de la sphère de la richesse et de la sphère de la monnaie. Dans la sphère de la monnaie, la valeur de tous les autres moyens de paiement était exprimée en or, et dans la sphère de la richesse, la valeur de tous les autres types de biens était exprimée en or en tant que monnaie. Si on considère la relation entre l'argent et les biens comme une bascule dont les extrémités représentent l'un et l'autre, de telle manière que la valeur de l'un s'élève autant que la valeur de l'autre descend, alors on doit imaginer l'or comme le point d'appui de cette bascule, qui supporte les mouvements de cette relation sans lui-même fluctuer.

Étant donné qu'il est impossible de comprendre l'histoire du XXe siècle sans avoir une certaine compréhension du rôle joué par l'argent dans les affaires nationales et internationales, ainsi que du rôle des banquiers dans la vie économique et politique, nous devons au moins aborder rapidement chacun de ces quatre sujets.

PRATIQUES FINANCIÈRES NATIONALES ET INTERNATIONALES

Dans chaque pays, l'offre monétaire pouvait être représentée sous la forme

---

1. N.D.É. Une once (oz) = 28.34g

d'une pyramide inversée, ou d'un cône en équilibre sur la pointe. La pointe représentait une quantité d'or, ou son équivalent en certificats, les niveaux intermédiaires symbolisaient une quantité beaucoup plus importante de billets, et enfin le haut, avec une surface supérieure découverte et capable de s'étendre davantage, représentait une quantité encore plus grande de dépôts. Chaque niveau se servait des niveaux inférieurs comme réserves, et, comme ces derniers contenaient des quantités plus petites d'argent, ils étaient considérés comme plus « sains ». Quelqu'un possédant des revendications au niveau supérieur ou au niveau moyen pouvait renforcer sa revendication sur la richesse en les réduisant à un niveau plus bas, bien que, évidemment, si tout le monde, ou un grand nombre de personnes, avaient essayé de réaliser cette opération au même moment, le volume des réserves n'aurait pas suffi. Les billets étaient émis par des « banques d'émission » et étaient garantis par les réserves d'or ou les certificats qu'elles détenaient dans leurs propres coffres ou au sein d'une réserve centrale. La fraction gardée en réserve pour une telle émission de billets dépendait des coutumes, des régulations bancaires (y compris les termes de la charte d'une banque), ou du droit législatif. Autrefois, il existait de nombreuses banques d'émission, mais cette fonction est de nos jours généralement réservée à quelques, voire une unique « banque centrale » dans chaque pays. Ces banques, même les banques centrales, étaient des institutions privées, détenues par des actionnaires qui tiraient profit de leurs opérations. Durant la période de 1914 à 1939, aux États-Unis, les billets émis par la Réserve fédérale étaient couverts à 40% de leur valeur par des certificats d'or, mais ce pourcentage fut réduit à 25 en 1945. Selon une loi adoptée en 1928, la Banque d'Angleterre émettait l'équivalant en billets de 250 millions de livres au-dessus de ses provisions, et ce montant était couvert à 100% de sa valeur par de l'or. La même année, les billets de la Banque de France étaient couverts à 35%. Ces provisions pouvaient toujours être mises de côté ou changées en cas d'urgence, comme en temps de guerre.

Les dépôts au niveau supérieur de la pyramide étaient, avec l'ambiguïté typique des banquiers, nommés ainsi en dépit du fait qu'ils comprenaient deux types de relations complètement différentes : (1) les « cautions », qui étaient de véritables demandes de règlement d'un déposant à une banque, sur laquelle ledit déposant pouvait percevoir un intérêt, étant donné que de tels dépôts étaient en réalité des dettes contractées par la banque envers le déposant, et (2), les « créances », qui étaient des revendications créées ex nihilo[1] par la banque, sous la forme de prêts faits par la banque aux déposants, qui avaient à payer des intérêts, étant donné qu'il s'agissait de dettes contractées par ces derniers auprès de la banque. Dans les deux cas, bien sûr, l'on pouvait tirer des chèques sur ces dépôts dans le but de payer un tiers, et c'est pourquoi ces deux opérations possédaient le même nom. Les deux faisaient partie de la masse monétaire.

---

1. N.D.É. À partir de rien.

Les cautions sous forme d'épargne contribuaient à la déflation, alors que les créances, en tant que complément de l'offre monétaire, entrainaient l'inflation. Le volume de ces derniers dépendait d'un certain nombre de facteurs, dont les principaux étaient les taux d'intérêt et la demande pour ce type de crédit. Ils jouaient tous deux un rôle très important dans la détermination du volume d'argent disponible dans la communauté, car une grande partie de ce volume, au sein d'une communauté économique avancée, était constituée de chèques tirés sur des dépôts. Le nombre de dépôts que les banques pouvaient créer, comme le nombre de billets qu'elles pouvaient émettre, dépendait du volume des réserves disponibles pour payer la fraction de chèques encaissés plutôt que déposés, quel que soit leur nombre. Ces questions pouvaient être régulées par des lois, des règles bancaires, ou simplement par les coutumes locales. Aux États-Unis, les dépôts étaient limités traditionnellement à dix fois la valeur des réserves en billets et en or. En Grande-Bretagne, la limite était généralement plus proche de vingt fois ces réserves. Dans tous les pays, la demande et le volume de tels crédits étaient plus importants en temps de croissance économique, et plus faibles lors de dépression. Cela explique jusqu'à un certain point les inflations d'une dépression, leur association participant à la formation de ce qu'on appelle le « cycle économique ».

Au cours du XIXe siècle, avec la mise en place complète de l'étalon-or et du système bancaire moderne, une pléthore d'établissements financiers se développa tel un système solaire autour de la pyramide inversée de la masse financière fluctuante, c'est-à-dire une banque centrale entourée par des satellites d'institutions financières. Dans la plupart des pays, la banque centrale était étroitement entourée par les services bancaires d'investissement privé presque invisibles. Ceux-ci, à l'instar de la planète Mercure, étaient à peine visibles dans l'aura émise par la banque centrale, qu'ils dominaient souvent en réalité. Pourtant, un observateur attentif ne pouvait manquer de remarquer les étroites associations privées entre ces banquiers internationaux privés et la banque centrale. En France, par exemple, lorsque la Banque de France fut réformée en 1936, son conseil d'administration (ses directeurs) était toujours dominé par les noms des familles qui l'avaient mise en place à l'origine, en 1800. À ceux-ci s'étaient ajoutés quelques autres noms plus récents, comme Rothschild (ajouté en 1819), et dans certains cas, le nom pouvait ne pas être facilement reconnu, parce qu'il s'agissait de celui d'un beau-fils plutôt que d'un fils. Hormis cela, les noms, souvent des familles protestantes d'origine suisse (qui arrivèrent au XVIIIe siècle) ou juives d'origine allemande (qui arrivèrent au XIXe siècle), étaient restés les mêmes pendant plus d'un siècle.

En Grande-Bretagne, une situation quelque peu similaire existait, de sorte que même au milieu du XXe siècle, les membres de la Cour de la Banque d'Angleterre étaient principalement les associés des divers anciens « services bancaires d'investissement » tels que la Baring Brothers, la Morgan Grenfell, la Lazard Brothers et d'autres encore.

En seconde position, en dehors du noyau central, l'on trouvait les banques commerciales, appelées « banques d'actions » en Grande-Bretagne, et plus souvent « banques de dépôt » sur le continent. Celles-ci rassemblaient des noms aussi célèbres que la Midland Bank, la Lloyd's Bank et la Barclays Bank en Grande-Bretagne, la National City Bank aux États-Unis, le Crédit Lyonnais en France, et la Darmstadter Bank en Allemagne.

Au-delà de ce second cercle se trouvait un troisième, plus périphérique, composé d'un assemblage d'institutions dotées d'un faible pouvoir financier, mais gérant la fonction très importante de la mobilisation de fonds auprès du public. Parmi celles-ci, l'on trouvait un grand nombre de banques d'épargne, de compagnies d'assurance, et de sociétés fiduciaires.

Naturellement, ces dispositions variaient considérablement d'un endroit à l'autre, d'autant plus que la répartition des fonctions et des pouvoirs bancaires n'était pas identique dans tous les pays. En France et en Grande-Bretagne, les banquiers privés exerçaient leur pouvoir au travers de la banque centrale. Ils avaient beaucoup d'influence sur le gouvernement et sur les politiques étrangères, et peu d'influence sur l'industrie, car dans ces deux pays, contrairement à l'Allemagne, à l'Italie, aux États-Unis, ou la Russie, les épargnes privées étaient assez importantes pour permettre à la plupart des industries de s'autofinancer sans avoir recours aux banquiers ou au gouvernement. Aux États-Unis, la plupart des industries étaient financées directement par les investissements des banquiers, et l'influence que ceux-ci exerçaient à la fois sur les industries et le gouvernement était très grande, alors que la banque centrale (la Banque réserve fédérale de New York) ne fut créée que tardivement (en 1913), et devint puissante bien plus tard encore (après la disparition du capitalisme financier de la scène mondiale). En Allemagne, l'industrie était financée et contrôlée par les banques de crédit, alors qu'avant 1914, la banque centrale n'avait que peu d'influence ou d'importance. En Russie, le gouvernement avait un rôle dominant dans une grande partie de la vie économique, tandis qu'en Italie, la situation était inversée et compliquée.

Nous avons vu que l'offre et la demande monétaire étaient deux des cinq facteurs déterminants de la valeur de la monnaie (et donc le niveau des prix des biens). Dans la plupart des pays au cours des siècles derniers, l'offre monétaire d'un seul État n'était soumise à aucun contrôle centralisé et responsable. À l'inverse, il existait un certain nombre de contrôles pouvant, pour certains, être influencés par les banquiers, ou pour d'autres, par le gouvernement, et d'autres encore ne pouvant être influencés par personne. Ainsi, les différentes parties de la pyramide monétaire étaient à peine reliées les unes aux autres. De plus, une grande partie de ce relâchement provenait du fait que les contrôles étaient compulsifs en cas de déflation et n'étaient que permissifs en cas d'inflation.

Ce dernier point peut être observé dans le fait que les réserves d'or pouvaient être diminuées, mais ne pouvaient pas être augmentées. Quand une once d'or était ajoutée à l'extrémité de la pyramide, dans un système où la loi et les coutumes autorisaient 10% de réserve sur chaque niveau, cela entrainait à une augmentation des dépôts équivalente à 2067 dollars au niveau le plus élevé. Quand cette once d'or était retirée d'une pyramide monétaire pleinement développée, cela forçait la réduction des dépôts d'au moins ce montant, qui s'exécutait selon toute probabilité par le refus de prolongement des prêts.

Tout au long de l'histoire moderne, l'influence de l'étalon-or mène à la déflation, car la production naturelle d'or annuelle, sauf exception, ne suit pas le rythme de la production de biens. Seuls les nouveaux approvisionnements en or, la suspension de l'étalon-or en temps de guerre, ou le développement de nouveaux types de monnaie (comme les billets et les chèques) qui permettent d'économiser l'or épargnent à notre civilisation une déflation continue des prix au cours des deux siècles derniers. De ce fait, nous avons vécu deux longues périodes de déflation de ce genre, l'une de 1818 à 1850, l'autre de 1872 à environ 1897. Les trois périodes d'inflation les encadrant (1790 à 1817, 1850 à 1872, et 1897 à 1921) sont causées par (1) les guerres de la Révolution française et de Napoléon, quand la plupart des pays ne pratiquaient pas l'étalon-or, (2) les nouvelles ruées vers l'or en Californie et en Alaska entre 1849 et 1850, suivies d'une série de guerres (la guerre de Crimée entre 1854 et 1856, la Campagne d'Italie en 1859, la guerre civile américaine de 1861 à 1865, les guerres austro-prussiennes puis celle franco-prussienne respectivement en 1866 et 1870, et même la guerre russo-turque en 1877), et (3) les ruées vers l'or du Klondike et du Transvaal à la fin des années 1890, auxquelles s'ajoute la nouvelle méthode de raffinage de l'or grâce au cyanure (vers 1897) et la série de guerres allant de la guerre hispano-américaine de 1898 à 1899, la guerre des Boers de 1899 à 1902 et la guerre russo-japonaise de 1904 à 1905, jusqu'à la série presque ininterrompue de guerres au cours de la décennie 1911 à 1921. Les trois grandes périodes de guerre se terminent toutes par une crise de déflation extrême (en 1819, 1873 et 1921), alors que l'influente puissance monétaire persuade les gouvernements de rétablir une unité monétaire en déflation, avec une haute teneur en or.

L'obsession de la puissance monétaire pour la déflation venait en partie du fait qu'elle s'intéressait plus à l'argent qu'aux marchandises, mais elle tirait également son origine d'autres facteurs, dont l'un était plutôt paradoxal. Ce paradoxe venait du fait que les conditions économiques fondamentales du XIXe siècle étaient déflationnistes, avec un système monétaire basé sur l'or et un système industriel produisant un volume croissant de marchandises, mais qu'en dépit de la baisse des prix (accompagnée de l'augmentation de la valeur de la monnaie), les taux d'intérêt avaient tendance à baisser plutôt qu'à augmenter. Cela était dû au fait que la limitation relative de l'offre monétaire dans les affaires ne se reflétait pas dans le monde de la finance, où l'excédent de profits fournissait des fonds supplémentaires pour financer les prêts. De plus, les vieilles traditions des banques d'affaires continuaient à prévaloir dans le capitalisme financier, et ce même s'il se rapprochait de sa fin, en 1931. Celui-ci continuait de mettre l'accent sur les obligations plutôt que sur les titres de capital (actions), pour favoriser les emprunts gouvernementaux plutôt que les placements privés, et pour se tourner vers des investissements étrangers plutôt que nationaux. Jusqu'en 1825, les obligations d'État représentaient près de la totalité des titres de la Bourse de Londres. En 1843, ces obligations, souvent d'origine étrangère, représentaient 80% des titres enregistrés, et en 1875, ils représentaient encore 68% de ces titres. Les fonds disponibles pour ces crédits étaient si conséquents qu'il y avait parfois, au XIXe siècle, des émeutes de souscripteurs cherchant à acquérir des titres d'émission. De plus, les offres venues de contrées lointaines, ainsi que les activités obscures, rencontraient un vif succès. L'excédent d'épargne permit de faire diminuer le prix de l'emprunt d'argent, de telle sorte que le taux d'intérêt sur les obligations gouvernementales britanniques chuta, passant de 4,42% en 1820, à 3,11% en 1850, puis à 2,76% en 1900. Cela avait tendance à entrainer les épargnes vers les domaines étrangers, où, dans l'ensemble, elles continuaient à rechercher les emprunts gouvernementaux et les titres à revenu fixe. Tout cela participa à renforcer l'obsession des banquiers d'affaires à la fois pour l'influence sur le gouvernement et la déflation (qui augmentait la valeur de la monnaie et les taux d'intérêt).

Un autre paradoxe de la pratique bancaire provenait du fait que bien que les banquiers aimaient la déflation, leur soif d'accorder des crédits contre un taux d'intérêt élevé les faisait souvent agir dans l'intérêt de l'inflation. Étant donné qu'ils gagnaient de l'argent grâce aux prêts, ils cherchaient à augmenter le nombre de crédits bancaires réalisés. Mais cette démarche menait à l'inflation. Le conflit entre l'idéologie déflationniste et les actes inflationnistes des banquiers avaient de profondes répercussions sur les entreprises. Les banquiers leur accordaient des prêts, de telle sorte que le volume de monnaie augmentait plus vite que celui des produits. Le résultat de cela était l'inflation. Quand ce phénomène devint clairement visible, les banquiers se tournèrent vers les billets ou les pièces en limitant les crédits et en augmentant les taux d'actualisation. Cela fut bénéfique aux banquiers à court terme (car cela leur permit de saisir les cautions déposées pour les prêts), mais risquait de les mener au désastre sur le long terme (en forçant la valeur de la caution à tomber plus bas que le montant des prêts qu'elle garantissait). Mais la déflation générée par ces banquiers avait un effet dévastateur sur les entreprises et l'industrie autant sur les court que long termes.

La fluctuation de la masse monétaire, principalement des dépôts, qui en résulta, était un des aspects importants du « cycle des affaires ». La quantité de monnaie pouvait être modifiée par l'évolution des réserves obligatoires ou des taux d'intérêt. Aux États-Unis, par exemple, les dépôts étaient soumis à une limite maximale, car les banques membres de la Réserve fédérale[1] avaient pour obligation de garder un certain pourcentage de leurs dépôts sous la forme de réserves auprès de la banque de la Réserve fédérale locale. Ce pourcentage (généralement compris entre 7 et 26%) variait selon la région et les décisions du conseil d'administration du système de la Réserve fédérale.

Les banques centrales pouvaient généralement faire varier la quantité de monnaie en circulation grâce à des opérations de libre-échange[2] ou en influençant le taux d'actualisation des banques moins importantes. Les opérations de libre-échange se caractérisaient par l'achat ou la vente par une banque centrale d'obligations d'État sur le marché ouvert. Quand cette banque centrale effectuait une opération d'achat, elle libérait de l'argent dans le système économique ; quand elle vendait, elle réduisait le volume d'argent disponible dans la communauté. Le changement était plus important que le prix payé pour les titres. Par exemple, quand la banque de la Réserve fédérale achetait des titres gouvernementaux sur le marché ouvert, elle les échangeait contre un chèque, qui était rapidement déposé dans une banque. Cela augmentait ainsi les réserves de cette banque auprès de la banque de la Réserve fédérale. Puisque les banques étaient autorisées à émettre des prêts dont la valeur totale représentait plusieurs fois celle de leurs réserves auprès de la banque de la Réserve fédérale, une telle transaction leur permettait d'émettre des prêts équivalant à une somme bien supérieure.

Les banques centrales pouvaient également changer la masse monétaire en influençant les politiques de crédit des autres banques. Elles disposaient pour cela de plusieurs méthodes, comme, par exemple, le changement du taux de réactualisation, ou la modification du montant minimum obligatoire des réserves. On entend par le premier, le changement des taux d'intérêt que les banques centrales imposent aux banques de moindre importance pour des prêts garantis par des papiers commerciaux ou d'autres garanties prises par celles-ci en échange de ces prêts. En augmentant le taux de réactualisation, la banque centrale forçait les banques de moindre importance à élever leur taux d'actualisation pour réaliser un profit. Cette hausse des taux d'intérêt avait tendance à réduire la demande de crédits, et donc le nombre de dépôts (la quantité d'argent). Diminuer ce taux de réactualisation menait à un résultat opposé.

La modification du montant minimum obligatoire des réserves était une

---

1. N.D.É. La FED, Federal Reserve, n'a rien de « fédéral », mais est une institution privée aux États-Unis.
2. N.D.É. Open market

méthode permettant aux banques centrales d'influencer les politiques de crédit des autres banques et n'était applicable que dans les lieux où il existait une limite légale des réserves, comme aux États-Unis. L'augmentation de ce montant minimum obligatoire des réserves restreignait la capacité des banques de moindre importance à octroyer des crédits, alors que sa diminution élargissait cette capacité.

Il est à noter que le contrôle de la banque centrale sur les politiques de crédit des banques locales était permissif dans un sens, et compulsif dans l'autre. Elle pouvait obliger ces banques locales à limiter leur offre de crédit, et ne pouvait que les autoriser à augmenter leur offre de crédit. Cela signifiait que les banques centrales pouvaient exercer un pouvoir de contrôle sur l'inflation, mais pas sur la déflation. C'est là un reflet de la vieille conception des banques selon laquelle l'inflation était mauvaise, et la déflation bénéfique.

Les pouvoirs exercés pas les gouvernements sur la quantité de monnaie prenaient des formes diverses, et comprenaient : (a) le contrôle d'une banque centrale, (b) le contrôle de la fiscalité publique, et (c) le contrôle des dépenses publiques. Le contrôle exercé par les gouvernements sur les banques centrales variait grandement d'un pays à l'autre, mais dans l'ensemble, il s'accrut. Comme la plupart des banques centrales étaient (techniquement) des institutions privées, ce contrôle était souvent basé sur la coutume plutôt que sur la loi. Dans tous les cas, le contrôle de la masse monétaire, que les gouvernements exerçaient au travers des banques centrales, était appliqué grâce aux procédures bancaires normales que nous avons évoquées. Les pouvoirs du gouvernement sur la quantité de monnaie présente dans la communauté exercés au travers des taxes et des dépenses publiques étaient, dans une grande proportion, indépendants du contrôle bancaire. L'imposition tendait à réduire la quantité d'argent circulant dans une communauté, et était en général une force à influence déflationniste. À l'inverse, les dépenses du gouvernement tendaient à augmenter la quantité d'argent disponible dans une communauté, et représentaient en général une force d'influence inflationniste. Les effets globaux des politiques gouvernementales dépendaient de l'importance respective des deux éléments. Un budget déséquilibré était inflationniste, alors qu'un budget excédentaire était déflationniste.

Un gouvernement peut également changer la quantité d'argent disponible dans une communauté par le biais d'autres méthodes, plus radicales. En modifiant la teneur en or de l'unité monétaire, ils peuvent considérablement changer la quantité d'argent disponible dans la communauté. Si, par exemple, la teneur en or du dollar est divisée par deux, la quantité de certificats d'or peut être doublée, et le montant des billets et des dépôts basés sur cette quantité est grandement multiplié, selon les coutumes de la communauté concernant les réserves minimales obligatoires. En outre, si un gouvernement s'éloigne totalement de l'étalon-or, c'est-à-dire qu'il refuse d'échanger des certificats ou des billets contre des espèces, la quantité de billets et de dépôts peut être augmentée indéfiniment, car ceux-ci ne sont plus restreints par des quantités limitées de réserves d'or.

Les gouvernements, les banquiers et les industriels ne voyaient pas toujours du même œil les différentes actions augmentant ou diminuant la masse monétaire. Dans l'ensemble, durant la période précédant 1931, les banquiers, en particulier la puissance monétaire contrôlée par les banques d'investissement internationales, étaient capables de dominer à la fois les entreprises et le gouvernement. Ils pouvaient dominer les entreprises, en particulier dans des domaines d'activités et les régions où l'industrie ne pouvait pas financer son propre besoin en capital, parce que les banques d'investissement avaient la capacité de fournir, ou de refuser, ce capital. Ainsi, la banque Rothschild en vint à dominer la plupart des chemins de fer d'Europe, pendant que la banque Morgan portait sa domination sur au moins 42.000 kilomètres de chemins de fer américains. Et ces banquiers ne s'arrêtèrent là. Ils rendaient publics les titres de certaines entreprises industrielles et, en échange, prenaient place dans leurs conseils d'administration, comme ils l'avaient déjà fait avec les banques commerciales, les banques d'épargne, les compagnies d'assurance et les sociétés de financement. Ils canalisaient le capital depuis ces institutions de moindre importance vers les entreprises qui acceptaient leur contrôle, tout en évitant celles qui leur résistaient. Ces entreprises étaient contrôlées par des directions imbriquées, des holdings et des banques de moindre importance. Ils planifièrent des fusions et réduisirent de manière générale la compétition, jusqu'à ce qu'au début du XXe siècle, de nombreuses activités étaient tellement monopolisées que les entreprises les dominant pouvaient augmenter leurs prix, non compétitifs, bien au-dessus des couts de production, obtenir suffisamment de profits pour pouvoir s'autofinancer, et être ainsi capable de se débarrasser du contrôle des banquiers. Mais avant que cette étape ne fût atteinte, un nombre relativement réduit de banquiers se trouvait à des positions de très grande influence dans la vie économique européenne et américaine. Déjà en 1909, Walter Rathenau, qui connaissait bien le sujet puisqu'il avait hérité de son père le contrôle d'AEG (entreprise d'électricité générale allemande) et en avait été de nombreuses fois le directeur, déclara : « Trois-cents hommes, se connaissant tous les uns les autres, dirigent le destin économique de l'Europe, et choisissent leurs successeurs parmi eux ».

Le pouvoir des banquiers d'investissement sur les gouvernements résidait dans un certain nombre de facteurs, parmi lesquels le plus important, peut-être, était le besoin des gouvernements d'émettre des bons du Trésor à court terme, ainsi que des obligations d'État à long terme. De la même façon que les hommes d'affaires se présentaient aux banques commerciales pour des avances de capital en cours afin d'équilibrer les différentes divergences de leurs revenus irréguliers et intermittents avec leurs dépenses périodiques et continuelles (telles que les loyers mensuels, les paiements hypothécaires annuels, et les salaires hebdomadaires), le gouvernement devait aussi se présenter aux banques d'affaires (où aux institutions contrôlées par celles-ci) pour réparer les dégâts causés par des recettes fiscales irrégulières. En tant qu'experts des obligations d'État, les banquiers internationaux, en plus de traiter les avances nécessaires, fournissaient également des conseils aux représentants du gouvernement, et placèrent à plusieurs reprises, leurs propres membres à des postes officiels pour des périodes variées afin de faire face à des problèmes particuliers. Ceci était si largement accepté, même encore de nos jours, qu'en 1961, un banquier d'investissement républicain devint Secrétaire au Trésor au sein d'une administration démocratique à Washington, sans que quiconque ne fît le moindre commentaire.

Naturellement, l'influence des banquiers sur les gouvernements durant l'ère du capitalisme financier (à peu près entre 1850 et 1931) n'était pas quelque chose dont on pouvait parler librement, mais était assez souvent admise par ceux à l'intérieur du cercle, particulièrement en Grande-Bretagne. Gladstone, chancelier de l'Échiquier, déclara en 1852 : « La situation reposait sur ceci : le gouvernement ne doit pas être une puissance substantielle en matière de finances, mais doit laisser la puissance monétaire dans une position de suprématie incontestée ». Le 26 septembre 1921, il était écrit dans le *Financial Times* : « Une demi-douzaine d'hommes à la tête des cinq grandes banques pourraient bouleverser l'ensemble de la finance publique en s'abstenant de renouveler les bons au Trésor. » En 1924, sir Drummond Fraser, vice-président de l'institut des banquiers, affirma : « Le gouverneur de la Banque d'Angleterre doit être le monarque qui dicte les uniques conditions dans lesquelles le gouvernement peut obtenir des capitaux empruntés ».

En plus de leur pouvoir sur les gouvernements, basé sur le financement du gouvernement et l'influence personnelle, les banquiers pouvaient orienter les gouvernements dans la direction qu'ils désiraient, en utilisant d'autres moyens de persuasion. Comme la plupart des représentants gouvernementaux s'estimaient ignorants de la finance, ceux-ci demandaient conseil auprès des banquiers, qu'ils considéraient experts dans ce domaine. L'histoire du XIXe siècle montre, comme nous le verrons plus tard, que les conseils donnés par les banquiers aux gouvernements, comme ceux donnés aux industriels, étaient très profitables pour ces premiers, mais souvent désastreux pour les gouvernements, les hommes d'affaires et le peuple en général. Ces conseils pouvaient être, si besoin, appliqués par la manipulation des échanges, la circulation de l'or, les taux d'actualisation, et même les niveaux d'activité des entreprises. Ainsi, Morgan domina la seconde administration de Cleveland en manipulant les retraits d'or, et entre 1936 et 1938, ceux qui manipulaient les opérations de change françaises paralysèrent les gouvernements du Front populaire. Comme nous le verrons, les pouvoirs de ces banquiers internationaux atteignirent leur apogée durant la dernière décennie de leur règne, de 1919 à 1931, lorsque Montagu Norman et J. P. Morgan dominaient non seulement le monde financier, mais également les relations internationales, et d'autres éléments encore. Le 11 novembre 1927, le *Wall Street Journal* désignait M. Norman comme « le dictateur de la monnaie d'Europe ». M. Norman le reconnut devant la Cour de la Banque le 21 mars 1930, et devant le comité Macmillan de la Chambre des communes, cinq jours plus tard. À une occasion, juste avant que le capitalisme ne se fût précipité sur les rochers qui le firent sombrer, il est dit que M. Norman aurait déclaré : « Je détiens l'hégémonie du monde. » À l'époque, certains Anglais parlaient d'une « seconde conquête normande de la Grande-Bretagne », en référence au fait que le frère de Norman était à la tête de la British Broadcasting Corporation (BBC). On pourrait ajouter que le gouverneur Norman ne prenait que rarement part aux problèmes mondiaux sans consulter au préalable les représentants de J. P. Morgan, et était ainsi l'un des hommes de son époque ayant le plus voyagé.

Ce conflit d'intérêts entre les banquiers et les industriels entraina dans la plupart des pays européens la subordination des premiers, soit aux seconds, soit aux gouvernements (après 1931). Cette subordination fut accomplie par l'adoption de « politiques financières peu orthodoxes », c'est-à-dire des politiques financières qui n'étaient pas en accord avec les intérêts à court terme des banquiers. Ce changement, par lequel les banquiers furent subordonnés, reflétait un développement fondamental dans l'histoire économique ; un développement qui pourrait être décrit comme le passage du capitalisme financier au capitalisme monopoliste. Ce développement était en très bonne voie vers 1926 en Allemagne, où il avait débuté plus tôt que dans n'importe quel autre pays. Il atteignit la Grande-Bretagne après 1931, et l'Italie en 1934. Rien de comparable n'eut lieu en France, ce qui expliquait la faiblesse économique de ce pays en 1938-1940.

Les principes financiers applicables aux relations entre les différents pays étaient une version plus large que ceux qui s'appliquaient à un seul pays. Lorsque des marchandises étaient échangées entre différents pays, elles devaient être payées en biens ou en or. Elles ne pouvaient pas être échangées contre des billets, des certificats ou des chèques venus du pays de l'acheteur, étant donné que ceux-ci n'avaient de valeur que dans le pays où ils avaient été émis.

Pour éviter d'avoir à transporter de l'or pour chaque échange, on utilisait des lettres de change. Celles-ci étaient des créances sur une personne dans un autre pays, qui étaient vendues à une personne du même pays. Cette dernière achetait une telle créance si elle voulait satisfaire une créance sur lui-même, détenue par une personne dans l'autre pays. Elle pouvait satisfaire une telle créance en envoyant à son créancier dans l'autre pays la créance qu'elle avait achetée à une autre personne du même pays, et laisser son créancier utiliser cette créance pour satisfaire la sienne. Ainsi, au lieu que ce soit les importateurs d'un pays qui envoyaient l'argent aux exportateurs d'un autre pays, les importateurs payaient leurs dettes aux exportateurs dans leur propre pays, et leurs créanciers dans l'autre pays percevaient le paiement pour les marchandises qu'ils avaient exportées auprès des importateurs dans leur propre pays. De cette façon, on utilisait une double transaction impliquant quatre personnes pour effectuer le paiement des marchandises dans le cadre d'un échange international au lieu d'une transaction simple entre deux personnes. Dans de nombreux cas, le paiement était réalisé en impliquant une multitude de transactions, souvent dans plusieurs pays. Ces transactions étaient réalisées sur ce qu'on appelait le marché des changes. Un exportateur de marchandises vendait des lettres de change sur ce marché, et en tirait donc de l'argent, quantifié par l'unité monétaire de son propre pays. Un importateur achetait ces lettres de change pour les envoyer à son créancier, et faisait donc circuler sur ce marché les unités monétaires de son pays. Étant donné que les lettres de change disponibles dans chacun des marchés étaient établies dans les unités monétaires des différents pays étrangers, des relations basées sur l'échange se créèrent entre la quantité de monnaie disponible exprimée dans la devise du pays (apportée par les importateurs) et les diverses lettres de change exprimées en devises étrangères, et mises sur le marché par les exportateurs. L'offre et la demande des lettres de change (ou d'argent) de n'importe quel pays en termes d'offre et de demande de la monnaie de ce pays disponible sur le marché de change déterminait la valeur des devises des autres pays en comparaison avec la devise nationale. Ces valeurs pouvaient beaucoup varier dans le cas des pays qui n'utilisaient pas l'étalon-or, mais seulement d'une manière limitée, comme nous allons le voir, pour ceux qui l'utilisaient.

Dans des conditions normales, un marché de change était utilisé pour acheter des biens et services à des étrangers sans avoir à envoyer d'argent (de l'or) à l'international. Il faisait également office de régulateur pour le commerce international. Si les importations d'un pays dépassaient régulièrement les exportations vers un autre pays, le nombre d'importateurs échangeant la monnaie nationale contre des lettres de change exprimées dans la devise du pays de leur créancier augmentait sur le marché.

Il y avait donc une augmentation de l'offre de monnaie nationale, et une demande accrue de cette monnaie étrangère. En conséquence, les importateurs devaient offrir plus d'argent contre ces lettres de change étrangères, et la valeur de la monnaie nationale chutait tandis que la valeur de la monnaie étrangère s'élevait sur le marché des changes. Cette hausse (ou chute) basée sur l'or était mesurée en termes de « valeur nominale » (la teneur exacte en or entre les deux devises).

Alors que la valeur de la monnaie nationale s'affaissait en dessous de la valeur nominale par rapport à une autre devise étrangère, les exportateurs nationaux commerçant avec ce pays voyaient leurs activités augmenter, car quand ils recevaient le paiement sous la forme d'une lettre de change, ils pouvaient la vendre pour une quantité de leur propre monnaie plus importante que celle à laquelle ils pouvaient s'attendre habituellement, et augmentaient ainsi leurs profits. Un excédent d'importations, en abaissant la valeur de change de l'argent du pays importateur, menait à terme à une hausse des exportations qui, en augmentant le nombre des lettres de change, tendait à rétablir la valeur nominale. Un tel retour de la parité des devises reflétait un rééquilibre de l'échange de biens et de services entre les deux pays. Cela signifiait, dans des conditions normales, qu'un déséquilibre des échanges créait des conditions commerciales qui tendaient à rétablir l'équilibre des échanges.

Dans le cas des pays n'utilisant pas l'étalon-or, ce déséquilibre des changes (c'est-à-dire le déclin de la valeur d'une unité monétaire par rapport à une autre unité) pouvait rencontrer de très grandes variations ; en réalité, aussi grandes que nécessaire pour restaurer l'équilibre des échanges, en encourageant les importateurs à acheter dans l'autre pays, puisque sa monnaie était de valeur si faible qu'elle rendait le prix des biens irrésistible à leurs yeux.

Mais, dans le cas des pays utilisant l'étalon-or, le résultat était très différent. Dans ce cas, la valeur de la monnaie d'un pays n'était jamais inférieure au montant égal au cout de l'expédition d'or entre les deux pays. Un importateur souhaitant payer son partenaire commercial dans l'autre pays, n'échangeait pas une quantité croissante de sa propre devise contre des lettres de change, mais faisait plutôt monter le prix de ces lettres de change seulement jusqu'au point où acheter de l'or à une banque pour payer les frais d'expédition et d'assurance sur l'or lui revenait moins cher. Ainsi, sur la base de l'étalon-or, les cotations de change ne fluctuaient pas beaucoup, mais se déplaçaient plutôt entre deux points d'or qui n'étaient qu'un peu plus élevés (au point d'export de l'or) et un peu plus bas (au point d'import de l'or) que la parité (qui représentait la relation légale entre les deux devises).

Étant donné que le cout d'emballage, d'expédition et d'assurance de l'or était d'à peu près un demi-pour cent de sa valeur, les points d'exportation et d'importation de l'or encadraient le point de parité d'à peu près autant. Dans le cas de la relation entre la livre et le dollar, quand la parité était de 1£ = 4,866$, le point d'or export était d'à peu près 4,885$ et le pont d'or import était d'à peu près 4,845$. Ainsi :

Point d'or export : 4,885$

    (demande excédentaire de lettres de change de la part des importateurs)

Parité : 4,866$

Point d'or import : 4,845$

    (offre excédentaire de lettres de change de la part des exportateurs)

Nous avons décrit ici une situation très simplifiée. Dans la pratique, divers facteurs complexifient la situation. Parmi ceux-ci, on trouve les suivants : (1) des intermédiaires achètent et vendent des devises étrangères pour des livraisons présentes ou futures, dans le cadre d'une activité spéculative, (2) l'offre totale de devises disponibles sur le marché dépend de bien plus que l'échange international des marchandises ; elle dépend de la somme totale de tous les paiements internationaux, tels que les intérêts, le paiement des services, les dépenses touristiques, les emprunts, les ventes de titres, les envois de fonds des immigrants, et ainsi de suite, et (3) le solde total des échanges dépend des rapports de tous les pays, pas uniquement des deux concernés.

La circulation de l'or de pays en pays causée par un déséquilibre commercial tend à créer une situation qui endigue cette circulation. Si un pays exporte plus qu'il n'importe, de telle manière que l'or revient vers celui-ci pour couvrir la différence, cet or devient la base d'une quantité accrue de monnaie, et cela cause une hausse des prix à l'intérieur du pays, suffisante pour réduire les exportations et augmenter les importations. Parallèlement, l'or, en sortant d'autres pays, réduit leur quantité de monnaie, et provoque une baisse de leurs prix. Ces évolutions au sein des prix entrainent des changements dans la circulation des marchandises, pour la raison évidente que les marchandises ont tendance à circuler vers les zones où les prix sont plus élevés, et d'éviter celles où les prix sont bas. Ces changements dans la circulation des marchandises empêchent le déséquilibre original de l'échange, qui se trouve à l'origine de la circulation de l'or. En conséquence, la circulation de l'or s'arrête, et il en résulte un contexte d'échanges internationaux équilibrés, où les prix pratiqués sont légèrement différents. L'ensemble du processus illustre la subordination de la stabilité interne des prix à la stabilité des échanges. C'est cette subordination qui fut rejetée par la plupart des pays après 1931. Ce rejet est caractérisé par (a) l'abandon, au moins partiel, de l'étalon-or, (b) des efforts pour contrôler les prix pratiqués au sein du pays, et (c) des efforts pour contrôler les échanges. La réalisation de tout cela est motivée par le désir de libérer le système économique de l'influence restrictive d'un système financier dominé par l'or.

Ce mécanisme magnifique et automatique des paiements internationaux représente l'un des plus grands outils sociaux jamais conçus par l'homme. Il nécessite cependant des conditions très particulières pour fonctionner correctement, et comme nous le verrons, ces conditions étaient en train de disparaitre en 1900, et furent largement éliminées par les changements économiques provoqués par la Première Guerre mondiale. Il devint impossible, à cause de ces changements, de restaurer le système financier qui existait avant 1914. Les quelques tentatives déterminées qui furent menées échouèrent en 1933, et tous les principaux pays furent forcés d'abandonner l'étalon-or, ainsi que les échanges automatiques.

Une fois l'étalon-or abandonné, l'or circule entre les pays comme n'importe

Les développements économiques de l'Europe

quelle autre marchandise, et la valeur des devises étrangères, n'étant plus basée sur l'or, peut subir des fluctuations importantes. En théorie, un déséquilibre de la balance internationale des paiements peut être rectifié soit par un changement des taux de change, soit par un changement du niveau des prix internes. Durant l'utilisation de l'étalon-or, cette rectification est faite en modifiant les taux de change, selon une marge comprise uniquement entre les deux points d'or. Lorsque le déséquilibre est si grand que les échanges doivent dépasser les points d'or, la rectification est effectuée par un changement des prix internes, causés par le fait que l'or circule au niveau des points d'or, au lieu que ce soit les échanges qui dépassent les points d'or. D'autre part, quand une monnaie n'est pas soumise à l'étalon-or, la fluctuation des échanges n'est pas confinée entre deux points d'or, et peut évoluer indéfiniment dans n'importe quelle direction. Dans ce cas, le déséquilibre des paiements internationaux est réglé en grande partie par un changement des taux de change, et très peu par les changements des prix internes. Dans la période couvrant 1929 à 1936, les pays du monde arrêtèrent d'utiliser l'or, car ils préféraient apporter l'équilibre à leur solde international en gérant les fluctuations des échanges, plutôt qu'en modifiant les niveaux de prix. Ils craignaient ces derniers, car les changements de prix, en particulier en baisse, conduisaient au déclin de l'activité des entreprises, et à des changements dans l'utilisation des ressources économiques (telles que le travail, les terres et le capital) d'un secteur à un autre.

Le rétablissement de l'équilibre des paiements internationaux, dans le cas d'un pays dont la devise n'est pas basée sur l'or, peut être observé au travers d'un exemple : si la valeur de la livre sterling baissait à 4,00$ ou 3,00$, les Américains viendraient acheter de plus en plus en Grande-Bretagne, puisque les prix anglais seraient bas de leur point de vue, mais les Anglais n'achèteraient qu'avec réticence auprès des Américains, car ils devraient dépenser plus par rapport à la monnaie américaine. Cela sert à rectifier le surplus original d'exportations vers la Grande-Bretagne, qui apporte la grande quantité de livres sterling nécessaire pour baisser sa valeur à 3,00$. Cette dépréciation de la valeur de change d'une devise cause une hausse des prix au sein du pays, en réponse à la hausse de la demande pour les biens de celui-ci.

LA SITUATION AVANT 1914

L'élément clé de la situation mondiale durant la période précédant 1914 se trouve dans la position dominante de la Grande-Bretagne. Cette position est plus réelle qu'elle n'y paraît. Dans bien des domaines (tels que les domaines naval ou financier), la suprématie de la Grande-Bretagne était si totale qu'elle n'avait pas besoin de la déclarer ni qu'elle fût admise par les autres. Cela était tacitement admis par tous. En tant que souveraine incontestée dans ces domaines, la Grande-Bretagne pouvait se permettre d'être bienveillante. Sure d'elle-même et de sa position, elle pouvait être satisfaite par de la substance, plutôt que par des formes. Si les autres acceptaient sa domination, elle était tout à fait disposée à leur laisser leur indépendance et leur autonomie en droit.

Cette suprématie de la Grande-Bretagne n'était pas uniquement le résultat du XIXe siècle. Ses origines remontaient jusqu'au XVIe siècle, à l'époque où l'Amérique avait rendu l'Atlantique plus important que la Méditerranée en tant que route commerciale et de voie vers la richesse. Dans l'Atlantique, la position britannique était unique, non seulement à cause de sa situation occidentale, mais aussi et surtout, parce qu'elle était une ile. Cette situation lui permettait de regarder l'Europe s'enfoncer dans ses querelles internes, tandis qu'elle conservait la liberté d'exploiter les Nouveaux Mondes outre-mer. La Grande-Bretagne bâtit sur cette base une suprématie navale qui avait fait d'elle en 1900 la maitresse des mers. En plus de cela, elle occupait une position prédominante en matière de marine marchande, qui lui donna le contrôle des grandes routes maritimes, ainsi que la propriété de 39% des navires de haute mer du globe, soit trois fois ce qu'avait à disposition son plus proche rival.

La Grande-Bretagne ajouta à cette suprématie des domaines acquis dans la période précédant 1815, de nouvelles régions dominés dans la période suivant 1815. Celles-ci découlèrent de ses précédentes réussites issues de la révolution industrielle. Les transports, les communications ainsi que la production industrielle fut concernés. Dans un premier temps, elle offrit au monde le chemin de fer et le bateau à vapeur, puis, dans un deuxième temps, le télégraphe, le télégramme et le téléphone, et enfin, dans un troisième temps, le système industriel.

La révolution industrielle resta en Grande-Bretagne durant deux générations avant de s'étendre au reste du monde. Elle donna lieu à une importante augmentation de la production de biens manufacturés, ainsi qu'à une forte demande pour la nourriture et les matières premières. Les richesses et les épargnes connurent également une croissance importante. Grâce aux deux premiers points, ainsi qu'à l'amélioration des méthodes de transport, la Grande-Bretagne développa un commerce mondial dont elle était le centre, et qui consistait principalement en l'exportation de biens manufacturés et de l'importation de matières premières et de nourriture. Parallèlement, l'épargne de la Grande-Bretagne avait tendance à être dirigée vers l'Amérique du Nord et du Sud, et l'Asie, où elle cherchait à développer la production des matières premières et de nourriture. En 1914, cette exportation de capitaux avait atteint un montant si élevé qu'elle dépassait les investissements étrangers de tous les pays réunis. La même année, les investissements britanniques à l'étranger s'élevaient à environ 20 milliards de dollars (soit environ un quart de la richesse nationale de la Grande-Bretagne, ce qui représentait un dixième du revenu national total).

L'investissement à l'étranger français, à la même époque, s'élevait à environ 9 milliards de dollars (soit un sixième de la richesse nationale française, ce qui représentait 6% du revenu national), tandis que l'Allemagne avait environ 5 milliards de dollars investis à l'étranger (soit un quinzième de la richesse nationale, ou 3% du revenu national). Les États-Unis, à cette époque, étaient largement endettés.

La position dominante de la Grande-Bretagne sur le monde en 1913 était, comme je l'ai dit, plus réelle qu'il n'y paraît. Partout dans le monde, les gens dormaient mieux, travaillaient de manière plus productive, et vivaient plus pleinement grâce à l'existence de la Grande-Bretagne. Les navires de guerre britanniques situés dans l'océan Indien et l'Extrême-Orient repoussaient les marchands d'esclaves, les pirates ainsi que les chasseurs de têtes. Les petites nations comme le Portugal, les Pays-Bas ou la Belgique plaçaient leurs possessions en outre-mer sous la protection de la flotte britannique. Même les États-Unis, sans le réaliser, restaient en sécurité et continuaient de maintenir la doctrine de Monroe[1] derrière le bouclier de la marine britannique. Les petites nations réussissaient à préserver leur indépendance dans les interstices entre les grandes puissances, maintenue en équilibre précaire par les tactiques plutôt réservées du ministère des affaires étrangères britannique en ce qui concernait l'équilibre des forces. La plupart des grands marchés commerciaux du monde, même ceux des produits comme le coton, le caoutchouc, ou l'étain, qu'elle ne produisait pas massivement, étaient situés en Grande-Bretagne, et les prix mondiaux étaient établis sur les appels d'offres réalisés par des commerçants spécialistes sur place. Si un homme au Pérou souhaitait envoyer de l'argent à un homme en Afghanistan, le paiement final, selon toute probabilité, était effectué par une opération comptable à Londres. Le système parlementaire britannique, ainsi que certains aspects de leur système juridique, tels que l'État de droit, étaient copiés, du mieux possible, partout dans le monde.

La rentabilité du capital en dehors de la Grande-Bretagne, l'une des causes de l'exportation massive de capital, était liée à la rentabilité du facteur travail. En conséquence, la circulation de capital en provenance de la Grande-Bretagne et de l'Europe allait de pair avec la circulation des personnes. Ensemble, elles participèrent au développement de régions non européennes sur un modèle européen remanié. La Grande-Bretagne était aisément la première exportatrice d'hommes, tout comme elle était la première exportatrice de capital (plus de 20 millions de personnes émigrèrent du Royaume-Uni dans la période couvrant 1815 à 1938). En conséquence de ces deux éléments, la Grande-Bretagne devint le centre de la finance mondiale, et du commerce mondial. Le système

---

1. N.D.É. La doctrine de Monroe a caractérisé la politique étrangère des États-Unis durant durant le XIXe et le début du XXe siècle. Tirée du nom d'un président républicain des États-Unis, James Monroe, elle condamne toute intervention européenne dans les affaires « des Amériques » comme celle des États-Unis dans les affaires européennes. –Wikipédia

des relations financières internationales, que nous avons décrit plus tôt, était basé sur le système des relations industrielles, commerciales et de crédits que nous venons d'aborder. Des circonstances très particulières étaient nécessaires à l'existence du premier, qui ne pouvaient pas perdurer éternellement. En outre, il nécessitait également un ensemble de caractéristiques secondaires, qui étaient elles aussi loin d'être permanentes. On trouvait parmi celles-ci les points suivants : (1) tous les pays concernés devaient suivre entièrement l'étalon-or, (2) les domaines publics ou privés devaient être libres d'interférer avec l'économie nationale d'un pays, c'est-à-dire que les prix devaient être libres de s'élever ou de baisser en fonction de l'offre et de la demande en biens et en argent, (3) le commerce international devait circuler librement, de manière à ce que l'argent et les marchandises pussent être envoyés sans entrave vers les zones où ils avaient le plus de valeur, (4) l'économie financière internationale devait être organisée autour d'un centre dominant doté de plusieurs centres subordonnés, de sorte qu'il était possible d'annuler des créances nationales entre elles dans une sorte de chambre de compensation, et ainsi réduire au minimum le flux d'or, et (5) la circulation des biens et des fonds sur le plan international devait être contrôlée par des facteurs économiques sans être soumise aux influences politiques, psychologiques ou idéologiques.

Ces conditions, qui avaient permis au système financier et industriel international de fonctionner merveilleusement bien avant 1914, commencèrent à changer déjà en 1890. Les conditions économiques et commerciales fondamentales furent les premières à changer, et furent sensiblement modifiées en 1910. Les caractéristiques secondaires du système furent, quant à elles, changées par les évènements de la Première Guerre mondiale. En conséquence, le système du capitalisme financier international n'est maintenant plus qu'un vague souvenir. Imaginez une époque sans visa ni passeport, où les restrictions d'immigration ou de douane étaient presque inexistantes. Certes, ce système avait de nombreux inconvénients accessoires, mais ils étaient, justement, accessoires. Socialisé sinon social, civilisé sinon cultivé, ce système permettait aux individus de respirer librement, et de développer leurs talents personnels dans une mesure jusque-là inconnue et depuis compromise.

Les États-Unis jusqu'en 1917

De la même manière que la culture classique s'était propagée vers l'Ouest par les Grecs, qui l'avaient créée, jusqu'aux peuples romains qui l'adoptèrent et la modifièrent, la culture européenne s'étendit aussi vers l'Ouest jusqu'au Nouveau Monde, où elle fut profondément modifiée, tout en restant essentiellement européenne. Le point central de l'histoire de l'Amérique fut l'arrivée d'immigrants originaires d'Europe, porteurs de sa culture, venus occuper et exploiter les régions sauvages immensément riches s'étendant entre l'Atlantique et le Pacifique. Durant ce processus, cette nature sauvage fut développée et exploitée région par région ; d'abord la région côtière du « Tidewater », puis le Piedmont, la forêt transappalachienne, les prairies du Mississippi, la côte du Pacifique, et enfin les grandes plaines. En 1900, la période d'occupation qui avait commencé en 1607 était terminée, mais la période de développement se poursuivait, de façon intensive plus qu'extensive. Cette transition, passant d'un développement extensif vers un développement intensif, fréquemment appelée « la fermeture de la frontière », nécessitait un réajustement des perspectives et des comportements sociaux, en se détachant des bases essentiellement individuelles vers une société plus coopérative, ainsi qu'un accent non plus porté sur les simples prouesses physiques, mais sur des talents plus immatériels, tels que les compétences managériales, la formation scientifique et les capacités intellectuelles, capables de densifier les zones frontalières nouvellement occupées, d'instaurer un meilleur niveau de vie et de profiter d'un plus grand nombre de loisirs.

La capacité des Américains à réaliser ce réajustement des perspectives et des comportements sociaux à la « fermeture de la frontière » vers 1900, fut entravée par un certain nombre de facteurs nés de ses premières expériences historiques. Parmi ceux-ci, il nous faut mentionner la croissance de l'attitude insulaire, les expériences constitutionnelles et politiques passées, l'isolationnisme, et l'accent porté sur les prouesses physiques et l'idéalisme irréaliste.

L'occupation des États-Unis donna naissance à trois principales zones géographiques : une zone est commerciale et industrielle, une zone ouest agricole (qui n'accéda que plus tard à l'industrialisation), et une zone sud agricole. Malheureusement, les deux zones agricoles étaient organisées de manières très différentes : le sud était basé sur l'esclavage, et l'ouest sur le travail libre. Sur ce point, l'est s'est allié à l'ouest pour vaincre le sud durant la guerre civile (1861 à 1865), et pour le maintenir sous une occupation militaire prolongée en tant que territoire conquis (1865 à 1877). Étant donné que la guerre et l'occupation étaient dirigées par le nouveau Parti républicain, l'organisation politique du pays se divisa en deux zones distinctes : le sud refusa de voter pour les républicains jusqu'en 1928, et l'ouest refusa de voter pour les démocrates jusqu'en 1932. Les plus anciennes familles de l'est, qui étaient plus disposées vers le Parti républicain à cause de la guerre civile étaient largement submergées par des vagues de nouveaux immigrants venus d'Europe, en commençant par des Irlandais et des Allemands après 1846, puis un nombre plus important encore d'immigrants originaires d'Europe de l'Est et d'Europe méditerranéenne après 1890. Dans les villes de l'est, ces nouveaux immigrants votaient pour les démocrates à cause de leur opposition culturelle, religieuse et économique aux membres républicains des classes sociales supérieures de cette même section orientale. L'impact de la classe sociale sur les habitudes de vote dans l'est et l'importance de la division des votes entre le sud et l'ouest eurent une grande importance sur le plan politique après 1880.

Les Pères fondateurs avaient supposé que le contrôle politique du pays serait mené par des hommes de biens et de loisirs, qui en général se connaitraient personnellement, et, ne faisant face à aucun besoin de prendre des décisions urgentes, pousseraient le gouvernement à l'action quand ils trouveraient un terrain d'entente, et l'empêcheraient d'agir dans le cas contraire, sans grand dommage. La Constitution américaine, avec ses dispositions pour la séparation des pouvoirs et la sélection du dirigeant par un collège électoral, reflétait cette vision des choses. C'était le cas également des élections primaires au sein des assemblées législatives pour la nomination aux fonctions publiques et l'élection de sénateurs par les mêmes assemblées. L'apparition d'une démocratie de masse après 1830 changea cette situation, en instaurant l'utilisation des congrès de parti pour les nominations et l'utilisation des mécanismes établis des partis politiques, appuyés par le soutien du service public, pour mobiliser suffisamment de votes pour élire leurs candidats.

En conséquence de cette situation, le président élu de 1840 à 1880 se trouva confronté à une pression venant de trois directions différentes : depuis l'électorat populaire dont il avait tiré les votes nécessaires à son élection, depuis le mécanisme du parti qui l'avait nominé pour se présenter aux élections ainsi que les nominations partisanes avec lesquelles il pouvait récompenser ses partisans, et depuis les riches intérêts économiques qui lui avaient donné l'argent nécessaire pour payer les frais de sa campagne avec en prime, peut-être, un surplus pour lui-même. C'était un système assez pratique, puisque les trois forces étaient à peu près égales. L'avantage était détenu par l'appareil du parti. Cet avantage devint si grand dans la période 1865 à 1880 que les forces de la finance, du commerce, et de l'industrie étaient obligées d'accorder des dons toujours plus importants aux partis politiques afin d'obtenir des services de la part du gouvernement, qu'elles considéraient comme leurs dus, c'est-à-dire des services comme des tarifs plus élevés, des concessions de terres pour la construction de chemins de fer, de meilleurs services postaux, des exploitations minières ou des concessions forestières. Le fait que ces forces de la finance et du commerce gagnaient elles-mêmes en richesse et en puissance les rendait de plus en plus réticentes face au besoin d'accorder des contributions toujours plus grandes aux appareils politiques. De plus, ces magnats économiques trouvaient de plus en plus injustifié le fait qu'il leur était interdit de donner des ordres, et qu'ils devaient négocier en tant qu'égaux pour obtenir des services ou des faveurs de la part des chefs de partis.

À la fin des années 1870, les chefs d'entreprises étaient déterminés à mettre fin à cette situation en brisant d'un seul coup le pivot du système des partis politiques, à savoir le système de patronage. Ce système, qu'ils désignaient par le terme péjoratif de « système des dépouilles », était inacceptable pour les grandes entreprises, non pas parce qu'il conduisait à la malhonnêteté ou l'inefficacité, mais parce qu'il rendait l'appareil des partis politiques indépendant du contrôle des entreprises en leur donnant une source de revenus (les contributions de campagne faites par les employés du gouvernement), qui était indépendante du contrôle des entreprises. Si cette source avait été supprimée, ou même sensiblement réduite, les politiciens auraient été bien plus dépendants des contributions des entreprises pour les dépenses de campagnes. À une époque où la croissance des médias de masse et de l'utilisation de trains affrétés pour les candidats politiques augmentait grandement les coûts des campagnes électorales, toute réduction des contributions de frais de campagne de la part des représentants élus soumettait inévitablement encore plus les politiciens aux entreprises. C'est dans cet objectif que la réforme de la fonction publique commença au sein du gouvernement fédéral avec le projet de loi Pendleton en 1883. En conséquence, le gouvernement était contrôlé de manière plus ou moins totale par les forces de la banque d'investissement et de l'industrie lourde de 1884 à 1933.

Cette période de 1884 à 1933 était la période du capitalisme financier durant laquelle les banquiers d'investissement, en rentrant d'un côté dans la banque commerciale et les assurances, et de l'autre dans les chemins de fer et l'industrie lourde, étaient capables de mobiliser une énorme richesse et exerçaient un immense pouvoir économique, politique, et social. Communément connus sous le nom de « Société » ou des « 400 », ils menaient une vie faite de splendeurs éblouissantes. Prenant la mer à bord de grands yachts privés ou voyageant par les terres à bord de trains privés, ils se déplaçaient de manière cérémonieuse entre leurs domaines spectaculaires et leurs hôtels particuliers à Palm Beach, Long Island, les Berkshire, Newport et Bar Harbor. Ils se retrouvaient près de leurs demeures new-yorkaises semblables à des forteresses pour se rendre au Metropolitan Opera sous l'œil critique de Mme Astor, ou se rassemblaient pour des réunions d'affaires de la plus grande importance stratégique en la présence impressionnante de J. P. Morgan en personne.

La structure des contrôles financiers créée par les magnats de la « grande banque » et des « grandes affaires » dans la période 1880 à 1933 était extraordinairement complexe : un fief commercial était bâti sur un autre, les deux étant alliés à des associés semi-indépendants, le tout s'élevant en deux sommets de puissance économique et financière, dont l'un, centré à New York, était dirigé par J. P. Morgan et Cie, et l'autre, situé dans l'Ohio, était dirigé par la famille Rockefeller. Quand ces deux fiefs coopéraient, comme c'était généralement le cas, ils pouvaient influencer dans une large mesure la vie économique du pays, et pouvaient presque contrôler sa vie politique, du moins au niveau fédéral. On peut illustrer ce dernier point au travers de plusieurs faits. Aux États-Unis, le nombre de sociétés au capital se comptant en milliards de dollars passa d'une en 1909 (la United States Steel, contrôlée par Morgan) à quinze en 1930. La part de tous les actifs des sociétés détenus par les 200 plus grandes d'entre elles passa de 32% en 1909, à 49% en 1930, et atteignit 57% en 1939. En 1930, ces 200 sociétés détenaient 49,2% des actifs des 40.000 sociétés présentes dans le pays (soit 81 milliards de dollars sur un total de 165 milliards de dollars) ; elles détenaient 38% de la richesse totale des entreprises, constituées ou non (soit 81 milliards de dollars sur un total de 212 milliards) ; et elles détenaient 22% de toute la richesse du pays (soit 81 milliards de dollars sur un total de 367 milliards de dollars). En fait, en 1930, les actifs d'une société (la American Telephone and Telegraph, AT&T, contrôlée par Morgan) dépassaient la richesse totale de vingt et un des États de l'Union.

L'influence des chefs de ces entreprises était si grande que les groupes Morgan et Rockefeller, agissant de concert, voire Morgan seul, auraient pu détruire le système économique du pays simplement en mettant des titres à la vente sur le marché boursier, puis, ayant ainsi précipité une panique sur ce marché, auraient pu alors racheter les titres qu'ils avaient vendus, mais à un prix inférieur. Naturellement, ils n'étaient pas assez fous pour mettre cela en pratique, bien que Morgan faillit l'appliquer lors de la « panique de 1907 ». Cependant, ils n'hésitaient pas à détruire des sociétés individuelles au détriment des détenteurs d'actions ordinaires, en les menant à la faillite. De cette façon, pour ne prendre que deux exemples, Morgan détruisit la compagnie de chemin de fer traversant New York, New Haven et Hartford avant 1914 en lui vendant, à des prix élevés, les titres essentiellement sans valeur d'une myriade de lignes de tramway et de bateaux à vapeur de la Nouvelle-Angleterre ; William Rockefeller et ses amis détruisirent la compagnie de chemin de fer traversant Chicago, Milwaukee, Saint-Paul et l'Union Pacific avant 1925 en lui vendant, à des prix excessifs, des plans pour amener l'électricité jusqu'à la côte pacifique, du cuivre, de l'électricité et une ligne de chemin de fer sans valeur (la Gary Line). Ce ne sont là que des exemples de la prise de conscience des capitalistes financiers qu'ils gagnaient de l'argent en émettant et vendant des titres, plutôt qu'en produisant, distribuant et consommant des biens, ce qui, en conséquence, les conduisit au point où ils découvrirent que la valorisation d'une société d'exploitation par l'émission excessive de titres ou d'obligations plutôt que par l'émission de titres de participation, non seulement leur était profitable, mais rendait également possible l'augmentation de leurs profits par la faillite de l'entreprise, en procurant des frais et des commissions de réorganisation ainsi que la possibilité d'émettre de nouveaux titres.

Lorsque les intérêts commerciaux, dirigés par William C. Whitney, firent passer la première version de la réforme de la fonction publique en 1883, ils s'attendaient à être en mesure de contrôler également les deux partis politiques. En effet, certains d'entre eux planifiaient de contribuer aux deux et de permettre une alternance des deux partis dans la charge publique afin de dissimuler leur propre influence, d'inhiber toute exposition d'indépendance par les politiciens, et de permettre à l'électorat de croire qu'il exerçait librement son propre choix. Une telle alternance des partis sur la scène fédérale eut lieu dans la période 1880 à 1896, et l'influence des affaires (ou, du moins, l'influence de Morgan) était aussi importante dans les administrations démocrates que républicaines. Mais en 1896, un évènement choquant survint. Les intérêts commerciaux découvrirent qu'ils pouvaient contrôler le Parti républicain dans une large mesure, mais n'étaient pas autant assurés de pouvoir contrôler le Parti démocrate. La raison de cette différence reposait dans l'existence de la section du « Sud Massif » (Solid South) démocratique, où il n'y avait presque pas d'électeurs républicains. Cette section envoya des délégués à la convention nationale républicaine, tout comme le reste du pays, mais, étant donné que ces délégués ne représentaient pas les électeurs, ils étaient venus pour représenter ceux qui étaient prêts à payer les frais de la convention nationale républicaine. De cette façon, ces délégués étaient venus pour représenter les intérêts des entreprises du nord, dont ils avaient accepté l'argent. Mark Hanna nous décrit en détail la façon dont il passa une grande partie de l'hiver 1895-1896 en Géorgie, à acheter plus de deux-cents délégués pour le compte de McKinley à la convention nationale républicaine de 1896. En conséquence de ce système, environ un quart des voix au sein d'une convention républicaine était des votes « contrôlés » du Sud Massif, qui ne représentaient pas l'électorat. Après la scission au sein du Parti républicain en 1912, cette portion des délégués fut réduite à environ 17%.

L'incapacité des banques d'investissement et de leurs alliés industriels à contrôler la convention démocrate de 1896 était le résultat du mécontentement agraire de la période 1868 à 1896. Ce mécontentement était fondé en très grande partie sur les tactiques monétaires de l'oligarchie bancaire. Les banquiers, pour les raisons que nous avons déjà expliquées, étaient attachés à l'étalon-or. De ce fait, à la fin de la guerre civile, ils persuadèrent l'administration Grant de freiner l'inflation d'après-guerre et de revenir à l'étalon-or (le krach de 1873 et la reprise des paiements en espèce en 1875). Cela donna aux banquiers un contrôle de la masse monétaire qu'ils n'hésitèrent pas à utiliser pour leurs propres comptes, comme Morgan, qui avait impitoyablement fait pression sur Cleveland de 1893 à 1896. L'affection des banquiers pour les bas prix n'était pas partagée par les fermiers, puisque chaque fois que les prix de leurs produits chutaient, le fardeau de leurs dettes contractées (en particulier les prêts hypothécaires) s'alourdissait. De plus, les prix agricoles, étant bien plus compétitifs que les prix industriels, et n'étant pas protégés par un droit de douane, chutaient bien plus rapidement que les prix industriels, et les fermiers ne pouvaient pas réduire leurs couts ni modifier leurs plans de production aussi rapidement que les industriels le faisaient. Il en résulta une exploitation systématique des secteurs agricoles de la communauté par les secteurs financiers et industriels. Cette exploitation prit la forme de prix industriels élevés, de tarifs élevés (et discriminatoires) pour les chemins de fer, de hauts taux d'intérêt, de prix agricoles bas et d'un très faible niveau de services agricoles au niveau des compagnies de chemins de fer et du gouvernement. Incapables de résister au moyen d'armes économiques, les fermiers de l'ouest se tournèrent vers l'aide politique, mais ils furent grandement entravés par leur réticence à voter démocrate (en raison de leurs souvenirs de la guerre civile). Au lieu de cela, ils essayèrent de travailler sur la politique de l'État, au travers de l'administration locale (les « lois Granger ») et de mettre en place des mouvements tiers (comme le Parti Greenback en 1878 ou le Parti populiste en 1892). En 1896, toutefois, le mécontentement agraire devint tellement important qu'il commença à surmonter les souvenirs du rôle joué par le Parti démocrate durant la guerre civile. La capture du parti démocrate par ces forces de mécontentement sous William Jennings Bryan en 1896, qui était déterminé à obtenir des prix plus élevés en augmentant la masse monétaire sur une base bimétallique plutôt que sur une base d'or, présenta à l'électorat, pour la première fois en une génération, une élection concernant un enjeu social et économique. Bien que les forces de la finance de haut niveau et des grandes affaires étaient dans un état proche de la panique, elles réussirent à faire élire McKinley grâce à un puissant effort impliquant des dépenses massives.

L'incapacité de la ploutocratie[1] à contrôler le Parti démocrate, alors qu'elle avait démontré qu'elle pouvait contrôler le Parti républicain, rendit souhaitable pour ses membres d'adopter la vision d'un seul parti sur les affaires politiques, bien qu'ils continuassent de contribuer dans une certaine mesure aux deux partis et ne cessassent pas leurs efforts pour contrôler les deux à la fois. En fait, à deux occasions, en 1904 et en 1924, J. P. Morgan assista, l'esprit tranquille et satisfait, à une élection où les candidats des deux partis tombaient sous sa sphère d'influence. En 1924, le candidat démocrate était l'un de ses principaux avocats, alors que le candidat républicain était le camarade de classe et le

---

1. N.D.É. Forme de gouvernement dans lequel le pouvoir est entre les mains des plus riches.

premier choix de son partenaire, Dwight Morrow. Habituellement, Morgan devait partager cette influence politique avec d'autres secteurs de l'oligarchie des affaires, en particulier avec les intérêts Rockefeller (comme cela fut fait, par exemple, en divisant le billet entre eux en 1900 et en 1920).

Le mécontentement agraire, la croissance des monopoles, l'oppression de la main-d'œuvre, et les excès des financiers de Wall Street sont à l'origine de la grande agitation du pays entre 1890 et 1900. Cette situation aurait pu être allégée simplement en augmentant juste suffisamment la masse monétaire pour faire monter un peu les prix, mais les financiers de cette période, tout comme ceux trente ans plus tard, étaient déterminés à défendre l'étalon-or, peu importe le cout. Et quoi de mieux qu'une crise dans les affaires étrangères pour détourner le mécontentement public des problèmes économiques nationaux ? Cleveland avait découvert cette alternative plus ou moins par accident en 1895, quand il avait déclenché une controverse avec la Grande-Bretagne au sujet du Venezuela. La grande opportunité, cependant, venait avec la révolte cubaine contre l'Espagne en 1895. Alors que la presse à scandale, dirigée par William Randolph Hearst, réveillait l'opinion publique, Henry Cabot Lodge et Théodore Roosevelt complotaient pour trouver la meilleure manière d'amener les États-Unis dans l'altercation. L'explosion mystérieuse qui coula le cuirassé américain Maine au port de la Havane, en février 1898, leur apporta l'excuse dont ils avaient besoin. En deux mois, les États-Unis déclarèrent la guerre à l'Espagne pour obtenir l'indépendance de Cuba. La victoire qui en résulta démontra que les États-Unis étaient une puissance navale mondiale, établit sa position de puissance impérialiste avec en sa possession Puerto Rico, Guam et les Philippines, aiguisa les appétits de gloire impérialiste, et camoufla le passage de la longue ère de demi-dépression vers une nouvelle période de prospérité. Cette période fut stimulée en partie par la demande accrue de produits industriels due à la guerre, mais plus encore par la nouvelle période de hausse des prix, associée à une augmentation mondiale de la production d'or venu d'Afrique du Sud et de l'Alaska après 1895.

L'entrée en scène de l'Amérique en tant que puissance mondiale se poursuivit avec l'annexion d'Hawaï en 1808, l'intervention dans la révolte des Boxers en 1900, la prise de Panama en 1903, l'intervention diplomatique dans la guerre russo-japonaise en 1905, la croisière autour du monde de la Marine américaine en 1908, l'occupation militaire du Nicaragua en 1912, l'ouverture du canal de Panama en 1914, et l'intervention militaire au Mexique en 1916.

Au cours de la même période, un nouveau mouvement en faveur d'une réforme économique et politique vit le jour sous le nom de progressisme. Le mouvement progressiste résultait d'une combinaison de forces, tant nouvelles qu'anciennes. Sa fondation reposait sur les restes du mécontentement agraire et travailleur qui avait trainé si vainement avant 1897. Il y avait également, comme une sorte de remise en question de la part des chefs d'entreprises prospères, un affaiblissement de l'égoïsme avide et un renouveau du sens ancestral de l'obligation sociale et de l'idéalisme. Ce sentiment était, dans une certaine mesure, mélangé à la prise de conscience que la position et les privilèges des plus riches pouvaient être préservés plus efficacement en accordant des concessions superficielles et en présentant plus d'occasions de défouler les mécontents, qu'en appliquant une politique obstructionniste aveugle de la part des riches. On peut mentionner, en exemple de l'impulsion la plus idéaliste, la création de diverses fondations Carnegie pour œuvrer pour la paix universelle ou étendre les travaux d'érudition dans la science ou les études sociales. On peut parler, comme exemple plus pratique, de la création de *The New Republic*, un « hebdomadaire libéral », par un agent de Morgan, financé par l'argent de Withney (1914). De manière assez semblable à ce dernier point, on assista au développement d'une nouvelle « presse libérale », qui trouvait profitable de publier les écrits de « fouineurs » et ainsi d'exposer aux yeux du public le côté sordide des grandes affaires et de la nature humaine. Mais la grande opportunité pour les forces progressistes naquit d'une scission au sein des grandes affaires, divisant les plus anciennes forces du capitalisme financier, menées par Morgan, et les nouvelles forces de capitalisme monopoliste, organisées autour du bloc de Rockefeller. En conséquence, le Parti républicain se divisa entre les partisans de Théodore Roosevelt et ceux de William Howard Taft, de sorte que les forces combinées de l'est libéral et de l'ouest agricole étaient en mesure de remporter la présidentielle, avec Woodrow Wilson, en 1912.

Wilson suscita une bonne partie de l'enthousiasme populaire avec son discours sur la « liberté nouvelle » et les droits des opprimés, mais son programme ne représentait pas bien plus qu'une tentative d'établir sur une base fédérale des réformes que le mécontentement agraire et travailleur avait cherché à mettre en place sur une base fédérale durant des années. Wilson n'était en aucun cas un extrémiste (après tout, il avait accepté une prime sur ses revenus personnels de la part de riches industriels tels que Cleveland Dodge et Cyras Hall McCormick alors qu'il occupait son poste de professeur à Princeton, et ce genre de chose ne cessa nullement lors de son entrée en politique, en 1910), et il y avait une bonne dose d'hypocrisie inconsciente dans bien de ses discours politiques retentissants. Quoi qu'il en soit, ses réformes politiques et administratives étaient bien plus efficaces que ses réformes économiques ou sociales. Le Clayton Antitrust Act et le Federal Trade Commission Act (1913) furent rapidement et étroitement enveloppés par les litiges et la futilité. D'autre part, l'élection directe des sénateurs, la création d'un impôt sur le revenu, de la Réserve fédérale, et d'un système fédéral de prêts agricoles (1916) et de la livraison rurale du courrier et des colis postaux, ainsi que les premiers pas vers divers textes de loi sur la main-d'œuvre, tels que les salaires minimums pour les marins marchands, les restrictions sur le travail des enfants, et l'instauration d'une journée règlementaire de huit heures pour les cheminots justifièrent le soutien que les progressistes avaient apporté à Wilson.

La première présidence de Wilson (1913 à 1917) ainsi que la précédente présidence de Théodore Roosevelt (1901 à 1909) contribuèrent grandement au processus par lequel les États-Unis redirigèrent leur objectif, de l'expansion extensive des frontières physiques vers l'exploitation intensive de leurs ressources naturelles et morales. Roosevelt utilisa son génie de comédien pour populariser la nécessité de préserver les ressources naturelles du pays, alors que de son côté, Wilson, à sa manière professorale, fit beaucoup d'efforts pour étendre l'égalité des chances à de plus grandes parties du peuple américain. Ce peuple était si absorbé par les controverses engendrées par ces efforts qu'il remarqua à peine la montée des tensions en Europe, ou même le déclenchement de la guerre en aout 1914, et ceci jusqu'en 1915, quand la bruyante controverse de la menace de la guerre vint effacer complètement les controverses nationales plus anciennes. À la fin de 1915, l'Amérique fut rudement sommée de jouer un rôle sur la scène mondiale. Mais ceci est une histoire sur laquelle nous reviendrons dans un chapitre ultérieur.

III

L'EMPIRE RUSSE
JUSQU'EN 1917

Au dix-neuvième siècle, la plupart des historiens considéraient la Russie comme faisant partie de l'Europe, mais il devient maintenant de plus en plus clair que la Russie constitue une autre civilisation, tout à fait différente de la civilisation occidentale. Ces deux civilisations sont issues de la civilisation classique, mais leur relation avec ce prédécesseur était si différente que deux traditions tout à fait distinctes en émergèrent. Les traditions russes proviennent directement de Byzance ; les traditions occidentales proviennent indirectement d'une civilisation classique plus modérée, ayant traversé le Moyen Âge lorsqu'il n'y avait ni État ni gouvernement en Occident.

La civilisation russe fut créée à partir de trois peuples : (1) le peuple slave (2) les envahisseurs vikings venant du nord, et (3) la tradition byzantine venant du sud. Ces trois fusionnèrent en raison d'une expérience commune résultant de la position géographique exposée de la Russie sur le front-ouest d'une grande plaine s'étendant sur des milliers de kilomètres jusqu'à l'est. Cette plaine est divisée horizontalement en trois zones dont celle située le plus au sud-est une plaine dégagée, alors que la plus au nord est la brousse, la toundra. La zone centrale est une forêt. La zone au sud (ou les steppes) est constituée de deux parties : au sud, une plaine salée pratiquement inutile, alors que la partie nord, près de la forêt, se trouve la fameuse région des terres noires, avec ses sols très fertiles. Malheureusement, la partie est de cette grande plaine eurasienne s'asséca progressivement pendant des milliers d'années, ce qui eut pour conséquence de repousser à plusieurs reprises les peuples d'Asie centrale et du centre-est parlant des langues ouralo-altaïques, ainsi que les peuples tels que les Huns, les Proto-Bulgares, les Magyars, les Mongols et les Turcs, le long du corridor de steppe entre l'Oural et la mer Caspienne, rendant les steppes des terres noires dangereuses pour les peuples agriculteurs et sédentaires.

Les Slaves apparurent pour la première fois il y a plus de deux-mille ans, comme un peuple paisible, évasif, avec une économie basée sur la chasse et l'agriculture rudimentaire, dans les forêts de l'est de la Pologne. Ce peuple augmenta peu à peu en nombre, se déplaçant vers le nord-est à travers les forêts, se mélangeant avec le peuple de chasseurs finnois dispersé et déjà présent. En 700 apr. J.-C. environ, les hommes du nord, que l'on connaît sous le nom de Vikings, arrivèrent de la mer Baltique, par les fleuves d'Europe de l'Est, et finirent par atteindre la mer Noire et attaquèrent Constantinople. Ces hommes du nord essayaient de vivre à partir du militarisme, en s'emparant de butins et d'esclaves, en imposant un tribut aux peuples vaincus, en collectant des fourrures, du miel et de la cire aux Slaves timides cachés dans leurs forêts, pour les échanger contre les produits colorés des Byzantins du sud. Avec le temps, ces hommes du nord installèrent des postes marchands fortifiés le long de leurs axes fluviaux, principalement à Novgorod dans le nord, à Smolensk dans le centre, et à Kiev dans le sud. Ils se marièrent avec des femmes slaves et imposèrent à l'économie de chasse et d'agriculture rudimentaire des Slaves une superstructure d'État collecteur de tributs avec une économie commerciale, exploitante, et militariste. Cela créa le système de la société russe à deux classes qui persiste encore depuis, et qui fut intensifié par les évènements historiques subséquents.

Avec le temps, la classe dirigeante russe se familiarisa à la culture byzantine. Ils étaient éblouis par cette dernière, et cherchèrent à l'importer dans leurs contrées sauvages du nord. Ainsi, ils imposèrent aux peuples slaves plusieurs coutumes de l'Empire byzantin, telles que le christianisme orthodoxe, l'alphabet byzantin, le calendrier byzantin, l'architecture ecclésiastique en forme de dôme, le titre de tsar (César) pour leur chef, et d'innombrables autres usages. Plus important encore, ils importèrent l'autocratie totalitaire byzantine, sous laquelle chaque aspect de la vie, y compris politique, économique, intellectuel, et religieux, était considéré comme des ministères du gouvernement, sous le contrôle d'un dirigeant autocrate. Ces convictions faisaient partie de la tradition grecque, et étaient, en fin de compte, basées sur leur incapacité à distinguer l'État de la société. Puisque la société incluait toutes les activités humaines, les Grecs supposaient que l'État devait toutes les inclure. À l'époque de la Grèce antique, cette société d'inclusion était appelée polis, un terme qui désignait à la fois la société et l'État ; plus tard, dans la période romaine, ce même type société était appelé l'impérium. La seule différence était que parfois la polis était démocratique (comme durant l'Athènes de Périclès, en 450 av. J.-C. environ), alors que l'impérium était toujours une autocratie militaire. Les deux étaient des régimes totalitaires, c'est pour cela que les dimensions religieuse et économique faisaient partie de la sphère des activités gouvernementales. Ce régime autocratique totalitaire fut transmis à l'Empire byzantin qui la passa à l'État russe dans le nord, puis à l'Empire ottoman, dans le sud. Au nord, ces traditions byzantines se combinèrent avec l'expérience des Nordiques afin d'intensifier la structure à deux classes de la société slave. Dans la nouvelle civilisation slave (ou orthodoxe), de cette fusion rassemblant les traditions byzantine et viking créa la Russie. Les Byzantins apportèrent l'autocratie et l'idée d'un État au pouvoir absolu et au pouvoir totalitaire, ainsi que l'application essentielle de ces principes, comme l'idée selon laquelle l'État devait contrôler les pensées et la religion, que l'Église devait faire partie du gouvernement, que l'État faisait office de loi, et que le dirigeant était semi-divin. Les Vikings apportèrent l'idée que l'État était une importation étrangère, basée sur le militarisme et soutenue par des butins et des taxes, que les innovations économiques relevaient du gouvernement, que le pouvoir, plutôt que la loi, était la base de la vie sociale, et que la société, donc son peuple et ses terres étaient la propriété privée d'un dirigeant étranger.

Il faut mettre l'accent sur ces concepts du système russe puisqu'ils étaient si différents de nos propres traditions. En Occident, l'Empire romain (qui s'étendait à l'est sous le nom d'Empire byzantin) disparut en 476 et, même si beaucoup d'efforts furent entrepris pour le faire revivre dans les années 900, il y eut clairement une période où il n'existait aucun empire, État, ou autorité publique en Occident. L'État avait disparu, cependant la société survécut. De la même façon, la vie économique et religieuse continua. Cela montre clairement que l'État et la société n'étaient pas la même chose, que la société était l'entité de base, et que l'État était un ornement non essentiel, qui recouvrait la structure sociale. Cette expérience eut des effets révolutionnaires. On découvrit que l'homme pouvait vivre sans l'État ; ceci devint la base du libéralisme occidental. On découvrit que l'État, s'il existait, devait servir les hommes et qu'il était incorrect de croire que la raison d'être de l'homme était de servir l'État. On découvrit également que la vie économique, la vie religieuse, la loi, et la propriété privée pouvaient toutes exister et fonctionner efficacement sans l'État. De cela émergea le laissez-faire, la séparation de l'Église et de l'État, l'État de droit, le caractère sacré de la propriété privée. À Rome, à Byzance, et en Russie, la loi était considérée comme la représentation du pouvoir suprême. En Occident, lorsqu'aucun pouvoir suprême n'existait, on découvrit que la loi existait encore, en tant que principe qui gouvernait la vie sociale. Ainsi, en Occident, la loi fut découverte par observation et non décrétée par l'autocratie comme en Orient. Cela signifie que l'autorité fut établie par la loi et sous la loi dans l'Ouest, alors que l'autorité fut établie par le pouvoir et au-dessus des lois dans l'Est. L'Occident sentit que les lois de la vie économique avaient été élaborées et non édictées ; que les individus avaient des droits indépendants, et même opposés, à l'autorité publique ; que des groupes pouvaient exister, tout comme l'Église, de droit et non par privilège, et sans avoir besoin d'une charte les nommant et leur donnant un statut pour exister et agir en tant que groupe ; que des groupes ou individus pouvaient posséder des propriétés comme un droit et non un privilège, et que ces propriétés ne pouvaient pas être ôtées par la force, mais par un processus établi par la loi. Dans l'Ouest, on insistait plus sur la manière dont les choses étaient faites que sur ce qui était fait, alors que dans l'Est, ce qui était fait avait beaucoup plus d'importance que la manière employée.

Il y a aussi une autre distinction fondamentale entre les civilisations occidentale et russe. Cela est dérivé de l'histoire du christianisme. Cette nouvelle croyance apparut dans la civilisation antique par le biais de la société sémitique. À l'origine, c'était une religion de ce monde, croyant que le monde et la chair étaient fondamentalement bons, ou tout du moins, qu'ils étaient remplis de bonnes possibilités, car les deux avaient été créés par Dieu ; le corps est créé à l'image de Dieu ; Dieu est devenu homme dans ce monde grâce au corps humain, pour sauver les hommes en tant qu'individu, et pour établir « la paix sur Terre ». Les premiers chrétiens renforcèrent cette tradition « du monde terrestre », en insistant sur le fait que le salut n'était possible que parce que Dieu avait vécu et était mort dans ce monde avec un corps humain, que l'homme ne pouvait être sauvé qu'avec l'aide de Dieu (sa grâce) et en vivant correctement dans ce corps sur cette terre (les bonnes actions), qu'il y aurait, un jour, un millénaire sur cette terre, et qu'au jour du Jugement Dernier, il y aurait une résurrection du corps et la vie éternelle. Ainsi, ce monde de temps et d'espace créé au commencement par Dieu avec cette déclaration : « Cela était bon » (le livre de la Genèse) serait, à la fin, restauré à son état originel.

Cette religion « terrestre » optimiste fut introduite dans la civilisation antique à un moment où la vision philosophique de cette société était complètement incompatible avec la vision religieuse du christianisme. La vision philosophique antique, que l'on pourrait appelée néoplatonicienne, était dérivée des enseignements du zoroastrisme perse, du rationalisme de Pythagore, et du platonisme. C'était une vision dualiste, divisant l'univers en deux mondes opposés ; le monde terrestre et de la chair et monde spirituel et des idées. Le premier monde était changeant, inexplicable, illusoire, et mauvais ; le second était éternel, compréhensible, réel, et bon. Pour ces peuples, la vérité ne pouvait être trouvée que par la raison et la logique, et non par l'utilisation du corps ou des sens, puisque ces derniers étaient enclins à l'erreur, et devaient être rejetés. Le corps, comme Platon l'avait dit, était « le tombeau de l'âme. »

Par conséquent, l'antiquité dans laquelle apparut le christianisme en 60 apr. J.-C., croyait que le monde et le corps étaient irréels, incompréhensibles, corrompus, sans espoir et qu'aucune vérité et réussite ne pouvait être atteinte par le corps, les sens, ou le physique. Une minorité, qui avait une vision dérivée de Démocrite et des premiers scientifiques ioniens à travers Aristote, Épicure, et Lucrèce, rejeta le dualisme de Platon, préférant le matérialisme comme explication de la réalité. Ces matérialistes étaient également incompatibles avec la nouvelle religion chrétienne. En outre, même les citoyens ordinaires de Rome avaient une vision dont les convictions n'étaient pas compatibles avec la religion chrétienne. Pour donner un exemple simple, alors que les chrétiens parlaient d'un millénaire dans le futur, le Romain moyen continuait de penser à « l'âge d'or » du passé, tout comme Homère.

L'apparition de la religion chrétienne dans une société ayant une vision philosophique qui lui était incompatible eut pour conséquence des conflits théologiques et dogmatiques et fut empreinte d'hérésies « mystiques ». En général, ces hérésies se traduisaient en ce que Dieu était si parfait et si lointain, que l'homme était si imparfait et si insignifiant, que le fossé séparant Dieu et l'homme ne pouvait être comblé par aucun acte de la part de l'homme, que le salut dépendait de la grâce plutôt que des bonnes actions, et que si Dieu s'était vraiment abaissé à occuper un corps humain, ce n'était pas un corps ordinaire, et que par conséquent le Christ pouvait être soit un vrai Dieu soit un vrai Homme, mais pas les deux. Les pères de l'Église s'opposèrent à ce point de vue, mais pas toujours avec succès. Lors de la bataille décisive, au premier Conseil des églises, tenu à Nicée en 325, le point de vue chrétien fut choisi comme dogme officiel de l'Église. Bien que l'Église continuât d'exister pendant des siècles dans une société dont la vision philosophique ne correspondait pas à la religion chrétienne, et qu'elle trouvât une philosophie compatible à cette dernière seulement à l'époque médiévale, les conceptions fondamentales du christianisme renforcèrent l'expérience du Moyen Âge afin de créer les convictions de la civilisation occidentale. Certains des éléments très importants de cette conception sont les suivants : (1) l'importance de l'individu, puisqu'il est seul à être sauvé, (2) la bonté potentielle du monde terrestre et du corps, (3) le besoin de rechercher le salut par l'utilisation du corps et des sens dans ce monde (les bonnes actions), (4) la foi en la fiabilité des sens (ce qui contribua beaucoup à la science occidentale), (5) la foi en la réalité des idées (ce qui contribua beaucoup aux mathématiques en Occident), (6) l'optimisme et le millénarisme terre à terre (ce qui contribua beaucoup à avoir la foi en l'avenir et en l'idée du progrès), et enfin (7) la foi que Dieu (et non le diable) règne sur ce monde par un système de règles établies (ce qui contribua beaucoup aux idées des lois naturelles, des sciences naturelles, et de l'État de droit).

Ces idées, devenues parties intégrantes de la tradition en Occident, ne le furent dans la tradition russe. L'influence des pensées philosophiques grecques resta ancrée en Orient. Avant 900, l'Orient latin parlait une langue qui n'était pas à l'époque adaptée aux discussions abstraites, et presque tous les débats dogmatiques qui émergeaient de l'incompatibilité de la philosophie grecque et de la religion chrétienne étaient poursuivis dans la langue grecque et alimentés par les traditions philosophiques grecques. Dans l'Ouest, la langue latine reflétait une tout autre tradition, émanant de l'importance des procédures administratives et des idées éthiques des Romains à propos du comportement humain à avoir à l'égard de ses semblables. Par conséquent, la tradition philosophique grecque persista dans l'Est, et continua d'imprégner les églises orthodoxes parlant le grec, et permit à ces dernières de s'installer dans le nord slave. Le schisme[1] entre l'Église latine et l'Église orthodoxe renforça leurs points de vue différents, le premier en étant plus terrestre, plus centré sur le comportement humain, et croyait encore au bienfait des bonnes actions ; le second était plus mystique, et plus concentré sur la majesté et le pouvoir de Dieu, et insistait sur la faiblesse et le vice du corps et du monde ainsi que sur l'efficacité de la grâce de Dieu. Par conséquent, la conviction religieuse, et donc, la vision du monde de la religion et de la philosophie slave évolua dans une direction complètement différente de celle de l'Occident. Le corps, ce monde, la douleur, le réconfort, et même la mort n'avaient que peu d'importance ; l'homme ne pouvait rien faire pour

---

1. N.D.É. Division d'ordre idéologique au sein d'un groupe.

changer son destin qui était décidé par des forces qui le dépassaient ; se résigner au destin, le pessimisme, et la croyance en un pouvoir irrésistible du péché et du diable dominaient l'Est.

Jusqu'à présent, nous avons vu que les Slaves ont formé la civilisation russe en réponse à plusieurs facteurs. Avant de continuer, nous devrions récapituler : Les Slaves furent d'abord soumis au système d'exploitation des Vikings. Ces derniers copièrent sciemment la culture byzantine, et plus particulièrement la religion, l'écriture, le régime politique et administratif, la loi, l'art, l'architecture, la philosophie, et la littérature. Ces dirigeants étrangers innovèrent la politique, la religion, l'économie, et la vie intellectuelle de la nouvelle civilisation. Il n'y avait pas d'État : les étrangers en apportèrent un. Il n'y avait pas de religion organisée : elle fut importée de Byzance et imposée aux Slaves. La vie économique slave était sommaire ; une économie de subsistance forestière basée sur la chasse et une agriculture rudimentaire ; à cela les Vikings imposèrent un système de commerce international. Il n'y avait pas de conviction religieuse et philosophique ; une nouvelle superstructure de religion d'État fut imposée aux Slaves, une vision dérivée de l'idéalisme dualiste grec. Enfin, l'Est ne connut jamais le Moyen Âge, qui sert à démontrer que la société est distincte et plus essentielle que l'État.

Ce résumé nous amène à la société russe des années 1200. Lors des six siècles suivants, de nouvelles expériences ne firent qu'intensifier le développement russe. Celles-ci émergèrent du fait que la société russe se retrouva coincée entre les pressions de la population des pilleurs des steppes orientales et la pression des progrès technologiques de la civilisation occidentale.

La pression des peuples de langue ouralo-altaïque des steppes de l'est aboutit avec les invasions mongoles (les Tatars) après 1200. Les Mongols conquirent la Russie et instaurèrent un système collecteur de tribut qui perdura des générations. Ainsi le système d'exploitation étranger continua d'être imposé au peuple slave. Avec le temps, les Mongols firent des princes de Moscou leurs chefs collecteurs de tribut pour presque toute la Russie. Un peu plus tard, les Mongols créèrent la Cour d'appel suprême à Moscou, afin que les affaires monétaires et judiciaires y affluent. Cela continua même après que les princes de Moscou menèrent une révolte victorieuse (en 1380) qui permit d'expulser les Mongols.

En même temps que la pression de la population de l'Est diminuait, la pression du progrès technologique occidental augmentait (après 1500). Par technologie occidentale, on entend par exemple la poudre à canon et les armes à feu, une meilleure agriculture, la comptabilité et les finances publiques, l'hygiène, l'imprimerie, et la diffusion de l'enseignement. La Russie ne ressentit l'impact de ces pressions que beaucoup plus tard, et à ce moment-là, elles venaient d'une source secondaire, telles que la Suède et la Pologne, plutôt que la Grande-Bretagne ou la France. Cependant, la Russie était martelée entre les pressions venant de l'Est et celles venant de l'Ouest. Le résultat de ce martèlement était l'autocratie russe, une machine militaire, collectrice d'impôts superposée à la population slave. La pauvreté qui en découla rendit impossible l'accès aux armes à feu ou à tout autre avantage de la technologie occidentale. Seul l'État les possédait, mais il ne pouvait les acquérir qu'en dépensant la richesse du peuple. Une imposition permit dès lors aux dirigeants de se fournir en armes et en technologie occidentale. Cependant, comme le peuple démuni ne pouvait en acquérir pour sa propre défense, tout le pouvoir était concentré au sommet. Aussi, la pression continue de l'Occident rendit impossible l'utilisation des richesses pour financer l'amélioration de l'économie. Par conséquent, la pression exercée vers les faibles s'accentua et l'autocratie se renforça. Afin de créer une administration dans l'armée et dans les services du gouvernement, des pouvoirs personnels sur les paysans étaient octroyés aux propriétaires des terres, créant un système de vassalité dans l'Est juste au moment où la vassalité médiévale disparaissait à l'Ouest. Les serfs russes perdirent la propriété privée, leurs libertés individuelles, et un contact direct avec l'État (pour les taxes ou la justice). Ces pouvoirs furent octroyés aux propriétaires afin qu'ils fussent libres et disposés à se battre pour Moscou, ou pour servir son autocratie.

Vers 1730, la pression directe de l'Occident sur la Russie commença à s'affaiblir quelque peu à cause du déclin de la Suède, de la Pologne, et de la Turquie, pendant que la Prusse était trop occupée avec l'Autriche et la France pour exercer une forte pression sur la Russie. Par conséquent, les Slaves, en utilisant le caractère rudimentaire de la technologie occidentale, purent imposer leur suprématie aux peuples de l'Est. Les paysans russes, cherchant à échapper à la pression de la vassalité des régions de l'ouest de l'Oural, commencèrent à s'enfuir vers l'est, et finirent par atteindre le Pacifique. L'État russe fit tout ce qu'il put pour empêcher ce mouvement de population, car il voulait que les paysans continuassent de s'occuper des terres et payer les taxes pour maintenir l'autocratie militaire, estimée nécessaire. Finalement, l'autocratie suivit les paysans vers l'est, et la société russe finit par occuper tout le nord-est de l'Asie.

En même temps que les pressions venant de l'est et de l'ouest s'affaiblissaient, l'autocratie, peut-être inspirée par de puissants sentiments religieux, commença à avoir des remords envers son peuple. Tout en cherchant encore à s'occidentaliser, il devint de plus en plus clair que ce processus d'occidentalisation ne pouvait être restreint seulement à l'autocratie, mais devait s'étendre au peuple russe tout entier. En 1812, l'autocratie comprit qu'elle ne pouvait pas vaincre l'armée napoléonienne sans faire appel au peuple russe. Son incapacité à vaincre les alliés occidentaux pendant la guerre de Crimée de 1854 à 1856, et la menace grandissante des empires centraux après l'alliance austro-allemande de 1879, ne rendirent que plus évidente la nécessité de la Russie à s'occidentaliser par la technologie ou l'idéologie dans toutes les classes sociales de la société.

Cela signifiait précisément que la Russie devait traverser une révolution agricole et industrielle, mais cela requerrait l'alphabétisation des paysans, la diminution de la population rurale, et l'augmentation de la population urbaine. Ces conditions signifiaient aussi que la vassalité devait être abolie et l'hygiène moderne étendue au peuple. Par conséquent, un besoin menant à un autre, la société entière devait être réformée. Comme il était de coutume en Russie, toute réforme devait être entreprise par une action gouvernementale. Il était alors question de savoir si l'autocratie et les classes supérieures, propriétaires des terres, étaient disposées à autoriser ce mouvement qui pouvait mettre en péril leurs pouvoir et privilège. Par exemple, l'abolition de la vassalité obligerait la noblesse propriétaire des terres à arrêter de considérer les paysans comme leur propriété privée dont leur seul contact avec l'État était à travers eux. De la même manière, l'industrialisation et l'urbanisation créeraient de nouvelles classes sociales de bourgeoisie et de travailleurs. Ces classes auraient inévitablement des revendications politiques et sociales très déplaisantes pour l'autocratie et la noblesse propriétaire. Si les réformes menaient à des demandes de nationalisme, comment serait-il alors possible qu'une dynastie monarchique telle que l'autocratie des Romanov cède à ces demandes sans risquer de perdre la Finlande, la Pologne, l'Ukraine, ou l'Arménie ?

Tant que le désir d'occidentalisation et la mauvaise conscience des classes supérieures travaillaient ensemble, les réformes continuaient. Cependant, dès que les classes inférieures commencèrent à avoir des revendications, des réactions apparurent. Dans ce contexte, l'histoire de la Russie fut une alternance entre réformes et réactions du peuple du XVIIIe siècle jusqu'à la révolution de 1917. Pierre Ier le Grand (1689-1725) et Catherine II (1762-1796) étaient des défenseurs de l'occidentalisation et des réformes. Paul Ier (1796-1801) était un réactionnaire. Alexandre Ier (1801-1825) et Alexandre II (1855-1881) étaient des réformateurs, alors que Nicolas Ier (1825-1855) et Alexandre III (1881-1894) étaient réactionnaires. À cause de ces diverses activités, vers 1864 la vassalité fut abolie, et un système moderne et assez juste de loi, de justice, et d'éducation fut établi ; le gouvernement local fut quelque peu modernisé ; un assez bon système financier et fiscal fut mis en place ; et une armée basée sur le service militaire universel (mais manquant d'équipement) fut créée. D'un autre côté, l'autocratie persista, avec tout le pouvoir entre les mains d'hommes faibles, et sujets à des complots de la pire sorte ; les serfs libérés n'avaient pas suffisamment de terres ; les nouveaux lettrés étaient sujets à une censure impitoyable, dans le but de contrôler leurs lectures, écrits, et pensées ; les libérés et urbanisés étaient soumis à une surveillance policière constante ; les peuples non russes de l'empire étaient sujets à des vagues de russification et de panslavisme ; les systèmes judiciaire et fiscal étaient administrés avec un mépris arbitraire de tous les droits personnels ou de l'équité ; et, en général, l'autocratie était à la fois tyrannique et faible.

La première période de réforme du XIXe siècle, sous le règne d'Alexandre Ier, fut le résultat de la fusion de deux facteurs : une « bourgeoisie prise de remords » et l'autocratie occidentalisée. Alexandre représentait ces deux facteurs. Ses réformes et celles qui avaient été entreprises par sa grand-mère, la grande Catherine, bien avant, entraînèrent l'apparition en Russie, pour la première fois, d'une nouvelle classe sociale instruite, plus grande que la bourgeoisie, recrutée parmi les fils des prêtres orthodoxes ou des hauts fonctionnaires (y compris les militaires), et en général, parmi les marginaux de l'autocratie et de la bourgeoisie. Lorsque l'autocratie devint réactionnaire sous Nicolas Ier, cette nouvelle classe instruite, avec un certain soutien de la part de la bourgeoisie prise de remords, forma un groupe révolutionnaire communément appelé l'« intelligentsia ». Au début, ce groupe était prooccidental, mais par la suite il devint de plus en plus antioccidental et « slavophile » à cause de sa désillusion envers l'Occident. En général, les prooccidentaux affirmaient que la Russie était seulement une extrémité arriérée et barbare de la civilisation occidentale, qu'elle n'avait apporté aucune contribution culturelle propre par le passé, et qu'elle devait traverser les mêmes développements économique, politique, et social que l'Occident. Les prooccidentaux désiraient accélérer ces développements.

Les slavophiles soutenaient que la Russie était une civilisation complètement différente de la civilisation occidentale et lui était supérieure, et ceci pour plusieurs raisons : la Russie était dotée d'une spiritualité profonde (par contraste au matérialisme occidental), elle avait une irrationalité profonde en rapport très étroit avec les forces vitales et des principes de vie simples (par opposition à la rationalité, au caractère artificiel, et à l'hypocrisie de l'Occident), elle avait sa propre forme d'organisation sociale, le village paysan (commune) fournissant une vie sociale et émotionnelle entièrement satisfaisante (par opposition à la frustration de l'individualisme égocentrique des villes sordides de l'Occident), et qu'une société socialiste pouvait être créée en Russie à partir de la commune coopérative paysanne, simple et autonome, sans avoir la nécessité d'emprunter la même route que l'Occident, marquée par l'industrialisation, la domination de la bourgeoisie ou la démocratie parlementaire.

À mesure que l'industrialisation se développait en Occident pendant la période de 1830 à 1850, les Russes prooccidentaux tels que P. Y. Chaadayev (1793-1856) et Alexander Herzen (1812-1870) commençaient de plus en plus à déchanter de l'Ouest, surtout à cause de ses bas quartiers urbains, ses chaines d'usines, son désordre social, sa classe moyenne grippe-sou et mesquine, son État absolutiste, et ses innovations en matière d'armement. Initialement, les prooccidentaux russes avaient été inspirés par les philosophes français, alors que les slavophiles l'avaient été par les penseurs allemands tels que Schelling et Hegel, si bien que le basculement des prooccidentaux vers les slavophiles marqua aussi la transition des penseurs français vers les penseurs allemands.

Les slavophiles soutenaient l'orthodoxie et la monarchie, même s'ils étaient très critiques par rapport à l'Église orthodoxe et à l'autocratie existantes. Ils affirmaient que cette dernière était une importation allemande, et que la première, au lieu de rester dans le développement spirituel slave, n'était devenue qu'un outil de l'autocratie. Plutôt que de soutenir ces institutions, beaucoup de slavophiles allaient dans les villages pour retrouver la vertu et l'esprit réels slaves sous la forme de paysans non instruits. Ces missionnaires, appelés « narodniki », étaient accueillis par les paysans avec une méfiance et une répugnance non dissimulées, car ils étaient des étrangers de la ville, étaient instruits, et exprimaient des idées contre l'Église et contre le gouvernement.

Déjà désabusée par l'Ouest, par l'Église, par le gouvernement, et maintenant rejetée par les paysans, l'intelligentsia ne trouvait plus de groupe social sur lequel baser son programme de réforme. Ce qui entraina l'expansion du nihilisme et de l'anarchie.

Le nihilisme était le rejet de toutes les conventions au nom de l'individualisme. Ces deux concepts étaient compris d'une manière russe. Puisque l'homme était un homme et non un animal de par son développement et ascension personnels dans une société constituée de conventions, le rejet nihiliste de ces dernières servit à détruire l'homme au lieu de le libérer, comme ils l'avaient prédit. La destruction des conventions n'élèverait pas l'homme à la condition d'ange, mais le rabaisserait à celle d'animal. En outre, l'individu que les nihilistes cherchaient à libérer par l'anéantissement des conventions n'était pas ce que la culture occidentale entendait par le mot « individu », mais plutôt « humanité ». Les nihilistes n'avaient aucun respect pour l'individu en soi ou pour la personnalité individuelle. En détruisant les conventions et en ôtant à tous toutes les différences conventionnelles, ils espéraient noyer tout le monde, particulièrement eux-mêmes, dans la masse humaine informe et indiscernable. Les nihilistes étaient parfaitement athées, matérialistes, irrationnels, doctrinaires, despotiques, et violents. Ils rejetaient toute conception du soi tant que l'humanité souffrait ; ils « deviennent athées, car ils ne peuvent accepter un Créateur qui a créé un monde mauvais et inachevé, rempli de souffrance. » Ils rejetaient toutes pensées, tout art, tout idéalisme, toutes conventions, car ils étaient tous superficiels, un luxe inutile, et par conséquent, l'expression du mal. Ils rejetaient le mariage, car c'était une entrave conventionnelle à la liberté d'aimer. Ils rejetaient la propriété privée, puisque c'était un outil de l'oppression de l'individu ; certains étaient même contre le fait de porter des vêtements à cause de la corruption de l'innocence naturelle. Ils rejetaient le vice et la débauche considérés comme des luxes inutiles des classes supérieures. Comme Nikolai Berdyaev l'avait dit : « C'est l'ascétisme orthodoxe à l'envers, et l'ascétisme sans grâce. Il se trouve à la base du nihilisme russe, lorsqu'il est compris dans sa pureté et dans sa profondeur, le rejet orthodoxe de ce monde […] la reconnaissance de l'immoralité de toute richesse et luxe, de toute profusion créatrice dans l'art et la philosophie [...]. Le nihilisme considère comme péché d'opulence non seulement l'art, la métaphysique, et les valeurs spirituelles, mais aussi la religion [...] ; le nihilisme est une demande à la nudité, à se détacher de toutes les entraves de la culture, à l'annihilation de toutes traditions historiques, afin de libérer l'homme naturel [...]. L'ascétisme intellectuel du nihilisme trouve son expression à travers le matérialisme ; toute philosophie plus subtile est décrétée comme péché [...] Ne pas être matérialiste vous rend suspect d'immoralité. Si vous n'êtes pas un matérialiste, vous êtes alors en faveur de l'asservissement de l'homme à la fois intellectuellement et politiquement. »[1]

Cette « merveilleuse » philosophie fut d'une grande importance, car elle prépara le terrain à l'arrivée du bolchévisme. À partir de la même spiritualité maladive, qui créa le nihilisme, émergea aussi l'anarchisme. Selon l'anarchiste, comme révélé par le fondateur du mouvement, Mikhail Bakunin (1814-1876), le créateur de tout asservissement et conventions sociales inutiles était l'État. La découverte que l'État était une entité distincte de la société, une découverte que l'Occident avait faite un millier d'années avant la Russie, aurait pu être libératrice si, comme en Occident, les Russes avaient été disposés à accepter à la fois l'État et la société, chacun à sa place. Cependant, cela était impossible dans cette tradition de fanatisme totalitaire russe. Selon celle-ci, l'État totalitaire était devenu néfaste, et devait, par conséquent, être entièrement détruit et remplacé par une société totalitaire dans laquelle l'individu pourrait être intégré. L'anarchie était la prochaine étape après la désillusion des narodniki[2] et les agitations des nihilistes. L'intelligentsia révolutionnaire, incapable de trouver un groupe social sur lequel appliquer son programme de réformes, et convaincue des effets néfastes de toutes conventions établies et de la perfection latente des masses russes, adopta un programme d'action politique direct et des plus simples : l'assassinat. En assassinant les chefs de l'État (pas uniquement en Russie, mais partout dans le monde), les gouvernements pouvaient être annihilés et les masses libérées afin de prendre part à la coopération sociale et au socialisme agraire. Dans ce contexte, des assassinats se produisirent comme ceux du tsar Alexandre II en 1881, du roi Humbert d'Italie en 1900, du président McKinley en 1901, ainsi que de plusieurs scandales anarchistes en Russie, en Espagne, et en Italie, pendant la période 1890 à 1910. L'échec à faire disparaître les gouvernements face à cette agitation terroriste, surtout en Russie, où l'oppression autocratique se renforça après 1881, mena, petit à petit, à la perte de la foi de l'intelligentsia en une violence destructrice comme action constructive, ainsi qu'en l'accomplissement de la commune paysanne, et en la survie de l'innocence naturelle des masses naïves.

1. N. Berdyaev, *Origin of Russian Communism* (London, Geoffrey Bles, 1948), p. 45.
2. N.D.É. Mouvement socialiste agraire actif de 1860 à la fin du XIXe siècle fondé par des populistes russes.

Juste à ce moment, vers 1890, un grand changement s'initia en Russie. L'industrialisation occidentale commença à se développer sous des auspices gouvernementaux et étrangers, un prolétariat urbain apparut, et la théorie sociale marxiste arriva depuis l'Allemagne. Le développement de l'industrialisation mit fin au violent conflit théorique entre les prooccidentaux et les slavophiles qui était de savoir si la Russie devait suivre le chemin du développement occidental ou y échapper en se rabattant sur des convictions slaves cachées dans la commune paysanne. Le développement du prolétariat donna une nouvelle foi aux révolutionnaires, un groupe social sur lequel s'appuyer ; la théorie marxiste apporta à l'intelligentsia une idéologie qu'ils pouvaient embrasser fanatiquement. Ces développements, en sortant la Russie de l'impasse dans laquelle elle se trouvait depuis 1885, furent généralement bien accueillis. L'autocratie leva même la censure permettant ainsi à la théorie marxiste de circuler, croyant que cela allègerait la pression terroriste puisqu'elle rejetait une action politique directe, en particulier les assassinats, et reportait la révolution jusqu'à ce que l'industrialisation fût assez installée en vue de créer une classe bourgeoise et une classe prolétaire entièrement développées. Pour en être certain, la théorie développée par Marx dans un contexte allemand du milieu du XIXe siècle fut (comme nous allons le voir) progressivement changée par la vision séculaire russe, d'abord par le triomphe des bolchéviques-léninistes sur les menchéviques, puis par la victoire nationaliste russe de Staline sur Lénine, plus basée sur le rationalisme occidental, bien que pendant la période de 1890 à 1914, cette impasse de violente opposition fût rompue, et le progrès apparût, ponctué de violence et d'intolérance.

Cette période de progrès ponctuée de violence entre 1890 et 1914 eut de nombreux effets. Parmi ces derniers, nous traiterons d'abord du développement économique et social, puis du développement politique, et enfin du développement idéologique.

Jusqu'à la libération des serfs en 1863, la Russie était pratiquement vierge de tous processus industriels, et était bien plus en retard que ne l'avaient été la Grande-Bretagne et la France avant l'invention de la machine à vapeur. À cause du manque de routes, les transports étaient très difficiles, excepté pour l'excellent système de transport fluvial qui était gelé plusieurs mois par an. Les chemins boueux, impraticables une partie de l'année et à peine franchissables le reste du temps, laissaient les villages relativement isolés, ce qui avait pour conséquences que presque tous les produits artisanaux et une bonne partie de la production agricole étaient produits et consommés localement. Les serfs s'appauvrirent après leur libération, et maintinrent un bas niveau de vie du fait qu'une grande partie de leur production était prélevée comme loyer par les propriétaires terriens et comme taxes par l'État bureaucrate. Cela servit à drainer une portion considérable de la production agricole et minière du pays vers les villes et le marché des exportations. Cette portion fournit du capital pour le développement de l'économie moderne après 1863, en étant exportée pour payer les importations de machines nécessaires et des matériaux industriels bruts. Cela fut complémenté par l'importation directe de capitaux étrangers, principalement de Belgique et de France, alors que la plupart des capitaux, surtout pour les chemins de fer, étaient procurés par l'État. Les capitaux étrangers s'élevaient à environ un tiers de tous les capitaux industriels en 1890 et augmentèrent jusqu'à représenter environ la moitié des capitaux industriels en 1900. Les pourcentages variaient d'une activité à une autre, avec en 1900, une proportion de capitaux étrangers de 70% dans le secteur minier, de 42% dans le secteur de l'industrie métallurgique, mais de moins de 10% dans le secteur du textile. Au même moment, le total du capital des chemins de fer s'élevait à 4700 millions de roubles, dont 3500 millions appartenaient au gouvernement. Ces deux sources de capitaux étaient d'une grande importance, car, excepté dans le secteur textile, la plupart du développement industriel était basé sur les chemins de fer, et les premières entreprises de l'industrie lourde étaient étrangères, à part l'ancienne entreprise de charbon métallurgique des montagnes de l'Oural. La première grande concession de chemin de fer, celle de la Main Company avec 4265 kilomètres de lignes, fut donnée à une entreprise française en 1857. Une société britannique ouvrit l'exploitation d'un grand bassin de minerai de fer dans le sud à Krivoï Rog, alors que les frères allemands Nobel commencèrent à développer l'industrie pétrolière à Baku (les deux, vers 1880).

À cause de ces facteurs, l'économie russe resta en grande partie, mais de moins en moins, une économie coloniale pour la majorité de la période 1863 à 1914. Le peuple russe avait un niveau de vie très bas, avec une exportation excessive des biens de consommation, même ceux dont le peuple russe avait désespérément besoin ; ces derniers étant utilisés pour obtenir des devises étrangères afin d'acheter des marchandises industrielles ou des biens de luxe d'origine étrangère pour l'élite dirigeante. Ce modèle d'organisation économique russe subsiste sous le régime soviétique depuis 1917.[1]

La première voie de chemin de fer russe fut ouverte en 1838, mais la croissance fut lente jusqu'à la mise en place d'un plan rationnel de développement en 1857. Ce plan visait à infiltrer les principales régions agricoles, particulièrement la région des terres noires dans le sud, afin de les connecter aux principales villes du nord et aux ports d'exportation. À cette époque, il y avait seulement 1067 kilomètres de chemin de fer, mais ce chiffre fut plus que décuplé jusqu'en 1871, puis doublé encore jusqu'en 1881 (avec 22.531 kilomètres de voies ferrées), atteignant 59.546 kilomètres en 1901, et 74.995 kilomètres en 1915. Ces constructions se déroulèrent en deux grandes vagues, la première lors de la décennie 1866 à 1875, et la seconde lors d'une période de quinze ans, de

---

1. N.D.É. Écrit en 1960.

1891 à 1905. Pendant ces deux périodes, une moyenne de 2250 kilomètres de voies ferrées étaient construites par an, alors que dans l'intervalle de quinze ans, de 1876 à 1890, la moyenne de kilomètres de voies ferrées construites était de 1000 kilomètres par an. La baisse de croissance de la période médiane donna lieu à la « Grande Dépression » de 1873 à 1893 en Europe occidentale, et aboutit en Russie sous la forme d'une terrible famine en 1891. Après cette dernière période, la construction des chemins de fer fut vigoureusement appuyée par le comte Sergei Witte, qui passa de chef de gare à ministre des Finances, poste qu'il occupa de 1892 à 1903. Sa plus grande réussite fut le Transsibérien, une voie de 10.243 kilomètres qui s'étendait de la frontière polonaise à Vladivostok et qui fut construite en quatorze ans, entre 1891 et 1905. Cette ligne, permettant d'augmenter la pression politique russe sur l'Extrême-Orient, amena la Grande-Bretagne à créer une alliance avec le Japon (1902) et fit entrer la Russie en guerre avec le Japon (1904-1905).

Les chemins de fer eurent un impact des plus importants en Russie sur tous les niveaux, en regroupant un sixième de la surface terrestre en une seule unité politique et en transformant la vie sociale, politique et économique de ce pays. De nouveaux espaces, principalement les steppes, qui auparavant étaient trop éloignés des marchés pour être utilisés pour autre chose que des activités agricoles, furent mis en culture (surtout des céréales et du coton), donc en concurrence avec la région centrale des terres noires. Le prélèvement des richesses des paysans pour les habitants des villes et des marchés d'exportation s'accentua, surtout lors de la période d'avant 1890. Ce processus fut accompagné par l'arrivée d'une économie monétaire dans ces régions rurales qui auparavant étaient plus proches d'une économie autosuffisante ou de troc. Cela renforça la spécialisation agricole et affaiblit les activités artisanales. La collecte des produits ruraux, qui autrefois étaient entre les mains de quelques grands agents commerciaux qui travaillaient lentement sur le long terme, dans plus de six-mille foires annuelles organisées sur une grande partie de la Russie, fut remplacée, en 1870, grâce aux chemins de fer, par une horde de petits intermédiaires dont les stocks étaient rapidement renouvelés. Ces derniers déferlaient telles des fourmis à travers la campagne, offrant le contenu de leur petite bourse contre des céréales, du chanvre, des peaux, de la graisse, de la soie de cochon, et des plumes. Ce drainage de biens des régions rurales fut encouragé par le gouvernement à travers des quotas et des règlementations, des tarifications différentielles, et des tarifs et des taxes différentes sur les chemins de fer pour les mêmes marchandises avec des destinations différentes. Par conséquent, le sucre russe était vendu à Londres à environ 40% de son prix en Russie. La Russie, avec une consommation intérieure de 4,8 kilogrammes de sucre par habitant, comparée à celle de la Grande-Bretagne de 41,8 kilogrammes par habitant, exporta néanmoins en 1900 un quart de sa production totale de sucre représentant 819 millions de kilogrammes. La même année, la Russie exporta presque 5,5 millions de kilogrammes de coton (principalement à la Perse et à la Chine), bien que la consommation de coton de la Russie n'était que de 2,4 kilogrammes par habitant, comparée à celle de la Grande-Bretagne qui était de 17,7 kilogrammes. En produits pétroliers, où la Russie représentait 48% de la production mondiale totale en 1900, environ 13,3% étaient exportés, bien que la consommation de la Russie n'était que de 5,5 kilogrammes par habitant chaque année comparée à celle de l'Allemagne qui était de 19 kilogrammes. L'un de ces produits, le kérosène (où la Russie avait peut-être la demande intérieure la plus forte), presque 60% de la production nationale était exportée. L'étendue réelle de ce drainage des richesses des régions rurales peut être déterminée par les chiffres des exportations en général. Entre 1891 et 1895, les produits ruraux représentaient 75% (et 40% pour les céréales) de la valeur totale des exportations russes. En outre, c'était les meilleures céréales qui étaient exportées, un quart du blé chuta à un quinzième de la récolte en 1900. Avec le temps, il y eut une certaine amélioration par rapport à cela, qui peut être constatée par le fait que la récolte de blé exportée baissa de moitié au XIXe siècle à un sixième entre 1912-1913.

Cette pratique de déporter les richesses vers le marché des exportations résulta en une balance commerciale positive pour la Russie (c'est-à-dire, un excès d'exportations par rapport aux importations) pour toute la période après 1875, fournissant l'or et les devises étrangères qui permirent au pays de construire sa réserve d'or et de fournir du capital pour développer son industrie. De plus, des milliards de roubles furent obtenus de la vente d'obligations du gouvernement russe, pour la plupart en France dans le cadre de l'effort français à construire la Triple-Entente.[1] La Banque d'État, qui avait grossi sa réserve d'or de 475 millions à 1095 millions de roubles sur la période de 1890-1897, fut transformée en banque d'émission en 1897 et fut légalement obligée de rembourser ses billets en or, plaçant ainsi la Russie sur l'étalon-or international. Le nombre d'entreprises en Russie augmenta de 504 avec 912 millions de roubles de capital (dont 215 millions étaient étrangers) en 1889 à 1181 entreprises avec 1737 millions de roubles de capital (dont plus de 800 millions étaient étrangers) en 1899. La proportion des entreprises industrielles parmi ces sociétés augmenta peu à peu, étant de 58% des nouvelles émissions de capital en 1874-1881 comparé à seulement 11% en 1861-1873.

L'impulsion au progrès industriel provenait en grande partie des chemins de fer, puisque ces derniers, lors de la dernière décennie du dix-neuvième siècle, étaient de loin les acheteurs principaux de fer, métaux, charbon, et de produits pétroliers. Par conséquent, il y eut une explosion spectaculaire de la productivité

---

1. N.D.É. Système d'alliances conclues entre la France, l'Angleterre et la Russie dans les années qui précédèrent la Première Guerre mondiale.

économique lors de cette décennie, suivie d'une décennie avec une prospérité plus faible après 1900. La production de fonte brute lors de la période 1860-1870 varia d'environ 300.000 tonnes par an, augmenta à 987.000 tonnes en 1890, et jusqu'à presque 1,6 million de tonnes en 1895, et atteignit un pic de 3,3 millions de tonnes en 1900. Durant cette période, la production de fer se déplaça des fonderies de charbon de l'Oural aux fourneaux de charbon à coke modernes de l'Ukraine, le pourcentage total de la production russe étant de 67% originaire de l'Oural à 6% provenant du sud en 1870, et de 20% de l'Oural avec 67% venant du sud en 1913. Les chiffres de la production pour 1900 ne changèrent pas lors de la décennie suivante, mais augmentèrent après 1909 jusqu'à atteindre 4,6 millions de tonnes en 1913. Cela s'équivalait aux 14,4 millions de tonnes en Allemagne, aux 31,5 millions aux États-Unis, ou aux presque 9 millions du Royaume-Uni.

La production de charbon présentait une image quelque peu similaire, si ce n'était que sa croissance continua à travers la décennie 1900 à 1910. La production augmenta de 750.000 tonnes en 1870 à plus de 3,6 millions de tonnes en 1880 et atteignit presque 7 millions en 1890 et quasiment 17,5 millions en 1900. À partir de ce moment-là, la production de charbon, contrairement à celle de la fonte brute, continua son ascension à 26,2 millions de tonnes en 1908 et à 36 millions en 1913. Ce dernier chiffre équivaut à la production de l'Allemagne qui était de 190 millions de tonnes, à la production américaine de 517 millions de tonnes, et la production britannique de 287 millions de tonnes cette même année 1913. Pour le charbon, comme pour la fonte brute, il y eut un déplacement géographique du centre de production, un tiers du charbon russe provenait de la région de Donets en 1860, alors que plus des deux tiers venaient de cette région en 1900, et 70% en 1913.

Il y eut aussi un déplacement géographique quelque peu similaire du centre de production du pétrole, la ville de Baku produisant plus de 90% de la production totale chaque année depuis 1870 jusqu'après 1900, lorsque les nouveaux champs pétroliers de la ville de Grozny et une baisse constante de la production de Baku réduisirent ce pourcentage à 85 en 1910, et à 83 en 1913. À cause de ce déclin dans la production de Baku, la production russe de pétrole, qui montait en flèche jusqu'en 1901, baissa après cette année. La production de pétrole n'était que de 35.000 tonnes en 1870, elle augmenta à 600.000 tonnes en 1880, puis fit un bond à 4,8 millions de tonnes en 1890, ensuite à 11,3 millions en 1900, et atteignit son maximum à plus de 12 millions de tonnes l'année suivante. Pour les douze années suivantes, la production oscilla quelque peu en dessous de 8,4 millions de tonnes.

Puisque l'industrialisation de la Russie arriva tardivement, elle fut (sauf dans le textile) basée à grande échelle dès le début et fut organisée sur une base de capitalisme financier après 1870, puis sur un capitalisme de monopole après

1902. Bien que les usines employant plus de 500 ouvriers ne représentaient que 3% de toutes les usines dans les années 1890, 4% en 1903, et 5% en 1910, ces usines employaient en général plus de la moitié de tous les ouvriers d'usine. Cela représentait un pourcentage plus élevé qu'en Allemagne ou qu'aux États-Unis, et facilita l'organisation des travailleurs dans les usines russes par les agitateurs syndicaux. De plus, même si la Russie n'était pas, dans l'ensemble, hautement industrialisée et que la production par ouvrier ou par équipe en Russie était faible (à cause d'anciennes formes de production qui continuaient d'être utilisées), les nouvelles usines russes furent construites avec les équipements technologiques les plus avancés, parfois à un tel point que la main-d'œuvre sans formation ne pouvait les utiliser. En 1912, la production de fonte brute par fourneaux en Ukraine dépassait largement celle de l'Europe de l'Ouest, bien qu'inférieure à celle des États-Unis sur une même marge. Bien que la quantité de puissance mécanique disponible par personne pour le Russe moyen était faible en 1908, comparée à l'Europe de l'Ouest ou aux États-Unis (étant seulement de 1,6 cheval-vapeur pour 100 personnes en Russie comparé à 25 aux États-Unis, à 24 en Grande-Bretagne, et à 13 en Allemagne), le cheval-vapeur par ouvrier était plus élevé en Russie que dans tout autre pays (avec 92 chevaux-vapeur pour 100 travailleurs en Russie comparés à 85 en France, 73 en Allemagne, 153 en Grande-Bretagne, et 282 aux États-Unis). Tout cela fit de l'économie russe une économie de contradictions. Bien que la gamme de techniques était très large, les techniques avancées manquaient cruellement dans certains domaines, et même des domaines entiers d'activités industrielles nécessaires (telles que des machines-outils ou des automobiles) manquaient. L'économie était mal intégrée, extrêmement dépendante du commerce étranger (à la fois des marchés et des produits de bases), et était très dépendante de l'aide du gouvernement, particulièrement des dépenses publiques.

Alors que la grande masse du peuple russe continua, jusqu'en 1914, à vivre de la même manière pendant des générations, un petit nombre d'entre eux vivaient dans un nouveau, et très précaire, monde d'industrialisation, où ils étaient à la merci des puissances étrangères ou gouvernementales sur lesquelles il n'avait que peu de contrôle. Les dirigeants de ce Nouveau Monde cherchaient à améliorer leurs positions, non en faisant des efforts pour créer un marché de masse dans l'autre monde économique russe, plus primitif, en améliorant les méthodes de distribution, en réduisant les prix, ou en élevant les niveaux de vie, mais en visant plutôt à augmenter leur propre marge de bénéfices sur un marché restreint par une réduction impitoyable des prix, surtout sur des salaires, et par combinaisons de monopoles afin d'augmenter les prix. Ces efforts menèrent, d'un côté, à une agitation syndicale, et à un capitalisme de monopole d'un autre. Le progrès économique, excepté dans certains domaines, fut ralenti pour ces raisons pendant une décennie entière, de 1900 à 1909. C'était seulement en 1909, lorsqu'une industrie, largement de monopole, fut créée, que l'augmentation de la production de biens reprit et que la lutte avec le syndicat se calma quelque peu. Les premiers cartels russes furent formés avec le soutien du gouvernement russe et dans ces activités les intérêts étrangers étaient les plus importants. En 1887, un cartel du sucre fut créé afin de permettre le dumping étranger[1] de ce bien. Une organisation similaire se forma pour le kérosène en 1892, mais la grande période de création de ces organisations (en général sous forme d'entreprises de vente centralisée) commença après la crise de 1901. En 1902, un cartel, créé par une douzaine d'entreprises de fer et d'acier, s'occupait de presque trois quarts de toutes les ventes russes de ces produits. Il était contrôlé par quatre groupes bancaires étrangers. Un cartel semblable, dirigé depuis Berlin, prit le contrôle des ventes de presque toute la production russe de tube en fer. En 1908, six entreprises ukrainiennes de minerai de fer créèrent un cartel qui contrôlait 80% de la production russe de minerai. En 1907, un cartel se forma afin de contrôler environ trois quarts de l'outillage agricole russe. D'autres cartels géraient 97% des wagons, 94% des locomotives, et 94% des ventes de cuivre. En 1906, dix-huit entreprises de charbon formèrent un cartel qui vendait trois quarts de la production de charbon de cette région.

La création de monopoles était assistée par un changement des tarifs douaniers. Le libre-échange, qui avait été établi avec les tarifs douaniers en 1857, fut restreint en 1877 et abandonné en 1891. Le tarif protectionniste de cette dernière année donna lieu à une guerre de tarifs avec l'Allemagne, puisque les Allemands cherchaient à exclure les produits agricoles russes en représailles aux tarifs douaniers russes sur les biens manufacturés. Cette «guerre» se régla en 1894 par une série de compromis, mais la réouverture du marché allemand aux céréales russes mena à une agitation politique de la part des propriétaires terriens allemands. Ils étaient prospères, comme nous le verrons, en 1900, en raison d'un accord avec les industriels allemands afin de soutenir le programme de construction navale du Tirpitz.

À la veille de la Première Guerre mondiale, l'économie russe était dans un état de santé douteux. Comme nous l'avons dit, c'était une entreprise en mosaïque, manquant grandement d'intégration, très dépendante du soutien étranger et du gouvernement, tenaillée de troubles syndicaux, et ce qui était encore plus menaçant, par des troubles syndicaux basés sur des motifs politiques plutôt qu'économiques, et empreinte de toutes sortes de faiblesses technologiques et de désaccords. À titre d'exemple pour cette dernière caractéristique, on peut mentionner le fait que plus de la moitié de la fonte brute russe était réalisée avec du charbon jusqu'en 1900 et que certaines des ressources naturelles russes les plus prometteuses restèrent inutilisées à cause de la vision restrictive des capitalistes

---

1. N.D.É. « dumping » : pratique qui consiste à diminuer le prix d'une marchandise lorsqu'elle est vendue sur des marchés extérieurs.

de monopole. L'échec de développement d'un marché intérieur laissa derrière lui des couts de distribution incroyablement élevés et laissa la consommation russe par habitant de presque tous les biens essentiels extraordinairement faible. De plus, pour ne rien arranger, cela résulta pour la Russie en la perte de terrain dans la course à la production avec la France, l'Allemagne, et les États-Unis.

Ces développements économiques eurent de profonds effets politiques sous le règne du velléitaire[1] tsar Nicolas II (1894-1917). Pendant une décennie environ, Nicolas essaya d'allier une répression civile impitoyable, un progrès économique, et une politique étrangère impérialiste dans les Balkans et en Extrême-Orient, avec une publicité mondiale pieuse pour la paix et le désarmement universel, les distractions intérieures comme les massacres antisémites (les pogromes[2]), la contrefaçon de documents terroristes, et des faux attentats terroristes à l'encontre de hauts fonctionnaires, y compris contre lui-même. Ce mélange peu conducteur à la réussite s'effondra complètement entre 1905 et 1908. Lorsque le comte Witte essaya de créer une sorte de développement constitutionnel en prenant contact avec les départements en service au niveau du gouvernement local (les zemstvos,[3] qui avaient été efficaces lors de la famine de 1891), il fut évincé de sa position à la suite d'un complot mené par le ministre de l'Intérieur, Viatcheslav Plehve (1903). Constantin Pobiedonostsev, à la tête de l'Église orthodoxe (1827 à 1907), persécuta toutes les religions dissidentes, tout en permettant à l'Église orthodoxe d'être enveloppée dans l'ignorance et la corruption. En Pologne, la plupart des monastères de l'Église catholique romaine furent confisqués, alors que les prêtres de cette religion avaient interdiction de quitter leurs villages. En Finlande, la construction d'églises luthériennes fut interdite, et le gouvernement de Moscou prit le contrôle des écoles de cette religion. Les Juifs étaient persécutés, restreints à vivre dans certaines provinces (la zone de résidence), exclus de la plupart des activités économiques, soumis à de lourdes taxes (même sur les activités religieuses), et autorisés à ne former que 10% des élèves dans les écoles (même dans les villages presque entièrement juifs et où les écoles étaient financées entièrement par les taxes juives). Des centaines de Juifs furent massacrés et des milliers de bâtiments leur appartenant furent détruits par un système toléré de pogromes s'étendant sur trois jours et parfois encouragé par la police. Les mariages (et enfants) des Églises uniates devinrent illégitimes. Les musulmans en Asie, et ailleurs, étaient aussi persécutés.

Tous les efforts furent faits pour russifier des groupes nationaux non russes, particulièrement près des frontières occidentales. Les Finlandais, les Allemands du baltique, et les Polonais n'étaient pas autorisés à utiliser leurs propres lan-

---

1. N.D.É. Qui a une intention peu ferme, dont les intentions ne sont pas suivies de décisions ou d'actes réels.
2. N.D.É. Émeute, tolérée ou soutenue par les autorités, dirigée contre les Juifs d'un ghetto et accompagnée de pillage et de meurtre ; *les pogromes de la Russie tsariste*.
3. N.D.É. Assemblée provinciale, dans la Russie tsariste (1864-1917).

gues dans la vie publique, et devaient parler russe même dans les écoles privées ainsi qu'en école primaire. L'autonomie administrative dans ces régions, même celle solennellement promise à la Finlande longtemps avant cela, fut détruite et soumise à la politique russe, à l'éducation russe, et à l'armée russe. Les peuples de ces régions furent soumis à une conscription militaire plus rigoureuse que celle des Russes, et étaient russifiés même dans leurs rangs.

Des mesures incroyables et extrêmes d'espionnage, de contrespionnage, de censure, de provocation, d'emprisonnement sans procès, et de brutalité exagérée étaient employées même contre les Russes. Les révolutionnaires répondaient par des mesures semblables, couronnées d'assassinats. Personne ne pouvait avoir confiance en l'autre, car les révolutionnaires étaient infiltrés dans la police, et des membres de la police étaient des révolutionnaires de hauts rangs. Gueorgui Gapone, un prêtre secrètement à la solde du gouvernement, fut encouragé à former des syndicats et à mener les manifestations des ouvriers afin d'accroître la dépendance des employés à l'autocratie, mais, en 1905, lorsque Gueorgui Gapone mena une manifestation de masse d'ouvriers au Palais d'hiver pour présenter une pétition au tsar, ils furent attaqués par les troupes et des centaines d'ouvriers furent abattus. Gueorgui Gapone fut tué l'année suivante par les révolutionnaires en tant que traître. Afin de discréditer les révolutionnaires, le service de la police centrale de Saint-Pétersbourg « imprima aux dépens du gouvernement de violents appels à l'émeute » qui circulaient dans tout le pays à travers une organisation de réactionnaires. En une année (1906), le gouvernement exila 35.000 personnes sans procès et exécuta plus de 600 personnes sous un nouveau décret qui fixa la peine de mort pour un crime de droit commun, comme le vol ou l'insulte envers un fonctionnaire. Pendant les trois années de 1906 à 1908, 5140 fonctionnaires furent tués ou blessés, et 2328 personnes arrêtées furent exécutées. En 1909, il fut révélé qu'un agent de police, Azév, fut membre du parti socialiste révolutionnaire pendant des années et participa aux complots pour assassiner de hauts responsables, dont Viatcheslav Plehve et le grand-duc Serge, sans en informer le parti. L'ancien chef de police qui révéla ces faits fut emprisonné.

Sous de telles conditions, aucun gouvernement raisonnable n'était possible et tous les appels à la modération furent étouffés par les extrémistes des deux côtés. Les défaites des forces russes dans la guerre avec le Japon entre 1904 et 1905 amenèrent ces évènements à se réaliser. Tous les groupes mécontents commencèrent à s'agiter, aboutissant à une grève générale réussie en octobre 1905. L'empereur commença à offrir des réformes politiques, bien que ce qui était proposé un jour était fréquemment repris peu de temps après. Une assemblée consultative, la douma[1] d'État, fut établie, et élue par un large suffrage, mais avec des procédures très compliquées visant à réduire le côté démocratique de

---

1. N.D.É. Assemblée, conseil, en Russie.

l'évènement. Face aux atrocités agraires, aux grèves sans fin, et aux mutineries à la fois dans l'armée de terre et la marine, la censure fut levée temporairement, et la première douma eut lieu (mai 1906). Elle était composée d'un certain nombre d'hommes capables, et était dominée par deux partis politiques organisés à la hâte, les Cadets (à gauche du centre) et les octobristes[1] (à droite du centre). Les plans pour une réforme de masse partirent en fumée, et quand le Premier ministre du tsar rejeta de tels plans, il fut complètement censuré par la douma. Après des semaines d'agitations, le tsar essaya de former un ministère octobriste, mais ce parti refusa de gouverner sans la coopération du Parti des cadets, et ce dernier refusa de se joindre à un gouvernement de coalition. Le tsar nomma Piotr Stolypine Premier ministre. Il fit dissoudre la première douma, et appela à l'élection d'une nouvelle. Piotr Stolypine était un homme sévère, se mouvant lentement dans la direction des réformes économique et politique, mais déterminé à écraser sans pitié tout soupçon de violence ou d'actes illégaux. Les pleins pouvoirs du gouvernement étaient utilisés pour avoir une deuxième douma plus à son gout, en proscrivant la plupart des Cadets, auparavant le plus grand parti, et en empêchant certaines classes sociales et groupes de faire campagne ou de voter. La conséquence en fut une nouvelle douma avec beaucoup moins de capacité, moins de discipline, et avec beaucoup de visages inconnus. Les Cadets furent réduits de 150 à 123, et les octobristes passèrent d'environ 42 à 32, alors qu'ils étaient 46 en extrême droite, 54 dans le Parti ouvrier social-démocrate, 35 dans le Parti socialiste révolutionnaire, au moins 100 dans les différents Partis travaillistes, et d'autres partis disséminés. Ce groupe consacra une grande partie de son temps à débattre pour savoir si la violence terroriste devait être condamnée. Lorsque Piotr Stolypine demanda à exclure le parti social-démocrate (marxistes), la douma adressa ce problème à un comité ; l'assemblée fut immédiatement dissoute, et de nouvelles élections furent fixées pour élire une troisième douma (juin 1908). Soumise à une puissante intimidation de la part du gouvernement, qui inclut l'envoi de 31 sociaux-démocrates en Sibérie, la troisième douma fut élue. Elle était principalement composée d'une classe supérieure et d'une classe moyenne supérieure, constituée des plus grands partis avec 154 octobristes et 54 Cadets. Cet organisme fut suffisamment docile pour subsister pendant cinq ans (1907 à 1912). Pendant cette période, à la fois la douma et le gouvernement suivirent une politique de dérive, excepté Piotr Stolypine. Jusqu'en 1910, cet administrateur dynamique continua ses efforts pour associer l'oppression et la réforme, particulièrement la réforme agricole. Des banques de crédits ruraux furent formées, diverses mesures furent prises pour placer entre les mains des paysans de plus grandes superficies de terres ; les restrictions sur les migrations des paysans, surtout en Sibérie, furent retirées ; la participation au gouvernement local fut ouverte aux classes sociales populaires

---

1. N.D.É. En Russie, homme politique qui approuva le manifeste d'octobre 1905, duquel découla le régime constitutionnel du tsar Nicolas II.

auparavant exclues ; l'éducation, surtout l'enseignement technique, devint plus accessible ; certaines démarches de protection sociale furent décrétées. Après la crise bosniaque de 1908 (que nous traiterons plus tard), les affaires étrangères devinrent de plus en plus captivantes, et, arrivé en 1910, Piotr Stolypine perdit son enthousiasme pour les réformes, le remplaçant par des efforts insensés de russification d'un grand nombre de groupes minoritaires. Il fut assassiné en présence du tsar en 1911.

La quatrième douma (1912 à 1916) fut semblable à la troisième, élue avec des procédures compliquées et par un suffrage restreint. La politique de dérive continua, et fut plus évidente puisqu'il n'y avait plus de personnalité dynamique comme Piotr Stolypine. Au contraire, l'autocratie s'enfonça plus profondément dans un bourbier de suspicion et de corruption. L'influence de la tsarine devint plus omniprésente, et à travers elle le pouvoir de plusieurs religions mystérieuses et de charlatans, particulièrement Raspoutine, s'étendit. Le couple impérial avait ardemment désiré un fils depuis leur mariage en 1894. Après les naissances de quatre filles, leur souhait fut exaucé en 1904. Malheureusement, le nouveau tsarévitch[1] Alexis, avait hérité de sa mère une maladie incurable, l'hémophilie. Puisque son sang ne pouvait coaguler, la moindre coupure mettait sa vie en danger. Cette faiblesse exacerba la dévotion fanatique de la tsarine pour son fils et sa détermination à le voir devenir tsar avec le pouvoir de ce titre intact de toute innovation constitutionnelle ou parlementaire. Après 1907, elle tomba sous l'influence d'un étrange vagabond, Raspoutine, un homme dont les habitudes personnelles et l'apparence étaient menaçantes et repoussantes, mais qui avait le pouvoir, croyait-elle, d'arrêter les saignements du tsarévitch. La tsarine était entièrement sous le contrôle de Raspoutine, et puisque le tsar était sous le contrôle absolu de la tsarine, Raspoutine devint le dirigeant de la Russie, par intermittence au début, puis complètement par la suite. Cette situation dura jusqu'au meurtre de Raspoutine en décembre 1916. Raspoutine utilisa son pouvoir pour satisfaire ses vices personnels, pour accumuler des richesses par la corruption, et pour s'immiscer dans tous les ministères du gouvernement, toujours de manière destructrice et stérile. Comme sir Bernard Pares l'affirma au sujet de la tsarine : « Ses lettres quotidiennes à Nicolas contiennent les instructions que Raspoutine donnait sur chaque détail de l'administration de l'empire : l'Église, les ministres, les finances, les chemins de fer, l'approvisionnement de nourriture, les nominations à des postes, les opérations militaires, et surtout la douma, et une simple comparaison des dates avec les évènements qui suivirent montre que dans presque chaque cas, elles furent exécutées. Dans toutes les recommandations de la tsarine pour des postes aux ministères, dont la plupart furent adoptées, une des considérations principales était toujours de connaître la disposition du candidat envers Raspoutine. »

---

1. N.D.É. Fils aîné du tsar de Russie.

Alors que l'autocratie devint de plus en plus corrompue et irresponsable, la lente évolution vers un système constitutionnel qui aurait pu se développer à partir du système zemstvo de gouvernement local et des membres capables de la première douma fut réduite à néant. La reprise de l'expansion économique après 1909 ne pouvait pas compenser l'influence néfaste de la paralysie politique. Cette situation devint encore plus désespérée avec l'importance croissante des affaires étrangères après 1908 et de l'échec d'une évolution constructive de la vie intellectuelle. La première de ces complications sera traitée plus tard ; la seconde mérite quelques mots maintenant.

La tendance générale au développement intellectuel de la Russie dans les années précédant 1914 pouvait difficilement être considérée comme optimiste. Il y eut certainement des progrès considérables dans des domaines tels que la littérature, les sciences naturelles, les mathématiques, et les théories économiques, mais ils ne contribuèrent que peu à un développement de la modération, au grand besoin intellectuel de la Russie, et à une vision plus intégrante sur la vie. L'influence de l'ancien comportement religieux orthodoxe persista même parmi ceux qui l'avaient si véhément rejeté. La posture de base de la tradition occidentale se dirigea vers la diversité et la tolérance, basées sur la croyance que chaque aspect de la vie et de l'expérience humaine et que chaque individu a une certaine place dans cette structure complexe qu'est la réalité, et si cette place ne peut être trouvée, par conséquent, l'unité de la vie dans son ensemble est atteinte par la diversité plutôt que par l'uniformité obligatoire. Cette idée était totalement étrangère à la mentalité russe. Tout penseur russe, et autres peuples russes qui n'avaient pas la capacité de réflexion étaient guidés par une soif insatiable de trouver la « clé » de la vie et de la vérité. Une fois cette « clé » trouvée, tous les autres aspects de l'expérience humaine devaient être rejetés comme étant le mal, et tous les hommes devaient être contraints de l'accepter comme l'existence toute entière, et ce dans une épouvantable uniformité. Pour ne rien arranger, beaucoup de penseurs russes cherchaient à analyser les complexités de l'expérience humaine en les polarisant en antithèses de dualisme antinomique : les Occidentaux contre les slavophiles, l'individualisme contre la communauté, la liberté contre le destin, révolutionnaire contre réactionnaire, la nature contre les conventions, l'autocratie contre l'anarchie, et ainsi de suite. Il n'y avait aucune corrélation logique entre ces notions, de telle manière que les penseurs adoptaient souvent un côté ou l'autre d'une antithèse, formant un mélange de croyances basées sur des émotions. De plus, les penseurs individuels passaient souvent d'un côté d'un système de pensée à un autre, ou oscillaient même entre les extrêmes d'un système donné. Dans les esprits russes les plus classiques, les deux extrêmes étaient considérés simultanément, sans tenir compte de la compatibilité logique, dans une sorte d'unité mystique allant au-delà de l'analyse rationnelle. Ainsi, la pensée russe nous fournit des exemples saisissants d'athées fanatiques de Dieu, de révolutionnaires réactionnaires, de violents non-résistants, de pacifistes belliqueux, de libérateurs impérieux, et de totalitaires individualistes.

La caractéristique de base de la mentalité russe était son extrémisme. Celui-ci prit deux formes : (1) l'allégeance faite à toute part de l'expérience humaine était devenue une vérité exigeant une loyauté absolue, et tout autre vérité ou idée était considérée comme une tromperie diabolique, et (2) tout être vivant devait accepter cette vérité ou être damné en tant qu'agent de l'antéchrist. Ceux qui adhéraient à l'État devaient l'accepter en tant qu'autocratie dans laquelle l'individu n'avait pas de droits, sinon son allégeance n'était pas pure ; ceux qui refusaient l'État étaient jugés comme anarchistes. Ceux qui devenaient matérialistes devaient devenir entièrement nihilistes sans laisser place aux conventions, aux cérémonies, ou aux sentiments. Ceux qui questionnaient quelques petits aspects du système religieux étaient censés devenir des militants athées, et s'ils ne le faisaient pas volontairement, ils y étaient contraints par le clergé. Ceux qui étaient considérés comme spirituels ou se disaient être spirituels étaient pardonnés de toute forme de corruption et de luxure (comme Raspoutine), car de tels aspects étaient sans importance. Ceux qui soutenaient les opprimés étaient supposés se fondre eux-mêmes dans les masses, en vivant comme eux, en mangeant comme eux, en s'habillant comme eux, et en renonçant à toute culture et opinion (s'ils pensaient que les masses manquaient de ces choses). L'extrémisme des penseurs russes pouvait être perçu dans leurs comportements face à de tels aspects basiques de l'expérience humaine comme la propriété, la raison, l'État, l'art, le sexe, ou le pouvoir. Il y avait toujours une tendance fanatique à éliminer tout ce qui était considéré comme immoral et mauvais, à l'exception du seul aspect que le penseur considérait comme étant la clé du cosmos. Alexeï Khomiakov (1804-1860), un slavophile, voulait rejeter complètement la raison, la considérant comme « le péché mortel de l'Occident », alors que Fédor Dostoïevski (1821-1881) alla si loin dans ce raisonnement qu'il voulait détruire toute logique et toute arithmétique, cherchant, disait-il : « à libérer l'humanité de la tyrannie du deux-plus-deux-font-quatre ». Beaucoup de penseurs russes, bien avant les Soviétiques, considéraient la propriété comme immorale. D'autres pensaient la même chose à propos du sexe. Léon Tolstoï, un grand romancier et essayiste (1828-1910), considérait toute propriété et le sexe comme diaboliques. Les pensées occidentales, qui généralement essayaient de trouver une place dans le cosmos pour tout et avaient estimé que tout était acceptable à sa propre place, rejetaient un tel fanatisme. L'Occident, par exemple, ne ressentait que rarement le besoin de justifier l'existence de l'art, cependant beaucoup de penseurs en Russie (comme Platon jadis) rejetaient tout art comme étant diabolique. Léon Tolstoï, parmi d'autres, connut des périodes (tel que l'essai *Qu'est-ce que l'art ?* en 1897 ou *On Shakespeare and the Drama* en 1903) où il dénonça une grande partie de l'art et de la littérature, y compris ses propres romans, comme étant vains, sans importance, et sataniques. De même que l'Occident, alors qu'il regardait parfois d'un œil désapprobateur le sexe et plus fréquemment en avait renforcé cette vision, estimait généralement que le sexe avait une fonction appropriée dans une place définie. Cependant, en Russie, beaucoup de penseurs, dont une fois de plus Tolstoï (*La Sonate à Kreutzer* en 1889), insistèrent sur le fait que le sexe était mauvais, peu importe l'endroit et les circonstances, et que le plus immoral était le mariage. Les effets perturbateurs sur la société ou la vie de famille de telles idées peuvent être observés dans les dernières années de la vie personnelle de Tolstoï, sa dernière haine culminant envers sa femme qui souffrit longtemps et qu'il considérait comme étant l'instrument de sa chute. Cependant, alors que Tolstoï faisait l'éloge du mariage sans sexe, d'autres Russes, avec une plus grande véhémence, encensaient le sexe sans mariage, considérant cette institution sociale comme une entrave inutile sur la voie de l'impulsion humaine pure.

D'une certaine manière, on trouve chez Tolstoï l'aboutissement de la pensée russe. Il rejetait tout pouvoir, toute violence, presque tout art, tout sexe, toute autorité publique, et toute possession, les considérant comme maléfiques. Selon lui, la clé de l'univers se trouvait dans l'injonction du Christ : « Ne résiste pas au mal. » Tous les autres aspects des enseignements du Christ, excepté ceux qui allaient dans la même direction que cette pensée, étaient rejetés, y compris toute croyance en la divinité du Christ ou d'un Dieu. De cette injonction en découlèrent les idées de Tolstoï de non-violence et de non-résistance ainsi que sa foi que seulement de cette manière l'homme libèrerait sa capacité à ressentir un amour spirituel si puissant qu'il résoudrait tous les problèmes sociaux. L'idée de Tolstoï, bien que basée sur l'injonction du Christ, n'était pas tant le reflet du christianisme puisqu'il s'agissait d'une supposition élémentaire russe que toute défaite physique devait représenter une victoire spirituelle, et que cette dernière pourrait être atteinte seulement à travers la première.

Un tel point de vue ne pouvait être soutenu que par des personnes pour lesquelles toute prospérité ou bonheur n'était pas seulement sans importance, mais immoral. Et ce point de vue pouvait être tenu avec un tel fanatisme uniquement par des personnes pour lesquelles la vie, la famille, ou tout gain objectif n'avait aucune valeur. C'était une idée dominante dans toute l'intelligentsia russe, une idée remontant de Platon à l'Asie antique : toute réalité objective n'était d'aucune importance, sauf en tant que symboles pour certaines vérités subjectives. Cela était, bien sûr, le point de vue des penseurs néoplatoniciens des débuts de la période chrétienne. C'était généralement le point de vue des premiers chrétiens hérétiques et de ces Occidentaux hérétiques comme les cathares (Albigeois) qui était dérivé de la pensée philosophique de l'Est. Dans la pensée russe moderne, cela était bien représenté par Dostoïevski qui, bien que chronologiquement antérieur à Tolstoï, était spirituellement postérieur. Selon Dostoïevski, chaque objet et chaque action était seulement un symbole d'une certaine vérité spirituelle insaisissable. À partir de ce point de vue provenait une vision qui rendait ses personnages presque incompréhensibles pour une personne ordinaire de tradition occidentale ; si un tel personnage obtenait une fortune, il criait : « Je suis ruiné ! » S'il était déclaré non coupable d'un crime, ou qu'il lui semblait probable qu'il l'eut été, il s'écriait : « Je suis condamné, » et cherchait à s'incriminer afin de s'assurer du châtiment qui était nécessaire à sa propre amnistie spirituelle. S'il ratait délibérément son rival dans un duel, il se sentait coupable, et disait : « Je n'aurais pas dû le blesser ainsi ; j'aurais dû le tuer ! » Dans chaque cas, le locuteur ne se souciait pas de la propriété, du châtiment, ou de la vie. Il ne lui importait que les valeurs spirituelles : l'ascétisme, la culpabilité, le remords, la blessure de l'estime de soi. De la même manière, les premiers penseurs religieux, à la fois les chrétiens et les non-chrétiens, considéraient tous les objets comme des symboles de valeurs spirituelles, tout succès temporaire en tant qu'inhibition de la vie spirituelle, et estimaient que la richesse ne pouvait être obtenue qu'en se débarrassant de toute possession, la vie ne pouvait être atteinte seulement par la mort (une citation directe de Platon), l'éternité ne pouvait être atteinte que si le temps touchait à sa fin, et l'âme ne pouvait être libérée seulement si le corps était asservi. Par conséquent, jusqu'en 1910, à la mort de Tolstoï, la Russie resta fidèle à ses traditions intellectuelles gréco-byzantines.

Nous avons constaté que Dostoïevski, qui était antérieur à Tolstoï, avait néanmoins des idées qui étaient chronologiquement en avance sur celles de Tolstoï. En fait, de plusieurs façons, Dostoïevski était un précurseur aux bolchéviques. En concentrant son attention sur la pauvreté, les crimes, et la misère humaine, cherchant toujours le vrai sens derrière chaque acte manifeste ou chaque mot déclaré, il atteignit finalement une position où la distinction entre l'apparence et la signification était devenue si grande que ces deux notions étaient en contradiction l'une avec l'autre. Cette contradiction était vraiment la lutte entre Dieu et le diable dans l'âme humaine. Puisque cette lutte était sans fin, il n'y avait aucune solution aux problèmes des hommes sauf de faire face à la souffrance. Ces dernières devaient purger les hommes de leur caractère artificiel et les rassembler en une seule masse. D'un côté, de leur grande souffrance et spiritualité se trouvait l'espoir du monde, et ils se devaient de le sauver du matérialisme, de la violence, et de l'égoïsme de la civilisation occidentale. De l'autre côté, le peuple russe, étant pourvu d'abnégation et n'ayant aucune allégeance au luxe ou au gain matériel, étant purifié par la souffrance de ce qui faisait de lui le frère de tous les autres peuples en souffrance, devait sauver le monde en brandissant l'épée de la vertu contre les forces du mal provenant d'Europe.

Constantinople devait être prise, tous les Slaves devaient être libérés, et l'Europe et le monde devaient être contraints à la liberté par la conquête, afin que Moscou devienne la troisième Rome. Avant que la Russie ne devienne capable de sauver le monde de cette manière, les intellectuelles russes devaient cependant se fondre dans la grande masse du peuple russe souffrant, et le peuple russe devait adhérer à la science et à la technologie européenne non contaminée par l'idéologie européenne. Le sang versé dans cet effort pour étendre la fraternité slave au monde entier par la force aiderait la cause, car la souffrance partagée des hommes les unirait.

Cet impérialisme mystique slave avec sa connotation apocalyptique n'était pas seulement l'idée de Dostoïevski. Il était soutenu d'une manière vague et implicite par beaucoup de penseurs russes, et attirait fortement les masses naïves. Cet impérialisme était sous-entendu en grande partie dans la propagande panslaviste, et devint semi-officiel avec la croissance de la propagande après 1908. Il se répandit parmi le clergé orthodoxe, qui insista sur le règne de la vertu qui devait suivre l'institution millénariste de Moscou comme la « troisième Rome ». Cela fut explicitement déclaré dans un livre, *La Russie et l'Europe*, publié en 1869 par Nikolaï Danilevsky (1822-1885). De telles idées, comme nous allons le voir, ne disparurent avec la fin de l'autocratie des Romanov en 1917, mais devinrent encore plus influentes, fusionnant avec la révision léniniste du marxisme pour fournir l'idéologie de la République socialiste fédérative soviétique de Russie[1] après 1917.

---

1. N.D.É. L'une des 15 Républiques socialistes soviétiques formant l'ex-URSS.

IV

LES ZONES TAMPONS

―――

Le Proche-Orient jusqu'en 1914	125
La crise impériale britannique : l'Afrique, l'Irlande et l'Inde jusqu'en 1926	140
Introduction	140
L'Égypte et le Soudan jusqu'en 1922	150
L'Afrique de l'Est jusqu'en 1910	151
L'Afrique du Sud de 1895 à 1933	154
La formation du Commonwealth – 1910-1926	162
L'Afrique de l'Est de 1910 à 1931	167
L'Inde jusqu'en 1926	173
L'Irlande jusqu'en 1939	195
L'Extrême-Orient jusqu'à la Première Guerre mondiale	198
L'effondrement de la Chine jusqu'en 1920	198
La renaissance du Japon jusqu'en 1918	215

Lors de la première moitié du XXe siècle, l'organisation du pouvoir dans le monde changea entièrement. En 1900, menée par la Grande-Bretagne et suivie par d'autres nations plus ou moins proches, la civilisation européenne continuait à s'étendre en direction de l'extérieur, perturbant les cultures de sociétés incapables de résister, et souvent sans aucune volonté de le faire. Le modèle européen qui s'étendait vers l'extérieur forma une hiérarchie de pouvoir, de richesse et de prestige en haut de laquelle se trouvait la Grande-Bretagne, suivie, au deuxième rang, par d'autres grandes puissances, au troisième rang, par des puissances secondaires riches (telles que la Belgique, les Pays-Bas et la Suède), et au quatrième rang, par des puissances inférieures ou déliquescentes[1] (comme le Portugal ou l'Espagne, dont les rangs mondiaux étaient maintenus par la puissance britannique).

Au tournant du XXe siècle, les premières fissures présageant une catastrophe imminente apparurent dans cette structure du pouvoir, mais généralement aucune attention ne leur était accordée ; en 1896, les Italiens furent massacrés par les Éthiopiens à Adoua ; entre 1899 et 1902, lors de la seconde guerre des Boers, la toute puissante Grande-Bretagne fut contrecarrée par les petites républiques boers ; et entre 1904 et 1905, la Russie fut vaincue par un Japon renaissant. Ces présages étaient pour la plupart ignorés, et la civilisation européenne continua sa route vers l'*Armageddon*.

Arrivée à la seconde moitié du XXe siècle, l'organisation mondiale du pouvoir montrait une image tout à fait différente. Dans ce nouveau contexte, le monde se divisait en trois grandes zones : (1) la civilisation orthodoxe sous l'Empire soviétique, occupant le centre de l'Eurasie, (2) celle qui était entourée de différentes cultures brisées et mourantes : islamique, hindoue, malaisienne, chinoise, japonaise, indonésienne, et d'autres encore, et (3) en dehors de ces dernières et en tant que responsable principal de leur éclatement, la civilisation occidentale. Cette dernière avait aussi été profondément modifiée. En 1900, elle constituait une région centrale en Europe, avec des zones périphériques en Amérique, en Australie, en Nouvelle-Zélande et des pays en marge de l'Afrique. Vers 1950, le centre du pouvoir de la civilisation occidentale se situait en Amérique ; elle perdait les pays en marge de l'Afrique ; le pouvoir, la richesse et le prestige de l'Europe avaient tellement été diminués que beaucoup semblaient penser qu'il lui fallait choisir entre devenir un satellite dans une civilisation occidentale dominée par les États-Unis ou s'associer aux pays en zone d'amortissement afin d'essayer de constituer une troisième puissance capable d'équilibrer les pouvoirs entre les États-Unis et le bloc soviétique. Ces impressions étaient fausses, et vers la fin des années 1950, l'Europe se trouvait à nouveau dans une position lui permettant de jouer un rôle indépendant dans les affaires mondiales.

Dans les chapitres précédents, nous avons examiné l'historique de la ci-

---

1. N.D.É. En état de dépérissement, de décomposition, de décadence.

vilisation occidentale et de l'Empire russe jusqu'à la deuxième décennie du XXe siècle. Dans ce chapitre, nous allons étudier la situation des pays en zone d'amortissement jusque vers la fin de cette même décennie. Au début du XXe siècle, les régions qui allaient devenir les pays médiateurs en marge étaient : (1) le Proche-Orient dominé par l'Empire ottoman, (2) le Moyen-Orient dominé par l'Empire britannique en Inde, et (3) l'Extrême-Orient, constitué de deux anciennes civilisations, la Chine et le Japon. En périphérie, il y avait des régions moins coloniales comme l'Afrique, la Malaisie et l'Indonésie. À ce stade, nous examinerons ces trois grandes zones d'amortissement tout en jetant un bref coup d'œil à la situation de l'Afrique.

Le Proche-Orient jusqu'en 1914

Pendant plus d'un siècle, peu après la fin des guerres napoléoniennes en 1815 et jusqu'en 1922, les relations des grandes puissances étaient exacerbées par ce que l'on appelait « la question du Proche-Orient. » Ce problème, résultat de la faiblesse croissante de l'Empire ottoman, portait sur le devenir des terres et des populations dépourvues de gouvernement suite au repli du pouvoir turc. Le problème était d'autant plus complexe que le pouvoir turc ne se retira pas, mais déclina sur place, de sorte que dans de nombreuses régions, il continua d'exister légalement alors qu'il avait cessé de fonctionner à cause de la faiblesse et de la corruption du gouvernement du sultan[1]. Les Turcs tentèrent de maintenir leur position, non pas en remédiant à leur faiblesse et à la corruption par la réforme, mais en montant un État européen contre un autre et en appliquant des actions arbitraires et cruelles contre tout peuple assujetti osant s'opposer à leur loi.

L'Empire ottoman atteignit son apogée durant la période 1526 à 1533 avec la conquête de la Hongrie et le premier siège de Vienne. Un second siège, également un échec, eut lieu en 1683. À partir de ce moment-là, le pouvoir turc s'affaiblit et la souveraineté turque se retira, mais, malheureusement, le déclin fut bien plus rapide que la retraite, les peuples assujettis furent donc encouragés à se révolter et les puissances étrangères à intervenir à cause de la faiblesse du pouvoir turc dans les régions qui étaient toujours officiellement sous la souveraineté du sultan.

À son apogée, l'Empire ottoman était plus grand que n'importe quel État

---

1. N.D.É. Souverain de certains États musulmans.

européen contemporain en matière de superficie et de population. Au sud de la Méditerranée, il s'étendait de l'océan Atlantique, au Maroc, jusqu'au golfe Persique. Au nord de la Méditerranée, il s'étendait de la mer Adriatique à la mer Caspienne, comprenant les Balkans jusqu'à la Pologne et toute la côte nord de la mer Noire. Ce vaste empire était divisé en vingt-et-un gouvernements et sous-divisé en soixante vilayets[1], chacun dirigé par un pacha.[2] La structure entière était unifiée comme un système militaire collecteur de tributs par le fait que les dirigeants étaient tous musulmans. Le dirigeant suprême à Constantinople était non seulement sultan (et donc à la tête de l'empire), mais également calife[3] (et donc défenseur de la croyance musulmane). Dans la majorité de l'empire, le peuple était musulman, comme ses dirigeants, sauf dans certaines zones où ils étaient chrétiens romains, chrétiens orthodoxes, juifs ou autre.

Les variations linguistiques étaient encore plus remarquables que les distinctions religieuses. Seuls les peuples d'Anatolie parlaient généralement le turc, alors que ceux d'Afrique du Nord et du Proche-Orient parlaient plusieurs dialectes sémitiques et hamitiques dont le plus répandu était l'arabe. Depuis la Syrie jusqu'à la mer Caspienne, en passant par l'Anatolie, il existait plusieurs langues, dont les principales étaient le kurde et l'arménien. Sur les côtes de la mer Égée, et particulièrement la côte ouest, on parlait généralement le grec. La côte nord était un mélange confus de peuples parlant le turc, le grec et le bulgare. Sur la côte est de la mer Adriatique, on parlait grec jusqu'au 40e parallèle, puis albanais sur presque trois degrés de latitude, se confondant progressivement avec plusieurs langues slaves du sud comme le croate, le slovène et, à l'intérieur, le serbe. Beaucoup parlaient l'italien sur la côte dalmate et en Istrie. Sur la côte de la mer Noire, le thrace[4] était un mélange de turc, de grec et de bulgare, depuis le Bosphore jusqu'au 42e parallèle, où vivait une importante population bulgare. Les Balkans centraux étaient une zone compliquée, tout particulièrement en Macédoine, où le turc, le grec, l'albanais, le serbe et le bulgare se rencontraient et se mélangeaient. Les Roumains se trouvaient au nord des groupes parlant le bulgare et étaient généralement séparés d'eux par le Danube. Les Hongrois se trouvaient au nord des Croates et des Serbes et étaient généralement séparés d'eux par le Drave. La région où les Hongrois et les Roumains se rencontraient, la Transylvanie, était un mélange de grands blocs parlant une langue unique et séparés de leurs compatriotes par d'autres blocs ; la confusion étant aggravée par la présence d'un nombre considérable d'Allemands et de gitans.

---

1. N.D.É. Division administrative dans l'Empire ottoman.
2. N.D.É. Titre honorifique porté par différents hauts personnages en Turquie, notamment par le gouverneur d'une province dans l'ancien Empire ottoman.
3. N.D.É. Chef suprême de la communauté musulmane, successeur de Mahomet, investi du pouvoir temporel et spirituel.
4. N.D.É. Langue indo-européenne antique parlée par les Thraces, apparentée au dace.

Les divisions religieuses et linguistiques de l'Empire ottoman étaient compliquées par les divisions géographiques, sociales et culturelles, surtout dans les Balkans. Cette région comportait d'importants contrastes : les activités commerciales et marchandes relativement avancées des Grecs, des groupes de bergers primitifs comme les chevriers albanais, des agriculteurs de subsistance obtenant de quoi vivre de petites parcelles des terres rocheuses en Macédoine, de petites fermes sur les meilleurs terrains de Serbie et de Roumanie, de grands et riches terrains produisant pour un marché commercial et travaillés par des serfs en Serbie et en Roumanie. Une telle diversité rendait presque impossible une unité politique par consentement ou par fédération dans les Balkans. En effet, il était quasiment impossible de dessiner des lignes politiques coïncidant avec les lignes géographiques, linguistiques ou religieuses, car les distinctions linguistiques et religieuses indiquaient souvent des distinctions de classe. Ainsi, la classe aisée et la classe ouvrière ou les groupes commerciaux et agricoles, même dans la même région, parlaient différentes langues ou pratiquaient différentes religions. La manière la plus simple de maintenir la cohésion d'un tel modèle de diversité était la puissance militaire. C'est ce qu'apportaient les Turcs. Le militarisme et la fiscalisation étaient deux des axes centraux de la loi turque, et suffisaient à maintenir l'empire en place tant que ces deux étaient efficaces et qu'il n'y avait pas d'intrusion de l'extérieur. Mais au cours du dix-huitième siècle, l'administration turque perdit de son efficacité et les perturbations extérieures devinrent importantes.

Le sultan, qui était un dirigeant absolu, devenait rapidement un dirigeant arbitraire. Cela s'étendait dans toutes ses activités. Il remplissait son harem de toutes les femmes satisfaisant ses désirs, sans aucune cérémonie formelle. Ces nombreuses liaisons temporaires produisirent de nombreux enfants, dont beaucoup furent négligés ou oubliés. Ainsi, la succession au trône ne fut jamais établie et ne se fit pas sur la base des liens de parenté. Par conséquent, le sultan commença à craindre d'être assassiné. Afin d'éviter cela, il tendait à s'entourer de personnes qui n'avaient aucune chance de lui succéder : des femmes, des enfants, des Noirs, des eunuques et des chrétiens. Tous les sultans depuis 1451 étaient nés de femmes esclaves et seul un sultan après cette date prit la peine de contracter un mariage formel. Ce mode de vie isolait complètement le sultan de ses sujets.

Cette isolation s'appliquait au gouvernement ainsi qu'à la vie personnelle du dirigeant. La plupart des sultans se préoccupaient peu du gouvernement, laissant cette tâche à leurs grands vizirs[1] et aux pachas locaux. Les premiers n'avaient pas de statut permanent et étaient désignés et retirés selon les caprices des conflits du harem. Les pachas tendaient à gagner en indépendance puisqu'ils collectaient des impôts locaux et montaient des armées locales. Le fait que le sultan

---

1. N.D.É. Ministre, sous l'Empire ottoman.

était également calife (et donc le successeur religieux de Mahomet) et que la croyance religieuse dictait que le gouvernement était guidé par Dieu et devait être obéi, aussi injuste et tyrannique qu'il fût, faisait de toute pensée religieuse concernant des questions sociales ou politiques une forme de justification du statuquo et rendaient toute sorte de réformes presque impossibles. Une réforme ne pouvait provenir que du sultan, mais son ignorance et son isolation de la société rendaient la réforme peu probable. Par conséquent. Le système entier s'affaiblit et se corrompit. L'administration était chaotique, inefficace et arbitraire. Rien, ou presque, ne pouvait être obtenu sans cadeaux ou versements de pots-de-vin aux représentants de l'État et il n'était pas toujours possible de savoir lesquels il était judicieux de soudoyer.

Le chaos et la faiblesse que nous avons décrits étaient en plein essor au XVIIe siècle et empirèrent durant les deux siècles suivants. Dès 1699, le sultan perdit la Hongrie, la Transylvanie, la Croatie et la Slavonie contre les Habsbourg, certaines parties des Balkans de l'ouest contre Venise et certaines régions du nord contre la Pologne. Au cours du XVIIIe siècle, la Russie fit l'acquisition de régions au nord de la mer Noire, notamment la Crimée. Durant le XIXe siècle, la question du Proche-Orient devint de plus en plus grave. La Russie émergea des Guerres napoléoniennes en tant que grande puissance capable de faire pression sur la Turquie. Cette pression résulta de trois motivations. L'impérialisme russe cherchait à obtenir un passage sur les eaux libres au sud en dominant la mer Noire et en gagnant accès à la mer Égée grâce à l'acquisition des détroits et de Constantinople. Plus tard, la Russie exerça une pression économique et diplomatique sur la Perse afin d'atteindre le golfe Persique. Au même moment, la Russie se considérait comme le protecteur des chrétiens orthodoxes de l'Empire ottoman et, dès 1774, avait obtenu l'accord du sultan pour ce rôle de protection. De plus, la Russie, en tant qu'État slave le plus puissant, avait l'ambition d'être considérée comme la protectrice des Slaves sur les territoires du sultan.

Ces ambitions russes ne pouvaient pas être déjouées par le sultan lui-même. Mais il n'était pas seul. Il trouvait généralement du soutien en Grande-Bretagne et de plus en plus en France. La Grande-Bretagne était obsédée par son besoin de défendre l'Inde, qui était une réserve de main-d'œuvre et une zone de transit militaire primordiale pour la défense de l'empire. De 1840 à 1907, elle fit face à la possibilité que la Russie tentât de traverser l'Afghanistan jusqu'au nord-ouest de l'Inde, ou de traverser la Perse jusqu'au golfe Persique, ou de pénétrer les Dardanelles et la mer Égée jusqu'au « lien vital avec l'Inde » des Britanniques par la Méditerranée. L'ouverture du canal de Suez en 1869 augmenta l'importance de cette route méditerranéenne vers l'Est aux yeux des Britanniques. Ces derniers le protégeaient à Gibraltar, à Malte (conquise en 1800), à Chypre (1878) et en Égypte (1882). En général, malgré la compassion humanitaire anglaise pour les peuples assujettis à la tyrannie des Turcs, et malgré la considération de la Grande-Bretagne pour les mérites d'un bon gouvernement, la politique impériale britannique considérait que ses intérêts seraient plus en sécurité avec une Turquie faible et corrompue au Proche-Orient qu'avec une grande puissance dans cette zone ou que celle-ci fût divisée en de petits États indépendants qui auraient pu tomber sous l'influence des grandes puissances.

Les préoccupations de la France concernant le Proche-Orient étaient équivalentes à celles de la Grande-Bretagne, mais moindres. Elles avaient des relations culturelles et commerciales avec le Levant, et dans certains cas, depuis les Croisades. De plus, les Français avaient d'anciens droits, relancés en 1854, d'être considérés comme les protecteurs des catholiques romains dans l'Empire ottoman et des « lieux saints » de Jérusalem.

Trois autres influences qui se renforcèrent au Proche-Orient consistaient en la croissance du nationalisme et en la croissance des intérêts de l'Autriche (après 1866) et de l'Allemagne (après 1889). On observe les premiers signes d'agitation dans le nationalisme des Balkans lors de la révolte des Serbes entre 1804 et 1812. En saisissant la Bessarabie des mains de la Turquie en 1812, la Russie gagna le droit à l'autonomie gouvernementale locale pour les Serbes. Malheureusement, ces derniers commencèrent presque immédiatement à se battre les uns contre les autres ; la rupture la plus importante étant celle entre un groupe russophile mené par Milan Obrenovich et un groupe nationaliste serbe mené par Georges Petrovic (plus connu sous le nom de Karageorges). L'État serbe, officiellement établi en 1830, était entouré par les fleuves et rivières de la Dvina, la Save, le Danube et le Timok. Doté d'une autonomie locale sous la suzeraineté turque, il continua d'être tributaire du sultan et de soutenir les troupes turques. La violente querelle entre Obrenovich et Karageorgevic continua après que la Serbie obtint l'indépendance totale en 1878. La dynastie Obrenovich dirigea de 1817 à 1842 et de 1858 à 1903, alors que le groupe de Karageorgevic dirigea de 1842 à 1858 et de 1903 à 1945. Les conflits entre ces deux groupes se transformèrent en conflit constitutionnel dans lequel le groupe d'Obrenovich soutenait la constitution quelque peu moins libérale de 1869, et le groupe de Karageorgevic soutenait la constitution plus libérale de 1889. La première était en vigueur de 1869 à 1889 puis de 1894 à 1903, et la seconde de 1889 à 1894 puis de 1903 à 1921. Afin de gagner le soutien du peuple en faisant appel aux sentiments nationalistes, chacun des deux groupes complota contre la Turquie, puis contre l'Autriche-Hongrie.

Un autre exemple du nationalisme dans les Balkans apparut dans la lutte de la Grèce pour son indépendance vis-à-vis du sultan (1821 à 1830). Après que les Grecs et les musulmans se massacrèrent par centaines, l'indépendance grecque fut établie par une monarchie constitutionnelle sous la garantie des trois grandes puissances. Un prince bavarois fut placé sur le trône et commença à établir un État constitutionnel centralisé et bureaucratique ; une solution très peu adaptée à un pays aux traditions si anticonstitutionnelles, aux moyens de transport et de communication si rudimentaires, au niveau d'alphabétisation si bas et de localisme partisan si élevé. Après trente années tumultueuses (1832 à 1862), Othon Ier de Bavière fut déchu et remplacé par un prince danois et un gouvernement unicaméral entièrement démocratique, ne fonctionnant que légèrement mieux. La dynastie danoise demeura au pouvoir, bien que supplantée par une république de 1924 à 1935 et par des dictatures militaires à plusieurs occasions, notamment celle de Ioánnis Metaxás (1936 à 1941).

Il convient de ne pas trop insister sur les débuts du nationalisme dans les Balkans. Si les habitants de cette région étaient toujours hostiles avec les étrangers et rancuniers envers les gouvernements oppresseurs, ces sentiments peuvent être considérés comme un provincialisme ou localisme, plutôt qu'un nationalisme. Ceux-ci prévalent parmi tous les peuples primitifs et ne doivent être considérés comme un nationalisme que s'ils sont suffisamment répandus pour entrainer la loyauté de tous les peuples parlant la même langue, ayant la même culture et s'ils sont organisés de sorte que cette loyauté est dirigée vers l'État en tant que cœur des efforts nationalistes. Compris dans ce sens-là, le nationalisme ne devint un facteur très puissant dans la perturbation de l'Empire ottoman qu'après 1878.

Les débuts du panslavisme et de différents mouvements « pan » en réaction à cela, comme le panislamisme, est étroitement liés aux débuts du nationalisme dans les Balkans. Ils n'atteignirent un niveau important qu'à la fin du XIXe siècle. Défini de manière simple, le panslavisme est un mouvement pour l'unité culturelle et, peut-être à long terme, politique parmi les Slaves. En pratique cela impliquait le droit de la Russie d'assumer le rôle de protecteur des peuples slaves en dehors de la Russie. À certains moments, il était difficile pour certains peuples, et particulièrement pour les ennemis de la Russie, de faire la différence entre le panslavisme et l'impérialisme russe. Tout aussi simplement défini, le panislamisme était un mouvement pour l'unité, ou du moins pour la coopération, parmi tous les peuples musulmans afin de résister contre l'intrusion des puissances européennes sur les territoires musulmans. Concrètement, ce mouvement visait à donner au calife un droit de diriger religieusement et, peut-être à long terme, politiquement, comme il n'en avait jamais eu le droit. Ces deux mouvements n'eurent aucune importance jusqu'à la fin du XIXe siècle et le nationalisme balkanique ne devint important que peu de temps avant.

Ces nationalistes dans les Balkans avaient de beaux rêves d'unité des peuples parlant la même langue et se remémoraient souvent, avec une perspective historique déformée, une période durant laquelle ces autres peuples jouaient un rôle politique plus important. Les Grecs rêvaient d'un État byzantin ranimé ou même d'un Empire athénien péricléen. Les Serbes rêvaient de l'époque de Stefán Dusan alors que les Bulgares allaient plus loin en rêvant de l'époque de l'Empire bulgare de Siméon au début du Xe siècle. Cependant, il convient de se souvenir que même au début du XXe siècle, seule la minorité des personnes éduquées parmi les peuples des Balkans avaient ces rêves. Au XIXe siècle, il était plus probable que l'agitation dans les Balkans fût provoquée par le mauvais gouvernement turc que par toute expression de sentiment national. De plus, lorsque ces sentiments apparurent, ce fut plus comme un sentiment d'animosité envers leurs voisins qui leur étaient différents que comme un sentiment d'unité avec les peuples partageant les mêmes culture et religion. Et, pendant tout ce temps, le localisme et les antagonismes de classes (particulièrement l'hostilité rurale contre les groupes urbains) maintenaient un niveau élevé.

La Russie déclara la guerre à la Turquie cinq fois au cours du XIXe siècle. Les deux dernières fois, les grandes puissances intervinrent afin d'empêcher la Russie d'imposer ses volontés au sultan. La première intervention mena à la guerre de Crimée (1854 à 1856) et au congrès de Paris (1856), alors que la seconde, au congrès de Berlin en 1878, mena à la réécriture d'un traité de paix que le tsar venait d'imposer au sultan (le traité de San Stefano en 1877).

En 1853, le tsar, en tant que protecteur des chrétiens orthodoxes de l'Empire ottoman, occupa les principautés de Moldavie et de Valachie au nord du Danube et à l'est des Carpates. Le sultan déclara la guerre à la Russie sous la pression de la Grande-Bretagne et reçut le soutien de cette dernière, de la France et de la Sardaigne dans la « guerre de Crimée » qui en découla. Sous la menace de rejoindre les forces antirusses, l'Autriche obligea le tsar à évacuer les principautés, qu'elle occupa ensuite, exposant ainsi une rivalité austro-russe dans les Balkans, qui continua durant deux générations et finit par provoquer la Guerre mondiale de 1914-1918.

Le congrès de Paris de 1856 avait pour objectif d'éliminer toute possibilité d'intervention russe dans les affaires turques. L'intégrité de la Turquie était garantie, la Russie abandonna ses droits comme protecteur des sujets chrétiens du sultan, la mer Noire fut « neutralisée » en interdisant tout vaisseau et arsenal naval dans ses eaux et sur ses côtes, une Commission internationale fut créée afin d'assurer la libre navigation du Danube et, en 1862, après plusieurs années d'indécision, les deux principautés de Moldavie et de Valachie, ainsi que la Bessarabie, reçurent l'autorisation de s'unir pour former l'État de la Roumanie. Le nouvel État demeura techniquement sous la suzeraineté turque jusqu'en 1878. C'était le plus progressiste des États successeurs de l'Empire ottoman, avec des systèmes éducatif et judiciaire avancés, basés sur ceux de la France napoléonienne, et une véritable réforme agraire. Cette dernière fut exécutée en deux temps (1863 à 1866 et 1918 à 1921). Elle divisa les grands territoires de l'Église et de la noblesse et élimina toute trace de pratique féodale ou de servage. Sous une constitution libérale, mais non démocratique, un prince allemand, Charles de Hohenzollern-Sigmaringen (1866-1914), établit une nouvelle dynastie qui ne prit fin qu'en 1948. Durant cette période, les systèmes culturel et éducatif du pays étaient toujours orientés vers la France, en contraste avec les tendances de la dynastie dirigeante, qui avait des relations avec l'Allemagne. La possession de la Bessarabie par les Roumains et leur fierté générale dans leur héritage latin, comme reflétée dans le nom du pays, dressa une barrière à de bonnes relations avec la Russie, bien que la majorité des Roumains étaient membres de l'Église orthodoxe.

La faiblesse politique et militaire de l'Empire ottoman face à la pression russe et des nationalismes des Balkans mit en évidence le fait qu'il devait s'occidentaliser et se réformer afin de survivre. Le sultan prononça de grandes promesses dans ce sens durant la période 1839 à 1877 et fit même certains efforts pour les tenir. L'armée fut réorganisée sur un modèle européen avec l'aide de la Prusse. Le gouvernement local fut réorganisé et centralisé, et le système fiscal fut grandement amélioré, principalement en réduisant l'utilisation de publicains ; les fonctionnaires du gouvernement passèrent d'une base de rémunération sur honoraires à une base salariale ; le marché d'esclaves fut aboli, même si cela impliquait une grande réduction des revenus du sultan ; le monopole religieux dans l'éducation devint limité et l'éducation technique laïque prit un élan considérable. Enfin, en 1856, un décret imposé au sultan par les grandes puissances établit un État laïque en Turquie en abolissant toute inégalité reposant sur les croyances en matière de liberté personnelle, de loi, de propriété, des impôts et d'éligibilité au service militaire ou public.

En pratique, aucune de ces réformes n'était très efficace. Il était impossible de changer les habitudes du peuple turc par des lois écrites. En effet, toute tentative éveillait la colère de beaucoup de musulmans, au point que leur attitude envers les non-musulmans empira. En même temps, avec ces promesses, les non-musulmans espéraient un meilleur traitement, de sorte que les relations entre les différents groupes devinrent exacerbées. Même si le sultan avait toutes les intentions de mener à bien ses réformes, il eut des difficultés à le faire à cause de la structure de la société turque et du manque total d'administrateurs compétents ou même de personnes lettrées. L'État turc était un État théocratique et la société turque était une société patriarcale, voire tribale. Tout mouvement vers la laïcité ou l'égalité sociale pouvait facilement mener non pas à une réforme, mais à une destruction totale de la société en dissolvant les relations religieuses et autoritaires qui unissaient l'État et la société. Mais le mouvement vers la réforme n'avait pas tout le soutien du sultan ; il éveilla l'opposition des groupes de musulmans les plus conservateurs et, d'une certaine manière, des plus loyaux ; ainsi que l'opposition de nombreux libéraux turcs, car il découlait de la pression de l'Occident sur la Turquie ; également celle de nombreux groupes chrétiens ou non turcs craignant qu'une réforme efficace ne réduise leurs chances de démanteler l'Empire ottoman ; et les efforts pour la réforme, dirigés vers le caractère théocratique de l'État turc, contraient les efforts du

Le Proche-Orient jusqu'en 1914

sultan de devenir chef du panislamisme et d'utiliser son titre de calife afin de mobiliser les musulmans non ottomans en Inde, en Russie et à l'Est afin de le soutenir dans sa lutte contre les grandes puissances européennes.

D'autre part, il était tout aussi évident que la Turquie ne pouvait égaler aucun État européen en matière de puissance militaire jusqu'à ce qu'elle s'occidentalise. En même temps, les produits industriels bon marché et fabriqués à la machine des puissances occidentales commencèrent à envahir la Turquie et à détruire la capacité des artisans à vivre de leur artisanat. Une protection douanière n'aurait pas pu l'empêcher, car le sultan était engagé par des accords internationaux à maintenir ses droits de douane à un faible niveau. Au même moment, connaissant le mode de vie occidental, certains des sujets du sultan commencèrent à sentir son appel. Ils demandèrent l'industrialisation ou la construction de chemins de fer, de meilleures opportunités pour l'éducation, et principalement pour l'éducation technique, des réformes de la langue turque et de nouveaux genres, moins formels, de littérature turque, des méthodes d'administration de la justice et des finances publiques honnêtes et impersonnelles et toutes les choses qui, renforçant les puissances occidentales, faisaient d'eux des dangers pour la Turquie.

Le sultan fit des efforts peu convaincants au cours de la période 1838 à 1875, mais à la fin de celle-ci, il était complètement désabusé et adopta une politique de censure et de répression impitoyables. Cette répression finit par provoquer la rébellion des « Jeunes-Turcs » en 1908.

Ce passage de réformes inefficaces à de terribles répressions coïncida avec le renouvèlement des attaques russes sur la Turquie. Ces assauts furent provoqués par le massacre turc d'agitateurs bulgares en Macédoine et par un triomphe de la Turquie sur la Serbie. Faisant appel à la doctrine du panslavisme, la Russie vint au secours des Bulgares et des Serbes et vainquit rapidement les Turcs, les obligeant à accepter le traité de San Stefano avant qu'aucune puissance occidentale ne pût intervenir (1877). Entre autres, ce traité établissait le grand État de la Bulgarie, comprenant une grande partie de la Macédoine, indépendant de la Turquie et sous occupation militaire russe.

Ce traité de San Stefano, et tout particulièrement les dispositions prévoyant un grand État bulgare, dont certains craignaient qu'il ne fût qu'un instrument pour la Russie, était complètement inacceptable aux yeux de la Grande-Bretagne et de l'Autriche. Elles se joignirent à la France, à l'Allemagne et à l'Italie et obligèrent la Russie à se rendre à une conférence à Berlin, au cours de laquelle le traité fut réécrit dans son intégralité (1878). Les indépendances de la Serbie, du Monténégro et de la Roumanie furent reconnues, ainsi que l'acquisition de Kars et de Batoumi par la Russie, à l'est de la mer Noire. La Roumanie dut céder la Bessarabie à la Russie, mais reçut en échange la Dobrogée de la part du sultan. La Bulgarie, le point central de la conférence, fut divisée en trois parties : (a) la région entre le Danube et les montagnes des Balkans devint un État autonome tributaire de la suzeraineté turque, (b) la partie de la Bulgarie se trouvant au sud des montagnes fut rendue au sultan en tant que province de la Roumélie orientale, dirigée par un gouverneur chrétien approuvé par les puissances, et (c) la Macédoine, encore plus au sud, fut rendue à la Turquie en échange de la promesse de réformes administratives. L'Autriche obtint le droit d'occuper la Bosnie, l'Herzégovine et le Sandjak de Novi Pazar (une région entre la Serbie et le Monténégro). Les Anglais reçurent, grâce à un accord indépendant avec la Turquie, l'île de Chypre pour aussi longtemps que la Russie possédait Batoumi et Kars. Les autres États ne reçurent rien, bien que la Grèce demandât la Crète, la Thessalie, Épire et la Macédoine, que la France discutât de ses intérêts vis-à-vis de Tunis, et que l'Italie fît connaitre ses ambitions sur Tripoli et en Albanie. Seule l'Allemagne ne demanda rien et reçut les remerciements et l'amitié du sultan pour sa modération.

Le traité de Berlin de 1878 fut un désastre sur presque tous les plans, car il ne satisfit les désirs d'aucun État, à part ceux de l'Autriche. Les Panslaves, les Roumains, les Bulgares, les Slaves du Sud, les Grecs et les Turcs furent tous mécontents de cet accord. Ce dernier fit des Balkans une poudrière de laquelle l'étincelle ne fut éloignée que très difficilement et seulement durant vingt ans. Il ouvrit également la possibilité de la liquidation des possessions de la Turquie en Afrique du Nord, créant ainsi une rivalité entre les grandes puissances, ce qui représenta un danger constant pour la paix durant la période 1878 à 1912. La perte de la Bessarabie par les Roumains et de la Roumélie orientale par les Bulgares, la perte de tout espoir pour les Slaves du Sud d'atteindre la mer Adriatique ou même le Monténégro (due à l'occupation autrichienne de la Bosnie et de Novi Pazar), l'échec de la Grèce dans l'obtention de la Thessalie ou de la Crète, ainsi que l'embarras total ressenti par la Turquie créèrent une atmosphère d'insatisfaction générale. Au milieu de tout cela, la promesse de réformes faite à la Macédoine sans aucune garantie générait de nouveaux espoirs et une agitation qui ne pouvaient être ni satisfaits ni calmés. Même l'Autriche, qui, en apparence, avait obtenu bien plus que ce qu'elle avait espéré, détenait en Bosnie l'instrument qui allait servir à la destruction totale de l'Empire habsbourgeois. Bismarck avait encouragé cette acquisition en tant que moyen de détourner les ambitions autrichiennes vers le sud, vers la mer Adriatique et hors de l'Allemagne. Mais en plaçant ainsi l'Autriche dans la position d'obstacle principal sur le chemin des rêves d'unité des Slaves du Sud, Bismarck créa aussi une occasion de détruire l'empire des Hohenzollern. Il est évident que l'histoire diplomatique européenne entre 1878 et 1919 n'était rien d'autre qu'un commentaire sur les erreurs commises lors du congrès de Berlin.

Pour les Russes, les évènements de 1878 furent d'une grande déception. Même l'État bulgare créé par l'accord ne les satisfit pas beaucoup. Avec une constitution dictée par la Russie et sous un prince, Alexandre de Battenberg, un neveu du tsar, les Bulgares firent preuve d'un esprit peu coopératif, ce qui ébranla profondément la Russie. En conséquence, lorsque la Roumélie orientale se révolta en 1885 et demanda à s'unir à la Bulgarie, la Russie s'y opposa pendant que l'Autriche l'encouragea. La Serbie, dans sa rancœur, entra en guerre avec la Bulgarie, mais connut la défaite et l'Autriche la força à se réconcilier avec son ennemi. L'union de la Bulgarie et la Roumélie orientale fut approuvée par le sultan, à des conditions acceptables. L'Autriche et la Grande-Bretagne contenaient les objections russes, mais étaient suffisamment puissantes pour forcer l'abdication d'Alexandre de Battenberg. Le prince Ferdinand de Saxe-Cobourg et Gotha fut élu pour succéder à Alexandre, ce qui était inacceptable aux yeux de la Russie. Il ne fut reconnu par les grandes puissances qu'après sa réconciliation avec la Russie en 1896. À cette période, l'État était en pleine agitation et les complots et assassinats se succédèrent. Une organisation révolutionnaire macédonienne, connue sous le nom de VRMO et luttant pour l'indépendance de sa région, adopta une politique de plus en plus terroriste, abattant tout homme d'État bulgare ou roumain ne se battant pas pour leur cause. Des Bulgares formèrent des groupes d'insurgés faisant des raids en Macédoine et l'insurrection se propagea dans la province, atteignant son apogée en 1902. À ce moment-là, les groupes serbes et grecs s'unirent au mouvement. Les puissances intervinrent alors afin d'inaugurer un programme de réformes en Macédoine sous supervision austro-russe.

Le congrès de Berlin amorça la sortie de l'Afrique du Nord de la Turquie. La France, qui occupait l'Algérie depuis 1830, établit également un protectorat français sur Tunis en 1881. Cela mena à l'occupation britannique de l'Égypte l'année suivante. Ne voulant pas être laissée derrière, l'Italie demanda Tripoli, mais n'obtint qu'un échange de notes, connu comme l'Entente de la Méditerranée de 1887, par laquelle la Grande-Bretagne, l'Italie, l'Autriche, l'Espagne et l'Allemagne promirent de maintenir le statuquo sur la mer Méditerranée, Adriatique, Égée et Noire, sauf avis contraire de l'ensemble des parties. L'unique avantage concret de l'Italie dans cette affaire était la promesse britannique de la soutenir en Afrique du Nord en échange de son soutien pour la position britannique en Égypte. Cela ne satisfaisait que faiblement les ambitions italiennes sur Tripoli. Ces dernières furent toutefois renforcées en 1900 par un accord franco-italien par lequel l'Italie donna carte blanche à la France au Maroc en échange du même traitement sur Tripoli.

En 1900, un tout nouveau facteur s'introduisit dans la question de l'Orient. Sous Bismarck (1862-1890), l'Allemagne avait évité toute aventure non européenne ; sous Guillaume II (1888-1918), toutes sortes d'aventures étaient les bienvenues, et tout particulièrement celles qui étaient lointaines et incertaines. Pendant la première période, l'Allemagne ne s'était préoccupée de la question du

Proche-Orient qu'en tant que membre du « concert de puissances » européen et ne s'était intéressée qu'à quelques problèmes sans grandes conséquences, comme l'utilisation d'officiers allemands pour former l'armée turque. Après 1889, la situation changea. Sur le plan économique, les Allemands commencèrent à envahir l'Anatolie en établissant des agences de commerce et des services bancaires ; sur le plan politique, elle cherchait à renforcer la position internationale de la Turquie de toutes les manières possibles. Cet effort fut symbolisé par les deux visites du kaiser allemand au sultan en 1889 et en 1898. Lors de sa deuxième visite, il jura solennellement son amitié au « sultan Abdülhamid et aux trois-cents millions de mohamédiens qui le vénèrent en tant que calife. » Plus importante encore, l'exposition du projet de chemin de fer Berlin-Bagdad, dont la route principale, allant de la frontière austro-hongroise à Nusaybin en Mésopotamie du Nord, fut achevée en septembre 1918. Ce projet était de la plus grande importance économique, stratégique et politique, non seulement pour l'Empire ottoman et le Proche-Orient, mais également pour l'Europe entière. D'un point de vue économique, il exploitait une zone aux grandes ressources minérales et agricoles, dont les plus grandes réserves de pétrole du monde. Ces ressources furent apportées à Constantinople et même au-delà, au centre et nord-ouest de l'Europe.

L'Allemagne, qui s'industrialisa tardivement, avait une grande demande insatisfaite de nourriture et de matière première et une grande capacité à fabriquer des produits industriels pouvant être exportés en vue de satisfaire ses besoins. Elle avait fait des efforts et continuait de s'efforcer de trouver une solution à ce problème en créant des relations commerciales avec l'Amérique du Sud, l'Extrême-Orient et l'Amérique du Nord. Des services bancaires et une marine marchande s'installaient afin d'encourager ces relations commerciales. Mais les Allemands, dotés d'un grand sens de la stratégie, savaient bien que les relations avec les régions étaient à la merci de la flotte britannique, qui contrôlait presque incontestablement les eaux en temps de guerre. Le chemin de fer Berlin-Bagdad résolvait ces problèmes déterminants. Il connectait l'industrie métallurgique allemande aux grandes ressources en métaux d'Anatolie ; il connectait l'industrie textile allemande aux réserves de laine, de coton et de chanvre des Balkans, d'Anatolie et de Mésopotamie. En fait, il permettait à presque toutes les branches de l'industrie allemande de trouver une solution à ses problèmes critiques de marché et de matières premières. Et surtout, ces connexions étant presque entièrement par voie terrestre, elles étaient contrôlables par l'armée allemande et hors de portée de la marine britannique.

Pour la Turquie, ce chemin de fer était tout aussi important. D'un point de vue stratégique, il lui permettait pour la première fois de mobiliser tout son pouvoir dans les Balkans, le Caucase, le golfe Persique ou le Levant. Il augmentait grandement la prospérité économique de tout le pays. Il pouvait fonctionner grâce au pétrole mésopotamien, comme ce fut le cas après 1911. Il ouvrait des marchés et incita donc à une croissance de la production des produits agricoles et minéraux. Il réduisait grandement le mécontentement politique, les troubles publics et le banditisme dans les zones qu'il traversait. Il augmentait grandement les revenus de la trésorerie ottomane, malgré l'engagement du gouvernement à payer des subventions pour chaque kilomètre de chemin de fer construit, ainsi que pour un revenu annuel garanti par kilomètre.

Les grandes puissances approuvaient le chemin de fer de Bagdad sans grand enthousiasme jusqu'aux alentours de 1900. Puis, pendant plus de dix ans, la Russie, la Grande-Bretagne et la France s'y opposèrent violemment et firent tout ce qui était en leur pouvoir pour entraver le projet. Après 1910, cette opposition fut majoritairement dispersée par une série d'accords divisant l'Empire ottoman en sphères d'influence exclusives. Durant la période d'opposition, les grandes puissances utilisèrent une telle propagande contre ce projet qu'il faut, même aujourd'hui, mettre en garde contre son influence. Elles décrivaient le chemin de fer de Bagdad comme la porte d'entrée de l'agression de l'Empire allemand, cherchant à affaiblir et à détruire l'Empire ottoman et les enjeux des autres puissances dans cette région. Les faits prouvent le contraire. L'Allemagne était la seule grande puissance qui souhaitait que l'Empire ottoman restât fort et intact. La Grande-Bretagne le souhaitait faible. La France partageait généralement le point de vue des Britanniques, bien que les Français, avec 500 millions de dollars investis dans cette région, souhaitaient également la prospérité de la Turquie. La Russie voulait qu'elle fût faible et divisée, une vision partagée par les Italiens et, dans une certaine mesure, par les Autrichiens.

Non seulement les Allemands souhaitaient la prospérité de la Turquie, mais leur attitude se reflétait dans l'administration du chemin de fer de Bagdad. À une période où les chemins de fer américains et d'autres pays pratiquaient une discrimination massive entre les clients quant aux tarifs et à la manutention des cargaisons, les Allemands appliquaient les mêmes frais et le même traitement à tous leurs clients, allemands ou non. Ils faisaient en sorte que le chemin de fer fût efficace et rentable, même si leurs revenus étaient garantis par le gouvernement turc. En conséquence, les paiements de la Turquie au chemin de fer diminuèrent à un rythme régulier et le gouvernement put prendre part aux bénéfices à hauteur de presque trois-millions de francs en 1914. De plus, les Allemands ne cherchaient pas à avoir le monopole sur le contrôle du chemin de fer et proposèrent à la France, à la Grande-Bretagne, et à d'autres puissances de le partager en parts égales. La France accepta cette offre en 1899, mais la Grande-Bretagne réitéra son refus et posa tous les obstacles possibles sur ce projet. Lorsque le gouvernement ottoman voulut augmenter ses droits de douane de 11 à 14% en 1911 afin de financer la construction continue du chemin de fer, la Grande-Bretagne l'en empêcha. Pour mener à bien ce projet, l'Allemagne vendit ses intérêts liés au chemin de fer dans les Balkans et renonça aux 275.000 dollars par kilomètre de la subvention de construction ottomane. En contraste total avec cette attitude, la Russie força la Turquie à modifier la route originale de la ligne allant du nord au sud de l'Anatolie en menaçant de prendre des mesures immédiates pour recouvrer tous les arriérés dus au tsar par la Turquie selon le traité de 1878, atteignant une somme de 57 millions de francs. La Russie considérait ce projet comme une menace stratégique sur ses frontières arméniennes. Finalement, en 1900, elle obligea le sultan à promettre de n'accorder aucune subvention pour la construction de chemins de fer au nord de l'Anatolie ou en Arménie, à moins d'obtenir son accord au préalable. Malgré ses investissements de 2,5 milliards de francs en Turquie, le gouvernement français refusa d'octroyer des valeurs à la Bourse de Paris au chemin de fer de Bagdad.

Afin d'endiguer la croissance des activités missionnaires catholiques allemandes dans l'Empire ottoman, les Français persuadèrent le pape de rédiger une encyclique ordonnant à tous les missionnaires présents dans cet empire de communiquer avec le Vatican à travers les consulats français. L'opposition britannique ne prit de l'ampleur qu'en avril 1903. Au début de ce mois, le Premier ministre Arthur Balfour et le ministre des Affaires étrangères lord Lansdowne signèrent un accord pour partager le contrôle du chemin de fer entre l'Allemagne, la France et la Grande-Bretagne. Cet accord fut annulé trois semaines plus tard par le gouvernement à cause des protestations des journaux, alors qu'il aurait réduit à seulement 14 sur 30 le nombre de votes des Turcs et des Allemands au conseil d'administration du chemin de fer. Lorsqu'en 1910, le gouvernement turc tenta d'emprunter 30 millions de dollars à l'étranger, garantis par les recettes douanières du pays, Paris et Londres rejetèrent directement la demande. Cependant, Berlin n'hésita pas à lui prêter cette somme. Au vu de ces faits, la croissance du prestige allemand et le déclin des faveurs des puissances occidentales à la cour du sultan n'avaient rien de surprenant et expliquaient en grande partie l'intervention de la Turquie aux côtés des puissances centrales dans la guerre de 1914-1918.

Le chemin de fer de Bagdad n'eut pas réellement de lien avec le déclenchement de la guerre en 1914, car durant la période 1910 à 1914, l'Allemagne parvint à diminuer les objections des grandes puissances face à ce projet, grâce à une série d'accords divisant la Turquie en plusieurs sphères d'influence étrangère. En novembre 1910, un accord germano-russe à Potsdam accorda à la Russie la liberté d'action en Perse du Nord, retira toute opposition russe contre le chemin de fer de Bagdad et engagea les deux parties à soutenir l'égalité des chances pour tous dans le commerce (la doctrine de la « porte ouverte ») dans leur zone d'influence respective au Proche-Orient. La France reçut environ 3.200 kilomètres de chemin de fer en Anatolie du nord et de l'ouest et en Syrie de 1910 à 1912, et signa un accord secret avec l'Allemagne en février 1914, reconnaissant ces régions comme des « sphères d'influence » françaises et la route du chemin de fer de Bagdad comme une sphère d'influence allemande. Ces deux Puissances promirent de faire des efforts afin d'augmenter les recettes douanières ottomanes. La France retira son opposition contre le chemin de fer et donna à l'Allemagne l'investissement de 70 millions de francs qu'elle avait déjà versé dans le chemin de fer de Bagdad, en échange d'une somme égale lors de l'émission d'obligations turques en 1911, que la France avait auparavant rejetée, ajoutée à une remise avantageuse sur l'émission d'obligations ottomanes en 1914.

La Grande-Bretagne fit une affaire plus difficile avec l'Allemagne. Elle retira son opposition au chemin de fer de Bagdad suite à un accord en juin 1914, autorisa la Turquie à augmenter ses tarifs douaniers de 11% à 15% et approuva l'existence d'une sphère d'intérêt allemande le long de la route du chemin de fer contre les promesses suivantes : (1) que le chemin de fer ne fût pas étendu au-delà du golfe Persique et s'arrêtât à Bassora, sur le fleuve du Tigre, (2) que les capitalistes britanniques obtinssent le monopole de la navigation sur l'Euphrate et le Tigre et le contrôle exclusif des projets d'irrigation reposant sur ces fleuves, (3) que deux sujets britanniques eussent un siège au conseil d'administration du chemin de fer de Bagdad, (4) que la Grande-Bretagne eût le contrôle exclusif des activités commerciales du Koweït, l'unique port bien équipé de la partie supérieure du golfe Persique, (5) que le monopole des ressources pétrolières de la région s'étendant de Mossoul à Bagdad fût accordé à une nouvelle société dans laquelle les finances britanniques auraient possédé la moitié des intérêts, la Royal Dutch Shell Company un quart des intérêts et l'Allemagne le dernier quart, et enfin (6) que la Grande-Bretagne et l'Allemagne soutinssent la doctrine de la « porte ouverte » dans les activités commerciales de la Turquie d'Asie. Malheureusement, cet accord, ainsi que les précédents passés avec d'autres puissances, devinrent inutiles suite au déclenchement de la Première Guerre mondiale en 1914. Toutefois, il est important de reconnaître que les Alliés obligèrent l'Allemagne à accepter un accord divisant la Turquie en « sphères d'intérêt » au lieu de l'accord prévu reposant sur la coopération internationale dans la reconstruction économique de la région.

Les efforts des grandes puissances pour obtenir profit et influence dans les débris de l'Empire ottoman eurent bien évidemment d'importantes conséquences sur les affaires intérieures turques. La grande majorité des sujets du sultan n'étaient probablement pas encore affectés par ces évènements, mais une minorité le fut profondément. Cette minorité ne reçut aucun encouragement de la part du despote Abdülhamid II, sultan de 1876 à 1909. Souhaitant vivement des améliorations économiques, Abdülhamid II était néanmoins opposé à la diffusion des idées occidentales de libéralisme, de constitutionnalisme, de nationalisme et de démocratie. Il fit tout ce qu'il put pour empêcher leur propagation par le biais de la censure, de restrictions concernant les voyages ou les études à l'étranger pour les Turcs et d'un système élaboré de police arbitraire et d'espionnage par le gouvernement. En conséquence, la minorité de Turcs libéraux, nationalistes ou progressistes se virent obligés de s'organiser en dehors du pays. C'est ce qu'ils firent à Genève en 1891, au sein d'un groupe communément connu comme les Jeunes-Turcs. Leur difficulté principale consistait à réconcilier les animosités existant entre les nombreux groupes linguistiques parmi les sujets du sultan. Ils y parvinrent grâce à une série de congrès tenus à Paris, notamment en 1902 et 1907. À cette dernière date, des représentants turcs, arméniens, bulgares, juifs, arabes et albanais étaient présents. Pendant ce temps, cette organisation secrète s'était infiltrée dans l'armée du sultan, bouillonnante de colère. Les comploteurs eurent tant de succès qu'ils parvinrent à se révolter en juillet 1908 et à forcer le sultan à rétablir la Constitution de 1876. Des divisions apparurent immédiatement parmi les chefs des rebelles, notamment parmi ceux qui souhaitaient un État centralisé et ceux qui acceptaient la demande de décentralisation des nationalités des sujets. De plus, les musulmans orthodoxes formèrent une ligue de résistance à la laïcité et l'armée comprit que ses exigences pour une meilleure rémunération et de meilleures conditions de vie ne recevraient pas de réponse. Abdülhamid profita de cette division pour organiser une violente contrerévolution (avril 1909). Ce fut un échec : le sultan fut déchu et les Jeunes-Turcs commencèrent à imposer leurs idées d'État national autoritaire turc avec une grande sévérité. Une vague de résistance émergea des groupes non turcs et de musulmans orthodoxes. Aucun accord ne fut signé avant le début de la Première Guerre mondiale en 1914. En effet, comme nous le verrons dans un chapitre suivant, la révolution des Jeunes-Turcs de 1908 provoqua une série de crises internationales, dont la Première Guerre mondiale de 1914 fut la dernière et la plus catastrophique.

La crise impériale britannique : l'Afrique, l'Irlande et l'Inde jusqu'en 1926

INTRODUCTION

La vieille croyance selon laquelle la Grande-Bretagne aurait obtenu son empire dans un accès d'étourderie est amusante, mais n'offre pas une bonne explication. Elle contient toutefois une part de vérité : une grande partie de l'empire fut acquise par des particuliers et des entreprises commerciales, et ne fut reprise par le gouvernement britannique que beaucoup plus tard. Les raisons ayant poussé le gouvernement à annexer des régions que ses citoyens avaient exploitées sont variées, à la fois dans le temps et dans l'espace, et, en général, diffèrent souvent beaucoup de ce qu'un étranger pourrait croire.

La Grande-Bretagne acquit le plus grand empire du monde parce qu'elle possédait un certain nombre d'avantages qui faisaient défaut aux autres pays. On en mentionnera ici trois : (1) sa nature insulaire, (2) sa position dans l'Atlantique, et (3) ses traditions sociales nationales qui encourageaient la volonté et les talents nécessaires à l'acquisition impériale.

En tant qu'ile située au large de la côte de l'Europe, la Grande-Bretagne conservait sa sécurité tant qu'elle gardait le contrôle des mers confinées. Elle conserva ce contrôle depuis la défaite de l'Armada espagnole en 1588 jusqu'à la création de nouvelles armes basées sur la force aérienne dans la période suivant 1935. Le développement de l'armée de l'air allemande sous Hitler, l'invention des roquettes de longue portée (V-2) en 1944, et le développement des bombes nucléaires et des bombes H[1] entre 1945 et 1955 mirent fin à la sécurité de la Grande-Bretagne en réduisant l'efficacité défensive de la Manche britannique. Mais dans la période 1588 à 1942, durant laquelle la Grande-Bretagne contrôlait les mers, la Manche lui procurait une certaine sécurité et rendait sa position internationale entièrement différente de celle de n'importe quelle puissance continentale. Puisque la Grande-Bretagne était en sécurité, elle possédait une grande liberté d'action. Cela signifiait qu'elle avait le choix d'intervenir ou non dans les divers conflits qui voyaient le jour sur le continent européen, ou ailleurs dans le monde. De plus, si elle intervenait, elle pouvait le faire en ne s'engageant que de façon partielle, en limitant sa contribution en hommes, en énergie, argent et en richesses à la quantité qu'elle souhaitait. Si cet engagement limité était épuisé ou perdu, tant que la flotte anglaise contrôlait les mers, la Grande-Bretagne était en sécurité, et avait ainsi la liberté de choisir de mettre fin à son intervention ou de renforcer son implication. De plus, la Grande-Bretagne pouvait faire en sorte que même un petit engagement fût d'une importance décisive en l'employant à soutenir la deuxième plus grande puissance sur le continent contre la première plus grande puissance, l'entravant ainsi et rendant la seconde puissance temporairement plus forte, tant qu'elle agissait selon les souhaits de la Grande-Bretagne. De cette manière, en suivant la tactique de l'équilibre des pouvoirs, la Grande-Bretagne était en mesure de jouer un rôle décisif sur le continent, de le maintenir divisé et empêtré dans ses propres conflits, et de faire cela en n'engageant qu'une quantité limitée de ses ressources, laissant ainsi disponible un considérable excédent d'énergie, de main-d'œuvre et de richesses pour l'acquisition d'un empire outre-mer. De plus, l'avantage unique de la Grande-Bretagne concernant le maintien de sa sécurité

---

1. N.D.É. Bombes à hydrogène.

par l'engagement limité de ses ressources en contrôlant les mers fut l'un des facteurs importants qui lui permirent de développer sa structure sociale, son système parlementaire, sa large gamme de libertés civiles, et son grand progrès économique si particuliers.

Les puissances présentes sur le continent ne possédaient aucun de ces avantages. Étant donné que chacune d'entre elles pouvait être envahie par ses voisins à tout moment, elles n'étaient jamais en sécurité, et donc ne possédaient que très peu de liberté d'action, lors de rares et brèves occasions. Quand la sécurité d'une puissance continentale était menacée par un de ses voisins, elle n'avait plus de liberté d'action et était forcée de se défendre avec toutes ses ressources disponibles. De toute évidence, il était impossible à la France de se dire : « Nous nous opposerons à l'hégémonie allemande sur le continent uniquement dans la mesure de 50.000 hommes ou de 10 millions de dollars. » Pourtant, en 1939, Chamberlain informa la France que l'engagement de la Grande-Bretagne sur le continent à cette fin n'excèderait pas deux divisions.

Étant donné que les puissances continentales n'avaient ni sécurité ni liberté d'action, leur position sur le continent primait toujours leurs ambitions d'empire mondial, et celles-ci devaient, chaque fois qu'un conflit surgissait par la suite, toujours être sacrifiées pour le bien de cette position. La France se trouva dans l'incapacité de maintenir ses possessions en Inde ou en Amérique du Nord au XVIIIe siècle parce qu'une grande partie de ses ressources devait être utilisée pour renforcer la sécurité française contre la Prusse ou l'Autriche. Napoléon vendit la Louisiane aux États-Unis en 1803 parce que sa concentration devait être entièrement tournée vers sa position sur le continent. Bismarck essaya de décourager l'Allemagne de se lancer dans des aventures outre-mer dans la période suivant 1871, car il avait compris que l'Allemagne devait être une puissance continentale, peu importe les sacrifices. Une fois encore, la France dut céder l'Égypte à la Grande-Bretagne en 1882, puis le Soudan en 1898 de la même façon, car elle avait compris qu'elle ne pouvait pas se livrer à des disputes coloniales avec la Grande-Bretagne alors que l'armée allemande se trouvait en Rhénanie. Cette situation était si évidente que les puissances continentales de moindre importance possédant des colonies en outre-mer comme le Portugal, la Belgique, ou les Pays-Bas devaient collaborer avec la Grande-Bretagne, ou tout du moins rester soigneusement neutres. Tant que les voies maritimes reliant ces pays vers leur empire colonial étaient contrôlées par la flotte britannique, ils ne pouvaient pas se permettre de mettre en place des politiques hostiles envers la Grande-Bretagne, sans pour autant que cela fût représentatif de leurs sentiments sur le sujet. Ce n'est pas un hasard si le soutien international le plus constant apporté à la Grande-Bretagne pendant deux siècles après la signature du traité de Methuen en 1703 venait du Portugal ni si la Grande-Bretagne se sentait libre de négocier avec une puissance tierce, comme l'Allemagne, concernant la disposition des colonies portugaises, comme elle le fit en 1898, et essaya de le faire de 1937 à 1939.

La position de la Grande-Bretagne sur l'Atlantique, combinée à son contrôle naval des mers, lui conféra un grand avantage lorsque les nouvelles terres situées à l'ouest de cet océan devinrent l'une des principales sources de richesse commerciale et navale, dans la période suivant 1588. Du bois de construction, du goudron et des navires étaient envoyés depuis les colonies américaines vers la Grande-Bretagne, avant l'avènement des navires en métal à vapeur (après 1860). Ces navires aidèrent à établir la suprématie marchande de la Grande-Bretagne. Parallèlement, la position insulaire de la Grande-Bretagne épargnait à sa monarchie tout besoin d'une grande armée mercenaire professionnelle comme celles que les rois du continent utilisaient comme principal rempart de protection de l'absolutisme royal. En conséquence, les rois de la Grande-Bretagne ne purent empêcher l'aristocratie terrienne de prendre le contrôle du gouvernement dans la période 1642 à 1690, et ils devinrent des monarques constitutionnels. La sécurité de la Grande-Bretagne, à l'abri sous la protection de sa flotte, permit à cette lutte de parvenir à sa conclusion sans aucune véritable intervention extérieure, et permit une rivalité entre monarque et aristocratie qui aurait été suicidaire sur les terrains précaires de l'Europe continentale.

La sécurité de la Grande-Bretagne se combina au triomphe politique de l'oligarchie foncière pour créer une tradition sociale entièrement différente de celle présente sur le continent. Un des résultats de ces deux facteurs était l'absence en Grande-Bretagne d'un appareil administratif similaire à celui qui était apparu sur le continent. Ce manque d'un tel système distinct, fidèle au monarque, pouvait être observé dans la faiblesse de l'armée professionnelle (déjà mentionnée) ainsi que dans l'absence d'un système judiciaire bureaucratique. En Grande-Bretagne, la noblesse et les nouveaux membres de l'oligarchie terrienne étudiaient le droit dans les Inns of Court,[1] et développèrent un sens de la tradition et de la sainteté de l'application régulière de la loi, tout en demeurant affiliés à la classe des propriétaires fonciers. En réalité, cette classe devint foncière uniquement parce que ses membres avaient obtenu le contrôle des tribunaux, et étaient ainsi en position de trancher en leur faveur tous les litiges sur les biens immobiliers. Le contrôle des tribunaux et du Parlement permit à cette classe dirigeante en Grande-Bretagne de passer outre les droits des paysans sur la terre, de les en expulser, de clôturer les champs du système médiéval, de priver les cultivateurs de leurs droits seigneuriaux, et ainsi de les réduire à la condition de travailleurs ruraux sans terre ou de simples locataires. Ce développement (appelé mouvement des « enclosures »[2]) en Grande-Bretagne ren-

---

1. N.D.É. Associations professionnelles d'avocats.
2. N.D.É. Le processus de clôture des pâturages communs et d'en faire une propriété privée (du XVe au XIXe siècle).

dit possible la révolution agricole, dépeupla fortement les zones rurales de l'île (comme décrit dans *Le Village Abandonné* d'Oliver Goldsmith), et fournit un surplus de populations pour les villes, pour les marines marchandes et navales, et pour la colonisation en outre-mer.

L'oligarchie terrienne qui naquit en Grande-Bretagne différait de l'aristocratie terrienne de l'Europe continentale par trois points déjà mentionnés : (1) elle contrôlait le gouvernement, (2) il n'y avait pas d'armée professionnelle, d'appareil administratif ou de système judiciaire professionnel pour s'opposer à elle, mais elle en prenait au contraire le contrôle de ces branches gouvernementales, qui travaillaient sans être payées, et rendant l'accès à ces postes pour toute personne extérieure difficile, en le rendant couteux, et (3) elle avait obtenu le contrôle complet des terres, ainsi que le contrôle religieux, politique et social des villages.

En plus de cela, l'oligarchie terrienne de la Grande-Bretagne était différente de celle présente sur le continent, car elle ne venait pas de la noblesse. Cette non-appartenance se reflétait dans trois facteurs essentiels. Sur le continent, un noble avait interdiction de se marier en dehors de sa classe sociale, ou de s'engager dans une entreprise commerciale. De plus, l'accès à la noblesse était très difficile pour des personnes qui n'y étaient pas nées, et ci cela s'avérait possible, il ne pouvait être atteint en moins de trois générations. En Grande-Bretagne, l'oligarchie terrienne pouvait s'engager dans tout type de commerce ou d'entreprise et était libre d'épouser n'importe qui sans qu'on trouve à y redire, à condition que la personne soit riche. En outre, si l'accès à l'aristocratie y était un processus lent qui pouvait nécessiter des générations d'efforts pour acquérir les propriétés foncières dans une seule localité, l'accès à la pairie[1] par un acte du gouvernement prenait juste un instant, et pouvait être accordé sur la base de la richesse ou du service. En conséquence de toutes ces différences, la classe terrienne supérieure de la Grande-Bretagne était ouverte à l'afflux de nouveaux talents, de nouveaux fonds, et de sang neuf, tandis que la noblesse continentale restait privée de ces précieuses acquisitions.

Alors que cette classe terrienne supérieure anglaise était incapable de parvenir à la noblesse (c'est-à-dire une caste fondée sur le prestige du sang), elle était capable de devenir une aristocratie (c'est-à-dire une classe supérieure distinguée par des traditions et des mœurs). Les principaux attributs de cette classe sociale aristocratique supérieure étaient : (1) qu'elle devait être formée dans un système éducatif couteux, exclusif, masculin et relativement spartiate, centré sur de grandes écoles pour garçons telles qu'Eton, Harrow ou Winchester, (2) qu'elle devait s'imprégner, grâce à ce système éducatif, de certaines attitudes distinctives de meneur, de courage, d'esprit sportif, de jeu d'équipe, de sacrifice de soi, de mépris pour le confort physique et de dévouement au devoir, et (3)

---

1. N.D.É. Titre et dignité de pair.

qu'elle devait être préparée à consacrer dans sa vie future beaucoup de temps et d'énergie à la réalisation de tâches non rémunérées d'importance publique, telles que jouer le rôle de juges de paix dans les conseils de comté, dans la milice du comté ou dans d'autres services.

Comme tous les fils des classes supérieures recevaient la même éducation alors que seuls les ainés, par primogéniture, étaient en droit de reprendre la propriété génératrice de revenus de la famille, tous les plus jeunes fils devaient partir chercher fortune dans le monde, et il semblait donc logique de la chercher à l'étranger. Parallèlement, la vie sans histoire du village ou comté anglais typique, sous le contrôle total de l'oligarchie de la classe supérieure, obligea les membres les plus ambitieux des classes inférieures à chercher à progresser en dehors du comté, voire en dehors de la Grande-Bretagne. Ainsi, les hommes qui firent l'acquisition de l'Empire britannique et les hommes qui le colonisèrent tiennent leurs origines de ces deux sources.

Les Anglais n'étaient pas toujours unanimes sur la question de l'empire en tant que source de fierté et de profits. En réalité, la génération intermédiaire du XIXe siècle se composait de beaucoup de personnages, comme Gladstone, qui considéraient cet empire avec une profonde méfiance. Ils estimaient qu'il s'agissait d'une grande source de dépenses, et étaient convaincus qu'il impliquait la Grande-Bretagne dans des problèmes stratégiques éloignés qui pouvaient facilement la mener à s'engager dans des guerres futiles. Ils ne voyaient aucun avantage économique dans le fait de posséder un empire, étant donné que la présence du libre-échange (qui était accepté par cette génération) permettrait au commerce de circuler sans tenir compte de l'identité de la nation possédant les régions coloniales, et ils étaient convaincus que toutes ces régions, peu importe le prix auquel elles pouvaient être acquises, finiraient par se séparer de la mère patrie, que ce soit volontairement si elles se voyaient accorder les droits des Anglais, ou par rébellion, comme les colonies américaines l'avaient fait, si elles étaient privées de leurs droits. En général, les « petits Anglais », comme on les appelait, étaient opposés à l'expansion coloniale pour des raisons de couts.

Bien que les partisans du point de vue de la « petite Grande-Bretagne », des hommes comme Gladstone ou sir William Harcourt, maintinssent leur importance politique jusqu'en 1895, cette vision des choses entra dans une régression constante après 1870. Au sein du Parti libéral, les petits Anglais rencontraient l'opposition des impérialistes tels que lord Rosebery même avant 1895. Après cette date, un groupe composé de jeunes impérialistes tels qu'Asquith, Grey et Haldane prirent le contrôle du parti. Au sein du Parti conservateur, où l'opinion anti-impérialiste n'avait jamais été forte, les impérialistes modérés comme lord Salisbury étaient suivis par des impérialistes plus actifs comme Joseph Chamberlain, ou encore lord Curzon, lord Selborne et lord Milner. Les facteurs ayant conduit à la croissance de l'impérialisme après 1870 étaient nombreux, tout comme les manifestations évidentes de cette croissance. Le Royal Colonial Institute fut fondé en 1868 pour lutter contre l'idéologie de la « petite Grande-Bretagne ». Disraeli, pendant son mandat de Premier ministre (1874 à 1800) dramatisa les profits et le glamour de l'empire en achetant le contrôle du canal de Suez, entre autres, ainsi qu'en octroyant à la reine Victoria le titre d'impératrice des Indes. Après 1870, il devint de plus en plus évident que, bien que les colonies s'avéraient couteuses pour le gouvernement, elles pouvaient se révéler incroyablement rentables pour les particuliers et les entreprises qui s'y trouvaient. De plus, grâce à la diffusion de la démocratie, à l'influence croissante de la presse et au besoin croissant de contributions de campagne, les personnes ayant réalisé des profits fantastiques lors de leurs aventures outre-mer pouvaient obtenir un soutien favorable de la part de leurs gouvernements en mettant à contribution une part de leurs profits pour les dépenses des politiciens. Les efforts mis en œuvre par le roi Léopold II de Belgique, utilisant Henry Stanley pour obtenir la région du Congo et en faire son propre domaine privé entre 1876 et 1880, marquèrent le début d'une fièvre contagieuse de chasse aux colonies en Afrique, qui dura plus de trente ans. La découverte de diamants (en 1869) et d'or (en 1886) en Afrique du Sud, en particulier dans la république des Boers du Transvaal, intensifia cette fièvre.

Le nouvel impérialisme, après 1870, avait un ton très différent de celui auquel s'étaient auparavant opposés les petits Anglais. Le principal changement était que cet impérialisme était justifié par le devoir moral et la réforme sociale, et non, comme c'était le cas auparavant, par l'activité de missionnaire et l'avantage matériel. L'homme à l'origine de ce changement fut John Ruskin.

Oxford ne comptait pas de professeurs des beaux-arts dans ses rangs jusqu'à ce qu'en 1870, grâce au legs de Slade, John Ruskin fût nommé à ce poste. Il frappa Oxford comme un tremblement de terre, non pas tant parce qu'il traitait des beaux-arts, mais parce qu'il parlait de l'empire et des masses opprimées de la Grande-Bretagne, et surtout, parce qu'il traitait ces trois sujets comme des questions morales. Jusqu'à la fin du XIXe siècle, les masses frappées par la pauvreté dans les villes anglaises vivaient dans la misère, l'ignorance et la criminalité, tout à fait comme le décrivait Charles Dickens.[1] Ruskin parlait aux étudiants d'Oxford comme à des membres de la classe dirigeante privilégiée. Il leur disait qu'ils possédaient une magnifique tradition d'éducation, de beauté, de primauté de la loi, de liberté, de décence et de retenue, mais que cette tradition ne pouvait pas être préservée, et ne méritait de l'être, si elle ne pouvait être étendue aux classes sociales inférieures de la Grande-Bretagne, et aux masses non anglophones à travers le monde. Si cette précieuse tradition n'était pas étendue à ces deux grandes majorités, la classe supérieure minoritaire an-

---

1. N.D.É. (1812-1870), considéré comme le plus grand romancier de l'époque victorienne. Dès ses premiers écrits, il est devenu immensément célèbre, sa popularité ne cessant de croitre au fil de ses publications.

glaise finirait par être submergée par elles, et la tradition serait ainsi perdue. Pour éviter cela, la tradition devait donc être étendue aux masses et à l'empire.

Le message de Ruskin eut un impact sensationnel. La première conférence qu'il donna fut copiée à la main par un de ses étudiants, Cecil Rhodes, qui la conserva pendant trente ans. Rhodes (1853-1902) exploita fiévreusement le diamant et les champs aurifères de l'Afrique du Sud, s'éleva au statut de Premier ministre de la Colonie du Cap (1890 à 1896), offrit une contribution monétaire à des partis politiques, contrôla des sièges parlementaires à la fois en Grande-Bretagne et en Afrique du Sud, et chercha à gagner une bande de territoire britannique traversant l'Afrique depuis le cap de Bonne-Espérance jusqu'à l'Égypte, et à joindre ces deux extrêmes par à une ligne de télégraphe, puis, finalement, avec une ligne de chemin de fer du Cap au Caire. Rhodes inspira un soutien dévoué à ses buts à d'autres personnes en Afrique du Sud et en Grande-Bretagne. Grâce au soutien financier de lord Rothschild et d'Alfred Beit, il fut en mesure de monopoliser les mines de diamants d'Afrique du Sud sous le nom de De Beers Consolidated Mines, et de construire une grande entreprise minière d'or, la Consolidated Gold Fields. Au milieu des années 1890, les revenus personnels de Rhodes atteignaient un million de livres sterling par an (ce qui représentait environ cinq-millions de dollars), qu'il dépensait si volontiers pour ses buts mystérieux que son compte se trouvait bien souvent à découvert. Ces buts étaient centrés sur son désir de fédérer les peuples anglophones et de faire en sorte que toutes les régions habitables du globe se trouvent sous leur contrôle. À cet effet, Rhodes dédiait une grande partie de sa fortune à financer les bourses Rhodes à Oxford, dans le but de diffuser la tradition de la classe dirigeante anglaise à travers le monde anglophone, ainsi que l'avait souhaité Ruskin.

Parmi les disciples les plus dévoués de Ruskin à Oxford se trouvait un groupe d'amis intimes, comprenant Arnold Toynbee, Alfred (qui devint plus tard lord) Milner, Arthur Glazebrook, George (qui devint plus tard sir George) Parkin, Philip Lyttelton Gell, et Henry (qui devint plus tard sir Henry) Birchenough. Ils furent si touchés par Ruskin qu'ils vouèrent le reste de leurs vies à la réalisation de ses idées. Un groupe similaire d'hommes à Cambridge, dont faisaient partie Reginald Baliol Brett (lord Esher), sir John B. Seeley, Albert (lord) Grey, et Edmund Garrett, fut également touché par le message de Ruskin, et ses membres consacrèrent leurs vies à l'extension de l'Empire britannique et à l'élévation des masses urbaines de la Grande-Bretagne, deux parties d'un projet qu'ils appelaient « l'extension de l'idée anglophone ». Leurs efforts furent remarquablement couronnés de succès, car le journaliste le plus sensationnel de la Grande-Bretagne, William T. Stead (1849-1912), un ardent réformateur social impérialiste, les mit en relation avec Rhodes. Cette association fut formellement créée le 5 février 1891, lorsque Rhodes et Stead organisèrent une société secrète, dont Rhodes rêvait depuis seize ans. Rhodes était le chef de cette société secrète ; Stead, Brett (lord Esher), et Milner en formaient le comité exécutif ; Arthur (lord) Balfour, (sir) Harry Johnston, lord Rothschild, Albert (lord) Grey, et d'autres encore étaient répertoriés comme membres potentiels d'un « cercle des initiés » ; l'on trouvait également un cercle extérieur connu sous le nom d'« association des assistants » (organisée par la suite par Milner, en tant qu'organisation de la Table ronde). Brett fut invité à se joindre à cette organisation le même jour, et Milner quelques semaines plus tard, à son retour d'Égypte. Ils acceptèrent tous deux avec enthousiasme. Ainsi, la partie centrale de la société secrète fut établie en mars 1891. Elle continua à fonctionner comme un groupe formel, bien que le cercle extérieur ne fût, apparemment, organisé qu'à partir de 1909 à 1913.

Ce groupe fut en mesure d'avoir accès à l'argent de Rhodes après sa mort en 1902, ainsi qu'aux fonds des partisans fidèles de Rhodes, comme Alfred Beit (1853-1906) et sir Abe Bailey (1864-1940). Avec ce soutien, ils cherchèrent à étendre et mettre à exécution les idéaux que Rhodes tenait de Ruskin et Stead. Milner était le principal administrateur de Rhodes, et Parkin devint secrétaire d'organisation de la fondation Rhodes à partir de 1902, tandis que Gell et Birchenough, ainsi que d'autres aux idées similaires, devinrent responsables de la British South Africa Company. Ils furent rejoints dans leurs efforts par d'autres amis de Stead suivant les idées de Ruskin, comme lord Grey, lord Esher, et Flora Shay (qui devint par la suite Lady Lugard). En 1890, usant d'un stratagème trop complexe pour le décrire ici, Mlle Shaw devint chef du département colonial du *The Times*, tout en étant salariée à la *Pall Mall Gazette* de Stead. Durant les dix années qui suivirent, elle joua, à ce poste, un rôle majeur dans la mise en œuvre des plans impériaux de Cecil Rhodes, à qui Stead l'avait présentée en 1889.

Parallèlement, en 1884, agissant dans l'inspiration de Ruskin, un groupe comprenant Arnold Toynbee, Milner, Gell, Grey, Seeley et Michael Glazebrook fonda le premier « centre d'œuvre sociale »[1], une organisation au travers de laquelle les personnes issues des classes supérieures instruites pouvaient vivre dans les quartiers pauvres afin d'aider, d'instruire et de guider les pauvres, en mettant un accent particulier sur la protection sociale et l'éducation des adultes. Cette nouvelle société, mise en place dans l'Ouest londonien avec pour président P. L. Gell fut nommée Toynbee Hall d'après Arnold Toynbee, décédé à l'âge de 31 ans en 1883. Elle servit de modèle à des centaines de centres d'œuvre sociale, telles que la Hull House à Chicago, que l'on trouve maintenant partout dans le monde, et fut l'une des graines depuis lesquelles le mouvement moderne en faveur de l'éducation pour les adultes et l'extension des universités se développent.

---

1. N.D.É. Lit., *settlement house*, une institution dans un quartier du centre-ville offrant des services éducatifs, récréatifs et autres services sociaux à la communauté.

En tant que gouverneur général et haut-commissaire de l'Afrique du Sud dans la période 1897-1905, Milner recruta un groupe de jeunes hommes venant principalement d'Oxford et de Toynbee Hall pour l'aider dans l'organisation de son administration. Grâce à son prestige, ces hommes furent en mesure d'obtenir des postes influents au sein du gouvernement et de la finance internationale, et acquirent une influence dominante dans les affaires impériales et étrangères britanniques jusqu'en 1939. Sous Milner, en Afrique du Sud, ils étaient connus jusqu'en 1910 sous le nom de Milner's Kindergarten.[1] Dans l'intervalle 1909 à 1913, ils organisèrent des groupes semi-secrets, nommés les groupes de la Table ronde[2], au sein des principales colonies britanniques et aux États-Unis. Ils sont toujours actifs dans huit pays. Ils restèrent en contact les uns avec les autres par des correspondances personnelles et de fréquentes visites, et grâce à un magazine trimestriel influent, *The Round Table*, fondé en 1910 et en grande partie financé par l'argent de sir Abe Bailey. En 1919, ils fondèrent l'Institut royal des affaires internationales (Chatham House), dont les principaux contributeurs financiers étaient sir Abe Bailey et la famille Astor, propriétaire du *The Times*. Des instituts des affaires internationales similaires furent établis dans les principales colonies britanniques ainsi qu'aux États-Unis (où il portait le nom de Conseil des affaires étrangères) dans la période 1919 à 1927. Après 1925, une structure quelque peu similaire d'organisations, connue sous le nom d'Institut des relations du Pacifique, fut mise en place dans douze pays détenant un territoire dans la région Pacifique, et les unités de cette organisation présentes dans chaque colonie britannique étaient en relation avec le groupe de la Table ronde et avec l'Institut Royal des Affaires étrangères dans le même pays. Au Canada, le noyau de ce groupe était composé des amis étudiants de Milner à Oxford (tels que Arthur Glazebrook et George Parkin), tandis qu'en Afrique du Sud et en Inde, le noyau était constitué d'anciens membres du Kindergarten de Milner. On trouvait parmi eux (sir) Patrick Duncan, B. K. Long, Richard Feetham, et (sir) Dougal Malcolm en Afrique du Sud, et (sir) William Marris, James (lord) Meston, et leur ami Malcolm (lord) Hailey en Inde. Les groupes situés en Australie et en Nouvelle-Zélande furent recrutés par Stead, par son magazine *The Review of Reviews,* de 1890 à 1893, par Parkin, à l'initiative de Milner, dans la période 1889 à 1910 et par Lionel Curtis, également à la demande de Milner, entre 1910 et 1919. Le pouvoir et l'influence de ce groupe Rhodes-Milner dans les affaires impériales britanniques et dans la politique étrangère depuis 1889, bien que n'étant pas largement reconnus, ne laissent pas beaucoup de place à l'exagération. On pourrait citer à titre d'exemple le fait que ce groupe influença énormément *The Times* de 1890 jusqu'en 1912, pour le contrôler ensuite complètement à partir de 1912 (sauf entre 1919 et 1922). Étant donné que la famille Astor possédait *The Times* depuis 1922, ce groupe

---

1. N.D.É. Lit., le Jardin d'Enfants de Milner.
2. N.D.É. The Round Table.

Rhodes-Milner était parfois évoqué comme le « groupe de Cliveden », d'après le nom de la maison de campagne des Astor, où ils se rassemblaient parfois. De nombreux autres journaux et revues se trouvent sous l'influence ou le contrôle de ce groupe depuis 1889. Ils créent et influencent également de nombreuses universités, et d'autres chaires des affaires impériales et des relations internationales. On peut citer parmi celles-ci les chaires Beit et la chaire Montague Burton à Oxford, la chaire Stevenson à Chatham House, la chaire Wilson à Aberystwyth et d'autres encore, ainsi que d'importantes sources d'influence comme la Rhodes House à Oxford.

De 1884, jusqu'à environ 1915, les membres de ce groupe travaillèrent vaillamment à étendre l'Empire britannique et à l'organiser dans un système fédéral. Ils répétaient constamment qu'il fallait tirer des leçons de la Révolution américaine et du succès de la Fédération canadienne en 1867, et espéraient fédérer les différentes parties de l'empire autant que possible, puis confédérer l'ensemble, avec le Royaume-Uni, en une seule organisation. Ils espéraient aussi y incorporer autant que possible les États-Unis. Stead réussit à faire accepter à Rhodes, dans le principe, une solution qui aurait pu faire de Washington la capitale de l'ensemble de l'organisation, ou de permettre à des parties de l'empire de devenir des États de l'Union américaine. Le caractère varié des possessions impériales britanniques, le retard de la plupart des peuples indigènes concernés, l'indépendance de la plupart des colons blancs situés en outre-mer, et les tensions internationales grandissantes qui aboutirent à la Première Guerre mondiale rendirent impossible la réalisation de ce plan par la Fédération impériale, bien que cinq colonies australiennes fussent unifiées dans le Commonwealth d'Australie en 1901, et que quatre colonies d'Afrique du Sud fussent unifiées en 1910 dans l'Union de l'Afrique du Sud.

L'ÉGYPTE ET LE SOUDAN JUSQU'EN 1922

L'achat par Disraeli de 176.602 actions du canal de Suez pour 3.680.000 £, grâce à l'argent de Rothschild, au khédive[1] d'Égypte en 1875 fut motivé par souci des communications entre l'Inde et la Grande-Bretagne, qui provenait de la même préoccupation que celle qui avait entraîné l'acquisition britannique du cap de Bonne-Espérance, en 1814. Mais, dans les affaires impériales, une étape en appelle une autre, et chaque acquisition obtenue dans le but de protéger une acquisition antérieure nécessite plus tard, à son tour, une nouvelle acquisition pour la protéger. Cela fut clairement le cas en Afrique, où ces motivations étendirent progressivement le contrôle britannique au sud de l'Égypte et au nord du Cap jusqu'à ce que ces deux régions fussent réunies en Afrique

---

1. N.D.É. Titre du vice-roi d'Égypte entre 1867 et 1914.

centrale par la conquête du Tanganyika germanique en 1916.

Les extravagances du khédive Ismaïl (1863-1879), qui l'avaient forcé à vendre ses actions du canal de Suez, aboutirent finalement à la création d'un condominium[1] anglo-français dont le but était de gérer la dette extérieure de l'Égypte et de s'assurer de la destitution du khédive par son suzerain, le sultan de Turquie. Ce condominium entraîna des disputes et enfin à des combats ouverts entre les nationalistes égyptiens et les forces anglo-françaises. Lorsque les Français refusèrent de se joindre aux Britanniques pour un bombardement commun d'Alexandrie en 1882, le condominium se trouva brisé, et la Grande-Bretagne réorganisa le pays d'une manière telle que, alors que toutes les positions publiques étaient occupées par des Égyptiens, le pays fût occupé par l'armée britannique, les « conseillers » britanniques contrôlaient tous les principaux postes gouvernementaux, et un « résident » britannique, sir Evelyn Baring (connu sous le nom de lord Cromer après 1892) contrôla toutes les finances, et dirigea le pays, dans les faits, jusqu'en 1907.

Inspiré par les agitateurs religieux musulmans fanatiques (les derviches), le mahdi[2] Muhammad Ahmed mena une révolte soudanaise contre le contrôle égyptien en 1883, massacra une force britannique placée sous le commandement du général Charles Gordon (surnom : « Gordon le Chinois »[3]) à Khartoum, et maintint le Soudan indépendant durant quinze ans. En 1898, une force britannique sous le commandement de (lord) Kitchener, en cherchant à protéger l'approvisionnement en eau du Nil de l'Égypte, repoussa vers le sud des fanatiques religieux issus de tribus soudanaises, et remporta une victoire décisive à Omdourman. Une convention anglo-égyptienne mit en place un condominium « soudanais anglo-égyptien » dans la région située entre l'Égypte et le fleuve Congo. Cette région, dont les habitants avaient vécu sans ordre véritable pendant des siècles, fut graduellement pacifiée, puis soumise au régime de la loi britannique, irriguée par de grands travaux hydrauliques, et mise en culture, principalement pour la production de coton à fibre longue.

L'AFRIQUE DE L'EST JUSQU'EN 1910

Au sud et à l'est du Soudan, la lutte pour la création d'une Afrique britannique était en grande partie entre les mains de H. H. (sir Harry) Johnston (1858-1927) et Frederick (plus tard lord) Lugard (1858-1945). Tous deux, utilisant principalement des fonds privés, mais occupant souvent des positions officielles,

---

1. N.D.É. Souveraineté exercée en commun par deux ou plusieurs puissances sur un même pays.
2. N.D.É. Envoyé d'Allah attendu à la fin des temps par les musulmans pour instaurer le règne de la justice.
3. N.D.É. « Chinese Gordon »

combattirent sur l'ensemble de l'Afrique tropicale, cherchant ostensiblement à la pacifier et à y éradiquer la traite des esclaves arabes, mais conservaient toujours le désir brulant d'étendre la domination britannique. Souvent, ces ambitions conduisirent à des rivalités avec les partisans des ambitions françaises et allemandes dans les mêmes régions. En 1884, Johnston obtint de nombreuses concessions de la part des chefs indigènes au sein de la région du Kenya, permettant de leur faire rejoindre la Compagnie britannique d'Afrique de l'Est en 1887. Lorsque cette société fit faillite en 1895, la plupart de ses droits furent pris en charge par le gouvernement britannique. Dans l'intervalle, Johnston avait déménagé au sud, dans un chaos composé d'intrigues de marchands d'esclaves arabes et de l'agitation des indigènes au Nyassaland (1888). Là, ses exploits furent en grande partie financés par Rhodes (1889 à 1893) dans le but d'empêcher la Société Portugaise du Mozambique de s'étendre à l'ouest jusqu'à la colonie portugaise ouest-africaine de l'Angola pour bloquer la route du Cap au Caire. Lord Salisbury fit du Nyassaland un protectorat britannique, suite à un accord passé avec Rhodes dans lequel l'Afrique du Sud s'engagea à payer 1000 £ par an pour couvrir le cout du nouveau territoire. Vers la même époque, Rhodes accorda une substantielle contribution financière au Parti libéral, en échange de la promesse de ne pas abandonner l'Égypte. Il avait déjà (en 1888) fait don de 10.000 £ au Parti autonome irlandais, contre l'engagement de celui-ci à chercher à obtenir l'autonomie de l'Irlande tout en conservant la position des députés irlandais au sein du Parlement britannique, comme une étape vers la Fédération impériale.

Les plans de Rhodes reçurent un coup terrible en 1890-1891, lorsque lord Salisbury chercha à mettre fin au conflit africain avec l'Allemagne et le Portugal en délimitant leurs possessions territoriales dans l'est et le sud de l'Afrique. L'accord portugais de 1891 ne fut jamais ratifié, mais l'accord anglo-allemand de 1890 bloqua la route de Rhodes vers l'Égypte en étendant l'Afrique de l'Est allemande (Tanganyika) vers l'ouest, jusqu'au Congo belge. Par le même accord, l'Allemagne abandonna le Nyassaland, l'Ouganda, et le Zanzibar à la Grande-Bretagne, en échange de l'ile de Heligoland dans la mer Baltique et de frontières avantageuses avec le sud-ouest africain allemand.

Dès la publication de l'accord allemand, Lugard fut envoyé par la Compagnie britannique d'Afrique de l'Est pour vaincre la résistance des chefs indigènes et des marchands d'esclaves en Ouganda (1890 à 1894). La faillite de cette compagnie en 1895 semblait susceptible de mener à l'abandon de l'Ouganda en raison du sentiment des petits Anglais présent au sein du Parti libéral (qui était au pouvoir de 1892 à 1895). Rhodes offrit de prendre cette région à son compte et de la diriger pour un budget de 25.000 £ par an, mais sa proposition fut refusée. À la suite de négociations complexes et secrètes, où lord Rosebery tint le rôle principal, la Grande-Bretagne conserva l'Ouganda, Rhodes fut nommé conseiller privé, Rosebery remplaça son beau-père, lord Rothschild, au sein du groupe secret de Rhodes et en fut nommé administrateur selon les dernières volontés de Rhodes. Rosebery tenta d'obtenir un itinéraire au travers du Congo belge pour le chemin de fer de Rhodes vers le nord. Il fut informé des plans de Rhodes de financer le soulèvement des Anglais dans la république du Transvaal (Boer), et fut avisé d'envoyer le Dr Jameson dans un raid pour « rétablir l'ordre » dans ce pays. Enfin, Rhodes finança la création de la ligne de chemin de fer de Kitchener allant de l'Égypte à l'Ouganda, en utilisant des instruments[1] et les moteurs sud-africains offerts par Rhodes.

La force économique qui permit à Rhodes de réaliser ces choses reposait dans les diamants et l'or de ses mines, les dernières se trouvant dans le Transvaal, et donc dans un territoire non britannique. Le nord de la colonie du Cap, de l'autre côté du fleuve Orange, était une république boer, l'État libre d'Orange. Au-delà, séparée par la rivière Vaal, se trouvait une autre république boer, le Transvaal. Plus loin, de l'autre côté du fleuve Limpopo, continuant vers le nord jusqu'à la rivière Zambèze, se trouvait le royaume indigène sauvage des Matabélés. Avec beaucoup d'audace personnelle, d'opportunisme dénué de scrupules, et des dépenses extravagantes d'argent, Rhodes obtint une ouverture vers le nord, passant à l'ouest des républiques boers, en plaçant sous le contrôle britannique le Griqualand occidental (1880), le Bechuanaland, ainsi que le protectorat du Bechuanaland (1885). En 1888, Rhodes reçut une concession minière vague, mais étendue, de la part du chef des Matabélés, Lobengula, et l'offrit à la Compagnie britannique de l'Afrique du Sud, organisée dans ce but (1889). Rhodes obtint une charte rédigée de façon telle que la compagnie avait un pouvoir très étendu sur une zone qui ne rencontrait aucune limite au nord au-delà du protectorat du Bechuanaland. Quatre ans plus tard, les Matabélés furent attaqués et détruits par le Dr Jameson, et la compagnie s'appropria leurs terres. Celle-ci, cependant, ne rencontra pas de succès commercial, et n'apporta aucun dividende pendant trente-cinq années (1889 à 1924), et seulement 12,5 shillings[2] en quarante-six ans. Cela s'opposait aux 793,5% des dividendes versés par la Consolidated Gold Fields de Rhodes durant cinq ans, de 1889 à 1894, et aux 125% de dividendes qu'elle paya en 1896. La plus grande part de l'argent de la Compagnie de l'Afrique du Sud fut utilisée à des fins d'utilités publiques, telles que la construction de routes ou d'écoles, et aucune mine riche ne fut découverte sur son territoire (connu sous le nom de Rhodésie) comparé à celles présentes plus au sud, au Transvaal.

En dépit des termes employés dans le testament de Rhodes, il n'était pas raciste. Et d'un point de vue politique, il n'était pas non plus un démocrate.

---

1. N.D.É. Plus spécifiquement, les jauges d'écartement de rails de chemins de fer.
2. N.D.É. Ancienne unité monétaire anglaise qui valait un vingtième de la livre ou douze pence.

Il travaillait tout aussi facilement et étroitement avec des Juifs, des indigènes noirs, ou des Boers qu'il le faisait avec des Anglais. Mais il croyait passionnément aux valeurs d'une éducation libérale, et était attaché à un suffrage restreint, et même au scrutin non secret. En Afrique du Sud, il était un ami fidèle des Hollandais et des Noirs, trouva son principal support politique parmi les Boers, au moins jusqu'en 1895, et souhaitait que les restrictions sur les indigènes soient appliquées selon leur éducation plutôt que sur leur couleur. Ces idées avaient été depuis entretenues de manière générale par son groupe, et jouèrent un rôle important dans l'histoire de l'Empire britannique. Sa plus grande faiblesse reposait dans le fait que son attachement passionné à ses buts le rendait trop tolérant vis-à-vis des méthodes. Il n'hésitait pas à faire usage de la force ou de la corruption pour parvenir à ses fins, s'il jugeait que l'une ou l'autre était nécessaire. Cette faiblesse le conduisit à sa plus grande erreur, le raid Jameson de 1895, et la guerre des Boers de 1899 à 1902, erreurs qui eurent un impact désastreux sur l'empire qu'il aimait tant.

L'AFRIQUE DU SUD DE 1895 À 1933

En 1895, la République du Transvaal représentait un sérieux problème. Tout le contrôle politique se trouvait aux mains d'une minorité de Boers racistes, ruraux, rétrogrades, prenant la Bible au pied de la lettre, alors que toute la richesse économique reposait dans les mains d'une majorité d'étrangers violents et agressifs, dont la plus grande partie vivait dans la nouvelle ville de Johannesburg. Les Uitlanders,[1] qui étaient deux fois plus nombreux que les Boers et possédaient deux tiers des terres et neuf dixièmes de la richesse du pays, furent empêchés de participer à la vie politique ou de devenir des citoyens (sauf après un séjour de quatorze ans), et étaient irrités par une série de problèmes et d'extorsions mineurs tels que les différences de taxation, le monopole de la dynamite, les restrictions de transport, et par des rumeurs que le président du Transvaal, Paul Kruger, cherchait à obtenir une forme d'intervention et de protection allemande. À ce stade, en 1895, Rhodes mit au point ses plans pour renverser le gouvernement de Kruger grâce à un soulèvement à Johannesburg, financé par lui-même et par Beit, et mené par son frère Frank Rhodes, Abe Bailey, et d'autres partisans, suivit par une invasion du Transvaal par une force sous le commandement de Jameson, venue du Bechuanaland et de Rhodésie. Flora Shaw se servit du journal *The Times* pour préparer l'opinion publique en Grande-Bretagne, pendant qu'Albert Grey et d'autres négociaient avec le secrétaire aux colonies Joseph Chamberlain pour obtenir le soutien officiel qui était nécessaire. Malheureusement, lorsque

---

1. N.D.É. Mot afrikaans signifiant « étranger », utilisé pour désigner les travailleurs émigrants au cours de l'exploitation des mines d'or, notamment celles du Witwatersrand, au Transvaal, en Afrique du Sud, à la fin du XIXe siècle.

la révolte tourna court à Johannesburg, Jameson réalisa malgré tout son raid, dans un effort pour la raviver, et fut capturé sans difficulté par les Boers. Les représentants publics impliqués dénoncèrent le complot, proclamant haut et fort leur surprise devant cet évènement, et réussirent à blanchir la plupart des participants lors de l'enquête parlementaire qui eut lieu ultérieurement. Un télégramme du kaiser allemand au président du Transvaal, Kruger, pour le féliciter de son succès « dans la préservation de l'indépendance de son pays sans ressentir le besoin de demander l'aide de ses amis » fut présenté par *The Times* comme un exemple d'intervention effrontée des Allemands dans les affaires britanniques, éclipsant presque l'agression de Jameson.

Cela n'arrêta que temporairement Rhodes, mais il avait perdu le soutien de nombreux Boers. Durant presque deux ans, lui et ses amis firent profil bas, attendant que l'orage passe. Après quoi, ils agirent de nouveau. La propagande, pour la majeure partie basée sur la réalité, sur le sort des Uitlanders dans la République du Transvaal se répandit en Grande-Bretagne et en Afrique du Sud grâce à Flora Shaw, W. T. Stead, Edmund Garett et d'autres encore. Milner fut nommé haut-commissaire de l'Afrique du Sud en 1897. Brett gagna la confiance de la monarchie pour finalement devenir son principal conseiller durant une période de plus de vingt-cinq ans (il écrivit presque quotidiennement des lettres pour conseiller le monarque, le roi Édouard VII, durant son règne, de 1901 à 1910). Par un procédé dont les détails restent encore obscurs, un jeune et brillant diplômé de Cambridge, Jan Smuts, qui avait été un partisan ardent de Rhodes et qui avait agi comme son agent à Kimberley jusqu'en 1895, et qui était un des membres les plus importants du groupe Rhodes-Milner dans la période de 1908 à 1950, se rendit au Transvaal et, grâce à une violente agitation antibritannique, devint secrétaire d'État de ce pays (bien qu'étant sujet britannique) et le principal conseiller politique du président Kruger. Milner arrangea des mouvements de troupes provocateurs aux frontières boers, en dépit des vigoureuses protestations de son commandant général en Afrique du Sud, qui dû être écarté, et, enfin, la guerre fut déclarée lorsque Smuts rédigea un ultimatum exigeant la cessation des mouvements des troupes britanniques, qui fut rejeté par Milner.

La guerre des Boers (1899 à 1902) fut l'un des évènements les plus importants de l'histoire impériale britannique. La capacité de 40.000 fermiers boers à tenir en respect dix fois plus d'Anglais sur une durée de trois ans, leur infligeant une série de défaites durant cette période, détruisit la foi en la puissance britannique. Même si les républiques boers furent vaincues et annexées en 1902, la confiance de la Grande-Bretagne était tellement secouée qu'elle signa un traité avec le Japon la même année, selon lequel si l'un des deux signataires s'engageait dans une guerre avec deux ennemis en Extrême-Orient, l'autre serait tenu de lui venir en aide. Ce traité, qui permit au Japon d'attaquer la Russie en 1904, resta actif durant vingt ans, et fut étendu au Moyen-Orient en 1912. Dans le même temps, la solidarité évidente des Allemands avec les Boers, combinée avec le programme de construction navale allemande de 1900, sépara les Allemands du peuple britannique, et contribua grandement à l'entente anglo-française de 1904.

Milner gagna le contrôle des deux républiques boers vaincues et les administra comme des territoires occupés jusqu'en 1905, en utilisant un service civil composé de jeunes hommes recrutés à cet effet. Ce groupe, le Kindergarten de Milner, réorganisa le gouvernement et l'administration du Transvaal et de la colonie de la rivière Orange, et joua un rôle majeur dans la vie sud-africaine en général. Lorsque Milner se retira de la vie publique en 1905 pour se consacrer à la finance internationale et aux entreprises Rhodes, lord Selborne, son successeur au poste de haut-commissaire, prit le contrôle du Kindergarten et continua de l'utiliser. En 1906, à Londres, un nouveau gouvernement libéral accorda l'autonomie gouvernementale aux deux états boers. Le Kindergarten passa les quatre années suivantes à consacrer ses efforts à la création d'une fédération sud-africaine, qui fut couronnée de succès. La tâche ne fut pas facile, même avec un soutien aussi puissant que celui de Selborne, Smuts (qui était connu comme une figure politique dominante au Transvaal, bien que Louis Botha (1862-1919) tenait le poste de Premier ministre), et Jameson (qui fut Premier ministre de la colonie du Cap de 1904 à 1908). Le sujet fut abordé au travers d'un échange public de lettres arrangé au préalable entre Jameson et Selborne. Après quoi, Selborne publia un mémorandum, écrit par Philip Kerr (Lothian) et Lionel Curtis, appelant à l'union des quatre colonies. Kerr fonda un périodique (*The State*, financé par sir Abe Bailey) prônant la fédération à chaque numéro. Curtis et d'autres se hâtèrent d'organiser des sociétés «étroitement liées». Robert H. (lord) Brand et (sir) Patrick Duncan jetèrent les fondations de la nouvelle constitution. Lors de la convention constitutionnelle de Durban (où Duncan et B. K. Long étaient les conseillers juridiques), la délégation du Transvaal était contrôlée par Smuts et le Kindergarten. Cette délégation, qui était très bien financée, savamment organisée, et qui savait exactement ce qu'elle voulait, domina la convention, écrivit la constitution pour l'Union d'Afrique du Sud, et parvint à la faire ratifier (1910). Les animosités locales furent compromises par une série d'arrangements ingénieux, dont un qui plaça les pouvoirs législatif, exécutif et judiciaire du nouveau gouvernement dans trois villes différentes. Le groupe Rhodes-Milner reconnut que le nationalisme boer et l'intolérance liée à la couleur de la peau représentaient des menaces pour la stabilité et la fidélité futures de l'Afrique du Sud, mais il avait foi en l'influence politique de Smuts et de Botha, les alliés de Rhodes, et les quatre membres du Kindergarten qui demeuraient en Afrique du Sud pour contenir ces problèmes jusqu'à ce que le temps puisse modérer les inconciliables Boers.

En cela ils se trompaient, car, alors que des hommes tels que Jameson (1917), Botha (1919), Duncan (1943), Long (1943) et Smuts (1950) s'éteignaient, ils n'étaient pas remplacés par des successeurs dotés de la même loyauté ou des mêmes capacités, et cela entraina la prise de pouvoir des extrémistes boers sous D. F. Malan en 1948.

Le premier Cabinet de l'Union d'Afrique du Sud fut formé en 1910 par le Parti sud-africain, qui était en grande partie composé de Boers, avec Botha en tant que Premier ministre. Le véritable maitre du gouvernement était Smuts, qui détenait trois des neufs portefeuilles, tous d'une certaine importance, et dominait complètement Botha. Leur politique de réconciliation avec les Anglais et de soutien loyal à la Grande-Bretagne rencontra l'opposition violente des nationalistes boers au sein du parti, dirigé par J B. M. Hertzog. Celui-ci était déterminé à obtenir l'indépendance vis-à-vis de la Grande-Bretagne, et réserver le contrôle politique uniquement aux Boers dans la République d'Afrique du Sud. Il obtint un soutien grandissant en créant de l'agitation sur les questions de la langue et de l'éducation, insistant sur le fait que tous les représentants gouvernementaux devraient parler afrikans, et que l'apprentissage de cette langue devait être obligatoire à l'école, avec l'anglais en langue secondaire, optionnelle.

Le parti de l'opposition, connu sous le nom de Parti unioniste, était composé en grande partie d'Anglais et était dirigé par Jameson, soutenu par Duncan, Richard Feetham, Hugh Wyndham, et Long. Financés par les alliés de Milner et par la fondation Rhodes, ses dirigeants estimaient que leur tâche principale était de « soutenir le Premier ministre face aux extrémistes présents dans son propre parti. » Long, en tant que meilleur orateur du groupe, fut chargé d'attaquer constamment Hertzog. Lorsque celui-ci riposta avec un langage trop violent en 1912, il fut retiré du Cabinet, puis se sépara rapidement du Parti sud-africain, se joignant aux républicains boers irréconciliables, tels que Christiaan De Wet, pour former le Parti nationaliste. Ce nouveau parti adopta un programme extrémiste anti-anglais et anti-indigène.

Le parti de Jameson, sous la direction de son successeur, sir Thomas Smartt (un agent payé par l'organisation Rhodes), présentait des éléments dissidents en raison de la croissance des organisations syndicales blanches, qui insistaient sur une législation anti-indigène. En 1914, ceux-ci formèrent un Parti travailliste distinct, dirigé par F. H. P. Creswell, et furent en mesure d'obtenir de Smuts une loi excluant les indigènes de la plupart des postes semi-spécialisés ou qualifiés, ou de toute position bien rémunérée. Les indigènes étaient contraints de travailler pour avoir un revenu, bien que faible, par nécessité d'obtenir de l'argent pour payer les impôts, et par l'incapacité des réserves indigènes à les soutenir à partir de leurs propres activités agricoles. Par la loi sur les terres de 1913, environ 7% de la superficie des terres étaient réservés aux futurs achats de terres réalisés par les indigènes, alors que les 93% restants étaient réservés aux futurs achats terriens des Blancs. À cette époque, la population indigène était au moins quatre fois plus importante que celle des Blancs.

En conséquence de ces discriminations, les salaires des indigènes étaient d'à peu près un dixième de ceux des Blancs. Cet écart de rémunération permettait aux travailleurs blancs de toucher des salaires comparables à ceux touchés en Amérique du Nord, bien que le revenu national fût faible, et la productivité par habitant très faible (environ 125 $ par an).

Le gouvernement formé par Botha et Smuts de 1910 à 1924 fit peu pour faire face aux problèmes quasi insolubles que l'Afrique du Sud rencontrait. Alors qu'il s'affaiblissait, et que les nationalistes de Hertzog gagnaient en puissance, il dut compter de plus en plus régulièrement sur le soutien du Parti unioniste. Une coalition fut formée en 1920, et trois membres du Parti unioniste, dont Duncan, obtinrent une position dans le Cabinet de Smuts. Lors de l'élection suivante, en 1924, les travaillistes de Cresswell et les nationalistes de Hertzog formèrent une alliance, laissèrent tomber la question républicaine-impérialiste, et mirent l'accent sur les questions économiques et indigènes. Cette alliance vainquit le parti de Smuts, et forma un Cabinet qui exerça ses fonctions durant neuf ans. Il fut remplacé par une coalition Smuts-Hertzog en mars 1933, formée afin de lutter contre la crise économique qui gagnait en ampleur depuis la dépression mondiale de 1929-1935.

La défaite du groupe Smuts en 1924 fut le résultat de quatre facteurs, en plus de sa propre personnalité trop autoritaire. Ces facteurs étaient : (1) sa violence envers les syndicats et les grévistes, (2) son soutien ferme envers la connexion impériale, en particulier durant la guerre de 1914-1918, (3) son refus de montrer tout enthousiasme vis-à-vis d'un programme anti-indigène, et (4) les difficultés économiques de la dépression d'après-guerre et les sécheresses de 1919 à 1923.

Lors d'une grève des mineurs en 1913 et de la grève générale qui lui succéda en 1914, Smuts fit usage de la loi martiale et des mitrailleuses contre les grévistes, et, lors de la seconde grève, déporta illégalement neuf chefs syndicaux en Grande-Bretagne. Ce problème s'était à peine apaisé au moment où le gouvernement entra en guerre contre l'Allemagne, et participa activement à la conquête de l'Afrique allemande ainsi qu'aux combats en France. L'opposition des extrémistes boers contre cette preuve du lien avec les Anglais fut si violente qu'elle résulta en une révolte ouverte contre le gouvernement, et en la mutinerie de plusieurs contingents militaires qui cherchèrent à se joindre aux petites forces allemandes présentes en Afrique du Sud. Les rebelles furent écrasés, et des milliers de leurs partisans perdirent leurs droits politiques pour une durée de dix ans.

Botha, et plus encore Smuts, jouèrent des rôles majeurs dans le Cabinet de guerre impérial à Londres et lors de la Conférence de paix de 1919. Botha décéda dès son retour, laissant Smuts, à son poste de Premier ministre, faire face aux graves problèmes d'après-guerre. L'effondrement économique de 1920-1923 fut particulièrement lourd en Afrique du Sud, étant donné que le marché des plumes d'autruche et celui des diamants avaient été anéantis, ceux de l'or et des exportations gravement endommagés, et que les années de sécheresse furent nombreuses. Les efforts pour réduire les couts des mines en utilisant davantage de main-d'œuvre indigène conduisirent à des grèves, et, finalement, à la rébellion sur le Rand (1922). Plus de 200 rebelles trouvèrent la mort. En conséquence, la popularité de Smuts dans son propre pays descendit à un très bas niveau, juste au moment où il était loué presque quotidiennement en Grande-Bretagne comme l'un des plus grands hommes du monde.

Ces changements politiques dans les affaires intérieures de l'Afrique du Sud ne soulagèrent aucun des problèmes économiques et sociaux sérieux auxquels le pays faisait face. Au contraire, ceux-ci empiraient chaque année. En 1921, l'Union comptait seulement 1,5 million de Blancs, 4,7 millions d'indigènes, 545.000 mulâtres (« métisses ») et 166.000 Indiens. En 1936, les Blancs n'avaient augmenté leur nombre que d'un demi-million, tandis que le nombre d'indigènes avait augmenté de près de deux-millions. Ces indigènes vivaient dans des réserves inadéquates et au sol érodé, ou bien dans d'horribles taudis urbains. Leurs opportunités de mouvement, de résidence ou d'amélioration économique étaient considérablement limitées, et ils n'avaient presque aucun droit politique ou civil. En 1950, la plupart des travailleurs indigènes de Johannesburg vivaient dans des banlieues lointaines dans lesquelles 90.000 Africains étaient entassés sur 243 hectares couverts de cabanes sans sanitaire, où l'eau courante était quasiment absente, et dotées d'un service de bus si inadapté qu'ils devaient faire la queue pendant des heures pour prendre un bus pour aller travailler en ville. Les indigènes furent ainsi « détribalisés » progressivement, abandonnant leur allégeance à leurs propres coutumes et croyances (y compris leur religion) sans pour autant assumer les coutumes ou les croyances des Blancs. En effet, ils étaient généralement exclus de ces dernières à cause des obstacles qu'ils rencontraient sur la voie de l'éducation ou de la propriété. Les indigènes, par conséquent, étaient rabaissés de manière régulière, au point de se voir refuser toute opportunité, si ce n'était pour les besoins primaires et la reproduction.

Près de la moitié des Blancs et de nombreux Noirs étaient agriculteurs, mais les pratiques agricoles étaient si déplorables que les pénuries d'eau et l'érosion s'étendaient avec une vitesse effrayante, et les rivières qui coulaient de manière constante en 1880 avaient en grande partie disparu en 1950. Comme les terres étaient trop arides pour être cultivées, elles furent transformées en pâturages, en particulier sous l'impulsion des prix élevés de la laine durant les deux grandes guerres, mais le sol continua à se désagréger en poussière.

En raison du faible niveau de vie des Noirs, le marché intérieur était faible en ce qui concernait les produits agricoles ou industriels. En conséquence, la plupart des produits issus du travail des Noirs et des Blancs étaient exportés, et les recettes étaient utilisées pour payer des produits qui n'étaient pas produits localement, ou pour des produits de luxe à destination des Blancs. Mais l'exportation était en grande partie précaire. Les mines d'or et les mines de diamants nécessitaient de creuser si profondément (à plus de 2150 mètres de profondeur) que les couts grimpaient haut, alors que la demande pour ces richesses fluctuait fortement, parce qu'elles n'étaient une commodité. Néanmoins, chaque année, plus de la moitié de la production globale annuelle de l'Union était exportée, et environ le tiers de celle-ci était de l'or.

Le problème fondamental était le manque de main-d'œuvre, non pas tant parce qu'il manquait d'ouvriers, mais parce que ceux-ci ne produisaient pas assez. Cela était dû à un manque de capital ainsi qu'à la barrière raciale, qui refusait les travailleurs indigènes qualifiés. En outre, la main-d'œuvre non qualifiée était bon marché, en particulier dans les fermes, ce qui signifiait que la plupart du travail était laissé aux Noirs, et que de nombreux Blancs tombèrent dans des habitudes paresseuses. Les Blancs non qualifiés, qui ne voulaient ni ne pouvaient rivaliser en matière de travail avec les Noirs, devinrent d'indolents « Blancs pauvres ». Le Kindergarten de Milner était, à la fin de la guerre des Boers, en possession de la somme de 3 millions de livres, financées par le traité de paix en prévision du rétablissement des familles boers, quittant les camps de concentration pour retourner à leurs fermes. Il fut choqué de découvrir qu'un dixième des Boers étaient des « Blancs pauvres », ne possédant pas de terre et n'en désirant aucune. Le Kindergarten décida que cette triste condition provenait de la compétition avec la main-d'œuvre noire bon marché, une conclusion qui fut ajoutée au rapport d'une commission établie par Selborne pour étudier le problème.

Ce fameux rapport de la Commission sur l'indigence du Transvaal, publié en 1908, fut rédigé par Philip Kerr (Lothian) et réédité par le gouvernement de l'Union vingt ans plus tard. Vers la même période, le groupe devint convaincu non seulement que le travail des Noirs démoralisait la main-d'œuvre blanche et l'empêchait d'acquérir les capacités physiques nécessaires à l'autonomie et au bon moral, mais aussi que les Noirs étaient aussi capables d'apprendre ces compétences que l'étaient les Blancs. Comme Curtis l'exprima en 1952 : « J'ai réalisé comment la barrière raciale agissait sur les Blancs et les Noirs. Exemptés des tâches difficiles par la coutume et par la loi, les Blancs n'ont acquis aucune compétence dans l'artisanat, parce que l'étude des compétences est une tâche difficile. Les Noirs, en réalisant ces tâches, acquièrent des compétences. Tout le travail qualifié dans les mines, tel que le forage de la roche, était réalisé par des mineurs importés depuis Cornwall, qui travaillaient sous l'influence de la barrière raciale. Les foreuses étaient réparées et conduites sous leur direction par des indigènes. Ces mineurs de Cornwall gagnaient 1 £ par jour, contre 2 shillings pour les indigènes. Ils ont fait grève pour obtenir de meilleurs salaires, mais les Noirs, qui, en réalisant les tâches difficiles, avaient appris comment faire fonctionner les foreuses, ont continué d'exploiter les mines, pour un cout inférieur. »

En conséquence, le groupe de la Table ronde de Milner travailla à la mise en place d'un programme visant à réserver les parties tropicales de l'Afrique, au nord du fleuve Zambèze, aux indigènes, dans des conditions si avantageuses que les Noirs du sud du fleuve auraient pu être incités à migrer vers le nord. Selon la vision que Curtis avait de ce plan, un état international ou une organisation administrative « prendrait le contrôle des colonies anglaises, françaises, belges et portugaises en Afrique tropicale. […] Sa politique serait de fonder au nord du Zambèze un territoire noir, dans lequel les Noirs pourraient posséder des terres, obtenir un métier, et se tenir sur un pied d'égalité avec les Blancs. La conséquence inévitable de cela serait que les travailleurs noirs du sud du Zambèze émigreraient rapidement depuis l'Afrique du Sud et laisseraient les Sud-Africains blancs faire leurs propres tâches, ce qui représenterait une planche de salut pour les Blancs. » Bien que ce projet ne vît jamais le jour, il procura l'élément central des politiques britanniques sur les indigènes et les Centre-Africains à partir de 1917. Par exemple, entre 1937 et 1939 la Grande-Bretagne fit beaucoup d'efforts, en vain, pour négocier un accord sur les colonies allemandes, sous lequel l'Allemagne devait renoncer à ses droits sur le Tanganyika, et devait être autorisée à participer en tant que membre d'une administration internationale rassemblant l'ensemble de l'Afrique tropicale (y compris le Congo belge et l'Angola portugais, ainsi que des territoires français et britanniques) en une seule unité dans laquelle les droits des indigènes devaient être primordiaux. La tradition du système légal britannique conduite envers les indigènes et les non-blancs en général se rencontrait plus fréquemment parmi les individus les mieux instruits, issus de la classe supérieure anglaise, et parmi les classes inférieures où, comme pour les missionnaires, l'influence religieuse était la plus forte. Cette tradition fut grandement renforcée par les actions du groupe Rhodes-Milner, principalement après 1920. Rhodes suscita une grande indignation de la part des Blancs sud-africains en annonçant que son programme comprenait « l'égalité des droits pour tous les hommes civilisés au sud du Zambèze », et poursuivit en indiquant que « les hommes civilisés » incluaient les Noirs ambitieux et lettrés. Lorsque Milner prit le contrôle des États boers en 1901, il essaya de suivre la même politique. Le traité de paix de 1902 promettait que la franchise indigène ne serait pas imposée aux Boers vaincus, mais Milner essaya d'organiser les gouvernements des municipalités, à commencer par Johannesburg, de façon à ce que les indigènes pussent voter. Cela fut bloqué par le Kindergarten (dirigé par Curtis, qui était en charge de la réorganisation municipale entre 1901 et 1906), car ses membres considéraient plus importante la réconciliation avec les Boers comme un préalable à l'Union de l'Afrique du Sud. De même, Smuts, en tant que principale figure politique de l'Afrique du Sud à partir de 1910, dut revoir à la baisse les droits des indigènes dans le but de gagner le soutien des Boers et des Anglais travaillistes pour le reste de son programme.

Le groupe Rhodes-Milner, cependant, se trouvait dans une position plus avantageuse pour exécuter ses plans dans les portions non indépendantes d'Afrique en dehors de l'Union. En Afrique du Sud, les trois protectorats indigènes du Swaziland, Bechuanaland et du Basutoland étaient gardés par les autorités comme des régions où les droits des autochtones étaient primordiaux et où les formes tribales de mode de vie pouvaient être maintenues au moins partiellement. Cependant, certaines coutumes tribales telles que celles qui nécessitaient qu'un jeune prouvât sa virilité en endurant des souffrances inhumaines ou en participant à la guerre ou au vol de bétail avant de pouvoir se marier ou de devenir un membre à part entière de la tribu durent être restreintes. Elles furent remplacées au XXe siècle par une coutume consistant à aller travailler dans les mines de l'Afrique du Sud en tant qu'ouvrier sous contrat pour une période d'un an. Ce travail était aussi lourd et épuisant que les guerres tribales l'avaient été, car le taux de décès dus à la maladie ou aux accidents était très élevé. Mais, en subissant ce test pendant cinq ans, les survivants obtenaient suffisamment d'économies pour leur permettre de retourner dans leurs tribus et d'acheter assez de bétail et de femmes pour les soutenir en tant que membres à part entière de la tribu pour le reste de leurs jours. Malheureusement, cette procédure ne donna pas lieu à de bonnes pratiques agricoles, mais plutôt au surpâturage, à une sécheresse et une érosion des terres accrue, et à une forte densité de la population au sein des réserves indigènes. Cela laissait également les mines sans aucune réserve de main-d'œuvre, de telle manière qu'il devint nécessaire de recruter des ouvriers de plus en plus loin au nord. Les efforts déployés par le gouvernement de l'Union pour mettre en place les frontières au nord, au-delà desquelles le recrutement de la main-d'œuvre aurait été interdit, conduisirent à une controverse avec les employeurs, de fréquents changements dans les régulations, et des évasions massives. En conséquence d'un accord conclu par Milner avec les autorités portugaises, environ un quart des indigènes travaillant dans les mines d'Afrique du Sud provenait de l'Afrique orientale portugaise, même en 1936.

LA FORMATION DU COMMONWEALTH – 1910-1926

Dès que l'Afrique du Sud fut unie en 1910, le Kindergarten retourna à Londres pour tenter de fédérer l'ensemble de l'empire par les mêmes méthodes. Ils étaient pressés de le réaliser avant la guerre contre l'Allemagne, qu'ils croyaient proche. Grâce à l'argent d'Abe Bailey, ils fondèrent la Table ronde sous la direction éditoriale de Kerr (de Lothian). Ils se réunissaient en conclaves solennels présidés par Milner dans le but de décider de l'avenir de l'empire, et recrutaient de nouveaux membres pour leur groupe, principalement depuis New College, avec lequel Milner était lié. On trouvait parmi les nouvelles recrues l'historien F. S. Oliver, (sir) Alfred Zimmern, (sir) Reginald Coupland, lord Lovat, et Waldorf (lord) Astor. Curtis et d'autres furent envoyés de par le monde pour organiser des groupes de la Table ronde dans les principales colonies anglaises.

Durant plusieurs années (1910 à 1916), les groupes de la Table ronde travaillèrent désespérément pour trouver une formule acceptable pour la fédération de l'empire. Trois livres et de nombreux articles émergèrent de ces discussions, mais il devint peu à peu évident que la fédération n'était pas acceptable pour les colonies anglophones. Peu à peu, la dissolution de tous les liens formels existant entre elles, à part peut-être l'allégeance à la Couronne, ainsi que l'abandon de la vision commune des Anglais pour garder l'unité de l'empire furent décidés. Cela impliqua le changement du nom d'« Empire britannique » pour le « Commonwealth des Nations »,[1] comme le titre du livre écrit par Curtis en 1916, accordant aux principales colonies telles que l'Inde et l'Irlande leur complète indépendance (mais progressivement et par don, plutôt que par la contrainte), travaillant pour pousser plus précisément les États-Unis dans cette même direction, et cherchant à solidifier les liens intangibles des sentiments grâce à la propagande auprès des leaders financiers, politiques et éducatifs de chaque pays.

Les efforts pour établir une relation plus étroite entre les colonies et la mère patrie n'avaient rien de nouveau en 1910, et ils n'étaient pas uniquement réalisés par le groupe Rhodes-Milner. Néanmoins, les actions de ce groupe étaient omniprésentes. La piètre performance militaire des forces britanniques durant la guerre des Boers entraina la création d'une commission chargée d'enquêter sur la guerre d'Afrique du Sud, présidée par lord Esher (Brett) en 1903. Cette commission, parmi d'autres éléments, recommanda la création d'une Commission permanente de la défense impériale. Esher devint (officieusement) président de ce comité, et occupa ce poste pour le reste de sa vie (1905-1930). Il fut en mesure d'établir un état-major impérial en 1907 et d'obtenir une réorganisation des forces militaires de la Nouvelle-Zélande, de l'Australie et de l'Afrique du Sud, afin qu'elles pussent être incorporées aux forces impériales en cas d'urgence (1909-1912). Il créa un secrétariat compétent au sein du comité, qui coopéra loyalement avec le groupe Rhodes-Milner par la suite. On trouvait parmi ces hommes (sir) Maurice (plus tard lord) et Hankey et (sir) Ernest Swinton (qui inventa le tank en 1915). Lorsqu'en 1916-1917, Milner et Esher persuadèrent le Cabinet de créer un secrétariat pour la première fois, les tâches

---

1. N.D.É. Lit., Communauté des Nations

de ce dernier étaient en grande partie commandées par la Commission de la défense impériale. Ainsi, Hankey fut secrétaire du comité pendant trente ans (1908 à 1938), membre du Cabinet pendant vingt-deux ans (1916 à 1938), secrétaire général lors des cinq conférences impériales ayant eu lieu entre 1921 et 1937, secrétaire de la délégation britannique à presque chaque conférence internationale importante tenue entre la conférence de Versailles de 1919 et la conférence de Lausanne de 1932, et l'un des principaux conseillers des gouvernements conservateurs à partir de 1939.

Jusqu'en 1907, les régions de l'empire situées en outre-mer (à l'exception de l'Inde) communiquaient avec le gouvernement impérial par le secrétaire d'État aux colonies. Pour compléter cette relation, des conférences de Premiers ministres des Colonies autonomes furent tenues à Londres dans le but de discuter des problèmes communs en 1887, 1897, 1902, 1907, 1911, 1917 et 1918. En 1907, il fut décidé que ces conférences seraient tenues tous les quatre ans, et d'appeler les colonies autonomes des « dominions », et de contourner le secrétariat des colonies en établissant un nouveau ministère des dominions. L'influence de Ruskin, entre autres, pouvait être perçue dans l'accent porté, durant la conférence impériale de 1911, sur le fait que l'empire reposait sur le triple fondement de (1) l'État de droit, (2) l'autonomie locale, et (3) la tutelle des intérêts et des fortunes des concitoyens n'ayant pas encore obtenu l'autonomie gouvernementale.

La conférence de 1915 ne put être tenue à cause de la guerre, mais dès que Milner devint l'un des quatre membres du cabinet de guerre, en 1915, son influence commença à se ressentir partout. Nous avons déjà mentionné qu'il avait établi un secrétariat pour le Cabinet en 1916-1917, composé de deux protégés de Esher (Hankey et Swinton) et deux de ses propres protégés (ses secrétaires, Leopold Amery et W. G. A. Ormsby-Gore, plus tard lord Harlech). À la même époque, il confia au Premier ministre, Lloyd George, un secrétariat de la Table ronde, composé de Kerr (Lothian), Grigg (lord Altrincham), W. G. S. Adams (membre du All Souls College), et Astor. Il créa un cabinet de guerre impérial en incorporant les Premiers ministres des dominions (en particulier Smuts) au cabinet de guerre du Royaume-Uni. Il organisa également les conférences impériales de 1917 et de 1918 et invita les dominions à établir des ministres résidents à Londres. En 1918, alors que la guerre tirait à sa fin, Milner prit le poste de ministre des Colonies avec Amery pour assistant, négocia un accord donnant l'indépendance à l'Égypte, mit en place une nouvelle constitution pour l'autonomie gouvernementale de Malte, envoya Curtis en Inde (où il élabora les principales dispositions de l'Acte du gouvernement de l'Inde de 1919), nomma Curtis au poste de conseiller des Affaires irlandaises (où il joua un rôle important en accordant le statut de dominion au sud de l'Irlande en 1921), donna la permission au Canada de mettre en place des relations diplomatiques indépendantes avec les États-Unis (le Premier ministre du Canada étant le gendre du plus proche collaborateur de Milner au sein de la fondation Rhodes), et convoqua la Conférence impériale de 1921.

Durant la décennie 1919 à 1929, le groupe Rhodes-Milner donna la principale impulsion pour la transformation de l'Empire britannique en Commonwealth des nations, et pour le lancement de l'Inde sur la voie de l'autonomie gouvernementale responsable. La création des groupes de la Table ronde par le Kindergarten de Milner entre 1909 et 1913 porta ces deux domaines sous un jour nouveau, bien que l'ensemble du groupe fût si secret que, même aujourd'hui, bon nombre de ceux qui étudient ce sujet de près ignorent son importance. Ces hommes avaient cultivé leur élévation intellectuelle à Oxford sur l'oraison funèbre de Périclès telle qu'elle fut décrite dans un livre écrit par un des membres du groupe, (sir) Alfred Zimmern, *Commonwealth des nations grecques*[1] (1911), sur *De la conciliation avec l'Amérique*[2] de Edmund Burke, sur *Développement de la politique britannique*[3] de sir J. B. Seeley, sur *Les lois et usages de la constitution*[4] d'A.V. Dicey, ainsi que sur *Le sermont sur la Montagne* issu du Nouveau Testament. Ce dernier exerça une influence particulière sur Lionel Curtis. Il était convaincu, fanatiquement, qu'avec le bon esprit et la bonne organisation (gouvernement autonome local et fédéralisme), le Royaume de Dieu pouvait être établi sur terre. Il était convaincu que si les gens recevaient juste un peu plus de confiance que celle qu'ils méritaient, ils réagiraient en prouvant qu'ils en étaient dignes. Comme il l'écrivit dans *Les problèmes d'un Commonwealth*[5], 1916 : « Si le pouvoir politique est accordé aux groupes avant qu'ils en soient aptes, ils auront tendance à s'adapter au besoin. » C'est cette théorie que le groupe de Milner tenta d'appliquer aux Boers dans la période 1902 à 1910, à l'Inde dans la période 1910 à 1947, et, malheureusement, à Hitler entre 1933 et 1939. Ce point de vue se reflétait dans les trois volumes écrits par Curtis au sujet de l'histoire mondiale, publiés sous le titre de *Civitas Dei* en 1938. Dans le cas d'Hitler, du moins, ces grands idéaux menèrent au désastre, et il semble que ce fut également le cas en Afrique du Sud. On ne sait pas encore clairement si ce groupe parvint à transformer l'Empire britannique en Commonwealth des Nations, ou s'il réussit simplement à détruire cet empire, mais les deux options semblent aussi probables l'une que l'autre.

Il sera clair pour tous ceux qui étudient le sujet que ces idées n'étaient pas uniquement celles de Curtis, mais étaient partagées par le groupe dans son ensemble. Lors du décès de lord Lothian à Washington en 1940, Curtis publia un volume de ses discours, auquel il ajouta l'avis de décès que Grigg avait rédigé pour la Table ronde. Celle-ci disait de Lothan que : « Il estimait que les hommes devaient s'efforcer de construire le Royaume de Dieu ici sur cette terre, et que la direction de cette tâche devait être confiée d'abord et avant tout aux peuples

---

1. *The Greek Commonwealth*, 2. *On Conciliation with America*, 3. *Growth of British Policy*, 4. *The Law and Custom of the Constitution*, 5. *The Problem of a Commonwealth*

anglophones. » D'autres attitudes de ce groupe influent peuvent être rassemblées à partir de certaines citations tirées de quatre livres publiés par Curtis entre 1916 et 1920 : « L'État de droit, par opposition à la règle individuelle, est la marque distinctive du Commonwealth. Dans le cas du despotisme, le gouvernement repose sur l'autorité du dirigeant ou sur le pouvoir invisible et incontrôlable derrière lui. Dans le cas du Commonwealth, les dirigeants tirent leur autorité de la loi, et la loi dérive de l'opinion publique, qui a le pouvoir de la faire changer [...] L'idée qu'implique le principe du Commonwealth est que le suffrage universel trahit l'ignorance de sa véritable nature. Ce principe signifie simplement que le gouvernement repose sur les devoirs des citoyens les uns vis-à-vis des autres, et qu'il doit être dévolu à ceux qui sont capables de mettre les intérêts publics avant les leurs [...] La tâche de préparer à la liberté les races qui ne peuvent pas encore se gouverner par elles-mêmes est le devoir suprême de ceux qui le peuvent. C'est le but spirituel pour lequel le Commonwealth existe, et l'ordre matériel n'est rien d'autre qu'un moyen pour y parvenir [...] Les peuples de l'Inde et de l'Égypte, de même que ceux des îles et colonies britanniques, doivent recevoir progressivement un enseignement en matière de gestion de leurs affaires nationales [...] L'effet de la guerre [de 1914-1918] a été de mener des mouvements qui avaient commencé longtemps auparavant à un soudain point critique [...] La camaraderie au combat a ranimé [...] un ressentiment contre la présomption selon laquelle les Européens étaient destinés à dominer le reste du monde. Celui-ci flambe dans chaque partie de l'Asie et de l'Afrique [...] Personnellement, je considère ce défi de l'assomption longtemps incontestée selon laquelle l'homme blanc doit dominer le monde comme inévitable et salutaire, surtout pour nous [...] Le monde est dans l'agonie qui précède la création, ou la mort. Notre race a dépassé l'état simplement national, et, aussi surement que le jour succède à la nuit et la nuit au jour, elle passera à un Commonwealth des Nations ou bien à un empire d'esclaves. Et l'issue de ces agonies repose entre nos mains. »

Dans cet esprit, le groupe Rhodes-Milner essaya de mettre au point les plans d'une fédération de l'Empire britannique dans la période 1909 à 1916. Peu à peu, ce projet fut remplacé ou reporté en faveur du projet du Commonwealth pour la coopération libre. Milner semblait avoir accepté de poursuivre l'objectif moindre après une réunion parrainée par l'association parlementaire de l'empire, le 28 juillet 1916, durant laquelle il présenta le projet de fédération avec de nombreuses références aux écrits de Curtis, pour découvrir qu'aucun des membres des dominions présents ne l'accepterait. Lors de la conférence impériale de 1917, sous sa direction, il fut décidé que « tout réajustement des relations constitutionnelles [...] devrait être fondé sur la pleine reconnaissance des dominions en tant que nations autonomes d'un Commonwealth impérial, ainsi que de l'Inde, en tant que part importante de ce même ensemble, devrait reconnaitre le droit des dominions et de l'Inde à avoir une voix suffisante dans la politique étrangère et dans les relations extérieures, et devrait prévoir des dispositions efficaces pour permettre la consultation continue sur toutes les questions importantes sur l'intérêt commun impérial. » Une autre résolution appelait à la pleine représentation de l'Inde durant les futures conférences impériales. Cela fut mis en place en 1918. Lors de cette seconde conférence impériale en temps de guerre, il fut décidé que les Premiers ministres des dominions pourraient communiquer directement avec le Premier ministre du Royaume-Uni, et que chaque dominion (en plus de l'Inde) pourrait établir des ministres résidents à Londres, qui pourraient siéger au Cabinet impérial de la guerre. Milner fut la principale motivation de ces développements. Il espérait que le Cabinet impérial de la guerre continuerait à se réunir chaque année après la guerre, mais ce ne fut pas le cas.

Durant ces années 1917-1918, une déclaration fut élaborée afin d'établir l'indépendance complète des dominions, à l'exception de l'allégeance à la Couronne. Celle-ci ne fut pas publiée avant 1926. Au lieu de cela, le 9 juillet 1919, Milner publia une déclaration officielle annonçant : « Le Royaume-Uni et les dominions sont des nations partenaires ; elles ne sont pas encore de puissance égale, mais irrévocablement de statut égal [...] La seule possibilité de continuité de l'Empire britannique se fonde sur un partenariat égalitaire, absolu et parfait entre le Royaume-Uni et les dominions. Je le dis sans aucune sorte de réserve que ce soit. » Ce point de vue fut réaffirmé dans la Déclaration de Balfour en 1926, et fut promulgué dans la loi en tant que Loi de Westminster en 1931. B. K. Long, du groupe sud-africain de la Table ronde (qui était éditeur colonial pour *The Times* entre 1913 et 1921, et éditeur du journal de Rhodes, *The Cape Times* en Afrique du Sud de 1922 à 1935) nous déclara que les dispositions de la déclaration de 1926 avaient été convenues en 1917, lors de la conférence impériale convoquée par Milner. Elles furent formulées par John W. Dafoe, éditeur du *Winnipeg Free Press* depuis 43 ans, et journaliste le plus influent du Canada durant la plupart de cette période. Dafoe persuada le Premier ministre du Canada, sir Robert Borden, d'accepter ses idées, puis impliqua Long et Dawson (éditeur de *The Times*). Dawson négocia l'accord avec Milner, Smuts, et d'autres encore. Bien que l'Australie et la Nouvelle-Zélande fussent loin d'être satisfaites, l'influence du Canada et de l'Afrique du Sud permit de réaliser cet accord. Neuf ans plus tard, il fut publié sous le nom de Balfour, lors d'une conférence convoquée par Amery.

L'AFRIQUE DE L'EST DE 1910 À 1931

Dans l'empire dépendant, en particulier en Afrique tropicale au nord du fleuve

Zambèze, le groupe Rhodes-Milner fut incapable de réaliser la plupart de ses désirs, mais réussit à leur donner une grande popularité, en particulier grâce à son opinion sur les questions autochtones. Il dominait le ministère des Colonies à Londres, du moins durant la décennie allant de 1919 à 1929. Milner y fut secrétaire d'État de 1919 à 1921 et Amery de 1924 à 1929, tandis que le poste de sous-secrétaire parlementaire était tenu par trois membres du groupe durant la majeure partie de la décennie. Leur point de vue sur la civilisation des indigènes et leur formation pour un éventuel gouvernement autonome reçut une publicité largement diffusée, non seulement par des sources officielles, mais également par les organisations universitaires, scientifiques, journalistiques qu'ils dominaient. On pourrait mentionner, comme exemples de cela, les écrits de Coupland, Hailey, Curtis, Grigg, Amery et Lothian, tous membres de la Table ronde. En 1938, lord Hailey publia un volume gigantesque de 1837 pages intitulé *Une Étude Africaine*. Ce travail fut d'abord suggéré par Smuts à la Rhodes House, Oxford, en 1929. Lothian en rédigea la préface, et le comité de rédaction était composé de Lothian, Hailey, Coupland, Curtis, et d'autres encore. Il demeure le plus grand livre unique sur l'Afrique moderne. Ces personnes, et d'autres, au travers de *The Times*, *The Round Table*, *The Observer*, *Chatham House*, et d'autres journaux, devinrent la principale source d'idées sur les problèmes coloniaux dans le monde anglophone. Néanmoins, ils furent incapables de réaliser leur programme.

Au cours des années 1920, le programme de la Table ronde concernant l'Afrique de l'Est fut paralysé par un débat sur la priorité qui devrait être donnée aux trois aspects du projet du groupe concernant un dominion noir au nord du Zambèze. Ces trois parties étaient (1) les droits des indigènes, (2) « l'union plus étroite », et (3) la tutelle internationale.

Généralement, le groupe donnait priorité à l'union plus étroite (la fédération du Kenya avec l'Ouganda et le Tanganyika), mais l'ambigüité de leurs idées sur les droits des indigènes permit au Dr Joseph H. Oldham, porte-parole des groupes associés de missionnaires non conformistes, d'organiser un mouvement d'opposition fructueux contre la fédération de l'Afrique de l'Est. Dans cet effort, Oldham trouva un allié puissant en la personne de lord Lugard, et un soutien considérable de la part d'autres personnes informées, dont Margery Perham.

Les membres de la Table ronde, qui n'avaient aucune connaissance directe de la vie des indigènes ou même de l'Afrique tropicale, étaient des partisans dévoués du mode de vie anglais, et ne pouvaient envisager de meilleur cadeau pour les indigènes que de les aider à s'en approcher. Cela, cependant, détruirait inévitablement l'organisation tribale de leur vie, ainsi que le système indigène d'occupation des terres, qui était généralement basé sur l'exploitation tribale des terrains. Les colons blancs étaient impatients de voir ces choses disparaitre, étant donné qu'ils souhaitaient généralement incorporer la main-d'œuvre indigène ainsi que les terres africaines au marché commercial. Oldham et Lugard s'y opposèrent, car ils estimaient que cela aurait conduit à la propriété par les Blancs de grandes étendues de terres sur lesquelles les indigènes « détribalisés » et démoralisés n'auraient subsisté qu'en tant qu'esclaves salariés. De plus, pour Lugard, l'économie dans l'administration coloniale exigeait que les indigènes fussent gouvernés sous son système de « gouvernance indirecte » au travers des chefs tribaux. L'union plus étroite devint un sujet de controverse dans ce différend parce qu'elle portait sur une augmentation progressive de l'autonomie locale qui aurait pu conduire à un plus grand degré de domination des colons blancs.

L'opposition à l'union plus étroite en Afrique de l'Est parvint à retarder ce projet en dépit de la domination de la Table ronde sur le ministère des Colonies, principalement à cause du refus du Premier ministre Baldwin d'agir rapidement. Cela repoussa le changement jusqu'à ce que le gouvernement travailliste prît le relai en 1929 ; l'influence pro-indigène et non conformiste (surtout pour Quaker) y était plus forte.

Le problème de la tutelle entra dans cette controverse parce que la Grande-Bretagne était forcée, en tant que puissance mandatée, de maintenir les droits des indigènes au Tanganyika pour satisfaire les commissions mandatées par la Société des Nations.[1] Cela plaça un obstacle majeur sur la voie des efforts de la Table ronde pour joindre le Tanganyika au Kenya et à l'Ouganda en un dominion noir qui aurait pu être sous un tout autre type de tutelle que celle des puissances coloniales africaines. Plus loin au sud, en Rhodésie et au Nyassaland, l'obsession de la Table ronde pour la fédération ne rencontra pas cet obstacle, et cette région fut, finalement, fédérée, malgré les protestations des indigènes en 1953. Mais cette création, la Fédération centrafricaine, éclata à nouveau en 1964. Curieusement, le système de mandat de la Société des Nations, qui devint un réel obstacle aux plans de la Table ronde, fut en grande partie de sa propre création.

Le groupe de Milner utilisa la défaite de l'Allemagne en 1918 comme une opportunité pour imposer une obligation internationale à certaines puissances de traiter les indigènes équitablement dans les régions retirées à l'Allemagne. Cette opportunité fut d'une grande importance, puisqu'à cette époque précise, l'élan donné plus tôt vers cette direction par les missionnaires commençait à s'affaiblir en conséquence de l'affaiblissement général du sentiment religieux dans la culture européenne.

Le principal problème en Afrique de l'Est était la position des colons blancs du Kenya. Bien que cette colonie se situait directement sur l'équateur, ses hautes terres intérieures, s'élevant de 1200 à 3000 mètres au-dessus du niveau de la mer, étaient très bien adaptées à la colonisation blanche et aux méthodes

---

1. N.D.É. Organisme créé en 1920 pour le développement de la coopération entre pays et le maintien de la paix, remplacé en 1946 par l'Organisation des Nations unies.

d'agriculture européennes. La situation devint dangereuse en 1920 et empira de plus en plus au fil des ans, jusqu'à ce qu'en 1950 le Kenya connût le problème indigène le plus critique d'Afrique. Le Kenya était différent de l'Afrique du Sud en ce qu'il n'avait pas de gouvernement autonome, de mines riches, ou de population blanche divisée, mais il avait de nombreux problèmes communs, tels que des réserves indigènes surpeuplées, l'érosion des sols, et des Noirs mécontents et détribalisés travaillant pour des salaires bas sur des terres appartenant aux Blancs. En 1910, on y comptait près de deux-millions de Noirs et seulement 3000 Blancs. Quarante ans plus tard, on y comptait 4 millions de Noirs, 100.000 Indiens, 24.000 Arabes, et seulement 30.000 Blancs (dont 40% étaient des employés de l'État). Mais ce que les Blancs n'avaient pas en nombre, ils le compensaient par de la détermination. Les hautes terres saines furent réservées à la propriété des Blancs dès 1908, bien qu'elles ne fussent pas délimitées et garanties avant 1939. Elles étaient, en 1940, organisées en très grandes fermes, généralement sous-développées, au nombre de seulement 2000 sur une surface de 26.000 kilomètres carrés. Un bon nombre de ces fermes couvraient une surface de plus de 12.140 hectares, et avaient été obtenues du gouvernement, soit par achat soit par des baux extrêmement longs (999 ans) à des couts nominaux (le loyer s'élevant à peu près à 2% par acre par an). Les réserves indigènes s'élevaient à environ 130.000 kilomètres carrés de terres généralement plus pauvres, soit une surface cinq fois plus grande dédiée aux Noirs, bien qu'ils fussent au moins 150 fois plus nombreux. Les Indiens, qui exerçaient principalement des activités de commerce et d'artisanat, étaient si travailleurs qu'ils en vinrent à posséder peu à peu la plupart des zones commerciales, à la fois dans les villes et dans les réserves indigènes.

Les deux grands sujets de controverse au Kenya concernaient la main-d'œuvre et le problème du gouvernement autonome, bien que d'autres problèmes, moins agités, tels que la technologie agricole, les sanitaires et l'éducation, fussent d'une grande importance. Les Blancs essayèrent de forcer davantage les indigènes à travailler dans les fermes qu'ils détenaient, plutôt que de chercher à exploiter leurs propres terres au sein des réserves, en les obligeant à payer leurs impôts en espèces, en réduisant la taille ou la qualité des réserves, en limitant les améliorations des techniques agricoles indigènes, et en utilisant la pression et la contrainte politiques. L'utilisation de la contrainte politique atteignit son paroxysme en 1919 avant d'être arrêtée par Milner, bien que son groupe, comme Rhodes en Afrique du Sud, fût désireux de rendre les indigènes plus travailleurs et plus ambitieux en employant toutes sortes de pressions sociales, éducatives, ou économiques. Les colons encourageaient les indigènes à vivre en dehors des réserves de diverses manières : par exemple, en leur permettant de s'installer en squatteurs sur les propriétés des Blancs, en échange d'au moins 180 jours de travail par an pour les bas salaires habituels. Afin d'aider à la fois les agriculteurs blancs et les agriculteurs noirs, non seulement au Kenya, mais aussi à travers le monde, Milner créa l'Imperial College of Tropical Agriculture[1] à Trinidad en 1919, en tant qu'organisme de recherche.

En conséquence des diverses pressions que nous avons mentionnées, notamment la nécessité de payer des impôts équivalant à peut-être un mois de salaire par an et qui, dans l'ensemble, prélevaient aux indigènes une somme plus importante que celle réalisée par la vente des produits indigènes, le pourcentage des hommes adultes travaillant en dehors des réserves augmenta entre 1925 et 1940, passant d'environ 35% à plus de 80%. Cela eut des effets très néfastes sur la vie tribale, la vie de famille, la moralité des indigènes et la discipline familiale, bien qu'il semblait avoir eu des effets bénéfiques sur la santé des indigènes et sur l'éducation générale.

Avant le soulèvement Mau-Mau de 1948 à 1955, le principal nœud de la controverse se situait dans le problème de l'autonomie gouvernementale. Se référant à l'Afrique du Sud, les colons du Kenya exigeaient l'autonomie, qui leur aurait permis d'appliquer des restrictions sur les non-Blancs. Un gouvernement colonial fut organisé sous le ministère des Colonies en 1906, et, tel qu'était normalement le cas dans ce genre de situation, il se composait d'un gouverneur nominatif, assisté par un conseil exécutif nommé et conseillé par un conseil législatif. Ce dernier se composait, comme d'habitude, d'une majorité d'élus et d'une minorité d'étrangers « non officiels ». Cette portion non officielle ne devint élective qu'en 1922, et ne devint la majorité de l'ensemble de l'organisation qu'en 1949. Les efforts visant à établir un élément électif au sein du conseil législatif entre 1919 et 1923 donnèrent lieu à une violente controverse. Le projet élaboré par le conseil prévoyait que seuls des membres européens pouvaient être élus, et ce par un électorat européen. Milner ajouta deux membres indiens, élus par un électorat indien à part. Au cours de la controverse qui en résulta, les colons cherchèrent à réaliser leur plan original, tandis que Londres cherchait à ne faire qu'une seule liste électorale, limitée en taille par le degré d'éducation et par des qualifications de propriété, mais sans tenir compte de la race. Pour résister à cela, les colons organisèrent un comité de vigilance et planifièrent de prendre le contrôle de la colonie, d'enlever le gouverneur et de former une république fédérée d'une certaine manière avec l'Afrique du Sud. De cette controverse naquit finalement un compromis, le fameux livre blanc du Kenya de 1923, et sir Edward Grigg fut nommé gouverneur du Kenya pour la période 1925 à 1931. Le compromis accorda au Kenya un conseil législatif comportant des représentants du gouvernement impérial, des colons blancs, des Indiens, des Arabes, ainsi qu'un missionnaire blanc chargé de représenter les Noirs. La plupart de ces représentants, excepté les Indiens et les colons, étaient nommés plutôt qu'élus, mais dès 1949, étant donné que le nombre de membres

---

1. L'Université impériale de l'agriculture tropicale

avait été augmenté, la part élue fut élargie, et seuls le président du conseil et les membres noirs (4 sur un total de 41 membres) continuaient d'être nommés.

Le livre blanc du Kenya de 1923 trouva sa source dans un problème spécifique au sein d'une unique colonie, mais il représentait la déclaration officielle de la politique impériale en Afrique tropicale. Il affirmait : « Tout d'abord, le Kenya est un territoire Africain, et le gouvernement de Sa Majesté considère qu'il est absolument nécessaire de prendre compte de leur opinion réfléchie selon laquelle les intérêts des indigènes africains doit primer, et que si et quand ces intérêts et ceux des races immigrantes venaient à entrer en conflit, ceux des premiers devraient prévaloir [...] Les membres du gouvernement de Sa Majesté considèrent qu'ils exercent, dans l'administration du Kenya, une tutelle en faveur de la population africaine, et ils n'ont pas la possibilité de déléguer ou de partager cette tutelle, dont l'objet peut être défini comme la protection et le développement des races indigènes. »

À la suite de ces troubles au Kenya et de l'empiètement continu des colons blancs sur les réserves indigènes, Amery y envoya comme gouverneur et commandant en chef un des membres les plus importants du groupe Milner. Celui-ci n'était autre que sir Edward Grigg (lord Altrincham), qui avait été membre du Kindergarten de Milner, un des éditeurs de *The Round Table* et de *The Times* (1903 à 1905 et 1908 à 1913), un des secrétaires des fondations Lloyd George et Rhodes (1923 à 1925), et un auteur prolifique sur les affaires étrangères, coloniales et impériales britanniques. Au Kenya, il essaya de protéger les réserves autochtones, tout en forçant encore les indigènes à développer des habitudes industrielles par un travail régulier, de détourner l'attention des Blancs des problèmes politiques pour se concentrer sur des problèmes techniques, comme l'agriculture, et de travailler pour le regroupement de l'Afrique tropicale en une unité territoriale unique. Il imposa en 1930, au travers de la législature coloniale, la loi sur l'administration des terres autochtones, qui garantissait les réserves autochtones. Mais ces dernières demeuraient inadéquates et étaient de plus en plus endommagées par de mauvaises pratiques agricoles. Ce ne fut qu'en 1925 qu'un réel effort de la part des indigènes pour améliorer ces pratiques s'initia. Vers la même période, des efforts furent menés pour étendre l'usage des tribunaux et des conseils consultatifs indigènes, et pour former les indigènes au service administratif. Ils rencontrèrent tous un succès lent, varié et, au final, indifférent, principalement à cause de la réticence des indigènes à coopérer, et parce que ceux-ci devenaient de plus en plus suspicieux en ce qui concernait les motifs des hommes blancs, même quand ils étaient très désireux d'aider. La principale cause de cette méfiance grandissante (qui, dans certains cas, atteignait un degré psychotique) semblerait être la soif insatiable des indigènes pour la religion, et leur conviction que les Blancs étaient des hypocrites qui enseignaient une religion à laquelle ils ne se vouaient pas, étaient des traîtres aux enseignements du Christ, et utilisaient la parole sainte pour contrôler les indigènes et trahir leurs intérêts, sous couvert de l'idéologie religieuse, dont les Blancs eux-mêmes n'observaient pas la pratique.

L'INDE JUSQU'EN 1926

Durant la décennie allant de 1910 à 1920, les deux plus grands problèmes rencontrés par la création du Commonwealth furent l'Inde et l'Irlande. Il ne fait aucun doute que l'Inde représentait un casse-tête infiniment plus complexe, car elle était plus éloignée et moins clairement visualisée que l'Irlande. Lorsque la Compagnie britannique des Indes orientales devint la puissance dominante en Inde, vers le milieu du XVIIIe siècle, l'Empire mogol était dans les dernières étapes de sa désintégration. Les dirigeants provinciaux n'avaient que des titres nominaux, suffisants pour leur procurer d'immenses trésors en impôts et en loyers, mais ils leur manquaient en général la volonté ou la force nécessaire au maintien de l'ordre. Les plus vigoureux d'entre eux essayèrent d'étendre leurs domaines aux dépens des plus faibles, opprimant les paysans épris de paix dans le processus, alors que tout le pouvoir légal était contesté par des bandes d'arrivistes itinérants, et des tribus de pilleurs. Parmi ces tribus, la plus importante était celle des Marathes. Durant la dernière moitié du XVIIIe siècle, ils dévastèrent systématiquement une grande partie du sud du centre de l'Inde, forçant chaque village à acheter une immunité temporaire contre la destruction, mais réduisant progressivement la capacité de la campagne de satisfaire leurs demandes, en raison des morts et de la désorganisation économique qu'ils laissaient derrière eux. En 1900, seulement un cinquième des terres de certaines régions était cultivé.

Bien que la Compagnie des Indes orientales fût une entreprise commerciale, principalement intéressée par les profits, et donc réticente à assumer un rôle politique dans ces campagnes chaotiques, elle dut intervenir à plusieurs reprises pour rétablir l'ordre, remplacer un souverain nominal par un autre, et même prendre en charge le gouvernement de ces régions, là où elle était le plus immédiatement concernée. En plus de cela, la cupidité dont faisait preuve une grande partie de ses employés les mena à intervenir en tant que pouvoir politique afin d'attirer vers leurs poches une partie des richesses fabuleuses qu'ils voyaient circuler autour d'eux. Pour ces deux raisons, les régions dirigées par la compagnie, bien que non contiguë, se développèrent de manière régulière jusqu'à ce qu'elles couvrissent, en 1858, trois cinquièmes du pays. En dehors des régions britanniques, on trouvait plus de cinq-cents domaines princiers, certains n'excédant pas la taille d'un unique village, d'autres étant aussi vastes que certains États européens. À ce stade, en 1857-1858, une insurrection soudaine et violente des forces indigènes, connue sous le nom de la révolte des cipayes, entraina la fin de l'Empire mogol et de la Compagnie des Indes orientales, le gouvernement britannique reprenant le contrôle de la plupart de leurs activités politiques. Il en résultat un certain nombre de conséquences importantes. L'annexion des principautés indigènes cessa, en en laissant 562 en dehors de l'Inde britannique, mais sous la protection de la Grande-Bretagne et avec possibilité d'intervention britannique pour assurer un bon gouvernement. Au sein de l'Inde, ce gouvernement devint de plus en plus dominant, au contraire du profit économique, durant toute la période 1858 à 1947. Le prestige politique britannique connut de nouveaux sommets de 1858 à 1890, puis commença à diminuer, chutant rapidement entre 1919 et 1922.

La tâche d'assurer un bon gouvernement en Inde n'était pas aisée. Sur ce grand sous-continent dont la population atteignait près d'un cinquième de la race humaine, on trouvait une diversité presque incroyable de cultures, de religions, de langues et de comportements. Encore en 1950, les locomotives modernes reliaient les grandes villes les unes aux autres, traversant des jungles peuplées de tigres, d'éléphants, et de tribus païennes primitives. La population, qui passa de 284 millions d'individus en 1901 à 389 millions en 1941, pour atteindre 530 millions en 1961, parlait plus d'une dizaine de langues principales divisées en plusieurs centaines de dialectes, et recensait des dizaines de croyances religieuses antithétiques. En 1941, le pays comptait 255 millions d'hindous, 92 millions de musulmans, 6,3 millions de chrétiens, 5,7 millions de sikhs, 1,5 million de jaïns et près de 26 millions d'animistes païens de toutes sortes. En plus de cela, les hindous, et même certains non-hindous, étaient divisés en quatre castes principales héréditaires, divisées en plusieurs milliers de sous-castes, en plus d'un groupe inférieur d'exclus (les « intouchables ») qui représentaient au moins 30 millions d'individus en 1900 et le double en 1950. Ces centaines de groupes étaient endogames, pratiquaient des activités économiques héréditaires, avaient fréquemment des marques ou des costumes distinctifs, et avaient en général l'interdiction de se marier, de s'associer ou même de manger ou boire avec des personnes de caste différente. Les intouchables étaient, généralement, interdits d'entrer en contact, même indirectement, avec les membres d'autres groupes et étaient, en conséquence, bannis de nombreux lieux de culte ou de bâtiments publics. Ils ne devaient pas puiser de l'eau de puits publics, ni même laisser leurs ombres se projeter sur toute personne issue d'un autre groupe, et étaient sujets à d'autres restrictions afin d'éviter une pollution personnelle qui ne pouvait être retirée que par des rituels religieux de degrés et de complexité divers. La plupart des sous-castes étaient des groupes professionnels qui couvraient toutes sortes d'activités, de sorte qu'il existait des groupes héréditaires de collecteurs de charognes, de voleurs, de bandits de grand chemin, d'assassins, mais aussi de fermiers, de pêcheurs, de commerçants, d'herboristes ou de fondeurs de cuivre. Pour la plupart des peuples de l'Inde, le système de castes était un des éléments les plus importants de la vie, qui submergeait leurs individualités dans un groupe duquel ils ne pourraient jamais s'échapper, et qui régulait toutes leurs activités depuis leur naissance jusqu'à leur mort. En conséquence, l'Inde, et encore en 1900, était une société dans laquelle le statut était d'une importance capitale ; chaque individu avait une place dans un groupe qui, à son tour, avait une place dans la société. Cette place, connue et acceptée par tous, suivait dans ses relations avec les autres groupes des procédures convenues de façon à ce que, malgré cette diversité, il n'y eût qu'un minimum de frictions entre les groupes et une certaine tolérance pacifique, tant que l'étiquette régissant les comportements de chacun était connue et acceptée.

La diversité des groupes sociaux et des croyances se reflétait naturellement dans une très grande gamme de comportements sociaux, allant des activités les plus dégradantes et bestiales basées sur des superstitions primitives, jusqu'aux niveaux encore plus étonnants de l'abnégation et de la coopération spirituelles exaltées. Bien que les Britanniques se fussent abstenus d'interférer avec les pratiques religieuses, ils abolirent, ou du moins réduisirent grandement, durant le XIXe siècle la pratique du thuggisme[1] (dans lequel une caste secrète étranglait des gens en l'honneur de la déesse Kali), du sati (dans lequel la veuve d'un hindou défunt était supposée se bruler sur le bucher funéraire de celui-ci), l'infanticide, la prostitution dans les temples, et les mariages d'enfants. À l'autre extrême, la plupart des hindous s'abstenaient de toute violence. Beaucoup avaient un tel respect pour la vie qu'ils ne mangeaient pas de viande, ni même d'œufs, tandis que d'autres, peu nombreux, poussaient si loin cette croyance qu'ils ne frappaient pas un cobra sur le point de les mordre ni un moustique prêt à les piquer, ne se promenaient même pas de nuit pour ne pas marcher par inadvertance sur une fourmi ou un vers. Les hindous, qui considéraient les vaches si sacrées que leur pire crime aurait été pour eux de causer la mort d'une d'entre elles (même par accident), qui permettaient à des millions de ces animaux de parcourir librement le pays, au grand détriment de la propreté et du niveau de vie, qui refusaient de porter des chaussures de cuir, et qui auraient préféré mourir plutôt que de gouter du bœuf, mangeaient du porc et s'associaient quotidiennement aux musulmans, qui mangeaient du bœuf et considéraient les cochons comme impurs. De manière générale, la plupart des Indiens vivaient dans une pauvreté et un besoin abjects. En 1858, seulement un Indien sur cent savait lire, et ceux qui comprenaient l'anglais étaient encore bien moins nombreux. L'écrasante majorité de la population était à l'époque constituée de paysans, soumis à la pression des impôts et des loyers onéreux, isolés dans de petits villages qui n'étaient pas reliés aux routes, et décimés à des intervalles irréguliers par la famine ou la maladie.

---

1. N.D.É. Doctrine religieuse indienne, active du XIIe au XIXe siècle, qui se livrait au vol et au meurtre de gens par strangulation en l'honneur de Kali.

Durant la période s'étendant de 1858 à 1947, le gouvernement britannique relia ensemble les différentes parties de l'Inde grâce à des chemins de fer, des routes et des lignes télégraphiques. Cela mit le pays au contact avec le monde occidental, et, en particulier, avec le marché mondial, en établissant un système monétaire uniforme, des liaisons en bateaux à vapeur avec l'Europe par le canal de Suez, des connexions de câbles à travers le monde et l'utilisation de l'anglais comme langue du gouvernement et de l'administration. Mieux encore, la Grande-Bretagne mit en place l'État de droit, l'égalité devant la loi, et une tradition de justice judiciaire afin de remplacer les anciennes pratiques inéquitables, arbitraires et violentes. Un certain degré d'efficacité et une certaine énergie ambitieuse, même mécontente, dirigés vers le changement, remplacèrent l'ancien sentiment d'abjecte résignation par celui d'un sort inévitable.

Les systèmes postal, télégraphique et ferroviaire modernes débutèrent tous en 1854. Le premier atteint de telles proportions que, lorsque la guerre éclata en 1939, il gérait plus d'un milliard de lettres et quarante-millions de roupies en mandat de poste par an. Les lignes de chemin de fer s'étendirent, passant de 320 km en 1855 à 14.500 km en 1880, puis à 40.000 km en 1901 et enfin à 69.200 km en 1939. Celui-ci, le troisième plus grand système de chemin de fer au monde, transportait 600 millions de passagers par an, ainsi que des millions de tonnes de marchandises. Vers la même époque, les chemins de terre battue de 1858 avaient été en partie remplacés par 480.000 km de routes, dont seulement un quart pouvaient être définies comme routes de première classe. À partir de 1925, ces routes furent utilisées de plus en plus par des autobus, souvent bondés et délabrés, mais qui permirent de briser progressivement l'isolement des villages.

L'amélioration des communications et de l'ordre public permit de fusionner les marchés des villages isolés, égalisant les précédentes alternances de pénurie et d'excès et de leurs phénomènes accompagnateurs : gaspillage et famine dans un monde d'abondance. Tout cela conduisit à une grande extension des cultures vers les régions les plus éloignées et à la production d'une plus grande variété de récoltes. Les régions peu peuplées de forêts et de collines, en particulier dans l'Assam et dans les provinces du nord-ouest, étaient occupées, sans qu'on y rencontrât la dévastation de la déforestation (comme en Chine ou au Népal non indien) grâce à un service très développé de préservation des forêts. La migration, à la fois permanente et saisonnière, devint une des caractéristiques régulières de la vie indienne ; les recettes rassemblées par les migrants étant renvoyées à leurs familles, dans les villages qu'ils avaient quittés. Un magnifique système de canaux, principalement destiné à l'irrigation, fut construit, permettant la repopulation des ruines désertées, principalement dans le nord-ouest du pays, et encourageant des tribus entières, ayant joué jusqu'à présent le rôle de pirates pastoraux, à s'installer en tant que cultivateurs. En 1939, près de 24.300.000

hectares de terres étaient irrigués. Pour cette raison et pour d'autres, la superficie ensemencée de l'Inde passa d'environ 79 millions à 92 millions d'hectares en quarante ans, entre 1900 et 1939. Les augmentations de rendement furent beaucoup moins satisfaisantes en raison de la réserve envers le changement, le manque de connaissances ou de capital, et de problèmes organisationnels.

L'impôt sur les terres était, traditionnellement, une des composantes majeures des recettes publiques de l'Inde, et en représentait encore 50% en 1900. Sous l'Empire mogol, ces revenus fonciers étaient rassemblés par des collecteurs. Dans de nombreuses régions, notamment au Bengale, les Britanniques avaient tendance à considérer ces revenus comme des loyers et non comme des taxes, et considéraient donc les collecteurs de taxes comme les propriétaires des terres. Une fois que cela fut établi, ces nouveaux propriétaires utilisèrent leurs pouvoirs pour augmenter les loyers, expulser les agriculteurs qui avaient vécu sur la même terre depuis des années, ou même des générations, et créer un prolétariat rural instable composé de locataires et d'ouvriers, inaptes ou réticents à améliorer leurs méthodes. De nombreux textes législatifs cherchèrent, sans grand succès, à améliorer ces conditions. Ces efforts étaient contrebalancés par la croissance de la population, la grande augmentation de la valeur des terres, l'incapacité de l'industrie ou du commerce à drainer le surplus de population des terres aussi vite qu'elle y augmentait, la tendance du gouvernement à favoriser l'industrie ou le commerce à l'agriculture par les douanes, la fiscalité et les dépenses publiques, la fréquence croissante des famines (causées par les sécheresses), de la malaria (venue des projets d'irrigation) et de la peste (venue du commerce avec l'Extrême-Orient) qui détruisit en une année les gains réalisés en plusieurs années, le fardeau croissant de la dette paysanne sous des termes contraignants et à des taux d'intérêt élevés, et l'incapacité croissante à compléter les revenus provenant de l'agriculture par des revenus de l'artisanat domestique à cause de la concurrence grandissante des produits industriels à bas prix. Bien que l'esclavage fût aboli en 1843, de nombreux pauvres étaient réduits au servage en contractant des dettes sous des conditions injustes, et en se contraignant, ainsi que leurs héritiers, à travailler pour leurs créanciers jusqu'à ce que la dette fût remboursée. Dans bien des cas, elle ne pouvait jamais l'être, car la vitesse à laquelle elle se réduisait était décidée par le créancier et pouvait rarement être remise en question par les débiteurs analphabètes.

Tous ces malheurs atteignirent leur point culminant dans la période 1895 à 1901. De 1873 à 1896, il y eut une longue période de baisse des prix, qui alourdit le fardeau des débiteurs et entraina la stagnation des activités économiques. En 1897, les pluies attendues de la mousson n'eurent pas lieu, ce qui provoqua la perte de 18 millions de tonnes de cultures vivrières et d'un million de vies humaines à cause de la famine. Ce désastre se reproduisit en 1899-1900. La peste bubonique venue de Chine se propagea à Bombay en 1895, et tua environ deux-millions de personnes durant les six années qui suivirent.

À partir de ce point critique, en 1901, les conditions économiques s'améliorèrent de façon plutôt constante, à part durant une brève période entre 1919 et 1922, et durant la longue dépression mondiale de 1929 à 1934. La montée des prix dans la période 1900 à 1914 bénéficia à l'Inde plus qu'aux autres pays, puisque les prix de ses exportations s'élevaient plus rapidement. La guerre de 1914-1918 donna à l'Inde une grande opportunité économique, en particulier en augmentant la demande pour ses textiles. Les tarifs douaniers furent augmentés régulièrement après 1916, protégeant ainsi l'industrie, en particulier celle des métaux, du textile, du ciment et du papier. Les douanes devinrent la principale source de revenus, soulageant dans une certaine mesure la pression de l'imposition sur les agriculteurs. Cependant, étant donné que la plupart des facteurs listés plus haut étaient valables, le problème agraire restait grave. En 1931, il fut estimé que dans les Provinces unies 30% des agriculteurs ne pouvaient vivre de leur exploitation, même durant les bonnes années, tandis que 52% ne pouvaient en vivre que durant les bonnes années.

L'économie connut une grande avancée en matière d'exploitation minière, d'industrie, de commerce et de finance dans la période suivant 1900. La production de charbon augmenta, passant de 6 à 21 millions de tonnes entre 1900 et 1924, et la production de pétrole (principalement depuis la Birmanie) passa de 37 à 294 millions de gallons (environ 1113 millions de litres). Au sein des usines protégées, la production s'améliora également dans la même période, jusqu'à ce qu'en 1932, l'Inde pût produire les trois quarts de son coton tissé et de son acier, ainsi que la plupart de son ciment, de ses allumettes et de son sucre. L'Inde devint le principal producteur mondial d'un produit, le jute, et celui-ci devint sa principale exportation après 1925.

Une des caractéristiques notables de la croissance de l'industrie manufacturière en Inde après 1900 reposait dans le fait que le capital hindou était largement remplacé par du capital britannique, principalement pour des raisons politiques. En dépit de la pauvreté de l'Inde, on trouvait un volume considérable d'épargnes, découlant principalement de la distribution inéquitable des revenus en faveur de la classe des propriétaires et des prêteurs d'argent (si ces deux groupes peuvent ainsi être séparés). Naturellement, ces groupes préféraient réinvestir leurs revenus dans leurs activités, mais, après 1919, l'agitation nationaliste et, en particulier, l'influence de Gandhi encouragèrent un grand nombre d'hindous à contribuer à la force de leur pays en investissant dans l'industrie.

La croissance de l'industrie ne doit pas être exagérée, et son influence était considérablement moins importante que ce qu'on pourrait croire à première vue. Bien que ces classes existaient, il n'y eut qu'une faible croissance du prolétariat urbain ou d'une classe permanente d'ouvriers employés dans les usines. L'augmentation de la production provenait en grande majorité de la production d'énergie plutôt que de l'augmentation de la main-d'œuvre. Cette main-d'œuvre continua d'être rurale dans son orientation psychologique et sociale, étant généralement composée de migrants venus de villages, ne vivant dans des conditions industrielles urbaines que pendant quelques années en ayant la ferme intention de retourner dans leurs villages par la suite, envoyant en général leur épargne à leurs familles, et les visitant pendant des semaines voire des mois chaque année (en général durant la saison des récoltes). Cette classe d'ouvriers industriels n'adopta pas un point de vue urbain ni même prolétarien. Elle était presque complètement illettrée, ne formait des organisations syndicales qu'à contrecœur (en raison du refus de payer les cotisations) et n'acquérait que rarement des compétences industrielles. Après 1915, des syndicats apparurent enfin, mais leurs membres demeuraient peu nombreux et étaient organisés et contrôlés par des personnes qui n'étaient pas issues de la classe ouvrière, mais plutôt, en général, par des intellectuels de la classe moyenne. De plus, l'industrie restait une activité très dispersée, que l'on trouvait dans quelques villes, mais qui était inexistante ailleurs. Bien que l'Inde comptait 35 villes de plus de 100.000 habitants en 1921, la plupart d'entre elles demeuraient des centres commerciaux et administratifs, et non des centres industriels. On pouvait constater que l'accent restait porté sur les activités rurales au travers du fait que ces 35 centres de population comptaient en 1921, au total, 8,2 millions d'habitants, alors que 310,7 millions de personnes vivaient en dehors de leurs murs. En fait, seules 30 millions de personnes vivaient dans les 1623 centres qui comptaient plus de 5000 habitants chacun, tandis que 289 millions de personnes vivaient dans des centres plus petits, comptant 5000 habitants.

Une des principales façons dont la culture occidentale a marqué l'Inde se trouve être l'éducation. Les Britanniques sont souvent accusés d'avoir négligé l'éducation en Inde ou d'avoir commis une erreur en mettant l'accent sur l'éducation en anglais pour les classes supérieures plutôt que sur l'éducation dans les langues vernaculaires pour la masse populaire. L'Histoire n'accorde pas raison à ces accusations. En Grande-Bretagne même, le gouvernement n'assumait qu'une responsabilité réduite pour l'éducation jusqu'en 1902, et il créait des politiques en général plus avancées dans ce domaine pour l'Inde que pour la Grande-Bretagne, jusqu'à ce que le siècle actuel fût bien avancé. Jusqu'en 1835, les Anglais essayèrent d'encourager les traditions indigènes d'éducation, mais leurs écoles vernaculaires échouèrent à cause du manque de patronage. Les Indiens eux-mêmes refusaient d'être exclus, comme ils en avaient l'impression, de l'éducation anglaise. En conséquence, à partir de 1835, les Britanniques mirent en place une éducation supérieure en anglais, dans l'espoir que la science, la technologie et les comportements politiques du monde occidental pussent être introduits sans déranger la vie sociale et religieuse, et que ces innovations «s'infiltrassent» dans la population en suivant un mouvement descendant. À cause de son prix élevé, l'éducation parrainée par l'État devait être réservée aux plus hauts niveaux, bien qu'un encouragement pour les écoles vernaculaires des niveaux inférieurs (sans importante obligation financière) fût initié en 1854. La théorie de « l'infiltration vers le bas » est erronée, car ceux qui acquéraient la connaissance de l'anglais l'utilisaient comme un passeport pour l'avancement dans la fonction publique ou dans la vie professionnelle, et devinrent des renégats des classes inférieures de la société indienne plutôt que des missionnaires au sein de celles-ci. Dans un sens, l'utilisation de l'anglais au niveau universitaire de l'éducation n'entraina pas sa diffusion dans la société indienne, mais en retira plutôt ceux qui en acquéraient la connaissance, les laissant dans une sorte de désert qui n'était ni indien ni occidental, mais qui flottait inconfortablement entre les deux. Le fait que la connaissance de l'anglais et la possession d'un diplôme universitaire pouvaient libérer quelqu'un de la pénibilité physique de la vie indienne en ouvrant le chemin vers le service public ou des métiers donna lieu à une véritable passion pour l'obtention de ces clés (mais uniquement chez une minorité).

Les Britanniques n'avaient guère d'autre choix que d'utiliser l'anglais comme langue d'administration et d'enseignement supérieur. En Inde, les langues employées dans ces deux domaines étaient, depuis des siècles, des langues étrangères. Jusqu'en 1837, le persan était utilisé pour le gouvernement et les tribunaux. L'éducation de niveau moyen et avancé avait toujours été réalisée par le biais d'une langue étrangère, le sanscrit pour les hindous et l'arabe pour les musulmans. Le sanscrit, une langue « morte », était celle de la littérature religieuse hindoue, tandis que l'arabe était la langue du Coran, le seul écrit que le musulman moyen souhaitait lire. En réalité, l'allégeance des musulmans au Coran et à l'arabe était si intense qu'ils refusaient de participer au nouveau système éducatif en anglais et, en conséquence, étaient exclus du gouvernement, des professions et d'une grande partie de la vie économique du pays en 1900.

Aucune langue vernaculaire n'aurait pu être utilisée pour enseigner les très précieuses contributions de l'Occident, telles que la science, la technologie, l'économie, la science agricole ou la science politique, parce que le vocabulaire nécessaire leur faisait défaut. Lorsque l'université de l'État indigène du Haïderabad essaya de traduire les œuvres occidentales en ourdou à des fins d'enseignement après 1920, cela nécessita la création de près de 40.000 nouveaux mots. De plus, le grand nombre de langues vernaculaires aurait rendu le choix de l'une d'entre elles pour l'enseignement supérieur injuste. Et, enfin, les indigènes eux-mêmes n'avaient aucune envie d'apprendre à lire leurs langues vernaculaires, du moins au XIXe siècle. Ils désiraient apprendre l'anglais, parce que celui-ci garantissait l'accès au savoir, à des postes gouvernementaux, et à la promotion sociale plus qu'aucune langue vernaculaire ne le pouvait. Mais il faut rappeler que c'était l'Indien exceptionnel, et non l'Indien moyen, qui souhaitait apprendre à lire. L'indigène moyen se contentait de rester analphabète, au moins jusqu'à ce que le XXe siècle fût bien entamé. Alors seulement, le désir de lire se diffusa grâce à l'impulsion du nationalisme croissant, de la conscience politique, et de la préoccupation grandissante pour les tensions politiques et religieuses. Ces éléments favorisèrent l'envie de lire, dans le but de lire des journaux, mais cela eut des effets néfastes : chaque groupe politique ou religieux avait sa propre presse, et présentait sa propre version, biaisée, des évènements mondiaux de sorte qu'en 1940, ces différents groupes avaient des idées complètement différentes de la réalité.

De plus, le nouvel enthousiasme pour les langues vernaculaires et l'influence des nationalistes extrémistes hindous tels que B. G. Tilak (1859-1920) ou des anti-occidentaux tels que M. K. Gandhi (1869-1948) entraînèrent un rejet en bloc de tout ce qu'il y avait de meilleur dans la culture britannique ou européenne. Dans le même temps, ceux qui recherchaient le pouvoir, l'avancement ou la connaissance continuaient d'apprendre l'anglais, comme une clé menant à la réalisation de ces ambitions. Malheureusement, ces Indiens à demi occidentalisés négligeaient la plupart du côté pratique du style de vie européen, et avaient tendance à être intellectualistes et doctrinaires, et à mépriser l'apprentissage pratique et le travail physique. Ils vivaient, comme nous l'avons dit, dans un monde intermédiaire qui n'était ni indien ni occidental, trop luxueux pour le mode de vie indien, mais ils étaient souvent incapables de trouver une position dans la société indienne qui leur permettrait de vivre leur propre version du mode de vie occidental. À l'université, ils étudiaient la littérature, le droit, et les sciences politiques ; des sujets qui mettaient l'accent sur la parole. Étant donné que l'Inde ne proposait pas assez de postes pour de tels emplois, il y avait beaucoup de « chômage académique », qui s'accompagnait de mécontentement et d'un radicalisme grandissant. La carrière de Gandhi fut le résultat des efforts d'un homme pour éviter ce problème, en fusionnant certains éléments de l'enseignement occidental avec un hindouisme épuré, afin de créer un mode de vie nationaliste indien, sur une fondation essentiellement morale.

Il est évident qu'un des principaux effets de la politique éducative britannique fut d'accroître les tensions sociales en Inde et de leur conférer une orientation politique. Ce changement est généralement appelé la « montée du nationalisme indien », mais il était considérablement plus complexe que ce simple nom pouvait laisser entendre. Il commença à prendre de l'importance vers 1890, peut-être sous l'influence des malheurs de la fin du siècle, il progressa de façon régulière jusqu'à atteindre le stade de crise après 1917, et finalement émergea durant la longue crise de 1930 à 1947.

Le point de vue indien était fondamentalement religieux, alors que celui des Britanniques était principalement politique. L'Indien moyen tirait de sa perspective religieuse la profonde conviction que le monde matériel et le confort physique étaient sans importance, comparés à des questions spirituelles telles que la bonne préparation à la vie venant après la mort du corps. De son éducation anglaise, l'étudiant indien moyen tirait la conviction que la liberté et l'autonomie gouvernementale étaient les biens les plus précieux de la vie, et que l'on devait chercher à les atteindre avec une résistance à l'autorité telle que celle démontrée dans la Magna Carta,[1] l'opposition à Charles Ier, la « Glorieuse Révolution de la Grande-Bretagne » de 1689, les écrits de John Locke et ceux de John Stuart Mill, et la résistance générale à l'autorité publique que l'on trouvait dans le libéralisme et le laissez-faire du XIXe siècle. Ces deux points de vues avaient tendance à se fondre dans l'esprit des intellectuels indiens en un unique point de vue selon lequel les idéaux politiques anglais devaient être poursuivis par des méthodes indiennes de ferveur religieuse, d'abnégation, et de mépris pour le bienêtre matériel et pour le confort physique. En conséquence, les tensions politiques et sociales furent exacerbées entre les Indiens et les Britanniques, entre les prooccidentaux et les nationalistes, entre les hindous et les musulmans, entre les brahmanes et des castes inférieures, et entre les membres de castes et les exclus.

Durant la première partie du XIXe siècle, l'intérêt pour les langues et la littérature indiennes se raviva. Cette renaissance révéla assez tôt que de nombreuses idées et pratiques hindoues n'avaient pas de réelles racines dans la littérature. Étant donné que ces dernières comprenaient certaines caractéristiques des plus contestables de la vie hindoue, telles que le sati, le mariage d'enfants, l'infériorité de la femme, le culte de l'image et le polythéisme extrême, un mouvement vit le jour, cherchant à libérer l'hindouisme de ces éléments superflus et de le faire revenir à son ancienne « pureté » en mettant l'accent sur l'éthique, le monothéisme et sur la conception abstraite de la divinité. Cette tendance fut renforcée par l'influence du christianisme et de l'islam, de telle sorte que l'hindouisme ravivé fut en réalité une synthèse de ces trois religions. En conséquence de ces influences, la conception ancienne et basique hindoue du karma fut minimisée. Cette conception maintenait que chaque âme réapparaissait, durant toute l'éternité, sous une différente forme physique et dotée d'un statut social différent, chacune de ces différences étant une récompense ou une punition pour la conduite de l'âme durant sa précédente apparition. Il n'y avait pas de véritable espoir d'échapper à ce cycle, à part par une amélioration progressive, au travers d'une longue série d'apparitions successives allant vers le but ultime d'effacement complet de la personnalité (*Nirvana*), par la fusion ultime de l'âme avec l'âme de l'univers (*Brahman*). Cette libération (*moksha*) de ce cycle sans fin ne pouvait être réalisée qu'en supprimant tout désir, toute individualité, et toute volonté de vivre.

La croyance dans le karma était la clé de l'idéologie et de la société hindoues,

---
1. N.D.É. Grande charte.

elle expliquait non seulement l'accent porté sur le destin et la résignation à ce dernier, l'idée selon laquelle l'homme faisait partie de la nature et était le frère des animaux, la submersion de l'individualité et le manque d'ambition personnelle, mais également les institutions sociales spécifiques telles que les castes ou encore le sati. Comment pouvait-on mettre un terme aux castes si elles représentaient des gratifications données par Dieu pour les récompenses ou les punitions méritées dans une vie passée ? Comment pouvait-on mettre un terme au sati si une épouse restait épouse au travers de toute l'éternité, et devait passer d'une vie à l'autre quand son mari faisait de même ?

L'influence du christianisme et de l'islam, des idées occidentales et de l'éducation anglaise sur le changement de la société hindoue était en grande partie une conséquence de leur capacité à réduire la foi de l'hindou moyen dans le Karma. Une des premières personnalités de cette synthèse de l'hindouisme, du christianisme et de l'islam fut Ram Mohan Roy (1772-1833), fondateur de la Brahma Samaj Society en 1828. Une autre d'entre elles était Keshab Chandra Sen (1841-1884), qui espérait unir l'Asie et l'Europe dans une culture commune sur la base d'une synthèse des éléments communs de ces trois religions. Les réformateurs de ce type étaient nombreux. Leur caractéristique la plus notable était qu'ils étaient universalistes plutôt que nationalistes, et étaient prooccidentaux dans leurs inclinations fondamentales. Vers 1870, un changement commença à s'initier, venant peut-être de l'influence de Ramakrishna (1834-1886) et de son disciple Swami Vivekananda (1862-1902), fondateur du vedanta. Cette nouvelle tendance renforça le pouvoir spirituel de l'Inde comme étant une valeur supérieure à la puissance matérielle de l'Occident. Il préconisait la simplicité, l'ascétisme, le sacrifice de soi, la coopération et défendait que la mission de l'Inde consistât à diffuser ces vertus à travers le monde. Gopal Krishna Gokhale (1866-1915) était un des disciples de ce mouvement, et fondateur de la Société des serviteurs de l'Inde (1905). Celle-ci était composée d'un petit groupe de personnes dévouées ayant prononcé les vœux de pauvreté et d'obéissance, de considérer tous les Indiens comme des frères sans tenir compte de la caste ou de la croyance, et de ne se livrer à aucune querelle personnelle. Ces membres se dispersèrent parmi les groupes les plus divers de l'Inde afin d'enseigner, de souder l'Inde dans une unique unité spirituelle, et de chercher à créer une réforme sociale.

Avec le temps, ces mouvements devinrent de plus en plus nationalistes et antioccidentaux, ayant tendance à défendre l'hindouisme orthodoxe plutôt qu'à le purifier, et à s'opposer aux Occidentaux plutôt qu'à les copier. Cette tendance atteignit un point culminant chez Bal Gangathar Tilak (1859-1920), un journaliste Marathi de Poona, qui commença sa carrière dans les mathématiques et la loi, mais développa lentement un amour passionné pour l'hindouisme, même dans ses détails les plus dégradants, et insista sur la nécessité de le défendre contre les étrangers, même si cela requérait l'usage de la violence. Il n'était pas opposé aux réformes qui semblaient être des développements spontanés du sentiment indien, mais était violemment opposé à toute tentative de la part du gouvernement britannique d'imposer des réformes ou d'importer des influences de sources européenne ou chrétienne. Il devint une personnalité politique pour la première fois en 1891, quand il s'opposa vigoureusement à un projet de loi du gouvernement qui aurait limité le mariage d'enfants en fixant à douze ans l'âge de consentement des filles. En 1897, il se servait de son journal pour inciter aux meurtres et aux émeutes contre les représentants du gouvernement.

Un représentant britannique, qui avait prévu cette transition vers un nationalisme violent dès 1878, chercha à le dévier vers des canaux plus juridiques et plus conservateurs en établissant le Congrès national indien en 1885. Le représentant en question, Allan Octavian Hume (1829-1912), était secrètement soutenu par le vice-roi, lord Dufferin. Ils espéraient rassembler chaque année un congrès officieux composé de dirigeants indiens afin de discuter des affaires politiques indiennes dans l'espoir que cette expérience leur offrirait une formation dans le fonctionnement des institutions représentatives et dans le gouvernement parlementaire. Durant vingt ans, le Congrès s'activa à l'extension de la participation indienne dans l'administration, et à l'extension de la représentation et, à terme, du gouvernement parlementaire au sein du système britannique. Il est à noter que ce gouvernement renonça aux méthodes violentes, ne chercha pas à se séparer de la Grande-Bretagne, et aspirait à former un gouvernement basé sur le modèle britannique.

Le soutien pour le mouvement ne grandit que très lentement au début, même parmi les hindous, et rencontra une opposition ouverte des musulmans, menée par sir Saiyid Ahmad Khan. Quand le mouvement prit de l'ampleur, après 1890, de nombreux représentants britanniques commencèrent à s'y opposer. Au même moment, sous la pression de Tilak, le Congrès avança ses exigences et commença à employer la pression économique pour les obtenir. En conséquence, après 1900, un nombre moins important de musulmans rejoignit le Congrès : en 1890, 156 délégués sur 702 étaient musulmans, contre seulement 17 sur 756 en 1905. Toutes ces forces atteignirent un point critique entre 1904 et 1907, quand le Congrès, pour la première fois, exigea l'autonomie gouvernementale au sein de l'empire pour l'Inde, et approuva l'usage de pressions économiques (boycott) contre la Grande-Bretagne.

La victoire japonaise sur la Russie en 1905 fut considérée comme un triomphe de l'Asie sur l'Europe. La révolte russe de 1905, la montée en puissance de Tilak au détriment de Gokhale au sein du Congrès national indien, et l'agitation publique au sujet des efforts de lord Curzon pour faire approuver une division administrative pour la grande province du Bengale (78 millions d'habitants) rendirent la crise inévitable. Les extrémistes hindous furent à l'origine d'une agitation ouverte, désirant voir couler le sang britannique afin de satisfaire la déesse de la destruction, Kali. Lors du Congrès national indien de 1907, les partisans de Tilak prirent la tribune d'assaut et perturbèrent la réunion. Ce groupe, auquel la violence révolutionnaire russe contre le tsar et la révolte irlandaise contre les Anglais avaient laissé une grande impression et préconisait l'usage du terrorisme plutôt que des pétitions en Inde. Le vice-roi, lord Hardinge, fut blessé par une bombe en 1912. Pendant de longues années, l'intolérance raciale des résidents anglais contre les Indiens avait pris de l'ampleur, et elle se manifestait de plus en plus par des insultes et des agressions physiques. En 1906, une ligue musulmane fut créée, s'opposant aux extrémistes hindous et soutenant la position britannique. Mais, en 1913, elle aussi demanda l'autonomie gouvernementale. Le groupe de Tilak boycotta le Congrès national indien durant neuf ans (de 1907 à 1916), et Tilak fut envoyé en prison pour sédition pendant six ans (de 1908 à 1914).

Le développement constitutionnel de l'Inde ne resta pas stable durant ce tumulte. En 1861, des conseils aux membres nommés dotés de pouvoirs consultatifs furent créés, à la fois au centre du pays pour assister le vice-roi et dans les provinces. Ceux-ci étaient composés de membres à la fois officiels et officieux, et les conseils provinciaux avaient certains pouvoirs législatifs, mais toutes ces activités étaient placées sous un contrôle exécutif strict et soumis au droit de véto. En 1892, ces pouvoirs furent étendus afin de permettre la discussion de questions d'ordre administratif, et diverses organisations non gouvernementales (appelées « communautés ») furent autorisées à proposer des personnes pour les postes officieux des conseils.

En 1909, une troisième loi adoptée par le gouvernement libéral, dont John (lord) Morley était le secrétaire d'État et dont lord Minto était vice-roi, agrandit les conseils, créant une majorité non officielle dans les conseils provinciaux, permit aux conseils de voter sur tous les sujets abordés, et donna le droit à divers groupes communautaires d'élire des membres non officiels, y compris hindous, musulmans et sikhs, selon un ratio fixé. Cette dernière disposition fut un désastre. En établissant des listes électorales séparées pour les différents groupes religieux, elle encouragea l'extrémisme religieux dans chacun de ces groupes, rendit probable le succès des candidats les plus extrémistes, et fit de la différence religieuse un fait basique et irréconciliable de la vie politique. En accordant aux minorités religieuses plus de sièges que ce à quoi la réelle proportion de leur électorat leur donnait droit (un principe connu sous le nom de « pondération »), elle rendit la position de minorité politiquement avantageuse. En insistant sur les droits des minorités (en lesquels ils croyaient) plutôt que sur la loi de la majorité (en laquelle ils ne croyaient pas), les Britanniques firent de la religion une force perturbatrice permanente de la vie politique, et encouragèrent l'extrémisme exacerbé qui résulta de cette manœuvre de régler leurs rivalités hors du cadre constitutionnel et de la portée des actions légales, au travers de manifestations plutôt que par les urnes ou les assemblées politiques. De plus, dès que les Britanniques eurent accordé cette position constitutionnelle spéciale aux musulmans en 1909, ils perdirent le soutien de la communauté musulmane (en 1911-1919). Cette perte du soutien musulman fut le résultat de plusieurs facteurs. La division par Curzon du Bengale, que les musulmans avaient soutenue (puisqu'elle faisait du Bengale oriental une région séparée à la majorité musulmane), fut décommandée en 1911, sans que les musulmans n'en fussent informés. Après 1911, la politique étrangère britannique devint de plus en plus antiturque, et s'opposait donc au calife (le chef religieux des musulmans). En conséquence, la ligue musulmane demanda l'autonomie gouvernementale pour l'Inde pour la première fois en 1913, et forma quatre ans plus tard une alliance avec le Congrès national indien, qui se poursuivit jusqu'en 1924.

En 1909, alors que Philip Kerr (Lothian), Lionel Curtis et (sir) William Marris étaient au Canada, occupés à y poser les fondations du groupe de la Table ronde, Marris persuada Curtis que « l'autonomie gouvernementale, [...] bien que le seul but intelligible de la politique britannique en Inde soit très lointain [...] et que l'existence de troubles politiques en Inde, loin d'être une excuse pour le pessimisme, est le signe le plus sûr que les Britanniques, avec tous leurs défauts manifestes, n'ont pas failli à leur devoir primaire d'étendre l'éducation occidentale à l'Inde, et d'ainsi préparer les Indiens à se gouverner eux-mêmes. » Quatre ans plus tard, le groupe londonien de la Table ronde décida d'enquêter sur la façon dont cela pouvait être réalisé. Il forma un groupe d'étude de huit membres, dirigé par Curtis, ajoutant à ce groupe trois représentants du bureau de l'Inde. Ce groupe décida, en 1915, de faire une déclaration publique favorisant « la réalisation progressive d'un gouvernement responsable en Inde ». Une déclaration à cet effet fut établie par lord Milner et publiée le 20 août 1917 par le secrétaire d'État pour l'Inde Edwin S. Montagu. Elle annonçait que : « La politique du gouvernement de Sa Majesté, avec lequel le gouvernement de l'Inde est en accord complet, est celle de l'association croissante des Indiens dans toutes les branches de l'administration et du développement progressif des institutions autonomes, en vue de la réalisation progressive d'un gouvernement responsable en Inde en tant que partie intégrante de l'Empire britannique. ».

Cette déclaration était révolutionnaire, car, pour la première fois, elle énonçait spécifiquement les espoirs britanniques pour le futur de l'Inde et parce qu'elle employait, pour la première fois, les termes « gouvernement responsable ». Les Britanniques évoquaient vaguement depuis plus d'un siècle un « gouvernement autonome » pour l'Inde, parlaient de plus en plus d'un « gouvernement représentatif », mais avaient toujours évité l'expression « gouvernement responsable ». Ce terme impliquait un gouvernement parlementaire, ce que la plupart des conservateurs britanniques considéraient comme inadapté aux conditions indiennes, puisque cela exigeait, pensaient-ils, un électorat éduqué ainsi qu'un système social homogène, qui faisaient tous deux défaut à l'Inde. Les conservateurs avaient parlé pendant des années d'une ultime autonomie gouvernementale pour l'Inde, basée sur un certain modèle indigène indien, mais n'avaient par cherché à l'élaborer. Après quoi, sans aucune idée claire de ce qu'ils faisaient, ils avaient introduit un « gouvernement représentatif », dans lequel le pouvoir exécutif consultait l'opinion publique par le biais de représentants populaires (soit désignés, comme en 1871, soit élus comme en 1909), mais où l'exécutif restait autocratique et n'était en aucun cas responsable devant ces représentants. L'emploi de l'expression « gouvernement responsable » dans la déclaration de 1917 remontait au groupe de la Table ronde et, finalement, à la conversation qu'avaient eue Marris et Curtis dans les Rocheuses canadiennes en 1919.

Dans l'intervalle, le groupe d'étude de la Table ronde avait réfléchi pendant trois ans (de 1913 à 1916) sur des méthodes pour tenir cette promesse. Grâce à l'influence de Curtis et de F. S. Oliver, la constitution fédérale des États-Unis contribua beaucoup aux projets qui furent réalisés, en particulier pour des dispositions destinées à diviser les activités gouvernementales en parties centrale et provinciale, avec l'indianisation progressive de cette dernière, et, finalement, de la première. Cette approche du problème fut nommée « dyarchie »[1] par Curtis. Le projet de la Table ronde fut envoyé au gouverneur de la Nouvelle-Galles du Sud, lord Chelmsford, un compagnon du All Souls College, qui crut qu'il provenait d'un comité officiel du Bureau de l'Inde. Après en avoir accepté le principe, il fut fait vice-roi d'Inde en 1916. Curtis se rendit immédiatement en Inde pour consulter les autorités présentes sur place (y compris Meston, Marris, Hailey, et l'éditeur de la version étrangère du *Times*, sir Valentine Chirol) ainsi que les Indiens. Un rapport émergea de ces conférences, rédigé par Marris, qui fut publié sous le nom de Rapport Montagu-Chelmsford, en 1917. Les dispositions de ce rapport furent développées en un projet de loi, adopté par le Parlement (après une importante révision réalisée par un comité mixte dirigé par lord Selborne), et devint l'Acte du gouvernement de l'Inde de 1919.

La loi de 1919 fut la loi la plus importante de l'histoire constitutionnelle indienne, avant 1935. Il divisa les activités gouvernementales en activités centrales et provinciales. Les premières comprenaient la défense, les affaires étrangères, les chemins de fer et les communications, le commerce, le droit civil et pénal et les procédures et d'autres encore. Les secondes comprenaient l'ordre public et la police, l'irrigation, les forêts, l'éducation, la santé publique, les travaux publics, et d'autres activités. De plus, les activités provinciales étaient divisées entre les départements « transférés » et les départements « réservés », les premiers se voyant confiés aux ministres indigènes qui rendaient des comptes aux as-

---

1. N.D.É. Régime politique où le pouvoir est exercé simultanément par deux chefs, deux pouvoirs.

semblées provinciales. Le gouvernement central demeurait entre les mains du gouverneur général et du vice-roi, qui étaient responsables devant la Grande-Bretagne et non devant la législature indienne. Après 1921, son cabinet (le Conseil exécutif) comportait généralement trois membres indiens. La législature était bicamérale, composée d'un Conseil d'État et d'une assemblée législative. Certains des membres des deux chambres étaient des représentants nommés, mais la plupart étaient élus sur un suffrage très restreint. Il n'y avait, sur les listes électorales, pas plus de 900.000 électeurs pour la chambre inférieure et uniquement 16.000 pour la chambre supérieure. Les législatures provinciales monocamérales disposaient d'un suffrage plus large, bien que toujours limité, avec une liste d'électeurs comprenant environ un million de noms au Bengale, et la moitié de ce nombre à Bombay. De plus, certains sièges, sur le principe de la « pondération », étaient réservés aux musulmans élus par une liste électorale à part. Les deux corps législatifs avaient le pouvoir de promulguer des lois, soumises à un droit de veto plutôt étendu et au jugement du gouverneur général et des gouverneurs provinciaux nommés. Seuls les départements « transférés » des gouvernements provinciaux étaient responsables devant les assemblées électives, les activités « réservées » au niveau provincial et toutes les activités de l'administration centrale étant responsables devant les gouverneurs nommés, devant le gouverneur général, et, en définitive, devant la Grande-Bretagne.

On espérait que la loi de 1919 offrirait des possibilités en matière de procédures parlementaires, de gouvernement responsable, et d'administration aux Indiens, de telle sorte que l'autonomie gouvernementale aurait pu s'étendre par étapes successives plus tard, mais ces espoirs furent anéantis lors des désastres de 1919 à 1922. La violence des réactionnaires britanniques entra en collision avec le refus non violent de coopérer de Mahatma Gandhi, écrasant entre eux les espoirs des réformateurs de la Table ronde.

Mohandas Karamchand Gandhi (1869-1948), connu sous le nom de « Mahatma » ou « Grande âme », était le fils et le petit-fils des Premiers ministres d'un petit État princier de l'Inde occidentale. Né dans la caste Vaisya (la troisième caste sur les quatre existantes), il grandit dans une atmosphère très religieuse et ascétique d'hindouisme. Marié à treize ans et père à quinze ans, Gandhi fut envoyé en Grande-Bretagne pour étudier le droit par son grand frère quand il était âgé de dix-sept ans. Un tel voyage était interdit par les règles de sa caste, et il en fut expulsé pour être parti. Avant son départ, il fit vœu devant sa famille de ne pas toucher au vin, aux femmes, ni à la viande. Après trois années Grande-Bretagne, il réussit son examen d'admission au barreau à l'Inner Temple. La plupart de son temps en Europe fut consacré à des manies dilettantes, expérimentant divers régimes végétariens et médicaments autoadministrés, ou à des discussions religieuses ou éthiques avec des indophiles anglais aux tendances mondaines. Il fut très fortement troublé par des scrupules religieux et un sentiment de culpabilité. De retour en Inde en 1891, il échoua en tant qu'avocat à cause de son manque de confiance qui l'empêchait de s'exprimer correctement et de son manque d'intérêt réel pour le droit. En 1893, une entreprise musulmane l'envoya sur une affaire à Natal, en Afrique du Sud. C'est là que Gandhi trouva sa vocation.

En 1896, Natal était peuplé de 50.000 Européens, principalement des Anglais, 400.000 Africains et 51.000 Indiens, principalement des exclus. Ce dernier groupe avait été importé d'Inde, principalement pour servir de travailleurs temporaires pour des contacts de trois ou cinq ans, pour travailler dans des plantations situées dans les terres humides où les Noirs refusaient de travailler. Ces Indiens restèrent pour la plupart, après que leurs contrats se terminèrent, et étaient si travailleurs et si intelligents qu'ils gagnèrent très rapidement de l'importance économique, en particulier dans le commerce de détail. Les Blancs, souvent indolents, n'aimaient pas une telle compétition de personnes à la peau foncée, et s'indignaient généralement de la réussite économique des Indiens. Comme le déclara Lionel Curtis à Gandhi au Transvaal en 1903 : « Ce ne sont pas les vices des Indiens qui font peur aux Occidentaux, mais leurs vertus ».

Lorsque Gandhi arriva pour la première fois à Natal, en 1893, il découvrit que cette région, comme la plus grande partie de l'Afrique du Sud, était déchirée par la haine des gens de couleur et l'animosité entre les groupes. Tous les droits politiques reposaient dans les mains des Blancs, alors que les non-blancs étaient sujets à divers types de discriminations et de ségrégations économiques et sociales. Lorsque Gandhi fit sa première apparition dans un tribunal, le juge lui ordonna d'enlever son turban (porté avec des vêtements européens). Gandhi refusa et prit la porte. Plus tard, alors qu'il était en voyage d'affaires dans un wagon de première classe pour le Transvaal, il fut éjecté du train à l'insistance d'un passager blanc. Il préféra passer une nuit glaciale sur le quai de gare plutôt que de passer à un compartiment de seconde ou de troisième classe alors qu'il avait acheté un billet de première classe. Après cet évènement, il voyagea uniquement en troisième classe pour le reste de sa vie. Au Transvaal, il ne put obtenir de chambre dans un hôtel à cause de la couleur de sa peau. Ces péripéties lui donnèrent une nouvelle vocation : établir le fait que les Indiens étaient des citoyens de l'Empire britannique et étaient donc égaux face à ses lois. Il était déterminé à n'utiliser que des méthodes pacifiques de non-coopération massive pour atteindre son objectif. Ses armes principales allaient être l'amour et la soumission, même contre ceux qui le traiteraient avec une grande brutalité. Son refus de craindre la mort ou d'éviter la douleur et les efforts qu'il faisait pour rendre de l'amour à ceux qui essayaient de le blesser s'avéra être une arme puissante, en particulier si elle était utilisée sur un grand nombre de personnes.

Les méthodes de Gandhi étaient réellement dérivées de sa propre tradition hindoue, mais certains de ses éléments avaient été renforcés par ses lectures de

Ruskin, Thoreau, Tolstoï, et du *Sermon sur la Montagne*. Lorsqu'il fut brutalement battu par des Blancs à Natal en 1897, il refusa de porter plainte, disant que ce n'était pas leur faute si on leur avait enseigné de mauvaises idées.

Ces méthodes permirent aux Indiens d'Afrique du Sud d'être temporairement soulagés du fardeau de l'intolérance sous la direction de Gandhi dans la période 1893 à 1914. Lorsque le Transvaal proposa une ordonnance obligeant tous les Indiens à s'enregistrer, à donner leurs empreintes digitales et à porter sur eux en permanence une carte d'identité, Gandhi organisa un mouvement massif et pacifique de refus de s'enregistrer. Des centaines d'Indiens furent emprisonnés. Smuts négocia un compromis avec Gandhi : si les Indiens acceptaient de s'enregistrer « volontairement », le Transvaal abrogerait cette ordonnance. Après que Gandhi persuada ses compatriotes de s'inscrire, Smuts ne remplit pas sa part de l'accord, et les Indiens brulèrent solennellement leurs cartes d'inscription lors d'une réunion de masse. Après quoi, pour mettre à l'épreuve l'interdiction d'immigration indienne du Transvaal, Gandhi organisa des manifestations massives d'Indiens vers le Transvaal depuis Natal. D'autres allèrent du Transvaal à Natal et revinrent, se faisant arrêter pour avoir traversé la frontière. À un moment donné, 2500 des 13.000 Indiens présents au Transvaal étaient en prison, et 6000 étaient en exil.

La lutte s'intensifia après la création de l'Union de l'Afrique du Sud en 1910, car les restrictions s'appliquant aux Indiens du Transvaal, qui leur interdisaient de posséder des terres, de vivre en dehors de quartiers ségrégués, ou de voter, ne furent pas retirées, et une décision de la Cour suprême de 1913 déclara que tous les mariages non chrétiens étaient légalement invalides. Cette décision priva la plupart des femmes et des enfants non blancs de toute protection légale de leurs droits familiaux. La désobéissance civile massive des Indiens s'accrut, en passant par une manifestation de 6000 personnes allant de Natal au Transvaal. Enfin, après bien des controverses, Gandhi et Smuts négocièrent un compromis complexe en 1914. Il révoqua certaines des discriminations contre les Indiens en Afrique du Sud, reconnut les mariages indiens, annula l'impôt annuel discriminatoire de 3 £ sur les Indiens, et arrêta toute importation de travailleurs temporaires depuis l'Inde en 1920. La paix fut rétablie durant cette controverse civile, juste à temps pour permettre la formation d'un front uni dans la guerre contre l'Allemagne. Mais en 1914, en Afrique du Sud, Gandhi avait trouvé les techniques qu'il employa contre les Britanniques en Inde après 1919.

Jusqu'en 1919, Gandhi resta très fidèle à la connexion britannique. Il avait, tant en Afrique du Sud qu'en Inde, constaté que les Anglais originaires de Grande-Bretagne étaient bien plus tolérants et compréhensifs que la plupart des Blancs anglophones originaires de la classe moyenne des régions d'outremer. Durant la guerre des Boers, il fut le chef actif d'un corps d'ambulanciers de 1100 Indiens qui travaillèrent avec un courage inspirant, même sous les coups de feu sur le champ de bataille. Durant la Première Guerre mondiale, il travailla en continu sur des campagnes de recrutement pour les forces britanniques. Lors d'une de ces campagnes en 1915, il déclara : « J'ai découvert que l'Empire britannique avait certains idéaux, desquels je suis tombé amoureux, et l'un de ceux-là est que chaque sujet de l'Empire britannique est aussi libre de ses actions que son énergie et son honneur le permettent, et que tout ce qu'il pense est dû à sa conscience. » En 1918, cet apôtre de la non-violence déclarait : « Nous sommes considérés comme un peuple de lâches. Si nous désirons nous libérer de ce reproche, nous devrions apprendre à utiliser des armes [...] Le partenariat avec l'empire est notre but. Nous devrions souffrir au mieux de notre capacité et même mourir pour défendre l'empire. Si l'empire périt, notre aspiration chérie périra avec lui ».

Durant cette période, l'ascétisme de Gandhi et son opposition à toute sorte de discrimination lui gagnaient une position morale exceptionnelle auprès des Indiens. Il était opposé à toute forme de violence et à toute effusion de sang, à l'alcool, à la viande, au tabac, et même à la consommation de lait et d'œufs, et aux relations sexuelles (même pendant le mariage). Et plus encore que cela, il était opposé à l'industrialisation occidentale, à la science et à la médecine occidentales, ainsi qu'à l'usage des langues occidentales au lieu des langues indiennes. Il exigeait que ses partisans produisissent un quota quotidien fixe de coton tissé à la main, il portait un minimum de vêtements artisanaux, filait sur un petit rouet durant toutes ses activités quotidiennes, et fit du petit rouet de main le symbole de son mouvement ; tout cela dans le but de justifier la nature honorable du travail manuel, la nécessité de l'autonomie économique, et son opposition à l'industrialisation occidentale. Il travailla à obtenir l'égalité pour les intouchables, les appelant les « enfants de Dieu » (Harijans), s'associant à eux dès qu'il le pouvait, les invitant dans sa propre maison, allant jusqu'à en adopter une comme sa propre fille. Il œuvra à soulager l'oppression économique, en organisant des grèves contre les bas salaires ou contre les conditions de travail misérables, soutenant les grévistes grâce à l'argent qu'il avait obtenu des plus riches industriels hindous de l'Inde. Il attaquait la médecine et l'hygiène occidentales, soutenait toutes sortes de remèdes médicaux indigènes et même le charlatanisme, et pourtant, lorsqu'il souffrit de l'appendicite, il se rendit chez un chirurgien ayant reçu une formation occidentale. De même, il prônait la non-consommation du lait, et pourtant, pendant une grande partie de sa vie, il but du lait de chèvre pour des raisons de santé. Il attribuait ces incohérences à sa propre nature pècheresse, à sa faiblesse. Enfin, il autorisait le coton tissé à la main à être cousu avec des machines à coudre Singer, et concédait que les usines à la mode occidentale étaient nécessaires pour fournir ces machines.

Durant cette période, il découvrit que ses jeûnes personnels, qu'il avait longtemps pratiqués, pouvaient être utilisés comme des armes morales contre ceux qui s'opposaient à lui, tout en renforçant l'emprise morale qu'il avait sur ceux qui le soutenaient. « Je jeûne, déclarait-il, pour réformer ceux qui m'aiment. On ne peut pas jeuner contre un tyran. » Gandhi ne sembla jamais reconnaitre que ses jeûnes et sa désobéissance civile n'étaient efficaces contre les Anglais présents en Inde et en Afrique du Sud que dans la mesure où ils faisaient preuve d'humanité, de décence, de générosité et de fairplay. Gandhi admirait beaucoup ces vertus, mais en attaquant les Anglais au travers de celles-ci, il affaiblissait la Grande-Bretagne et la classe qui les possédaient, et rendait donc plus probable leur remplacement par des nations et des envahisseurs qui ne les possédaient pas. Hitler et ses Allemands, qui exterminèrent six-millions de Juifs de sang-froid durant la Seconde Guerre mondiale, n'auraient certainement pas partagé la réticence de Smuts à emprisonner quelques centaines d'Indiens ni la réticence de lord Halifax à regarder Gandhi se laisser mourir de faim. Cela représentait la faiblesse létale des objectifs de Gandhi et de ses méthodes, mais ceux-ci étaient si chers aux cœurs des Indiens et étaient poursuivis par Gandhi avec une telle abnégation qu'il devint rapidement le chef spirituel du Congrès national indien après la mort de Gokhale en 1915. À ce poste, Gandhi, grâce à sa puissance spirituelle, réussit à accomplir ce qu'aucun chef n'était parvenu à réaliser plus tôt, et que peu avaient osé espérer : il répandit la conscience politique et le sentiment nationaliste depuis la classe instruite vers les classes inférieures, vers les grandes masses incultes qui formaient le peuple indien.

Cette masse, à laquelle s'ajoutait Gandhi, attendit et demanda une plus grande autonomie gouvernementale après la fin de la Première Guerre mondiale. L'Acte de 1919 accorda cela, et le fit probablement autant que l'expérience politique des Indiens le rendait possible. En outre, l'Acte anticipait l'expansion des régions où l'autonomie gouvernementale était en vigueur au rythme de l'acquisition d'expérience dans le domaine politique par les Indiens. Mais l'Acte fut, dans la plus grande partie, un échec, car Gandhi avait suscité des ambitions politiques chez une grande masse d'Indiens, qui manquaient d'expérience en matière d'activités politiques, et ces demandes donnèrent lieu à une opposition intense au système de gouvernement autonome indien au sein des sphères britanniques qui ne partageaient pas les idéaux de la Table ronde. Finalement, les actions de cette opposition britannique conduisirent Gandhi à passer de la « non-résistance » à la « non-coopération » totale, puis à la « désobéissance civile », détruisant ainsi tout l'objet de l'Acte de 1919.

De nombreux conservateurs britanniques, à la fois en Grande-Bretagne et en Inde, s'opposèrent à l'Acte de 1919. lord Ampthill, qui avait une longue expérience de l'Inde et qui avait vaillamment soutenu Gandhi en Afrique du Sud, attaqua l'Acte, ainsi que Lionel Curtis pour l'avoir créé. Il déclara dans la Chambre des Lords : « Le fait est que, si ce n'était pour une visite fortuite en Inde par un globetrotteur doctrinaire doté d'une manie positive pour l'incitation à la constitution [Curtis], personne au monde n'aurait jamais pensé à une notion aussi étrange que la dyarchie. Et pourtant le comité mixte (Selborne) nous dit avec désinvolture qu'un meilleur plan n'aurait pu être conçu. » En Inde, les hommes comme le gouverneur du Pendjab, sir Michael O'Dwyer, étaient encore plus catégoriquement opposés à l'autonomie gouvernementale ou à l'agitation nationaliste indienne. De nombreux conservateurs, qui étaient déterminés à maintenir l'empire intact ne pouvaient pas voir comment cela pouvait être réalisé sans que l'Inde en fût le principal joyau, comme au XIXe siècle. Non seulement l'Inde avait fourni une grande partie des effectifs de l'armée impériale en temps de paix, mais cette armée était majoritairement stationnée en Inde et payée par les revenus du gouvernement de l'Inde. En outre, cette réserve d'hommes autorémunérée se situait au-delà de la surveillance des réformateurs ainsi que des contribuables britanniques. Les plus vieux conservateurs britanniques, avec leurs fortes connexions avec l'armée, et d'autres comme Winston Churchill, avec une connaissance des questions militaires, ne voyaient pas comment la Grande-Bretagne pouvait faire face aux exigences militaires du XXe siècle sans les effectifs militaires indiens, du moins dans les régions colonisées.

Au lieu d'obtenir plus de liberté à la fin de la guerre en 1918, les Indiens en perdirent. Le groupe conservateur fit passer de force la loi Rowlatt en mars 1919. Celle-ci conservait la plupart des restrictions des libertés civiles en Inde qui avaient été mises en place pendant la guerre, pour contrôler l'agitation des nationalistes. Gandhi appela à la désobéissance civile et à une série de grèves générales locales et disséminées (artels) en signe de protestation. Ces actions menèrent à la violence, en particulier à des attaques d'Indiens contre les Britanniques. Gandhi déplora cette violence, et s'infligea un jeûne de soixante-douze heures comme pénitence.

Le 10 avril 1919, une Anglaise fut attaquée dans une rue d'Amritsar. Les dirigeants du Parti du Congrès de la ville furent déportés, et le brigadier R. E. H. Dyer fut envoyé pour rétablir l'ordre. À son arrivée, il interdit toutes processions et réunions. Après quoi, sans attendre que l'ordre fût rendu public, et accompagné de cinquante hommes, il fit disperser une réunion déjà en cours à tirs de fusil (le 13 avril 1919). Il fit tirer un total de 1650 balles sur une foule entassée sur une place sans issue possible, faisant 1516 blessés, dont 379 trouvèrent la mort. Laissant les blessés sans soins à même la terre, le général Dyer retourna dans son bureau et émit l'ordre que tous les Indiens passant dans la rue où l'Anglaise avait été agressée une semaine plus tôt devaient le faire en rampant sur les mains et les genoux. Il ne faisait aucun doute que le général Dyer cherchait des ennuis. Ses propres mots furent : « J'avais pris ma décision : j'allais mener tous ces hommes à la mort [...] Il n'était plus question de disperser simplement la foule, mais de produire, d'un point de vue militaire, un effet moral suffisant non seulement sur ceux qui étaient présents, mais aussi, et tout particulièrement, à travers le Pendjab. »

La situation aurait encore pu être sauvée de la barbarie de Dyer, mais le comité Hunter, qui enquêta sur l'atrocité, refusa de condamner Dyer pour une « grave erreur de jugement » et une « conception honnête, mais erronée du devoir ». Une grande partie de la Chambre des Lords approuva son action en refusant de le censurer et, quand le gouvernement le força à démissionner de l'armée, ses admirateurs en Grande-Bretagne lui remirent une épée et une bourse contenant 20.000 £.

À ce moment, Gandhi commit une grave erreur de jugement. Afin de solidifier l'alliance des hindous et des musulmans qui existait depuis 1917, il apporta son soutien au mouvement du califat composé de musulmans indiens afin d'obtenir un traité de paix clément pour le sultan turc (et calife) après la Première Guerre mondiale. Gandhi suggéra au califat d'adopter la « non-coopération » contre la Grande-Bretagne pour faire respecter ses exigences. Cela impliquait un boycott sur les marchandises britanniques, les écoles, les tribunaux, les bureaux, les honneurs, et sur tout ce qui pourrait être sujet aux taxes britanniques (comme l'alcool). Cela aurait constitué une erreur de jugement parce que le sultan fut peu après renversé par son propre peuple, organisé sous le mouvement turc nationaliste et cherchant à créer un État turc sécularisé, en dépit de tout ce que la Grande-Bretagne faisait pour le soutenir (à la fois en public et en privé). Ainsi, le mouvement du califat cherchait à forcer la Grande-Bretagne à faire quelque chose qu'elle envisageait déjà, mais qu'elle ne pouvait pas faire. De plus, en mettant en place la « non-coopération » comme arme contre les Britanniques, Gandhi aurait ouvert un certain nombre de portes qu'il n'avait aucun désir d'ouvrir, entrainant des conséquences très néfastes pour l'Inde.

Tilak et Gandhi furent les figures de proue du Congrès national indien de décembre 1919. Tous deux étaient prêts à accepter les Réformes Montagu-Chelmsford, Tilak pour la raison qu'il croyait que ce serait la meilleure façon de prouver qu'elles n'étaient pas adéquates. Cependant, le 1er août 1920, Gandhi proclama la « non-coopération » au nom du mouvement du califat. Le même jour, Tilak mourut, laissant Gandhi en dirigeant indiscuté du Congrès. Lors de la réunion de 1920, il remporta l'approbation unanime pour la « non-coopération », et proposa ensuite une résolution pour le swaraj (l'autonomie), à l'intérieur ou à l'extérieur de l'Empire britannique. Les musulmans qui étaient au Congrès, menés par Muhammad Ali Jinnah, refusèrent d'accepter une Inde indépendante en dehors de l'Empire britannique, car cela soumettrait les musulmans à une majorité d'hindous sans la protection de la modération britannique. En conséquence, à ce moment, de nombreux musulmans quittèrent le Congrès.

La non-coopération fut un grand succès public. Mais elle ne permit pas à l'Inde d'obtenir l'autonomie, et rendit le pays moins adapté à l'autonomie gouvernementale, en rendant impossible pour les Indiens d'obtenir de l'expérience au sein du gouvernement en vertu de l'Acte de 1919. Des milliers d'Indiens renoncèrent aux médailles et aux honneurs, abandonnèrent la pratique du droit au sein des tribunaux britanniques, quittèrent les écoles britanniques, et brulèrent les marchandises britanniques. Gandhi tint de grandes réunions au cours desquelles des milliers de personnes se dépouillèrent de leurs habits étrangers et les jetèrent dans de grands feux. Cela ne leur procura pas un enseignement dans la gestion d'un gouvernement, mais raviva simplement la violence nationaliste. Le 1er février 1922, Gandhi informa le vice-roi qu'il était sur le point de commencer un mouvement de désobéissance civile massif, un district après l'autre, en commençant par Bardoli, à côté de Bombay. La désobéissance, y compris le refus de payer les impôts ou d'obéir aux lois, représentait l'étape au-delà de la non-coopération, car elle impliquait des actions illégales. Le 5 février 1922, une foule hindoue agitée attaqua vingt-deux policiers, et les tua en incendiant le poste de police alors qu'ils s'y trouvaient à l'intérieur. Horrifié, Gandhi annula la campagne contre la Grande-Bretagne, et fut immédiatement arrêté et condamné à six ans de prison pour sédition.

Les évènements de 1919 à 1922 causèrent bien des dégâts. La Grande-Bretagne et l'Inde s'aliénèrent au point de ne plus se faire confiance. Le Parti du Congrès fut divisé, les modérés formant un nouveau groupe nommé la Fédération libérale indienne. Les musulmans abandonnèrent également dans une large mesure le Parti du Congrès et allèrent renforcer la ligue musulmane. À partir de ce moment, les émeutes musulmanes-hindoues survinrent régulièrement chaque année en Inde. Et, enfin, le boycott paralysa les Réformes Montagu-Chelmsford, près des deux tiers des électeurs refusant de voter durant les élections du Conseil en novembre 1920.

L'IRLANDE JUSQU'EN 1939

Alors qu'entre 1919 et 1922 la crise indienne était à son apogée, une crise plus violente encore faisait rage en Irlande. Tout au long du XIXe siècle, l'Irlande fut agitée par des griefs de longue date. Les trois problèmes majeurs étaient d'ordre agricole, religieux et politique. La conquête de l'Irlande par les hommes de Cromwell au XVIIe siècle transféra une grande partie des terres irlandaises, comme butin de guerre, à des propriétaires anglais non résidents. En conséquence, les loyers élevés, l'insécurité foncière, le manque d'amélioration et l'exploitation économique légalisée, soutenue par les juges et soldats anglais, donnèrent lieu à de violents troubles agraires et à des atrocités rurales dirigées contre les vies et les propriétés anglaises.

Tout d'abord, suite à la loi Gladstone sur les terres en 1870, les problèmes agricoles furent lentement atténués, et, en 1914, furent sous contrôle. Le problème religieux provenait du fait que l'Irlande était, pour une écrasante majorité, catholique romaine, et ne voulait pas être gouvernée par des personnes suivant une autre religion. De plus, jusqu'à ce que l'Église irlandaise (épiscopale) soit dissoute en 1869, les catholiques irlandais durent supporter une structure composée de clergé et d'évêques anglicans, dont la plupart n'avaient que peu, voire pas, de paroissiens en Irlande et qui résidaient en Grande-Bretagne, soutenus par des revenus en provenance d'Irlande. Enfin, l'Acte D'Union de 1801 avait fait de l'Irlande une partie du Royaume-Uni, représentée au Parlement de Westminster.

En 1871, ces représentants, qui étaient opposés à l'union avec la Grande-Bretagne, formèrent le Home Rule Party irlandais. Celui-ci cherchait à obtenir la séparation en entravant les fonctions du Parlement et en perturbant ses délibérations. Ce groupe exerça parfois une influence considérable au Parlement en maintenant un équilibre du pouvoir entre les libéraux et les conservateurs. Les libéraux de Gladstone étaient prêts à accorder l'autonomie gouvernementale à l'Irlande, sans représentant à Westminster, les conservateurs (avec le soutien d'une majorité d'Anglais) s'y opposaient, et le groupe Rhodes-Milner souhaitait que les Irlandais pussent gouverner leurs affaires intérieures de manière autonome, en conservant des représentants irlandais à Westminster pour traiter des affaires étrangères et impériales. Le gouvernement libéral de 1906 à 1916 essaya de faire adopter un projet de loi sur l'autonomie gouvernementale en gardant une représentation irlandaise au sein de la Chambre des communes, mais fut bloqué à plusieurs reprises par l'opposition de la Chambre des Lords, si bien que le projet de loi ne fut adopté qu'en septembre 1914.

La principale opposition venait du fait que les protestants d'Ulster (en Irlande du Nord) seraient submergés sous une Irlande majoritairement catholique. L'opposition d'Ulster, menée par sir Edward (plus tard lord) Carson, organisa une armée privée, l'arma d'armes à feu de contrebande venues d'Allemagne, et se prépara à prendre le contrôle de Belfast au signal de Londres. Carson était en chemin vers la station télégraphique pour envoyer ce signal en 1914 lorsqu'il reçut un message de la part du Premier ministre, lui apprenant que la guerre contre l'Allemagne était sur le point d'éclater. En conséquence, la révolte d'Ulster fut annulée et la loi sur l'autonomie suspendue jusqu'à six mois après la paix avec l'Allemagne. La révolte avec les armes allemandes en Irlande fut donc réalisée par les nationalistes irlandais en 1916, et non par leurs opposants Ulster en 1914. Cette prétendue insurrection de Pâques de 1916 fut écrasée et ses chefs exécutés, mais le mécontentement continua à couver en Irlande, la violence restant prête à éclater.

Lors des élections parlementaires de 1918, l'Irlande élut 6 nationalistes (qui désiraient l'autonomie gouvernementale pour l'ensemble de l'Irlande) 73 Sinn

Féins[1] (qui désiraient une république irlandaise indépendante de la Grande-Bretagne), et 23 unionistes (qui souhaitaient rester une part de la Grande-Bretagne). Au lieu d'aller à Westminster, les Sinn Féins organisèrent leur propre Parlement à Dublin. Les tentatives d'arrestation de ses membres déclenchèrent une guerre civile ouverte. Cette lutte entraina assassinats, trahison et représailles, qui se déroulèrent dans les ruelles et les champs au clair de lune. Les soixante-mille soldats britanniques furent incapables de maintenir l'ordre. Des milliers de vies furent perdues, chaque côté faisant preuve d'une inhumanité brutale, et les dommages matériels s'élevèrent à une valeur de 50 millions de livres.

Lionel Curtis, qui aida à l'édition de *The Round Table* de 1919 à 1921, préconisa dans le numéro de mars 1920 de séparer l'Irlande du Nord et l'Irlande du Sud, et que l'autonomie gouvernementale fût accordée aux deux, qui seraient ainsi des parties autonomes de la Grande-Bretagne. Cette division fut instituée par la loi huit mois plus tard, sous le nom de Government of Ireland Act (loi sur le gouvernement de l'Irlande) en 1920, mais fut rejetée par les républicains irlandais menés par Eamon de Valera. La guerre civile se poursuivit. Le groupe de la Table ronde tenta vaillamment d'arrêter les extrémistes des deux côtés, mais ne rencontra en cela qu'un succès modéré. Le beau-frère d'Amery, Hamar (lord) Greenwood, fut nommé secrétaire en chef pour l'Irlande, le dernier titulaire de ce poste, tandis que Curtis fut nommé conseiller pour les affaires irlandaises au ministère des Colonies (qui était dirigé par Milner et Amery). Le *The Times* et le *The Round Table* condamnèrent la répression britannique en Irlande, ce dernier déclarant : « Si le Commonwealth britannique ne peut être préservé que par de tels moyens, il deviendra une négation du principe pour lequel il a été instauré. » Mais la violence anglaise ne pouvait être réduite tant que la violence irlandaise persistait. Erskine Childers était un des principaux dirigeants des républicains irlandais, un vieil ami d'école de Curtis, qui l'avait accompagné en Afrique du Sud, mais rien ne pouvait être obtenu de lui puisqu'il était devenu un anti-Britannique fanatique. En conséquence, Smuts fut appelé à l'aide. Il écrivit un discours conciliant pour le roi George, à prononcer à l'ouverture du Parlement d'Ulster, et rendit secrètement visite aux rebelles cachés en Irlande pour tenter de persuader les dirigeants républicains irlandais de se montrer raisonnables. Il compara l'insécurité dont faisait preuve la république du Transvaal avant 1895 avec son rassurant état de dominion depuis 1910 en déclarant : « Ne vous méprenez pas à ce propos : vous avez plus de privilèges, plus de pouvoirs, une plus grande paix et une plus grande sécurité dans une telle fraternité de nations égales que dans une petite république nerveuse devant sans arrêt compter sur la bonne volonté et, peut-être, l'assistance d'étrangers. Quelle sorte d'indépendance cela peut-il bien être ? ».

---

1. N.D.É. Mouvement révolutionnaire irlandais prônant le rattachement de l'Irlande du Nord à l'Irlande.

Smuts arrangea un armistice et organisa une conférence pour négocier une entente. Cette conférence, durant laquelle Curtis était secrétaire, donna lieu aux Articles of Agreement de décembre 1921 qui conférèrent à l'Irlande du Sud le statut de dominion alors que l'État libre d'Irlande, l'Irlande du Nord, quant à elle, demeurait sous les lois de 1920. La ligne de démarcation entre les deux pays fut établie par un comité composé de trois personnes, dont le membre britannique (et président) était Richard Feetham du Kindergarten de Milner et du groupe de la Table ronde, plus tard juge de la Cour suprême d'Afrique du Sud.

Les républicains irlandais de De Valera refusèrent d'accepter cet accord, et entrèrent en insurrection, cette fois contre les dirigeants irlandais modérés, Arthur Griffith et Michael Collins. Collins fut assassiné, et Griffith mourut, épuisé par la pression, mais le peuple irlandais était maintenant fatigué de la tourmente. Les forces de De Valera furent poussées à la clandestinité, et furent vaincues lors de l'élection de 1922. Lorsque le parti de De Valera, le Fianna Fail, parvint à gagner lors d'une élection en 1932 et qu'il devint président de l'Irlande, il abolit le serment de fidélité au roi ainsi que le poste de gouverneur général, mit fin aux paiements annuels sur les terres saisies par les Anglais et le recours au Conseil privé, engagé dans une guerre amère sur les tarifs douaniers avec la Grande-Bretagne, et continua à exiger l'annexion de l'Ulster. L'un des derniers liens avec la Grande-Bretagne prit fin en 1938, lorsque les bases navales britanniques en Irlande furent remises aux Irlandais, ce qui bénéficia beaucoup aux sous-marins allemands entre 1939 et 1945.

L'Extrême-Orient jusqu'à la Première Guerre mondiale

L'EFFONDREMENT DE LA CHINE JUSQU'EN 1920

L'anéantissement de la culture traditionnelle chinoise sous l'influence de la civilisation occidentale est nettement antérieur à celui de la culture indienne par les Européens. Ce retard provient du fait que la pression européenne sur l'Inde avait été exercée de façon assez constante depuis le début du XVIe siècle, tandis qu'en Extrême-Orient, au Japon encore plus qu'en Chine, cette pression avait été relâchée à partir du début du XVIIe siècle pendant presque deux-cents ans jusqu'en 1794 pour la Chine, et 1854 pour le Japon. Par conséquent, nous pouvons observer le processus par lequel la culture européenne fut capable de détruire les cultures indigènes traditionnelles de l'Asie, plus précisément en Chine plus que nulle part ailleurs.

La culture traditionnelle de la Chine, comme partout ailleurs en Asie, était faite d'une hiérarchie militaire et bureaucratique superposée sur une masse importante de main-d'œuvre paysanne. Il est d'usage, dans l'analyse de cette question, de répartir cette hiérarchie sur trois niveaux. Politiquement, ils se composaient de l'autorité impériale en première position, d'une énorme hiérarchie de représentants impériaux et provinciaux au milieu, et d'une multitude de villages locaux semi-patriarcaux et semi-démocratiques en troisième position. Au niveau social, cette hiérarchie était également divisée entre la classe dirigeante, la petite noblesse, et les paysans. Et économiquement, il existait une division parallèle, le groupe le plus élevé, tirant ses revenus comme tributs et taxes de ses possessions par pouvoir politique ou militaire, alors que le groupe du milieu basait ses revenus sur des sources économiques telles que des titres d'intérêts sur les prêts, de loyers sur les terres, et des bénéfices de l'entreprise commerciale, ainsi que des salaires, et d'autres rémunérations provenant du contrôle de l'administration par ce groupe intermédiaire. Au pied de la hiérarchie, on trouvait les paysans, qui formaient le seul vrai groupe productif de la société et qui tiraient leurs revenus de leur dur labeur collectif, et devaient survivre de ce qui leur était laissé après qu'une fraction substantielle de leur produit fut distribuée aux deux groupes plus importants en guise de loyer, d'impôts, d'intérêts, de pots-de-vin coutumiers (appelés « extorsions »), ainsi qu'un excès de bénéfices réalisés sur les achats de « première nécessité » tels que le sel, le fer ou l'opium.

Même si les paysans étaient clairement un groupe exploité dans la société traditionnelle chinoise, cette exploitation était impersonnelle et traditionnelle et cela était donc plus facile à supporter que si elle avait été personnelle ou arbitraire. Avec le temps, un système viable de rapports coutumiers s'était concrétisé au sein des trois niveaux de la société. Chaque groupe connaissait les rapports créés avec les autres groupes et se servait de ces relations pour éviter toute pression soudaine ou excessive qui aurait pu perturber les schémas établis dans la société. La force politique et militaire du régime impérial empiétait rarement directement sur la paysannerie, car l'administration intervenait entre eux comme un tampon protecteur. Ce tampon suivait un schéma d'inefficacité volontaire et informe de telle sorte que la force militaire et politique était diffusée, dispersée et émoussée au moment où elle atteignait les villages de paysans. L'administration suivait ce schéma, car elle reconnaissait que la paysannerie était la source de ses revenus et ne voulait aucunement créer un mécontentement qui aurait mis en péril le processus productif ou les paiements de loyers, d'impôts et d'intérêts dont elle dépendait. Par ailleurs, l'inefficacité du système était à la fois coutumière et délibérée, car elle permettait qu'une grande partie de la richesse, qui était drainée chez la paysannerie, soit détournée et partagée entre les classes moyennes de la noblesse avant que les restants n'atteignent le groupe impérial au sommet.

Ce groupe impérial devait, à son tour, accepter ce système d'inefficacité et de détournement des revenus à cause de l'éloignement de la paysannerie vis-à-vis de l'immensité du territoire du pays, de l'inefficacité de son système de transport et de communications, et de l'impossibilité de tenir un registre de sa population ou des revenus et des impôts sans l'intervention indirecte de l'administration. La position semi-autonome de l'administration dépendait, pour une grande partie, du fait que le système d'écriture chinoise était si fastidieux, si inefficace, et si compliqué à apprendre que le gouvernement central ne pouvait conserver de preuves écrites ou administrer la collecte d'impôts, l'ordre public ou la justice si ce n'était à travers une administration constituée d'experts. Celle-ci était recrutée parmi les nobles, car les systèmes complexes d'écriture, de législation et des traditions administratives ne pouvaient être dirigés que par un groupe ayant un loisir basé sur des revenus non salariaux. Il est évident que la formation nécessaire pour cette administration et les examens pour y accéder devinrent totalement irréalistes avec le temps ; ceux-ci consistant pour une majeure partie en la mémorisation d'anciens textes littéraires à des fins d'examens plutôt qu'à des fins culturelles ou administratives. Cela n'était pas aussi mauvais que ça pourrait en avoir l'air, car beaucoup des textes mémorisés contenaient une grande part de sagesse ancienne, avec un côté éthique ou pratique, et la possession de ces connaissances engendrait chez son possesseur un respect pour la modération et pour la tradition qui était justement ce dont le système nécessitait. Personne ne regrettait que le système d'éducation et d'examens menant à la bureaucratie n'engendrât pas une soif pour l'efficacité, car cette dernière n'était pas une qualité à laquelle quiconque aspirait. L'administration n'aspirait pas à l'efficacité, parce que cela aurait réduit sa capacité à détourner les fonds s'écoulant vers le sommet en provenance de la paysannerie.

La paysannerie ne souhaitait pas le développement de l'efficacité qui aurait pu la priver du flou dont elle bénéficiait pour éviter les pressions du pouvoir impérial. Le pouvoir impérial était peu enclin à un développement de l'efficacité au sein de son administration, car cela aurait pu la conduire à une plus grande indépendance. Aussi longtemps que la superstructure impériale de la société chinoise obtînt sa part dans la richesse générée par la paysannerie, elle était satisfaite. La part de cette richesse qui revenait au groupe impérial était très importante, en chiffres absolus, bien qu'elle représentait proportionnellement une petite part du montant total qui provenait de la classe paysanne, la plus grande partie étant détournée par la noblesse et l'appareil administratif lors de son ascension.

La nature abusive de ce système social à trois classes était atténuée, comme nous l'avons observé, par l'inefficacité, la modération traditionnelle et les idées éthiques acceptées, un sens d'interdépendance sociale, ainsi que le pouvoir de la loi traditionnelle et de la coutume qui protégeait le paysan ordinaire d'un traitement arbitraire ou de l'impact direct de la force du système. Ce qui importait le plus, peut-être, était que le système fût atténué par l'existence de carrières ouvertes aux talents. La Chine ne fut jamais organisée en groupes héréditaires ou castes, étant à cet égard semblable à la Grande-Bretagne et tout à fait différente de l'Inde. La voie vers les plus hautes positions était libre dans la société chinoise, non pas pour n'importe quel paysan individuel au cours de sa vie, mais pour chaque famille de paysans sur une période de plusieurs générations. Ainsi, la position d'un individu dans la société ne dépendait pas de ses propres efforts pendant sa jeunesse, mais de ceux de son père et de son grand-père.

Si un paysan chinois était assidu, astucieux et chanceux, il pouvait s'attendre à recevoir quelques petits extras en plus de la subsistance de sa propre famille et du prélèvement destiné aux classes supérieures. Ce surplus pouvait être investi dans des activités comme la production du fer, la vente d'opium, la vente de bois et de carburant, le commerce du porc et bien d'autres. Les bénéfices tirés de ces activités pouvaient ensuite être investis dans une petite portion de terre pour être louée à des paysans moins fortunés, ou pour réaliser des prêts à d'autres paysans. Si les temps étaient propices, le propriétaire du surplus commençait à recevoir des loyers ainsi que des intérêts de la part de ses voisins. Si les temps se détérioraient, il avait toujours sa terre en possession ou pouvait la reprendre de son débiteur en guise de garantie sur son prêt. Dans les bons comme dans les mauvais moments, la croissance de la population chinoise maintint la demande pour des terres à un niveau élevé et les paysans étaient capables de s'élever sur l'échelle sociale de la paysannerie à la noblesse, en élargissant lentement leurs revendications légales sur les terres. Une fois dans la noblesse, les enfants ou petits enfants d'une personne pouvaient être éduqués afin de réussir les tests bureaucratiques et se voir admis au groupe des mandarins.[1] Une famille qui comptait un membre ou deux au sein de ce groupe obtenait l'accès à l'ensemble du système « d'extorsion » et de détournement bureaucratique des flux de revenus, de sorte qu'elle pouvait, dans son ensemble, continuer de s'élever dans la structure socioéconomique. Certains membres de la famille pouvaient éventuellement progresser vers le centre impérial à partir du niveau provincial, où débutait cette ascension, et pouvaient même avoir accès au groupe de dirigeants impériaux.

Dans ces hauts niveaux de la structure sociale, nombre de familles étaient en mesure de maintenir une position pendant des générations. Mais en général, il y avait une « circulation des élites » stable, même si elle était lente, où la plupart des familles restaient à une position sociale élevée seulement pour une ou deux générations, puis, après environ trois générations d'ascension, celles-ci étaient

---

1. N.D.É. Haut fonctionnaire de l'Empire chinois, choisi par concours. Voir p. 210.

suivies par quelques générations en déclin. Ainsi, dans l'ancienne Chine, l'ancien dicton américain qui disait que cela n'avait pris que trois générations «from shirt-sleeves[1]» devrait être étendu à environ six ou sept générations de corvée de rizières avant d'y retourner de nouveau. Mais l'espoir d'une telle ascension contribuait davantage à développer la diligence individuelle et la solidarité familiale, ainsi qu'à réduire le mécontentement du paysan. Ce fut seulement à la fin du XIXe siècle et au début du XXe que les paysans chinois commencèrent à considérer leurs positions tellement désespérées que la violence devint préférable à la diligence ou à la conformité. Ce changement vint du fait que, comme nous le verrons, l'impact de la culture occidentale sur la Chine avait rendu la position des paysans économiquement sans espoir.

Dans la société traditionnelle chinoise, les bureaucrates recrutés à la suite d'examens passés par la noblesse étaient appelés les mandarins. Ils étaient, dans les faits, l'élément dominant de la société chinoise. Puisque leur position socioéconomique ne reposait pas sur le pouvoir politique ou militaire, mais sur les traditions, la structure légale, la stabilité sociale, les enseignements éthiques, et les droits de la propriété, ce groupe de niveau intermédiaire apporta à la société chinoise une puissante orientation traditionnelle. Le respect des anciennes traditions, des modes d'action et de pensée reconnus, des ancêtres dans la société et la religion, et du père de la famille devinrent les caractéristiques notables de la société chinoise. Le fait que cette société était un réseau complexe d'intérêts personnels, non progressiste, et empreinte de corruption, était aussi répréhensible vis-à-vis du Chinois moyen, quelle que fût sa classe, que l'inefficacité notoire du réseau.

Ces choses devinrent contestables uniquement lorsque la société chinoise entra en contact direct avec la culture occidentale au XIXe siècle. Lors de la collision de ces deux sociétés, l'inefficacité, les lenteurs, la corruption ainsi que l'ensemble des liens entre les intérêts établis et les traditions qui reflétaient la société chinoise furent incapables de survivre une fois en contact avec l'efficacité, la progressivité et les moyens de pénétration et de domination des Européens. Un tel système ne pouvait espérer survivre s'il ne pouvait se fournir avec des armes à feu en grande quantité et de grandes armées composées de soldats loyaux pour les utiliser, s'il ne pouvait augmenter ses impôts ou sa production de richesse, s'il ne pouvait contrôler l'évolution de sa propre population ou de ses propres revenus aux moyens de registres fiables, ou s'il ne disposait d'aucune méthode de communication et de transport efficace sur une zone de plus de 5 millions de kilomètres carrés.

La société occidentale qui commença à affecter la Chine vers les années 1800 était puissante, efficace, et moderne. Elle n'avait aucun respect pour la

---

1. N.D.É. Ou « shirtsleeves to shirtsleeves in three generations », c.-à-d. trois générations de la grandeur à la décadence.

corruption, les traditions, les droits de propriété, la solidarité familiale ou encore la modération éthique de la société traditionnelle chinoise. Alors que les armes de l'Occident, ainsi que ses méthodes efficaces de sanitaire, d'écriture, de transport et de communications, de l'intérêt individuel, et du rationalisme intellectuel corrosif entraient en contact avec la société chinoise, ces éléments commencèrent à la dissoudre. La société chinoise était trop faible pour se défendre contre l'Occident. Lorsqu'elle essaya de le faire, comme cela fut le cas pendant les guerres de l'opium ainsi que lors des luttes des années 1841 à 1861, ou encore lors de la révolte des Boxers en 1900, la résistance des Chinois face à l'invasion européenne fut écrasée par l'armement des pouvoirs occidentaux et toute sorte de concessions à leur profit furent imposées à la Chine.

Jusqu'en 1841, Canton était l'unique port autorisé à recevoir des importations, et l'opium était illégal. En conséquence de la destruction chinoise de l'opium illégal indien, et des extorsions commerciales des autorités cantonaises, la Grande-Bretagne imposa à la Chine les traités de Nanking (1842) et de Tientsin (1858). Ceux-ci forcèrent la Chine à céder Hong Kong à la Grande-Bretagne et à ouvrir seize ports au commerce international, à imposer un tarif douanier d'importation unique de maximum 5%, à payer une indemnité d'environ 100 millions de dollars, à autoriser les légations étrangères à Pékin, à autoriser un officier britannique à agir en tant que chef du service des douanes chinoises, et à légaliser l'importation de l'opium. D'autres accords furent également imposés, et à travers ceux-ci la Chine perdit de nombreuses régions limitrophes telles que la Birmanie (à la Grande-Bretagne), l'Indochine (à la France), les iles Formose et Pescadores (au Japon), et Macao (au Portugal), tandis que d'autres zones furent prises en locations de durées différentes, allant de vingt-cinq à quatre-vingt-dix-neuf années. De cette manière, l'Allemagne prit Jiaozhou, la Russie prit le sud du Liaodong (y compris Port-Arthur), la France prit Kouang-Tchéou-Wan, et la Grande-Bretagne prit Kowloon et Weihai. Dans cette même période, différents pouvoirs imposèrent sur la Chine un système de tribunaux extraterritoriaux dans lesquelles les étrangers et les cas non judiciaires ne pouvaient être jugés par les tribunaux chinois ou en vertu du droit chinois.

L'impact politique de la civilisation occidentale sur celle de la Chine, aussi grand fût-il, fut éclipsé par l'impact économique. Nous avons déjà indiqué que la Chine était un pays largement agraire. Des années de culture ainsi qu'une croissance démographique lente avaient donné lieu à une pression incessante sur le sol et à une exploitation destructive de ses ressources végétales. La majeure partie du pays avait subi la déforestation, causant ainsi une pénurie de carburant, le ruissèlement rapide des précipitations, le danger constant des inondations et l'érosion à grande échelle de la terre. La culture avait été étendue aux vallées reculées et au sommet des pentes des collines par les pressions démographiques, avec une forte augmentation des mêmes conséquences destructrices, en dépit du fait que de nombreux flancs étaient cultivés en terrasses. Le fait que la partie sud du pays dépendait de la riziculture engendra beaucoup de problèmes puisque celle-ci, à valeur nutritive relativement faible, nécessitait de grosses dépenses en main-d'œuvre (repiquage et désherbage) dans des conditions difficiles. De longues périodes à patauger dans les rizières exposaient beaucoup de paysans à différentes sortes de maladies articulaires et hydriques telles que le paludisme ou les vers parasites.

La pression exercée sur le sol s'intensifia par le fait que 60% de la Chine se trouvait à plus de 1800 mètres au-dessus du niveau de la mer, trop élevé pour la culture, tandis que plus de la moitié des terres subissait une pluviosité insuffisante (en dessous de cinquante centimètres par an). En outre, les précipitations étaient fournies par les vents irréguliers de mousson qui provoquaient souvent des inondations et parfois n'apportaient des pluies que très peu abondantes, causant de grandes famines. Aux États-Unis, 140 millions de personnes étaient entretenues par le travail de 6,5 millions d'agriculteurs sur environ 148 millions d'hectares de terres cultivées dans les années 1945. À la même période environ, la Chine comptait presque 500 millions de personnes nourries par la culture de 65 millions d'exploitants agricoles sur seulement 88 hectares de terres cultivées. En Chine, une ferme moyenne s'étendait sur seulement un peu plus de 1,6 hectare (contre 63 aux États-Unis), mais elle était divisée en cinq ou six champs distincts et comptait, en moyenne 6,2 personnes vivant sur l'exploitation (comparé à 4,2 personnes sur la ferme américaine bien plus grande). Par conséquent, il n'y avait en Chine qu'environ deux dixièmes d'hectare de terre pour chaque personne vivant sur la propriété, comparativement aux chiffres américains qui étaient de 6,3 hectares par personne.

Le résultat de cette pression sur le sol fut que la moyenne des paysans chinois ne disposait, même dans le passé, d'aucune marge au-dessus du minimum vital, particulièrement lorsqu'on sait qu'une certaine partie de ces revenus était destinée aux classes supérieures. Le paysan chinois, en plus de son exploitation agricole, devait employer divers moyens ingénieux pour s'élever au-dessus du seuil de subsistance. Tous les achats de marchandises produites hors de la ferme étaient maintenus à un minimum absolu. Chaque brin d'herbe, feuille morte, ou résidu de récolte était ramassé et servait de combustible. Tous les déchets humains, y compris ceux des villes, étaient soigneusement rassemblés et utilisés comme engrais. Pour cette raison, les terres agricoles qui se situaient à proximité des villes étaient plus productives que celles éloignées. La collecte et la vente de ces déchets étaient un maillon important de l'économie agricole chinoise. Puisque le système digestif de l'homme ne puise que les éléments nutritifs des aliments, le restant était souvent utilisé pour nourrir les porcs, puis, après digestion, utilisé comme engrais. Chaque exploitation paysanne possédait au moins un porc, qui était acheté jeune. Il vivait dans les latrines agricoles jusqu'à ce qu'il soit adulte et était ensuite vendu en ville pour l'achat de produits nécessaires tels que du sel, sucre, carburant ou fer. D'une manière analogue, la rizière fournissait poissons et petites crevettes d'eau douce pour combler les carences en protéines de l'agriculteur.

En Chine, tout comme en Europe, les objectifs de rendement agricole étaient plutôt différents de ceux des nouveaux pays comme les États-Unis, le Canada, l'Argentine ou l'Australie. Dans ces pays plus récents, il y avait une pénurie de main-d'œuvre et un excès de terre, tandis qu'en Europe et en Asie, la situation était exactement contraire. Par conséquent, l'objectif de rendement agricole dans les pays les plus récents était une production plus significative de cultures par unité de travail. C'était pour cette raison que l'agriculture américaine avait à ce point mis l'accent sur les machines agricoles permettant l'économie de la main-d'œuvre et sur les pratiques agricoles d'épuisement des sols, tandis que l'agriculture asiatique utilisait une énorme quantité de travail manuel sur de petites parcelles de terre afin de préserver le sol et de tirer le maximum de cultures à partir d'une petite superficie de terrain. En Amérique, l'agriculteur pouvait se permettre d'investir de grosses sommes dans des machines agricoles, parce que leur cout était étalé sur une si grande superficie que le cout à l'hectare et dans le temps était en fin de compte relativement peu élevé. En Asie, on ne disposait d'aucun capital pour de telles dépenses parce qu'il n'y avait pas de marge d'excédent au-dessus du seuil de subsistance à la disposition des paysans et parce que la ferme moyenne était si petite que le cout des machines par hectare (à l'achat ou même pour son fonctionnement) était excessif. L'unique surplus en Asie était la main-d'œuvre et toute amélioration de la productivité ne pouvait être obtenue qu'en augmentant la main-d'œuvre. L'une des raisons à cela s'explique par le fait qu'environ la moitié de la superficie agricole chinoise était irriguée alors qu'un quart était en terrasses. Une conséquence de l'excès de concentration de main-d'œuvre sur la terre était que les paysans étaient sous-employés et semi-inactifs pendant environ les trois quarts de l'année, en n'étant entièrement en activité que pendant les saisons de plantation et de récolte. De cette semi-inactivité de la population rurale d'Asie provenait l'effort le plus important de compléter le revenu des paysans par le biais de l'artisanat rural. Avant de passer à ce point crucial, nous devrions jeter un coup d'œil au succès relatif des efforts de la Chine pour obtenir de grandes unités de rendement dans l'agriculture.

Dans les années 1940 aux États-Unis, chaque hectare de blé nécessitait 1,2 jour-personne de travail chaque année ; en Chine, ce même hectare de blé demandait 26 jours-personnes de travail. Les récoltes sur ces dépenses de travail étaient très différentes. En Chine, la production de céréales pour chaque année-personne de travail était de 1,4 tonne ; aux États-Unis le résultat était de 20 tonnes par année-personne de travail. Cette faible productivité de main-d'œuvre agricole chinoise aurait parfaitement été acceptable si la Chine avait réalisé une bien meilleure récolte par hectare. Malheureusement, même dans l'optique de cette alternative, la productivité de la Chine n'aurait été que modérément améliorée, meilleure que celles des États-Unis, certes, mais bien moins que celle des pays européens qui avaient pour objectif le même genre de rendement agricole (une production par hectare élevée) que la Chine. Cela peut se voir par les chiffres suivants :

RENDEMENT PAR HECTARE			
EN RIZ		EN BLÉ	
États-Unis	47 boisseaux	États-Unis	14 boisseaux
Chine	67 boisseaux	Chine	16 boisseaux
Italie	93 boisseaux	Grande-Bretagne	32 boisseaux

Ces chiffres montrent l'échec relatif de l'agriculture chinoise (et des autres pays asiatiques), et ce même en termes de ses propres objectifs. Cet échec relatif n'était pas engendré par le manque d'efforts, mais par des facteurs comme (1) des terrains agricoles trop petits pour une exploitation efficace, (2) une pression démographique trop élevée qui obligeait à cultiver sur des sols moins productifs et qui puisait du sol plus d'éléments nutritifs qu'il n'était possible d'en rapporter, même par une utilisation significative des déchets humains comme engrais, (3) une absence de techniques agricoles scientifiques telles que la sélection des semences ou la rotation des cultures, et (4) le caractère imprévisible d'un climat de moussons sur un terrain déboisé et semi-érodé.

En raison de la productivité relativement faible de l'agriculture chinoise (et de tous les pays asiatiques), toute la population était proche de la marge de subsistance et était, à intervalles irréguliers, contrainte de demeurer en dessous de telle sorte à transformer cette marge en famine généralisée. En Chine, la situation était atténuée dans une certaine mesure par trois forces. En premier lieu, les famines irrégulières, dont nous avons parlé, et les fléaux un peu plus fréquents de la peste, qui maintenaient la population dans des limites gérables. Lorsque ces deux évènements irréguliers se produisaient en Chine et en Inde, ils réduisaient la population par millions. Même dans les années ordinaires, le taux de mortalité était élevé, environ 30 pour mille en Chine, comparé à 25 en Inde, 12,3 en Grande-Bretagne, ou 8,7 en Australie. La mortalité infantile (dans la première année de vie) était d'environ 159 pour mille en Chine, par rapport à 240 en Inde, environ 70 en Europe de l'Ouest, et environ 32 en Nouvelle-Zélande. À la naissance, l'espérance de vie d'un enfant était de moins de 27 ans en Inde, moins de 35 ans en Chine, environ 60 ans en Grande-Bretagne ou aux États-Unis, et environ 66 ans en Nouvelle-Zélande (tous ces chiffres sont ceux des années 1930). En dépit de cette « attente de la mort » en Chine, la population se maintenait à un niveau élevé par un taux de natalité d'environ 38 pour mille habitants, comparé à 34 en Inde, 18 aux États-Unis ou en Australie, et 15 en Grande-Bretagne. L'effet massif entraîné par l'utilisation des pratiques sanitaires et médicales modernes sur les variations démographiques chinoises peut être appréhendé par le fait que près des trois quarts des décès chinois étaient dus à des causes (d'habitude facilement) évitables en Occident. À titre d'exemple, un quart de tous les décès était dû à des maladies propagées par les déchets humains ; environ 10% provenaient de maladies infantiles comme la variole, la rougeole, la diphtérie, la scarlatine, et la coqueluche ; environ 15% provenaient de la tuberculose ; et environ 7% survenaient durant l'accouchement.

Le taux de natalité était maintenu élevé dans la société traditionnelle chinoise comme une conséquence d'un ensemble d'idées qui était généralement connu comme étant « le culte des ancêtres ». Chaque famille chinoise avait comme motivation première la conviction que la lignée familiale devait être poursuivie afin d'avoir des descendants pour entretenir les sanctuaires de la famille, entretenir les tombes ancestrales, et soutenir les membres de la famille à la retraite. Le cout de ces sanctuaires, des tombes et des personnes âgées était un fardeau considérable sur la famille chinoise moyenne, en plus d'être cumulatif, puisque la diligence des générations précédentes laissait souvent une famille avec des sanctuaires et des tombes tellement élaborés que leur entretien seul représentait d'importantes dépenses pour les générations futures. Aussi, l'envie de mettre au monde des fils plutôt que des filles maintenait le taux de naissance à un haut niveau, mais conduisait à certaines pratiques sociales indésirables dans la société traditionnelle chinoise, comme l'infanticide, l'abandon, ou la vente des filles. Une autre conséquence de ces idées était que les familles aisées en Chine avaient tendance à avoir plus d'enfants que les familles pauvres. C'était exactement le contraire de la situation dans la civilisation occidentale où une hausse dans l'échelle économique avait donné lieu à l'acquisition d'une perspective de classe moyenne incluant une limitation de la descendance familiale.

La pression de la population chinoise sur le niveau de subsistance fut soulagée dans une certaine mesure par l'émigration massive des Chinois dans la période suivant 1800. Ce mouvement vers l'extérieur était dirigé vers les régions les moins peuplées de la Mandchourie, la Mongolie et le sud-ouest de la Chine, à l'étranger en Amérique et en Europe, et surtout, dans les régions tropicales de l'Asie du Sud-Est (notamment en Malaisie et en Indonésie). Dans ces zones, la diligence, la frugalité et la finesse des Chinois leur apportèrent une bonne vie, et dans certains cas, une richesse considérable. Ils agissaient généralement comme une classe moyenne commerçante s'introduisant entre les Malaisiens natifs ou les paysans indonésiens et le groupe supérieur de Blancs au pouvoir. Ce mouvement, qui commença il y a plusieurs siècles, s'accéléra constamment après 1900 et donna lieu à des réactions défavorables des résidents non chinois de ces régions. Les Malais, les Siamois,[1] et les Indonésiens, par exemple, vinrent à considérer les Chinois comme économiquement source d'oppression et d'exploitation, tandis que les dirigeants blancs de ces zones, en particulier en Australie et en Nouvelle-Zélande les considéraient avec méfiance pour des raisons politique et raciale. Parmi les causes de ce soupçon politique figuraient les faits que les émigrés chinois restaient fidèles à leurs familles et à la patrie chinoise elle-même, qu'ils étaient généralement exclus de la citoyenneté dans les régions où ils avaient émigré, et qu'ils continuaient d'être considérés comme des citoyens par les gouvernements chinois successifs. La loyauté des émigrés chinois à leurs familles restées en Chine devint une importante source de dynamisme économique pour ces familles et pour la Chine elle-même, car ces derniers envoyaient une large partie de leurs économies à leurs familles. Nous avons déjà mentionné le rôle important joué par l'artisanat paysan dans la société chinoise traditionnelle. Il ne serait peut-être pas du tout exagéré de dire que l'artisanat paysan était le facteur ayant permis à la forme traditionnelle de la société de perdurer, non seulement en Chine, mais dans l'Asie entière. Cette société était fondée sur un système agricole inefficace dans lequel les revendications politiques, militaires, juridiques, et économiques des classes supérieures drainaient une si grande partie de la production agricole à la paysannerie que les paysans étaient maintenus de force en matière de subsistance (et dans une grande partie de la Chine, en dessous de ce niveau). C'était uniquement par ce procédé que l'Asie pût supporter ses grandes populations urbaines et un grand nombre de ses dirigeants, soldats, fonctionnaires, commerçants, prêtres et savants (dont aucun ne produisait ni la nourriture, ni les vêtements ou les habitations qu'ils consommaient). Dans tous les pays asiatiques, les paysans des terres étaient sous-employés dans les activités agricoles, en raison de la nature saisonnière de leur travail. Au fil du temps, il émergea une solution à ce problème social agraire : pendant leur temps libre, la paysannerie s'adonnait à l'artisanat et à d'autres activités non agricoles pour ensuite vendre les produits de leur travail dans les villes en échange d'argent qui était utilisé pour l'achat de produits de première nécessité. En termes réels, cela signifiait que les produits agricoles qui s'écoulaient de la paysannerie vers les classes supérieures (et généralement des zones rurales vers les villes) étaient remplacés en partie par l'artisanat, laissant une part un peu plus importante de produits agricoles des paysans entre leurs propres mains. C'était cet arrangement qui permettait à la paysannerie chinoise d'augmenter ses revenus en matière de subsistance.

L'importance de cette relation devrait être évidente. Si elle devenait détruite, le paysan était confronté à une cruelle alternative : soit il périssait en tombant en dessous du niveau de subsistance ou il recourrait à la violence afin de réduire les revendications que les classes supérieures avaient sur ses produits agricoles.

---

1. N.D.É. Aujoud'hui Thaïlandais.

À long terme, tous les groupes de paysans furent entraînés vers la deuxième alternative. En conséquence, en 1940, toute l'Asie était sous l'emprise d'un grand bouleversement politique et social parce que, une génération plus tôt, la demande pour les produits artisanaux des paysans avait été réduite. La destruction de ce système à l'équilibre fragile se produisit lorsque les produits bon marché, fabriqués avec les machines de confection de l'Occident, commencèrent à affluer dans les pays asiatiques. Les produits locaux tels que les textiles, les produits métalliques, le papier, les sculptures en bois, les poteries, les chapeaux, les paniers, et autres avaient de plus en plus de mal à rivaliser avec les produits occidentaux sur les marchés de leurs propres villes. Par conséquent, les paysans peinaient de plus en plus à détourner les revendications juridiques et économiques que les classes supérieures et urbaines retenaient contre eux sur leurs produits agricoles vers les produits artisanaux. Et, ainsi, le pourcentage des produits agricoles prélevés aux paysans par les revendications des autres classes commença à augmenter.

Cette destruction du marché local des produits artisanaux locaux aurait pu être évitée si d'importants droits de douane avaient été imposés sur les produits industriels européens. Mais un point sur lequel les puissances européennes s'accordaient était qu'elles ne permettraient pas aux pays « arriérés » d'exclure leurs produits par les droits douaniers. En Inde, en Indonésie, et dans certains des petits États de l'Asie du Sud-Est, cela fut empêché par les puissances européennes qui dominaient le gouvernement de ces régions. En Chine, en Égypte, en Turquie, en Perse, et dans certains États malais, les puissances européennes ne prenaient en charge que le système financier ou le service des douanes. De ce fait, les pays comme la Chine, le Japon et la Turquie devaient signer des traités maintenant leurs droits à 5 ou 8% et permettant aux Européens de contrôler ces services. Sir Robert Hart fut directeur des douanes chinoises de 1863 à 1906, tout comme sir Evelyn Baring (lord Cromer) fut à la tête du système financier égyptien de 1879 à 1907, et sir Edgar Vincent (lord D'Abernon) fut l'agent principal du système financier turc de 1882 à 1897.

En conséquence de ces facteurs, la situation du paysan chinois devint désespérée dans les années 1900 et ne fit qu'empirer. Une estimation moyenne (publiée en 1940) montra que 10% de la population agricole possédaient 53% des terres cultivées, tandis que les 90% restants détenaient seulement 47% des terres. La majorité des agriculteurs chinois devait louer au moins une partie des terres, pour lesquelles ils versaient, à titre de loyer, d'un tiers à la moitié de leur récolte. Puisque leurs revenus n'étaient pas suffisants, plus de la moitié de tous les agriculteurs chinois devait emprunter chaque année. Le taux d'intérêt sur les grains empruntés était de 85% par an. Sur les prêts d'argent, le taux d'intérêt était variable, s'élevant à plus de 20% par an sur les neuf dixièmes de l'ensemble des prêts accordés et à plus de 50% par an sur un huitième des prêts accordés. Dans de telles conditions du système foncier, avec ces tarifs de loyers et ces frais d'intérêts, l'avenir était des plus que sombre pour la majorité des agriculteurs chinois bien avant 1940. Pourtant, la révolution sociale en Chine ne survint qu'après les années 1940.

La progression lente de la révolution sociale en Chine était le résultat de nombreuses influences. La pression démographique chinoise fut soulagée dans une certaine mesure au cours de la dernière moitié du XIXe siècle par les famines de 1877 à 1879 (qui emportèrent environ 12 millions de vies), par les troubles politiques des Taiping et d'autres rébellions entre 1848 et 1875 (qui dépeuplèrent de grandes zones), ainsi que par le taux élevé de la mortalité. L'influence continue des idées traditionnelles, en particulier celles du confucianisme et du respect des habitudes ancestrales, maintint le couvercle sur cette marmite en ébullition jusqu'à ce que son influence fût détruite dans la période ultérieure à 1900. Les espoirs qu'une solution put être trouvée par le régime républicain après l'effondrement du régime impérial en 1911 eurent un effet similaire. Et, enfin, la distribution d'armes européennes dans la société chinoise fut de nature à entraver plutôt qu'à aider la révolution pendant une bonne partie du XXe siècle. Puis, cette distribution prit une direction tout à fait différente de celle de la civilisation occidentale. Ces trois derniers points sont suffisamment importants pour mériter un examen plus approfondi.

Nous avons déjà mentionné que les armes efficaces qui sont difficiles à utiliser et couteuses à l'achat favorisent le développement des régimes autoritaires dans toute société. Dans l'ancienne période médiévale, en Asie, la cavalerie fournissait une telle arme. Puisque la cavalerie la plus efficace était celle des peuples pastoraux parlant les langues ouralo-altaïques de l'Asie centrale, ces derniers purent conquérir les peuples paysans de la Russie, de l'Anatolie, de l'Inde et de la Chine. Au fil du temps, les régimes étrangers de trois de ces régions (sauf en Russie) furent en mesure de renforcer leur autorité par l'acquisition d'une artillerie couteuse et efficace. En Russie, les princes de Moscou, qui avaient été des agents pour le compte des Mongols, leur succédèrent en devenant leurs imitateurs et effectuèrent la même transition vers une armée de mercenaires, basée sur la cavalerie et l'artillerie, qui devint l'épine dorsale du despotisme dirigeant. En Occident, des despotismes similaires, mais basés sur l'infanterie et l'artillerie, était contrôlés par des personnalités comme Louis XIV, Frédéric le Grand, ou Gustave II Adolphe. Cependant, dans la civilisation occidentale, la révolution agricole d'après 1725 éleva le niveau de vie, tandis que la révolution industrielle d'après 1800 abaissa alors tellement le cout des armes à feu que le citoyen ordinaire de l'Europe de l'Ouest et d'Amérique du Nord pouvait se procurer l'arme la plus redoutable qui pouvait être (le mousquet). À la suite de cela, et à d'autres facteurs, la démocratie s'installa dans ces régions, avec des armées massives de citoyens-soldats. En Europe centrale et du sud, où l'agriculture et les révolutions industrielles arrivèrent en retard ou pas du tout, la victoire de la démocratie fut elle aussi tardive et incomplète.

En Asie en général, la révolution de l'armement (c'est-à-dire les mousquets et plus tard les fusils) vit le jour avant la révolution agricole ou industrielle. En effet, la plupart des armes à feu n'étaient pas fabriquées localement, mais importées et, dans ces conditions, elles tombaient entre les mains de la classe supérieure des dirigeants, des fonctionnaires et des propriétaires et non entre les mains des paysans ou des masses populaires. En conséquence, ces groupes dirigeants étaient généralement en mesure de maintenir leur position contre les citoyens, même s'ils ne pouvaient se défendre contre les puissances européennes. De ce fait, tout espoir de réforme partielle ou d'une révolution devint improbable. En Russie et en Turquie, il fallut la défaite dans une guerre étrangère avec les États européens pour détruire les régimes impériaux corrompus (1917 à 1921). Plus tôt, le tsar avait pu réprimer la révolte de 1905, parce que l'armée était restée fidèle au régime, tandis que le sultan devait céder à un mouvement de réformes en 1908, car il était soutenu par l'armée. En Inde, en Malaisie et en Indonésie, les peuples indigènes désarmés ne présentaient aucun risque de révolte pour les puissances dirigeantes européennes avant 1940. L'armée japonaise, comme nous le verrons, restait fidèle au régime et était en mesure de dominer les évènements si bien qu'aucune révolution ne fut envisageable avant 1940. Mais en Chine, la tendance des évènements était beaucoup plus complexe.

En Chine, le peuple ne pouvait pas se procurer des armes en raison de son faible niveau de vie et du cout élevé des armes importées. En conséquence, le pouvoir resta entre les mains de l'armée, à l'exception de petits groupes qui étaient financés par les Chinois émigrés qui possédaient des revenus relativement élevés à l'étranger. En 1911, le prestige du régime impérial était tombé si bas qu'il n'obtint presque aucun soutien et que l'armée refusa de soutenir. En conséquence, les révolutionnaires, soutenus par l'argent venu de l'étranger, furent en mesure de renverser le régime impérial par une révolution qui se déroula presque sans effusion de sang, mais ils ne furent pas en mesure de contrôler l'armée après qu'ils eurent techniquement accédé au pouvoir. L'armée, en laissant les politiciens se quereller sur les formes du gouvernement ou les domaines de compétence, devint un pouvoir politique indépendant fidèle à ses propres chefs (« seigneurs de la guerre »), en subvenant à ses propres besoins et en maintenant son approvisionnement en armes importées par l'exploitation de la paysannerie des provinces. Cela résulta en une période des « seigneurs de la guerre » entre 1920 et 1941.

Durant cette période, le gouvernement républicain était au contrôle nominal de l'ensemble du pays, mais ne contrôlait réellement que les vallées côtières et fluviales, principalement dans le sud, tandis que divers seigneurs de guerre, agissant comme des bandits, contrôlaient l'intérieur et la majeure partie du nord du pays. Afin de rétablir son contrôle sur l'ensemble du pays, le régime républicain avait besoin d'argent et d'armes importées. En conséquence, il essaya successivement deux expédients. Le premier, dans la période 1920 à 1927, chercha à rétablir son pouvoir en Chine par l'obtention d'un soutien financier et militaire de pays étrangers (les pays occidentaux, le Japon ou la Russie soviétique). Cet expédient échoua, soit parce que ces puissances étrangères étaient peu disposées à aider ou (dans le cas du Japon et de la Russie soviétique) n'étaient prêts à aider que sur des conditions qui auraient mis un terme au statut politique indépendant de la Chine. À la suite de cela, à partir de 1927, le régime républicain subit un profond changement, en passant d'une démocratie à une organisation autoritaire, il changea son nom de républicain à nationaliste, et chercha de l'argent et des armes pour rétablir son contrôle sur le pays en faisant une alliance avec les classes de propriétaires, de commerçants et de banquiers des villes chinoises de l'est. Ces classes possédantes pouvaient fournir le régime républicain en argent pour obtenir des armes étrangères afin de combattre les seigneurs de la guerre de l'ouest et du nord, mais elles ne voulaient soutenir aucun effort républicain visant à faire face aux problèmes socioéconomiques auxquels était confrontée la population chinoise.

Alors que les armées républicaines et les seigneurs de la guerre se battaient sur les dos courbés des masses chinoises, les Japonais attaquèrent la Chine en 1931 et 1937. Afin de résister aux Japonais, il était devenu nécessaire, après 1940, d'armer la population chinoise. Cet armement, entre 1941 et 1945, rendait impossible la continuation du régime républicain après 1945 tant qu'il continuait d'être allié avec les groupes économiques et sociaux supérieurs chinois, puisque les masses les considéraient comme des exploiteurs. En même temps, le passage aux armes plus couteuses et plus complexes rendit impossible soit de raviver le système de seigneurs de la guerre, soit pour les masses chinoises d'utiliser leurs armes pour établir un régime démocratique. Les nouvelles armes, comme les avions et les chars de combat, ne pouvaient être utilisées ou entretenues par des paysans sur une base provinciale. Ce premier fait mit fin au système des seigneurs de la guerre, tandis que le second réduisit à néant toute possibilité de démocratie. Compte tenu de la faible productivité de l'agriculture chinoise et de la difficulté d'accumuler un capital suffisant pour acheter ou fabriquer de l'armement couteux, les armes ne pouvaient être acquises (dans les deux cas) que par un gouvernement qui avait le contrôle sur la majeure partie de la Chine, et n'étaient utilisables que par une armée professionnelle fidèle au gouvernement. Dans de telles conditions, il était à prévoir que ce gouvernement serait autoritaire et continuerait d'exploiter la paysannerie (afin d'accumuler du capital, pour acheter des armes à l'étranger ou pour s'industrialiser suffisamment pour les produire nationalement, ou les deux). De ce point de vue, l'histoire de la Chine au XXe siècle présenta cinq phases :

1. L'effondrement du régime impérial jusqu'en 1911
2. L'échec de la République, 1911 à 1920
3. La bataille contre les seigneurs de la guerre, 1920 à 1941
    a. Les efforts visant à obtenir un soutien à l'étranger, 1920 à 1927
    b. Les efforts pour obtenir le soutien des groupes de propriétaires, 1927 à 1941
4. La bataille contre le Japon, 1931 à 1945
5. Le triomphe autoritaire, à partir de 1945

L'effondrement du régime impérial a déjà été abordé comme étant un développement politique et économique. Mais c'est aussi un développement idéologique. L'idéologie autoritaire et traditionaliste de l'ancienne Chine, où le conservatisme social, la philosophie confucianiste, et le culte des ancêtres étaient étroitement liés et bien adaptés pour résister à l'introduction de nouvelles idées et de nouveaux modes de comportement. L'échec du régime impérial à résister à l'invasion militaire, économique et politique de la civilisation occidentale porta un coup fatal à cette idéologie. De nouvelles idées d'origine occidentale furent introduites dans un premier temps par des missionnaires chrétiens, et plus tard par les étudiants chinois qui avaient étudié à l'étranger. En 1900, on comptait des milliers de ces étudiants. Ils avaient acquis des idées occidentales qui étaient totalement incompatibles avec l'ancien système chinois. En général, ces idées occidentales n'étaient pas traditionalistes ou autoritaires, et étaient donc destructrices pour la famille patriarcale chinoise, pour le culte des ancêtres, ou pour l'autocratie impériale. Les étudiants ramenaient de l'étranger des idées occidentales sur la science, la démocratie, le parlementarisme, l'empirisme, l'autonomie, le libéralisme, l'individualisme et le pragmatisme. Leur adhésion à ces idées les empêchait de s'intégrer dans leur propre pays. En conséquence, ils tentèrent de le modifier en développant un élan révolutionnaire qui fut rejoint par les sociétés secrètes antidynastiques qui avaient existé en Chine depuis l'époque où les Mandchous s'étaient emparés du pays en 1644.

La victoire du Japon sur la Chine en 1894-1895 dans une guerre découlant d'un désaccord sur la Corée, et particulièrement la victoire des Japonais sur les Russes dans la guerre de 1904-1905, apportèrent un grand élan aux esprits révolutionnaires de la Chine, car ces évènements semblaient montrer qu'un pays oriental pouvait adopter des techniques occidentales avec succès. L'échec du mouvement des Boxers en 1900, visant à expulser les Occidentaux sans recourir à des techniques occidentales, avait également renforcé la ferveur révolutionnaire en Chine. À la suite à de tels évènements, les partisans du régime impérial commencèrent à perdre foi en leurs propres système et idéologie. Ils commencèrent à mettre en place des réformes fragmentaires, hésitantes et inefficaces qui perturbèrent le système impérial sans le renforcer en aucune manière. Le mariage entre Mandchous et Chinois fut sanctionné pour la première fois en 1902 ; la Mandchourie fut ouverte à l'occupation chinoise en 1907 ; le système des examens impériaux basés sur l'ancienne bourse littéraire pour l'admission à la fonction publique et au mandarinat fut supprimé, et un ministère de l'Éducation à l'image de celui du Japon fut créé en 1905 ; un projet de constitution fut publié prévoyant ainsi des assemblées provinciales et un futur parlement national en 1908 ; la loi fut codifiée en 1910.

Ces concessions ne renforcèrent pas le régime impérial, mais intensifièrent seulement le sentiment révolutionnaire. À la mort de l'empereur et de l'impératrice douairière, Cixi, qui avait été le véritable maitre du pays dans les années 1908, plaça sur le trône un enfant de deux ans nommé Puyi. Les éléments réactionnaires firent usage de la régence pour entraver la réforme en rejetant le ministre conservateur de la réforme, Yuan Shikai, entre 1859 et 1916. La découverte du siège des révolutionnaires à Hankou en 1911 précipita la révolution. Tandis que le Dr Sun Yat-Sen (1866-1925) se pressait de rentrer en Chine depuis l'étranger, où il avait dirigé le mouvement révolutionnaire pendant de nombreuses années, le régime impérial affaibli rappela Yuan Shikai aux commandes des armées antirévolutionnaires. Au lieu de cela, il coopéra avec les révolutionnaires, força l'abdication de la dynastie mandchoue, et complota pour se faire élire en tant que président de la République chinoise. Sun Yat-Sen, qui avait déjà été élu président provisoire par l'Assemblée nationale à Nankin, accepta cette situation en quittant ses fonctions, et demanda à tous les Chinois de soutenir le nouveau président Yuan. L'opposition entre le Dr Sun et le général Yuan, les premier et deuxième présidents de la République chinoise, étaient des plus radicaux. D'un côté, le Dr Sun était un partisan des idées occidentales, en particulier dans la science, la démocratie, le gouvernement parlementaire, et le socialisme, il avait vécu pendant la majeure partie de sa vie en exil à l'étranger. Il était plein d'abnégation, idéaliste, et en quelque sorte irréaliste. D'un autre côté, le général Yuan était purement chinois, un produit de la bureaucratie impériale qui n'avait ni connaissance des idées occidentales ni aucune foi en la démocratie ou en un gouvernement parlementaire. Il était vigoureux, corrompu, réaliste et ambitieux. La vraie base de son pouvoir reposait dans la nouvelle armée occidentalisée qu'il avait rassemblée en étant gouverneur général du Zhili de 1901 à 1907. Dans cette force, il y avait cinq divisions bien formées et entièrement fidèles à Yuan. Les officiers de ces unités avaient été choisis et formés par Yuan et jouèrent des rôles capitaux dans la politique chinoise d'après 1916.

En tant que président, Yuan s'opposa à presque tout ce à quoi le Dr Sun avait rêvé. Il élargit l'armée, soudoya des politiciens, et élimina ceux qui ne pouvaient être corrompus. Le principal soutien à sa politique venait d'un prêt de 25 millions de livres sterling auprès de la Grande-Bretagne, de la France, de la Russie et du Japon en 1913. Cela le rendit indépendant de l'assemblée et du parti politique du Dr Sun, le Kuomintang qui dominait l'assemblée. En 1913, un élément des partisans de Sun se révolta contre Yuan, mais se fit écraser. Le Kuomintang fut dissout par Yuan, ses membres furent arrêtés, il rejeta le Parlement et révisa la constitution pour se donner des pouvoirs dictatoriaux comme président à vie avec le droit de nommer son successeur. Il venait de s'arranger pour être autoproclamé empereur lorsqu'il mourut en 1916.

Dès que Yuan mourut, les chefs militaires postés dans les différentes parties du pays commencèrent à consolider leur pouvoir sur une base locale. L'un d'eux restaura même la dynastie mandchoue, mais cela ne dura que deux semaines. À la fin de l'année 1916, la Chine était sous la domination nominale de deux gouvernements : l'un à Pékin sous Feng Guozhang (un des militaristes de Yuan) et un gouvernement de la sécession à Canton sous le Dr Sun. Ces deux fonctionnaient sous une série de fluctuation de constitutions sur papier, mais le pouvoir réel des deux gouvernements était basé sur la loyauté des armées locales. Puisque, dans les deux cas, les armées des régions les plus éloignées étaient semi-indépendantes, le gouvernement dans ces régions reposait sur des négociations plutôt que sur des ordres envoyés par la capitale. Même le Dr Sun voyait cette situation de manière suffisamment claire pour organiser le gouvernement cantonais comme un système militaire dont il était le généralissime en 1917. Dr Sun était si inapte pour ce poste militaire qu'à deux reprises, il dut fuir ses propres généraux pour se réfugier dans la concession française de Shanghaï (1918 à 1922). Dans ces conditions, le Dr Sun fut incapable de réaliser ses projets auxquels il tenait tant, tels que l'éducation politique vigoureuse du peuple chinois, un vaste réseau de chemins de fer construit avec des capitaux étrangers, ou l'industrialisation de la Chine sur une base socialiste. En dépit de cela, dès 1920, le système des seigneurs de guerre était à son apogée et les Chinois occidentalisés trouvèrent l'opportunité d'exercer leurs nouvelles connaissances dans l'éducation et le service diplomatique. En Chine, le commandement d'une armée bien formée au contrôle d'un groupe compact de provinces locales était bien plus précieux que toute connaissance occidentale acquise en étudiant à l'étranger.

LA RENAISSANCE DU JAPON JUSQU'EN 1918

L'histoire du Japon au XXe siècle est tout à fait différente de celle des autres peuples asiatiques. Parmi ces derniers, l'impact de l'Occident a conduit à la rupture de la structure socioéconomique, à l'abandon des idéologies traditionnelles, et à la révélation de la faiblesse des systèmes politiques et militaires indigènes. Au Japon, ces évènements se sont soit présentés d'une manière tout à fait différente, soit ne se sont pas produits. Jusqu'en 1945, les systèmes politiques et militaires du Japon étaient renforcés par des influences occidentales, l'ancienne idéologie japonaise était maintenue relativement intacte, même par ceux qui étaient les plus fidèles copieurs des habitudes occidentales, et les changements dans la structure sociale et économique plus ancienne étaient maintenus sous contrôle et dirigés dans une direction progressive. La véritable raison de ces différences reposait probablement sur un facteur idéologique : les Japonais, même les fervents prooccidentaux, conservaient leur ancien point de vue japonais et, en conséquence, étaient alliés avec l'ancienne structure politique, économique, et sociale japonaise plutôt qu'opposés (comme, par exemple, étaient les prooccidentaux en Inde, en Chine ou en Turquie). La capacité des Japonais à s'occidentaliser sans entrer en opposition avec ce qui constituait la notion fondamentale de l'ancien système apporta une certaine discipline et une conduite inconditionnelle à leur vie qui permit au Japon de parvenir à un niveau phénoménal d'occidentalisation sans affaiblir ou perturber l'ancienne structure. Dans un certain sens, jusque vers 1950, le Japon ne prit de la culture occidentale que des détails superficiels et matériels par mimétisme, puis les fusionna autour de leur structure idéologique politique, militaire et sociale plus ancienne, pour la rendre plus puissante et efficace. L'élément essentiel que les Japonais retinrent de leur société traditionnelle et qu'ils n'adoptèrent pas de la civilisation occidentale fut son idéologie. Comme nous le verrons plus loin, ce point est crucial pour les deux sociétés concernées (le Japon et l'Occident).

À l'origine, le Japon entra en contact avec la civilisation occidentale au XVIe siècle, à peu près aussi tôt que tous les autres peuples asiatiques. Cependant, dans l'intervalle d'une centaine d'années, le Japon réussit à expulser l'Occident, à exterminer la plupart de ses chrétiens convertis et à fermer ses portes à l'entrée de toute influence occidentale. Le commerce était autorisé de manière très limitée et s'effectuait uniquement avec les Hollandais et seulement au port de Nagasaki.

Le Japon, ainsi coupé du monde, était dominé par la dictature militaire (ou shogounat) de la famille Tokugawa. La famille impériale s'était retirée dans un monastère d'où elle régnait sans pour autant gouverner. Sous le shogoun, le pays était organisé dans une hiérarchie héréditaire, dirigée par des seigneurs féodaux locaux. Sous ceux-ci, dans un ordre décroissant, il y avait les fonctionnaires armés (samouraï), les paysans, les artisans et les commerçants. L'ensemble du système était, du moins en théorie, rigide et immuable, se basant ainsi sur la double justification du sang et de la religion. Cela représentait un contraste évident et fort avec l'organisation sociale de la Chine qui était fondée, en théorie, sur la vertu et la formation pédagogique. Au Japon, la vertu et la capacité étaient considérées comme héréditaires plutôt que comme des caractéristiques acquises et, en conséquence, chaque classe sociale avait des différences innées qui devaient être maintenues par des restrictions sur les mariages mixtes. L'empereur se trouvait au rang le plus élevé, en tant que descendant de la déesse suprême du soleil, tandis que les petits seigneurs descendaient de dieux mineurs plus ou moins éloignés de la déesse du soleil. Un tel point de vue décourageait toute révolution ou tout changement social et toute « circulation des élites ». De ce fait, la multiplicité des dynasties chinoises et la grandeur et la décadence des familles n'étaient égalées au Japon que par une seule dynastie dont les origines remontaient à un passé très lointain. Aussi, les individus dominants de la vie publique japonaise au XXe siècle étaient des membres des mêmes familles et clans qui contrôlaient la vie japonaise depuis des siècles.

À partir de cette idée de base découlent un certain nombre de croyances qui continuent d'être acceptées par la plupart des Japonais jusqu'à notre époque. La plus fondamentale est la conviction que tous les Japonais sont membres d'une race unique composée de plusieurs branches ou clans, de statut supérieur ou inférieur, en fonction de leur lien de parenté avec la famille impériale. L'individu est sans signification réelle, tandis que les familles et la race sont d'une importance majeure, car les individus ne vivent que brièvement et ne possèdent peu au-delà de ce qu'ils ont hérité de leurs ancêtres pour transmettre à leurs descendants. De cette façon, il est accepté par tous les Japonais que la société est plus importante que les individus et qu'elle peut exiger d'eux n'importe quel sacrifice, qu'ils sont par nature inégaux et doivent être prêts à servir loyalement dans le statut particulier dans lequel chacun est né, que la société n'est rien d'autre qu'un grand système patriarcal, que dans ce système, l'autorité est basée sur la supériorité personnelle d'un homme sur un autre et non sur des règles de droit. En conséquence, toute loi n'est guère plus qu'un ordre temporaire provenant d'un être supérieur, et qu'un non-Japonais, n'étant dès lors pas descendant d'une divinité, est fondamentalement un être inférieur vivant à un rang situé juste au-dessus de celui des animaux et ne dispose donc d'aucune justification sur laquelle il peut s'appuyer pour revendiquer quelque considération, loyauté ou traitement égal vis-à-vis des Japonais.

Cette idéologie japonaise est tout aussi contradictoire à la vision chrétienne occidentale que les autres civilisations rencontrées par les Occidentaux. C'est aussi une idéologie qui est particulièrement adaptée pour résister à l'intrusion des idées occidentales. En conséquence, le Japon fut en mesure d'accepter et d'intégrer dans son mode de vie toute sorte de techniques occidentales et de culture matérielle sans désorganiser ses propres visions ou sa structure sociale de base.

L'apogée du shogounat Tokugawa était déjà passé depuis longtemps lorsqu'en 1853, les « bateaux noirs » du commodore Matthew Perry entrèrent dans la baie de Tokyo. Le fait que ces navires pouvaient se déplacer contre le vent, et qu'ils transportaient des armes plus puissantes que tout ce que les Japonais n'avaient jamais imaginé fut un grand choc pour les natifs nippons. Les seigneurs féodaux qui s'étaient montrés impatients sous le régime des Tokugawa utilisèrent cet évènement comme excuse pour mettre fin à son gouvernement. Ces seigneurs, en particulier les représentants des Quatre clans de l'ouest, exigeaient que l'urgence fût gérée en abolissant le shogounat et en restaurant tous les pouvoirs aux mains de l'empereur. Pendant plus d'une décennie, la décision d'ouvrir le Japon à l'Occident ou d'essayer de poursuivre la politique d'isolation continua de peser dans la balance. Entre 1863 et 1866, une série de manifestations et de bombardements des ports japonais par les puissances occidentales força l'ouverture du Japon et imposa au pays un accord douanier qui limitait les droits d'importation à 5% jusqu'en 1899. Un nouvel empereur vigoureux monta sur le trône et accepta la démission du dernier shogoun en 1867. Le Japon s'engagea aussitôt dans une politique d'occidentalisation accélérée.

La période de l'histoire japonaise s'étendant de la « restauration de Meiji » en 1867 jusqu'à l'accord d'une constitution en 1889 est d'une importance capitale. Il est rapporté que cette restauration fut une restauration de pouvoir de l'empereur sur le Japon des mains du shogoun. Dans les faits, cependant, elle fut une passation du pouvoir du shogoun vers les dirigeants de Quatre clans japonais de l'ouest, qui gouvernaient le Japon au nom et dans l'ombre de l'empereur. Ces quatre clans, Satsuma, Choshu, Hizen et Tosa, avaient obtenu le soutien de certains nobles de la cour impériale (comme Saionji et Konoe) et des familles marchandes les plus riches (comme Mitsui) et furent en mesure de renverser le shogoun, d'écraser ses partisans (lors de la bataille d'Ueno en 1868), et de s'emparer du gouvernement ainsi que de l'empereur. L'empereur ne prit pas le contrôle du gouvernement, mais resta dans un isolement semi-religieux, trop « grand » pour se préoccuper du fonctionnement du système gouvernemental, sauf en cas d'extrêmes d'urgences. Dans de telles situations, l'empereur ne faisait en général que publier une déclaration ou une ordonnance, le « Rescrit impérial », qui était établi par les dirigeants de la restauration.

Ces dirigeants, organisés en un groupe confus connu comme l'oligarchie de Meiji, dominaient complètement le Japon en 1889. Pour arriver à camoufler ce fait, ils lancèrent une forte propagande afin de raviver le shintoïsme et de créer une soumission abjecte à l'empereur qui aboutit à l'extrême culte de l'empereur de 1941 à 1945. Afin de constituer une base administrative pour leur gouvernement, l'oligarchie créa un appareil administratif gouvernemental recruté parmi leurs partisans et des membres inférieurs. Pour fournir une base économique pour leur domination, cette oligarchie utilisa son influence politique pour se payer de vastes pensions ainsi que des subventions gouvernementales (probablement à titre de compensation pour la fin de leurs revenus féodaux) et se livra à des relations d'affaires de corruption avec leurs alliés dans les classes marchandes (comme Mitsui ou Mitsubishi). Pour constituer une base militaire, l'oligarchie créa une nouvelle armée et marine impériale et en occupa les rangs supérieurs afin d'être en mesure de dominer ces forces comme elle dominait l'administration civile. Pour leur base sociale, l'oligarchie créa également une toute nouvelle pairie de cinq rangs de noblesse recrutés parmi leurs propres membres et sympathisants.

Ayant ainsi assuré leur position dominante dans les domaines administratif, économique, militaire, et de la vie sociale du Japon, l'oligarchie élabora en 1889 une constitution qui assurait, et dissimulait, leur domination politique du pays. Cette constitution ne prétendait pas être un produit du peuple japonais ou de la nation japonaise ; la souveraineté populaire et la démocratie n'avaient pas lieu d'être. À la place, cette constitution revendiquait avoir été émise par l'empereur, et mettait en place un système dans lequel tout gouvernement était en son nom et où tous les fonctionnaires lui étaient personnellement responsables. Elle prévoyait la Diète[1] bicamérale comme législature. La Chambre des pairs se composait de la nouvelle noblesse qui avait été créée en 1884, tandis que la Chambre des représentants devait être élue « conformément à la loi. » Toute législation devait passer chaque chambre à la majorité des voix et être signée par un ministre d'État.

Ces ministres, nommés en tant que conseil d'État en 1885, étaient responsables envers l'empereur et non envers la Diète. Leurs tâches étaient réalisées par le biais de l'administration déjà en place. Tous les crédits, comme les autres lois, devaient obtenir le consentement de la Diète, mais si le budget n'était pas accepté par cet organisme, celui de l'année précédente était automatiquement reconduit pour l'année suivante. L'empereur avait des pouvoirs étendus pour émettre des ordonnances qui faisaient force de loi et qui nécessitaient la signature d'un ministre au même titre que les autres lois.

Cette constitution de 1889 était basée sur la constitution de l'Allemagne impériale et fut imposée au Japon par l'oligarchie de Meiji afin de contourner et d'anticiper toute agitation future pour une constitution plus libérale fondée sur les modèles britannique, américain, ou français. Fondamentalement, la forme et le fonctionnement de la Constitution avaient peu d'importance, car le pays continuait d'être dirigé par l'oligarchie de Meiji à travers leur domination de l'armée et de la marine, de l'administration, de la vie économique et sociale, et des organismes de formation de l'opinion comme l'éducation et la religion. Dans la vie politique, cette oligarchie était en mesure de contrôler l'empereur, le Conseil privé, la Chambre des pairs, le pouvoir judiciaire et l'appareil administratif.

Cela ne laissait qu'un seul organe de gouvernement possible, la Diète, à travers lequel l'oligarchie pouvait être contestée. En outre, la Diète n'avait qu'un

---

1. N.D.É. Au Japon, la Diète désigne le parlement.

seul moyen (son droit de passer le budget annuel) pour riposter contre l'oligarchie. Ce droit n'avait que peu d'importance tant que l'oligarchie ne voulait pas augmenter le budget, puisque le budget de l'année précédente était reconduit si la Diète avait rejeté celui de l'année suivante. Cependant, l'oligarchie ne pouvait pas se contenter d'une reconduction d'un budget précédent, car le but principal de l'oligarchie était, après s'être assuré ses propres richesses et le pouvoir, d'occidentaliser le Japon assez rapidement pour être en mesure de le défendre contre la pression des grandes puissances occidentales.

Toutes ces choses nécessitaient un budget sans cesse plus important et donnaient donc à la Diète un rôle plus important que celui qu'elle aurait eu dans d'autres circonstances. Cependant, ce rôle était plus une nuisance qu'une contrainte sérieuse pour le pouvoir de l'oligarchie de Meiji, parce que l'autorité de la Diète pouvait être outrepassée de diverses manières. À l'origine, l'oligarchie prévoyait de donner à la Maison impériale des biens fonciers si importants que son revenu devait être suffisant pour financer l'armée et la marine indépendamment du budget national. Ce plan fut abandonné, car estimé irréaliste, bien que la Maison impériale et tous ses pouvoirs ne relevaient pas du champ d'application de la Constitution. En conséquence, un plan alternatif fut adopté : contrôler les élections au sein de la Diète de sorte que ses membres soient dociles aux volontés de l'oligarchie de Meiji. Comme nous le verrons, le contrôle des élections à la Diète était possible, mais assurer sa docilité était une tout autre affaire.

Les élections à la Diète pouvaient être contrôlées de trois façons : par un suffrage restreint, par des contributions de campagne, et par la manipulation bureaucratique des élections et des rendements. Le suffrage fut restreint pendant de nombreuses années sur une base de la propriété, de sorte qu'en 1900, seule une personne sur cent avait le droit de voter. L'alliance étroite entre l'oligarchie de Meiji et les membres les plus riches du système économique en expansion facilita parfaitement le contrôle du flux des contributions de campagne. Et si ces deux méthodes échouaient, l'oligarchie de Meiji contrôlait à la fois la police et l'administration préfectorale qui supervisait les élections et en tirait les bénéfices. En cas de besoin, ils n'hésitaient pas à utiliser ces outils, en censurant les documents de l'opposition, en interdisant les réunions de l'opposition, en ayant recours à la violence si nécessaire pour empêcher le vote de l'opposition, et se présenter à travers les préfets comme les candidats élus même s'ils n'avaient pas obtenu la majorité des votes.

Ces procédés furent utilisés dès le début. Dans la première Diète de 1889, des gangsters employés par l'oligarchie empêchèrent les membres de l'opposition d'entrer dans la chambre de la Diète et au moins vingt-huit autres membres furent soudoyés pour changer leurs votes. Lors des élections de 1892, la violence fut employée, principalement dans les quartiers opposés au gouvernement, de sorte que 25 personnes furent tuées et 388 furent blessées. Le gouvernement perdit tout de même cette élection, mais continua de contrôler le Cabinet. Il rejeta même onze gouverneurs de préfecture qui avaient volé des votes, autant pour leur incapacité à en voler assez que pour le fait d'en avoir volé. Lorsque la nouvelle Diète refusa de convenir à une marine élargie, elle fut congédiée pendant dix-huit jours, puis réassemblée pour recevoir un Rescrit impérial qui accorda 1,8 million de yens sur une période de six ans en provenance de la Maison impériale pour le projet et alla jusqu'à imposer à tous les agents publics de contribuer un dixième de leur salaire chaque année pour la durée du programme de construction navale dont la Diète avait refusé le financement. Dans ce procédé, le contrôle de la Diète sur l'augmentation des crédits était contourné par le contrôle de l'empereur par l'oligarchie de Meiji.

Compte tenu de la position dominante de l'oligarchie de Meiji dans la vie japonaise de 1867 jusqu'à après 1992, il serait une erreur d'interpréter ces évènements comme ceux d'une Diète indisciplinée, de la croissance des partis politiques, ou même de la création d'un suffrage masculin (en 1925) de la même manière que les évènements qui se déroulèrent dans l'histoire européenne. En Occident, nous sommes habitués à des récits à propos de luttes héroïques pour les droits civiques et les libertés individuelles, ou sur les efforts des capitalistes commerciaux et industriels pour saisir au moins une part du pouvoir politique et social des mains de l'aristocratie terrienne, de la noblesse féodale, ou de l'Église. Nous connaissons les mouvements des masses pour la démocratie politique, et les agitations des paysans et des travailleurs pour des avantages économiques. Tous ces mouvements qui remplissent les pages des livres d'histoire européenne sont absents ou ont une signification totalement différente dans l'histoire japonaise.

Au Japon, l'histoire présente une solidarité de base de visions et de fins, ponctuée de brèves explosions conflictuelles qui semblent être contradictoires et inexplicables. L'explication de cela réside dans le fait qu'il y a, en effet, une solidarité de vision, mais que cette solidarité est considérablement moins solide qu'elle ne le paraît, car en dessous, la société japonaise est remplie de fissures et de mécontentements. La solidarité des perspectives repose sur l'idéologie dont nous avons parlé. Celle-ci, parfois appelée le shintoïsme, était propagée par les classes supérieures, en particulier par l'oligarchie de Meiji, mais était plus sincèrement embrassée par les classes inférieures, en particulier par les masses rurales, qu'elle ne l'était par l'oligarchie, qui la propageait. Cette idéologie acceptait une société hiérarchique patriarcale autoritaire, basée sur les familles, les clans, et la nation, aboutissant dans le respect et la subordination à l'empereur. Dans ce système, il n'y avait pas de place pour l'individualisme, l'intérêt personnel, les libertés humaines, ou les droits civils.

En général, ce système était accepté par la masse du peuple japonais. En conséquence, elle permettait à l'oligarchie de poursuivre des politiques égoïstes d'enrichissement personnel, d'exploitation impitoyable, et de changements économique et social révolutionnaires en ne rencontrant que peu de résistance. Les paysans étaient opprimés par le service militaire universel, par des impôts et des taux d'intérêt élevés, par des prix agricoles bas et des prix industriels élevés, et par la destruction du marché pour l'artisanat paysan. Ils se révoltèrent brièvement et localement dans les années 1884 à 1885, mais se firent écraser et ne se révoltèrent jamais plus, même s'ils continuaient à être exploités sans cesse. Toute la législation antérieure visant à protéger les paysans propriétaires ou à empêcher la monopolisation de la terre fut révoquée dans les années 1870.

Dans les années 1880, les lourds impôts, les taux d'intérêt élevés et les bas prix pour les produits agricoles entraînèrent une diminution drastique du nombre de propriétaires fonciers. Dans ce même laps de temps, la croissance de l'industrie urbaine commença à détruire le marché artisanal paysan et le « système rural de sous-traitance » dans le secteur de la fabrication. En sept années, de 1883 à 1890, environ 360.000 paysans propriétaires furent dépossédés de 5 millions de yens de terrain pour cause d'arriérés sur un impôt total de seulement 114.178 yens (ou des arriérés de seulement un tiers de yen, soit 17 centimes américains par personne). Dans la même période, les propriétaires furent dépossédés d'une centaine de fois plus de terres par la saisie des hypothèques. Ce processus continua plus ou moins rapidement, jusqu'à ce qu'à partir de 1940, les trois quarts des paysans japonais étaient des locataires ou partiellement locataires qui payaient des loyers s'élevant au minimum à la moitié de leur récolte annuelle.

En dépit de leur acceptation de l'autorité et de l'idéologie shinto, les pressions sur les paysans japonais auraient atteint un stade explosif si des vannes de sécurité n'avaient pas été fournies pour celles-ci. Parmi ces pressions, nous devons prendre connaissance de celle qui résulta de l'augmentation de la population, un problème qui se posa dans la plupart des pays asiatiques, à la suite de l'introduction de la médecine occidentale et des sanitaires. Avant l'ouverture du Japon, sa population était restée relativement stable à 28-30 millions d'habitants pendant plusieurs siècles. Cette stabilité résultait d'un taux de mortalité élevé soutenu par des famines fréquentes et la pratique de l'infanticide et de l'avortement. En 1870, la population commença à croitre, passant de 30 millions à 56 millions d'habitants en 1920, à 73 millions en 1940, avant d'atteindre 87 millions d'habitants en 1955.

La valve de sécurité dans le monde paysan japonais résidait dans le fait que des possibilités furent ouvertes avec une rapidité croissante dans les activités non agricoles dans la période 1870 à 1920. Ces activités non agricoles étaient accessibles du fait que l'oligarchie exploiteuse utilisait ses propres revenus, de plus en plus importants, pour créer des activités par investissements dans le transport maritime, les chemins de fer, l'industrie et les services. Celles-ci permirent de drainer la population paysanne croissante des zones rurales vers les villes. Une loi de 1873 qui établit la primogéniture dans l'héritage de la propriété paysanne rendit évident que la population rurale qui avait migré vers les villes serait composée de deuxièmes et de troisièmes fils plutôt que de chefs de famille. Cela eut de nombreuses conséquences sociales et psychologiques dont la principale fut que la nouvelle population urbaine était composée d'hommes détachés de la discipline de la famille patriarcale et donc moins susceptible à l'influence de la psychologie japonaise autoritaire générale et plus sous l'influence des forces urbaines démoralisantes. De ce fait, après 1920, ce groupe posa un défi à la stabilité de la société japonaise.

Dans les villes, les masses ouvrières de la société japonaise continuaient à être exploitées, mais maintenant par de faibles salaires plutôt que par des loyers, des impôts, ou des taux d'intérêt élevés. Ces masses urbaines, comme les masses rurales d'où elles provenaient, se soumettaient sans résistance à une telle exploitation pour une période beaucoup plus longue que les Européens l'auraient fait parce qu'elles continuaient d'accepter l'idéologie autoritaire shintoïste de soumission. Elles étaient exclues de la participation à la vie politique jusqu'à l'établissement du suffrage masculin en 1925. Ce ne fut qu'après cette date que tout affaiblissement notable de l'idéologie autoritaire japonaise commença à apparaitre chez les masses urbaines.

La résistance des masses urbaines à l'exploitation au travers des organisations économiques ou sociales fut affaiblie par les restrictions imposées à toute sorte d'organisations de travailleurs. Les restrictions générales sur la presse, les assemblées, la liberté d'expression et sur la création de sociétés « secrètes » étaient appliquées très sévèrement contre tous les groupes et doublement contre les groupes de travailleurs. Il y eut de petites agitations socialistes et ouvrières durant les vingt années entre 1890 et 1910. Celles-ci prirent violemment fin en 1910 par l'exécution de douze personnes pour des émois anarchiques. Le mouvement syndical ne refit pas apparition jusqu'à la crise économique de 1919 à 1922.

La politique des bas salaires du système industriel japonais avait pour origine l'intérêt personnel des premiers capitalistes, mais fut justifiée par l'argument que le seul produit que le Japon avait à offrir au monde et le seul au travers duquel il pourrait se construire un statut de grande puissance était sa grande offre de main-d'œuvre à bas prix. Les ressources minérales du Japon, y compris le charbon, le fer ou le pétrole, étaient pauvres en qualité et en quantité. Sur le plan des matières premières textiles, le Japon avait seulement la soie, et n'avait ni coton ni laine. Il n'y avait pas d'importante ressource naturelle pour laquelle il y aurait eu une forte demande mondiale comme pour l'étain de la Malaisie, le caoutchouc de l'Indonésie ou le cacao de l'Afrique de l'Ouest ; le Japon n'avait ni la terre, ni le fourrage pour produire des produits laitiers ou d'origine animale comme ceux d'Argentine, du Danemark, de la Nouvelle-Zélande ou d'Australie. Les seules ressources importantes dont il disposait et qu'il pouvait utiliser pour se fournir des biens d'exportation afin de les échanger pour du charbon, du fer, ou du combustible importés étaient sa soie, ses produits forestiers ainsi que ses produits de la mer. Tout cela nécessitait une dépense considérable de travail, et ces produits ne pouvaient être vendus à l'étranger que si les prix étaient maintenus bas en gardant les niveaux de salaires le plus bas possible.

Comme ces produits ne généraient pas suffisamment de devises pour permettre au Japon de payer pour les importations de charbon, de fer, et de combustible qu'une grande puissance se devait d'avoir, le Japon dut trouver une méthode par laquelle il pouvait exporter son travail et obtenir une rémunération en échange. Ceci conduisit à la croissance des industries de fabrication basée sur des matières premières importées et au développement d'activités de service telles que la pêche et le transport maritime. Le Japon commença très tôt à développer un système industriel dans lequel des matières premières telles que le charbon, le fer forgé, le coton brut, ou la laine étaient importées, transformées dans des formes plus complexes et couteuses, et exportées à nouveau pour un prix plus élevé sous la forme de machines ou de textiles finis. Les autres produits qui étaient exportés compreinaient des produits forestiers comme le thé, le bois sculpté, ou la soie brute, ou des produits de fabrication japonaise tels que les soies finies, les conserves de poisson, ou les services de transport maritime.

Les décisions politiques et économiques qui conduisirent à ces développements et qui exploitèrent les masses rurales et urbaines du Japon furent prises par l'oligarchie de Meiji et ses partisans. Les pouvoirs décisionnels de cette oligarchie se concentraient dans un surprenant petit groupe d'hommes, ne dépassant pas plus d'une douzaine de personnes, et constitué principalement des dirigeants des Quatre clans de l'ouest qui avaient mené le mouvement contre le shogoun en 1867. Ces dirigeants en vinrent à former un groupe officiel, même si extralégal, connu sous le nom de Genro (ou le Conseil d'État des aînés). En 1938, Robert Reischauer écrivit à propos de ce groupe : « Ce sont ces hommes qui ont été le véritable pouvoir derrière le trône. Il est devenu une habitude de demander leur opinion et plus nécessaire encore de suivre cette opinion dans tous les domaines de grande importance pour le bien de l'État. Aucun Premier ministre n'a jamais été nommé sans la recommandation de ces hommes, qui sont appelés Genro. Jusqu'en 1922, aucune législation nationale importante, aucun traité étranger important n'a échappé à leur lecture et à leur sanction avant d'être signé par l'empereur. Ces hommes, en leur temps, étaient les véritables dirigeants du Japon. ».

L'importance de ce groupe peut être observée dans le fait que le Genro comptait seulement huit membres, mais le poste de Premier ministre était tenu par un Genro entre 1885 et 1916, et le poste important de président du Conseil privé était détenu par un Genro depuis sa création en 1889 jusqu'en 1922 (sauf pour les années 1890 à 1892 lorsque le comte Oki du clan Hizen avait remplacé Okuma). Si nous listons les huit Genro avec trois de leurs proches collaborateurs, nous pouvons situer l'état-major de l'histoire du Japon durant la période couverte par le présent chapitre. À cette liste, nous pouvons ajouter certains autres faits importants tels que les origines sociales de ces hommes, leurs dates de décès et leurs connexions dominantes aux deux branches des forces de défense et aux deux plus grands monopoles industriels japonais. La signification de ces connexions apparaitra sous peu.

L'oligarchie de Meiji				
Origine sociale	Nom (Genro avec indiqué par le symbole *)	Date de décès	Dominée par	Liée à
Choshu	* Ito * Yamagata * Inoue * Katsura	1909 1922 1915 1913	Armée	Mitsui
Satsuma	* Oyama * Matsukata Kuroda Yamamoto	1916 1924	Armée navale	Mitsui
Hizen	Okuma	1922	Parti progressiste depuis 1882	
Tosa	Itagaki	1920	Parti libéral depuis 1881	Mitsubishi
La Cour noble	Saionji	1940	« Le dernier des Genro » (1924-1940)	Sumitomo

L'histoire du Japon de 1890 à 1940 est en grande partie un commentaire sur ce tableau. Nous avons dit que la restauration de Meiji de 1868 résulta d'une alliance des Quatre clans de l'ouest et de certains nobles de la cour impériale contre le shogounat et que cette alliance était financée par des groupes commerciaux menés par Mitsui. Les chefs de ce mouvement, qui étaient encore en vie après 1890, vinrent à former le Genro, les dirigeants réels, mais non officiels du Japon. Au fil des années, les Genro vieillirent et moururent, leur pouvoir s'affaiblit et deux revendicateurs apparurent pour leur succéder : les militaristes et les partis politiques. Dans cette lutte, les groupes sociaux derrière les partis politiques étaient si divers et si corrompus que leur succès ne fut jamais concrètement dans le domaine de la politique. En dépit de ce fait, la lutte entre les militaristes et les partis politiques ont l'air assez égale jusqu'en 1935, non pas grâce à une quelconque force ou capacité naturelle dans les rangs de ces derniers, mais tout simplement parce que Saionji, le « dernier des Genro » et le seul membre n'appartenant à aucun clan dans ce groupe privilégier, fit tout ce qu'il put pour retarder ou éviter le triomphe presque inévitable des militaristes.

Tous les facteurs de cette lutte et les évènements politiques de l'histoire du Japon découlant de l'interaction de ces facteurs proviennent à l'origine du Genro tel qu'il existait avant 1900. Les partis politiques et Mitsubishi furent construits comme des armes Hizen-Tosa pour lutter contre la domination Choshu-Satsuma du réseau de puissance organisé sur l'administration civile-militaire alliée à Mitsui ; la rivalité armée-marine (qui apparut en 1912 et devint préoccupante après 1931) prenait sa source dans une vieille rivalité entre Choshu et Satsuma au sein du Genro, tandis que la lutte civile-militariste découlait de la rivalité personnelle entre Ito et Yamagata avant 1900. Pourtant, en dépit de ces fissures et rivalités, l'oligarchie dans son ensemble présentait généralement un front uni contre les groupes extérieurs (tels que les paysans, les travailleurs, les intellectuels, ou les chrétiens) dans le Japon même ou contre les non-Japonais.

De 1882 à 1898, Ito était la figure dominante dans l'oligarchie de Meiji et la personne la plus puissante du Japon. En tant que ministre de la Maison impériale, il fut chargé de la rédaction de la Constitution de 1889 ; en tant que président du Conseil privé, il guida les délibérations de l'assemblée qui ratifia cette constitution ; et comme Premier ministre du nouveau Japon, il établit les fondations sur lesquelles elle fonctionnerait. Dans le processus, il retrancha l'oligarchie Sat-Cho si fermement au pouvoir que les partisans de Tosa et Hizen commencèrent à manifester contre le gouvernement, cherchant à obtenir ce qu'ils considéraient comme leur juste part des fonctions en or.

Afin de construire une opposition au gouvernement, ils organisèrent les premiers véritables partis politiques, le Parti libéral d'Itagaki (1881) et le Parti progressiste d'Okuma (1882). Ces partis adoptèrent des idéologies libérales et populaires de l'Europe bourgeoise, mais en général, celles-ci n'étaient pas sincèrement adoptées ou bien comprises. Le but réel de ces deux groupes était de devenir une telle nuisance pour l'oligarchie dominante afin d'obtenir une part du patronage de la fonction publique et des marchés publics en échange de modérer leurs attaques. En conséquence, les dirigeants de ces partis dénoncèrent encore et encore leurs partisans en échange de ces concessions, dissipant leurs partis pour les recréer à une date ultérieure lorsque leur mécontentement envers l'oligarchie dominante se soulevait de nouveau. Ainsi, les partis d'opposition disparaissaient et réapparaissaient et leurs dirigeants entraient et sortaient de la fonction publique en fonction de leurs caprices et ambitions personnelles. Tout comme Mitsui devint le plus grand monopole industriel du Japon sur la base de ses liens politiques avec l'oligarchie dominante de Sat-Cho, Mitsubishi devint quant à lui le deuxième plus grand monopole du Japon sur la base de ses liens politiques avec les groupes d'opposition de Tosa-Hizen. En effet, Mitsubishi commença sa carrière en tant que société commerciale du clan Tosa et Y. Iwasaki, qui l'avait dirigée dans ce dernier rôle, et continua à la diriger quand elle se développa en Mitsubishi. Ces deux entreprises, ainsi qu'une poignée d'autres organisations monopolistiques qui apparurent plus tard, étaient totalement dépendantes des réseaux politiques pour leurs profits et leur croissance.

La tâche de construire le Japon en une puissance industrielle moderne au cours d'une seule vie nécessitait d'énormes capitaux et des marchés stables. Dans un pays pauvre comme le Japon qui entra en retard dans l'ère industrielle, ces deux exigences ne pouvaient être obtenues que par le gouvernement et d'aucune autre manière. Par conséquent, les entreprises d'affaires s'organisèrent en quelques structures monopolistiques très larges, qui (en dépit de leur taille) n'agissaient jamais comme des pouvoirs indépendants, même en matière économique, mais coopéraient de manière docile avec ceux qui contrôlaient les dépenses publiques et les marchés publics. Ils coopérèrent ainsi avec l'oligarchie de Meiji avant 1922, avec les dirigeants des partis politiques entre 1922 et 1932, et avec les militaristes après 1932. L'ensemble de ces organisations industrielles et financières monopolistiques étaient connu sous le nom de zaibatsu. Il y avait huit organisations importantes de ce genre dans la période suivant la Première Guerre mondiale, mais trois d'entre elles étaient si puissantes qu'elles dominaient les cinq autres ainsi que l'ensemble du système économique. Ces trois étaient Mitsui, Mitsubishi et Sumitomo (sous le contrôle de la famille Saionji). Celles-ci rivalisaient entre elles sans grande conviction, cette concurrence étant plus politique qu'économique, et restait toujours dans les règles d'un système auquel elles adhéraient toutes.

Dans la période 1885 à 1901, Ito devint Premier ministre quatre fois, Matsukata deux fois, et Yamagata deux fois. Il devint évident que l'oligarchie ne pouvait pas être contrôlée par la Diète ou par les partis politiques Tosa-Hizen, et dirigeait toujours le Japon par son contrôle de l'empereur, des forces armées, et de l'administration civile. La victoire fut à peine remportée qu'une rivalité apparut entre Ito, soutenu par l'administration civile, et Yamagata, soutenu par les forces armées. En 1900, Yamagata remporta une victoire décisive sur Ito et forma son deuxième gouvernement (1898 à 1900), duquel le groupe d'Ito fut, pour la première fois, totalement exclu. Au cours de ce mandat, Yamagata étendit le droit de vote d'un demi-million à un million d'électeurs afin d'obtenir le soutien de la ville pour l'imposition de taxes sur les terres rurales pour financer l'expansion militaire. Bien plus important que cela, il établit une loi stipulant que les ministères de l'Armée et de la Marine devaient être dirigés par des postes ministériels occupés par des généraux et des amiraux actifs du plus haut rang. Par la suite, cette loi rendit impossible un régime civil au Japon, parce qu'aucun Premier ministre ou membre du Cabinet ne pouvait combler les deux postes de défense sans faire de concessions aux forces armées.

En représailles à cette défaite, Ito conclut une alliance avec le Parti libéral d'Itagaki (en 1900) et prit ses fonctions de Premier ministre pour la troisième fois (1900 à 1901). Mais il avait peu de liberté d'action, puisque le ministre de la guerre, en conformité avec la nouvelle loi, était un homme dévoué à Yamagata, Katsura, et le ministre de la Marine était l'amiral Yamamoto.

En 1903, Yamagata obtint un Rescrit impérial forçant Ito à se retirer de la vie politique active pour se mettre à l'abri du Conseil privé. Ito obéit, laissant le Parti libéral et la direction des forces civiles à son protégé, Saionji. Yamagata avait déjà pris sa retraite, mais continuait à dominer la vie politique par l'intermédiaire de son protégé, Katsura.

La période 1901 à 1913 vit une alternance de gouvernements entre Katsura et Saionji, au cours de laquelle le premier contrôlait clairement le gouvernement, tandis que le second, par le Parti libéral, remportait de grandes victoires dépourvues de sens dans les urnes. Tant en 1908 qu'en 1912, le parti de Saionji remporta des victoires faciles lors des élections générales tenues pendant qu'il était au pouvoir, et dans les deux cas, Katsura l'obligea à abandonner ses fonctions en dépit de sa majorité à la Diète.

À ce stade, l'utilisation impitoyable de Katsura de l'empereur et des militaristes pour augmenter la taille et la puissance de l'armée apporta un nouveau facteur dans la vie politique japonaise en conduisant à une scission avec la Marine. En 1912, lorsque Saionji et Katsura avaient chacun dirigé deux gouvernements depuis 1901, le premier refusa d'accroître la taille de l'armée de deux divisions (pour le service en Corée). Katsura évinça aussitôt le gouvernement Saionji avec la démission du ministre de la Guerre. Lorsque Saionji ne put trouver aucun général éligible prêt à servir, Katsura forma son troisième Cabinet (1912 à 1913) et créa les nouvelles divisions.

La Marine, aliénée par les tactiques politiques autoritaires de l'armée, essaya de garder Katsura démis de ses fonctions en 1912 en refusant de fournir un amiral pour servir en tant que ministre de la Marine. Ils furent vaincus lorsque Katsura produisit un Rescrit impérial du nouvel empereur Taisho (1912 à 1926) leur ordonnant de fournir un amiral. La marine répliqua l'année suivante par la formation d'une alliance avec les libéraux et les autres forces anti-Katsura, au motif que son utilisation abusive de l'intervention impériale en faveur des politiques partisanes les plus basses était une insulte à la sainteté sublime de la position impériale. Pour la première et unique fois, en 1913, le Parti libéral refusa de donner son accord pour un Rescrit impérial. Katsura dut démissionner et un nouveau cabinet, sous l'amiral Yamamoto, fut formé (1913 à 1914). Cette alliance de la Marine avec le clan Satsuma et le Parti libéral rendit le clan Choshu si furieux que les branches militaires et civiles de ce groupe se réunirent sur une base anti-Satsuma.

En 1914, il fut révélé que plusieurs grands amiraux avaient accepté des pots-de-vin d'entreprises de munitions étrangères telles que l'allemande Siemens et l'anglaise Vickers. Choshu utilisa cette information pour frapper Yamamoto hors de ses fonctions, mais comme il ne pouvait pas former un gouvernement seul, il rappela Okuma de sa retraite pour former un gouvernement provisoire totalement dépendant d'eux. Le vieil homme reçut une majorité à la Diète en mettant la majorité existante du Parti libéral hors de ses fonctions et, en remportant dans une élection corrompue, rassembla une majorité pour un nouveau parti, l'Association des Amis constitutionnels, créé par Katsura en 1913. Okuma était complètement dépendant de l'oligarchie Choshu (ce qui signifiait, dépendant de Yamagata, puisque Ito mourut en 1909 et Inoue en 1915).

Il leur donna deux nouvelles divisions de l'armée et une forte politique antichinoise, mais fut remplacé par le général Terauchi, un militariste Choshu et favori de Yamagata, en 1916. Pour assurer ce nouveau gouvernement avec moins de soutien du parti évidemment corrompu, un accord fut conclu avec le Parti libéral. En échange des sièges à la Diète, des places à l'administration et l'argent de Mitsui, ce vieux parti Tosa passa à la botte du militarisme Choshu et obtint, par les gouverneurs de préfecture, une majorité satisfaisante à l'élection générale de 1916.

Sous le gouvernement Terauchi, le militarisme de Choshu et le pouvoir personnel de Yamagata atteignirent leur point culminant. À ce moment, chaque officier supérieur dans l'armée devait sa position au patronage de Yamagata. Ses anciens rivaux civils, comme Ito ou Inoue, étaient morts. Des quatre Genro restants, seulement Yamagata, âgé de quatre-vingt-un ans en 1918, était capable de prendre les commandes. Matsukata, âgé de quatre-vingt-quatre ans, était un faible. Okuma, âgé de quatre-vingt-un ans, était un exclu. Saionji, âgé de soixante-dix ans, était un semi-exclu. L'empereur, à la suite des protestations de 1913, n'intervint plus dans la vie politique. Les partis politiques étaient démoralisés et inféodés, prêts à sacrifier tout principe pour quelques emplois. Les organisations économiques dirigées par les grands zaibatsu[1] étaient complètement dépendantes des subventions gouvernementales et des marchés publics. En un mot, les contrôles de l'oligarchie de Meiji étaient presque entièrement détenus par un seul homme.

Il serait difficile d'exagérer le degré de concentration du pouvoir au Japon dans la période couverte par le présent chapitre. En trente-trois ans de gouvernement de Cabinet, il y eut dix-huit Cabinets, mais seulement neuf Premiers ministres distincts. Parmi ceux-là, deux seulement (Saionji et Okuma) n'étaient pas de Choshu ou de Satsuma, tandis que cinq étaient des hommes militaires. La militarisation croissante de la vie japonaise dans la période se terminant en 1918 était de mauvais augure pour l'avenir. Les militaristes contrôlaient non seulement les secteurs en croissance de la vie japonaise, mais avaient également réussi à fusionner la fidélité à l'empereur et la soumission au militarisme en une seule loyauté qu'aucun Japonais ne pouvait rejeter sans, en même temps, rejeter son pays, sa famille, et toute sa tradition. Encore plus inquiétante était l'évidence croissante que le militarisme japonais était incroyablement agressif, et enclin à trouver la solution pour ses problèmes internes dans des guerres étrangères.

1. N.D.É. Trust japonais.

À trois reprises en trente ans, contre la Chine entre 1894 et 1895, la Russie entre 1904 et 1905, et la Chine et l'Allemagne entre 1914 et 1918, le Japon entra en guerre à des fins purement agressives. En retour de la première attaque, le Japon acquit les iles Formose et les Pescadores, et força la Chine à reconnaitre l'indépendance de la Corée (en 1895). L'invasion japonaise ultérieure de la Corée conduisit à une rivalité avec la Russie, que son réseau transsibérien encourageait à compenser pour ses rebuffades dans les Balkans, en augmentant sa pression sur l'Extrême-Orient.

Afin d'isoler le conflit imminent avec la Russie, le Japon signa un traité avec la Grande-Bretagne (1902). Par ce traité, chaque signataire pouvait compter sur le soutien de l'autre s'il s'engageait dans une guerre avec plus d'un ennemi dans l'Extrême-Orient. Avec la Russie ainsi isolée dans la région, le Japon attaqua les forces du tsar en 1904. Elles furent détruites par les armées de terre japonaises sous les ordres de Satsuma Genro Oyama, tandis que la flotte russe de trente-deux navires, venant de l'Europe, fut anéantie par l'amiral Satsuma Togo dans le détroit de Tsushima. Par le traité de Portsmouth (1905), la Russie renonça à son influence sur la Corée, céda le sud des iles Sakhaline et le bail du Liaodong au Japon, et accepta à une renonciation conjointe de la Mandchourie (qui devait être évacuée par les deux puissances et restaurée à la Chine). La Corée, qui était devenue un protectorat japonais en 1904, fut annexée en 1910.

Le déclenchement de la guerre en 1914 fut une excellente occasion pour l'expansion japonaise. Alors que toutes les grandes puissances étaient occupées ailleurs, l'Extrême-Orient était laissé au Japon. Déclarant la guerre à l'Allemagne le 23 aout 1914, les troupes nippones saisirent les avoirs allemands sur la péninsule Chantoung et les iles Pacifiques allemandes au nord de l'équateur (les Îles Marshall, Mariannes et Carolines). Cela fut suivi, presque immédiatement (janvier 1915) par la présentation des « Vingt-et-une demandes » à la Chine. Celles-ci révélèrent immédiatement les ambitions agressives du Japon pour le continent asiatique et provoquèrent un changement décisif de l'opinion mondiale vis-à-vis du Japon, en particulier aux États-Unis. Au moment des préparations pour ces demandes, le Japon avait été en mesure d'établir un sentiment très projaponais au sein de la plupart des grandes puissances. Des accords officiels ou des notes avaient été établis avec celles-ci, en reconnaissant d'une manière ou d'une autre les soucis particuliers du Japon avec l'Asie de l'Est. En ce qui concerne la Russie, une série d'accords établit de nouvelles sphères d'influence. Ceux-ci définirent le nord de la Mandchourie et l'ouest de la Mongolie-Intérieure comme des sphères de la Russie, et le sud de la Mandchourie et l'est de la Mongolie-Intérieure comme des sphères pour le Japon.

Un certain nombre de notes diplomatiques entre les États-Unis et le Japon impliquait une acceptation américaine tacite de la position japonaise en Mandchourie en échange d'une acceptation japonaise de la « porte ouverte » ou de la politique de libre-échange en Chine. Les Vingt-et-une demandes brisèrent cet accord avec les États-Unis, car ils indiquaient que le Japon cherchait à créer une position économique spéciale en Chine. En plus de cela, les États-Unis imposèrent de strictes restrictions sur l'immigration japonaise aux États-Unis, ce qui heurta la fierté japonaise. Cette sanction marqua un tournant dans le ton des sentiments japonais-américains, qui était généralement favorable avant 1915, mais de plus en plus défavorable après cette date.

L'opinion mondiale défavorable contraignit le Japon à retirer les plus excessives de ses Vingt-et-une demandes (celles qui étaient concernées par l'utilisation de conseillers japonais dans diverses fonctions administratives chinoises), mais beaucoup d'autres furent acceptées par la Chine sous la pression d'un ultimatum japonais. La principale de celles-ci permit au Japon de s'organiser avec l'Allemagne sur la disposition des concessions allemandes en Chine, sans aucune intervention de la Chine. D'autres demandes donnèrent au Japon de nombreuses concessions commerciales, minières et industrielles, principalement dans l'est de la Mongolie-Intérieure et le sud de la Mandchourie.

En dépit de la désaffection croissante de l'opinion mondiale à son égard dans les années de la Première Guerre mondiale, la guerre amena le Japon à un pic de prospérité et de puissance qu'il n'avait jamais atteint auparavant. La demande pour les produits japonais par les pays belligérants entraina un grand essor industriel. L'agrandissement de la flotte et des territoires japonais dans le Pacifique Nord, ainsi que le retrait de ses rivaux européens de la région, donnèrent au Japon une suprématie navale qui était formellement acceptée par les autres puissances navales dans les Accords de Washington de 1922. Les avancées japonaises dans le nord de la Chine firent également du Japon la puissance incontestée dans la vie économique et politique de l'Asie de l'Est. Dans l'ensemble, les successeurs de la restauration de Meiji de 1868 pourraient regarder avec une profonde satisfaction les progrès réalisés par le Japon en 1918.

V

LA PREMIÈRE GUERRE MONDIALE

―――

La croissance des tensions internationales, 1871-1914	234
Introduction	234
La création de la Triple-Alliance, 1871-1890	235
La création de la Triple-Entente, 1890-1907	236
Les efforts afin de réduire l'écart entre les deux coalitions, 1890-1914	239
Les crises internationales, 1905-1914	242
L'histoire militaire, 1914-1918	249
L'histoire de la diplomatie, 1914-1948	260
Le front intérieur, 1914-1918	281

La croissance des tensions internationales, 1871-1914

INTRODUCTION

L'unification de l'Allemagne lors de la décennie précédant 1871 mit fin à un équilibre des pouvoirs en Europe, qui existait depuis plus de 250 ou 300 ans. Durant cette longue période, se déroulant sur presque dix générations, la Grande-Bretagne était relativement sure et était une puissance grandissante qui ne pouvait être contestée que par les États d'Europe de l'Ouest. Une telle menace était déjà venue d'Espagne sous Philippe II, de France sous Louis XIV et de Napoléon, et d'un point de vue économique, des Pays-Bas pendant la plus grande partie du XVIIe siècle. Une telle situation put se développer parce que ces États étaient aussi riches et presque aussi unifiés que l'était la Grande-Bretagne. Mais, par-dessus tout et tant que l'Europe centrale n'était pas unie et économiquement en retard, parce que les nations de l'Europe de l'Ouest pouvaient tourner leurs intérêts vers la mer et ainsi défier la Grande-Bretagne.

L'unification de l'Allemagne par Bismarck mit un terme à cette situation de manière politique, pendant que la croissance économique rapide de ce pays après 1871 modifia la situation économique. Pendant longtemps, la Grande-Bretagne ne se rendit pas compte de ces changements. Elle avait tendance à encourager la croissance de l'Allemagne tout en la soulageant énormément de la pression de la France dans les domaines politique et colonial. En raison du génie diplomatique de Bismarck et de l'incapacité des non-Allemands à se rendre compte de la fantastique capacité d'organisation des Allemands dans les activités industrielles, la Grande-Bretagne ne put percevoir ce changement de situation avant 1890. Après cette date, la capacité remarquable de Bismarck à mener la barre fut remplacée par les mains tremblantes du kaiser Guillaume II ainsi qu'une succession de chanceliers marionnettes. Ces incompétents alarmaient et éloignaient la Grande-Bretagne en la défiant dans les domaines commercial, colonial et surtout naval. Au niveau commercial, les Britanniques remarquèrent que les vendeurs allemands et leurs agents offraient un meilleur service, de meilleures conditions et des prix plus bas sur des biens d'une qualité équivalente, et dans un système métrique plutôt qu'anglo-saxon. Dans le domaine colonial, après 1884, l'Allemagne acquit des colonies africaines qui menaçaient de traverser le continent d'est en ouest et ainsi d'entraver les ambitions britanniques de création d'un chemin de fer du Cap de Bonne-Espérance au Caire. Ces colonies incluaient l'Afrique de l'Est (Tanganyika), le Sud-ouest africain, le Cameroun et le Togo. La menace allemande s'agrandit à la suite des complots allemands dans les colonies portugaises d'Angola et du Mozambique, et par-dessus tout, à la suite des encouragements allemands des Boers du Transvaal et de l'État libre d'Orange avant leur guerre avec la Grande-Bretagne de 1899 à 1902. Dans la zone pacifique, en 1902, l'Allemagne avait acquis les îles Caroline, Marshall et Mariannes, situées en Nouvelle-Guinée et aux Samoa, et une base navale et de commerce importante à Kiautschou dans la péninsule du Shandong en Chine. Dans les affaires navales, l'Allemagne représentait la plus grande menace après la promulgation des lois navales allemandes de 1898, de 1900, et de 1902, créées comme instrument de coercition contre la Grande-Bretagne. Quatorze cuirassés allemands furent mis à l'eau entre 1900 et 1905. À la suite de ces activités, la Grande-Bretagne rejoignit la coalition anti-Allemagne en 1907, les puissances d'Europe se divisèrent en deux coalitions antagonistes, une série de crises commença, ce qui mena petit à petit à la catastrophe de 1914.

Les affaires internationales lors de la période de 1871 à 1914 peuvent être étudiées en quatre parties : (1) la création de la Triple-Alliance, 1871 à 1890, (2) la création de la Triple-Entente, 1890 à 1907, (3) les efforts afin de combler l'écart entre les deux coalitions, 1890 à 1914, et enfin (4) la série de crises internationales, 1905 à 1914. Nous allons étudier ce sujet selon ces quatre grandes parties.

LA CRÉATION DE LA TRIPLE-ALLIANCE, 1871-1890

La création d'un empire allemand dominé par le royaume de Prusse satisfaisait politiquement Bismarck. Il ne voulait pas annexer de territoires supplémentaires au nouvel empire. De plus, les ambitions croissantes pour l'acquisition de colonies pour créer un empire mondial l'avaient laissé de marbre. En tant que diplomate satisfait, il se concentrait à garder ce qu'il avait, tout en réalisant que la France, menée par la peur et la vengeance, était une menace à cette ambition. Par conséquent, son objectif premier était d'isoler la France. Cela impliquait de garder des relations amicales avec la Russie et l'empire des Habsbourg, ainsi qu'avec la Grande-Bretagne en s'abstenant de réaliser des explorations coloniales et navales. Dans le cadre de cette politique, Bismarck passa deux accords tripartites avec la Russie et l'Autriche-Hongrie : (1) l'Entente des trois empereurs de 1873 et (2) l'Alliance des trois empereurs de 1881. Ces deux accords furent interrompus à cause des rivalités entre l'Autriche et la Russie dans le sud-est de l'Europe, particulièrement en Bulgarie. L'Entente des trois empereurs prit fin en 1878 au congrès des Nations de Berlin avec l'opposition des Habsbourg aux efforts de la Russie visant à créer un grand État satellite en Bulgarie à la suite de sa victoire dans la guerre russo-turque de 1877. L'Alliance des trois empereurs de 1881 se termina avec la « crise bulgare » de 1885. Cette crise survint à la suite de l'annexion de la Roumélie de l'Est par la Bulgarie, une union à laquelle s'opposait la Russie et qui était favorisée par l'Autriche. Ainsi, ces puissances changèrent radicalement de comportement par rapport à celui qu'elles affichaient à Berlin en 1878.

La rivalité entre la Russie et l'Autriche dans les Balkans fit comprendre à Bismarck que ses efforts à former un front diplomatique avec les trois grands empires étaient basés sur des fondations instables. Par conséquent, il ajouta une seconde corde à son arc : la Triple-Alliance. Forcé de choisir entre l'Autriche et la Russie, Bismarck opta pour l'Autriche, puisqu'elle était plus fragile et donc plus facile à contrôler. Il conclut une alliance austro-allemande en 1879, à la suite de la dissolution de l'Entente des trois empereurs, puis en 1882, il la transforma en la Triple-Alliance, entre l'Allemagne, l'Autriche et l'Italie. Cette alliance, qui ne devait durer que cinq ans, fut renouvelée jusqu'en 1915. Après la fin de l'Alliance des trois empereurs en 1885, la Triple-Alliance devint l'atout principal de l'armurerie de la diplomatie allemande, bien que Bismarck, afin de maintenir la France isolée, empêchât la Russie de sortir complètement de la sphère allemande, et qu'il tentât de lier l'Allemagne et la Russie par un accord secret d'amitié et de neutralité, connu sous le nom de Traité de réassurance (1887). Ce traité, qui dura trois ans, ne fut pas renouvelé en 1890, après que le nouvel empereur Guillaume II remplaça Bismarck. Le kaiser affirma que le Traité de réassurance avec la Russie n'était pas compatible avec la Triple-Alliance avec l'Autriche et l'Italie, puisque l'Autriche et la Russie n'étaient pas en bons termes. En ne renouvelant pas l'accord, Guillaume II isola la Russie et la France. À partir de cela, ces dernières se rapprochèrent naturellement pour former l'Alliance franco-russe en 1894. Par la suite, en se mettant à dos la Grande-Bretagne, le gouvernement allemand aida à transformer cette alliance en la Triple-Entente. Certaines des raisons pour lesquelles l'Allemagne commit de telles erreurs seront examinées dans un prochain chapitre sur l'histoire de l'Allemagne.

LA CRÉATION DE LA TRIPLE-ENTENTE, 1890-1907

L'isolation diplomatique de la Russie et de la France se combina à de nombreux facteurs positifs pour arriver à la création de l'Alliance franco-russe de 1894. L'antagonisme russe envers l'Autriche dans les Balkans et la peur de la France vis-à-vis de la position de l'Allemagne le long du Rhin furent amplifiés par le refus de l'Allemagne à renouveler le traité de réassurance et le renouvèlement rapide de la Triple-Alliance en 1891. Les deux puissances étaient alarmées par les signes fréquents d'amitié anglo-allemande au moment du Traité Heligoland-Zanzibar (1890) et à l'occasion de la visite du kaiser à Londres en 1891. Enfin, la Russie avait besoin de prêts étrangers pour la construction de chemins de fer et d'industries, et ces derniers étaient obtenus plus facilement à Paris. Par conséquent, l'accord fut signé pendant les célébrations du Nouvel An de 1894, sous la forme d'une convention militaire. Cet accord stipulait que la Russie attaquerait l'Allemagne si la France était attaquée par l'Allemagne, ou par l'Italie soutenue par l'Allemagne, pendant que la France attaquerait l'Allemagne si la Russie était attaquée par cette dernière, ou par l'Autriche soutenue par l'Allemagne.

Cette alliance franco-russe devint la base d'un triangle dont les autres côtés étaient des « ententes », c'est-à-dire des accords amicaux entre la France et la Grande-Bretagne (1904) et entre la Russie et la Grande-Bretagne (1907).

Pour nous qui revoyons l'histoire, l'Entente cordiale entre la France et la Grande-Bretagne semble inévitable, pourtant, pour les contemporains de l'époque, jusqu'en 1898, cela avait dû paraître improbable. La Grande-Bretagne avait suivi une politique d'isolation pendant de nombreuses années, en maintenant un équilibre des pouvoirs sur le continent, en modifiant sa position lors des conflits en Europe pour se mettre du côté qui semblait être le plus faible. Jusqu'en 1902, à cause de ses rivalités coloniales avec la France en Afrique et dans le sud-ouest de l'Asie, ainsi que ses conflits avec la Russie au Proche-Orient, au Moyen-Orient et en Extrême-Orient, la Grande-Bretagne était généralement proche de la Triple-Alliance et éloignée de l'Alliance franco-russe. Ses difficultés avec les Boers d'Afrique du Sud, la puissance grandissante de la Russie au Proche-Orient et en Extrême-Orient, et l'évidente entente de l'Allemagne avec les Boers contraignirent la Grande-Bretagne à conclure une alliance anglo-japonaise en 1902, afin d'obtenir un soutien contre la Russie en Chine. À la même période, la Grande-Bretagne ressentit le besoin et la possibilité d'un accord avec la France. Le besoin survint de la menace directe de l'Allemagne sur le point le plus sensible de la Grande-Bretagne, par le biais du programme de construction navale du Tirpitz en 1898. La possibilité d'un accord avec la France émergea lors des prémices de la plus importante crise anglo-française des temps modernes, la crise de Fachoda en 1898. À Fachoda, sur le long du Nil, un groupe de Français sous le commandement du colonel Jean Marchand, qui avait traversé le désert du Sahara d'ouest en est, fut confronté à une force britannique dirigée par le général Kitchener, qui remontait le Nil en Égypte, afin de soumettre les tribus du Soudan. Chacun ordonna à l'autre de se retirer. La tension monta pendant que chaque groupe consultait leurs généraux pour les instructions à suivre. Ces instructions eurent pour conséquence le retrait de la France. Alors que la tension retombait, il apparut évident aux deux parties que leurs intérêts étaient conciliables, puisque la priorité de la France était sur le continent, où elle faisait face à l'Allemagne, alors que l'intérêt premier de la

Grande-Bretagne était dans les colonies, où elle faisait face de plus en plus à l'Allemagne. Le refus de la France de s'engager dans une guerre coloniale avec la Grande-Bretagne, pendant que l'armée allemande était postée sur le Rhin, rendit évidente la possibilité d'un accord entre la France et la Grande-Bretagne. En 1904, après avoir soigneusement réglé leurs conflits respectifs, cet accord fut signé. La France reconnut l'occupation de l'Égypte par la Grande-Bretagne, en échange d'un soutien diplomatique pour leurs ambitions au Maroc. Ils abandonnèrent d'anciens droits en Terre-Neuve en échange de nouveaux territoires au Gabon, ainsi que le long du fleuve Niger en Afrique. Leurs droits à Madagascar furent réconciliés en échange de la reconnaissance du Siam comme pays faisant partie de la « sphère d'influence » de la Grande-Bretagne. Ainsi, l'ancienne hostilité anglo-française s'atténua face au pouvoir grandissant de l'Allemagne. Cette Entente cordiale s'approfondit lors de la période 1906 à 1914, par une série de « discussions militaires » anglo-françaises, d'abord lors de conversations officieuses au sujet du comportement à tenir en cas d'une guerre hypothétique avec l'Allemagne, puis en se durcissant lentement à travers les années en un accord d'obligation morale de couverture de la France par une force britannique, en cas d'une guerre entre la France et l'Allemagne. Après 1912, ces « discussions militaires » furent élargies par un accord naval, dans lequel la Grande-Bretagne s'engageait à protéger la France de la mer du Nord, afin de libérer la flotte française pour qu'elle puisse attaquer la flotte italienne dans la mer Méditerranée.

L'accord britannique avec la Russie en 1907 suivit un parcours similaire à l'accord entre la Grande-Bretagne et la France en 1904. La méfiance de la Grande-Bretagne envers la Russie avait été nourrie par des années de rivalité au Proche-Orient. En 1904, cette méfiance s'accentua par la rivalité anglo-russe grandissante en Mandchourie et au nord de la Chine, et atteignit un point culminant avec la construction russe du Transsibérien (terminée en 1905). Une violente crise surgit après l'incident du Dogger Bank en 1904, lorsque la flotte russe, en route de la mer Baltique vers l'Extrême-Orient, ouvrit le feu sur des chalutiers britanniques dans la mer du Nord, pensant que ces derniers étaient des torpilleurs japonais. La destruction suivante de la flotte russe par les Japonais, puis la victoire des alliés de la Grande-Bretagne pendant la guerre russo-japonaise de 1905 rendit évident l'accord entre ces deux rivaux. La rivalité navale entre l'Allemagne et la Grande-Bretagne et la baisse des ambitions russes en Asie, à la suite de leur défaite avec le Japon, rendirent possible l'accord de 1907. Selon celui-ci, la Perse était divisée en trois zones d'influence, dont la plus au nord était russe, celle au sud était britannique et celle au centre était neutre. L'Afghanistan fut reconnu sous influence britannique ; le Tibet fut déclaré sous suzeraineté chinoise ; enfin, la Grande-Bretagne exprima sa volonté de modifier les accords à propos des détroits en faveur de la Russie.

Une influence qui servit à créer et renforcer la Triple-Entente était la fraternité bancaire internationale. Celle-ci était en grande partie exclue du développement économique allemand, alors qu'elle avait des liens de plus en plus étroits avec la France et la Russie. Des entreprises prospères comme la Compagnie universelle du canal maritime de Suez, l'entreprise de cuivre des Rothschild, Rio Tinto en Espagne, ainsi que beaucoup de nouvelles activités conjointes au Maroc furent de nombreux liens discrets qui précédèrent et renforcèrent la Triple-Entente. Les Rothschild, amis proches d'Édouard VII et de la France, avaient des liens avec la banque d'investissement française Paribas, qui fut la principale influence lors de la vente de neuf-milliards de roubles d'obligations russes en France avant 1914. Le banquier le plus influent de Londres, sir Ernest Cassel (1852-1921), éminent et mystérieux, était venu d'Allemagne en Grande-Bretagne à l'âge de dix-sept ans, amassa une immense fortune, qu'il dépensait avec extravagance, était très proche avec l'Égypte, la Suède, New York, Paris et l'Amérique latine. Il était même devenu un des amis intimes du roi Édouard et employeur de l'une des personnes les plus manipulatrices de l'époque, la taupe omniprésente, lord Esher. Ces derniers, ayant généralement des influences anti-Prusse autour du roi Édouard, jouèrent un rôle important dans la construction de la Triple-Entente et dans son renforcement lorsque l'Allemagne s'immisça naïvement dans leurs projets au Maroc pendant les années 1904 à 1912.

LES EFFORTS AFIN DE RÉDUIRE L'ÉCART ENTRE LES DEUX COALITIONS, 1890-1914

Au début du XXe siècle, et jusqu'en 1913, les deux coalitions n'étaient pas rigides ou séparées sur la scène internationale. Les liens entre les membres de chaque groupe étaient changeants et ambigus. La Triple-Entente était appelée entente seulement parce que deux des trois relations n'étaient pas des alliances. La Triple-Alliance n'était en aucun cas solide, surtout en ce qui concernait l'Italie. Elle s'y était initialement jointe afin d'obtenir du soutien contre la papauté à propos de la question romaine, mais chercha rapidement à obtenir un soutien pour sa politique agressive en Méditerranée et en Afrique du Nord. Son échec à obtenir un soutien de l'Allemagne dans ces régions, et son hostilité continue avec l'Autriche-Hongrie dans l'Adriatique avaient affaibli la relation entre l'Italie et les puissances centrales.

Nous devrions mentionner au moins une douzaine d'efforts effectués en vue de réduire l'écart qui se créait dans le « concert des puissances » européennes. Premièrement, par ordre chronologique, il y eut l'entente de la Méditerranée en 1887. Dans une série d'accords, la Grande-Bretagne, l'Italie, l'Autriche et l'Espagne s'engagèrent à préserver le statuquo en Méditerranée et ses mers contigües et à apporter des changements uniquement par un accord mutuel.

Ces accords visaient les ambitions françaises au Maroc et les ambitions russes dans les détroits.

Un second accord fut l'anglo-allemand de 1890, selon lequel l'Allemagne échangerait ses concessions en Afrique de l'Est, particulièrement Zanzibar, contre les iles de Heligoland de la mer Baltique. Par la suite, de nombreux efforts infructueux furent déployés par le kaiser ainsi que d'autres du côté allemand, et par Joseph Chamberlain et encore d'autres du côté britannique, afin d'arriver à un accord pour montrer un front commun dans les affaires mondiales. Cela résulta en quelques accords mineurs, tels que celui de 1898, envisageant une disposition possible des colonies portugaises en Afrique, celui de 1899, divisant Samoa, ou encore celui de 1900, cherchant à maintenir la politique de la « porte ouverte » en Chine. Cependant, les efforts visant à créer une alliance ou même une entente s'amenuisèrent avec le programme naval allemand, les ambitions coloniales allemandes en Afrique (surtout au Maroc), et par l'entrée économique de l'Allemagne au Proche-Orient, le long de la route du chemin de fer Berlin-Bagdad. La jalousie de l'Allemagne pour la suprématie mondiale de la Grande-Bretagne, particulièrement la rancune du kaiser envers son oncle, le roi Édouard VII, était mal dissimulée.

Quelques négociations similaires furent tentées entre l'Allemagne et la Russie, mais avec de piètres résultats. Un accord commercial en 1894 mit fin à une guerre des tarifs interminable, au grand dépit des propriétaires terriens allemands qui profitaient de l'exclusion des céréales russes. Cependant, les efforts pour conclure un accord politique important échouèrent à cause de l'alliance entre l'Allemagne et l'Autriche (qui faisait face à la Russie dans les Balkans) et de l'alliance entre la Russie et la France (qui faisait face à l'Allemagne le long du Rhin). Ces obstacles anéantirent le pacte de Bjorko, un accord secret passé entre le kaiser et le tsar Nicolas lors d'une visite mutuelle de leurs yachts en 1905, bien que les Allemands réussissent à obtenir l'accord russe pour le chemin de fer de Bagdad, en leur accordant carte blanche dans le nord de la Perse (1910).

Quatre autres négociations résultèrent des ambitions françaises au Maroc, du désir de l'Italie à acquérir Tripoli, de l'ambition autrichienne d'annexer la Bosnie, et de la détermination de la Russie à ouvrir les détroits à leurs navires de guerre. Ces ambitions étaient associées au déclin du pouvoir en Turquie, en plus de fournir l'opportunité aux puissances européennes de soutenir leurs ambitions aux dépens de l'Empire ottoman. En 1898, l'Italie signa un accord commercial avec la France. Il s'ensuivit deux ans plus tard, un accord politique, qui promit le soutien de la France aux ambitions italiennes à Tripoli en échange du soutien de l'Italie pour les ambitions françaises au Maroc. Plus tard, en 1902, l'Italie affaiblit de nouveau la Triple-Alliance en promettant à la France de rester neutre au cas où la France était attaquée ou devait se battre « pour défendre son honneur ou sa sécurité ».

D'une manière similaire, la Russie et l'Autriche essayèrent de concilier le désir d'obtenir une ouverture à travers les Dardanelles jusqu'à la mer Égée avec le désir de contrôler le nationalisme slave dans les Balkans et d'atteindre la mer Égée à Thessalonique. En 1897, elles arrivèrent à un accord pour maintenir le statuquo dans les Balkans ou, en cas d'échec, pour séparer la région avec les États Balkans existants ainsi qu'un nouvel État, l'Albanie. En 1903, ces deux puissances convinrent d'un programme de réformes policière et financière pour la province agitée de Macédoine. En 1908, un désaccord à propos des efforts autrichiens visant à construire un chemin de fer vers Thessalonique fut rapidement résolu par un accord secret établi entre les ministres des Affaires étrangères Alexandre Izvolski et Lexa von Aehrenthal, afin d'échanger l'autorisation autrichienne du droit de passage des navires de guerre russes aux détroits contre l'autorisation russe pour l'Autriche d'annexer les provinces turques de la Bosnie et de l'Herzégovine. Toutes ces preuves de bonne volonté s'évaporèrent lors de la tourmente de la crise bosnienne de 1908, comme nous le verrons dans un moment.

Après 1905, les crises internationales récurrentes et la solidarité grandissante des coalitions (sauf pour l'Italie) rendirent les efforts pour réduire l'écart entre ces deux coalitions moins fréquents et moins fructueux. Cependant, deux évènements sont dignes d'attention. Ce sont la mission Haldane de 1912 et l'accord du chemin de fer de Bagdad de 1914. Lors du premier évènement, le Secrétaire d'État à la guerre britannique, lord Haldane alla à Berlin pour essayer de freiner le programme naval de Tirpitz. Bien que la marine allemande fût créée dans l'espoir d'amener la Grande-Bretagne à la table de conférence, sans aucune réelle intention de l'utiliser dans une guerre contre la Grande-Bretagne, les Allemands ne réussirent pas à saisir l'opportunité lorsqu'elle se présenta. Les Allemands voulaient la promesse de la neutralité de la Grande-Bretagne lors d'une guerre continentale en échange de la suspension de la nouvelle loi navale. Puisque cet accord aurait pu mener à la suprématie allemande sur le continent, Haldane ne voulut l'accepter. Il retourna à Londres, convaincu que l'Allemagne de Goethe et d'Hegel, qu'il avait appris à aimer lors de ces années d'étudiant, se faisait engloutir par les militaristes allemands. Le dernier lien entre Londres et Berlin semblait s'étioler. Cependant, en juin 1914, les deux pays initièrent un accord dans lequel la Grande-Bretagne ne s'opposait plus au chemin de fer de Bagdad en échange de la promesse de l'Allemagne de rester dans le nord de Bassora et de reconnaitre la suprématie de la Grande-Bretagne sur l'Euphrate et le golfe Persique. Cette solution visant à résoudre un problème de longue date tomba à l'eau à l'éclatement de la guerre, six semaines plus tard.

LES CRISES INTERNATIONALES, 1905-1914

La décennie de l'Entente cordiale jusqu'au déclenchement de la guerre connut une série de crises politiques qui menèrent régulièrement l'Europe au bord de la guerre et précipitèrent le développement de l'armement, l'hystérie populaire, le chauvinisme nationaliste et la solidité des alliances à un tel point qu'en 1914, un évènement relativement mineur projeta le monde dans une guerre d'une intensité sans précédent. Neuf de ces crises sont mentionnées ci-dessous, par ordre chronologique :

1905-1906	La première crise marocaine et la conférence d'Algésiras
1908	La crise bosniaque
1911	La crise d'Agadir et la deuxième crise marocaine
1911	La guerre italo-turque, « guerre de Tripoli »
1912	La première guerre des Balkans, première guerre balkanique
1913	La deuxième guerre des Balkans, deuxième guerre balkanique
1913	La crise albanaise
1913	L'affaire Liman von Sanders
1914	Sarajevo

La première crise marocaine surgit de l'opposition allemande aux projets français au Maroc. Cette opposition fut exprimée par le kaiser lors d'un discours à Tanger, après que la France obtint le consentement de l'Italie, de la Grande-Bretagne et de l'Espagne par le biais d'accords secrets entre ces pays. Ces accords étaient basés sur la volonté de la France de céder Tripoli à l'Italie, l'Égypte à la Grande-Bretagne et la côte du Maroc à l'Espagne. Les Allemands insistèrent pour organiser une conférence internationale, dans l'espoir que le conflit troublerait la Triple-Entente et isolerait la France. Cependant, lorsque la conférence eut lieu à Algésiras, près de Gibraltar, en 1906, l'Allemagne ne fut soutenue que par l'Autriche. La conférence confirma l'intégrité du Maroc, mais créa une banque d'État et une force de police, chacune dominée par l'influence de la France. La crise atteignit son point culminant alors qu'en France et en Allemagne, les dirigeants du bloc le plus conflictuel dans leur pays respectif (Théophile Delcassé et Friedrich von Holstein) furent démis de leurs fonctions à un moment critique.

La crise bosniaque de 1908 survint à la suite de la révolte des jeunes-turcs la même année. Craignant que le nouveau gouvernement ottoman ne soit capable de renforcer l'empire, l'Autriche était résolue à ne pas perdre de temps en annexant la Bosnie et l'Herzégovine, qui étaient sous occupation militaire autrichienne depuis le congrès des Nations de Berlin (1878). Comme l'annexion devait séparer définitivement la Serbie de la mer Adriatique, le ministre des Affaires étrangères autrichien, Aehrenthal, s'entretint avec le protecteur de la Serbie, la Russie. Le ministre des Affaires étrangères du tsar, Izvolski était en accord avec le plan de l'Autriche, si celle-ci cédait au désir d'Izvolski d'ouvrir les détroits aux navires de guerres russes, contrairement à ce qui avait été stipulé au congrès de Berlin. Aehrenthal accepta, au vu de la capacité d'Izvolski à obtenir le consentement des autres puissances. Alors que Izvolski se faufilait d'Allemagne à Rome en passant par Paris, afin d'obtenir le consentement de ces derniers, Aehrenthal annexa soudainement les deux régions, laissant Izvolski sans son projet de détroits (6 octobre 1908). Il devint rapidement clair qu'il ne pouvait pas réaliser ce projet. Lors de la même période, l'Autriche obtint le consentement de l'annexion de la Bosnie par la Turquie. Une crise s'ensuivit. Elle fut alimentée par le refus de la Serbie à accepter l'annexion et son empressement à précipiter une guerre globale afin l'en empêcher. Le danger d'une telle guerre fut amplifié par l'empressement de l'armée autrichienne, menée par le chef d'État-Major Conrad von Hötzendorf, à adresser la situation serbe une fois pour toutes. Un message allemand envoyé à la Russie lui ordonnant de ne plus soutenir la Serbie et de reconnaitre l'annexion apaisa les tensions, Izvolski céda et la Serbie suivit. Cependant, cela créa une mauvaise situation psychologique pour les évènements à venir.

La deuxième crise du Maroc survint en juillet 1911, lorsque les Allemands envoyèrent une canonnière, appelée Panther, à Agadir afin de forcer les Français à évacuer Fez, qu'ils avaient occupé pour réprimer les émeutes des natifs, violant ainsi l'accord d'Algésiras. La crise s'amplifia, mais s'apaisa lorsque les Allemands arrêtèrent de s'opposer aux plans de la France au Maroc en échange de la cession de territoire français dans la région du Congo (4 novembre 1911).

Dès que l'Italie prit conscience de la réussite des Français au Maroc, elle s'empara de Tripoli, ce qui mena à la guerre de Tripoli entre l'Italie et la Turquie (28 septembre 1911). Toutes les grandes puissances avaient des accords avec l'Italie, les obligeant à ne pas s'opposer à son acquisition de Tripoli. Cependant, elles désapprouvaient ses méthodes et s'alarmaient de la conquête des iles Dodécanèse de la mer Égée et du bombardement des Dardanelles (avril 1912).

Les États des Balkans décidèrent de profiter de la faiblesse de la Turquie en l'expulsant complètement de l'Europe. Par conséquent, la Serbie, la Bulgarie, la Grèce et le Monténégro attaquèrent la Turquie lors de la première guerre des Balkans et eurent un succès considérable (1912). La Triple-Alliance s'opposa à l'avancée de la Serbie vers la mer Adriatique, et suggéra la création d'un nouvel État en Albanie afin d'empêcher la Serbie d'atteindre la mer. La crise prit fin lorsque la Russie arrêta de revendiquer les territoires serbes et que l'Autriche fût capable d'obliger la Serbie et le Monténégro à se retirer de Durrës et de Shkodër. Lors du traité de Londres (1913), la Turquie avait presque abandonné tous ses territoires en Europe. La Serbie, aigrie après son échec à obtenir la côte

Adriatique, tenta de trouver une compensation en Macédoine, aux dépens des gains turcs de la Bulgarie. Cela conduit à la deuxième guerre des Balkans, lors de laquelle la Serbie, la Grèce, la Roumanie et la Turquie attaquèrent la Bulgarie. Avec les traités de Bucarest et de Constantinople qui suivirent (aout-septembre 1913), la Bulgarie perdit une grande partie de la Macédoine au profit de la Serbie et de la Grèce, une grande partie de la Dobroudja au profit de la Roumanie et des parties de Thrace au profit de la Turquie. Déçue des Slaves et de leurs partisans, la Bulgarie se tourna vers la Triple-Alliance.

Des ultimatums de l'Autriche et conjointement de l'Autriche et de l'Italie (octobre 1913), obligèrent la Serbie et la Grèce à évacuer l'Albanie, et rendirent possible l'organisation du pays dans des frontières qui furent décidées lors de la conférence des ambassadeurs à Londres. Cet épisode de l'histoire n'eut pas le temps d'éclater en une crise puisqu'il fut éclipsé par l'affaire Liman von Sanders.

Liman von Sanders était le chef d'une mission militaire allemande invité par l'Empire ottoman pour réorganiser l'armée turque, une nécessité évidente au vu de ses performances lors des guerres des Balkans. Lorsqu'il devint clair que Liman von Sanders allait devenir le commandant du premier corps de l'armée de Constantinople et pratiquement le chef d'état-major en Turquie, la Russie et la France protestèrent violemment. La crise se dissipa en janvier 1914, lorsque Liman abandonna son commandement à Constantinople pour devenir l'inspecteur général de l'armée turque. La série des crises d'avril 1911 à janvier 1914 fut presque continue. En contraste, l'été 1914 fut une période relativement calme et paisible, en surface tout au moins. Sous ce calme apparent, chaque puissance travaillait à la consolidation de sa force et de ses relations avec ses alliés, afin de s'assurer d'avoir un plus grand, ou au moins le même, succès lors de la prochaine crise que tous savaient inévitable. Elle se produisit finalement, avec une soudaineté fracassante, lorsque l'héritier au trône des Habsbourg, l'archiduc François Ferdinand fut assassiné par des extrémistes serbes dans la ville bosniaque de Sarajevo le 28 juin 1914. Il s'ensuivit un mois de peur, d'indécision et d'hystérie avant le début de la Première Guerre mondiale avec l'attaque de l'Autriche en Serbie le 28 juillet 1914.

Des volumes entiers ont été écrits à propos de la crise de juillet 1914, de plus, il est très peu probable de pouvoir l'expliquer en quelques paragraphes. Les faits eux-mêmes sont tissés dans un écheveau emmêlé, que les historiens ont maintenant démêlé. Mais plus important que les faits, et beaucoup plus incertains, sont les conditions psychologiques les entourant. L'atmosphère de fatigue nerveuse après dix années de crise, la fatigue physique de nuits sans sommeil, les humeurs changeantes de fierté patriotique et de peur glaçante, le sentiment sous-jacent d'horreur que l'optimisme et le progrès du XIXe siècle mèneraient à une telle catastrophe, les brefs instants de rage intolérable envers l'ennemi pour avoir apparemment déclenché tout ce désastre, la détermination nerveuse d'éviter une guerre mais de ne pas être pris au dépourvu si elle se produisait tout en prenant l'adversaire au dépourvu, et enfin, la profonde conviction que toute cela n'était qu'un cauchemar et qu'au dernier moment une puissance pourrait l'arrêter. Ceux-ci étaient les sentiments qui occupaient les esprits de millions d'Européens lors de ces cinq longues semaines de tensions accumulées.

Un certain nombre de forces rendit la période d'avant-guerre plus dangereuse qu'elle ne l'aurait été une génération plus tôt. Parmi ces forces, nous devrions mentionner l'influence de l'armée de masse, l'influence du système d'alliance, l'influence de la démocratie, l'effort d'arriver à des fins diplomatiques par l'intimidation, le sentiment de désespoir parmi les politiciens, et enfin, l'influence grandissante de l'impérialisme.

Nous parlerons plus longuement de l'influence de l'armée de masse dans le chapitre suivant. Brièvement, l'armée de masse dans la période où la communication se faisait généralement par télégraphe et les voyages par train, était encombrante, et donc ne pouvait être manipulée que de manière rigide et inflexible. Telle qu'utilisée par les Allemands, et avec succès en 1866 et en 1870, cette méthode nécessitait la création, bien avant le début de la guerre, de plans détaillés exécutés dans un certain ordre, à partir d'un signal déclencheur, et organisé de telle manière que chaque personne avait un rôle fixe, formant un mécanisme semblable à un rouage d'une grande machine complexe. Telle qu'utilisée par les Allemands lors des premières guerres, développée par ces derniers et copiée par d'autres lors de la période précédant 1914, chaque soldat commençait à partir de sa position, à partir d'un signal donné. Au fur et à mesure de la progression des soldats, heure après heure et jour après jour, ils assemblaient leur équipement et s'organisaient en des groupes de plus en plus grands, au début en pelotons, en compagnies et régiments, puis en divisions et en armées. En se rassemblant, ils avançaient le long des lignes stratégiques d'attaque établies bien à l'avance, et vraisemblablement, la convergence en armée n'était pas terminée tant qu'ils n'avaient pas infiltré suffisamment le terrain ennemi.

En théorie, le dernier rassemblement en une machine complète de combat n'aurait lieu que peu de temps avant que toute la masse se jette sur une force ennemie partiellement rassemblée. Le gros inconvénient de ce plan de mobilisation était sa rigidité et sa complexité. Ces deux aspects étaient si dominants qu'une fois le signal original envoyé, il était presque impossible d'arrêter l'avancée de ce rassemblement et de son impact décisif sur les forces du pays ennemi. Cela signifiait qu'un ordre de mobilisation équivalait presque à une déclaration de guerre, qu'aucun pays ne pouvait permettre à son adversaire de donner le signal avant qu'il puisse lui-même le donner, et que les décisions des politiciens émanaient nécessairement des décisions des généraux.

Le système d'alliance empira la situation de deux manières. D'un côté, chaque conflit local était une guerre mondiale potentielle, puisque le signal de mobilisation envoyé n'importe où en Europe aurait déclenché toutes les machines de guerre. D'un autre côté, puisqu'un pays avec des alliés était plus audacieux qu'un pays sans, l'extrémisme était de vigueur. De plus, les alliés ne menaient aucune action pour freiner leurs mutuelles ardeurs. Et ceci pour deux raisons : (1) en n'accordant qu'un soutien mitigé à un allié lors d'un conflit ne les concernant pas directement, un soutien réservé ne serait que reçu en retour lors d'un conflit les impliquant directement, et (2) une influence restrictive lors d'un conflit précédent affaiblirait à un tel point une alliance qu'il devrait être nécessaire d'apporter un soutien sans borne lors d'un futur conflit pour maintenir une alliance durable. Il n'y a pas de doute que le soutien excessif de la Russie pour la Serbie lors d'un conflit difficile en 1914 fut pour compenser le fait qu'elle avait abandonné la Serbie lors des conflits albanais de 1913. En outre, l'Allemagne accorda un soutien plus important à l'Autriche en 1914, alors que ce problème ne la concernait pas directement, afin de compenser le fait qu'elle avait freiné l'Autriche lors des guerres des Balkans.

L'influence de la démocratie servit à accroître la tension de la crise, car les politiciens élus ressentaient le besoin de céder aux motivations les plus irrationnelles et insensibles des électeurs afin d'assurer leur prochaine élection, et réalisèrent cela en jouant avec la haine et la crainte des puissants voisins ou sur des problèmes tels que l'expansion de territoire, la fierté nationaliste, « une place au soleil », « des débouchés vers la mer », ainsi que d'autres avantages réels ou imaginaires. Au même moment, les journaux de presses populaires, afin de vendre leurs tirages, jouaient avec les mêmes émotions et problèmes, émoustillant les populations, menant leurs politiciens aux extrêmes et alarmant les pays voisins à un tel point que ces derniers s'empressèrent d'adopter des méthodes similaires au nom de la défense. En outre, la démocratie rendait impossible l'observation des conflits internationaux selon leur priorité. Au contraire, elle transforma chaque débat insignifiant en une affaire d'honneur et de prestige national, de telle sorte que l'on ne pouvait examiner aucun conflit de façon rationnelle ou les régler par un simple compromis, puisqu'une telle approche aurait été immédiatement perçue par l'opposition démocratique comme une manière de perdre la face et comme un compromis déplacé de principes moraux exaltés.

Le succès de la politique de « fer et du sang » de Bismarck avait tendance à justifier l'utilisation de la force et de l'intimidation dans les affaires internationales, et de dénaturer le rôle de la diplomatie pour étouffer l'ancien type de diplomatie. Au lieu d'une discussion raisonnable pour trouver une solution à un conflit, la diplomatie était devenue un effort pour montrer à son opposant qui était le plus fort et ainsi de le dissuader de mettre en œuvre ses « faiblesses évidentes ». L'ancienne définition de Metternich selon laquelle « un diplomate était un homme qui ne s'accordait jamais le plaisir du triomphe » se perdit complètement, bien que ce ne fût qu'après 1930 que la diplomatie devint la pratique de montrer les dents à ses ennemis.

Le sentiment de désespoir parmi les politiciens servit à donner plus d'ampleur aux crises internationales lors de la période d'après 1904. Ce désespoir provenait de la plupart des facteurs que nous avons déjà évoqués, particulièrement ceux de la pression de l'armée de masse et de la pression de l'électorat lisant la presse. Cependant, cela s'intensifia encore par un certain nombre d'autres influences. Parmi celles-ci, il y avait la croyance selon laquelle la guerre était inévitable. Lorsqu'un politicien important, comme par exemple, Poincaré, décida et déclara que la guerre était inévitable, il agissait comme si elle l'était, et cela la rendait telle. Un autre sentiment était qu'une guerre menée de suite serait préférable à la guerre plus tard, puisque le temps était du côté de l'ennemi. Les Français rêvaient de la récupération de l'Alsace et de la Lorraine, et voyant le pouvoir et la population grandissants de l'Allemagne, pensaient que la guerre serait préférable en 1914. Les Allemands rêvaient d'une « place au soleil », mais craignaient un « encerclement de l'Entente » constatant le programme de réarmement de la Russie, et donc décidèrent qu'ils auraient plus de chances de victoire en 1914 qu'en 1917, lorsque le programme de réarmement devait se compléter. L'Autriche, en tant qu'État dynastique, avait des sentiments basés sur la croyance selon laquelle l'agitation nationaliste des Slaves la condamnerait de toute manière, même si elle ne faisait rien, et qu'il serait mieux de mourir en se battant plutôt que de se désintégrer passivement.

Enfin, l'influence de l'impérialisme permit de rendre les crises de 1905 à 1914 plus importantes que celles de la période antérieure. C'est un sujet qui donne lieu à de nombreuses controverses depuis 1914, et qui est présenté sous sa forme la plus grossière comme la théorie selon laquelle la Première Guerre a été le résultat des machinations des « banquiers internationaux » ou celles des marchands d'armes internationaux, ou qu'elle a été le résultat inévitable du fait que le système économique capitaliste de l'Europe avait atteint son sommet. Toutes ces théories seront examinées dans un autre chapitre, où il sera démontré qu'elles sont, au pire fausses ou au mieux incomplètes. Cependant, un fait semble au-delà de toute discussion : celui que la compétition économique internationale réclamait, lors de la période d'avant 1914, un soutien politique de plus en plus important. Les mineurs d'or et de diamant britanniques en Afrique du Sud, les constructeurs de chemins de fer allemands au Proche-Orient, les mineurs d'étain français dans le sud-ouest du Pacifique, les chercheurs américains de pétrole au Mexique, les chercheurs britanniques de pétrole au Proche-Orient et même les marchands de porc serbes sur les domaines des Habsbourg cherchaient et s'attendaient à recevoir un soutien politique de la part de leurs gouvernements. C'était peut-être parce que les choses avaient tout le temps été ainsi. Cependant, avant 1914, le nombre de ces entrepreneurs étrangers n'avait jamais été aussi important, leurs demandes étaient plus urgentes, leurs politiciens plus sous pression, avec pour résultat des relations internationales exacerbées.

C'est dans une telle atmosphère que Vienne reçut la nouvelle de l'assassinat de l'héritier au trône des Habsbourg, le 28 juin 1914. Les Autrichiens étaient convaincus de la complicité du gouvernement serbe dans l'assassinat, bien qu'ils n'eussent aucune preuve tangible. Nous savons maintenant que des fonctionnaires hauts placés du gouvernement serbe étaient au courant du complot et ne firent rien pour l'empêcher. Ce manque de réaction n'était pas dû au fait que François Ferdinand était peu amical avec les Slaves au sein de l'empire des Habsbourg, mais au contraire, il était dû au fait qu'il était lié à des plans visant à apaiser ces Slaves, en faisant des concessions vers une politique autonome sur les domaines des Habsbourg. Il avait même considéré un projet pour passer d'une double monarchie de l'Autriche et de la Hongrie à une triple monarchie de l'Autriche, de la Hongrie et des Slaves. Ce projet était craint par les Serbes, car en empêchant la désintégration de l'Autriche-Hongrie, cela aurait obligé le report de leurs rêves de faire de la Serbie la « Prusse des Balkans ». Le projet était aussi considéré avec répugnance de la part des Hongrois, qui n'avaient aucun désir de rétrogradation associée avec un changement de position de deux à trois dirigeants. Au sein du cabinet des Habsbourg, il y avait de sérieux doutes quant aux actions à prendre face à la Serbie. La Hongrie était réticente à s'engager dans une guerre par peur qu'une victoire mène à l'annexion de plus de Serbes, accentuant ainsi le problème des Slaves dans l'empire et rendant possible l'établissement d'une triple monarchie. Finalement, ils furent rassurés par la promesse qu'aucun Slave ne serait annexé et que la Serbie, après sa défaite, serait obligée d'arrêter d'encourager l'agitation nationaliste slave dans l'empire, et si nécessaire elle pourrait être affaiblie par le transfert de parties de son territoire en faveur de la Bulgarie. Sur cette base irresponsable, l'Autriche, ayant reçu une promesse de soutien de l'Allemagne, envoya un ultimatum de quarante-huit heures à Belgrade. Ce document, livré le 23 juillet, est d'une importance considérable. Il obligeait la Serbie à réprimer les publications, les sociétés et les enseignements anti-Habsbourg ; de relever de leurs fonctions officielles dans l'État serbe, les personnes qui seraient plus tard nommées par l'Autriche ; de permettre la coopération des fonctionnaires des Habsbourg avec les Serbes en Serbie, en appréhendant et jugeant ceux impliqués dans le complot de Sarajevo ; enfin, d'offrir diverses explications quant aux déclarations anti-autrichiennes des fonctionnaires serbes.

La Serbie, sure du soutien russe, répondit par une réponse en partie favorable, en partie évasive et tout du moins particulièrement négative (utilisation de juges autrichiens dans les tribunaux serbes). La Serbie se mobilisa avant de répondre ; l'Autriche se mobilisa contre elle dès qu'elle reçut la réponse, et le 28 juillet la guerre fut déclarée. Le tsar russe, soumis aux fortes pressions de ses généraux, émit, retira, modifia puis réémit un ordre de mobilisation générale. Puisque l'emploi du temps militaire allemand d'une guerre sur deux fronts prévoyait que la France devait être vaincue avant l'aboutissement d'une mobilisation russe, la France et l'Allemagne ordonnèrent toutes les deux une mobilisation le 1er aout, et l'Allemagne déclara la guerre à la Russie. Alors que les armées allemandes commençaient à se déplacer vers l'ouest, l'Allemagne déclara la guerre à la France (le 3 aout) et à la Belgique (le 4 aout). La Grande-Bretagne ne pouvait pas permettre la défaite de la France, de plus elle était moralement impliquée dans des discussions militaires de 1906 à 1914 et dans l'accord naval de 1912. En outre, le défi allemand dans les eaux internationales, dans les activités commerciales à travers le monde et dans les activités coloniales en Afrique ne pouvait plus rester sans réponses. Le 4 aout, la Grande-Bretagne déclara la guerre à l'Allemagne, insistant sur l'iniquité de son attaque en Belgique, bien que lors de la réunion du cabinet, le 28 juillet, il fut convenu qu'une telle attaque contre la Belgique n'obligerait pas légalement la Grande-Bretagne à déclarer la guerre. Bien que ce problème s'étendît parmi la population, et que des discussions sans fin s'ensuivirent à propos de l'obligation de la Grande-Bretagne de défendre la neutralité de la Belgique selon le traité de 1839, ceux qui prirent cette décision virent clairement que la vraie raison de cette guerre était que la Grande-Bretagne ne pouvait pas permettre à l'Allemagne de vaincre la France.

L'histoire militaire, 1914-1918

Pour l'étudiant d'histoire moyen, l'histoire militaire de la Première Guerre mondiale ne se résume pas simplement au récit de l'avancement des armées, des luttes des hommes, de leurs morts, de leurs triomphes, ou de leurs défaites. Elle représente plutôt la divergence extraordinaire entre les réalités de la guerre moderne et la vision des tactiques militaires qui dominaient l'esprit des hommes, en particulier celui des militaires. Cette divergence existait déjà de nombreuses années avant la guerre, et ne commença à disparaitre qu'au cours de l'année 1918. À cause d'elle, les trois premières années de la guerre présentèrent les plus grandes pertes militaires de l'histoire humaine. Celles-ci furent subies à cause de l'entêtement des militaires à réaliser des choses tout à fait impossibles.

Les victoires allemandes de 1866 et 1870 furent le résultat de l'étude théorique, menée par l'état-major, et de la formation détaillée et exhaustive découlant de cette étude. Elles ne reposaient absolument pas sur l'expérience, car en 1866 l'armée n'avait aucune véritable expérience de combat depuis deux générations, et était dirigée par un chef, Helmuth von Moltke, qui n'avait encore jamais commandé d'unité aussi grande qu'une compagnie. La grande contribution de Moltke réside dans le fait que, grâce au chemin de fer et au télégraphe, il était en mesure de fusionner la mobilisation et l'attaque en une seule opération, de sorte que la concentration finale de ses forces avait lieu dans le pays ennemi, pratiquement sur le champ de bataille, juste avant la rencontre avec les principales forces ennemies.

La contribution de Moltke fut acceptée et développée par le comte von Schlieffen, chef du Grand État-major de 1891 à 1905. Schlieffen estimait qu'il était essentiel d'envahir l'ennemi à l'aide d'une seule grande offensive initiale. Il supposait que l'Allemagne était en infériorité numérique et serait donc économiquement étouffée en cas de combat de longue durée, et chercherait à éviter cela par une « guerre éclair », d'une nature exclusivement offensive. Il prévoyait que la prochaine guerre serait une guerre sur deux fronts, opposant l'Allemagne à la fois à la France et à la Russie, et que la première serait anéantie avant que la seconde ne puisse entièrement se mobiliser. Il était, par-dessus tout, déterminé à préserver la structure sociale présente en Allemagne, en particulier la classe supérieure des junkers.[1] Par conséquent, il rejetait tout autant une armée de masse, dans laquelle le contrôle des junkers sur le corps des officiers serait perdu en raison de leur manque d'effectif, ou une guerre de longue haleine basée sur les ressources et l'usure, qui exigerait une réorganisation de l'économie allemande.

Le commandement de l'armée française, tout comme celui de l'Allemagne, mettait l'accent sur l'attaque, mais d'une façon beaucoup plus excessive, voire mystique. Influencé par Ardant Du Picq et Ferdinand Foch, l'état-major français en vint à croire que la victoire ne dépendait que de l'attaque, et que le succès de toute attaque dépendait du moral, et non de facteurs physiques. Du Picq alla jusqu'à insister que la victoire ne dépendait en aucun cas du combat physique ou du nombre de victimes, car le premier ne se produisait jamais et que les gens ne mourraient que durant la fuite qui suivait la défaite. Selon lui, la victoire n'était qu'une affaire de moral, et allait automatiquement au camp dont le moral était le plus haut. Son argument était le suivant : lorsque deux camps lancent la charge, le choc ne se produit jamais parce que l'un d'eux cède et fuit avant l'impact. Cette rupture ne résulte pas en victimes parce que la fuite se produit avant que des pertes soient subies, et démarre toujours dans les rangs les plus éloignés où aucune victime ne peut être déplorée. Les pertes sont subies durant la fuite et la poursuite qui suivent la rupture. Le problème

---

1. N.D.É. Le junker était un noble propriétaire terrien prussien.

de la guerre se résumait donc à trouver une solution pour remonter le moral d'une armée de façon à ce qu'elle accepte de se jeter tête baissée sur l'ennemi. Les problèmes techniques concernant l'équipement ou les manœuvres n'avaient que peu d'importance.

Les convictions de Du Picq étaient acceptées par un groupe influent au sein de l'armée française comme la seule explication possible à la défaite française de 1870. Ce groupe, mené par Foch, répandit dans l'armée la doctrine du moral et de «l'offensive à outrance». Foch devint professeur de l'École Supérieure de Guerre en 1894, et son enseignement pouvait être résumé en ces quatre mots: «Attaquez! Attaquez! Toujours, attaquez!»

Cette attention portée par les deux camps sur l'offensive à outrance mena à la concentration de l'attention sur trois facteurs, qui devinrent obsolètes en 1914. Ces trois facteurs étaient: (a) la cavalerie, (b) la baïonnette, et (c) l'infanterie d'assaut attaquant tête baissée. Ceux-ci devinrent obsolètes en 1914 en conséquence de trois innovations techniques: (a) les armes à tir rapide, en particulier les mitrailleuses, (b) les barbelés, et (c) la guerre de tranchées. Les chefs militaires orthodoxes ne prêtaient généralement aucune attention à ces trois innovations, concentrant toute leur attention sur les trois facteurs obsolètes. À partir de son étude de la guerre russo-japonaise, Foch décida que les mitrailleuses et les barbelés étaient sans importance, et ignora totalement le rôle des tranchées. Bien que la cavalerie fût obsolète en ce qui concernait les assauts à l'époque de la guerre de Crimée (comme indiqué dans *La charge de la brigade légère* de Tennyson), et même si ce fait fut clairement démontré durant la guerre de Sécession (fait reconnu explicitement dans *Le journal de l'armée et de la marine* du 31 octobre 1868), la cavalerie ainsi que les officiers de la cavalerie continuaient de dominer les armées et les préparatifs militaires. Pendant la guerre de 1914-1918, de nombreux commandants, comme John French, Douglas Haig et John J. Pershing étaient des officiers de cavalerie et conservaient la mentalité typique de ce genre d'officiers. Dans son témoignage devant la Commission royale d'enquête sur la guerre en Afrique du Sud (1903) Haig affirma: «La cavalerie aura un plus grand champ d'action dans les guerres à venir.» Pershing insista sur la nécessité de conserver un grand nombre de chevaux derrière les lignes de front, en attente de la «percée», qui devait être obtenue par la charge des baïonnettes. Pour chaque armée, le transport représentait l'un de leurs plus grands points faibles, néanmoins la nourriture des chevaux représentait le plus grand volume transporté, plus important encore que les munitions ou les provisions. Bien que le transport à travers l'Atlantique fût terriblement rare au cours de la guerre, un tiers du volume total des expéditions était occupé par la nourriture pour les chevaux. Le temps consacré à l'entrainement des nouvelles recrues était également une entrave majeure, mais la plupart des armées passaient plus de temps sur l'entrainement à la baïonnette que sur le reste. Et pourtant les pertes infligées à l'ennemi par les baïonnettes étaient si peu nombreuses qu'elles sont à peine mentionnées dans les statistiques traitant du sujet.

La croyance des militaires dans le fait qu'un assaut réalisé avec un très haut moral pouvait passer au travers des barbelés, des mitrailleuses et des tranchées, était rendue encore plus irréaliste par leur insistance sur le fait qu'une telle unité offensive pouvait maintenir un front droit. Cela signifiait qu'il n'était pas autorisé de profiter d'une ouverture pour s'y engouffrer, mais qu'il fallait plutôt se contenir là où il était aisé d'avancer afin de briser les points forts de la défense, de sorte que l'ensemble du front puisse avancer en gardant la même allure. Cela avait pour but, expliquaient-ils, d'éviter d'exposer leurs flancs aux feux de l'ennemi sur les saillies avancées.

Ces théories irréalistes rencontraient une certaine opposition, en particulier au sein de l'armée allemande, et des civils importants de tous les pays se querellèrent avec leurs chefs militaires sur ces sujets. On doit mentionner ici Clemenceau pour la France, et, surtout, lord Esher ainsi que les membres du Comité de la défense impériale en Grande-Bretagne.

Au début de la guerre, en août 1914, les deux camps commencèrent à appliquer leurs complexes plans stratégiques, élaborés longtemps auparavant. Du côté allemand, ce plan, connu sous le nom de plan Schlieffen, avait été établi en 1905 et modifié par le jeune Helmuth von Moltke (neveu de Molke des années 1870) après 1906. Du côté français, le plan était connu sous le nom de plan XVII, et avait été établi en 1912 par Joffre.

Le plan d'origine de Schlieffen proposait de retenir les Russes, du mieux possible, avec dix divisions, et de faire face à la France avec une aile gauche fixe de huit divisions à laquelle devait s'ajouter un centre et une aile droite mobiles composés de cinquante-trois divisions, qui devaient traverser la Hollande et la Belgique afin de cerner le flanc et l'arrière des forces françaises, en passant à l'ouest de Paris. Moltke le modifia en ajoutant deux divisions à l'aile droite (une venant du front russe et une nouvelle) ainsi que huit nouvelles divisions à l'aile gauche. Il retira également le passage par la Hollande, de sorte que son aile droite passa par la brèche de Liège, entre l'appendice de Maastricht de la Hollande et du terrain boisé des Ardennes.

Le plan XVII français proposait d'arrêter une attaque allemande prévue dans l'est de la France, en Lorraine, par un assaut de deux armées françaises dirigé vers son centre, entrant ainsi victorieusement dans le sud de l'Allemagne, dont les catholiques et les séparatistes n'étaient pas supposés se rallier avec beaucoup d'enthousiasme à la cause protestante et centraliste d'un empire allemand « prussianisé ». Pendant ce temps, une force composée de 800.000 Russes devait envahir la Prusse-Orientale et 150.000 Britanniques devaient renforcer l'aile gauche française près de la Belgique.

L'histoire militaire, 1914-1918

L'exécution de ces plans ne correspondit pas totalement aux attentes de leurs partisans. Les Français déplacèrent 3.781.000 hommes par 7000 trains en 16 jours (du 2 au 18 aout), débutant leur attaque sur la Lorraine le 14 aout 1914. Le 20 aout, les forces françaises étaient brisées et le 25 aout, après onze jours de combats, le nombre de victimes dans leurs rangs s'élevait à 300.000. Cela représentait presque 25% du nombre d'hommes engagés et les pertes les plus rapides de la guerre.

Pendant ce temps, en 7 jours (du 6 au 12 aout), les Allemands transportèrent 1.500.000 hommes de l'autre côté du Rhin, au rythme de 550 trains par jour. Ces hommes formèrent 70 divisions séparées en 7 armées, créant un grand arc s'étendant du nord-est au sud-est. Cet arc comportait 49 divisions françaises organisées en 5 armées, ainsi que le Corps expéditionnaire britannique (British Expeditionary Force, BEF) de 4 divisions. Les relations entre ces forces, les généraux des différentes armées et leurs forces relatives peuvent être observées dans le tableau suivant :

\multicolumn{3}{c}{Forces de l'Entente (du nord au sud)}	\multicolumn{3}{c}{Forces allemandes (du nord au sud)}
Armée	Commandant	Divisions	Divisions	Armée	Commandant
B.E.F.	Sir John French	4	34	I	Von Kluck
V	Lanrezac	10		II	Von Bulow
				III	Von Hausen
IV	De Langle de Cary	20	21	IV	Prince Albrecht de Württemberg
III	E. Ruffey			V	Prince héritier Frederick
II	Castelnau	19	15	VI	Prince Rupprecht de Bavière
I	Dubail			VII	Von Heeringe

L'aile droite de l'armée allemande dépassa Liège, sans attaquer cette grande forteresse, dans la nuit du 5 au 6 aout sous les instructions du général Erich Ludendorff de l'état-major. L'armée belge remonta vers le nord-ouest pour protéger Anvers, au lieu de se replier vers le sud-est avant l'arrivée de la vague allemande. Cela la plaça, au final, à l'arrière des forces allemandes qui continuaient d'avancer. Celles-ci se séparèrent de huit divisions et demie afin de vaincre les forts belges, et de sept divisions pour arrêter les forces belges avant Anvers. Cela eut pour effet de réduire la force de l'aile droite allemande, qui se fatiguait rapidement à cause de sa propre avancée. Lorsque le plan allemand devint clair le 18 aout, Joffre forma une sixième armée, en grande partie constituée des forces de garnisons, placée sous le commandement de Michel Joseph Manoury, mais dirigée en réalité par Joseph Gallieni, gouverneur militaire de Paris. Le 22 aout, l'ensemble de la ligne française à l'ouest de Verdun battit en retraite. Trois jours plus tard, Moltke, croyant la victoire assurée, envoya deux corps d'armée vers la Russie, depuis la seconde et la troisième armée. Ceux-ci n'arrivèrent sur le front oriental qu'après que l'avance russe en Prusse fût brisée à Taanenberg et dans la région des lacs de Mazurie (du 26 aout au 1er septembre). Pendant ce temps, à l'ouest, le projet de Schlieffen courait au fiasco. Lorsque Lanrezac ralentit l'avancée de Bulow le 28 aout, Kluck, qui était déjà à un jour de marche devant ce dernier, tenta de refermer la brèche entre eux deux en se dirigeant vers le sud-est. Cela amena sa ligne de progression à l'est de Paris plutôt qu'à l'ouest, comme il était prévu. Gallieni, amenant la sixième armée de Paris par tous les véhicules qu'il put réquisitionner, la lança contre le flanc droit exposé de Kluck. Celui-ci changea une fois encore de direction pour faire face à Gallieni, se déplaçant vers le nord-est dans une manœuvre brillante destinée à le réintégrer dans l'arc allemand avant de reprendre sa marche vers le sud-est. Cette opération fut considérablement couronnée de succès, mais ouvrit une brèche de quarante-huit kilomètres entre Kluck et Bulow. En face de cette brèche se trouvait le BEF, qui se repliait vers le sud encore plus vite que les Français. Le 5 septembre, la retraite française s'arrêta. Le jour suivant, ils amorcèrent une contrattaque générale, ordonnée par Joffre sous l'insistance de Gallieni. Ainsi commença la première bataille de la Marne.

Kluck rencontra un grand succès dans son combat contre la sixième armée française, même si Bulow se fit malmener par Lanrezac, pendant que le BEF commençait à s'introduire dans la brèche située entre la première et la deuxième armée allemande (le 8 septembre). Le lieutenant-colonel Hentsch, officier de l'État-major allemand, ordonna à l'ensemble de l'aile droite allemande de se replier vers l'Aisne (rivière), où un front fut formé le 13 septembre à l'arrivée de quelques-unes des forces allemandes qui étaient parties attaquer les forts belges. Les Allemands étaient prêts à se replier vers l'Aisne, car ils pensaient pouvoir reprendre leur progression dès qu'ils le désireraient. Durant les mois qui suivirent, ils tentèrent de reprendre leur avance pendant que les Français essayaient de les déloger de leurs positions. Aucun des deux camps ne fut capable de progresser face à la puissance de feu de l'autre. La succession de tentatives vaines de déborder les positions de l'autre eut pour unique résultat d'amener les extrémités du front à la Manche d'un côté et à la Suisse de l'autre. Malgré les millions de victimes, cette ligne de front, allant de la mer aux montagnes au travers du beau visage de la France, demeura presque inchangée pendant plus de trois ans.

Au cours de ces terribles années, le rêve des militaires fut de faire une percée dans les lignes ennemies grâce à un assaut de l'infanterie, puis de mettre en déroute ses flancs et de perturber ses communications avec l'arrière en laissant la cavalerie et les autres réservistes se précipiter dans la brèche. Ce rêve ne se réalisa jamais. Les tentatives pour y parvenir prirent la forme d'une succession d'expériences. Celles-ci furent, dans l'ordre : (1) l'assaut à la baïonnette, (2) le barrage d'artillerie préliminaire, (3) l'utilisation de gaz toxiques, (4) l'emploi de chars, et (5) l'emploi de l'infiltration. Les quatre dernières innovations furent conçues alternativement par les Alliés et les empires centraux.

À la fin de 1914, l'assaut à la baïonnette était un échec. Il parvint uniquement à provoquer des montagnes de cadavres et de blessés, sans qu'une réelle avancée fût faite, même si certains officiers persistaient à croire qu'un assaut pouvait être réussi si le moral des attaquants était porté à un niveau suffisamment haut pour surpasser le feu des mitrailleuses.

Le barrage d'artillerie fut employé presque dès le début comme un préliminaire nécessaire à l'attaque de l'infanterie. Ce n'était pas efficace. Au début, aucune armée n'avait la quantité nécessaire de munitions, et certaines armées insistèrent pour commander des shrapnels au lieu d'obus explosifs pour ces barrages. Cela entraina une violente controverse entre Lloyd George et les généraux, le premier tentant de persuader les seconds que les shrapnels n'étaient pas efficaces contre les forces défensives dans les tranchées terrestres. Avec le temps, il aurait dû devenir clair que les barrages explosifs n'étaient pas efficaces non plus, même s'ils étaient utilisés en très grandes quantités. Leur échec était dû : (1) aux fortifications en terre et en béton qui procuraient une protection suffisante aux forces défensives pour leur permettre d'utiliser leur propre puissance de feu contre l'assaut qui suivait le barrage, (2) au fait que le tir de barrage signalait aux forces défensives où allait se dérouler l'assaut, leur permettant ainsi d'appeler leurs réserves pour renforcer cette position, et (3) à la doctrine du front continu, qui rendait impossible la pénétration de la position de l'ennemi sur un front suffisamment large pour le percer.

Cependant, les tentatives pour réaliser cela aboutirent à d'énormes pertes. En 1916 à Verdun, les Français perdirent 35.0000 soldats et les Allemands 300.000. Sur le front est, le général russe Aleksei Brusilov perdit un million d'hommes lors d'une attaque non concluante à travers la Galicie (de juin à aout 1916). Sur la Somme, la même année, les Britanniques perdirent 410.000 hommes, les Français 190.000 et les Allemands 450.000 pour un gain maximum de 11 kilomètres, sur un front large d'environ 40 kilomètres (de juillet à novembre 1916). L'année suivante, le massacre continua. Au Chemin des Dames en avril 1917, les Français, sous un nouveau commandant, Robert Nivelle, tirèrent 11 millions de missiles pendant 10 jours sur un front de 48 kilomètres. L'attaque échoua, entrainant la mort de 118.000 hommes sur une très courte période. De nombreux corps d'armée se mutinèrent et un grand nombre de combattants furent abattus pour faire respecter la discipline. Vingt-trois dirigeants civils furent également exécutés. Nivelle fut remplacé par Pétain. Peu de temps après, à Passchendaele (troisième bataille d'Ypres), Haig employa un tir de barrage de 4.250.000 obus, près de 5 tonnes pour chaque mètre d'un front de 18 kilomètres, mais perdit 400.000 hommes dans l'assaut qui s'en suivit (d'aout à novembre 1917).

L'échec du tir de barrage rendit nécessaire la conception de nouvelles méthodes, mais les militaires étaient réticents à l'innovation. En avril 1915, les Allemands furent contraints par la pression civile d'utiliser des gaz toxiques, tel que cela fut suggéré par le célèbre chimiste Fritz Haber. En conséquence, sans aucun effort de dissimulation et sans plan pour exploiter une percée, ils envoyèrent un nuage de gaz chlorique là où les lignes britanniques et françaises se rejoignaient. La jonction fut anéantie et une grande brèche s'ouvrit sur la ligne. Bien qu'elle restât béante pendant cinq semaines, les Allemands ne firent rien pour l'exploiter. La première utilisation du gaz par les puissances occidentales (les Anglais) en septembre 1915 ne rencontra pas plus de succès. Lors de la terrible bataille de Passchendaele en juillet 1917, les Allemands introduisirent le gaz moutarde, une arme reprise par les Britanniques en juillet 1918. Ce fut le gaz le plus efficace utilisé durant la guerre, mais il servit à renforcer la défense plutôt que l'attaque et fut particulièrement précieux pour les Allemands durant leur retraite, en automne 1918, qui s'en servirent pour ralentir leurs poursuivants et pour rendre difficile de porter tout réel coup décisif contre eux.

Le char, comme une arme offensive destinée à surmonter la force défensive des mitrailleuses, fut inventé par Ernest Swinton en 1915. Seuls ses contacts personnels avec les membres du Comité de Défense impériale réussirent à faire en sorte que ses idées fussent en quelques sortes réalisées. Les généraux s'opposèrent à cette suggestion. Lorsqu'il s'avéra que la résistance continue était sans issue, la nouvelle arme fut utilisée à mauvais escient, les commandes pour un plus grand nombre d'entre elles furent annulées et tous les partisans militaires de cette nouvelle arme furent retirés des postes à responsabilité et remplacés par des hommes qui ne se méfiaient pas des chars, ou du moins qui ne les connaissaient pas. Swinton envoya des instructions détaillées au quartier général, en soulignant que les chars d'assaut devaient, la première fois, être utilisés en grand nombre lors d'une attaque-surprise, sans aucun barrage d'artillerie préliminaire et avec le soutien des réservistes de l'infanterie. Ils furent très mal utilisés. Alors que Swinton entrainait encore des équipages pour les 150 premiers chars d'assaut, cinquante furent envoyés vers la France. Le commandant qui avait reçu une formation pour leur utilisation fut remplacé par un homme inexpérimenté, et dix-huit seulement furent envoyés contre les Allemands. Cela eut lieu le 15 septembre 1916, durant les dernières phases de la bataille de la Somme. Un rapport défavorable concernant leurs performances fut envoyé au Bureau de la Guerre à Londres par le quartier général et, en conséquence, la commande pour la fabrication d'une centaine de chars supplémentaires fut annulée sans que le Conseil des ministres britannique (Cabinet) en eût connaissance. Cela fut annulé uniquement par l'ordre direct de Lloyd George. Ce ne fut que le 20 novembre 1917 que les chars furent utilisés comme Swinton l'avait recommandé. Ce jour-là, 381 chars soutenus par six divisions d'infanterie frappèrent la ligne Hindenburg avant Cambrai pour faire irruption dans la campagne. Ces forces furent épuisées après huit kilomètres, puis s'arrêtèrent. La brèche créée dans le front allemand ne fut pas exploitée, car les seules réserves disponibles étaient constituées de deux divisions de cavalerie inefficaces. L'opportunité ne fut donc pas saisie. Ce ne fut qu'en 1918 que les attaques massives de chars rencontrèrent un certain succès, toutes réalisées selon la manière indiquée par Swinton.

L'année 1917 fut mauvaise. Les Français et les Britanniques souffrirent de leurs grands désastres au Chemin des Dames et à Passchendaele. La Roumanie entra en guerre et fut presque entièrement envahie, avec la prise de Bucarest le 5 décembre. La Russie subit une double révolution et fut forcée de se rendre à l'Allemagne. Le front italien fut complètement brisé par une attaque-surprise à Caporetto et ne fut rétabli que par miracle le long du Piave (entre octobre et décembre 1917). Les seuls points positifs de l'année furent les conquêtes britanniques de la Palestine et de la Mésopotamie, ainsi que l'entrée en guerre des États-Unis, mais le premier était sans importance et le second était plus une promesse pour le futur qu'une réelle aide en 1917.

Le caractère irréaliste de la pensée de la plupart des grands chefs militaires de la Première Guerre mondiale ne se révéla sans doute nulle part plus clairement que chez le commandant en chef britannique, le maréchal sir Douglas (plus tard comte) Haig, descendant d'une famille de distillateurs écossais. En juin 1917, en dépit de la décision de la conférence interalliée à Paris le 4 mai contre toute offensive britannique, au moment où la Russie et la Serbie furent éliminées de la guerre, où le moral militaire français fut brisé par le fiasco de l'offensive de Nivelle et où l'aide américaine devait se faire attendre encore un an, Haig se détermina à lancer une offensive majeure contre les Allemands pour gagner la guerre. Il ignora toutes les informations décourageantes de son réseau d'information et de surveillance, effaça des dossiers les chiffres connus sur les réserves allemandes et trompa le Cabinet, à la fois au sujet de la situation et de ses propres plans. Tout au long de la discussion, les dirigeants politiques civils, presque universellement méprisés et considérés comme des amateurs ignorants par les militaires, se révélèrent avoir un jugement et des attentes plus justes. Haig obtint la permission de réaliser son offensive de Passchendaele uniquement parce que le général (plus tard maréchal et baronnet) William Robertson, chef de l'état-major impérial, dissimula ses falsifications sur les réserves allemandes et parce que l'amiral John Jellicoe déclara au Cabinet qu'à moins que Haig ne capturât les bases sous-marines sur la côte belge (un objectif tout à fait impossible), il considérait « improbable le fait de pouvoir continuer la guerre l'année suivante, à cause du manque de navires. » Sur cette base, Haig obtint l'approbation pour une offensive « étape par étape » qui « n'impliquait pas de lourdes pertes. » Il était si optimiste qu'il déclara à ses généraux que « des opportunités pour l'emploi de la cavalerie en masse sont susceptibles d'apparaitre. » L'offensive lancée le 31 juillet se développa pour devenir la lutte la plus horrible de cette guerre, consistant en des semaines de batailles sur une mer de boue, dont les pertes s'élevèrent à 400.000 hommes après trois mois. En octobre, alors que la situation était sans espoir depuis des semaines, Haig insistait encore sur le fait que les Allemands étaient sur le point de s'effondrer, que leurs pertes étaient égales au double de celles des Anglais (elles étaient en fait considérablement inférieures) et que l'effondrement des Allemands et donc l'opportunité pour les chars et la cavalerie de se ruer vers eux pouvait venir à tout moment.

Une des principales raisons de l'échec de ces offensives fut la doctrine du front continu, qui conduisit les commandants à retenir leurs offensives là où la résistance était faible et à engager leurs réserves contre les points forts de l'ennemi. Au printemps 1918, cette doctrine fut complètement renversée par Ludendorff qui créa une nouvelle tactique, celle de « l'infiltration ». Selon cette méthode, la progression devait être réalisée dans la région des points forts en pénétrant le front ennemi à la résistance faible aussi rapidement que possible avec une force maximale et en laissant les centres des points où la résistance était forte, entourés et isolés pour y revenir plus tard. Bien que Ludendorff n'eût pas appliqué ce plan avec une conviction suffisante pour le voir couronné de succès, il eut tout de même d'impressionnants résultats. Les pertes importantes subies par les Britanniques et les Français en 1917, auxquelles s'ajoutait l'augmentation de la puissance des Allemands grâce à des forces arrivant des fronts russes et roumains défaits, permirent à Ludendorff de frapper le front occidental entre Douai et Verdun d'une série de coups violents en mars et en avril 1918. Enfin, le 27 mai, après un bombardement bref, mais écrasant, le flot allemand s'abattit sur le Chemin des Dames, traversa l'Aisne et s'avança sans relâche vers Paris. Le 30 mai, il atteignit la Marne, à 60 kilomètres de la capitale. Là, pendant la seconde bataille de la Marne, se rejouèrent les évènements de septembre 1914. Le 4 juin, la progression allemande fut temporairement arrêtée par la deuxième division américaine à Château-Thierry. Durant les six semaines qui suivirent, une série de contrattaques appuyées par neuf divisions américaines furent menées sur le flanc nord de la force pénétrante allemande. Les Allemands se replièrent derrière la rivière Vesle, militairement intacts, mais ravagés à un tel point par la grippe que de nombreuses compagnies ne comptaient plus que trente hommes. Le prince héritier exigea la fin de la guerre. Avant que cela ne pût être fait, le 8 août 1918 (« le jour noir de l'armée allemande » comme l'appelait Ludendorff) les Anglais brisèrent la ligne allemande à Amiens grâce à un assaut soudain de 456 chars soutenus par 13 divisions d'infanterie et 3 divisions de cavalerie. Lorsque les Allemands précipitèrent 18 divisions afin de soutenir les six divisions qui étaient attaquées, les puissances alliées répétèrent leur assaut à Saint-Quentin (le 31 août) et en

Flandre (le 2 septembre). Un conseil de la Couronne allemand, réuni à Spa, décida que la victoire n'était plus possible, mais ni le gouvernement civil ni les chefs militaires ne désiraient assumer la responsabilité de l'ouverture des négociations pour la paix. Nous examinerons l'histoire de ces négociations dans un moment, comme celle de la dernière d'une longue série de conversations diplomatiques qui s'étaient poursuivies tout au long de la guerre.

En revenant sur l'histoire militaire de la Première Guerre mondiale, il est clairement visible que la guerre fut, dans son ensemble, une opération de siège contre l'Allemagne. Une fois l'assaut allemand arrêté sur la Marne, la victoire de l'Allemagne devint impossible, car elle ne pouvait plus reprendre sa progression. D'autre part, les Forces de l'Entente ne pouvaient pas déloger le fer de lance allemand du sol français, bien qu'ils eussent sacrifié des millions d'hommes et des milliards de dollars pour tenter de le faire. Tout effort visant à s'introduire en Allemagne depuis d'autres fronts était considéré comme futile et était rendu difficile par la pression continue exercée par l'Allemagne sur la France. En conséquence, bien que des attaques eussent été lancées sporadiquement sur le front italien, dans les régions arabes de l'Empire ottoman, directement sur les Dardanelles en 1915, contre la Bulgarie par Thessalonique entre 1915 et 1918 et le long de l'ensemble du front russe, les deux camps continuèrent de considérer le nord-est de la France comme une zone vitale. Et dans cette zone, il était clair qu'aucune avancée décisive ne pouvait être réalisée.

Pour affaiblir l'Allemagne, les Forces de l'Entente initièrent un blocus sur les empires centraux, contrôlant directement la mer, en dépit de la résistance inefficace de la marine allemande au Jutland en 1916, et limitant les importations des pays neutres à proximité de l'Allemagne, comme les Pays-Bas. Pour résister à ce blocus, l'Allemagne utilisa un instrument en quatre points. Sur le front intérieur, tous les efforts furent déployés pour contrôler la vie économique, de manière à ce que tous les biens fussent utilisés de la façon la plus efficace possible et à ce que la nourriture, le cuir, et les autres produits de première nécessité fussent répartis équitablement entre tous. Le succès de cette lutte sur le front intérieur est dû aux compétences de deux Juifs allemands. Haber, chimiste, conçut une méthode pour extraire l'azote de l'air et obtint ainsi une réserve suffisante du constituant essentiel de tous les fertilisants et de tous les explosifs. Avant 1914, la principale source d'azote se trouvait dans les gisements de guano du Chili et, sans Haber, le blocus britannique aurait entraîné la défaite de l'Allemagne à cause du manque de nitrates. Walter Rathenau, directeur de la Compagnie électrique allemande et d'une cinquantaine d'autres entreprises, organisa une mobilisation du système économique allemand qui rendit possible pour l'Allemagne de poursuivre le combat avec des ressources qui s'amenuisent lentement.

Sur le plan militaire, l'Allemagne eut une réponse triple au blocus anglais. Elle essaya d'ouvrir le blocus en vainquant ses ennemis au sud et à l'est (Russie,

Roumanie et Italie). En 1917, ses efforts furent largement couronnés de succès, mais il était trop tard. En parallèle, l'Allemagne tenta d'épuiser ses ennemis sur le front occidental par le biais d'une politique d'usure dans les tranchées et de forcer les Britanniques à sortir de la guerre grâce à un blocus sous-marin de représailles, dirigé contre la flotte britannique. L'attaque sous-marine, nouvelle méthode de guerre navale, fut appliquée avec hésitation et inefficacité jusqu'en 1917. Elle eut ensuite une efficacité tellement impitoyable que près d'un million de tonnes de marchandises furent coulées en avril 1917 et en l'espace de trois semaines, la Grande-Bretagne vit ses réserves alimentaires épuisées. Cette menace de défaite britannique, maquillée d'indignation morale devant l'iniquité des attaques des sous-marins, fit entrer les États-Unis dans la guerre aux côtés de l'Europe en ce mois critique d'avril 1917. Pendant ce temps, la politique d'usure militaire de l'Allemagne contre le front occidental fonctionna bien jusqu'en 1918. Jusqu'en janvier de cette année, l'Allemagne avait perdu des hommes à environ la moitié de la vitesse à laquelle elle les remplaçait et à environ la moitié de la vitesse à laquelle elle infligeait des pertes aux forces de l'Entente. Ainsi, la période 1914-1918 fut témoin d'une course entre l'attrition[1] économique de l'Allemagne par le blocus et l'attrition personnelle de l'Entente par le biais des actions militaires. Personne ne remporta jamais cette course, et ce à cause de trois facteurs qui firent leur apparition en 1917. Ceux-ci étaient le contre blocus allemand contre la Grande-Bretagne grâce à des sous-marins, l'augmentation de l'effectif allemand à l'ouest résultant de sa victoire dans l'est et l'arrivée sur le front continental de nouvelles forces américaines. Les deux premiers facteurs furent contrebalancés par le troisième dans la période allant de mars à septembre 1918. En aout 1918, l'Allemagne avait donné le meilleur d'elle-même, mais cela ne suffit pas. Le blocus et la croissance des forces américaines placèrent les dirigeants allemands devant le choix entre la capitulation et le bouleversement économique et social. À l'unanimité, dirigés par les chefs militaires junkers, ils choisirent la capitulation.

L'histoire de la diplomatie, 1914-1948

Le début des actions militaires, en aout 1914, ne marqua pas la fin de l'action diplomatique, même entre les dirigeants opposés. L'activité diplomatique continua, avec deux buts très importants : (1) entrainer de

---

N.D.É. Stratégie visant l'épuisement des ressources humaines et matérielles de l'adversaire.

nouveaux pays dans les activités militaires, ou, au contraire, les laisser en dehors, et (2) essayer d'instaurer la paix grâce aux négociations. Les négociations, qui étaient concernées par la disposition des territoires ennemis après la fin des combats, étaient étroitement liées au premier de ces objectifs.

Toutes les activités diplomatiques de la période 1914-1918 reposaient sur un fait qui s'est imposé plutôt lentement aux belligérants. Il s'agissait du changement de caractère de la guerre moderne. Les guerres du XVIIIe et du début du XIXe siècles, avec certaines exceptions, furent des luttes avec des ressources limitées pour des objectifs limités. Le développement de la démocratie politique, le soulèvement du nationalisme, et l'industrialisation de la guerre conduisirent à une guerre totale avec une mobilisation totale ainsi que des objectifs illimités. Au XVIIIe siècle, lorsque les dirigeants étaient à l'abri des influences populaires, ils pouvaient mener des guerres avec des objectifs limités et pouvaient négocier la paix sur la base de compromis lorsque ces objectifs étaient atteints ou semblaient inaccessibles. En utilisant une armée de mercenaires qui se battaient en échange d'une rémunération, ils pouvaient utiliser cette armée pour la guerre, ou hors de la guerre, selon la nécessité, sans pour autant absolument affecter le moral de l'armée ou ses qualités de combat. L'arrivée de la démocratie et d'une armée de masse exigea des citoyens qu'ils apportassent un soutien inconditionnel pour tout effort de guerre, et rendissent impossibles les guerres basées sur des objectifs limités. Un tel soutien populaire ne pouvait être acquis que grâce à de grands buts moraux ou à des valeurs universelles philosophiques, ou, du moins, pour la survie. En même temps, l'industrialisation grandissante et l'intégration économique de la société moderne rendirent impossibles de se mobiliser pour la guerre, excepté sur une base plus large qui se tournait vers une mobilisation totale. Cette mobilisation ne pouvait pas être dirigée vers des objectifs limités. De ces facteurs découla une guerre totale avec une mobilisation complète et des objectifs illimités, y compris la destruction totale ou la capitulation inconditionnelle de l'ennemi. En adoptant des buts aussi monumentaux et des plans aussi gigantesques, il devint presque impossible de laisser en paix les non-combattants à l'intérieur des pays belligérants ou ceux qui, en dehors, étaient neutres. Il était presque devenu évident que « ceux qui ne sont pas avec nous sont contre nous. » En même temps, il devint quasiment impossible de pouvoir faire un compromis suffisant afin de réaliser les objectifs beaucoup plus restreints, qui permettraient la négociation d'une paix. Comme Charles Seymour le dit : « Chaque camp s'est promis une victoire en paix. Le terme même de "paix négociée" est devenu synonyme de trahison. » En outre, la base populaire de la guerre moderne exigeait un moral élevé, qui pouvait facilement diminuer si la nouvelle selon laquelle le gouvernement négociait la paix en plein combat était divulguée. En conséquence de ces conditions, les efforts pour négocier la paix durant la Première Guerre mondiale furent généralement très secrets et tout autant infructueux.

Le changement de guerres limitées avec des objectifs limités qui étaient menées par des troupes mercenaires vers des guerres d'attrition économique aux objectifs illimités, qui étaient menées par des armées nationales, eut des conséquences considérables. La distinction entre les combattants et les non-combattants, ainsi qu'entre les belligérants et les pays neutres devint floue et, au final, impossible à distinguer. Le droit international, qui se développa pendant la période des guerres dynastiques limitées, porta beaucoup d'importance à ces distinctions. Les non-combattants avaient des droits importants visant à protéger leur mode de vie autant que possible durant les périodes de guerres ; ceux qui étaient neutres avaient des droits semblables. En échange, ces « étrangers » avaient des obligations strictes à rester non combattants et neutres. Toutes ces distinctions s'effondrèrent entre 1914 et 1915, et ceci eut pour conséquence que les deux camps se livrèrent à des violations à grande échelle du droit international en vigueur. Ces violations étaient, dans l'ensemble, probablement plus systématiques (mais moins souvent rendues publiques) de la part de l'Entente que de la part des empires centraux. Les raisons pour cela étaient que les Allemands maintenaient les anciennes traditions d'une armée professionnelle, ainsi que leur position, à la fois en tant qu'envahisseur qu'en tant qu'« empire central » avec une main-d'œuvre et des ressources économiques limitées, qui mettaient ainsi à leur avantage le maintien des distinctions entre combattant et non-combattant, et entre belligérant et neutre. S'ils avaient pu maintenir cette ancienne distinction, ils auraient dû se battre contre l'armée ennemie et non contre la population ennemie, et lorsque la première aurait été vaincue, ils n'auraient rien eu à craindre de la seconde, qui aurait pu être contrôlée par un nombre minimum de troupes. S'ils avaient pu maintenir la distinction entre belligérant et pays neutre, il aurait été impossible de bloquer l'Allemagne, puisque ses produits de première nécessité auraient pu être importés des pays neutres. C'est pour cette raison que les plans d'origines de Schlieffen concernant une attaque en France par la Hollande et la Belgique furent modifiés par Moltke pour une attaque uniquement par la Belgique. La Hollande neutre devait demeurer un circuit d'approvisionnement pour les biens civils. Cela était possible, car le droit international faisait la distinction entre les biens de guerre, qui pouvaient être déclarés comme de la contrebande, et les biens civils (y compris la nourriture), qui ne pouvaient pas être déclarés. De plus, les plans de l'Allemagne, comme nous l'avons indiqué, demandaient une guerre décisive et courte contre les forces armées ennemies. Les Allemands ne s'attendaient ni ne désiraient une mobilisation économique totale ou même une mobilisation militaire totale puisque ces dernières auraient perturbé la structure politique et sociale en place en Allemagne. Pour ces raisons, l'Allemagne n'avait pas planifié de mobilisation industrielle ou économique, de guerre de longue durée, ou de faire face à un blocus, et elle espérait pouvoir mobiliser une proportion plus faible de sa main-d'œuvre que celles de ces ennemis immédiats.

L'échec du plan Schlieffen démontra l'erreur de ses idées. Non seulement le fait qu'une longue guerre rendit les mobilisations économiques nécessaires, mais l'occupation de la Belgique montra que le sentiment national tendait à rendre la différence entre les combattants et les non-combattants académiques. Lorsque les civils belges tirèrent sur les soldats allemands, ces derniers prirent des civils en otage, envers lesquels ils exercèrent des mesures de représailles. Ces actions allemandes furent rendues publiques à travers le monde par la machine de propagande britannique comme étant des « atrocités » et des violations du droit international (ce qui était le cas), alors que les tireurs civils belges furent exemptés en tant que patriotes fidèles (même si leurs actions étaient plus clairement une violation du droit international, et justifiaient ainsi les actions sévères des Allemands). Ces « atrocités » furent utilisées par les Britanniques afin de justifier leurs propres violations du droit international. Dès le 20 août 1914, ils considéraient la nourriture comme de la contrebande, et interféraient dans les envois neutres de nourriture en Europe. Le 5 novembre 1914, ils déclarèrent que la zone maritime qui s'étendait de l'Écosse à l'Islande était une « zone de guerre », la recouvrirent de champs de mines explosives flottantes, et ordonnèrent à tous les bateaux se rendant dans la mer Baltique, en Scandinavie, ou aux Pays-Bas de passer par la Manche, où ils étaient arrêtés, fouillés, et la majeure partie de leur cargaison saisie, même lorsqu'elle ne pouvait pas être identifiée comme de la contrebande selon le droit international en vigueur. En représailles, le 18 février 1915, les Allemands proclamèrent la Manche comme étant une « zone de guerre », annoncèrent que leurs sous-marins couleraient les convois dans cette région, et demandèrent à ce que la route au nord de l'Écosse fût empruntée pour les convois de la région Baltique. Les États-Unis, qui rejetèrent l'invitation de la Scandinavie à protester contre la zone de guerre britannique fermée avec des mines au nord de l'Écosse, protestèrent violemment contre la zone de guerre allemande fermée avec des sous-marins sur les mers étroites, même si d'après un sénateur américain : « le sous-marin était certainement plus charitable que les mines flottantes, qui ne pouvaient ni exercer de réserves ni émettre de jugements. »

Les États-Unis acceptèrent « la zone de guerre » britannique, et interdirent à leurs bateaux de l'emprunter. Par contre, ils refusèrent d'accepter la zone de guerre allemande, et insistèrent sur le fait que des vies et des propriétés américaines étaient sous la protection américaine, même lorsqu'ils voyageaient sur des navires belligérants armés dans cette zone de guerre. En outre, les États-Unis insistèrent sur le fait que les sous-marins allemands devaient obéir aux mêmes lois maritimes que celles des vaisseaux en surface. Ces lois prévoyaient que les navires de commerce pouvaient être arrêtés et inspectés et coulés par un vaisseau de guerre s'ils transportaient de la marchandise de contrebande, après que les passagers et les papiers des navires furent déplacés dans un lieu sûr. Un lieu sûr ne pouvait pas être les barques du navire, excepté lorsqu'une terre ou d'autres vaisseaux étaient en vue dans une mer calme. Le navire de commerce ainsi intercepté bénéficiait de ces droits que s'il ne montrait aucune hostilité envers le navire de guerre ennemi. Cela était non seulement difficile, voire impossible, pour les sous-marins allemands de remplir ces conditions, et souvent dangereux, puisque les navires de commerce britanniques avaient reçu l'instruction d'attaquer les sous-marins allemands à vue, et si possible en les percutant. Il était même dangereux pour ces sous-marins allemands d'appliquer la loi établie concernant les navires neutres, car les navires britanniques, suivant ces ordres agressifs, arboraient fréquemment des drapeaux neutres et se faisaient passer comme navires neutres aussi longtemps que possible. Toutefois, les États-Unis continuèrent d'insister pour que les Allemands obéissent aux vieilles lois, tout en cautionnant les violations britanniques jusqu'au point où la distinction entre les navires de guerre et les navires de commerce devenait floue. En conséquence, les sous-marins allemands commencèrent à couler les flottes marchandes britanniques avec peu ou sans avertissement. Leurs tentatives d'expliquer leur confusion entre les combattants et les non-combattants, qui se basaient sur le fait que les mines flottantes britanniques, le blocus de la nourriture britannique, et les instructions britanniques données aux navires de commerce pour attaquer les sous-marins ne faisaient aucune distinction ne furent pas plus fructueuses que leurs efforts de démontrer que leur sévérité envers la population belge était justifiée par des attaques civiles sur les troupes allemandes. Ils essayaient de faire des distinctions légales qui appartenaient à une période antérieure où les conditions étaient complètement différentes, et l'abandon ultime de ces distinctions, au motif que leurs ennemis les avaient déjà abandonnés ne fit qu'empirer les choses, car si ceux qui étaient neutres devenaient belligérants et les non-combattants des combattants, l'Allemagne et ses alliés souffriraient beaucoup plus que la Grande-Bretagne et ses alliés. Pour conclure, c'est pour cela que les distinctions furent abandonnées. Mais sous toutes les questions d'ordre légales, on pouvait trouver le fait inquiétant que la guerre, en devenant totale, avait rendu la neutralité ainsi que la négociation de la paix quasi impossible. Nous allons maintenant tourner notre attention vers cette lutte pour la neutralité et la lutte pour une négociation de paix.

En ce qui concerne les engagements diplomatiques ou légaux, l'Allemagne, en juillet 1914, était en droit à s'attendre à ce que l'Autriche-Hongrie, l'Italie, la Roumanie, et peut-être la Turquie soient à ses côtés et que ses opposants comptent la Serbie, le Monténégro, la Russie et la France, avec la Grande-Bretagne qui demeurait neutre, du moins au début. Au lieu de ça, l'Italie et la Roumanie combattirent contre elle, une perte qui ne fut pas balancée par l'adhésion de la Bulgarie à ses côtés. De plus, elle vit ses opposants renforcés par la Grande-Bretagne, la Belgique, la Grèce, les États-Unis, la Chine, le Japon, les Arabes, et vingt autres « puissances alliées et associées. » Le processus par lequel la réalité diffère vraiment des attentes légitimes de l'Allemagne va à présent attirer notre attention.

La Turquie, qui s'était rapprochée de l'Allemagne déjà avant les années 1890, proposa à l'Allemagne une alliance le 27 juillet 1914, lorsque la crise de Sarajevo était à son apogée. Le document fut signé en secret le 1er août, et liait la Turquie à entrer en guerre contre la Russie si celle-ci attaquait l'Allemagne ou l'Autriche. Pendant ce temps, la Turquie trompa les forces de l'Entente en conduisant de longues négociations avec eux concernant son attitude face à la guerre. Le 29 octobre, elle retira son masque de neutralité lorsqu'elle attaqua la Russie, ce qui la coupa de ses alliés occidentaux par la route du sud. Pour alléger la pression sur la Russie, les Britanniques réalisèrent une attaque sans grand impact sur Gallipoli dans les Dardanelles (février à décembre 1915). Les véritables attaques sur la Turquie ne débutèrent qu'à la fin de l'année 1916, cette fois-ci en provenant d'Égypte vers la Mésopotamie, où Bagdad fut prise en mars 1917, ouvrant la voie dans la vallée à travers la Palestine jusqu'à la Syrie. Jérusalem tomba devant le général Allenby en décembre 1917, et les villes principales de la Syrie tombèrent en d'octobre 1918.

La Bulgarie, qui souffrait encore de la deuxième guerre balkanique (1913), durant laquelle elle avait perdu du territoire face à la Roumanie, la Serbie, la Grèce et la Turquie, était favorable à l'Allemagne dès le déclenchement de la guerre en 1914, et se renforça dans sa position à la suite de l'attaque de la Turquie sur la Russie en octobre. Les deux parties essayèrent d'acheter la fidélité de la Bulgarie, un processus par lequel la Triple-Entente fut freinée par le fait que les ambitions de la Bulgarie ne pouvaient être satisfaites qu'au prix de la Grèce, de la Roumanie ou de la Serbie, dont ils voulaient aussi le soutien. La Bulgarie voulait Thrace qui s'étendait de la Maritsa jusqu'au Vardar, y compris Kavala et Thessalonique (qui étaient des villes grecques), la majeure partie de la Macédoine (qui était grecque ou serbe), et Dobroudja (en Roumanie). La Triple-Entente offrit Thrace jusqu'au Vardar en novembre 1914, auquel elle ajouta un bout de la Macédoine en mai 1915, en dédommageant la Serbie en lui offrant la Bosnie, l'Herzégovine, et la côte dalmate. L'Allemagne, par contre, donna à la Bulgarie un bout du territoire turc le long de la rivière Maritsa en juillet 1915, et ajouta à cela un prêt de 200.000.000 francs six semaines plus tard, et en septembre 1915, elle accepta toutes les demandes de la Bulgarie à condition qu'elles fussent au détriment des pays belligérants. En moins d'un mois, la Bulgarie entra en guerre en attaquant la Serbie (le 11 octobre 1915). Cela fut un considérable succès, en perçant vers l'ouest à travers la Serbie et dans l'Albanie, mais cela exposa son flanc gauche à une attaque des forces de l'Entente qui étaient déjà basées à Thessalonique. Cette attaque eut lieu en septembre 1918, et en un mois, elle força la Bulgarie à demander un armistice (le 30 septembre). Ceci marqua la première rupture dans le front uni des empires centraux.

Lorsque la guerre débuta en 1914, la Roumanie resta neutre, en dépit du fait qu'elle avait rejoint la Triple-Alliance en 1883. Cette adhésion fut faite à cause de la sympathie allemande envers la famille royale, et était si secrète que seule une poignée de personnes étaient au courant. Les Roumains avaient de la sympathie envers la France. À cette période-là, la Roumanie était composée de trois parties (la Moldavie, la Valachie et la Dobroudja) et avait l'ambition de prendre la Bessarabie à la Russie et la Transylvanie à la Hongrie. Il semblait impossible que la Roumanie pût obtenir les deux, pourtant c'est exactement ce qui se produisit, parce que la Russie fut vaincue par l'Allemagne et exclue par la Triple-Entente après sa révolution en 1917, alors que la Hongrie fut vaincue par la Triple-Entente en 1918. Les Roumains, après 1878, étaient extrêmement anti-Russes, mais ce sentiment diminua avec le temps, alors que l'animosité contre les empires centraux augmenta, à cause du mauvais traitement de la part des Hongrois sur la minorité roumaine en Transylvanie. En conséquence, la Roumanie resta neutre en 1914. Les efforts employés par la Triple-Entente pour la récupérer de leur côté furent vains jusqu'après la mort du roi Carol Ier en octobre 1914. Les Roumains demandèrent, en compensation pour leur intervention du côté de l'Entente, la Transylvanie, des parties de la Bucovine, et le Banat de Temesvar, 500.000 troupes de l'Entente dans les Balkans, 200.000 troupes russes en Bessarabie et le même statut que les grands pouvoirs à la Conférence de paix. En échange, ils promirent d'attaquer les empires centraux et de ne pas conclure une paix séparée. Seules les lourdes pertes subies par l'Entente en 1916 les amenèrent au point d'accepter ces termes. Ils le firent en aout de la même année, et la Roumanie entra en guerre dix jours plus tard. Les empires centraux envahirent immédiatement le pays, capturant Bucarest en décembre. Les Roumains refusèrent de faire la paix jusqu'à ce que l'avancée allemande vers la Marne durant le printemps 1918 les convainquît que les empires centraux allaient gagner. En conséquence, ils signèrent le traité de Bucarest avec l'Allemagne (le 7 mai 1918), par lequel ils donnèrent Dobroudja à la Bulgarie, mais réussirent à obtenir la Bessarabie, que l'Allemagne avait précédemment prise à la Russie. L'Allemagne obtint aussi un bail de quatre-vingt-dix ans sur les puits de pétrole roumains.

Même si les efforts de l'Entente pour faire entrer la Grèce dans la guerre étaient les plus prolongés et les plus malhonnêtes de l'époque, ils demeuraient sans succès tant que le roi Constantin régnait (jusqu'en juin 1917). La Grèce se vit offrir Smyrna en Turquie si elle acceptait de céder Kavala à la Bulgarie et de soutenir la Serbie. Le Premier ministre Eleuthérios Venizélos y était favorable, mais il ne put persuader le roi, et fut forcé de démissionner (mars 1915). Il revint à son poste en aout, après avoir remporté une élection parlementaire en juin. Lorsque la Serbie demanda à la Grèce les 150.000 hommes qu'elle lui avait promis lors du traité serbo-grec de 1913 comme protection contre une attaque bulgare sur la Serbie, Venizélos essaya d'obtenir ces forces de la part de l'Entente. Quatre divisions franco-britanniques débarquèrent à Thessalonique (octobre 1915), mais Venizélos fut à nouveau forcé de démissionner par le roi Constantin. L'Entente proposa ensuite de céder Chypre à la Grèce en échange du soutien grec contre la Bulgarie, mais cela fut refusé (20 octobre 1915). Lorsque les forces allemandes et bulgares commencèrent à occuper des parties de la Macédoine grecque, la Triple-Entente bloqua la Grèce et leur lança un ultimatum pour la démobilisation de l'armée grecque ainsi qu'un gouvernement responsable à Athènes (juin 1916). Les Grecs acceptèrent immédiatement, puisque la démobilisation rendait moins probable le fait qu'ils pourraient être forcés à faire la guerre à la Bulgarie, et la demande pour un gouvernement responsable pouvait être acceptée sans faire revenir Venizélos à son poste. Ainsi frustrée, l'Entente établit un nouveau gouvernement grec provisoire sous la direction de Venizélos à leur base à Thessalonique, où il déclara la guerre aux empires centraux (novembre 1916). L'Entente demanda ensuite que les représentants des empires centraux fussent expulsés d'Athènes et que tout matériel de guerre sous le contrôle du gouvernement d'Athènes leur fût remis. Ces demandes furent rejetées (le 30 novembre 1916). Les forces de l'Entente débarquèrent le même jour au port d'Athènes (Le Pirée), mais ne restèrent qu'une nuit, puisqu'elles furent ensuite remplacées par un blocus de l'Entente sur la Grèce. Le gouvernement de Venizélos fut reconnu par la Grande-Bretagne (décembre 1916), mais la situation resta sans changement. En juin 1917, un nouvel ultimatum fut lancé à Athènes, qui demandait l'abdication du roi Constantin. Il fut soutenu par une capture de la Thessalie et de Corinthe, et accepté sans attente. Venizélos devint Premier ministre du Gouvernement d'Athènes, et déclara la guerre aux empires centraux le jour suivant (27 juin 1917). Ceci donna à l'Entente une base suffisante pour aller à la vallée du Vardar, sous le commandement du général français Louis Franchet d'Esperey, et pour forcer la Bulgarie à sortir de la guerre.

Au déclenchement de la guerre en 1914, l'Italie se déclara neutre au motif que la Triple-Alliance de 1882, renouvelée en 1912, la liait à soutenir les empires centraux uniquement en cas de guerre défensive et que les actions de l'Autriche contre la Serbie ne rentraient pas dans cette catégorie. Aux yeux des Italiens, la Triple-Alliance était toujours valable et leur donnait donc droit, d'après l'article VII, à une compensation pour tout gain de territoire autrichien dans les Balkans. Comme garantie de cette disposition, les Italiens occupèrent le district de Vlora en Albanie en novembre 1914. Les efforts des empires centraux pour soudoyer l'Italie dans l'usure furent difficiles parce que les demandes italiennes étaient en grande partie au détriment de l'Autriche. Ces demandes comprenaient le Tyrol du Sud, Gorizia, les iles de la Dalmatie et Vlora, avec Trieste comme ville libre. Une grande controverse publique eut lieu en Italie, entre ceux qui soutenaient l'intervention dans la guerre du côté de l'Entente, et ceux qui voulaient rester neutres. Les gouvernements de l'Entente, grâce à une dépense adroite d'argent, purent gagner un soutien considérable. Leur principale victoire fut de diviser le Parti socialiste, d'habitude pacifiste, grâce à des subventions données à Benito Mussolini. Mussolini, un socialiste enragé qui avait été un dirigeant pacifiste lors de la guerre de Tripoli de 1911, était éditeur en chef du journal socialiste *Avanti*. Il fut renvoyé du parti lorsqu'il soutint l'intervention du côté de l'Entente, mais en utilisant de l'argent français, il créa son propre journal, *Il Popolo d'Italia*, et se lança dans une carrière sans scrupule qui finalement fit de lui le dictateur de l'Italie.

Les demandes de l'Italie, citées ci-dessus, furent acceptées par la Triple-Entente lors du Traité secret de Londres (26 avril 1915), et prolongées pour que l'Italie puisse aussi obtenir Trentino, Triste, Istrie (mais pas Fiume), la Dalmatie du Sud, l'Albanie comme protectorat, le Dodécanèse, Adalia en Asie Mineure, des zones compensatoires en Afrique si la Triple-Entente faisait des acquisitions sur ce continent, un prêt de 50 millions de livres, une partie de l'indemnité de guerre, et l'exclusion du pape de toute négociation tendant vers la paix. En échange de toutes ces grandes promesses, l'Italie accepta de faire la guerre à tous les empires centraux sous un mois. Elle déclara la guerre à l'Autriche-Hongrie le 23 mai 1915, mais uniquement en aout 1916 à l'Allemagne.

Le Traité de Londres fut de la plus haute importance parce que son fantôme hanta les chancelleries d'Europe pendant plus de vingt-cinq ans. Il fut utilisé comme excuse par les Italiens pour attaquer l'Éthiopie en 1935 et la France en 1940.

L'effort de guerre italienne était dévoué à essayer d'obliger les forces des Habsbourg à retourner au-devant de la mer Adriatique. Les Italiens n'eurent pas de succès sur une série d'au moins douze batailles sur le fleuve Isonzo, un terrain très difficile. En automne 1917, l'Allemagne envoya assez de renforts à l'Autriche pour leur permettre de percer l'arrière des lignes italiennes à Caporetto. La défense italienne s'effondra et se rétablit le long du fleuve Piave après avoir perdu plus de 600.000 hommes, la majorité par désertion. L'Autriche ne put poursuivre cet avantage à cause de sa lassitude de la guerre, son impossibilité à mobiliser avec succès son économie domestique pour les besoins de guerre, et par-dessus tout, à cause de l'agitation grandissante des nationalités soumises au règne des Habsbourg. Ces groupes mirent en place des comités gouvernementaux dans les capitales de l'Entente et organisèrent les « légions » pour lutter aux côtés de l'Entente. L'Italie organisa une grande réunion avec ces personnes à Rome en avril 1918. Ils signèrent le « Pacte de Rome », en promettant de travailler sur l'autodétermination des peuples soumis et en acceptant de dresser la frontière entre les Italiens et les Slaves du Sud sur les lignes de la nationalité.

La Russie, tout comme la Roumanie, fut forcée de sortir de la guerre en 1917, ainsi que de signer un traité de paix séparé par l'Allemagne en 1918. L'attaque russe sur l'Allemagne en 1914 fut complètement brisée lors des batailles de Tannenberg et sur les lacs de Mazurie en aout et en septembre, mais leur aptitude à tenir tête aux forces autrichiennes en Galicie rendit impossible de mettre un terme à la guerre dans l'est. Les victimes russes furent très importantes à cause des provisions et munitions inappropriées, alors que les Autrichiens perdirent des forces considérables, particulièrement des Slaves, à cause de leur désertion chez les Russes. Ce dernier facteur permit à la Russie d'organiser une « légion tchèque » de plus de 100.000 hommes. Les renforts allemands se trouvant au front autrichien en Galicie en 1915 rendirent possible une grande offensive austro-allemande qui traversa la Galicie et qui, au mois de septembre, avait pris toute la Pologne et la Lituanie. Lors de ces opérations, les Russes perdirent environ un million d'hommes. Ils en perdirent un million de plus dans la contrattaque de « Broussilov » en 1916, qui atteignit les Carpates avant qu'elle ne fût stoppée par l'arrivée de renforts allemands venant de France. À ce moment-là, le prestige du gouvernement tsariste était tombé si bas qu'il fut facilement remplacé par un gouvernement parlementaire sous la coupe de Kerenski en mars 1917. Le nouveau gouvernement essaya de continuer la guerre, mais jugea mal le tempérament des Russes. En conséquence, le groupe communiste extrémiste connu sous le nom des bolchéviques fut capable de s'emparer du gouvernement en novembre 1917, et de le conserver en promettant la paix et des terres aux Russes qui étaient las. Les demandes allemandes, dictées par l'état-major allemand, furent si sévères que les bolchéviques refusèrent de signer une paix formelle, mais le 3 mars 1918, ils furent obligés d'accepter les traités de Brest-Litovsk. Par ceux-ci, la Russie perdit la Finlande, la Lituanie, les provinces baltes, la Pologne, l'Ukraine et la Transcaucasie. Les efforts allemands pour exploiter ces zones d'une manière économique pendant la guerre furent sans succès.

L'intervention du Japon dans la guerre, le 23 aout 1914, était entièrement déterminée par ses ambitions en Extrême-Orient et au Pacifique. Il voulait utiliser cette opportunité, qui émergeait des inquiétudes des grandes puissances vis-à-vis de l'Europe, pour obtenir des concessions de la part de la Chine et de la Russie et pour remplacer l'Allemagne, non seulement dans ses possessions coloniales en Orient, mais aussi de reprendre sa position commerciale dans la mesure du possible. Les iles colonisées allemandes au nord de l'équateur furent saisies sans tarder, et la concession allemande à Kiautschou fut capturée après un bref siège. En janvier 1915, les « Vingt-et-une demandes » furent présentées à la Chine sous la forme d'un ultimatum, qui fut en grande partie accepté. Celui-ci demandait l'accès à la position allemande au Shandong, l'extension des baux japonais en Mandchourie, avec une liberté commerciale totale pour les Japonais dans cette zone, des droits considérables sur certaines entreprises de fer et d'acier du nord de la Chine, et la fermeture de la côte chinoise à toute future concession étrangère. Leur exigence pour l'utilisation de conseillers japonais dans les questions politiques, militaires et financières chinoises fut rejetée, puis retirée. Le 3 juillet 1916, le Japon gagna la reconnaissance de la Russie face à sa nouvelle position en Chine, en échange de sa reconnaissance de la pénétration russe en Mongolie-Extérieure. De nouvelles concessions furent obtenues de la Chine en février 1917, qui furent acceptées par les États-Unis en novembre, par les « notes de Lansing-Ishii ». Dans celles-ci, les Japonais donnèrent leur support verbal face à l'insistance américaine par rapport au maintien de l'intégrité territoriale chinoise, l'indépendance politique, et la politique de la « porte ouverte » lors des questions commerciales.

Le déclenchement de la révolution bolchévique en Russie, suivie de la victoire allemande sur ce pays-là, ainsi que le début de la guerre civile donna au Japon une opportunité en Extrême-Orient qu'il ne put hésiter à exploiter. Les Japonais débarquèrent à Vladivostok en avril 1918, avec le soutien de la Grande-Bretagne et des États-Unis, et se déplacèrent vers l'ouest, le long de la route du Transsibérien. La Légion tchèque sur le front russe s'était déjà rebellée face au règne bolchévique et se fraya un chemin vers l'est, le long de ce même chemin de fer. Les Tchèques durent éventuellement être évacués vers l'Europe, alors que les Japonais continuaient de tenir l'extrémité orientale du chemin de fer, et apportaient leur soutien aux factions antibolchéviques dans la guerre civile. Après un peu plus d'une année de combats confus, il devint clair que les factions antibolchéviques seraient vaincues et que les Japonais n'obtiendraient pas de nouvelles concessions de la part des bolchéviques. En conséquence, ils évacuèrent Vladivostok en octobre 1922.

Le plus grand nombre d'accords diplomatiques pendant la période de guerre concernaient sans aucun doute la disposition de l'Empire ottoman. Dès février 1915, la Russie et la France signèrent un accord par lequel la Russie avait mains libres sur l'est en échange de laisser à la France mains libres sur l'ouest. Ceci voulait dire que la Russie pouvait annexer Constantinople et bloquer le mouvement pour une Pologne indépendante, alors que la France pouvait reprendre l'Alsace-Lorraine à l'Allemagne et créer un nouvel État indépendant sous l'influence française dans la Rhénanie. Un mois plus tard, en mars 1915, La Grande-Bretagne et la France acceptèrent de laisser la Russie annexer les détroits ainsi que Constantinople. Les activités immédiates de l'Entente, néanmoins, étaient dévouées aux plans qui consistaient à encourager les Arabes à se rebeller contre l'autorité du sultan ou, du moins, à s'abstenir de soutenir ses efforts de guerre. Les chances que ces activités fussent un succès augmentèrent grâce au fait que les portions arabes de l'Empire ottoman, bien que nominalement soumises au sultan, étaient déjà en train de se briser en de nombreuses petites sphères d'autorité ; certaines étant virtuellement indépendantes. Les Arabes, qui étaient un peuple totalement différent des Turcs, parlaient une langue sémitique plutôt qu'ouralo-altaïque et qui, dans leur mode de vie, étaient restés en majorité nomades, alors que les Turcs étaient presque devenus un peuple paysan, et ce qui les unissait aux peuples de l'Empire ottoman était uniquement leur profession commune de la religion musulmane. Cette connexion fut affaiblie par les efforts pour laïciser l'État ottoman et par la croissance du nationalisme turc, qui appelait à un esprit du nationalisme arabique en réaction.

En 1915-1916, le haut commissaire britannique d'Égypte, sir Henry McMahon, correspondit avec le chérif de la Mecque, Hussein. Bien qu'aucun accord contraignant ne fût signé, l'essentiel de leurs discussions portait sur le fait que la Grande-Bretagne reconnaitrait l'indépendance des Arabes s'ils se révoltaient contre la Turquie. La zone couverte par l'accord comprenait les parties au sud du 37e degré de latitude de l'Empire ottoman, excepté Adana, Alexandrette, et « ces portions de la Syrie se trouvant à l'ouest des districts de Damas, Horn, Hama et Alep [qui] ne sont pas pour ainsi dire purement arabes. » En plus de cela, Aden était attendue, alors que Bagdad et Basra devaient se retrouver sous une « administration spéciale ». Les droits de la France sur toute cette zone étaient réservés, les accords britanniques existants avec plusieurs sultans locaux le long des côtes du golfe Persique étaient maintenus et Hussein devait utiliser des consultants britanniques exclusivement après la guerre. Une controverse prolongée surgit de la division des zones ; le point important de ce problème étant de savoir si cette déclaration telle qu'elle prononça incluait la Palestine dans la zone qui avait été donnée aux Arabes, ou dans la zone qui était réservée. L'interprétation de ces termes, qui excluait la Palestine des mains arabes, fut effectuée par la suite par McMahon à plusieurs occasions après 1922, et plus explicitement en 1937.

Alors que McMahon négociait avec Hussein, le gouvernement de l'Inde, à travers Percy Cox, négociait avec Ibn Séoud du Nejd, et un accord réalisé le 26 décembre 1915 reconnut son indépendance en échange d'une promesse de neutralité en guerre. Peu de temps après, le 16 mai 1916, un accord connu sous le nom de l'accord Sykes-Picot, du nom des chefs négociateurs, fut signé entre la Russie, la France et la Grande-Bretagne. En début 1917, l'Italie fut ajoutée dans cet accord. Il partagea l'Empire ottoman d'une telle manière qu'il ne restât presque plus rien aux Turcs, excepté une zone à 321 ou 402 km autour d'Ankara. La Russie devait obtenir Constantinople et les détroits, tout comme le nord-est de l'Anatolie, y compris la côte de la mer Noire ; l'Italie devait avoir la côte du sud-ouest de l'Anatolie, allant de Smyrne à Adalya ; la France devait avoir la majeure partie est de l'Anatolie, y compris Mersin, Adana et la Cilicie, ainsi que le Kurdistan, Alexandrette, la Syrie, et le nord de la Mésopotamie, y compris Mosul ; la Grande-Bretagne devait obtenir le Levant allant du sud de Gaza jusqu'à la mer Rouge, la Transjordanie, la majeure partie du désert syrien, toute la Mésopotamie se trouvant au sud de Kirkuk (y compris Bagdad et Basra) et la majorité de la côte du golfe Persique d'Arabie. Il fut aussi envisagé que l'Anatolie de l'Ouest, près de Smyrne, irait à la Grèce. La terre sacrée devait être internationalisée.

Le document suivant qui était concerné par la disposition de l'Empire ottoman était la fameuse « Déclaration Balfour » de novembre 1917. Pratiquement aucun document de l'époque de la guerre, mis à part les Quatorze points de Wilson, n'avait autant soulevé de contestations que cette brève déclaration longue de moins de onze lignes. Le plus gros de la controverse provenait de la croyance qu'il avait promis quelque chose à quelqu'un et que cette promesse était en conflit avec d'autres promesses, notamment avec « l'engagement de McMahon » au chérif[1] Hussein. La Déclaration Balfour s'effectua sous forme de lettre du ministre des Affaires étrangères britannique Arthur James Balfour à lord Rothschild, l'un des acteurs clés du mouvement sioniste britannique. Ce mouvement, qui était beaucoup plus fort en Autriche et en Allemagne qu'en Grande-Bretagne, aspirait à créer en Palestine, ou peut-être ailleurs, un territoire où les réfugiés ayant subi des persécutions antisémites ou d'autres Juifs pourraient se rendre pour trouver « une terre nationale ». La lettre de Balfour disait : « Le gouvernement de Sa Majesté voit avec faveur l'installation en Palestine d'une terre nationale pour le peuple juif et fera de son mieux pour faciliter la réalisation de cet objectif, étant entendu que rien ne sera fait qui pourrait porter préjudice aux droits civils et religieux à l'existence de communautés non-juives en Palestine, ou les statuts politiques dont jouissent les Juifs dans tout autre pays. » Il faut noter que ceci n'était ni un accord ni une promesse, mais simplement une déclaration unilatérale ; elle ne promettait pas un État juif en Palestine, ou même ne désignait pas la Palestine comme une terre d'accueil pour les Juifs ; elle ne faisait qu'évoquer la possibilité de la création d'une terre d'accueil en Palestine, et réservait certains droits aux groupes déjà présents dans cette zone. Hussein fut si affligé lorsqu'il en entendit parler qu'il demanda une explication, et D.G. Hogarth lui assura, de la part du gouvernement britannique, que : « l'installation des Juifs en Palestine sera autorisée à la seule condition qu'ils soient compatibles avec la liberté politique et économique de la population arabe. » Ce réconfort fut apparemment recevable pour Hussein, mais des doutes persévérèrent chez les autres dirigeants arabes. En réponse à une requête de sept de ces dirigeants, le 16 juin 1918, la Grande-Bretagne se prononça publiquement pour diviser les territoires arabes en trois parties : (a)

---

1. N.D.É. Prince arabe.

la péninsule Arabique allant d'Aden jusqu'à Aqaba (à la tête de la mer Rouge), où « l'indépendance totale et souveraine des Arabes » serait reconnue, (b) la zone sous occupation militaire britannique, qui couvrait le sud de la Palestine et le sud de la Mésopotamie, où la Grande-Bretagne accepta le principe selon lequel le gouvernement devait être basé « sur le consentement du peuple », et (c) la zone encore sous le contrôle turc, comprenant la Syrie et le nord de la Mésopotamie, où la Grande-Bretagne assuma l'obligation de se battre pour « la liberté et l'indépendance ». La déclaration franco-anglaise du 7 novembre 1918 avait un ton plutôt semblable, seulement quatre jours avant que les hostilités ne s'achèvent dans la guerre. Elle promettait « la libération finale et complète des peuples qui ont si longtemps été opprimés par les Turcs et la création de gouvernements et d'administrations nationales qui dériveront leur autorité de l'exercice libre de l'initiative et du choix des populations indigènes. »

Il y eut de longues discussions sur la compatibilité de nombreux accords et déclarations faites par les grandes puissances concernant la disposition de l'Empire ottoman après la guerre. C'est un problème difficile par rapport à l'inexactitude et l'ambiguïté de la formulation de la plupart de ces documents. D'autre part, certains faits sont plutôt évidents. Il y a un contraste frappant entre l'avarice impérialiste que l'on trouve dans les accords secrets comme celui de Sykes-Picot et le ton altruiste des déclarations rendues publiques. Il y a aussi un contraste frappant entre la teneur des négociations britanniques avec les Juifs et celles avec les Arabes concernant la disposition de la Palestine, avec le résultat que les Juifs et les Arabes avaient tous deux des raisons de croire que la Grande-Bretagne pouvait promouvoir leurs ambitions politiques contradictoires dans cette zone : ces opinions, qu'elles fussent basées sur un malentendu ou une tromperie délibérée, eurent par la suite servi à réduire le prestige de la Grande-Bretagne aux yeux des deux groupes, bien que les deux avaient précédemment eu une meilleure opinion sur la générosité et la justice britannique que tout autre pouvoir ; et pour finir, le soulèvement de faux espoirs arabes et l'échec de réussir à trouver un accord concernant la Syrie entraîna une longue période de conflits entre les Syriens et le gouvernement français, qui, après 1923, tenait cette zone comme un mandat de la Ligue des Nations.

En conséquence de son interprétation des négociations avec McMahon, Hussein entama une révolte arabe contre la Turquie le 5 juin 1916. À partir de là, il reçut une subvention de 225.000 £ par mois de la part de la Grande-Bretagne. Le célèbre T. E. Lawrence, connu sous le nom de « Lawrence d'Arabie », qui était un archéologue dans le Proche-Orient en 1914, n'avait rien à voir avec les négociations avec Hussein, et ne se joignit pas à la révolte avant octobre 1916. Lorsque Hussein n'obtint pas les concessions qu'il espérait lors de la Conférence de paix de Paris en 1919, Lawrence fut écœuré de toute l'affaire et changea finalement son nom en Shaw et tenta de disparaitre de la scène publique.

Les territoires arabes restèrent sous l'occupation militaire jusqu'à l'établissement légal de la paix avec la Turquie en 1923. L'Arabie était sous un certain nombre de cheiks, dont les chefs étaient Hussein à Hedjaz et Ibn Séoud à Nejd. La Palestine et la Mésopotamie (maintenant l'Irak) étaient sous l'occupation militaire britannique. La côte syrienne était sous l'occupation militaire française, alors que l'intérieur de la Syrie (y compris le chemin de fer Alep-Damas) et la Transjordanie étaient sous les forces arabes, conduites par Emir Fayçal, le troisième fils d'Hussein de la Mecque. Bien que la commission d'enquête américaine, connue comme étant la commission King-Crane (1919), et un « Congrès général syrien » des Arabes de l'ensemble du croissant fertile eussent recommandé que la France fût exclue de cette zone, que la Syrie-Palestine fût unifiée pour former un unique État avec Fayçal comme roi, que les sionistes n'eussent aucun rôle politique dans la Palestine, ainsi que d'autres points, une réunion des grandes puissances à Sanremo en avril 1920 nomma deux ordonnateurs français et deux britanniques. La Syrie et le Liban allèrent à la France, alors que l'Irak et la Palestine (y compris la Transjordanie) allèrent à la Grande-Bretagne. Il y eut des révoltes arabes, et une grande agitation locale à la suite de ces décisions. La résistance en Syrie fut écrasée par les Français, qui avancèrent et occupèrent l'intérieur de la Syrie, et exilèrent Fayçal. Les Britanniques, qui étaient à ce moment-là engagés dans un conflit (concernant des ressources pétrolières et d'autres problèmes) avec la France, déclarèrent Fayçal roi d'Irak sous la protection britannique (1921), et placèrent son frère Abdullah dans la même position, mais en Transjordanie (1923). Le père des deux nouveaux rois, Hussein, fut attaqué par Ibn Séoud de Nejd et fut forcé d'abdiquer en 1924. Son royaume de Hedjaz fut annexé par Ibn Séoud en 1926. Après 1932, toute cette région était connue comme l'Arabie saoudite.

L'évènement diplomatique le plus important durant la deuxième partie de la Première Guerre mondiale fut l'intervention des États-Unis du côté de la Triple-Entente en avril 1917. Les causes de cet évènement ont été analysées d'une manière considérable. En général, il y a quatre raisons principales qui sont données pour l'intervention, venant de quatre points de vue différents. Elles peuvent être résumées comme suit : (1) les attaques des sous-marins allemands sur des navires neutres avaient précipité l'entrée des États-Unis en guerre nécessaire afin d'assurer la « liberté sur les mers », (2) les États-Unis avaient été influencés par la propagande subtile britannique effectuée dans des salons, des universités et la presse de la partie est du pays où l'anglophilie était envahissante parmi les groupes sociaux les plus influents, (3) les États-Unis avaient été entraînés dans la guerre par une conspiration de banquiers internationaux et de fabricants de munitions qui avaient hâte de protéger leurs prêts à la Triple-Entente ou leurs profits de guerre réalisés par la vente à ces puissances, et (4) les principes de l'équilibre du pouvoir avait rendu impossible pour les États-Unis d'accepter que la Grande-Bretagne fût vaincue par l'Allemagne. Peu importe le poids de ces quatre arguments dans la décision finale, il est plutôt clair que ni le gouvernement ni la population des États-Unis n'étaient prêts à accepter une défaite de l'Entente face aux empires centraux. En effet, en dépit des efforts du gouvernement pour agir avec un semblant de neutralité, il était clair en 1914 que c'était le point de vue des dirigeants du gouvernement, avec l'unique exception du secrétaire d'État William Jennings Bryan. Sans analyser les quatre facteurs mentionnés auparavant, il est clair que les États-Unis voulaient s'opposer à la chute de la Grande-Bretagne. La sécurité américaine, séparée de toutes les autres puissances par les océans Atlantique et Pacifique, requérait soit que le contrôle de ces océans lui soit remis, ou qu'il soit remis à une puissance alliée.

Pendant près d'un siècle avant 1917, les États-Unis étaient d'accord pour ne pas contester le contrôle britannique sur les océans, et ceci pour deux raisons : (1) il ne leur faisait pas obstacle, et (2) il assurait leur sécurité à un cout moins important en richesses et responsabilités si elle l'avait été d'une autre manière. La présence du Canada comme territoire britannique adjacent aux États-Unis, et donc potentiellement sujet aux invasions terrestres de ces derniers faisait un otage acceptable de la part de la marine britannique pour les États-Unis. Les attaques des sous-marins allemands sur la Grande-Bretagne (début 1917) coulant sans merci les flottes marchandes desquelles dépendait l'existence de la Grande-Bretagne la conduisent près de la famine. La défaite de la Grande-Bretagne ne pouvait pas être permise parce que les États-Unis n'étaient pas prêts à prendre le contrôle des mers et ne voulaient pas permettre un contrôle allemand parce qu'il n'y avait aucune garantie concernant son étendue et sa nature. Le fait que les sous-marins allemands étaient utilisés en représailles contre le blocus illégal britannique de l'Europe et les violations britanniques du droit international et des droits neutres sur les hautes mers, le fait que l'héritage anglo-saxon des États-Unis et l'anglophilie de ses classes influentes avaient rendu impossible pour l'Américain moyen de suivre les évènements du monde excepté par la lucarne de la propagande britannique, le fait que les Américains avaient prêté des milliards de dollars à l'Entente qui pouvaient être compromise par une victoire allemande, et le fait que les énormes achats de l'Entente en matériel de guerre avaient créé un boum de prospérité et une inflation qui pouvait s'effondrer le jour même où l'Entente s'effondrerait firent pencher la décision américaine, uniquement parce que le problème de l'équilibre des pouvoirs reposait sur une base sur laquelle ils pouvaient fonctionner. Un autre point important était que la Grande-Bretagne était proche de la défaite en avril 1917, et c'est sur cette base que les États-Unis entrèrent en guerre. Cette conviction inconsciente formulée par les dirigeants américains, selon laquelle une victoire de l'Entente était à la fois nécessaire et inévitable, était à l'origine de leur incapacité à renforcer les mêmes règles de neutralité et de droit international envers la Grande-Bretagne et l'Allemagne. Ils pensèrent constamment que les infractions britanniques pourraient être compensées avec une indemnisation monétaire, alors qu'ils auraient dû résister aux violations allemandes de ces règles, et par la force si nécessaire. Puisqu'ils ne pouvaient pas admettre cette conviction inconsciente, ou défendre publiquement la base légitime des politiques du pouvoir international sur laquelle elle était fondée, ils entrèrent finalement en guerre sur un prétexte qui était légalement faible, mais émotionnellement satisfaisant. Comme John Bassett Moore, l'avocat international le plus célèbre d'Amérique, le dit : « Ce qui a contribué de manière cruciale à l'implication des États-Unis dans la guerre a été la revendication d'un droit de protéger les navires belligérants sur lesquels les Américains désiraient voyager, et le traitement des marchands belligérants et armés en tant que navires pacifiques. Les deux hypothèses étaient contraires à la raison et au droit prescrit, et aucune autre personne se prononçant neutre ne les a avancées. »

Les Allemands essayèrent d'abord d'utiliser les règles établies concernant le droit international sur la destruction des navires de commerce. Cela s'avéra être dangereux, en raison du caractère particulier du sous-marin, du contrôle britannique sur les hautes mers, les instructions britanniques données aux navires de commerce pour attaquer les sous-marins, et la difficulté de faire la distinction entre les navires britanniques et les navires neutres, que la plupart des sous-marins allemands avaient tendance à attaquer sans prévenir. Les protestations américaines atteignirent leur apogée lorsque Le RMS Lusitania fut coulé à quatorze kilomètres au large des côtes anglaises le 7 mai 1915. Le Lusitania était un navire marchand britannique « construit avec les fonds du gouvernement, comme [un] croiseur auxiliaire […] expressément inclus dans la liste marine publiée par l'amirauté britannique, » avec « des bases faites pour monter des pistolets de calibre six, » qui transportait un cargo de 2400 caisses de cartouches de fusil et 1250 caisses de shrapnels, avec l'ordre d'attaquer les sous-marins allemands dans la mesure du possible. Sept-cent-quatre-vingt-cinq de ses 1257 passagers, y compris 128 Américains sur 197, perdirent la vie. L'incompétence du capitaine en charge contribua aux énormes pertes, tout comme la mystérieuse « deuxième explosion » après que la torpille allemande frappa. Le vaisseau, qui avait été déclaré « insubmersible », coula en dix-huit minutes. Tout cela s'additionna aux faits que le capitaine était sur une route qu'il avait eu ordre d'éviter, qu'il avançait à une vitesse réduite, qu'il bénéficiait d'un équipage sans expérience, que les hublots étaient ouverts, que les canaux de sauvetages n'avaient pas été retournés, et que les exercices de sauvetage n'avaient pas été pratiqués.

Les agences de propagandes de la Triple-Entente tirèrent le maximum de cette occasion. Le journal *The Times* de Londres annonça que « les quatre cinquièmes de ses passagers étaient des citoyens des États-Unis » (la véritable proportion était de 15,6%). Les Britanniques fabriquèrent et distribuèrent une médaille qu'ils prétendaient avoir été remise à l'équipage du sous-marin de la part du gouvernement allemand. Un journal français publia une photo de foules rassemblées à Berlin lors du déclenchement de la guerre en 1914, montrant des Allemands « se réjouissant » de la nouvelle du naufrage du Lusitania.

Les États-Unis protestèrent violemment contre la guerre sous-marine tout en mettant de côté les arguments allemands basés sur le blocus britannique. Ce comportement était tellement inconciliable que l'Allemagne envoya un mot à Wilson le 4 mai 1916, dans lequel elle promettait que « dans le futur, les navires marchands à l'intérieur ou à l'extérieur de la zone de guerre ne seront pas coulés sans avertissement et sans préserver les vies humaines, à moins que ces navires n'essaient de s'échapper ou de résister. » En retour, le gouvernement allemand espérait que les États-Unis mettraient la pression sur la Grande-Bretagne pour suivre les règles établies par le droit international concernant le blocus et la liberté de la mer. Wilson refusa. En conséquence de quoi, il devint clair pour les Allemands qu'ils seraient entraînés vers une défaite forcée à moins de battre la Grande-Bretagne par une soudaine et brutale guerre sous-marine. Comme ils savaient que le recours à cette méthode amènerait certainement les États-Unis à leur déclarer la guerre, ils firent encore un effort pour négocier la paix avant de finalement s'y résoudre. Lorsque l'offre de négociation, faite le 12 décembre 1916, fut rejetée par la Triple-Entente le 27 décembre, le groupe au sein du gouvernement allemand qui était partisan d'une guerre sous-marine sans merci parvint à prendre le contrôle de la situation, et ordonna la reprise des attaques sous-marines le 1er février 1917. Wilson fut informé de cette décision le 31 janvier. Il interrompit toute relation diplomatique avec l'Allemagne le 3 février, et après deux mois d'indécision, le 3 avril 1917, il demanda au Congrès une déclaration de guerre. La décision sans appel fut influencée par la pression constante de ses partisans les plus proches, la prise de conscience que la Grande-Bretagne arrivait au bout de ses ressources humaines, monétaires et navales, et le fait que l'Allemagne planifiait de s'allier avec le Mexique si la guerre débutait.

Alors que la diplomatie de la neutralité et de l'intervention se déplaçait le long des lignes que nous avons décrites auparavant, un effort diplomatique parallèle se dirigeait vers des négociations de paix. Ces efforts furent un échec, mais sont aujourd'hui d'une signification considérable parce qu'ils révèlent les motivations et les objectifs des guerres des belligérants. Ils furent un échec parce que la négociation d'une paix aurait dû requérir une volonté de chaque côté pour faire des concessions qui auraient permis de garantir la survie de l'ennemi. Durant la période 1914-1918, cependant, afin de gagner le soutien du public pour une mobilisation totale, la propagande de chaque pays s'orienta vers une victoire entière, et une défaite totale de l'ennemi. Avec le temps, les deux camps s'étaient tellement empêtrés dans leur propagande qu'il devint impossible d'avouer publiquement leur aptitude à accepter des objectifs que la paix la plus basique aurait exigés. De plus, comme les batailles se succédaient en offrant des périodes alternées d'espoir et de découragement des deux côtés, le camp qui avait temporairement l'espoir de gagner la bataille en cours devenait obsédé par une victoire totale et définitive, et donc incapable d'accepter une paix négociée. En conséquence, la paix était uniquement possible lorsque la lassitude de la guerre était arrivée à un point où un des camps avait conclu que même la défaite était préférable à la poursuite de la guerre. Ce point fut atteint en Russie en 1917, en Allemagne et en Autriche en 1918. En Allemagne, cette position fut grandement renforcée par la prise de conscience que la défaite militaire et les changements politiques étaient préférables à une révolution économique et un bouleversement social qui auraient pu accompagner tout effort de continuer la guerre en quête d'une victoire de plus en plus inaccessible.

D'après les efforts variés pour négocier la paix, il est clair que la Grande-Bretagne ne voulait accepter aucune paix qui n'inclurait pas la restauration de la Belgique ou qui laisserait l'Allemagne en position de suprématie sur le continent ou dans une position lui permettant de reprendre une rivalité commerciale, navale et coloniale qui existait avant 1914. La France ne voulait accepter aucune solution qui ne lui redonnerait pas l'Alsace-Lorraine. Le haut commandant et les industriels allemands étaient déterminés à ne pas abandonner l'intégralité des territoires occupés à l'ouest en espérant pouvoir garder la Lorraine, une partie de l'Alsace, le Luxembourg, une partie de la Belgique, et Longwy en France pour ses ressources minérales et industrielles. Le fait que l'Allemagne avait un excellent stock de charbon à coke avec un stock insuffisant de minerai de fer alors que les zones occupées en avaient beaucoup du dernier, mais peu du premier contribua beaucoup aux objections allemandes pour une paix négociée. À cela s'ajoutaient les discussions ambiguës au sujet des objectifs et termes d'après guerre. L'Autriche était, jusqu'à la mort de l'empereur François Joseph en 1916, incapable d'accepter une paix qui aurait laissé les Slaves, et surtout les Serbes, libres de continuer leurs agitations nationalistes pour la désintégration de l'empire des Habsbourg. D'autre part, l'Italie était déterminée à exclure l'empire des Habsbourg des rives de la mer Adriatique, alors que les Serbes étaient encore plus déterminés à rejoindre ces rives avec l'acquisition des zones slaves sous le règne des Habsbourg dans les Balkans occidentaux. Après les révolutions russes de 1917, beaucoup de ces obstacles contre une négociation de paix s'affaiblirent. Le Vatican, par l'intermédiaire du cardinal Pacelli (plus tard le pape Pie XII), chercha une négociation de paix qui devait prévenir de la destruction de l'empire des Habsbourg, la dernière grande puissance catholique en Europe. Des hommes éminents de tous les pays, comme lord Lansdowne (le ministre des Affaires étrangères britannique avant 1914), avaient été tellement alarmés par l'expansion du socialisme qu'ils étaient prêts à se plier à presque toute concession pour arrêter la destruction des modes de vie civilisée par une guerre continue. Les humanitaires, comme Henry Ford ou Romain Rolland, s'alarmèrent de plus en plus par le massacre sans fin. Mais pour les raisons que nous avons déjà mentionnées, la paix resta furtive jusqu'à ce que les grandes offensives allemandes de 1918 fussent détruites.

Après ce que Ludendorff appela le « jour noir de l'armée allemande » (le 8 aout 1918), un conseil de la Couronne allemande, réuni à Spa, estima que la victoire était impossible, et voulut donc négocier un armistice. Il ne put être conclu en raison d'une controverse entre le prince hériter et Ludendorff, dans laquelle le premier avait avisé un retrait immédiat vers la « Ligne Hindenburg » trente-deux kilomètres à l'arrière, alors que le dernier voulait faire un retrait lent pour que l'Entente ne pût pas préparer une attaque sur la Ligne d'Hindenburg avant l'hiver. Les deux victoires de l'Entente à Saint-Quentin (le 31 aout) et en Flandres (le 2 septembre) firent débat. Les Allemands se retirèrent de force en arrosant le sol avec du « gaz moutarde » pour ralentir la poursuite de l'Entente, surtout celle des tanks. Le haut commandant allemand releva le chancelier Hertling de ses fonctions et mit le prince Max de Bade, qui était plus démocratique, avec les ordres de déclarer un armistice immédiat ou, dans le cas contraire, de devoir faire face au désastre militaire (entre le 29 septembre et le 1er octobre 1918). Le 5 octobre, un mot allemand envoyé au président Wilson demandait un armistice sur la base des Quatorze points du 8 janvier 1918, et ses principes suivants du 27 septembre 1918. Les déclarations de Wilson retinrent l'imagination de personnes idéalistes et des peuples soumis partout dans le monde. Les Quatorze points promettaient la fin de la diplomatie secrète, la liberté des mers, la liberté du commerce, le désarmement, un règlement équitable des revendications coloniales, avec les intérêts des peuples autochtones recevant le même traitement que les puissances impérialistes, l'évacuation de la Russie, l'évacuation et la restauration de la Belgique, l'évacuation de la France et la restauration de son Alsace-Lorraine comme en 1870, le réajustement des frontières italiennes sur les lignes de nationalité, le développement libre et autonome pour les habitants de l'empire des Habsbourg, l'évacuation, la restauration et la garantie de la Roumanie, du Monténégro et de la Serbie, avec cette dernière sécurisant un accès libre à la mer, des garanties internationales de garder les détroits ouverts en permanence aux navires et aux commerces de toutes les nations, la liberté pour le développement autonome des nationalités non turques de l'Empire ottoman, avec une souveraineté certaine pour les Turcs, un État polonais indépendant avec un accès libre à la mer et des garanties internationales, une Ligue des Nations pour offrir des « garanties mutuelles d'indépendance politique et d'intégrité territoriale pour les grands et petits États », et aucune destruction de l'Allemagne ou modification de ses institutions, excepté celles nécessaires pour mettre en évidence lorsque ses porte-paroles parleraient pour la majorité du Reichstag et lorsqu'ils « parlent pour le parti militaire et les hommes qui ont pour principe la domination impériale. »

Wilson fit clairement comprendre dans une série de lettres entre l'Allemagne et les États-Unis qu'il n'accorderait un armistice que si l'Allemagne se retirait de tous les territoires occupés, mettait fin aux attaques sous-marines, acceptait les Quatorze points, mettait en place un gouvernement responsable, et si elle acceptait les termes qui préserveraient la supériorité militaire de l'Entente actuelle. Il insista surtout sur un gouvernement responsable, en mettant en garde que s'il devait avoir affaire à « des maîtres militaires ou des autocrates monarchiques » il ne demanderait « pas de négociations, mais une capitulation. » La constitution allemande fut modifiée pour donner les pleins pouvoirs au Reichstag, Ludendorff fut renvoyé, la marine allemande à Kiel se rebella, et le kaiser fuit Berlin (28 octobre). Pendant ce temps, le Conseil suprême de guerre de l'Entente refusa d'accepter les Quatorze points comme fondements de la paix, jusqu'à ce que le colonel House les menaçât d'une paix séparée entre les États-Unis et l'Allemagne. Ils demandèrent et reçurent ensuite une définition de chacun des termes, émirent une réservation sur « la liberté des mers » et s'étendirent sur la signification de « la restauration d'un territoire envahi » pour y inclure la compensation à la population pour leurs pertes de guerre. Sur cette base, une commission d'armistice rencontra les négociateurs allemands le 7 novembre. La révolution allemande se propagea et le kaiser abdiqua le 8 novembre. Les négociateurs allemands reçurent les termes des militaires de l'Entente, et demandèrent de mettre fin immédiatement aux hostilités et au blocus économique ainsi qu'à la demande de l'Entente pour une réduction concernant les mitrailleuses de 30.000 à 25.000 sous prétexte que la différence de 5000 était nécessaire pour mettre un terme à la révolution allemande. Le dernier point fut accepté, mais les deux autres refusés. L'armistice fut signé le 11 novembre 1918 à 5h du matin, et devait prendre effet à 11h. Celui-ci prévoyait que les Allemands évacuassent tous les territoires occupés (y compris l'Alsace-Lorraine) sous quatorze jours, ainsi que la rive gauche du Rhin et les trois têtes de pont sur la rive droite sous trente-et-un jours, qu'ils laissassent sur place un montant spécifié de grandes quantités de matériel de guerre, des camions, des locomotives, tous les sous-marins, les principaux navires de guerre, tous les prisonniers de guerre, et toutes les flottes marchandes qui avaient été capturées, ainsi que les forteresses baltes, et tous les objets de valeur et les titres qui avaient été pris dans les territoires occupés, y compris les réserves d'or russes et roumaines. Les Allemands durent aussi renoncer aux traités de Brest-Litovsk et de Bucarest, qu'ils avaient imposés à la Russie et à la Roumanie, et durent promettre de réparer tous les dégâts causés aux territoires occupés. Ce dernier point était d'une importance considérable, puisque les Allemands avaient systématiquement pillé ou détruit les zones qu'ils évacuaient durant les derniers mois de la guerre.

Les négociations avec Wilson qui ont mené à l'Armistice de 1918 sont d'une signification importante, puisqu'elles constituent l'un des facteurs maitres dans le ressentiment allemand à venir lors du Traité de Versailles. Dans ces négociations, Wilson promit clairement que le traité de paix avec l'Allemagne devait être négocié et basé sur les Quatorze points. Comme nous le verrons, le Traité de Versailles fut imposé sans aucune négociation, et les Quatorze points ne firent pas tous présents dans les clauses. Un facteur qui s'ajoute à ces évènements se trouve dans les revendications ultérieures des militaristes allemands. Selon eux, l'armée allemande ne fut pas vaincue, mais « poignardée dans le dos » par les premières lignes du front, par un groupe de catholiques, de juifs, et de socialistes internationaux. Ces affirmations n'eurent absolument aucun aboutissement, car l'armée allemande fut clairement battue sur le terrain. Les négociations pour un armistice furent entamées par le gouvernement civil à la demande du haut commandant, et le Traité de Versailles fut ultérieurement signé, plutôt que rejeté, aussi à la demande du haut commandant afin d'éviter une occupation militaire de l'Allemagne. Avec ces tactiques, l'armée allemande fut capable d'échapper à l'occupation militaire de son pays, qu'elle redoutait. Même si les dernières forces ennemies ne quittèrent le sol allemand qu'en 1931, aucune partie de l'Allemagne ne fut occupée plus loin que les territoires spécifiés dans l'Armistice (la Rhénanie et ses trois têtes de points sur la rive droite du Rhin) excepté pour une occupation brève du bassin de la Ruhr en 1932.

Le front intérieur, 1914-1918

La Première Guerre mondiale fut un désastre d'une telle amplitude que, même aujourd'hui, il est encore difficile de le concevoir. En 1916, durant les deux batailles (Verdun et la Somme) on compte plus de 1.700.000 victimes de chaque côté. Dans le barrage d'artillerie qui déclencha l'attaque des Français sur le Chemin des Dames en avril 1917, 11.000.000 d'obus furent lancés sur un front s'étendant sur 48 kilomètres en 10 jours. Trois mois plus tard, les Anglais lancèrent dans un barrage préliminaire 4.250.000 obus d'une valeur de 22.000.000 £ sur un front de 17 kilomètres à Passchendaele et perdirent 400.000 hommes à la suite de cet assaut de l'infanterie. Lors de l'attaque allemande en mars 1918, 62 divisions dotées de 4500 artilleries lourdes et 1000 avions furent envoyés sur un front de seulement 72 kilomètres de long. Durant la guerre, tous les fronts subirent une perte de près de 13.000.000 d'hommes dans les différentes armées, à la suite de blessures et maladies. Il est estimé par la Fondation Carnegie pour la paix internationale que la guerre causa plus de 400.000.000.000 de dollars de biens détruits, à une époque où la valeur de tous les biens en France et en Belgique n'excédait pas les 75.000.000.000 de dollars.

En effet, le rythme si soutenu des dépenses en hommes et en richesse demandait une énorme mobilisation de ressources à travers le monde, ce qui causa d'importantes séquelles sur le moral et les actions des peuples. Certains États furent détruits et d'autres handicapés à vie. Il y eut de profondes modifications en finance, dans la vie économique, dans les relations sociales, dans la perspective intellectuelle ainsi qu'émotionnellement. Cependant, deux choses doivent être prises en compte : la guerre n'apporta rien de nouveau au monde ; elle accéléra plutôt le processus des changements qui prenaient déjà place depuis longtemps, et qui se seraient tout de même mis en place, en ayant pour résultat des changements qui auraient dû survenir au bout de trente voire cinquante ans de paix, mais qui arrivèrent en environ cinq ans avec la guerre. De plus, ces changements étaient bien plus importants sur l'organisation de la société que les hommes auraient pu, ou l'avaient imaginé avant la guerre. C'est comme s'ils avaient été trop rapides pour que l'esprit des hommes pût les accepter ; ou bien, plus probable, que les hommes voyant ces grands changements prendre place partout, en prenaient conscience, mais prétendaient qu'il ne s'agissait là que d'aberrations temporaires d'un temps d'après-guerre, et que lorsque la paix règnerait à nouveau, ils disparaitraient et tout le monde retrouverait sa petite routine de 1913. Ce point de vue, qui dominait l'état d'esprit des années 1920, était grandement répandu et dangereux. En voulant revenir à l'époque de 1913, les hommes refusaient de reconnaitre que les changements qui s'étaient installés durant la guerre étaient plus ou moins permanents et, au lieu d'essayer de résoudre les problèmes qui se présentaient, ils se voilaient la face afin de garder l'image qu'ils avaient de l'année 1913. Dès lors, en prétendant que cette version de la réalité fabriquée était la vraie réalité, les peuples des années 1920 dérivèrent dans un monde mouvementé et irréel jusqu'à ce que la grande dépression de 1929-1935 et les crises internationales qui suivirent firent tomber la façade pour révéler l'horrible vérité longuement ignorée.

L'énorme ampleur de la guerre et le fait qu'elle pouvait durer plus de six mois étaient assez inattendus des deux côtés, ce qui fit que les peuples ne s'en rendirent compte que progressivement. Cela devint une évidence lorsque la consommation des provisions, plus précisément des munitions, augmentait dans des proportions alarmantes, et bien sûr, lorsque la question du financement fut abordée sérieusement. En juillet 1914, les hommes militaires étaient confiants qu'une décision serait prise en l'espace de six mois, car leurs plans militaires et les exemples de 1866 et 1870 leur indiquaient une décision immédiate. Cet avis était partagé par les experts de la finance qui, tout en sous-estimant grandement le prix de la guerre, pensaient fortement que les ressources financières de tous les États seraient épuisées en l'espace de six mois ; et par « ressources financières », ils entendaient les ressources d'or des différents pays. Ces dernières étaient bien évidemment en quantité limitée ; les grandes puissances étaient toutes basées sur l'étalon-or qui permettait aux chèques bancaires et aux billets d'être convertis en or sur demande. Cependant, tous les pays suspendirent l'étalon-or au déclenchement de la guerre. Cela retira la limitation automatique sur la distribution de billets. Chaque pays procéda ensuite à emprunter de l'argent aux banques afin de financer la guerre. Les banques créaient l'argent qu'elles prêtaient en effectuant simplement un versement au gouvernement sur lequel il pouvait tirer des chèques. Les banques n'étaient plus limitées dans la quantité de crédits qu'elles pouvaient créer, car elles n'avaient plus besoin d'acheter de l'or afin de l'échanger contre des chèques sur demande. Ainsi, la création de monnaie sous forme de crédit par les banques était seulement limitée par les demandes de ses emprunteurs. Puisque les gouvernements empruntaient afin de subvenir à leurs besoins, les entreprises privées empruntaient à leur tour pour être en mesure de répondre aux demandes du gouvernement. L'or, qui ne pouvait plus être demandé restait tout simplement dans les chambres fortes, sauf s'il était exporté afin de payer des provisions venant de pays neutres ou de pays alliés. En conséquence, le pourcentage de billets de banque en circulation couverts par les réserves d'or diminuait, et le pourcentage de crédits bancaires couverts soit par l'or soit par les chèques bancaires chutait davantage.

Lorsque l'approvisionnement en argent augmentait plus rapidement que l'approvisionnement en biens, les prix augmentaient, car une plus grande offre de monnaie était en compétition avec une offre plus petite de biens. Cet effet s'empirait du fait que l'offre en biens avait tendance à baisser à cause des destructions causées par la guerre. Les gens recevaient de l'argent pour produire des biens d'équipement, des biens de consommation, et des munitions. Cependant, ils ne pouvaient dépenser leur argent que pour acheter des biens de consommation, puisque les biens d'équipement et les munitions n'étaient pas à vendre. Étant donné que le gouvernement essayait de réduire l'approvisionnement en biens de consommation tout en augmentant l'approvisionnement des deux autres produits, le problème de l'inflation s'accentuait. Au même moment, le souci de la dette publique continuait d'empirer, car les gouvernements finançaient une grande part de leurs activités par des crédits bancaires. Ces deux problèmes d'inflation et de dette publique continuaient de progresser, et ce même après la fin de la guerre, à cause de l'interruption continue de la vie économique et du besoin de financement pour les précédentes activités. C'est seulement durant la période de 1920 à 1925 que ces deux problèmes cessèrent de s'aggraver dans la plupart des pays, mais perdurèrent longtemps après cela.

L'inflation indique non seulement l'augmentation des prix des biens, mais également une baisse de la valeur de la monnaie (puisqu'on achète moins de biens). Par conséquent, dans un cas d'inflation, les gens cherchent à se fournir en biens et à se débarrasser de l'argent. Ainsi, l'inflation augmente la production et les achats à la consommation ou pour la constitution de réserves, mais réduit l'épargne ou la création de capital. Cela bénéficie aux emprunteurs (en rendant une dette fixe moins lourde), mais nuit aux créanciers (en réduisant la valeur de l'épargne et du crédit). Puisque la classe moyenne de la société européenne, avec leurs épargnes, comptes courants, hypothèques, assurances et placements, était la classe créancière, cette inflation causée par la guerre lui était non seulement nuisible, mais pouvait même en causer sa perte. En Allemagne, Pologne, Hongrie et Russie, l'inflation était si forte que leur unité monétaire avait complètement perdu sa valeur en 1924, les classes moyennes étaient totalement détruites et ses membres étaient soit désespérés, soit ressentaient une haine psychopathique envers le gouvernement ou la classe sociale qu'ils tenaient pour responsables de leur calvaire. Puisque les dernières étapes de l'inflation qui portèrent le coup décisif à la classe moyenne prirent place après et non durant la guerre (en 1923 en Allemagne), cette haine fut dirigée contre les gouvernements parlementaires qui se mirent en place après 1918, plutôt que contre les gouvernements monarchiques au pouvoir entre 1914 et 1918. En France et en Italie, où l'inflation était devenue si importante que le franc et la lire avait été réduits à un cinquième de sa valeur d'avant-guerre, la haine de la classe moyenne lésée était dirigée contre le régime parlementaire qui était en place à la fois durant et après la guerre, et contre la classe ouvrière qu'elle suspectait avoir profité de leur misère. Cela n'était pas le cas en Grande-Bretagne et aux États-Unis où l'inflation avait été mise sous contrôle et la monnaie rétablie aux environs de sa valeur initiale d'avant-guerre. Même dans ces pays, les prix augmentèrent entre 200 et 300%, pendant que les dettes publiques augmentèrent d'environ 1000%.

Les conséquences économiques de la guerre étaient plus compliquées. Des ressources de toutes sortes comprenant les territoires, la main-d'œuvre, et les matières premières utilisées dans des objectifs de paix durent être utilisées pour la production de guerre, ou bien, dans certains cas, des ressources habituellement non utilisées devaient rentrer dans le système de production. Avant la guerre, l'attribution des ressources à la production était mise en place de manière automatique par le processus du système de prix ; la main-d'œuvre et les matières premières destinées, par exemple, à la manufacture de biens qui étaient plus profitables que des biens qui étaient pratiques ou bénéfiques à la société, ou plus appréciés. Cependant, en temps de guerre, les gouvernements avaient besoin de biens spécifiques à des fins militaires, et essayaient de les faire produire en les rendant plus profitables que ceux à but non militaire en utilisant les mêmes ressources, mais cela n'était pas toujours un succès. L'excès de pouvoir d'achat des consommateurs déclencha une grande augmentation de consommation de biens semi-luxueux, comme, par exemple, des chemises blanches en coton pour les ouvriers. C'était souvent plus profitable pour les fabricants d'utiliser du coton pour fabriquer des chemises et les vendre à des prix élevés plutôt que de l'utiliser pour la production d'explosifs.

Des situations comme celles-là rendaient nécessaire l'intervention des gouvernements dans le processus économique afin de sécuriser des résultats qui ne pouvaient pas être obtenus par le système libre des prix, ou pour réduire les effets néfastes qui survenaient en temps de guerre. Ils firent appel au patriotisme des fabricants afin de produire le matériel nécessaire plutôt que profitable, ou au patriotisme des consommateurs afin d'investir leur argent dans des obligations d'État plutôt que dans des biens en quantité insuffisante. Ils commencèrent à créer des usines publiques pour la production de guerre, pour les utiliser soit dans ce but précis ou bien pour les louer à des fabricants privés à des conditions intéressantes. Ils commencèrent également à rationner les biens de consommation en quantité insuffisante comme les produits alimentaires. De plus, ils monopolisaient progressivement les matières premières essentielles et les attribuaient aux fabricants qui étaient sous contrat de guerre plutôt que de les laisser circuler où les prix étaient les plus élevés. Les matières concernées étaient généralement les carburants, l'acier, le caoutchouc, le cuivre, la laine, le coton, les nitrates, etc., même si elles variaient de pays en pays, et dépendaient de leur stock. Les gouvernements commencèrent également à régulariser les flux d'échanges import-export de sorte que les matières nécessaires restèrent à l'intérieur du pays, mais, par-dessus tout, qu'elles n'allassent pas aux États ennemis. Cela mena au blocus continental britannique, le rationnement des exportations vers les pays neutres, et aux négociations complexes afin de s'assurer que les biens destinés aux pays neutres n'étaient pas exportés de nouveau vers les pays ennemis. La corruption, le marchandage et même la force étaient utilisés dans ces négociations, comme lorsque les Britanniques mirent en place des quotas sur les importations de la Hollande basés sur les chiffres des années d'avant-guerre, ou réduisirent les marchandises nécessaires de charbon venant de Grande-Bretagne destinées à la Suède jusqu'à ce que les Britanniques obtinssent les concessions qu'ils souhaitaient concernant les ventes de produits suédois à l'Allemagne. Le transport maritime et les chemins de fer devaient être complètement réorganisés dans tous les pays de sorte que les espaces inadéquats pour les cargaisons fussent utilisés aussi efficacement que possible, que le chargement et le déchargement fussent plus rapides, et que les biens indispensables à l'effort de guerre fussent expédiés plus tôt et plus rapidement que les biens moins essentiels. La main-d'œuvre devait être régularisée et concentrée sur des activités plus importantes.

L'augmentation rapide des prix mena à une demande d'augmentation des salaires, qui entraina un développement et un renforcement des syndicats et à des menaces croissantes de grève. Il n'y avait aucune garantie que le salaire des employés essentiels augmenterait plus rapidement que celui des autres employés. En effet, le salaire des soldats (qui étaient les plus indispensables) n'avait que très peu augmenté. Ainsi, il n'y avait aucune garantie que la main-d'œuvre, si elle était laissée uniquement sous l'influence du niveau des salaires, comme c'était habituellement le cas avant 1914, circulerait vers des postes où elle était le plus nécessaire. Par conséquent, les gouvernements commencèrent à intervenir dans les problèmes du travail, cherchant à éviter les grèves, mais également à diriger le flux de travail vers des activités plus essentielles. Il y avait des recensements généraux des hommes dans la plupart des pays, tout d'abord pour la conscription des hommes au service militaire, puis pour contrôler les services des activités essentielles. Généralement, il était interdit de quitter un travail qui était de nature essentielle, et par la suite, la main-d'œuvre attribuée aux activités non essentielles était redirigée vers des emplois indispensables. Les hauts salaires et le manque de main-d'œuvre amenèrent beaucoup de personnes sur le marché du travail, ce qui n'aurait pas été le cas en temps de paix, comme, par exemple pour les personnes âgées, les jeunes, les membres du clergé et surtout, les femmes. Ce flux de femmes de leur domicile aux usines ou d'autres services, eut un énorme effet sur la vie sociale, et les modes de vie, et révolutionna les rapports entre les sexes opposés, en élevant les femmes à un niveau d'égalité sociale, légale et politique plus proche que celui des hommes. Elles obtinrent le droit de vote dans certains pays, le droit de posséder ou de disposer de leur propriété dans d'autres pays en voie de développement, de changer leur apparence et leurs uniformes par des innovations telles que des jupes plus courtes, des cheveux plus courts, moins de volants et, plus généralement, une réduction radicale du nombre de vêtements qu'elles portaient.

Dues au grand nombre d'entreprises impliquées et à la petite taille de beaucoup d'entre elles, les règlementations du gouvernement étaient moins fréquentes dans le secteur de l'agriculture. Ce secteur était généralement plus compétitif que celui de l'industrie, dans la mesure où les prix des produits agricoles avaient plus tendance à fluctuer que les prix des produits industriels. Cela continua durant la guerre, puisque les règlementations agricoles étaient plus sujettes aux changements des prix que les autres secteurs de l'économie. Comme les prix des produits fermiers montaient en flèche, les fermiers devenaient bien plus riches qu'ils ne l'avaient été durant des décennies et cherchaient alors ardemment à continuer à agrandir leurs parts dans cette entrée massive d'argent en mettant de plus en plus de terres en culture. Cela n'était pas possible en Europe à cause du manque d'hommes, d'équipement et d'engrais. Cependant, au Canada, aux États-Unis, en Australie, et en Amérique du Sud, beaucoup de terres furent labourées, là où elles ne l'auraient normalement pas été à cause de la sècheresse ou encore de l'inaccessibilité des marchés en temps de paix. Au Canada, l'augmentation de la superficie consacrée à la production du blé passa de 9,9 millions dans les années 1909 à 1913, à 22,1 millions entre 1921 et 1925. Aux États-Unis, cette superficie passa de 47 millions à 58,1 millions durant la même période. Le Canada vit ses parts de production mondiale de blé augmenter de 14% à 39% durant cette décennie. Les agriculteurs s'endettaient toujours pour acquérir des terres, et en 1920, ils étaient accablés sous une montagne d'hypothèques qui aurait été complètement insupportable avant 1914, mais dont personne ne se souciait plus à cause de l'essor apporté par la guerre, ainsi que par les prix élevés.

En Europe, une telle augmentation de superficie n'était pas possible, bien que les terres fertiles fussent labourées en Grande-Bretagne et dans certains autres pays. En Europe dans son ensemble, la superficie des terres cultivées déclina de 15% pour les céréales entre 1913 et 1919. Le nombre de têtes de bétail fut également réduit (l'élevage de porc de 22%, les bovins de 7% de 1913 à 1920). Les forêts furent coupées pour la production de carburant lorsque l'exportation du charbon fut interrompue en Grande-Bretagne, en Allemagne, ou en Pologne. Puisque la plupart des pays d'Europe étaient coupés du Chili, qui était le plus grand fournisseur en source de nitrate en temps d'avant-guerre, ou encore de l'Afrique du Nord ou d'Allemagne qui avaient produit avant la guerre une grande partie de l'offre en phosphate, l'utilisation de ces ressources et d'autres engrais fut réduite. Cela mena à un épuisement des sols si important que dans certains pays, comme l'Allemagne, les terres ne retrouvèrent leur fertilité qu'en 1930. Lorsque le chimiste allemand, Haber, avait découvert une méthode pour extraire l'azote de l'air, ce qui rendait dès lors possible pour l'Allemagne de survivre à la rupture en approvisionnement de nitrates en provenance du Chili, cette découverte fut majoritairement utilisée afin de produire des explosifs, n'en laissant que très peu pour la fabrication d'engrais. Le déclin de la fertilité des sols ainsi que des cultures sur de nouvelles terres à fertilité moindre menèrent à une baisse significative de la production agricole par hectares (de 15% concernant les céréales entre 1914 et 1919).

Ces influences néfastes étaient plus évidentes en Allemagne où le nombre de porcs déclina de 25,3 millions en 1914 à 5,7 millions en 1918 ; le poids moyen de bovins abattus passa de 250 kilogrammes en 1913 à 130 kilogrammes en 1918 ; la superficie des cultures de betterave sucrière déclina de 592.843 hectares en 1914 à 366.505 hectares en 1919, sa production par hectare diminua de 31.800 kilogrammes en 1914 à 16.350 kilogrammes en 1920. Les importations d'avant-guerre de l'Allemagne d'environ 6,5 millions de tonnes de céréales chaque année cessèrent, et sa production nationale de céréales diminua de 3 millions de tonnes par an. Ses importations d'avant-guerre de plus de 2 millions de tonnes d'huile concentrée et d'autres nourritures pour les animaux de ferme cessèrent. Les conséquences du blocus furent dévastatrices. Il continua pendant neuf mois après l'armistice et causa la mort de 800.000 personnes selon Max Sering. De plus, les réparations nécessitèrent environs 108.000 chevaux, 205.000 bœufs, 426.000 moutons et 240.000 volailles.

Ce qui causa plus de dommages que la réduction du nombre d'animaux de ferme (qui fut rétabli en six ou sept ans) ou le problème de fertilité des terres (qui pouvait être rattrapé en douze ou quinze ans) fut la perturbation de l'intégration européenne de la production agricole (qui ne fut jamais compensée). Le blocus des puissances centrales en retira le cœur de l'intégration d'avant-guerre. Lorsque la guerre prit fin, il était impossible de la remplacer à cause de nombreuses nouvelles limites politiques. Ces limites furent marquées par des augmentations constantes des restrictions tarifaires, et le monde non européen augmenta à la fois sa production agricole et industrielle à un point où il devint beaucoup moins dépendant de l'Europe.

Les lourdes pertes, les pénuries croissantes, la lente détérioration de la qualité des produits, et la croissance progressive de l'utilisation des ersatz,[1] ainsi que la pression constante et croissante des gouvernements sur les activités de leurs citoyens eurent un lourd impact sur le moral des peuples européens. L'importance de cette question était tout aussi grande dans les pays autocratiques et semi-démocratiques que dans les régimes entièrement démocratiques et parlementaires. Ces derniers n'autorisaient généralement pas d'élections durant la guerre, cependant les deux types de régimes nécessitaient le soutien sans faille de leur peuple afin de maintenir une efficacité maximale de leur ligne de combat et leurs activités économiques. Au début, la fièvre du patriotisme et l'enthousiasme national étaient si grands que cela n'était pas un problème. Les politiciens implacables en compétition s'associèrent, ou prenaient part au même Cabinet et organisèrent un front uni contre l'ennemi de leur patrie. Mais une désillusion rapide apparut dès l'hiver 1914. Ce changement était en parallèle avec l'augmentation de la prise de conscience que la guerre serait longue et non une campagne éclair menée sur une seule bataille comme ils l'avaient tous prévu. Les préparations insuffisantes pour faire face aux lourdes pertes ou pour fournir des munitions propres aux besoins d'une guerre moderne, ainsi que la pénurie ou encore la perturbation de l'approvisionnement en biens civils, conduisirent finalement à l'agitation publique. Des comités furent formés, mais s'avérèrent relativement inefficaces, et dans les activités de la plupart des pays, ils furent remplacés par des agences dirigées par une seule personne qui possédaient un contrôle étendu. L'application de méthodes de contrôle volontaire ou semi-volontaire disparut généralement avec les comités et fut remplacée par la contrainte, aussi dissimulée fût-elle. Dans les gouvernements, un même

---

1 N.D.É. Substituts de moindre qualité.

changement de personnel prit place jusqu'à ce que chaque Cabinet fût dirigé par un seul homme, doté de plus d'énergie ou d'une plus grande volonté de prendre des décisions rapides que ses camarades, même en se basant sur des informations insuffisantes. C'est ainsi que Lloyd George remplaça Asquith en Grande-Bretagne, que Clemenceau remplaça une série de dirigeants moins compétents en France, que Wilson renforça le contrôle qu'il avait sur son propre gouvernement aux États-Unis, et d'une manière typiquement allemande, que Ludendorff vint à dominer le gouvernement de son pays. De manière à renforcer le moral de leur propre peuple et abattre celui de leurs ennemis, les différents pays s'engagèrent dans plusieurs activités destinées à régulariser le flux des informations vers les populations. Cela impliqua la censure, la propagande, ainsi que la réduction des libertés civiles. Celles-ci furent établies dans tous les pays, sans aucune difficulté dans les puissances centrales et la Russie, où il y avait une longue tradition de vastes pouvoirs policiers. Ces procédés ne furent, cependant, pas moins efficaces en France et en Grande-Bretagne. En France, l'état de siège fut proclamé le 2 août 1914. Cela donna le droit au gouvernement de diriger par décret, d'établir la censure, et de placer la police sous contrôle militaire. En général, la censure française n'était pas aussi sévère que celle en Allemagne ou pas aussi habile que celle des Britanniques, alors que leur propagande était bien meilleure que celle des Allemands, mais ne pouvait être comparée à celle des Britanniques. Les complexités de la vie politique française, et la lenteur de sa bureaucratie permirent toute sorte de retard et de contournement du contrôle, plus particulièrement par les personnes influentes. Lorsque Clemenceau se trouva en opposition avec le gouvernement durant les premiers jours de la guerre, la publication de son journal *L'homme libre* fut suspendue; il continua cependant à le publier sous le nom de *L'homme enchaîné*. La censure britannique fut établie le 5 août 1914 et intercepta à la fois les câbles et les messages privés, y compris ceux des pays neutres. Cela devint très vite une source importante de renseignements militaires et économiques. La loi sur la défense du royaume (communément connue sous le nom de DORA en anglais) donna le droit au gouvernement de censurer toute information. Un comité de censure de la presse fut constitué en 1914 puis remplacé par le Bureau de presse sous Frederick E. Smith (plus tard lord Birkenhead) en 1916. Étant établi au Crewe House, il lui était donc possible de contrôler toutes les informations qui étaient imprimées dans la presse et d'agir comme agents en lien direct avec l'amirauté et les Bureaux de la guerre. La censure des livres était assez laxiste, et l'était bien plus pour les livres destinés à la Grande-Bretagne que les livres destinés à l'exportation, ce qui fit que les « best-sellers » anglais étaient inconnus en Amérique. En parallèle à la censure, il y avait le Bureau de propagande de guerre sous sir Charles Masterman, qui avait un Bureau de l'information américain sous sir Gilbert Parker à la Wellington House. Ce dernier était capable de contrôler la plupart des informations destinées à la presse américaine, et en 1916, il jouait le rôle de service de presse internationale, et distribuait des informations européennes à environ 35 journaux américains qui n'avaient pas leurs propres journalistes sur place.

Les Bureaux de la censure et de la propagande travaillaient ensemble en Grande-Bretagne comme partout ailleurs. Le premier cachait toutes les histoires d'infractions de l'Entente qui relevaient des lois de guerre ou des lois civiles, ainsi que des comptes rendus de leurs erreurs militaires ou plans et objectifs de guerre moins altruistes, alors que le Bureau de propagande diffusait largement les violations et les cruautés des puissances centrales, leurs complots d'avant-guerre pour la mobilisation, et leurs accords concernant leurs objectifs de guerre. La violation de l'Allemagne de la neutralité de la Belgique était constamment dénoncée, alors qu'il n'y avait aucune référence concernant la violation de l'Entente de la neutralité de la Grèce. L'ultimatum de l'Autriche envers la Serbie fit beaucoup de bruits, alors que la mobilisation russe, qui avait précipité la guerre, était à peine mentionnée. Chez les puissances centrales, «l'encerclement» des forces de l'Entente fit couler beaucoup d'encre, alors que rien ne fut dévoilé de la demande du kaiser «d'une place au soleil» ou encore pour le refus du haut commandement de renoncer à l'annexion de toute partie de la Belgique. En général, les inventions ou les mensonges venant des agences de propagande n'étaient pas fréquents, et l'image idéale de l'ennemi était construite par un processus de sélection et de déformation des preuves. Jusqu'en 1918, beaucoup d'Occidentaux considéraient les Allemands comme des militaristes assoiffés de sang et sadiques, alors que les Allemands considéraient les Russes comme des «monstres inhumains». On fit grand cas des dénonciations «d'atrocités», plus particulièrement en Grande-Bretagne. Les récits d'Allemands qui mutilaient des corps, violaient des femmes, coupaient les mains des enfants, profanaient des églises et des sanctuaires, et crucifiaient des Belges étaient crus en grande partie en Occident en 1916. Lord Bryce dirigeait un comité qui avait produit plusieurs histoires de ce genre en 1915, et il était évident que cet homme bien éduqué de «la plus grande autorité anglaise aux États-Unis» croyait dur comme fer à ses propres histoires. Encore une fois, les inventions outrageuses étaient rares, bien que le général Henry Charteris inventât en 1917 une histoire selon laquelle les Allemands cuisaient des corps humains afin d'en extraire de la glycérine, et il présenta même des photos pour le prouver. De plus, des photos de corps mutilés d'un massacre antisémite russe commit en 1905 circulaient en tant que des photos de Belges mutilés en 1915. Il y avait plusieurs raisons à ces histoires d'atrocité: (a) motiver l'esprit combattif de l'armée de masse, (b) renforcer le moral des civils, (c) encourager l'enrôlement militaire, surtout en Grande-Bretagne, où les volontaires s'engageaient pour un an et demi, (d) accroître les souscriptions aux titres d'emprunt de guerre, (e) justifier leurs propres violations des droits internationaux ou des coutumes de la guerre, (f) éliminer toute chance de négociation de paix (comme en décembre 1916), ou justifier une paix finale sévère (comme l'Allemagne avait fait en ce qui concernait Brest-Litovsk), et (g) gagner le soutien des pays neutres.

En fin de compte, l'innocence et la crédulité de l'individu moyen, qui n'était pas encore immunisé aux assauts de la propagande effectués à travers les supports de la communication de masse de 1914, rendaient ces histoires très efficaces. Cependant, après 1919, lorsqu'ils découvrirent qu'ils avaient été dupés, cela engendra un scepticisme vis-à-vis de tous les communiqués gouvernementaux, et en particulier lors de la Seconde Guerre mondiale.

VI

LE SYSTÈME DE VERSAILLES ET LE RETOUR À LA « NORMALE », 1919-1929

Les traités de paix, 1919-1923	294
La sécurité, 1919-1935	312
Le désarmement, 1919-1935	325
Les réparations, 1919-1932	335

Les traités de paix, 1919-1923

La Première Guerre mondiale se conclut avec des douzaines de traités signés entre 1919 et 1923. Les cinq documents les plus importants furent les cinq traités de paix avec les puissances vaincues, nommés à partir des noms des quartiers de Paris où ils furent signés :

- Le traité de Versailles avec l'Allemagne, le 28 juin 1919
- Le traité de Saint-Germain avec l'Autriche, le 10 septembre 1919
- Le traité de Neuilly avec la Bulgarie, le 27 novembre 1919
- Le traité de Trianon avec la Hongrie, le 4 juin 1920
- Le traité de Sèvres avec la Turquie, le 20 aout 1920

Le dernier, le traité de Sèvres avec la Turquie, ne fut jamais ratifié et fut remplacé par un nouveau traité, signé à Lausanne en 1923.

Les traités de paix conclus sur cette période furent sujets à de vives critiques au cours des deux décennies de 1919 à 1939. Ces critiques étaient aussi violentes de la part des vainqueurs que des vaincus. Bien que celles-ci visaient en grande partie les termes des traités, les causes réelles ne se trouvaient pas en ceux-ci, qui n'étaient ni injustes ni cruels, mais étaient bien plus indulgents que tout compromis qui aurait pu naitre d'une victoire allemande, et créèrent une nouvelle Europe qui était, au moins politiquement, plus juste que l'Europe de 1914. Les causes du mécontentement envers les traités de 1919 à 1923 reposaient sur les procédures appliquées pour leur réalisation plutôt que sur les termes en eux-mêmes. Il y avait surtout un mécontentement vis-à-vis du contraste entre les procédures appliquées et celles qui l'étaient prétendument, ainsi que sur les grands principes qui devaient être appliqués et ceux qui le furent réellement.

Les peuples des nations victorieuses avaient pris à cœur leur propagande de guerre à propos des droits des petites nations, rendant le monde sûr pour la démocratie et mettant fin à la fois aux politiques de pouvoir et à la diplomatie secrète. Ces idéaux furent concrétisés dans les quatorze points de Wilson. Le fait que les puissances vaincues ressentaient le même enthousiasme ou non pour ces grands idéaux était sujet à controverse, mais il leur avait été promis, le 5 novembre 1918, que les traités de paix seraient négociés et fondés sur les quatorze points. Quand il devint évident que les traités seraient imposés, plutôt que négociés, que les Quatorze points furent oubliés dans la confusion, et que les termes des traités avaient été atteints par un procédé de négociations secrètes desquelles les petites nations avaient été exclues et où les politiques de pouvoir avaient joué un rôle bien plus important que la sécurité de la démocratie, il y eut un revirement d'attitude.

En Grande-Bretagne et en Allemagne, des barrages de propagande furent dressés contre ces traités jusqu'à ce qu'en 1929, la majeure partie du monde occidental avait des sentiments de culpabilité et de honte rien qu'en pensant au traité de Versailles. Il y avait beaucoup de sincérité dans ces sentiments, surtout en Grande-Bretagne et aux États-Unis, mais il y avait également une grande duplicité dissimulée dans tous les pays. En Grande-Bretagne, les mêmes groupes, et souvent les mêmes personnes, qui avaient fait la propagande de guerre et les traités de paix, étaient les plus bruyants contre le fait que les traités étaient tombés bien en deçà des idéaux de propagande, tandis que leurs véritables objectifs étaient d'utiliser les politiques de pouvoir au profit de la Grande-Bretagne. Il y avait bien sûr de la place pour les critiques, et, tout aussi certainement, les termes des traités de paix qui étaient loin d'être parfaits. Cependant, les critiques auraient dû être dirigées vers l'hypocrisie et le manque de réalisme des idéaux de la propagande de guerre ainsi que vers le manque d'honnêteté des négociateurs en chef qui prétendaient que ces idéaux étaient toujours en vigueur alors qu'ils y portaient atteinte chaque jour, et ce, de façon déterminée. Les traités furent conclus au cours de négociations secrètes, exclusivement par les grandes puissances et par des politiques de pouvoir, et ce, sans aucun doute. Aucun traité de ce genre n'aurait pu être fait d'une autre façon. Le refus des négociateurs en chef (du moins les Anglo-Américains) d'admettre cela était regrettable, mais derrière leur réticence se trouvait justement la preuve, plus regrettable encore, que le manque d'expérience et d'éducation politiques des électorats américains et anglais rendait l'admission des faits de la vie dans les relations politiques dangereuses pour les négociateurs.

Il était clair que les traités de paix furent conclus par une organisation chaotique sous une procédure frauduleuse. La façon normale de conclure la paix après la guerre, dans laquelle les vainqueurs forment une coalition, est d'organiser une conférence entre les vainqueurs, de s'entendre sur les termes qu'ils espèrent obtenir des vaincus, et d'avoir ensuite un congrès avec ces derniers dans le but d'imposer leurs termes, avec ou sans discussion et compromis. Il fut tacitement supposé, aux mois d'octobre et de novembre 1918, que cette méthode allait être utilisée pour mettre un terme à la guerre existante. Mais cette méthode du congrès ne put être exploitée en 1919 pour plusieurs raisons. Les membres de la coalition victorieuse étaient tellement nombreux (trente-deux puissances alliées et associées) qu'ils n'auraient pu s'entendre que lentement et après une considérable organisation préliminaire. Cette organisation préliminaire n'eut jamais lieu, essentiellement parce que le président Wilson était trop occupé pour participer au processus, peu enclin à déléguer une réelle autorité à d'autres personnes, n'avait pas ou peu d'idées précises sur certains sujets (comme la Société des Nations, la démocratie et l'autodétermination), et n'avait pas un gout prononcé pour les détails de l'organisation. Wilson était convaincu que s'il pouvait seulement faire accepter la Société des Nations, tout détail indésirable dans les termes des traités pouvait se régler ou s'autocorriger plus tard. Lloyd George et Clemenceau utilisèrent cette conviction pour obtenir un bon nombre de clauses dans les termes qui étaient indésirables pour Wilson, mais hautement souhaitables pour eux.

Le temps nécessaire pour une conférence ou une planification préliminaire manquait également. Lloyd George souhaitait mettre à exécution sa promesse électorale reposant sur la démobilisation immédiate, et Wilson voulait retourner à ses fonctions de président des États-Unis. De plus, si les termes avaient été établis lors d'une conférence préliminaire, ils auraient été le résultat de compromis entre les nombreuses puissances concernées qui se seraient ensuite effondrés dès qu'un effort aurait été fait pour négocier avec l'Allemagne. Puisque les Allemands avaient eu la garantie du droit de négocier, il était devenu évident que les termes ne pouvaient pas être sujets à des compromis publics lors d'une conférence préliminaire. Malheureusement, avant que les grandes puissances victorieuses n'eussent réalisé cela et après l'élaboration des termes en négociations secrètes, les invitations pour assister à une conférence interalliée, en vue d'élaborer les termes préliminaires, avaient déjà été envoyées à toutes les puissances victorieuses. Pour pallier cette situation embarrassante, des actions furent entreprises sur deux niveaux. Premièrement, la Conférence interalliée devint, sous les yeux du public, la Conférence de la paix de Paris, et bien que déroulée en grande pompe, ne mena à finalement rien de concret. Deuxièmement, les grandes puissances élaborèrent leurs accords de paix en secret et, quand elles furent prêtes, les dévoilèrent à la Conférence et les imposèrent aux Allemands, de façon simultanée. Ceci ne fut pas volontaire. En réalité, personne n'était très sûr de ce qui se faisait ou devait se faire. Jusqu'au 22 février, Arthur Balfour, le ministre britannique des Affaires étrangères, pensait encore qu'ils travaillaient sur « des accords de paix préliminaires » et les Allemands pensaient la même chose le 15 avril.

Tandis que les grandes puissances négociaient en secret, l'intégralité du congrès se rencontra plusieurs fois selon des règles strictes pour empêcher toute action. Ces sessions étaient dirigées d'une main de fer par Clemenceau, qui entendit les motions qu'ils voulaient entendre, imposa celles qu'il désirait et répondit aux protestations par des menaces directes de faire la paix sans consulter les petites puissances et par de sombres références aux millions d'hommes que les grandes puissances disposaient. Le 14 février, la conférence reçut une ébauche du Pacte de la Société des Nations et, le 11 avril, l'ébauche du Bureau international du travail. Les deux furent acceptées le 28 avril. Le texte du traité de

Les traités de paix, 1919-1923

Versailles vit le jour le 6 mai, soit seulement un jour avant d'être remis aux Allemands. À la fin du mois de mai, l'ébauche du traité de Saint-Germain avec l'Autriche fut reçue.

Alors que ce spectacle inutile prenait place sous les yeux du public, les grandes puissances faisaient la paix en secret. Leurs réunions étaient très officieuses. Quand les chefs militaires étaient présents, les réunions devenaient un « Conseil suprême de la guerre ». Quand ils étaient absents (ce qui était souvent le cas après le 12 janvier), le groupe était connu sous le nom de Conseil suprême ou de Conseil des dix. Celui-ci était constitué du chef d'État et du ministre des Affaires étrangères de chacune des cinq grandes puissances (la Grande-Bretagne, les États-Unis, la France, l'Italie et le Japon). Ce groupe se réunit quarante-six fois entre le 12 janvier et le 24 mars 1919. Il était très peu efficace. Au milieu du mois de mars, suite à la fuite dans la presse d'une dispute concernant la frontière germano-polonaise, le Conseil des dix fut réduit au Conseil des quatre (Lloyd George, Wilson, Clemenceau, Orlando). Ces quatre, avec des absences fréquentes d'Orlando, tinrent plus de deux-cents réunions dans une période de treize semaines (du 27 mars au 28 juin). Ils élaborèrent le traité de Versailles en trois semaines et firent le travail préliminaire sur le traité avec l'Autriche.

Quand le traité avec l'Allemagne fut signé le 28 juin 1919, les chefs d'État quittèrent Paris et le Conseil des dix prit fin. Il en fut de même pour la conférence plénière. Les cinq ministres des Affaires étrangères (Balfour, Lansing, Pichon, Tittoni et Makino) restèrent à Paris en tant que Conseil des chefs des délégations, avec les pleins pouvoirs pour conclure les accords de paix. Ce groupe acheva les traités avec l'Autriche et la Bulgarie et les fit signer tous les deux. Ils se séparèrent le 10 janvier 1920, en laissant derrière eux un comité exécutif, la Conférence des ambassadeurs. Celle-ci était constituée des ambassadeurs des quatre grandes puissances à Paris ainsi que d'un représentant français. Ce groupe tint deux-cents réunions au cours des trois années suivantes et continua de se rencontrer jusqu'en 1931. Il supervisait l'exécution des trois traités de paix déjà signés, négocia le traité de paix avec la Hongrie et mena de nombreux actes purement politiques qui ne se basaient sur aucun traité, comme la délimitation de la frontière albanaise en novembre 1921. En général, au cours de la décennie suivant la Conférence de paix, la Conférence des ambassadeurs était l'organisation par laquelle les grandes puissances dirigeaient l'Europe. Elle agissait avec puissance, rapidité et confidentialité pour résoudre les problèmes qui lui étaient assignés. Quand des problèmes trop importants pour être adressés de cette façon se posaient, le Conseil suprême se réunissait. Cela se fit près de vingt-cinq fois entre 1920 et 1922, en général concernant les réparations, la reconstruction économique et les problèmes politiques sévères. Les réunions du Conseil suprême les plus importantes se tenaient à Paris, Londres, Sanremo, Boulogne et Spa en 1920 ; à Paris et Londres en 1921 ; et à Paris, Gênes, La Haye et Londres en 1922. La Grande-Bretagne mit fin à cette précieuse pratique fin 1923 pour protester contre la détermination de la France à utiliser la force dans le but de contraindre l'Allemagne à respecter les clauses de dédommagement du traité de paix.

Tout comme à la Conférence de la paix, les chefs politiques étaient assistés par des groupes d'experts et des parties intéressées, parfois autoproclamés, à chacune de ces réunions. Beaucoup de ces « experts » étaient des membres ou des associés des fraternités internationales bancaires. À la Conférence de la paix de Paris, les experts se comptaient par milliers et étaient organisés en fonctionnaires par la plupart des pays, même avant la fin de la guerre. Ils étaient de la plus haute importance. Ils étaient formés en comités à Paris pour recevoir problème après problème, en particulier ceux liés aux frontières, mais ne recevaient habituellement pas d'indications sur les principes censés guider leurs décisions. L'importance de ces comités d'experts était visible dans la mesure où, dans chaque cas sauf un, où un comité d'experts présenta un compte rendu unanime, le Conseil suprême acceptait sa recommandation et l'incorporait dans le traité. Dans les cas où le compte rendu n'était pas unanime, le problème était généralement renvoyé aux experts pour un examen complémentaire. Le seul cas dans lequel un compte rendu unanime fut refusé concernait le corridor de Dantzig, le même problème qui avait forcé la réduction du Conseil suprême en Conseil des quatre en 1919 et qui mènera à la Seconde Guerre mondiale vingt ans plus tard. Dans ce cas, les experts étaient bien plus sévères que sur la décision finale des politiciens envers l'Allemagne.

Le traité avec l'Allemagne fut conclu par le Conseil des quatre qui assembla les comptes rendus de divers comités, en accordant les parties et en résolvant divers désaccords. Les désaccords principaux concernaient l'importance et la nature des compensations allemandes, la nature du désarmement allemand, la nature de la Société des Nations et l'accord territorial dans six régions spécifiques : le corridor de Dantzig, la Haute-Silésie, le territoire du bassin de la Sarre, l'État libre de Fiume, la Rhénanie et le Shandong. Quand le litige à propos de l'État libre de Fiume atteignit son paroxysme, Wilson lança un appel de détresse au peuple italien sans passer par les représentants des délégations italiennes à Paris, croyant que le peuple était moins nationaliste et plus favorable à ces principes idéalistes que leur délégation, qui était plutôt sévère. Cet appel fut un échec, et la délégation italienne quitta la conférence et retourna à Rome pour protester contre les agissements de Wilson. Ainsi, les Italiens étaient absents de Paris au moment où les colonies allemandes se virent réparties et, en conséquence, n'en obtinrent aucune. De ce fait, l'Italie ne put obtenir de compensation en Afrique à cause de la récupération de territoires sur ce continent par la France et la Grande-Bretagne, comme cela avait été promis dans le traité de Londres de 1915. Cette déception sera utilisée par Mussolini comme l'une des justifications principales de l'attaque italienne en Éthiopie en 1935.

Le traité de Versailles fut présenté à la conférence plénière le 6 mai 1919 et à la délégation allemande le jour suivant. La conférence devait l'accepter sans commentaire, mais le général Foch, commandant en chef de l'armée française et des forces de l'Entente pendant la guerre, attaqua sévèrement le traité sur ses dispositions d'application. Ces dispositions ne donnaient guère plus que l'occupation de la Rhénanie et trois têtes de pont sur la rive droite du Rhin, comme cela était déjà le cas sous l'Armistice du 11 novembre 1918. Selon le traité, ces régions devaient être occupées de cinq à quinze ans pour appliquer un traité dont les dispositions de fond exigeaient que l'Allemagne payât des compensations pendant au moins une génération et restât désarmée pour toujours. Foch insistait sur le fait qu'il avait besoin de la rive gauche du Rhin et des trois têtes de pont pendant au moins trente ans. Clemenceau, dès la réunion terminée, réprimanda Foch pour avoir perturbé l'harmonie de l'assemblée, mais Foch avait mis le doigt sur la partie la plus faible, mais également la plus vitale, du traité.

Le lendemain, la présentation du texte du traité aux Allemands ne fut pas très joyeuse. Après avoir reçu le document, le représentant de la délégation allemande, le ministre des Affaires étrangères, le comte Ulrich Von Brockdorff-Rantzau, récita un long discours dans lequel il protestait farouchement contre l'échec des négociations et la violation des engagements pris avant l'armistice. Pour insulter délibérément ses auditeurs, il s'exprima assis.

La délégation allemande envoya de courtes notes de critiques détaillées aux puissances victorieuses durant le mois de mai et des contrepropositions complètes le 28 mai. Allant jusqu'à 443 pages de texte en allemand, ces contrepropositions critiquaient le traité, clause par clause, accusaient les vainqueurs de mauvaise foi en portant atteinte aux Quatorze points, et offraient d'accepter la Société des Nations, les sections concernant le désarmement et les compensations de 100 milliards de marks si les Alliés retiraient toute affirmation indiquant que l'Allemagne avait, à elle seule, provoqué la guerre et qu'il laissait l'Allemagne réintégrer les marchés mondiaux. La plupart des changements territoriaux furent rejetés à l'exception de ceux qui pouvaient être montrés comme étant fondés sur l'autodétermination (adoptant ainsi le point de vue de Wilson).

Ces propositions menèrent à l'une des crises les plus sévères de la conférence, étant donné que Lloyd George, qui avait été réélu en décembre en promettant au peuple britannique de saigner l'Allemagne à blanc, et qui avait agi dans cette optique de décembre à mai, commençait à craindre le refus de l'Allemagne de signer, et donc d'adopter une résistance passive qui aurait poussé les Alliés à recourir à la force. Comme les armées britanniques étaient en cours de dissolution, un grand besoin de soutien reposerait en majorité sur la France, et aurait pu être très bien accueilli par des personnes telles que Foch, qui était en faveur de la coercition envers l'Allemagne. Lloyd George craignait qu'une quelconque occupation de l'armée française en Allemagne ne conduisît à une hégémonie française totale sur le continent européen et que ces forces d'occupation ne pussent jamais être retirées, ayant atteint, avec la connivence britannique, ce que la Grande-Bretagne s'était si férocement évertuée à empêcher au temps de Louis XIV et de Napoléon. En d'autres termes, la réduction de la puissance de l'Allemagne après sa défaite ramenait la Grande-Bretagne à son ancienne politique d'équilibre des puissances sous laquelle elle s'opposait à la plus grande puissance du continent en développant la force de la deuxième plus grande puissance. En même temps, Lloyd George était impatient de poursuivre la démobilisation britannique dans le but de satisfaire son peuple et de réduire le fardeau financier de la Grande-Bretagne de sorte que le pays pût équilibrer son budget, entrer en déflation et revenir à l'étalon-or. Pour ces raisons, Lloyd George suggéra d'affaiblir le traité en réduisant l'occupation rhénane de quinze à deux ans, d'organiser un plébiscite en Haute-Silésie (qui avait été donnée à la Pologne), de faire immédiatement entrer l'Allemagne dans la Société des Nations, et de réduire le fardeau des compensations. Il n'obtint que le plébiscite en Haute-Silésie et d'autres régions disputées ; Wilson rejeta les autres suggestions et réprimanda le Premier ministre pour son soudain changement d'attitude.

En conséquence, la réponse des Alliés aux contrepropositions de l'Allemagne (écrites par Philip Kerr, ensuite lord Lothian) ne présentait que peu de modifications aux termes originaux (principalement l'ajout de cinq plébiscites en Haute-Silésie, à Olsztyn, à Marienwerder, au nord Schleswig et dans la Sarre, dont le dernier devait être tenu en 1935, et les autres, immédiatement). Cette réponse accusait également les Allemands d'être les seuls responsables de la guerre et des pratiques inhumaines pendant celle-ci, et leur donnait un ultimatum de cinq jours pour signer le traité tel qu'il se présentait. La délégation allemande retourna immédiatement en Allemagne et recommanda un refus de signer. Le Cabinet refusa de signer, mais un nouveau Cabinet fut formé de catholiques et de socialistes. Ces deux groupes craignaient qu'une invasion par les Alliés menât au chaos et à la confusion qui encourageraient le bolchévisme à l'est et le séparatisme à l'ouest. Ils votèrent la décision de signer si les articles sur la culpabilité et les crimes de guerre étaient supprimés du traité. Quand les Alliés refusèrent ces concessions, le Zentrum vota à 64 voix contre 14 pour une non-signature. À ce moment critique, quand le rejet sembla certain, le haut commandement de l'armée allemande, par le chef d'État-major Wilhelm Groener, ordonna au Cabinet de le signer pour empêcher une occupation militaire de l'Allemagne. Le 28 juin 1919, cinq ans après l'assassinat de Sarajevo exactement, le traité de Versailles fut signé, dans la galerie des Glaces à Versailles, où l'Empire allemand avait été proclamé en 1871, par toutes les délégations, sauf la délégation chinoise ; cette dernière refusa, protestant contre les concessions allemandes d'avant-guerre du Shandong.

Le Traité autrichien fut signé par une délégation dirigée par Karl Renner, mais uniquement après que les vainqueurs rejetèrent une déclaration selon laquelle l'Autriche était un État de succession plutôt qu'une puissance vaincue et forcèrent le pays à changer son nom d'« Allemagne Autriche » fraichement adopté pour le titre de « République d'Autriche ». Le nouveau pays avait l'interdiction de faire le moindre mouvement en vue d'une union avec l'Allemagne sans l'approbation de la Société des Nations.

Le traité de Neuilly fut signé par un seul délégué bulgare, le dirigeant de l'Union nationale agraire, Alexandre Stamboliyski. En raison de cet accord, la Bulgarie perdait la Thrace occidentale, son débouché sur la mer Égée, qui avait été annexée de la Turquie en 1912, ainsi que certains cols de montagne dans l'ouest qui avaient été cédés de la Bulgarie à la Yougoslavie pour des raisons stratégiques.

Le traité de Trianon, signé en 1920, fut le plus sévère des traités de paix et celui qui fut appliqué de la façon la plus rigide. Pour ces raisons, entre autres, la Hongrie fut la force politique la plus active en termes de révision de traités sur la période de 1924 à 1934 et fut soutenue par l'Italie de 1927 à 1934 dans l'espoir qu'elle pût y trouver quelques profits à tirer de ces eaux troubles. La Hongrie avait une bonne raison d'être mécontente. La chute de la dynastie des Habsbourg en 1918 et les révoltes des peuples sujets de la Hongrie, tels que les Polonais, les Slovaques, les Roumains et les Croates, avaient amené le comte Michael Károlyi à la tête d'un gouvernement libéral à Budapest. Ce gouvernement fut immédiatement menacé par un soulèvement bolchévique mené par Béla Kun. Dans le but de se protéger, le gouvernement de Károlyi demanda une occupation des Alliés jusqu'à la fin des élections prévues pour avril 1919. Cette sollicitation fut refusée par le général Franchet d'Espèrey, sous l'influence d'un politicien réactionnaire hongrois, le comte Stephen Bethlen. Le régime de Károlyi s'effondra avant les attaques de Béla Kun et des Roumains à cause du manque de soutien venant de l'Ouest. Après le règne de la Terreur rouge de Béla Kun qui dura six mois (de mars à aout 1920), et sa fuite avant une invasion de la Hongrie par la Roumanie, les réactionnaires s'emparèrent du pouvoir avec l'amiral Miklos Horthy en tant que régent et chef d'État (de 1920 à 1944), et le comte Bethlen en tant que Premier ministre (de 1921 à 1931). Le comte Károlyi, un pro-Alliés, germanophobe, pacifiste, démocrate et libéral, se rendit compte qu'il était impossible de voir un quelconque progrès en Hongrie sans une résolution de la question agraire et de la montée du mécontentement des paysans contre l'accaparement des terres. Les Alliés ayant refusé de soutenir ce programme, la Hongrie tomba entre les mains de Horthy et Bethlen qui étaient anti-Alliés, pro-Allemands, non démocratiques, militaristes et non progressistes. Ce groupe fut persuadé de signer le traité de Trianon par une tromperie, mais le rejeta par la suite. Maurice Paléologue, le secrétaire général du ministère français des Affaires étrangères (mais agissant pour le compte du plus grand industriel français, Eugène Schneider), passa un marché avec les Hongrois : s'ils signaient le traité de Trianon tel qu'il était et donnaient à Schneider le contrôle des chemins de fer de l'État hongrois, le port de Budapest et la Banque générale de crédit hongrois (qui avait la mainmise sur l'industrie hongroise), la France finirait par faire de la Hongrie un pivot de son bloc anti-allemand en Europe de l'Est, signerait une convention militaire avec la Hongrie et obtiendrait, en temps voulu, une révision drastique du traité de Trianon. La partie hongroise de ce marché fut largement effectuée, mais les objections britanniques et italiennes contre l'extension du contrôle économique de la France en Europe centrale perturbèrent les négociations et empêchèrent la Hongrie de recevoir sa récompense. Paléologue, bien qu'il fût forcé de démissionner et fût remplacé au Quai d'Orsay par l'anti-Hongrois et pro-Tchèque Philippe Berthelot, reçut sa récompense de la part de Schneider : il devint directeur de la compagnie financière personnelle de Schneider pour ses intérêts d'Europe centrale, l'Union européenne industrielle et financière.

Le traité de Sèvres avec la Turquie fut le dernier à avoir été élaboré et le seul à ne jamais avoir été ratifié. Il y a trois raisons à cela : (1) l'incertitude à propos du rôle des États-Unis, qui étaient censés accepter le contrôle des détroits et un mandat pour l'Arménie, formant ainsi une zone d'amortissement contre la Russie soviétique, (2) l'instabilité du gouvernement turc qui était menacé par un soulèvement nationaliste mené par Mustafa Kemal, et (3) le scandale causé par la publication des bolchéviques des traités secrets concernant l'Empire ottoman, sachant que ces traités étaient en contradiction avec les objectifs de guerre des Alliés. La nouvelle stipulant que les États-Unis refusaient de participer aux accords du Proche-Orient rendit possible l'ébauche d'un traité. Celle-ci fut lancée par le Conseil suprême lors de sa Conférence de Londres en février 1920, et continua à Sanremo en avril. Le traité fut signé par le gouvernement du sultan le 20 août 1920, mais les nationalistes menés par Mustafa Kemal refusèrent de l'accepter et organisèrent un gouvernement insurgé à Ankara. Les Grecs et les Italiens, avec un soutien allié, envahirent la Turquie et tentèrent d'imposer le traité aux nationalistes, mais ils furent grandement affaiblis par des désaccords derrière des airs de solidarité de l'Entente. Les Français croyaient que des concessions économiques plus importantes auraient pu être obtenues auprès du gouvernement de Kemal, tandis que les Britanniques pensaient que des perspectives plus diversifiées auraient pu être obtenues auprès du sultan. Les Français, en particulier, étaient prêts à soutenir les réclamations de la société Standard Oil pour de telles concessions alors que les Britanniques étaient prêts à soutenir la société Royal Dutch Shell. Les forces nationalistes profitèrent de ces discordes. Après avoir acheté les Italiens et les Français avec des concessions économiques, ils lancèrent une controffensive contre les Grecs.

Bien que la Grande-Bretagne vînt au secours de ces derniers, elle ne reçut aucun soutien de la part des autres puissances, tandis que les Turcs furent soutenus par la Russie soviétique. Les Turcs détruisirent les Grecs, brulèrent la ville de Smyrne, et se confrontèrent aux Anglais à Çanakkale. À ce moment critique, les dominions, en réponse à l'appel télégraphique de Curzon, refusèrent de soutenir une guerre avec la Turquie. Le traité de Sèvres, déjà en lambeaux, dut être rejeté. Une nouvelle conférence à Lausanne en novembre 1922 produisit un traité modéré et négocié qui fut signé par le gouvernement de Kemal le 24 juillet 1923. Cet acte mit fin, de façon formelle, à la Première Guerre mondiale. Il constitua également une étape importante vers l'établissement d'une nouvelle Turquie, qui devait servir en tant que grande force pour la paix et la stabilité dans le Proche-Orient. Le déclin de la Turquie, qui avait duré quatre-cents ans, arriva enfin à son terme.

Par ce traité de Lausanne, la Turquie abandonnait tous les territoires non turcs, excepté le Kurdistan, perdant l'Arabie, la Mésopotamie, le Levant, la Thrace occidentale et quelques iles de la mer Égée. Les capitulations furent abolies en échange de la promesse d'une réforme judiciaire. Il n'y eut ni compensation ni désarmement, bien que les détroits fussent démilitarisés et ouverts à tout navire excepté ceux des belligérants si la Turquie venait à entrer en guerre. La Turquie accepta un traité des minorités ainsi qu'un échange obligatoire avec la Grèce des minorités grecques et turques, évalué sur la base de l'appartenance à la religion orthodoxe grecque ou musulmane. En vertu de cette dernière clause, plus de 1.250.000 Grecs furent expatriés de Turquie en 1930. Bien que la plupart d'entre eux étaient des commerçants urbains en Turquie, ils furent installés en tant que fermiers sur le territoire inhospitalier de la Macédoine. Les paysans bulgares qui avaient précédemment vécu en Macédoine furent expulsés sans ménagement vers la Bulgarie où ils devinrent le déclencheur de l'émergence d'une société secrète bulgare révolutionnaire appelée l'Organisation révolutionnaire intérieure macédonienne (ORIM), dont la méthode d'action politique principale était l'assassinat.

En raison de la montée des agressions dans les années 1930, la clause concernant la démilitarisation des détroits fut révoquée lors de la Convention de Montreux en juillet 1936. Cela donna à la Turquie la pleine souveraineté sur les détroits ainsi que le droit de les fortifier.

Tous les traités de paix originaux comprenaient cinq parties principales : (a) le Pacte de la Société des Nations, (b) les dispositions territoriales, (c) les dispositions de désarmement, (d) les dispositions de dédommagement et (e) les peines et les garanties. La première de celles-ci sera conservée pour plus tard, mais les autres seront mentionnées ici.

En théorie, les dispositions territoriales des traités étaient fondées sur « l'autodétermination », mais en réalité, elles étaient fondées sur d'autres considérations qui pouvaient être stratégiques, économiques, punitives, fondées sur le pouvoir juridique ou sur les dédommagements. Par «autodétermination», les pacificateurs voulaient habituellement dire «nationalité», et par «nationalité» ils voulaient généralement dire «langue», sauf dans l'Empire ottoman dans lequel «nationalité» signifiait habituellement «religion». Les six cas dans lesquels l'autodétermination (c'est-à-dire des plébiscites) fut vraiment utilisée montrent que les peuples de ces régions n'étaient pas aussi nationalistes que les pacificateurs le pensaient. Étant donné qu'à Olsztyn, où les personnes parlant polonais constituaient 40% de la population, seulement 2% votèrent pour rejoindre la Pologne, et la région fut rendue à l'Allemagne ; en Haute-Silésie, où les chiffres comparables étaient 65 et 40%, la région fut divisée, la portion orientale, plus industrielle, revenant à la Pologne tandis que la partie occidentale, plus rurale, revint à l'Allemagne ; à Klagenfurt, où les personnes parlant slovène représentaient 68% de la population, seulement 40% désiraient rejoindre la Yougoslavie, la région resta donc autrichienne. Des résultats quelque peu similaires furent observés à Marienwerder, mais pas au Schleswig du nord qui vota pour rejoindre le Danemark. Dans chaque cas, les votants, probablement pour des raisons économiques, choisirent de rejoindre l'État le plus prospère économiquement plutôt que celui qui partageait la même langue.

En plus des régions mentionnées, l'Allemagne devait rendre l'Alsace et la Lorraine à la France, donner trois petits quartiers à la Belgique et abandonner la bordure nord de la Prusse Orientale, proche de Memel, aux puissances alliées. Cette dernière région fut donnée au nouvel État de la Lituanie en 1924 par la Conférence des ambassadeurs.

Les discordes territoriales principales survinrent au sujet du corridor de Dantzig, la Rhénanie et le territoire du bassin de la Sarre. Les Quatorze points promirent d'établir une Pologne indépendante avec un accès à la mer Baltique. Depuis 1500 environ, il faisait partie de la stratégie française d'affronter tout État puissant d'Europe centrale en recherchant des alliés en Europe orientale. Avec la chute de la Russie en 1917, les Français trouvèrent un allié de remplacement en la Pologne. En conséquence, Foch voulait donner toute la Prusse orientale à la Pologne. Au lieu de cela, les experts (qui étaient très pro-Polonais) donnèrent à la Pologne l'accès à la mer en détachant la Prusse orientale du reste de l'Allemagne, créant le corridor de Dantzig dans la vallée de Vistule. La langue polonaise était parlée dans la majeure partie de la région, et le commerce allemand avec la Prusse orientale était largement maritime. Cependant, la ville de Dantzig, située à l'embouchure de la Vistule, était clairement une ville allemande. Lloyd George refusa de la donner à la Pologne. Au lieu de cela, elle devint une ville libre sous la protection de la Société des Nations.

Les Français souhaitaient détacher toute l'Allemagne à l'ouest du Rhin (la Rhénanie) pour créer un État séparé et accroître la sécurité de la France face à l'Allemagne. Ils abandonnèrent leur agitation séparatiste en échange de la promesse de Wilson, du 14 mars 1919, de donner une garantie conjointe anglo-américaine contre une attaque allemande. Cette promesse fut signée sous forme de traité le 28 juin 1919, mais échoua quand le Sénat des États-Unis ne ratifia pas l'accord. Puisque Clemenceau avait réussi à persuader Foch et Poincaré d'accepter l'accord du Rhin avec cette garantie seulement, son incapacité à se concrétiser mit fin à sa carrière politique. Les accords de la Rhénanie, tels qu'ils étaient, avaient deux règles distinctes. D'une part, la Rhénanie et trois têtes de pont sur la rive droite du Rhin devaient être occupées par les troupes alliées pour une durée de cinq à quinze ans. D'autre part, la Rhénanie et une zone large de cinquante kilomètres le long de la rive droite durent être définitivement démilitarisées et toute violation de cette règle pouvait être vue comme un acte d'hostilité par les signataires du traité. Ceci signifiait que toutes troupes ou fortifications allemandes étaient exclues de cette région pour toujours. Cela était la clause la plus importante du traité de Versailles. Tant que ce traité restait en vigueur, la grande région industrielle de la Ruhr, sur la rive droite du Rhin, l'épine dorsale économique de la capacité militaire de l'Allemagne, était exposée à une rapide percée militaire française venant de l'ouest, et l'Allemagne ne pouvait pas menacer la France ou se déplacer vers l'est contre la Tchécoslovaquie ou la Pologne si la France s'y opposait.

De ces deux clauses, l'occupation militaire de la Rhénanie et des têtes de pont prirent fin en 1930, cinq ans plus tôt que prévu. Cela permit à Hitler de détruire la seconde clause, la démilitarisation de l'Allemagne de l'Ouest, en remilitarisant la région en mars 1936.

Le dernier changement territorial disputé du traité de Versailles concernait le bassin de la Sarre, riche en industrie et en charbon. Bien que sa population fût clairement allemande, les Français en réclamaient la majeure partie en 1919 sous prétexte que deux tiers de celle-ci s'était trouvés dans le territoire français de 1814 et qu'ils devaient obtenir les mines de charbon en compensation des mines françaises détruites par les Allemands en 1918. Ils obtinrent bien les mines, mais la région fut séparée politiquement des deux pays pour être dirigée par la Société des Nations pendant quinze ans et recevoir ensuite un plébiscite. Quand le plébiscite eut lieu en 1935, après une administration admirable de la Société, seulement 2000 personnes environ sur 528.000 votèrent pour rejoindre la France, tandis que près de 90% souhaitaient rejoindre l'Allemagne, le reste indiquant leur désir de continuer sous la gouvernance de la Société. Les Allemands, en raison de ce vote, acceptèrent de racheter les mines de charbon à la France pour 900 millions de francs, payables en charbon sur une période de cinq ans.

Les clauses territoriales des traités de Saint-Germain et de Trianon étaient destinées à détruire l'Empire austro-hongrois dans sa totalité. L'Autriche passa de 115.000 mètres carrés avec 30 millions d'habitants à seulement 32.000 mètres carrés avec 6,5 millions d'habitants. La Bohème, la Moravie, des parties de la Basse-Autriche et la Silésie autrichienne revinrent à la Tchécoslovaquie. La Bosnie-Herzégovine et la Dalmatie à la Yougoslavie. La Bucovine revint à la Roumanie. Le Tyrol du Sud, le Trentin, l'Istrie et une région étendue au nord de l'Adriatique, y compris Trieste, allèrent à l'Italie.

Le traité de Trianon réduisit la Hongrie de 125.000 mètres carrés avec 21 millions d'habitants à 35.000 mètres carrés et 8 millions d'habitants. La Slovaquie et la Ruthénie revinrent à la Tchécoslovaquie ; la Transylvanie, une partie de la plaine hongroise et la majeure partie du Banat allèrent à la Roumanie ; le reste du Banat, le royaume de Croatie-Slavonie et quelques autres régions rejoignirent la Yougoslavie.

Les traités de paix fixaient les frontières des États vaincus. Ces derniers étaient ensuite établis par un certain nombre de traités réalisés dans les années suivant 1918. Le processus mena à des discordes et même à de violents conflits armés, et certains problèmes sont encore des sujets de discorde à l'heure actuelle.

Les sujets de controverses les plus violents concernaient les frontières de la Pologne. Seules les frontières avec l'Allemagne furent établies par le traité de Versailles. Les Polonais refusaient d'accepter leurs autres frontières comme le suggéraient les Alliés à Paris et, en 1920, entrèrent en guerre avec la Lituanie pour Vilnius, avec la Russie pour la frontière est, avec les Ukrainiens pour la Galice et avec la Tchécoslovaquie pour Teschen. La lutte pour Vilnius commença en 1919 quand les Polonais prirent la région aux Russes, mais ils la perdirent à nouveau rapidement. Les Russes la cédèrent aux Lituaniens en 1920 et ceci fut accepté par la Pologne, mais en trois mois, des flibustiers polonais s'en emparèrent. Un plébiscite ordonné par la Société des Nations fut organisé en janvier 1922 sous le contrôle polonais et donna une majorité polonaise. Les Lituaniens refusaient d'accepter la validité de ce vote ou une décision de la Conférence des ambassadeurs de mars 1923, donnant la région à la Pologne. Au lieu de cela, la Lituanie continua de se considérer comme étant en guerre contre la Pologne jusqu'en décembre 1927.

La Pologne ne s'en sortait pas très bien de l'autre côté de sa frontière. Là-bas, des combats éclataient entre les forces tchèques et polonaises pour Teschen en janvier 1919. La Conférence des ambassadeurs divisa la région entre les deux requérants, mais donna les précieuses mines de charbon à la Tchécoslovaquie (juillet 1919).

La frontière est de la Pologne fut seulement établie après une guerre sanglante contre l'Union soviétique. En 1919, le Conseil suprême avait établi la « ligne Curzon » en tant que frontière est de l'administration polonaise, mais, en six mois, les armées polonaises la traversèrent et s'avancèrent au-delà de Kiev. Une contrattaque russe repoussa rapidement les Polonais et le territoire polonais fut envahi à son tour. Dans la panique, les Polonais appelèrent à l'aide le Conseil suprême qui était réticent à l'idée d'intervenir. Les Français, cependant, n'hésitèrent pas et envoyèrent le général Weygand avec du ravitaillement pour défendre Varsovie. L'offensive russe fut stoppée sur la Vistule et des négociations de paix commencèrent. L'accord final, signé à Riga en mars 1921, donnait à la Pologne une frontière 241 km plus à l'est que la ligne Curzon et apportait bon nombre de personnes non polonaises en Pologne, y compris un million de Biélorusses et quatre-millions d'Ukrainiens.

La Roumanie eut également un litige avec la Russie à cause de l'occupation roumaine de la Bessarabie en 1918. En octobre 1920, la Conférence des ambassadeurs reconnut la Bessarabie comme faisant partie de la Roumanie. La Russie protesta et les États-Unis refusèrent d'accepter le transfert. En voyant ces perturbations, la Pologne et la Roumanie signèrent une alliance défensive contre la Russie en mars 1921.

Le litige de ce genre qui fut le plus important était causé par la disposition de Fiume. Ce problème était grave, car l'une des grandes puissances était impliquée. Les Italiens avaient cédé Fiume à la Yougoslavie dans le traité de Londres de 1915 et avaient promis, en novembre 1918, de dessiner la frontière italo-yougoslave sur la base de la nationalité. Ainsi, leur revendication était très faible. Néanmoins, à Paris, les Italiens insistaient sur leur droit pour des raisons politiques et économiques. Puisqu'ils avaient tout juste exclu l'empire des Habsbourg de la mer Adriatique et comme ils ne désiraient pas voir une autre puissance naitre à sa place, ils faisaient tout ce qu'ils pouvaient pour gêner la Yougoslavie et limiter son accès à l'Adriatique. De plus, l'acquisition de Trieste par l'Italie leur donna un très bon port de mer sans avenir puisqu'il était séparé de l'arrière-pays par une frontière politique d'où l'Italie ne pouvait réaliser son commerce. Pour protéger Trieste, l'Italie voulait contrôler tous les ports concurrents de la région. La ville de Fiume était largement italienne, mais la périphérie et la campagne avoisinante étaient massivement slaves. Les experts à Paris souhaitaient ne donner ni Fiume ni la Dalmatie à l'Italie, mais le colonel House essaya de ne pas tenir compte des experts dans le but d'obtenir un soutien italien pour la Société des Nations. Wilson rejeta House et émit son célèbre appel au peuple italien qui aboutit sur le désengagement temporaire de la délégation italienne de Paris. Après leur retour, le problème restait non résolu. En septembre 1919, un poète italien imprévisible, Gabriele D'Annunzio, aidé d'une bande de flibustiers, prit Fiume et instaura un gouvernement indépendant sur une base d'opérette. Le litige entre l'Italie et la Yougoslavie continua avec une aigreur qui diminua progressivement jusqu'en novembre 1920, quand ils signèrent un traité à Rapallo, divisant la région, mais laissant Fiume en ville libre. Cet accord n'était pas satisfaisant. Un groupe de fascistes italiens (où ce parti n'était pas encore en fonction) prit la ville en mars 1922 et celle-ci fut libérée par l'armée italienne trois semaines plus tard. Le problème fut finalement résolu par le traité de Rome de janvier 1924 par lequel Fiume revenait à l'Italie, mais la périphérie de Port Baros et un bail de cinquante ans sur l'un des trois bassins portuaires allaient à la Yougoslavie.

Ces litiges territoriaux étaient importants, car ils continuèrent à affecter les relations entre les États voisins jusqu'à la Seconde Guerre mondiale et plus tard encore. Les noms de Fiume, de Thrace, de la Bessarabie, d'Épire, de la Transylvanie, de Memel, de Vilnius, de Teschen, de la Sarre, de Dantzig et de la Macédoine résonnaient encore comme des cris de guerre des nationalistes enragés vingt ans après la Conférence de paix assemblée à Paris. Le travail de cette conférence réduisit indubitablement le nombre de peuples minoritaires, mais ceci ne servit qu'à accroître l'intensité des sentiments des minorités restantes. La quantité de ces minorités restait grande. Il y avait plus d'un million d'Allemands en Pologne, 550.000 en Hongrie, 3.100.000 en Tchécoslovaquie, environ 700.000 en Roumanie, 500.000 en Yougoslavie et 250.000 en Italie. Il y avait 450.000 Hongrois en Yougoslavie, 750.000 en Tchécoslovaquie et près de 1.500.000 en Roumanie. Il y avait près de cinq-millions de Biélorusses et d'Ukrainiens en Pologne et près de 1.100.000 de ces derniers en Roumanie. Pour protéger ces minorités, les puissances alliées et associées forcèrent les nouveaux États d'Europe centrale et d'Europe de l'est à signer des traités relatifs aux minorités par lesquels ces minorités obtenaient un minimum de droits politiques et culturels. Ces traités étaient garantis par la Société des Nations, mais il n'y avait pas d'organisme pour appliquer le respect de leurs termes. Le maximum qui pouvait être fait était d'émettre une remontrance publique contre le gouvernement en faute, ce qui fut fait, plus d'une fois, par exemple contre la Pologne.

Les clauses de désarmement des traités de paix étaient bien plus faciles à ébaucher qu'à appliquer. Il était clairement compris que le désarmement des puissances vaincues n'était que le premier pas vers le désarmement général des nations victorieuses également. Dans le cas des Allemands, cette connexion était faite explicitement dans le traité de sorte qu'il était nécessaire, pour garder l'Allemagne désarmée juridiquement, que les autres signataires du traité continuent d'œuvrer vers un désarmement général après 1919, de peur que les Allemands prétendent qu'ils n'avaient plus à être désarmés.

Dans tous les traités, certaines armes telles que les tanks, le gaz toxique, les aéronefs, l'artillerie lourde et les vaisseaux de guerre dépassant une certaine taille, ainsi que tous les commerces internationaux d'armes furent interdits. L'Allemagne avait la permission d'avoir une petite marine avec un nombre et une taille fixes de vaisseaux, tandis que l'Autriche, la Hongrie et la Bulgarie n'avaient droit à aucune marine digne de ce nom. Chaque armée avait une

Les traités de paix, 1919-1923

taille restreinte ; celle de l'Allemagne à 100.000 hommes, celle de l'Autriche à 30.000, celle de la Hongrie à 35.000 et celle de la Bulgarie à 20.000. De plus, ces hommes devaient être volontaires pour un enrôlement de douze ans et tout entrainement militaire obligatoire, état-major ou plan de mobilisation étaient interdits. Ces clauses sur les entrainements étaient une erreur, imposées par les Anglo-américains malgré les fortes protestations des Français. Les Anglo-américains voyaient l'entrainement militaire obligatoire comme étant « militariste » ; les Français le considéraient comme le concomitant du suffrage universel masculin et n'avaient pas d'objection quant à son application en Allemagne, puisque cela ne donnerait qu'un grand nombre d'hommes mal entrainés ; ils se sont cependant opposés à l'enrôlement de douze ans prôné par les Britanniques, puisque cela donnerait à l'Allemagne un grand nombre d'hommes bien entrainés qui pourraient être utilisés en tant qu'officiers dans une armée allemande rétablie. Sur ce problème, comme sur tant d'autres où les Français étaient rejetés par les Anglo-américains, le temps prouva que les Français avaient raison.

Les clauses de compensation des traités causèrent certains des litiges les plus violents à la Conférence de paix et étaient une source prolifique de controverses pendant plus de douze ans après la fin de la conférence. Les efforts des Américains afin d'établir une base rationnelle pour les compensations, que ce soit par une étude des dommages à réparer ou par un recensement économique de la capacité de l'Allemagne à payer les réparations, furent marginalisés, surtout à cause des objections françaises. Au même moment, les efforts des Américains visant à restreindre les compensations aux dommages de guerre et à ne pas permettre qu'elles soient étendues pour couvrir le total beaucoup plus important des couts de guerre furent bloqués par les Britanniques qui auraient obtenu une bien moindre compensation avec les dommages de guerre qu'avec les couts. En prouvant aux Français que la capacité des Allemands à payer était, en réalité, limitée, et que les Français auraient une plus grande proportion des paiements de l'Allemagne en se basant sur les « dommages » plutôt que sur les « couts », les Américains réussirent à réduire les demandes des Britanniques, bien que le délégué sud-africain, le général Smuts, fût capable de faire en sorte que les pensions militaires soient incluses en tant qu'une des catégories pour lesquelles l'Allemagne devait payer. Les Français étaient tiraillés entre un désir d'obtenir une portion aussi large que possible des paiements de l'Allemagne et un désir de lui donner un tel fardeau d'endettement qu'elle serait ruinée au point d'être incapable de menacer la sécurité française à nouveau.

La délégation britannique était fortement divisée. Les délégués financiers britanniques principaux, lord Cunliffe et lord Sumner, étaient si peu réalistes dans leurs estimations de la capacité de l'Allemagne à payer qu'ils étaient surnommés les « jumeaux angéliques », alors que beaucoup de membres plus jeunes de la délégation, dirigée par John Maynard (par la suite lord Maynard) Keynes, voyaient soit d'importantes limites économiques sur la capacité de l'Allemagne à payer, soit pensaient qu'une politique d'association et de fraternité ferait pencher la Grande-Bretagne vers une basse estimation des obligations de l'Allemagne. Le ressenti était si fort sur ce problème que cela montrait qu'il était impossible d'établir un chiffre exact pour les compensations de l'Allemagne dans le traité lui-même. Au lieu de cela, un compromis suggéré initialement par l'Américain John Foster Dulles fut adopté. Par celui-ci, l'Allemagne était forcée d'admettre une obligation théorique illimitée de payer, mais devait en réalité payer seulement pour une liste limitée de dix catégories d'obligations. La précédente admission fut retenue dans l'histoire comme « la clause de la culpabilité de guerre » (Article 231 du traité). Suite à cela, l'Allemagne accepta « la responsabilité de l'Allemagne et de ses alliés d'avoir causé toutes les pertes et tous les dommages subis par les Alliés et les gouvernements associés ainsi que leurs ressortissants en conséquence de la guerre qui leur avait été imposée par l'agression de l'Allemagne et ses alliés. »

La clause suivante, Article 232, concernait l'obligation des compensations et listait dix catégories de dommages dont la dixième, qui concernait les pensions et avait été incluse par le général Smuts, représentait une responsabilité plus grande que l'ajout des neuf catégories précédentes réunies. Puisqu'un délai considérable était nécessaire pour que la Commission des compensations puisse évaluer la valeur de ces catégories, les Allemands devaient commencer la livraison immédiate de larges quantités de propriétés, principalement de charbon et de bois, aux vainqueurs. L'obligation de compensations complète ne fut présentée aux Allemands qu'en mai 1921. Cette facture de 132 milliards de marks (près de 32,5 milliards de dollars) fut acceptée par l'Allemagne sous la pression d'un ultimatum de six jours qui menaçait d'occuper la vallée de la Ruhr.

Les clauses de compensation des autres traités étaient assez insignifiantes. L'Autriche était incapable de payer à cause de sa situation économique affaiblie suite à la disparition de l'empire des Habsbourg. La Bulgarie et la Hongrie ne payèrent qu'une petite partie de leurs obligations avant que toutes les compensations ne fussent effacées lors de la débâcle financière de 1931 à 1932.

Les traités conclus à Paris n'avaient pas de clause d'application digne de ce nom en dehors des clauses insuffisantes de la Rhénanie que nous avons déjà mentionnées plus tôt. Il est assez clair que les puissances vaincues ne pouvaient être poussées à respecter les clauses de ces traités que si la coalition qui avait remporté la guerre continuait à fonctionner comme un groupe. Les États-Unis quittèrent la coalition suite à la victoire républicaine sur Wilson lors des élections du congrès de 1918 et aux élections présidentielles de 1920. L'Italie était aliénée par l'incapacité du traité à satisfaire ses ambitions dans la mer Méditerranée et en Afrique. Mais ce n'étaient que des détails. Si l'entente anglo-française avait été maintenue, les traités auraient pu être appliqués sans les États-Unis ou l'Italie. Elle ne fut pas maintenue. La Grande-Bretagne et la France voyaient le monde de points de vues tellement différents qu'il était presque impossible de croire qu'elles regardaient le même monde. La raison à cela était simple, bien qu'elle eût de nombreuses conséquences et implications.

La Grande-Bretagne, après 1918, se sentait en sécurité tandis que la France se sentait totalement menacée face à l'Allemagne. À la suite de la guerre, avant même que le traité de Versailles ne fût signé, la Grande-Bretagne avait obtenu toutes ses principales ambitions par rapport à l'Allemagne. La marine allemande se trouvait au sud du Scapa Flow, sabordée par les Allemands; la flotte marchande allemande était dispersée, capturée et détruite; la rivalité coloniale allemande prit fin et ses régions étaient occupées; la rivalité commerciale allemande était paralysée par la perte de ses licences et de ses techniques industrielles, la destruction de tous ses débouchés commerciaux et de ses réseaux bancaires à travers le monde, et la perte de ses marchés d'avant-guerre qui étaient en forte croissance. La Grande-Bretagne avait atteint ses objectifs avant décembre 1918 et n'avait besoin d'aucun traité pour les conserver.

La France, par contre, n'avait pas obtenu la seule chose qu'elle désirait : la sécurité. L'Allemagne était bien plus forte que la France en matière de population et de force industrielle et était toujours en développement. Il était évident que la France n'avait été capable de vaincre l'Allemagne que de justesse durant la guerre 1914-1918 et seulement grâce à l'aide de la Grande-Bretagne, de la Russie, de l'Italie, de la Belgique et des États-Unis. La France n'avait aucune garantie que tous ces États ou même qu'un seul d'entre eux serait à ses côtés dans une guerre future contre l'Allemagne. En réalité, il était assez clair que la Russie et l'Italie ne seraient pas de son côté. Le refus des États-Unis et de la Grande-Bretagne de donner une garantie à la France contre l'agression allemande poussait également à douter de la possibilité de recevoir leur aide. Même s'ils étaient prêts à venir à la rescousse dans un cas ultime, il n'y avait aucune garantie que la France serait capable de résister à l'assaut initial allemand dans une guerre future comme elle avait résisté, de justesse, à l'assaut de 1914. Même s'il était possible d'y résister, et si la Grande-Bretagne venait finalement à la rescousse, la France devrait se battre, encore une fois, comme dans la période de 1914 à 1918, avec la partie la plus riche de la France sous occupation militaire ennemie. Dans de telles circonstances, quelles seraient les garanties d'avoir un succès final ? Ce genre de doutes donnait à la France un sentiment d'insécurité qui devenait presque psychotique, surtout quand la France voyait ses efforts d'augmenter sa sécurité bloqués à chaque tournant par la Grande-Bretagne. Pour la France, il semblait que le traité de Versailles, qui avait donné à la Grande-Bretagne tout ce qu'elle désirait de l'Allemagne, ne lui donnait pas l'unique chose qu'elle voulait. Par la suite, il s'avéra impossible d'obtenir une quelconque solution aux deux autres problèmes principaux de la politique internationale entre 1919 et 1929. Nous allons maintenant aborder ces trois problèmes de la sécurité, du désarmement et des compensations.

La sécurité, 1919-1935

Après 1918, la France mit au point une série d'alternatives afin d'assurer sa sécurité. Elle souhaitait, en premier choix, détacher la Rhénanie de l'Allemagne, mais les Anglais et les Américains l'en empêchèrent. Son second choix était de créer une « Société avec des dents », c'est-à-dire une Société des Nations dotée d'une force de police internationale habilitée à prendre des mesures automatiques et immédiates contre tout agresseur, mais les Anglais et les Américains s'y opposèrent. En compensation de la perte de ces deux premiers choix, la France accepta, comme troisième option, un traité anglo-américain de garantie, mais elle n'eut pas la chance de le voir se réaliser à cause du refus en 1919 du Sénat des États-Unis de ratifier l'accord, et du refus de la Grande-Bretagne d'assumer seule ce fardeau. En conséquence, les Français furent forcés d'accepter un quatrième choix : s'allier aux pays situés à l'est de l'Allemagne. Les principales étapes de la réalisation de ce projet étaient la création d'une « petite Entente » pour appliquer le Traité du Trianon contre la Hongrie en 1920-1921, et le regroupement de la France et de la Pologne dans ce système pour en faire une coalition de « pouvoirs satisfaits ». La petite Entente fut formée par une série d'alliances bilatérales entre la Roumanie, la Tchécoslovaquie et la Yougoslavie. Elle fut étendue grâce à un traité franco-polonais (en février 1921) et à un traité franco-tchécoslovaque (en janvier 1924). Ce système ne contribua que relativement peu à la sécurité française, en raison de la faiblesse de ces alliés (à l'exception de la Tchécoslovaquie) et de l'opposition de la Grande-Bretagne à tout type de pression française sur l'Allemagne le long du Rhin, la seule façon dont la France pouvait garantir la sécurité de la Pologne ou de la Tchécoslovaquie contre l'Allemagne. En conséquence, la France continua à chercher à la fois à obtenir des garanties de la part de la Grande-Bretagne et de « donner des dents » à la Société des Nations.

Ainsi, la France désirait la sécurité, alors que la Grande-Bretagne la possédait. La France avait besoin de la Grande-Bretagne, tandis que la Grande-Bretagne considérait la France comme un rival à l'extérieur de l'Europe (en particulier dans le Proche-Orient), et la menace principale qui pesait sur la politique coutumière d'équilibre des pouvoirs que la Grande-Bretagne appliquait en Europe. Après 1919, les Britanniques, et même certains Américains, parlaient de « l'hégémonie » française sur le continent européen. Depuis quatre siècles, la première règle de la politique étrangère de la Grande-Bretagne était de s'opposer à toute hégémonie sur le continent, et cela en cherchant à renforcer la seconde puissance contre la première. Après 1919, la Grande-Bretagne considérait l'Allemagne comme la seconde puissance, et la France comme la première, un point de vue qui s'avérait erroné considérant la population, la productivité industrielle et l'organisation générale des deux pays.

Comme la France manquait de sécurité, sa principale préoccupation dans l'ensemble des sujets était d'ordre politique. Comme la Grande-Bretagne possédait cette sécurité, sa principale préoccupation était d'ordre économique. Les volontés politiques de la France exigeaient que l'Allemagne soit affaiblie. Les volontés économiques de la Grande-Bretagne exigeaient que l'Allemagne soit renforcée, afin d'accroître la prospérité de toute l'Europe. Alors que la principale menace politique de la France était l'Allemagne, la principale menace économique et sociale de la Grande-Bretagne était le bolchévisme. La Grande-Bretagne tendait à considérer l'Allemagne comme un allié potentiel, surtout si elle était puissante et prospère, lors d'une lutte contre la Russie bolchévique. C'était là la principale préoccupation de lord d'Abernon, ambassadeur britannique à Berlin durant les années 1920-1926. D'autre part, alors que la France était complètement opposée au système socioéconomique de l'Union soviétique, et ne pouvait pas oublier facilement les immenses investissements français qui avaient été perdus dans ce pays, elle avait toujours tendance à considérer les Russes comme des alliés potentiels contre une renaissance de l'Allemagne (bien que la France n'ait pas conclu d'alliance avec l'Union soviétique avant 1935).

En raison de son insécurité, la France tendait à considérer le Traité de Versailles comme un accord permanent, alors que la Grande-Bretagne le voyait comme un arrangement temporaire, sujet à modification. Bien qu'insatisfaite par le traité, la France sentait que c'était là le meilleur qu'elle pût espérer obtenir, en particulier en tenant compte de la difficulté que l'Allemagne avait éprouvé à se décider à le signer, même face à une coalition mondiale. La Grande-Bretagne, qui avait vu tous ses désirs exaucés avant que le traité ne soit signé, n'éprouvait aucune réticence à le modifier, même si elle ne tenta de retoucher les clauses coloniales, navales et sur la marine marchande dont elle avait bénéficié qu'en 1935 (avec l'accord naval anglo-allemand). Mais, à cette même date, elle cherchait depuis quinze ans à modifier les clauses qui avaient bénéficié à la France.

Les Français estimaient que la paix en Europe était indivisible, alors que les Britanniques pensaient qu'elle ne l'était pas. Cela signifie que les Français croyaient que la paix en Europe orientale était une préoccupation majeure des États de l'Europe occidentale, et que ces derniers ne pouvaient pas permettre à l'Allemagne de s'étendre vers l'est, car cela lui permettrait de gagner assez de force pour riposter à l'ouest. Les Britanniques croyaient que la paix en Europe de l'Est et celle en Europe de l'Ouest étaient bien distinctes, et que si le maintien de la paix à l'Ouest était de leur devoir, toute tentative d'étendre cela à l'Europe de l'Est ne ferait qu'impliquer l'Europe de l'Ouest dans « chaque petite querelle » de ces peuples « arriérés » aux chamailleries incessantes et pourrait, comme cela avait été le cas en 1914, transformer ces disputes en une guerre mondiale. Les Pactes de Locarno de 1925 furent la première réalisation concrète de cette conviction britannique, comme nous le verrons. En réponse à l'argument français selon lequel l'Allemagne, si on l'autorisait à se développer à l'est, se renforcerait et serait donc capable de frapper l'ouest, les Britanniques répliquaient en général que les Allemands étaient tout autant susceptibles de se satisfaire des grands espaces de l'est que de s'y enliser.

La France estimait que l'Allemagne pouvait être forcée à maintenir la paix par la contrainte, alors que la Grande-Bretagne estimait que l'Allemagne pouvait en être persuadée grâce à des concessions. Les Français, en particulier la droite politique, ne voyaient aucune différence entre les Allemands de l'empire et les Allemands de la République de Weimar, au point de déclarer : « Grattez l'Allemand et vous trouverez un Fritz ». Les Britanniques, en particulier la gauche politique, considéraient les Allemands de la République de Weimar comme totalement différents de ceux de l'empire, purifiés par la souffrance et libérés de la tyrannie de l'autocratie impériale. Ils étaient prêts à serrer ces nouveaux Allemands contre leurs cœurs, et à faire toutes les concessions nécessaires pour les encourager à continuer sur la voie de la démocratie et du libéralisme. Lorsque les Britanniques commencèrent à parler de cette façon, en faisant appel aux bons principes de coopération et de conciliation, les Français eurent tendance à les considérer comme des hypocrites, faisant remarquer que cet appel aux principes n'apparaissait qu'au moment où les intérêts britanniques avaient été satisfaits et que ces principes pouvaient être utilisés comme des obstacles à la satisfaction des intérêts français. Les Britanniques avaient tendance à répondre aux remarques des Français sur les dangers de l'hypocrisie britannique par quelques remarques de leur cru sur les dangers du militarisme français. De cette triste manière, le noyau de la coalition qui avait vaincu l'Allemagne se dissolvait dans une confusion de malentendus et de récriminations.

Ce contraste entre les attitudes françaises et britanniques sur la politique étrangère est une simplification excessive des deux. Vers 1935, un changement considérable eut lieu dans ces pays, et, longtemps avant même cette date, des différences existaient entre les différents groupes qui étaient présents dans chacun d'eux.

Avant 1935, il existait à la fois en France et en Grande-Bretagne une différence d'opinions dans le domaine des politiques internationales qui suivait les perspectives politiques générales (et même les délimitations des classes sociales) d'assez près. En Grande-Bretagne, les personnes affiliées à la gauche politique avaient tendance à croire en la révision du Traité de Versailles en faveur de l'Allemagne, en la sécurité collective, au désarmement général, ainsi qu'en l'amitié avec l'Union soviétique. Durant la même période, la droite politique n'éprouvait que peu d'intérêt pour les politiques fondées sur l'humanitarisme, l'idéalisme ou l'amitié avec l'Union soviétique, et désirait poursuivre une politique « d'intérêt national », c'est-à-dire l'accent sur le renforcement de l'empire, l'application d'une politique commerciale agressive contre les étrangers, et l'adoption d'un isolationnisme relatif dans la politique générale, sans aucun engagement politique européen sauf à l'ouest du Rhin (où les intérêts de la Grande-Bretagne étaient immédiats). Les groupes de la gauche politique furent au pouvoir en Grande-Bretagne pendant environ deux ans seulement entre 1919 et 1939, et uniquement en tant que gouvernement minoritaire (en 1924, et entre 1929 et 1931). Les groupes de la droite politique furent au pouvoir pendant dix-huit de ces vingt années, en général avec une majorité absolue. Cependant, au cours de ces vingt ans, les habitants de la Grande-Bretagne éprouvaient généralement de la sympathie pour la gauche en ce qui concernait la politique étrangère, bien qu'ils fondaient en général leurs votes aux élections sur la base de la politique intérieure, et non étrangère. Cela signifie que le peuple était en faveur de la révision de Versailles, de la sécurité collective, de la coopération internationale et du désarmement.

Ayant conscience de cela, les gouvernements britanniques de droite commencèrent à suivre une politique double, composée d'une politique publique où ils supportaient haut et fort ce que nous appelâmes la politique étrangère de la gauche, et une politique secrète où ils agissaient selon ce que nous appelâmes la politique étrangère de la droite. Ainsi, la politique officielle du gouvernement et la politique du peuple britannique avaient pour fondement le soutien de la Société des Nations, de la coopération internationale et du désarmement. Pourtant, la véritable politique s'en éloignait fortement. Lord Cruzon, qui fut ministre des Affaires étrangères pendant quatre ans (1919-1923), déclara que la Société des Nations était « une bonne blague ». La Grande-Bretagne rejeta toutes les tentatives de la France et de la Tchécoslovaquie de renforcer le système de la sécurité collective. Tout en soutenant ouvertement la Conférence de Genève sur le désarmement naval (1927) et la Conférence sur le désarmement mondial (1926-1935), la Grande-Bretagne signa un accord secret avec la France pour bloquer le désarmement aussi bien sur terre que sur mer (juillet 1928) et signa un accord avec l'Allemagne libérant celle-ci de son obligation de désarmement naval (1935). Après 1935, le contraste entre la politique publique et la politique secrète devint si fort que le biographe agréé de lord Halifax (ministre des Affaires étrangères entre 1938-1940) inventa le nom « dyarchie » pour le qualifier. En outre, après 1935, les politiques à la fois de la droite et de la gauche furent modifiées, la gauche devenant antirévisionniste dès 1934, continuant à soutenir le désarmement jusqu'en 1939 (dans certains cas), renforçant son insistance sur la sécurité collective, alors que la droite insistait de plus en plus sur le révisionnisme (alors appelé « apaisement ») et sur l'opposition à l'Union soviétique.

En France, le contraste entre la droite et la gauche était moins fort qu'en Grande-Bretagne et les exceptions plus nombreuses, non seulement en raison de la complexité comparative des partis politiques français et de l'idéologie politique, mais aussi parce que la politique étrangère en France n'était pas un problème académique ou secondaire, mais était une préoccupation immédiate et terrifiante pour tous les Français. En conséquence, les divergences d'opinions, bien que bruyantes et intenses, étaient en réalité plutôt légères. Les Français s'accordaient tous sur une chose : « Cela ne doit pas se reproduire ». Plus jamais les Fritz ne devaient être autorisés à devenir assez forts pour agresser la France comme en 1870 et en 1914. Pour éviter cela, la gauche et la droite s'accordaient sur le fait qu'il existait deux méthodes : l'action collective de toutes les nations, et la puissance militaire de la France elle-même. Les deux camps divergeaient sur l'ordre dans lequel ces deux-là devaient être utilisés, la gauche souhaitant faire usage de l'action collective d'abord, et du pouvoir de la France même en complément ou en substitut, et la droite souhaitait utiliser la puissance de la France d'abord, avec le soutien de la Société ou d'autres alliés en complément. En plus de cela, la gauche tentait de faire une distinction entre l'ancienne Allemagne impériale et la nouvelle Allemagne républicaine, espérant apaiser cette dernière et détourner son esprit du révisionnisme grâce à l'amitié coopérative et à l'action collective. La droite, d'autre part, estimait qu'il était impossible de dissocier une Allemagne de l'autre ou même un Allemand d'un autre, étant persuadée qu'ils étaient tous autant incapables de comprendre toute politique autre que la force. En conséquence, la droite souhaitait employer la force pour contraindre l'Allemagne à remplir ses devoirs vis-à-vis du Traité de Versailles, même si la France devait agir seule pour cela.

La politique de la droite était celle de Poincaré et de Barthou, et la politique de la gauche était celle de Briand. La première fut utilisée entre 1918 et 1924 puis, brièvement, en 1934-1935, et la seconde entre 1924 et 1929. La politique de la droite échoua en 1924 lorsque l'occupation de la Ruhr par Poincaré visant à forcer l'Allemagne à payer les réparations prit fin. Cela prouva que la France ne pouvait pas agir seule, même contre une Allemagne affaiblie, à cause de l'opposition de la Grande-Bretagne et du danger de s'aliéner l'opinion mondiale. En conséquence, la France se tourna vers une politique de gauche (entre 1924-1929). Dans cette période, qui est connue comme la « période d'accomplissement », Briand, en tant que ministre des Affaires étrangères de la France,

La sécurité, 1919-1935

et Stresemann, en tant que ministre des Affaires étrangères de l'Allemagne, coopérèrent amicalement. Cette période prit fin en 1929, non pas, comme on le dit souvent, à cause de la mort de Stresemann et du fait que Briand n'était plus ministre, mais à cause de la prise de conscience grandissante que l'ensemble de la politique d'accomplissement (1924-1929) était fondée sur un malentendu. Briand suivait une politique de conciliation envers l'Allemagne, afin de faire en sorte qu'elle ne ressente pas le désir de modifier le Traité de Versailles, et Stresemann poursuivait sa politique d'accomplissement envers la France en vue d'obtenir une révision du traité. C'était une relation d'opposition, car Briand était catégorique sur la question critique (la révision du Traité de Versailles), comme la plupart des Français, et Stresemann était inconciliable, comme la plupart des Allemands.

En France, à la suite de l'échec de la politique de la droite en 1924 et de la politique de la gauche en 1929, il devint clair que la France ne pouvait agir seule contre l'Allemagne, que la France n'avait aucune liberté d'action dans ses affaires étrangères, et que sa sécurité dépendait de la Grande-Bretagne. Pour gagner ce soutien, que la Grande-Bretagne faisait toujours miroiter comme un appât, mais qu'elle n'accorda pas avant 1939, la France fut forcée par la Grande-Bretagne d'adopter la politique d'apaisement de la droite britannique après 1935. Cette politique obligeait la France à abandonner tous les avantages qu'elle avait sur l'Allemagne. Celle-ci fut autorisée à se réarmer en 1935, puis à remilitariser la Rhénanie en 1936. L'Italie fut aliénée en 1935. La France perdit sa dernière frontière terrestre sécurisée (Espagne) en 1936-1939, puis tous ses alliés à l'est de l'Allemagne, y compris le plus puissant, la Tchécoslovaquie, en 1938-1939, et elle fut ensuite obligée d'accepter l'union de l'Autriche et de l'Allemagne, contre laquelle elle avait fait usage de son droit de véto en 1931, en mars 1938. La Société des Nations perdit son pouvoir et son prestige, et l'ensemble du système de la sécurité collective fut abandonné en 1931-1939. L'Union soviétique, qui s'était alliée à la France et à la Tchécoslovaquie contre l'Allemagne en 1935, était traitée comme un paria parmi les nations et perdit contre la coalition anti-allemande en 1937-1939. Et, enfin, quand tout cela fut perdu, l'opinion publique en Grande-Bretagne força le gouvernement britannique à abandonner la politique de l'apaisement, et à adopter l'ancienne politique française de la résistance. Ce changement eut lieu au mauvais moment (Pologne, 1939), après que la possibilité d'employer la politique de résistance fut annihilée par la Grande-Bretagne, et que la France l'eut presque abandonnée.

En France, comme en Grande-Bretagne, les politiques étrangères de la droite et de la gauche connurent des changements après l'arrivée au pouvoir d'Hitler en Allemagne (1933). La gauche devint plus antiallemande et abandonna la politique de conciliation de Briand, alors que la droite, dans certains domaines, chercha à faire de la nécessité une vertu, et commença à envisager l'idée que, si l'Allemagne devait devenir forte de toute manière, on pouvait trouver une solution au problème de sécurité français en dirigeant l'Allemagne contre l'Union soviétique. Cette idée, qui avait déjà des adeptes dans la droite britannique, était plus acceptée par la droite que par la gauche en France, car si la droite était consciente de la menace politique que représentait l'Allemagne, elle était également consciente de la menace sociale et économique que représentait le bolchévisme. Certains membres de la droite française allaient même jusqu'à envisager la France comme une alliée de l'Allemagne pour un assaut contre l'Union soviétique. D'autre part, de nombreux membres de la droite française continuaient d'insister sur le fait que le principal, voire le seul, danger que la France encourait venait d'un risque d'agression allemande.

En France, comme en Grande-Bretagne, une double politique fit son apparition, mais uniquement après 1935, et, même alors, il s'agissait plus d'une tentative de prétendre que la France suivait sa propre politique et non une politique mise au point en Grande-Bretagne, qu'une tentative de prétendre qu'elle suivait une politique loyale à la sécurité collective et aux alliés français et non une politique d'apaisement. Alors que la France continuait de parler de ses obligations internationales, de la sécurité collective, et de la sainteté des traités (en particulier celui de Versailles), elle le faisait en grande majorité pour la consommation publique, car en réalité, de l'automne 1935 au printemps 1940, la France n'avait en Europe aucune politique indépendante de la politique d'apaisement britannique.

Ainsi, la politique étrangère française fut dominée durant la période 1919-1939 par le problème de la sécurité. Ces vingt années peuvent être divisées en cinq sous-périodes :

- 1919-1924, politique de la droite
- 1924-1929, politique de la gauche
- 1929-1934, confusion et transition
- 1934-1935, politique de la droite
- 1935-1939, politique double d'apaisement.

Le sentiment français de manque de sécurité était si fort en 1919 que les Français étaient tout à fait disposés à sacrifier la souveraineté de leur État et sa liberté d'action pour obtenir une Société des Nations possédant les pouvoirs d'un gouvernement mondial. En conséquence, lors de la première du Comité de la Société des Nations à la Conférence de la Paix de Paris de 1919, les Français essayèrent d'établir une Société possédant sa propre armée, son propre État-major général, et ses propres pouvoirs d'action de police contre les agresseurs ne nécessitant pas la permission des États membres. Les Anglais et les Américains en furent horrifiés, parce qu'ils considéraient cela comme un exemple inexcusable de la « politique de puissance et de militarisme ». Ils firent peu de cas des Français, et conçurent leur propre projet de Pacte dans lequel il n'y avait aucun sacrifice de la souveraineté de l'État et où la nouvelle organisation mondiale n'avait aucun pouvoir propre et n'était pas autorisée à prendre des mesures sans le consentement des parties concernées. La guerre n'était pas interdite, mais simplement soumise à certains délais procéduraux dans son organisation, et les procédures pacifiques destinées à régler les différends internationaux n'étaient pas rendues obligatoires, mais étaient simplement mises à disposition de ceux qui souhaitaient les utiliser. Enfin, aucune réelle sanction politique n'était prévue pour forcer les nations à utiliser les procédures pacifiques ni même à respecter les procédures dilatoires du Pacte lui-même. Les sanctions économiques étaient supposées être utilisées par les nations membres contre les États agresseurs qui violaient les procédures dilatoires du Pacte, mais aucune sanction militaire ne pouvait être appliquée, sauf si elle était apportée par chaque État individuellement. La Société était donc loin d'être un gouvernement mondial, bien qu'à la fois ses alliés et ses ennemis, pour des raisons opposées, essayaient de prétendre qu'elle était plus puissante et plus importante qu'elle ne l'était réellement. Le Pacte, en particulier les articles cruciaux 10-16, avait été formulé par un avocat britannique talentueux, Cecil Hurst, qui le remplit de failles, intelligemment dissimulées sous une masse de verbiage impressionnant, de manière à ce qu'aucun État ne vit sa liberté d'action trop fortement restreinte par le document. Les politiciens en avaient conscience, bien que ce ne fût pas très publiquement connu, et, dès le début, les États qui souhaitaient une véritable organisation internationale commencèrent à chercher à modifier le Pacte, pour « combler les failles » qui s'y trouvaient. Toute réelle organisation politique internationale nécessitait trois éléments : (1) des procédures pacifiques pour régler tous les différends, (2) la proscription des procédures non pacifiques à cette même fin, et (3) des sanctions militaires efficaces pour rendre obligatoire l'emploi des procédures pacifiques et pour empêcher l'utilisation de procédures guerrières.

La Société des Nations se composait de trois parties : (1) l'Assemblée de tous les membres de la Société, ayant lieu en général chaque année en septembre, (2) le Conseil, qui rassemblait les grandes puissances aux sièges permanents, et un certain nombre de puissances mineures, occupant des sièges électifs pour un mandat de trois ans, (3) le Secrétariat, composé d'un appareil administratif international consacré à toutes sortes de coopérations internationales, et dont le siège social était situé à Genève.

L'Assemblée, en dépit de son grand nombre de membres et de ses rares réunions, se révéla être une institution vivante et précieuse, pleine de membres travailleurs et ingénieux, en particulier venant des puissances secondaires comme l'Espagne, la Grèce et la Tchécoslovaquie. Le Conseil était moins efficace, dominé par les grandes puissances, et passait la plupart de son temps à essayer d'empêcher l'action sans en avoir l'air. À l'origine, il se composait de quatre membres permanents (la Grande-Bretagne, la France, l'Italie et le Japon) et de quatre membres temporaires. L'Allemagne fut ajoutée en 1926, puis se retira avec le Japon en 1933. L'Union soviétique fut admise en 1934 et expulsée en 1939, suite à son attaque sur la Finlande. Étant donné que le nombre de membres non permanents augmenta au cours de cette période, le Conseil de 1940 était composé de deux membres permanents et de onze membres temporaires.

Le Secrétariat se développa lentement jusqu'à se composer, en 1938, de plus de huit-cents personnes venant de cinquante-deux pays différents. La plupart d'entre eux étaient des idéalistes dévoués aux principes de la coopération internationale, et firent preuve d'une capacité considérable et d'une fidélité étonnante au cours de la brève existence de la Société. Ils s'occupaient de tous les types d'activités internationales, y compris le désarmement, la protection de l'enfant, l'éducation, le trafic de drogue, l'esclavage, les réfugiés, les minorités, la codification du droit international, la protection des espèces sauvages et des ressources naturelles, la coopération culturelle, et bien d'autres.

Un certain nombre d'organisations dépendantes étaient rattachées à la Société. Deux d'entre elles, la Cour permanente de justice internationale et le Bureau international du travail étaient semi-autonomes. Les autres comprenaient, entre autres, l'Organisation financière et économique et l'Organisation des communications et du transit, l'Organisation internationale de la Santé dont les bureaux étaient situés à Paris, et l'Organisation de la coopération intellectuelle, dont les branches étaient situées à Paris, Genève et Rome.

De nombreux efforts furent déployés, principalement par la France et la Tchécoslovaquie, pour « combler les failles du Pacte ». Les plus importantes de ces tentatives furent le projet du Traité d'assistance mutuelle (1923), le Protocole de Genève (1924), et les Pactes de Locarno (1925). Le projet de traité obligeait ses signataires à renoncer à la guerre qui était considérée comme un crime international, et à apporter une assistance militaire à tout signataire que le Conseil de la Société désignait comme victime d'une agression. Ce projet fut annulé en 1924 par le véto du gouvernement travailliste britannique, au motif que l'accord augmenterait le fardeau pesant sur l'Empire britannique sans apporter à sa sécurité. L'Assemblée formula aussitôt un meilleur accord, connu sous le nom de Protocole de Genève, destiné à combler toutes les failles du Pacte. Il forçait ses signataires à régler les différends internationaux par des méthodes prévues par le traité, désignait comme agresseur tout État qui refusait d'utiliser ces procédures pacifiques, obligeait ses membres à employer des sanctions militaires contre ces agresseurs, et mit fin au droit de véto du Conseil en faisant en sorte que l'unanimité nécessaire à l'adoption des décisions du conseil pouvait être atteinte sans prendre en compte les votes des partis dont le différend était débattu. Cet accord fut annulé par les objections d'un gouvernement conservateur nouvellement installé à Londres. La principale opposition britannique au Protocole venait des Dominions, en particulier du Canada, qui craignaient que l'accord puisse les forcer, à un moment, à appliquer des sanctions contre les États-Unis. Cela était très peu probable, compte tenu du fait que le Commonwealth britannique tenait en général deux sièges au Conseil et l'un d'eux au moins pouvait employer son vote pour empêcher l'action, et ce même si le vote de l'autre était annulé, car faisant partie du différend.

Le fait que le Projet de traité et le Protocole furent tous deux annulés par la Grande-Bretagne fit naitre, à travers le monde, une opinion publique défavorable. Pour contrer cela, les Britanniques conçurent une alternative complexe, connue sous le nom des Pactes de Locarno. Conçus dans les mêmes cercles londoniens qui s'étaient opposés à la France, avaient soutenu l'Allemagne et saboté la Société des Nations, les Pactes de Locarno furent le résultat d'une intrigue internationale complexe dans laquelle le général Smuts joua un rôle majeur. En surface, ces accords semblaient garantir les frontières du Rhin, fournir des moyens pacifiques pour régler tous les différends entre l'Allemagne et ses voisins, et admettre l'Allemagne dans la Société des Nations, sur la base de l'égalité entre les grandes puissances. Les Pactes se composaient de neuf documents dont quatre étaient des traités d'arbitrage entre l'Allemagne et ses voisins (la Belgique, la France, la Pologne, et la Tchécoslovaquie), deux étaient des traités entre la France et ses alliés de l'est (la Pologne et la Tchécoslovaquie), le septième était une note libérant l'Allemagne de toute nécessité d'appliquer la clause des sanctions du Pacte contre toute nation agressive au motif qu'on ne pouvait pas attendre de l'Allemagne, ayant été désarmée par le Traité de Versailles, qu'elle assume les mêmes obligations que les autres membres de la Société des Nations. Le huitième document était une introduction générale aux Pactes, et le neuvième était le « Pacte Rhénan », le véritable cœur de l'accord. Ce « Pacte Rhénan » garantissait la frontière séparant l'Allemagne de la Belgique et de la France contre les attaques venant des deux côtés. La garantie fut signée par la Grande-Bretagne et l'Italie, ainsi que par les trois États directement concernés, et reprenait la condition de démilitarisation de la Rhénanie telle qu'elle avait été établie en 1919. Cela signifiait que si l'une de ces puissances frontalières outrepassait la frontière ou la zone démilitarisée, cette violation pouvait entrainer les quatre autres puissances dans une action contre le contrevenant.

Les Pactes de Locarno furent conçus par la Grande-Bretagne pour accorder la sécurité à la France contre l'Allemagne sur le Rhin, qu'elle désirait si ardemment, et, aussi (puisque la garantie fonctionnait dans les deux sens), pour empêcher la France d'occuper la Ruhr ou toute autre partie de l'Allemagne, comme cela avait été fait malgré les violentes objections de la Grande-Bretagne en 1923-1924. De plus, en refusant de garantir le frontière orientale de l'Allemagne avec la Pologne et la Tchécoslovaquie, la Grande-Bretagne mit en place par la loi une distinction entre la paix dans l'est et la paix dans l'ouest, sur laquelle elle insistait depuis 1919, et affaiblit grandement les alliances de la France avec la Pologne et la Tchécoslovaquie en faisant en sorte qu'il soit presque impossible pour la France de les honorer, ou de faire pression sur l'Allemagne par l'ouest si jamais celle-ci commençait à faire pression sur ses alliés à l'est, sauf avec le consentement de la Grande-Bretagne. Ainsi, les Pactes de Locarno, qui furent présentés à l'époque dans l'ensemble du monde anglophone comme une contribution sensationnelle pour la paix et la stabilité de l'Europe, formèrent en réalité le contexte pour les évènements de 1938, quand la Tchécoslovaquie fut détruite à Munich. L'unique raison pour laquelle la France accepta les Pactes de Locarno était qu'ils garantissaient explicitement la démilitarisation de la Rhénanie. Tant que cette condition se maintenait, la France conservait un droit de véto total sur les mouvements de l'Allemagne à l'est comme à l'ouest, car les principaux districts industriels de l'Allemagne dans la Ruhr étaient sans protection. Malheureusement, comme nous l'indiquâmes, lorsque la garantie de Locarno fut activée en mars 1936, la Grande-Bretagne n'honora pas son accord, la Ruhr fut remilitarisée, et la voie vers l'est s'ouvrit pour l'Allemagne.

Les Pactes de Locarno causèrent beaucoup d'inquiétude en Europe de l'Est, notamment en Pologne et en Russie. La Pologne protesta violemment, publia une longue justification juridique de ses propres frontières, envoya son ministre des Affaires étrangères prendre résidence à Paris, et signa trois accords avec la Tchécoslovaquie (l'un mettant fin au différend à propos de Teschen, les autres consistant en un traité commercial et une convention d'arbitrage). Elle était alarmée par le refus de la garantie de ses frontières, l'affaiblissement de son alliance avec la France, et le statut spécial accordé à l'Allemagne au sein de la Société des Nations et du Conseil de cette Société (où l'Allemagne pouvait empêcher les sanctions contre la Russie, si celle-ci venait à attaquer la Pologne). Pour apaiser ce sentiment d'alarme, un accord fut conclu avec la Pologne, accordant à ce pays aussi un siège au Conseil de la Société des Nations pour les douze années à venir (1926-1938).

Les Pactes de Locarno et l'admission de l'Allemagne dans la Société des Nations alarmèrent également l'Union soviétique. Depuis 1917, ce pays éprouvait un sentiment d'insécurité et d'isolation qui, parfois, atteignait des proportions obsessionnelles. Il y avait une certaine justification à cela. Sujette à des attaques diplomatiques, économiques, ou de propagande, et même à l'action militaire, l'Union soviétique avait lutté pour sa survie pendant des années. À la fin de 1921, la plupart des armées envahissantes s'étaient retirées (à l'exception des Japonais), mais la Russie demeura dans l'isolement et la peur d'une alliance mondiale anti-bolchévique. L'Allemagne, à cette époque, était dans un isolement similaire. Les deux puissances parias dérivèrent l'une vers l'autre et scellèrent leur amitié par un traité signé à Rapallo en avril 1922. Cet accord provoqua un grand sentiment d'alarme en Europe occidentale, étant donné qu'une union entre la technologie et la capacité d'organisation allemande et les effectifs et les matières premières soviétiques rendrait impossible le respect du Traité de Versailles et pourrait exposer une grande partie de l'Europe, ou même du monde, au triomphe du bolchévisme. Une telle union de l'Allemagne et de la Russie soviétique demeura le principal cauchemar de la majeure partie de l'Europe de l'Ouest entre 1919 et 1939. En cette dernière année, sa naissance fut déclenchée par les actions de ces mêmes puissances occidentales.

Afin d'apaiser le sentiment d'alarme de la Russie envers Locarno, Stresemann signa un traité commercial avec la Russie, promit d'obtenir une position spéciale pour l'Allemagne au sein de la Société des Nations, de sorte qu'elle pourrait bloquer tout passage des troupes telles que celles qui seraient envoyées comme sanctions par la Société contre la Russie, et signa un pacte de non-agression avec l'Union soviétique (avril 1926). L'Union soviétique, à son tour, à la suite de Locarno, signa un traité d'amitié et de neutralité avec la Turquie, qui interdisait pratiquement à cette dernière d'entrer dans la Société.

« L'esprit de Locarno », comme il finit par être appelé, donna lieu à un sentiment d'optimisme, au moins dans les pays occidentaux. Dans ce climat favorable, au dixième anniversaire de l'entrée dans la guerre mondiale des États-Unis, Briand, le ministre des Affaires étrangères français, suggéra que les États-Unis et la France renoncent à l'usage de la guerre entre elles. Cela fut étendu par Frank B. Kellogg, le secrétaire d'État américain, dans un accord multilatéral par lequel tous les pays pourraient « renoncer à l'usage de la guerre comme instrument de politique nationale ». La France n'accepta cette extension qu'après l'ajout d'une réserve, selon laquelle les droits d'autodéfense et d'obligations antérieures ne seraient pas affaiblis. Le gouvernement britannique réserva certaines régions, notamment au Moyen-Orient, où il souhaitait être en mesure de mener des guerres qui ne pouvaient être qualifiées de « légitime défense » au sens strict. Les États-Unis formulèrent également une réserve pour préserver leur droit de déclarer la guerre selon la doctrine de Monroe.

Aucune de ces réserves ne fut incluse dans le texte du Pacte Kellogg-Briand lui-même, et la réserve britannique fut rejetée par le Canada, l'Irlande, la Russie, l'Égypte et la Perse. Le résultat net fut que les signataires ne renoncèrent qu'aux guerres d'agression.

Le Pacte Briand-Kellogg (1928) était un document faible et plutôt hypocrite et progressait vers la destruction du droit international tel qu'il existait en 1900. Nous vîmes que la Première Guerre mondiale influença beaucoup l'annulation des distinctions juridiques entre les belligérants et les neutres et entre les combattants et les non-combattants. Le Pacte Briand-Kellogg fut l'une des premières étapes vers la destruction des distinctions légales entre la guerre et la paix, puisque les puissances, ayant renoncé à l'usage de la guerre, commencèrent à mener des guerres sans les déclarer, comme cela fut fait par le Japon en Chine en 1937, par l'Italie en Espagne en 1936-1939, et par tous en Corée en 1950.

Le Pacte Briand-Kellog fut signé par les quinze nations qui furent invitées à le faire, et quarante-huit autres nations furent invitées à adhérer à ses termes. En fin de compte, soixante-quatre nations (toutes celles invitées à l'exception de l'Argentine et du Brésil) signèrent le Pacte. L'Union soviétique ne fut pas invitée à le signer, mais uniquement à y adhérer. Elle était, cependant, si enthousiaste au sujet du pacte qu'elle fut le premier pays de ces groupes à le ratifier et, lorsque plusieurs mois s'écoulèrent sans qu'aucune ratification ne fût faite par les signataires originaux, elle tenta de mettre en vigueur les termes du pacte en Europe de l'Est grâce à un accord distinct. Connu sous le nom de Protocole Litvinoff, d'après le ministre soviétique des Affaires étrangères, cet accord fut signé par neuf pays (la Russie, la Pologne, la Lettonie, l'Estonie, la Roumanie, la Lituanie, la Turquie, Dantzig, et la Perse, mais pas la Finlande, qui refusa), bien que la Pologne n'eût aucune relation diplomatique avec la Lituanie et que l'Union soviétique n'en avait aucune avec la Roumanie.

Le Protocole de Litvinoff fut l'une des premières preuves concrètes d'un changement dans la politique étrangère soviétique qui eut lieu vers 1928-1929. Jusque-là, la Russie avait refusé de coopérer avec tout système de sécurité collective ou de désarmement, au motif que ceux-ci étaient seulement des « pièges de capitalistes ». Elle avait considéré les relations étrangères comme une sorte de compétition où la loi de la jungle dominait, et avait dirigé sa propre politique étrangère vers la fomentation de troubles intérieurs et des révolutions au sein d'autres pays du monde. Cette décision était fondée sur la conviction que ces autres puissances conspiraient constamment entre elles afin d'attaquer l'Union soviétique. Pour les Russes, la révolution interne au sein de ces pays semblait être un type d'autodéfense, tandis que l'animosité de ces pays semblait être un moyen de défense contre les plans soviétiques pour la révolution mondiale. En 1927, un changement eut lieu dans la politique soviétique : « la révolution mondiale » fut remplacée par une politique de « communisme dans un unique pays » et d'un soutien croissant pour la sécurité collective. Cette nouvelle politique se poursuivit pendant plus d'une décennie, et était fondée sur la conviction que le communisme dans un seul pays pourrait être mieux assuré à l'intérieur d'un système de sécurité collective. L'accent sur ce dernier point s'accentua après l'arrivée au pouvoir d'Hitler en Allemagne en 1933, et atteignit son apogée durant le mouvement du « Front populaire » de 1935 à 1937.

Le Pacte de Kellogg donna lieu à une prolifération de tentatives d'établissement de méthodes pacifiques pour régler les différends internationaux. Un « Acte général pour le règlement pacifique des différends internationaux » fut accepté par vingt-trois États, et entra en vigueur en août 1929. Plus de cent accords bilatéraux créés dans le même but furent signés durant les cinq années

1924-1929, contre une douzaine durant les cinq années 1919-1924. Une codification du droit international fut initiée en 1927 et se poursuivit durant plusieurs années, mais aucune de ses parties n'entra en vigueur en raison de l'insuffisance des ratifications.

L'interdiction de la guerre et l'établissement de procédures pacifiques de règlements des différends étaient relativement vides de sens si des sanctions ne pouvaient être établies pour obliger l'emploi de méthodes pacifiques. Les efforts déployés dans ce sens furent annulés par la réticence de la Grande-Bretagne à s'engager à employer la force contre un pays non spécifié à une date indéfinie ou à permettre la mise en place d'une force de police internationale à cet effet. Même un pas modeste dans cette direction sous la forme d'un accord international prévoyant une aide financière pour tout État ayant été victime d'une agression, une suggestion d'abord faite par la Finlande, fut annulé par un amendement britannique, selon lequel il ne devait pas entrer en vigueur avant qu'un accord général de désarmement ne soit réalisé. Cette réticence à recourir à des sanctions contre l'agression devint prépondérante durant l'automne 1931 quand les Japonais attaquèrent la Mandchourie. En conséquence, la « structure de paix » fondée sur Versailles, qui avait été prolongée pendant douze ans par tant d'efforts partant de bonnes intentions, bien que souvent mal orientées, entama un processus de désintégration qui l'annula totalement en huit ans (1931-1939).

Le désarmement, 1919-1935

L'incapacité à mettre en place un système efficace de sécurité collective dans la période 1919-1935 empêcha l'établissement d'un système de désarmement général au cours de la même période. En toute logique, les pays qui se sentent menacés ne se désarment pas. Ce fait, aussi évident soit-il, fut perdu de vue par les pays anglophones. Par conséquent, les tentatives de désarmement de la période 1919-1935 furent affaiblies par l'échec de ces pays à le comprendre, et par leur insistance sur le fait que le désarmement devait précéder la sécurité plutôt que la suivre. Ainsi, les tentatives de désarmement, tout en se poursuivant durant cette période (conformément à la promesse faite aux Allemands en 1919), furent étouffées par les désaccords entre les « pacifistes » et les « réalistes » au sujet des procédures. Les « pacifistes », dont les pays anglophones faisaient partie, firent valoir que l'armement était la cause des guerres et de l'insécurité, et que la meilleure façon de désarmer était tout simplement de désarmer. Ils préconisaient une approche « directe » ou « technique » du problème, et étaient convaincus que l'armement pouvait être mesuré et réduit par un accord international direct. Les « réalistes », d'autre part, qui rassemblaient la plupart des pays d'Europe, menés par la France et la petite Entente, soutinrent que l'armement était causé par la guerre et la peur de celle-ci, et que la meilleure façon de désarmer était de garantir la sécurité des nations. Ils préconisaient une approche « indirecte » ou « politique » du problème, et estimaient qu'une fois la sécurité assurée, le désarmement ne poserait aucun problème.

La raison de cette divergence d'opinions résidait dans le fait que les nations qui préconisaient la méthode directe, comme la Grande-Bretagne, les États-Unis, et le Japon, étaient déjà en sureté, et pouvaient procéder directement au désarmement, tandis que les nations qui ne se sentaient pas en sécurité étaient d'abord tenues de la rechercher, avant de pouvoir s'engager à réduire leur armement. Étant donné que les nations en sécurité étaient toutes des puissances navales, l'emploi de la méthode directe s'avéra assez efficace en matière de désarmement naval, alors que les pays qui ne parvenaient pas à trouver cette sécurité, rendaient plutôt futiles la plupart des efforts déployés par la communauté internationale en faveur du désarmement terrien ou aérien.

L'histoire du désarmement naval est marquée par quatre épisodes durant l'entre-deux-guerres : (1) la Conférence de Washington en 1922, (2) la Conférence de Genève avortée de 1927, (3) la Conférence de Londres de 1930, et (4) la Conférence de Londres de 1936.

La Conférence de Washington fut la conférence sur le désarmement la plus productive de la période d'entre-deux-guerres, car les problèmes étaient si variés à ce moment qu'il fut possible de négocier avec succès. La Grande-Bretagne souhaitait : (1) éviter une course à l'armement naval avec les États-Unis en raison du poids financier, (2) se débarrasser de l'alliance anglo-japonaise de 1902, qui n'était plus nécessaire en raison de l'effondrement de l'Allemagne et de la Russie, et (3) réduire la menace navale japonaise dans le sud-ouest du Pacifique. Les États-Unis souhaitaient : (1) faire en sorte que le Japon sorte de l'Asie orientale et restaurer la « doctrine de la porte ouverte » en Chine, (2) empêcher les Japonais de consolider les iles sous mandat allemand qui s'étendaient au travers des communications américaines entre Hawaï et les Philippines, et (3) réduire la menace navale japonaise aux Philippines. Le Japon souhaitait : (1) sortir de la Sibérie orientale sans avoir l'air de se replier, (2) empêcher les États-Unis de fortifier l'atoll de Wake et Guam, leurs deux bases sur la route allant de Pearl Harbor à Manille, (3) réduire la puissance navale américaine à l'extrême ouest du Pacifique. En négociant l'une contre l'autre, ces trois puissances furent en mesure d'obtenir satisfaction, bien que cela ne fût rendu possible que grâce à la bonne volonté de la Grande-Bretagne et des États-Unis. Mais surtout, car à

Le désarmement, 1919-1935

cette époque, avant l'utilisation des flottes de pétroliers et des actuelles techniques d'approvisionnement d'une flotte en mer, la zone couverte par toute flotte de combat était limitée par la position de ses bases (auxquelles la flotte devait revenir très régulièrement pour se ravitailler).

La clé de l'ensemble de l'accord reposait probablement sur les positions relatives des marines britannique et américaine. Fin 1918, la ligne de front des États-Unis était composée de 16 vaisseaux de premier rang équipés de 168 canons de 12 à 14 pouces, et celle de la Grande-Bretagne de 42 vaisseaux de premier rang armés de 376 canons de 12 à 15 pouces. Mais les programmes de construction de ces deux puissances auraient presque donné l'avantage aux États-Unis en 1926. Afin d'éviter une course à l'armement naval qui aurait rendu impossible pour la Grande-Bretagne d'équilibrer son budget ou de revenir sur l'étalon-or d'avant-guerre, le pays donna aux États-Unis l'égalité en vaisseaux de premier rang (quinze chacun), tandis que le Japon s'en vit accordé 60% (soit neuf vaisseaux de premier rang). Cependant, cette petite flotte japonaise permit aux Japonais d'obtenir la suprématie navale dans leurs eaux nationales, en raison d'un accord interdisant de construire de nouvelles fortifications ou bases navales à distance de frappe du Japon. Le même ratio 10-10-6 des vaisseaux de premier rang s'appliquait aussi aux porte-avions. Afin de les convaincre d'adhérer aux accords, on offrit à la France et à l'Italie l'équivalent d'un tiers du tonnage des deux plus grandes puissances navales dans ces deux catégories de navires, strictement définies et donc limitées. Les vaisseaux de premier rang étaient des vaisseaux de combat allant de 10.000 à 35.000 tonnes de déplacement avec des canons n'excédant pas 16 pouces, alors que les transporteurs devaient être limités à 27.000 tonnes et équipés de canons n'excédant pas 6 pouces chacun. La répartition de vaisseaux capitaux et de transporteurs possédés par les cinq grandes puissances navales devait être la suivante :

Pays	Ratio	Tonnes de Vaisseaux Capitaux	Nombre de Vaisseaux Capitaux	Tonnes de Transporteurs
États-Unis	5	525.000	15	135.000
Grande-Bretagne	5	525.000	15	135.000
Japon	3	315.000	9	81.000
France	1,67	175.000	Non déterminé	60.000
Italie	1,67	175.000	Non déterminé	60.000

Ces normes devaient être atteintes dès 1931. Cela nécessitait que 76 vaisseaux de premier rang, construits ou prévus, soient démantelés avant cette date. Sur ce nombre, les États-Unis en abandonnèrent 15 déjà construits et 13 en cours de construction (soit 28 au total), l'Empire britannique en abandonna 20 construits et 4 en construction (soit 24 au total), et le Japon en abandonna

10 construits et 14 en construction (soit 24 au total). Parmi les régions dans lesquelles les nouvelles fortifications dans le Pacifique étaient interdites se trouvaient : (a) toutes les possessions des États-Unis à l'ouest d'Hawaï, (b) toutes les possessions britanniques à l'est de 110° de longitude Est sauf le Canada, la Nouvelle-Zélande, ainsi que l'Australie et ses territoires, (c) toutes les possessions japonaises à l'exception des « îles nationales » du Japon.

Parmi les six traités et treize résolutions pris à Washington pendant les six semaines que dura la conférence (novembre 1921-février 1922) figurait un Traité des neuf puissances pour le maintien de l'intégrité de la Chine, un accord entre la Chine et le Japon au sujet de Chantoung, un autre entre les États-Unis et le Japon au sujet des îles occupées du Pacifique, ainsi qu'un accord au sujet des douanes chinoises. En conséquence de ceux-ci, le traité anglo-japonais de 1902 prit fin, et le Japon évacua la Sibérie orientale. À Washington, les tentatives de limitation des autres catégories de navires échouèrent à cause de la France. Le pays avait accepté l'égalité avec l'Italie en termes de vaisseaux de premier rang uniquement en échange d'un accord pour que les autres navires mineurs qu'il possédait ne soient pas restreints. La France fit valoir qu'elle avait besoin d'une plus grande flotte que l'Italie, car elle possédait un empire mondial (contrairement à l'Italie), et avait besoin de protéger ses côtes nationales à la fois sur l'Atlantique et sur la Méditerranée (alors que l'Italie pouvait concentrer sa flotte en Méditerranée). Ces mêmes objections conduisirent ces deux puissances à refuser l'invitation américaine à la Conférence de Genève sur le désarmement en 1927.

Cette Conférence de Genève de 1927 tenta de limiter les autres catégories de navires, au-delà des vaisseaux de premier rang et des transporteurs. Elle échoua en raison d'un violent conflit entre la Grande-Bretagne et les États-Unis au sujet des croiseurs. Les États-Unis, dotés de quelques bases extraterritoriales et d'une marine de « haute mer », voulaient des croiseurs « lourds » de près de 10.000 tonnes chacun, équipés de canons de 8 pouces. Les Britanniques, possédant de nombreuses bases navales dispersées, désiraient un grand nombre de croiseurs « légers » de 7500 tonnes chacun, équipés de canons de 6 pouces, et étaient déterminés à limiter les croiseurs « lourds » afin d'augmenter l'importance navale de leurs millions de tonnes de navires marchands rapides (qui pouvaient être armés de canons de 6 pouces en cas d'urgence). Les États-Unis acceptèrent la division britannique des croiseurs en deux catégories, mais demandèrent la limitation des deux dans le respect des ratios du traité de Washington, et avec le tonnage maximal le plus bas possible. La Grande-Bretagne ne désirait limiter que les croiseurs « lourds », et fixa ses propres besoins « impératifs » en croiseurs à 70 navires totalisant 562.000 tonnes, soit deux fois le total suggéré par les Américains. Les Britanniques soutinrent que leurs besoins en croiseurs n'avaient rien à voir avec la taille relative de la flotte de croiseurs américains, mais dépendaient de valeurs « absolues » telles que la taille de la terre et les ki-

Le désarmement, 1919-1935

lomètres de voies maritimes, qui devaient être surveillés. Sur ce point, Winston Churchill fut catégorique, et parvint à forcer le délégué général britannique à la Conférence de Genève (lord Robert Cecil, qui souhaitait un compromis) à démissionner du Cabinet.

La Conférence se sépara dans une atmosphère récriminatrice, à la grande joie des lobbyistes des entreprises de construction navale et des sociétés « patriotiques ». Ces derniers avaient harcelé les délégués tout au long de la Conférence. Trois entreprises américaines de construction navale auraient risqué de perdre des contrats d'une valeur de presque 54 millions de dollars si la Conférence avait été un succès, et n'hésitèrent pas à dépenser une partie de cette somme pour s'assurer que ce ne serait pas le cas. Plus tard, elles furent poursuivies en justice par leur principal lobbyiste à la Conférence, M. William B. Shearer, pour plus d'argent encore. À la suite de cette Conférence, la Grande-Bretagne signa un accord secret avec la France dans lequel celle-ci s'engagea à soutenir la Grande-Bretagne contre les États-Unis par rapport aux croiseurs et sur d'autres questions également, et la Grande-Bretagne promit d'apporter son soutien à la France pour empêcher la limitation des réserves d'infanterie formée, à la prochaine Conférence mondiale sur le désarmement. Cet accord, signé en juillet 1928, fut révélé par des employés proaméricains du ministère des Affaires étrangères français à William Randolph Hearst et publié dans ses journaux dans les deux mois qui suivirent sa signature. La France expulsa immédiatement le journaliste de Hearst à Paris, puis Hearst lors de sa visite suivante en France en 1930, et publia le texte de l'accord avec la Grande-Bretagne en octobre 1928.

La Conférence navale de Londres de 1930 fut en mesure de parvenir à l'accord auquel celle de Genève n'avait pu aboutir. La publicité pour les activités de Shearer et l'accord anglo-français, ainsi que l'arrivée de la dépression mondiale et l'avènement d'un gouvernement travailliste plus pacifiste à Londres contribuèrent à ce succès. La possession de croiseurs, contretorpilleurs et sous-marins fut définie et limitée pour les trois plus grandes puissances navales, et certaines autres limitations furent appliquées aux catégories définies à Washington. L'accord fut décidé comme suit (en tonnes) :

Types	États-Unis	Grande-Bretagne	Japon
Croiseurs lourds équipés de canons de plus de 6,1 pouces	180.000	146.800	108.400
Croiseurs légers équipés de canons de moins de 6,1 pouces	143.500	192.200	100.450
Contretorpilleurs	150.000	150.000	105.500
Sous-marins	52.700	52.700	52.700

Cela permit aux États-Unis de posséder 18 croiseurs lourds, contre 15 pour la Grande-Bretagne, et 12 pour le Japon, ainsi que respectivement 25, 35 et

18 croiseurs légers. Les contretorpilleurs furent limités à 1850 tonnes chacun, avec des canons de 5,1 pouces, et les sous-marins à 2000 tonnes chacun avec des canons de 5,1 pouces. Cet accord laissa la flotte japonaise là où elle en était, restreignit la Grande-Bretagne, et autorisa les États-Unis à construire (à l'exception des sous-marins). Ce résultat n'aurait probablement pu être possible que pendant une période où le Japon était dans une situation de rigueur financière et la Grande-Bretagne sous un gouvernement travailliste.

Ce traité laissa en suspend la rivalité entre la France et l'Italie en Méditerranée. Mussolini exigea que l'Italie soit, d'un point de vue naval, à égalité avec la France, même si ses difficultés financières rendaient nécessaire la limitation de la flotte italienne. La France ne pouvait accepter une revendication d'égalité sur une si petite base en raison des deux côtes, de l'empire mondial, et des nouveaux « cuirassés de poche » de 10.000 tonnes de l'Allemagne qu'elle devait prendre en considération. Les exigences italiennes étaient purement théoriques, car les deux puissances, pour des raisons économiques, se trouvaient sous les limites du traité et ne faisaient aucun effort pour rattraper leur retard. La France n'était prête à considérer l'égalité avec l'Italie en Méditerranée que si les Britanniques acceptaient de lui apporter un quelconque soutien contre la flotte allemande sur la mer du Nord, ou si un accord général de non-agression sur la Méditerranée était signé. Ces conditions furent rejetées par la Grande-Bretagne. En revanche, celle-ci réussit à obtenir un accord naval franco-italien en complément de l'accord de Londres (mars 1931). Par ce dernier, l'Italie accepta un effectif total de 428.000 tonnes, alors que la France possédait une puissance de 585.000 tonnes, la flotte française étant moins moderne que celle de l'Italie. Cet accord fut rompu, au dernier moment, à cause de l'union douanière austro-allemande, et de l'acquisition par l'Allemagne d'un second cuirassé de poche (mars 1931). Aucun effet néfaste n'émergea de cette rupture, étant donné que les deux camps continuèrent d'agir comme si l'accord était encore en vigueur.

La Conférence navale de Londres de 1936 fut sans importance. En 1931, l'invasion de la Mandchourie par les Japonais viola le traité des neuf puissances sur le Pacifique de 1922. En 1933, les États-Unis, qui étaient tombés bien en deçà du niveau fixé par l'accord de Washington de 1922, autorisèrent la construction de 132 navires pour ramener leur flotte au niveau prévu par le traité d'ici 1942. En 1934, Mussolini décida d'abandonner les politiques financières orthodoxes, et annonça un programme de construction destiné à mener la flotte italienne au niveau prévu par le traité d'ici 1939. Cette décision fut justifiée par la décision récemment prise par la France de construire deux croiseurs de combat pour faire face aux trois cuirassés de poche de l'Allemagne.

Toutes ces actions s'inscrivaient dans les limites du traité. En décembre 1934, cependant, le Japon annonça son refus de renouveler les traités existants à leur expiration en 1936. La Conférence navale organisée à cette date se réunit dans

Le désarmement, 1919-1935

une atmosphère des plus défavorables. Le 18 juin 1935, la Grande-Bretagne signa un accord bilatéral avec Hitler qui permit à l'Allemagne de construire une flotte égale à 35% de la force navale britannique dans chaque catégorie et jusqu'à 100% dans le cas des sous-marins. Ce fut un coup terrible pour la France, qui était limitée à 33% de la flotte britannique en vaisseaux de premier rang et en transporteurs, et dut répartir sa flotte moins puissante sur deux côtes (pour faire face à l'Italie et à l'Allemagne) ainsi que dans le reste du monde (pour protéger l'Empire colonial français). Ce coup porté à la France fut probablement la réponse britannique à l'alliance entre la France et l'Union soviétique (le 2 mai 1935). En effet, la menace allemande croissante sur la côte nord-ouest française était destinée à décourager la France d'honorer son alliance avec l'Union soviétique si l'Allemagne venait à frapper vers l'est. Ainsi, la France fut à nouveau réduite à la dépendance à l'égard de la Grande-Bretagne. L'Allemagne profita de cette situation pour lancer vingt-et-un sous-marins en octobre 1935, ainsi que deux cuirassés en 1936.

Dans ces conditions, la Conférence navale de Londres de 1936 n'eut aucune importance. Le Japon et l'Italie refusèrent de signer. En conséquence, les trois signataires furent rapidement contraints de faire appel aux diverses clauses de sauvegarde destinées à faire face à toute construction massive des puissances non signataires. La taille maximale des vaisseaux de premier rang fut élevée à 45.000 tonnes en 1938, et l'ensemble du traité fut abandonné en 1939.

Le succès rencontré dans le désarmement naval, bien que limité, fut bien plus grand que celui rencontré dans le cas des autres types de désarmement, car ceux-ci exigeaient que les pays ne se sentant pas politiquement en sécurité soient inclus dans les négociations. Nous mentionnâmes déjà la controverse entre les partisans de la « méthode directe » et les partisans de la « méthode indirecte » en matière de désarmement. Cette distinction était si importante que l'histoire du désarmement des forces terrestres et aériennes peut être divisée en quatre périodes : (a) une période d'action directe, de 1919 à 1922, (b) une période d'action indirecte, de 1922 à 1926, (c) une nouvelle période d'action directe, de 1926 à 1934, et (d) une période de réarmement, de 1934 à 1939.

La première période d'action directe était fondée sur la conviction que les victoires de 1918 et les traités de paix qui s'en suivirent assuraient la sécurité des puissances victorieuses. En conséquence, la tâche de parvenir à un accord sur le désarmement fut confiée à un groupe purement technique, la Commission consultative permanente sur le désarmement de la Société des Nations. Ce groupe, qui se composait exclusivement d'officiers des différentes forces armées, fut incapable de parvenir à un accord sur aucune des questions importantes : il ne parvint pas à trouver une méthode pour mesurer l'armement, ni même pour le définir. Il fut incapable de distinguer l'armement réel de l'armement potentiel ni l'offensif du défensif. Il trouva des réponses pour certaines de ces questions, mais elles ne remportèrent pas l'assentiment général. Par exemple, il décida que les fusils possédés par les troupes étaient du matériel de guerre et donc, que le bois et l'acier pouvant être utilisés pour fabriquer ces fusils avaient ce même statut, mais que les fusils déjà fabriqués et stockés n'étaient pas du matériel de guerre, mais plutôt des « objets de paix inoffensifs ».

À la suite de l'échec de la Commission consultative permanente, l'Assemblée de la Société mit en place une Commission temporaire mixte dans laquelle seuls six des vingt-huit membres étaient des officiers des forces armées. Cet organisme attaqua le problème du désarmement par la méthode indirecte, en cherchant à trouver la sécurité avant de demander à quiconque de se désarmer. Le Projet de Traité de garantie mutuelle (1922) et le Protocole de Genève (1924) furent le résultat de cette commission. Comme nous le soulignâmes, ils furent tous deux sujets au véto de la Grande-Bretagne, de sorte que la partie de l'accord concernant le désarmement ne fut jamais concrétisée. La conclusion des Accords de Locarno, en revanche, fit naître dans l'esprit de beaucoup le sentiment de sécurité nécessaire à un retour à la méthode directe. En conséquence, une Commission préparatoire à la Conférence sur le désarmement mondial fut organisée en 1926 dans le but de créer un projet d'accord qui devait être achevé lors d'une Conférence sur le désarmement mondial réunie à Genève en 1932.

La Commission préparatoire était composée de délégués originaires de tous les pays importants du monde, y compris les puissances vaincues et les principaux pays non membres de la Société des Nations. Elle tint six sessions en trois ans, et élabora trois projets. De manière générale, elle rencontra les mêmes difficultés que le Comité consultatif permanent. Ce dernier, agissant comme un sous-comité de la Commission préparatoire, utilisa jusqu'à 3.750.000 feuilles de papier en moins de six mois, mais ne fut pour autant toujours pas en mesure de trouver des réponses aux mêmes questions qui l'avaient dérouté auparavant. Les principaux problèmes découlaient de différends politiques, principalement entre la Grande-Bretagne et la France. Ces deux pays élaborèrent des projets distincts, qui divergeaient sur presque tous les points.

Les Français souhaitaient que le potentiel de guerre soit compté, mais voulaient que les réserves de soldats formés soient exclues de la limitation ; les Britanniques souhaitaient que le potentiel de guerre soit exclu, mais désiraient tenir compte des réserves formées. Les Français souhaitaient une supervision par une commission permanente afin d'assurer le respect de tout accord, tandis que les Anglais et les Américains refusaient tout contrôle. Un projet fut finalement élaboré, incluant toutes les divergences dans des colonnes parallèles.

La Commission préparatoire perdit plus d'une cession complète à dénoncer les suggestions de désarmement de Litvinoff, le représentant soviétique. Son premier projet, prévoyant le désarmement immédiat et complet de tous les pays,

Le désarmement, 1919-1935

fut rejeté par tous. Un projet de substitution, stipulant que les États les plus lourdement armés devaient se désarmer de 50%, les moins lourdement armés de 33%, les légèrement armés de 25% et les «désarmés» de 0%, avec interdiction totale de posséder tanks, avions, gaz et artillerie lourde, fut également rejeté sans discussion, et Litvinoff fut sommé par le président de la Commission de faire preuve d'un «esprit plus constructif» à l'avenir. À la suite d'une démonstration impressionnante de cet esprit constructif par d'autres pays, un projet de convention fut élaboré et accepté, par un vote qui ne trouva en matière de refus que celui de l'Allemagne et de l'Union soviétique (décembre 1930).

La Conférence mondiale sur le désarmement qui examina ce projet se prépara pendant six ans (de 1926 à 1932) et siégea pendant trois ans (de février 1932 à avril 1935), mais ne proposa rien de notable en matière de désarmement. Elle fut soutenue par une immense vague d'opinion publique, mais les attitudes des divers gouvernements devenaient de moins en moins favorables. Les Japonais attaquaient déjà la Chine, les Français et les Allemands étaient paralysés par une violente polémique, les premiers insistant sur la sécurité et les seconds sur l'égalité des armes. De plus la dépression mondiale s'aggravait de plus en plus, plusieurs gouvernements venant à croire que seule une politique régulant les dépenses publiques (y compris en matière d'armement) pourrait fournir le pouvoir d'achat nécessaire à la relance économique. Une fois de plus, le désir français d'une force de police internationale fut rejeté, bien que soutenu par dix-sept États. Le désir britannique de proscrire certains armements «agressifs» (comme le gaz, les sous-marins, et les bombardiers) fut rejeté par les Français, bien qu'accepté par trente États (y compris l'Union soviétique et l'Italie). Les débats sur ces questions furent rendus de plus en plus difficiles par les exigences croissantes des Allemands. Lorsque Hitler arriva au pouvoir en janvier 1933, il exigea l'égalité immédiate avec la France, au moins dans les domaines de l'armement «défensif». Cela lui fut refusé, et l'Allemagne quitta la conférence.

Bien que la Grande-Bretagne ait tenté, pendant un temps, d'agir comme un intermédiaire entre l'Allemagne et la Conférence sur le désarmement, rien n'en ressortit, et la conférence fut finalement dissoute. La France refusait de faire des concessions en matière d'armement, sauf si cela lui accordait une sécurité accrue, ce qui fut prouvé impossible lorsque la Grande-Bretagne, le 3 février 1933 (quatre jours seulement après l'arrivée d'Hitler au pouvoir), refusa publiquement de s'engager avec la France au-delà de l'adhésion à la Société des Nations et des Accords de Locarno. Compte tenu des ambiguïtés verbales de ces documents, et du fait que l'Allemagne se retira de la Société des Nations et de la Conférence sur le désarmement en octobre 1933, ils n'offraient que peu de sécurité à la France. Le budget allemand, publié en mars 1934, révéla l'affectation de 210 millions de marks à l'armée de l'air (ce qui était entièrement proscrit par le Traité de Versailles) ainsi que l'augmentation du nombre de marks affectés à l'armée, passant de 345 millions à 574 millions. Une majorité des délégués désirait rediriger l'attention de la Conférence sur le désarmement vers les questions de sécurité, mais cela fut empêché par un groupe de sept pays, dirigés par la Grande-Bretagne. Le désarmement cessa d'être un enjeu pratique après 1934, et l'attention aurait alors dû être dirigée vers les questions de sécurité. Malheureusement, l'opinion publique, en particulier au sein des pays démocratiques, restait favorable au désarmement et même au pacifisme, jusqu'en 1938 au moins en Grande-Bretagne et jusqu'en 1940 aux États-Unis. Cela donna aux pays agresseurs comme le Japon, l'Italie et l'Allemagne un avantage démesuré à leur force réelle. Les efforts de réarmement de l'Italie et de l'Allemagne ne furent aucunement importants, et les agressions réussies par ces pays après 1934 furent le résultat du manque de volonté plutôt que de l'absence de force des États démocratiques.

L'échec total des tentatives de désarmements de 1919-1935 et le sentiment anglo-américain, plus tard lors de leurs conflits avec Hitler et le Japon, que ces efforts les handicapaient firent qu'une majorité de personnes commençait à s'agacer de l'histoire du désarmement. Elle revêtit alors l'image d'un sujet distant et erroné, ce qu'elle pourrait effectivement être. Néanmoins, on en tire aujourd'hui des enseignements profonds, en particulier au sujet des relations entre les aspects militaires, économiques, politiques et psychologiques de nos vies. Il est parfaitement clair aujourd'hui que les Français et leurs alliés (surtout la Tchécoslovaquie) eurent raison d'insister sur le fait que la sécurité devait précéder le désarmement, et que le désarmement devait être appliqué par inspection plutôt que par « bonne foi ». Il est aujourd'hui admis par tous, et soutenu par toutes les preuves que la France avait raison sur ces points, ainsi que sur son insistance sur le fait que les forces d'agression étaient encore présentes en Allemagne, bien que cachées. De plus, les Anglais et les Américains adoptèrent la vision française mettant l'accent sur la priorité donnée à la sécurité, et sur la nécessité de l'inspection au sein de leurs propres discussions sur le désarmement avec l'Union soviétique au début des années 1960. La conviction française que les questions politiques, y compris les questions militaires, sont plus fondamentales que les considérations économiques est maintenant elle aussi acceptée, même aux États-Unis, qui s'y opposèrent le plus vigoureusement dans les années 1920 et dans le début des années 1930. Le fait que les États sécurisés aient pu commettre des erreurs comme celles-ci durant cette période révèle beaucoup sur la nature de la pensée humaine, et notamment sa propension à considérer les nécessités comme insignifiantes lorsqu'elles sont présentes (comme l'oxygène, la nourriture, ou la sécurité), mais à ne penser à rien d'autre quand elles font défaut.

L'influence désastreuse que les considérations économiques et, en particulier, financières eurent sur la sécurité, notamment sur le réarmement, durant le long Armistice de 1919-1939, est étroitement liée à tout cela, et présente un autre exemple de l'aveuglement des experts (même en ce qui concerne leurs propres domaines). Cela présenta un double aspect. D'une part, on accordait la priorité aux budgets équilibrés et non à l'armement. D'autre part, une fois qu'il fut reconnu que la sécurité était gravement en danger, les considérations financières furent impitoyablement subordonnées au réarmement, donnant lieu à un boum économique qui montra clairement ce qui aurait pu être accompli plus rapidement si les considérations financières avaient été subordonnées aux besoins sociaux et économiques mondiaux plus tôt. Une telle mesure aurait permis d'assurer la prospérité et l'élévation du niveau de vie, ce qui aurait rendu le réarmement inutile.

Les réparations, 1919-1932

Aucun sujet n'accapara une aussi grande partie de l'énergie des hommes d'État que celui des réparations, au cours de la décennie qui suivit la guerre. Pour cette raison, et à cause de l'impact que les réparations eurent sur les autres sujets (comme la relance économique et financière ou l'amitié internationale), l'histoire des réparations requiert une certaine partie de notre attention. Cette histoire peut être divisée en six étapes, comme suit :

1. Les paiements préliminaires, de 1919 à 1921 ;
2. Le Calendrier de Londres, de mai 1921 à septembre 1924 ;
3. Le plan Dawes, de septembre 1924 à janvier 1930 ;
4. Le plan Young, de janvier 1930 à juin 1931 ;
5. Le moratoire Hoover, de juin 1931 à juillet 1932 ;
6. La convention de Lausanne en juillet 1932.

Les paiements préliminaires étaient censés s'élever à un total de 20.000 millions de marks en mai 1921. Bien que les puissances de l'Entente soutenaient que seulement environ 8000 millions avaient été payés, et adressèrent à l'Allemagne de nombreuses demandes et ultimatums concernant ces paiements, allant même jusqu'à menacer d'occuper la Ruhr en mars 1921 dans une tentative de forcer le paiement, toute l'affaire fut abandonnée en mai lorsque les Allemands se virent présenter la facture totale des réparations, s'élevant à 132.000 millions de marks. Sous la pression d'un autre ultimatum, l'Allemagne accepta cette facture, et donna aux vainqueurs des bons d'endettement équivalent à ce montant. Sur ces bons, 82 milliards furent mis de côté et oubliés. L'Allemagne devait payer les 50 milliards restants au rythme de 2,5 milliards par an en intérêts et 0,5 milliard par an pour réduire la dette totale. L'Allemagne ne pouvait payer ces bons que si deux conditions étaient remplies : (a) si elle avait un excédent budgétaire, et (b) si elle vendait à l'étranger plus qu'elle n'y achetait (c'est-à-dire, si sa balance commerciale était favorable).

Si la première condition se vérifiait, une plus grande quantité de monnaie allemande que celle nécessaire aux dépenses courantes s'accumulerait dans les mains du gouvernement. Si la seconde se vérifiait, l'Allemagne recevrait de l'étranger un excès de change (que ce soit en or ou en monnaie étrangère) en récompense de l'excédent de ses exportations sur ses importations. En échangeant son excédent budgétaire en marks contre l'excédent de change détenu par ses citoyens, le gouvernement allemand aurait été en mesure d'acquérir ces devises, et de les retourner à ses créanciers comme réparations. Comme aucune de ces conditions ne fut remplie, de manière générale, dans la période 1921-1931, l'Allemagne ne put, en réalité, payer ces réparations.

Le gouvernement allemand fut seul responsable de l'impossibilité d'obtenir un excédent budgétaire, puisqu'il refusa de réduire ses propres dépenses, ou le niveau de vie de ses propres citoyens et de les imposer suffisamment lourdement pour obtenir cet excédent. L'échec à obtenir une balance commerciale favorable fut lui aussi la responsabilité des Allemands et de leurs créanciers, les Allemands faisant peu, voire aucun effort, pour réduire leurs achats à l'étranger (et donc réduire leur propre niveau de vie), tandis que les créanciers étrangers refusaient de permettre la libre circulation des marchandises allemandes dans leurs propres pays, sur l'argument que cela reviendrait à détruire leurs marchés intérieurs pour les biens produits localement. Ainsi, on peut dire que les Allemands étaient réticents à payer les réparations, et que les créanciers n'étaient pas disposés à accepter le paiement de la seule façon dont il pouvait honnêtement être fait, c'est-à-dire en acceptant les biens et services allemands.

Dans ces conditions, il n'est pas surprenant que le calendrier du paiement des réparations de Londres n'ait jamais été achevé. Cet échec fut considéré par la Grande-Bretagne comme une preuve de l'incapacité de l'Allemagne à payer, et par la France comme une preuve de la réticence de l'Allemagne à payer. Elles avaient toutes deux raison, mais les Anglais et les Américains, qui refusaient d'autoriser la France à faire usage de la coercition nécessaire pour surmonter la réticence de l'Allemagne à payer, refusèrent également d'accepter une quantité de biens allemands suffisante pour leur permettre de surmonter leur incapacité à payer. Dès 1921, la Grande-Bretagne, par exemple, mit en place une taxe de 26% sur toutes les importations en provenance d'Allemagne. Le postulat selon lequel l'Allemagne aurait pu payer en biens et services réels si ses créanciers avaient été disposés à accepter ces biens et services peut être prouvé par le fait que le revenu réel par habitant de l'Allemagne était plus élevé d'environ un sixième au cours des années 1920 qu'en 1913, qui avait été une année très prospère.

Au lieu de taxer et de restreindre ses dépenses, le gouvernement allemand autorisa au budget déséquilibré de se poursuivre d'année en année, palliant le déficit en empruntant à la Reichsbank. Il en résulta une inflation accrue. Cette inflation ne fut pas imposée aux Allemands par le besoin de payer les réparations (comme ils le prétendaient à l'époque), mais par la méthode qu'ils employaient pour payer ces réparations (ou, plus précisément, pour éviter le paiement). L'inflation n'eut pas d'effet nuisible sur les groupes influents de la société allemande, même si elle fut de manière générale désastreuse pour les classes moyennes, et encouragea donc les éléments extrémistes. Ces groupes, qui possédaient des richesses réelles, soit en terres ou en installations industrielles, tirèrent des bénéfices de l'inflation, qui augmentait la valeur de leurs propriétés et effaçait leurs dettes (principalement des prêts hypothécaires et des obligations industrielles). Le mark allemand, dont la valeur au pair était équivalente à 20 livres sterling, chuta à une valeur de 305 livres en aout 1921 jusqu'à 1020 livres en novembre 1921. De là, elle tomba à 80.000 livres en janvier 1923, puis à 20 millions de livres en aout 1923, et enfin à 20 milliards de livres en décembre 1923.

En juillet 1922, l'Allemagne demanda un moratoire sur tous les paiements en espèce des réparations pour les trente mois à venir. Bien que les Britanniques fussent prêts à céder au moins en partie à cette exigence, les Français, sous Poincaré, firent remarquer que les Allemands, pour l'instant, n'avaient fait aucun effort réel pour payer, et que le moratoire ne serait acceptable pour la France que s'il était accompagné de « garanties productives ». Cela signifiait que les créanciers devaient s'emparer de diverses forêts, mines, et usines de l'ouest de l'Allemagne, ainsi que des douanes allemandes, afin d'obtenir des revenus pouvant être considérés comme des réparations. Le 9 janvier 1923, la Commission des réparations vota, à trois contre un (la Grande-Bretagne s'opposant à la France, la Belgique et l'Italie) que les paiements de l'Allemagne étaient défaillants. Les forces armées des trois nations commencèrent à occuper la Ruhr deux jours plus tard. La Grande-Bretagne dénonça cet acte comme illégal, même si elle avait proféré la même menace, pour des motifs moins valables, en 1921. L'Allemagne déclara une grève générale dans la région, cessa tous ses paiements de réparations, et adopta un programme de résistance passive, le gouvernement soutenant les grévistes en imprimant plus d'argent papier.

La région occupée ne faisait pas plus de 96 kilomètres de long sur 48 de large, mais contenait 10% de la population allemande et produisait 80% du charbon, du fer et de l'acier allemand, réunissant 70% de son transport de marchandises.

Son réseau de chemin de fer, exploité par 170.000 de personnes, était le plus complexe au monde. Les forces d'occupation essayèrent de faire fonctionner ce système avec uniquement 12.500 soldats et 1380 Allemands coopérants. Les Allemands non coopérants tentèrent d'empêcher cela, n'hésitant pas à tuer dans ce but. Dans ces conditions, c'est un miracle que la production de la région ait atteint un tiers de sa capacité à la fin 1923. Les représailles allemandes et les contremesures alliées eurent pour résultat 400 morts et plus de 2100 blessés, la plupart des victimes (respectivement 300 et 2000) étant infligées aux Allemands par les Allemands. En plus de cela, près de 150.000 Allemands furent expulsés de la région.

La résistance allemande dans la Ruhr exerçait une grande pression sur l'Allemagne, à la fois en termes économiques et financiers, et une grande pression psychologique sur les Français et les Belges. Pendant que le mark allemand tombait en ruine, les pays occupants ne recevaient pas les réparations qu'ils désiraient. En conséquence, un compromis fut atteint, l'Allemagne accepta le plan Dawes sur les réparations, et la Ruhr fut évacuée. Les seuls vainqueurs de cet épisode furent les Britanniques, qui avaient démontré que les Français ne pouvaient pas faire usage de la force avec succès sans l'approbation britannique.

Le Plan Dawes, qui était en grande partie une production de J. P. Morgan, fut élaboré par un comité international d'experts financiers présidé par le banquier américain Charles G. Dawes. Il ne se préoccupait que de la capacité de l'Allemagne à payer, et décida qu'elle atteindrait un rythme de 2,5 milliards de marks par an, après quatre années de reconstruction. Durant les quatre premières années, l'Allemagne se verrait accorder un prêt de 800 millions de dollars, et devrait payer un total de seulement 5,17 milliards de marks de réparations. Ce plan ne remplaçait pas l'obligation de réparations de l'Allemagne telle qu'elle avait été établie en 1921, et la différence entre les paiements Dawes et les paiements dus selon le calendrier de Londres fut ajoutée à la dette totale des réparations. Ainsi, l'Allemagne, dans le cadre du plan Dawes, paya des réparations pendant cinq ans (de 1924 à 1929), et à la fin de cette période, le montant de sa dette était plus important qu'il ne l'avait été au début.

Le Plan Dawes établit également des garanties pour le paiement des réparations, mettant de côté diverses sources de revenus au sein de l'Allemagne dans le but de fournir des fonds, et transférant la responsabilité de changer ces fonds en marks en devises étrangères, qui relevait auparavant du gouvernement allemand, à un agent général pour le paiement des réparations, qui recevait ces marks au sein de l'Allemagne. Ces marks étaient changés en devises étrangères uniquement lorsqu'une abondance de ces devises était présente sur le marché des changes allemand. Cela signifiait que la valeur du mark allemand sur le marché des changes était artificiellement protégée, presque comme si l'Allemagne contrôlait les échanges, puisque chaque fois que la valeur du mark commençait à chuter, l'agent général arrêtait de vendre des marks. Cela permit à l'Allemagne de commencer une carrière d'extravagance financière sauvage sans subir les conséquences qui en auraient résulté au sein d'un système de libre-échange international. Plus précisément, l'Allemagne fut en mesure d'emprunter à l'étranger au-delà de sa capacité à payer, sans la chute normale de la valeur du mark, qui aurait empêché ces prêts dans des circonstances normales. Il est intéressant de noter que ce système fut mis en place par les banquiers internationaux et que le prêt ultérieur d'argent appartenant à d'autres peuples à l'Allemagne fut très profitable à ces banquiers.

En utilisant les prêts américains, l'industrie allemande se rééquipa en grande majorité avec les équipements techniques les plus avancés, et presque chaque municipalité allemande se vit attribuer un bureau de poste, une piscine, des installations sportives, ou d'autres équipements non productifs. Avec ces prêts américains, l'Allemagne fut en mesure de reconstruire son système industriel afin d'en faire le deuxième meilleur au monde, et de loin, de maintenir sa prospérité et son niveau de vie, en dépit de la défaite et des réparations, et de payer ces réparations sans budget équilibré ou balance commerciale favorable. Grâce à ces prêts, les créanciers de l'Allemagne furent en mesure de payer leurs dettes de guerre à la Grande-Bretagne et aux États-Unis sans l'envoi de marchandises ou de services. Les devises étrangères entraient en Allemagne en tant que prêts, retournaient en Italie, Belgique, France et Grande-Bretagne comme réparations, et enfin repartaient vers les États-Unis comme paiement des dettes de guerre. Les seuls points d'ombre de ce système étaient : (a) qu'il s'effondrerait dès que les États-Unis cesseraient de prêter, et (b) que dans l'intervalle, les dettes étaient simplement transférées d'un compte à l'autre sans que personne ne se rapproche réellement de la solvabilité.

Dans la période 1924-1931, l'Allemagne paya 10,5 milliards de marks en réparation, mais emprunta un total de 18,6 milliards de marks à l'étranger. Rien ne fut réglé par cela, mais les banquiers internationaux étaient aux anges, sous une pluie de frais et de commissions.

Le Plan Dawes fut remplacé par le Plan Young, début 1930, pour des raisons diverses. Il fut reconnu que le Plan Dawes était uniquement un expédient temporaire et que l'obligation totale de réparation de l'Allemagne augmentait alors même qu'elle dépensait des milliards de marks, parce que les paiements prévus par le Plan Dawes étaient moins importants que ceux prévus par le calendrier de Londres. Il fut également reconnu que le marché des changes allemand devait être libéré afin que l'Allemagne puisse faire face aux conséquences de son orgie d'emprunts, et que l'Allemagne « ne pouvait pas payer » le paiement Dawes standard de 2,5 milliards de marks par an qui était requis durant la cinquième année et celles suivantes du Plan Dawes. De plus, la France, qui avait été forcée de payer pour la reconstruction de ses zones dévastées dans la période

1919-1926, ne pouvait pas se permettre d'attendre pendant une génération ou plus que l'Allemagne rembourse le cout de cette reconstruction au travers du paiement des réparations. La France espérait obtenir un revenu immédiat plus important en « commercialisant » plusieurs des obligations de réparations de l'Allemagne. Jusqu'à ce moment, toutes les obligations de réparation étaient détenues par les gouvernements. En vendant des obligations (soutenues par la promesse de l'Allemagne de payer les réparations) pour de l'argent à des investisseurs privés, la France pourrait réduire les dettes qu'elle avait contractées pour la reconstruction, et pourrait empêcher la Grande-Bretagne et l'Allemagne de réduire à nouveau les obligations de réparation (puisque les créances de personnes privées seraient moins susceptibles d'être répudiées que des obligations entre les gouvernements).

La Grande-Bretagne, qui avait payé 4,6 milliards de dollars aux États-Unis pour sa dette de guerre en 1923, était tout à fait prête à réduire les réparations allemandes à la somme nécessaire pour rembourser le montant de cette dette de guerre. La France, dont les dettes de guerre s'élevaient à 4 milliards de dollars et qui avait aussi des frais de reconstruction, espérait commercialiser les couts de cette dernière afin d'obtenir le soutien britannique en refusant de réduire la valeur des réparations en dessous du total des deux éléments. Le problème était de savoir comment obtenir la permission des Allemands et des Britanniques de « commercialiser » une partie de ces réparations. Dans le but d'obtenir cette autorisation, la France fit une grossière erreur stratégique : elle promit d'évacuer la totalité de la Rhénanie en 1930, cinq ans avant la date fixée par le Traité de Versailles, en échange de l'autorisation de commercialiser une partie du paiement des réparations.

Cet accord fut concrétisé par le plan Young, nommé d'après l'Américain Owen D. Young (un agent de Morgan), qui siégeait comme président du comité qui élabora les nouveaux accords (de février à juin 1929). Vingt gouvernements signèrent ces accords en janvier 1930. L'accord avec l'Allemagne prévoyait que les réparations seraient payées durant 59 ans, à des tarifs allant de 1,7 milliard de marks en 1931 jusqu'à un pic de 2,4 milliards de marks en 1966, avant de diminuer à moins d'un milliard de marks en 1988. Les sources de fonds affectées en Allemagne furent supprimées, à l'exception de 660 millions de marks par an qui pourraient être « commercialisés », et le transfert de la responsabilité de la conversion des réparations depuis le mark vers les devises étrangères à l'Allemagne mit directement un terme à la protection de la position de l'Allemagne en matière de change. Pour l'aider dans cette tâche, une nouvelle banque privée, la Banque des règlements internationaux, fut créée en Suisse à Bâle. Placée entre les mains des principales banques centrales du monde et détenant des comptes pour chacune d'elles, la Banque des règlements internationaux devait agir comme « une banque centrale des banquiers » et permettre aux paiements internationaux d'être réalisés simplement en déplaçant des crédits depuis le compte d'un pays vers celui d'un autre sur les registres de la banque.

Le Plan Young, qui devait être un règlement définitif de la question des réparations, dura moins de dix-huit mois. Le krach de la bourse de New York en octobre 1929 marqua la fin d'une décennie de reconstruction et l'ouverture d'une décennie de destruction entre les deux guerres. Ce krach mit fin aux prêts américains accordés à l'Allemagne, et coupa ainsi le flux des devises qui avait permis à l'Allemagne d'avoir l'air de payer les réparations. En sept ans, de 1924 à 1931, la dette du gouvernement fédéral allemand augmenta de 6,6 milliards de marks, tandis que les dettes des gouvernements locaux allemands augmentèrent de 11,6 milliards de marks. La dette extérieure nette de l'Allemagne, à la fois publique et privée, augmenta de 18,6 milliards de marks sur la même période, sans compter les réparations. L'Allemagne ne pouvait payer ses réparations que tant que ses dettes continuaient d'augmenter, car ce n'était qu'au travers de l'augmentation de ses dettes qu'elle pouvait obtenir les devises étrangères nécessaires. Ces prêts étrangers cessèrent pratiquement en 1930 et, en 1931, les Allemands et d'autres avaient commencé une « fuite loin du mark », vendant cette monnaie pour d'autres fonds dans lesquels ils avaient une plus grande confiance. Cela entraina un drainage important des réserves d'or allemandes. Alors que la réserve d'or diminuait, le volume de monnaie et de crédit érigés sur cette réserve devait être réduit par l'augmentation du taux d'intérêt. Les prix chutèrent en raison de la réduction de la masse monétaire et de la baisse de la demande, de sorte qu'il devint presque impossible pour les banques de vendre des garanties ou d'autres propriétés pour obtenir les fonds nécessaires pour répondre à la demande croissante de monnaie.

À ce stade, en avril 1931, l'Allemagne annonça une union douanière avec l'Autriche. La France protesta qu'une telle union était illégale en vertu du Traité de Saint-Germain, dans lequel l'Autriche avait promis de rester indépendante de l'Allemagne. Le différend fut porté devant la Cour internationale, mais entretemps, les Français, pour décourager de telles tentatives d'union, rappelèrent leurs fonds depuis l'Autriche et l'Allemagne. Les deux pays étaient vulnérables. Le 8 mai 1931, la plus grande banque autrichienne, le Crédit Anstalt (une institution de Rothschild), qui avait de vastes intérêts, voire la mainmise, sur 70% de l'industrie autrichienne, annonça qu'elle avait perdu 140 millions de schillings (près de 520 millions de dollars). Le véritable montant de cette perte excédait le milliard de schillings, et la banque était, en réalité, insolvable depuis des années. Les Rothschild et le gouvernement autrichien donnèrent 160 millions au Crédit Anstalt pour couvrir cette perte, mais la confiance du public avait été détruite. Une course aux guichets bancaires se déclencha. Pour répondre à cela, les banques autrichiennes firent appel à tous les fonds qu'elles possédaient au sein des banques allemandes. Les banques allemandes commencèrent à s'effondrer. Après quoi, celles-ci commencèrent à faire appel à tous leurs fonds à Londres. Les banques de Londres commencèrent à sombrer, l'or s'en échappant à flots. Le 21 septembre, la Grande-Bretagne fut forcée de renoncer à l'étalon-or. Au cours de cette crise, la Reichsbank perdit 200 millions de marks de sa réserve d'or et de devises étrangères durant la première semaine de juin, et environ 1000 millions durant la seconde. Le taux d'escompte fut augmenté petit à petit jusqu'à 15%, sans arrêter la perte des réserves, mais détruisant presque totalement les activités du système industriel allemand.

L'Allemagne supplia ses créanciers de lui accorder un répit pour le paiement de ses réparations, mais ils étaient réticents à agir, sauf s'ils obtenaient un redressement semblable sur leurs paiements de la dette de guerre aux États-Unis. Les États-Unis éprouvaient une réticence compréhensible à endosser le rôle de la fin d'une chaine de répudiation, et insistaient sur le fait qu'il n'y avait aucun lien entre les dettes de guerre et les réparations (ce qui était vrai) et que les pays européens devraient être en mesure de payer les dettes de guerres, s'ils pouvaient trouver de quoi financer leur armement (ce qui était faux). Lorsque Mellon, le secrétaire au Trésor, qui se trouvait en Europe, rapporta au président Hoover que si aucun répit n'était accordé à l'Allemagne immédiatement sur ses obligations publiques, l'ensemble du système financier du pays s'effondrerait, entrainant une très grande perte pour les détenteurs de créances privées sur l'Allemagne, le président suggéra un moratoire sur les dettes intergouvernementales pour la durée d'une année. Plus précisément, l'Amérique offrit de reporter tous les paiements qui lui étaient dus à l'année suivant le 1er juillet 1931, si ses débiteurs acceptaient d'étendre ce privilège à leurs propres débiteurs.

L'acceptation de ce plan par les nombreux pays concernés fut repoussée jusqu'à la mi-juillet par les tentatives de la France de protéger les paiements sur les réparations commercialisées, et d'obtenir des concessions politiques en échange de l'acceptation du moratoire. Elle demandait la renonciation à l'union douanière entre l'Allemagne et l'Autriche, la suspension de la construction du second cuirassé de poche, l'acceptation par l'Allemagne de ses frontières orientales, et des restrictions sur l'entrainement d'organisations militaires « privées » en Allemagne. Ces demandes furent rejetées par les États-Unis, la Grande-Bretagne et l'Allemagne, mais durant ce délai, la crise allemande s'aggrava. La Reichsbank connut sa pire course aux guichets le 7 juillet. Le jour suivant, la North German Wool Company (société de lainage allemande) fit faillite, en perdant 200 millions de marks. Cela entraina la chute de la Banque Schroder (qui fit perdre 24 millions de marks à la ville de Bremen, où son bureau était situé), et de la Banque Darmstadter (l'une des « quatre grandes banques » de l'Allemagne), qui perdit 20 millions à cause de la société de lainage. À l'exception d'un crédit de 400 millions de marks accordé par la Banque des règlements internationaux et d'un « accord de statuquo » renouvelant toutes les dettes à court terme lors de leur échéance, l'Allemagne ne reçut que peu d'aide. Plusieurs comités de banquiers internationaux discutèrent du problème, mais la crise empira, s'étendant jusqu'à Londres.

En novembre 1931, toutes les puissances européennes, à l'exception de la France et de ses partisans, étaient déterminées à mettre fin aux réparations. Lors de la Conférence de Lausanne de juin 1932, les réparations allemandes furent réduites à un total de seulement 3 milliards de marks, mais l'accord ne fut jamais ratifié à cause du refus du Congrès des États-Unis de réduire les dettes de guerre tout aussi radicalement. Techniquement, cela signifiait que le plan Young était toujours en vigueur, mais qu'aucun effort réel n'était fait pour le restaurer et, en 1933, Hitler répudia toutes les réparations. À cette date, les réparations, qui avaient envenimé les relations internationales depuis tant d'années, furent dépassées par d'autres problèmes, plus terribles encore.

Avant de détailler le contexte de ces autres problèmes, nous devrions dire quelques mots sur la question de la quantité d'argent dépensée dans les réparations, ou de si celles-ci furent réellement payées. Cette question fut soulevée à cause d'un différend au sujet de la valeur des réparations payées avant le Plan Dawes de 1924. De 1924 à 1931, les Allemands payèrent environ 10,5 milliards de marks. Les Allemands estimaient la somme des réparations payées par l'Allemagne avant 1924 à 56.577 milliards de marks, alors que les Alliés l'estimaient à 10.426 milliards. Comme l'estimation faite par les Allemands comprenait tout ce qui pouvait possiblement être pris en compte, y compris la valeur des navires de guerre qu'ils avaient eux-mêmes sabordés en 1918, elle ne pouvait être acceptée. Une estimation juste s'élèverait à environ 30 milliards de marks durant la période précédant 1924, et environ 40 milliards de marks pour l'ensemble des réparations.

On prétend parfois que les Allemands ne payèrent en réalité aucune réparation, puisqu'ils empruntaient à l'étranger la même somme qu'ils envoyaient pour les réparations, et que ces prêts ne furent jamais remboursés. Cela n'est pas tout à fait vrai, étant donné que le montant total des prêts étrangers s'élevait à moins de 19 milliards de marks, alors que l'estimation des Alliés du total des réparations payées était de plus de 21 milliards de marks. Cependant, il est bien vrai qu'après 1924, l'Allemagne emprunta plus que ce qu'elle payait en réparations, et les paiements réels sur ces obligations furent tous effectués avant 1924. De plus, les prêts étrangers auxquels l'Allemagne fit appel n'auraient jamais pu être réalisés sans l'existence du système de réparations. Comme ces prêts renforcèrent grandement l'Allemagne en reconstruisant son réseau d'industries, le fardeau des réparations exerça très peu de pression sur le système économique allemand.

VII

FINANCE, POLITIQUE COMMERCIALE ET
DÉVELOPPEMENT DES AFFAIRES

Relance et inflation, 1897-1925	346
La période de stabilisation, 1922-1930	351
La période de déflation, 1927-1936	371
Le krach de 1929	374
La crise de 1931	377
La crise aux États-Unis, 1933	382
La conférence économique mondiale, 1933	384
La crise dans le bloc de l'or, 1934-1936	386
Relance et inflation, 1933-1947	393
La période d'inflation, 1938-1945	403

Relance et inflation, 1897-1925

Nous avons déjà vu que de vaillants efforts avaient été faits, au cours de la période 1919-1929, pour développer un ordre politique international assez différent de celui qui existait au XIXe siècle. Sur la base de l'ancien ordre de souveraineté et du droit international, les hommes tentèrent, sans conviction absolue de but, de construire un nouvel ordre international de sécurité collective. Nous vîmes que cet effort fut un échec. Les causes de cet échec résident, dans une certaine mesure, dans le fait que ces hommes d'État aient bâti ce nouvel ordre d'une manière loin d'être parfaite, avec une compréhension inadéquate, des plans inappropriés, des matériaux de mauvaise qualité et des outils défectueux. Mais l'échec peut être attribué, dans une bien plus large mesure, au fait que la structure politique qui en résultait fut exposée au stress d'une tempête économique que peu de gens avaient prévue. La sécurité collective fut davantage détruite par la dépression économique mondiale que par toute autre cause. La dépression économique rendit possible la montée d'Hitler au pouvoir, ce qui permit les agressions de l'Italie et du Japon et incita la Grande-Bretagne à adopter la politique d'apaisement. Pour ces raisons, une véritable compréhension de l'histoire économique de l'Europe du XXe siècle est indispensable pour pouvoir comprendre les évènements de l'époque. Une telle compréhension nécessitera une étude de l'histoire de la finance, du commerce et de l'activité commerciale, de l'organisation industrielle et de l'agriculture. Les trois premières seront étudiées dans ce chapitre du début du XXe siècle jusqu'à l'instauration de l'économie pluraliste vers 1947.

L'ensemble de ce demi-siècle peut être divisé en 6 subdivisions comme suit :

1. Relance, 1897-1914
2. Inflation, 1914-1925
3. Stabilisation, 1922-1930
4. Déflation, 1927-1936
5. Relance, 1933-1939
6. Inflation, 1939-1947

Ces périodes ont des dates différentes selon les pays et se chevaucheront donc si nous prenons les périodes les plus larges pour inclure tous les pays importants. Mais malgré la différence de dates, ces périodes eurent lieu dans presque tous les pays et dans le même ordre. Il convient également de souligner que ces périodes furent interrompues par des mouvements secondaires désordonnés. Parmi ces mouvements secondaires, les principaux furent la dépression de 1921-1922 et la récession de 1937-1938, deux périodes de déflation et de déclin économique. Les prix avaient augmenté lentement à partir de 1897 environ en raison de l'augmentation de la production d'or de l'Afrique du Sud et de l'Alaska, atténuant ainsi les conditions déprimées et la détresse agricole qui avaient prévalu, au profit des capitalistes financiers, à partir de 1873. Le déclenchement de la guerre en 1914 montra ces capitalistes financiers sous leur pire jour, étroits d'esprit, ignorants et égoïstes, tout en proclamant, comme toujours, leur totale dévotion au bien social. Ils étaient généralement d'accord sur le fait que la guerre ne pouvait durer plus de six à dix mois en raison des « ressources financières limitées » des belligérants (qui faisaient référence aux ressources d'or). Cette idée révèle l'incompréhension fondamentale de la nature et du rôle de l'argent de la part des personnes mêmes qui étaient réputées être des experts en la matière. Les guerres, comme les évènements le prouvèrent depuis, ne sont pas menées avec de l'or ou même de l'argent, mais par la bonne organisation des ressources réelles.

Les attitudes des banquiers étaient plus clairement révélées en Grande-Bretagne, où chaque geste était dicté par des efforts pour protéger leur propre position et en tirer profit plutôt que par des considérations de mobilisation économique pour la guerre ou le bienêtre du peuple britannique. Le déclenchement de la guerre, le 4 aout 1914, trouva le système bancaire britannique insolvable dans le sens où ses fonds, créés par le système bancaire à des fins de profit et loués au système économique pour lui permettre de fonctionner, ne pouvaient être couverts par le volume existant des réserves d'or ou par le nantissement pouvant être liquidé rapidement. En conséquence, les banquiers conçurent secrètement un plan par lequel ils pouvaient s'acquitter de leurs obligations avec de la monnaie fiduciaire (appelés billets du Trésor), mais, dès que la crise prit fin, ils insistèrent sur le fait que le gouvernement devait payer pour la guerre sans avoir recours à la monnaie fiduciaire (que les banquiers considéraient toujours comme immorale), mais par la taxation et en contractant des emprunts à taux élevés. La décision d'utiliser des billets du Trésor pour s'acquitter des dettes des banquiers fut prise le samedi 25 juillet 1914 par sir John Bradbury (lord Bradbury par la suite), et sir Frederick Atterbury chez ce dernier. Les premiers billets de trésorerie furent retirés des presses de Waterlow and Sons le mardi 28 juillet suivant, au moment où la plupart des politiciens croyaient que la Grande-Bretagne resterait en dehors de la guerre. L'habituel jour férié au début du mois d'aout fut porté à 3 jours au cours desquels il fut annoncé que les bons du Trésor seraient utilisés pour les paiements bancaires à la place de l'or. Le taux d'escompte fut relevé à la Banque d'Angleterre de 3% à 10% pour prévenir l'inflation, un chiffre choisi simplement parce que la règle traditionnelle de la banque stipulait qu'un taux de 10% tirerait l'or du sol même, et que les paiements de l'or ne devaient être interrompus que si un taux à 10% échouait.

Au déclenchement de la guerre, la plupart des pays belligérants interrompirent les paiements en or et, à des degrés divers, acceptèrent les avis de leurs banquiers selon lesquels la bonne façon de payer la guerre consistait en une combinaison de prêts bancaires et de taxes sur la consommation. La période durant laquelle, d'après les experts, la guerre devait cesser pour cause de ressources financières limitées finit par s'écrouler et les combats se poursuivirent plus vigoureusement que jamais. Les gouvernements les financèrent de diverses façons : par l'impôt, par l'argent fiduciaire, en empruntant auprès des banques (qui créèrent le crédit à cette fin), et par l'emprunt auprès du peuple en lui vendant des obligations de guerre. Chacune de ces méthodes de collecte de fonds eut un effet différent sur les deux principales conséquences financières de la guerre. Il s'agit de l'inflation et de la dette publique. Les effets des quatre manières de recueillir des fonds sur ces deux groupes sont illustrés dans le tableau suivant :

- La fiscalité n'engendre ni inflation ni dette
- La monnaie fiduciaire engendre de l'inflation, mais pas de dette
- Les crédits bancaires engendrent de l'inflation et une dette
- La vente d'obligations n'engendre pas d'inflation, mais engendre une dette.

D'après ce tableau, il semblerait que la meilleure façon de payer la guerre était l'imposition, et la pire façon était de la payer par crédit bancaire. Cependant, une taxation suffisante pour payer une guerre majeure aurait un effet déflationniste si sévère sur les prix que la production économique n'augmenterait pas suffisamment ou assez vite. Toute augmentation rapide de la production est stimulée par un faible taux d'inflation qui donne au système économique l'élan nécessaire à la réalisation de profits inhabituels.

L'augmentation de la dette publique, en revanche, ne contribue que peu à l'effort de mobilisation économique.

De ce point de vue, il est difficile de dire quelle est la meilleure méthode de financer une guerre. La meilleure solution consiste probablement à combiner les quatre méthodes de manière à ce qu'à la fin, il y ait un minimum de dette et pas plus d'inflation qu'il n'était nécessaire pour obtenir une mobilisation économique complète et rapide. Il s'agirait probablement d'une combinaison de monnaie fiduciaire et de fiscalité avec des ventes considérables d'obligations aux particuliers, cette combinaison variant à différentes étapes de l'effort de mobilisation.

Au cours de la période 1914-1918, les différents belligérants utilisaient un mélange de ces quatre méthodes, mais il s'agissait d'un mélange dicté par l'opportunisme et de fausses théories, de sorte qu'à la fin de la guerre, tous les pays se retrouvèrent avec des dettes publiques et une inflation dont le montant n'était en rien justifié par le degré de mobilisation économique atteint. La situation empira à cause du fait que tous les prix continuèrent d'augmenter dans tous les pays et, dans la plupart d'entre eux, les dettes publiques continuèrent à se creuser longtemps après l'Armistice de 1918.

Les causes de l'inflation en temps de guerre se trouvaient dans les sphères financières et économiques. Dans le domaine financier, les dépenses publiques ajoutaient d'énormes sommes d'argent à la communauté financière, principalement pour produire des biens qui ne seraient jamais mis en vente. Dans le domaine économique, la situation était différente dans les pays qui étaient plus complètement mobilisés que dans ceux qui ne l'étaient que partiellement. Dans le premier cas, la richesse réelle était réduite par le détournement de ressources économiques de la production d'une telle richesse vers la production de biens de destruction. Dans les autres, la quantité totale de richesse réelle ne fut, certes, pas sérieusement réduite (sachant que la majeure partie des ressources utilisées dans la fabrication de biens de destruction provenaient de ressources qui n'avaient pas été utilisées auparavant, comme des mines à l'arrêt, des usines à l'arrêt, des hommes inactifs, etc.), mais l'augmentation de la masse monétaire en concurrence pour les quantités limitées de la richesse réelle entraina des hausses considérables dans les prix.

Alors que dans la plupart des pays les prix avaient augmenté de 200 à 300% et que les dettes publiques avaient augmenté de 1000%, les dirigeants financiers essayèrent de maintenir le prétexte que l'argent de chaque pays était aussi précieux qu'il l'avait jamais été et que, dès la fin de la guerre, la situation qui existait en 1914 serait restaurée. Pour cette raison, ils n'abandonnèrent pas ouvertement l'étalon-or. Au lieu de cela, ils suspendirent certains attributs de cette référence et mirent l'accent sur les autres attributs qu'ils essayaient de maintenir. Dans la plupart des pays, les paiements en or et les exportations d'or furent suspendus, mais tous les efforts furent faits pour maintenir les réserves d'or à un pourcentage de billets respectable et les échanges furent contrôlés pour les garder aussi près que possible de la parité. Dans certains cas, ces attributs furent atteints par des méthodes trompeuses. En Grande-Bretagne, par exemple, la réserve d'or chuta de 52% à 18% face aux billets, en juillet et aout 1914 ; puis la situation fut gardée secrète, d'une part en transférant les avoirs des banques locales à la Banque d'Angleterre et en les utilisant comme réserves pour ces deux types de banques, d'autre part en émettant un nouveau type de billets (appelés billets de monnaie) qui n'avait pas de réserve réelle et peu de couvertures en or. Aux États-Unis, le pourcentage des réserves exigées par la loi dans les banques commerciales fut réduit en 1914 et les réserves obligatoires pour les billets et les dépôts furent diminuées en juin 1917 ; un nouveau système de « banques dépositaires » qui ne nécessitait pas de réserve contre les dépôts du gouvernement créés dans ces banques en échange d'obligations d'État fut établi. De tels efforts étaient faits dans tous les pays, mais partout, le rapport des réserves d'or face aux billets chuta drastiquement pendant la guerre : en France, de 60 à 11 % ; en Allemagne, de 59 à 10 % ; en Russie de 98 à 2 % ; en Italie de 60 à 13 % ; en Grande-Bretagne, de 53 à 32 %.

L'inflation et l'augmentation de la dette publique continuèrent après la fin de la guerre. Les causes en étaient complexes et variaient de pays en pays. En général, (1) les règlements sur la fixation des prix et le rationnement prirent fin trop tôt, avant que la production de biens en temps de paix n'ait atteint un niveau suffisamment élevé pour absorber le pouvoir d'achat accumulé dans les mains des consommateurs grâce à leurs efforts de production de guerre ; ainsi, la lenteur de la reconversion de la production de guerre à la production de paix provoqua une pénurie en période de demande élevée, (2) les bourses alliées, qui avaient été contrôlées pendant la guerre, n'atteignirent pas leur apogée en mars 1919 et chutèrent immédiatement à des niveaux révélant le grand déséquilibre des prix entre les pays, (3) le pouvoir d'achat, qui avait été retenu pendant la guerre entra soudainement sur le marché, (4) il y eut une expansion des crédits bancaires à cause de l'optimisme d'après-guerre, (5) les budgets restèrent déséquilibrés à cause des impératifs de reconstruction (comme en France ou en Belgique), des réparations (comme en Allemagne), des dépenses de démobilisation (comme aux États-Unis, en Italie, etc.), et (6) la production des biens en temps de paix fut perturbée par des révolutions (comme en Hongrie, Russie, etc.) ou des grèves (comme aux États-Unis, en Italie, en France, etc.)

Malheureusement, cette inflation d'après-guerre, qui aurait pu accomplir beaucoup (en augmentant la production de richesse réelle), fut gaspillée (en augmentant les prix de biens existants) et eut de mauvais résultats (en détruisant les accumulations de capital et l'épargne, et en renversant les lignes économiques). Cet échec fut causé par le fait que l'inflation, bien que non désirée partout était incontrôlée, car peu de personnes occupant des postes d'autorité eurent le courage de prendre les mesures nécessaires pour l'endiguer. Dans les pays vaincus et révolutionnaires (la Russie, la Pologne, la Hongrie, l'Autriche et l'Allemagne), l'inflation alla si loin que les anciennes unités monétaires perdirent leur valeur et cessèrent d'exister. Dans un deuxième groupe de pays (comme la France, la Belgique et l'Italie), la valeur de l'unité monétaire fut tellement réduite qu'elle devint une tout autre chose, bien que le nom restât le même. Dans un troisième groupe de pays (la Grande-Bretagne, les États-Unis et le Japon), la situation fut maitrisée.

En ce qui concerne l'Europe, l'intensité de l'inflation augmentait à mesure que l'on se déplaçait d'ouest en est. Parmi les trois groupes de pays ci-dessus, le deuxième groupe (à l'inflation modérée) était le plus chanceux. Dans le premier groupe (à l'inflation extrême), l'inflation effaça toute la dette publique, toutes les économies et toutes les créances sur la richesse, puisque l'unité monétaire avait perdu toute sa valeur. Dans le groupe d'inflation modérée, le fardeau de la dette publique diminua et la dette et l'épargne privées furent réduites proportionnellement. Aux États-Unis et en Grande-Bretagne, la lutte contre l'inflation prit la forme d'un mouvement délibéré vers la déflation. Cela préserva l'épargne, mais alourdit le fardeau de la dette publique et provoqua une dépression économique.

La période de stabilisation, 1922-1930

Dès la fin de la guerre, les gouvernements commencèrent à s'intéresser au problème de la restauration du système financier d'avant-guerre. Puisque l'étalon-or était considéré comme l'élément essentiel de ce système, avec ses échanges stables, ce mouvement fut appelé « stabilisation ». À cause de leur désir de retrouver la situation financière d'avant-guerre, les « experts » fermèrent les yeux sur les énormes changements qui avaient résulté de la guerre. Ces changements étaient si importants dans la production, le commerce et les habitudes financières que tout effort pour restaurer les conditions de la période précédant la guerre ou même se stabiliser sur l'étalon-or était impossible et déconseillé. Au lieu de rechercher un système financier adapté au Nouveau Monde économique et commercial qui avait émergé de la guerre, les experts essayèrent d'ignorer ce monde et d'établir un système financier qui ressemblait, de façon superficielle, autant que possible au système d'avant-guerre. Cependant, ce système était différent. Il n'était pas non plus adapté aux nouvelles conditions économiques. Quand les experts commencèrent à comprendre cela, ils ne cherchèrent pas à modifier leurs objectifs, mais en réalité, poursuivirent les mêmes buts et récitèrent des incantations et des exhortations contre les conditions existantes qui avaient rendu la réalisation de leurs objectifs impossible.

Ces conditions économiques modifiées ne pouvaient pas être contrôlées ou exorcisées par le biais d'incantations. Elles étaient essentiellement le résultat normal du développement économique du monde au XIXe siècle et n'étaient en aucun cas le fruit de la guerre. La guerre ne fit qu'accélérer le rythme de ce développement. Les changements économiques qui, en 1925, rendaient la restauration du système de 1914 difficile, étaient déjà présents dès 1890 et clairement perceptibles en 1910.

La clé de ces changements était le déclin de la Grande-Bretagne. Ce qui arriva fut la diffusion de la révolution industrielle au-delà de la Grande-Bretagne, vers l'Europe et les États-Unis et, dès 1910, en Amérique du Sud et en Asie. Par la suite, ces régions devinrent moins dépendantes de la Grande-Bretagne, en ce qui concerne les biens manufacturés, moins désireuses de lui vendre leurs matières premières et produits alimentaires, et elles devinrent ses concurrentes dans les transactions avec les colonies où l'industrialisation ne s'était pas encore répandue. En 1914, la suprématie de la Grande-Bretagne en tant que centre financier, marché commercial, créditeur, et marchand-affréteur était menacée. Une menace moins évidente naquit des fluctuations sur le long terme de la demande, des fluctuations des produits d'industrie lourde aux produits de branches de production plus hautement spécialisées (comme les produits chimiques), des céréales aux fruits et produits laitiers, du coton et de la laine à la soie et à la rayonne, du cuir au caoutchouc, etc. Ces changements mirent la Grande-Bretagne face à un choix fondamental : choisir de céder sa suprématie mondiale ou de réformer ses systèmes industriels et commerciaux pour faire face aux nouvelles conditions. La dernière option était difficile, car la Grande-Bretagne avait laissé son système industriel se déséquilibrer sous l'influence du libre-échange et de la division internationale du travail. Plus de la moitié des personnes employées en Grande-Bretagne étaient engagées dans la manufacture de textiles et de métaux ferreux. Les textiles représentaient plus d'un tiers de ses exportations et les textiles, avec le fer et l'acier, en représentaient plus de la moitié. Au même moment, des nations industrielles plus jeunes (l'Allemagne, les États-Unis et le Japon) se développaient rapidement avec des systèmes industriels mieux adaptés aux tendances de l'époque ; et celles-ci empiétaient également sur la suprématie de la Grande-Bretagne dans le secteur de la marine marchande.

La guerre mondiale eut lieu à cette étape critique du développement de la Grande-Bretagne. Ceci eut un double résultat en ce qui concerne ce sujet. Cela forçait la Grande-Bretagne à reporter de façon indéfinie toute réforme de son système industriel pour l'ajuster à des tendances plus modernes ; et cela accéléra le développement de ces tendances de sorte que ce qui serait arrivé en vingt ans était survenu en seulement cinq. Entre 1910 et 1920, la flotte marchande de la Grande-Bretagne perdit 6% de son nombre de navires tandis que celui des États-Unis augmenta de 57%, celui du Japon de 130% et celui des Pays-Bas de 58%. Sa position en tant que plus grand créditeur du monde fut perdue au profit des États-Unis et une large quantité de bons crédits étrangers fut remplacée par un montant réduit aux risques moins importants. De plus, elle devint débitrice de plus de 4 milliards de dollars auprès des États-Unis. Le changement de position des deux pays peut être brièvement résumé. La guerre changea la position des États-Unis par rapport au reste du monde de celle de débiteur devant près de 3 milliards de dollars à celle de créditeur à qui l'on devait 4 milliards de dollars. Ceci n'inclut pas les dettes intergouvernementales de près de 10 milliards de dollars dues aux États-Unis suite à la guerre. Au même moment, la position de la Grande-Bretagne changea de celle de créditeur à qui l'on devait près de 18 milliards de dollars à celle d'un créditeur à qui l'on devait près de 13,5 milliards de dollars. De plus, ses alliés lui devaient près de 8 milliards de dollars en dettes de guerre et l'Allemagne lui devait une somme inconnue en réparations, et la Grande-Bretagne devait bien plus de 54 milliards de dollars de dettes de guerre aux États-Unis. La plupart de ces dettes de guerre et compensations furent considérablement réduites après 1920, mais le résultat net pour la Grande-Bretagne fut un changement drastique dans sa position par rapport aux États-Unis.

L'organisation économique basique du monde fut modifiée d'autres manières. Suite à la guerre, l'ancienne organisation de commerce relativement libre entre pays spécialisés dans différents types de productions fut remplacée par une situation dans laquelle beaucoup plus de pays recherchaient l'autosuffisance économique en instaurant des restrictions sur le commerce. De plus, la capacité de production en agriculture et en industrie avait été augmentée par la demande artificielle de la période de guerre à un niveau bien au-delà de l'aptitude de la demande locale normale pour acheter des produits d'une telle quantité. Et, finalement, les régions les plus arriérées d'Europe et du monde avaient été industrialisées à un niveau important et n'étaient pas disposées à revenir à une position dans laquelle elles obtiendraient des produits industriels de la Grande-Bretagne, d'Allemagne ou des États-Unis en échange de leurs matières premières et de leur nourriture. Ce refus devint encore plus douloureux pour les deux parties à cause du fait que ces régions arriérées avaient augmenté leurs productions de matières premières et de nourriture de façon si importante que le total n'aurait pas pu être vendu même si elles avaient voulu acheter tous leurs produits industriels de leurs fournisseurs d'avant-guerre. Ces fournisseurs avaient eux-mêmes tellement augmenté leur capacité industrielle que leur produit n'aurait pas pu être vendu s'ils avaient été capables de reconquérir tous leurs marchés d'avant-guerre. Le résultat fut une situation dans laquelle tous les pays étaient désireux de vendre et réticents à l'idée d'acheter, et cherchaient à atteindre ces fins incompatibles en instaurant des subventions et des primes sur les exportations, des tarifs douaniers et des restrictions sur les importations, avec des conséquences désastreuses pour le commerce international. La seule solution sensée à ce problème de capacité productive excessive aurait été une hausse substantielle du niveau de vie national, mais cela aurait nécessité une redistribution fondamentale des revenus nationaux de sorte que les revendications sur le résultat de la capacité excédentaire reviendraient à ces masses désireuses de consommer, plutôt que continuer à revenir à la minorité désireuse d'épargner. Une telle réforme fut rejetée par les groupes dirigeants dans les pays « avancés » comme dans les pays « arriérés », de sorte que cette solution fût atteinte seulement à un faible niveau dans assez peu de pays (principalement les États-Unis et l'Allemagne entre 1925 et 1929).

Des changements dans l'organisation productive et commerciale basique du monde entre 1914 et 1919 furent rendus plus difficiles à ajuster par d'autres changements moins tangibles dans les pratiques financières et la psychologie du domaine des affaires. Les inflations spectaculaires d'après-guerre en Europe de l'Est avaient intensifié la peur traditionnelle de l'inflation des banquiers. Dans le but de mettre un terme à l'augmentation des prix qui pourraient devenir inflationnistes, les banquiers, après 1919, cherchaient de plus en plus à « stériliser » l'or quand il circulait dans leur pays. C'est-à-dire qu'ils cherchaient à le mettre de côté pour qu'il ne devienne pas une partie du système monétaire. En conséquence, le déséquilibre commercial qui était à l'origine du flux d'or ne fut pas compensé par des changements de prix. Les échanges et les prix restaient déséquilibrés et l'or continuait à circuler. Une chose quelque peu similaire était une peur, qui se répandait, de la diminution des réserves d'or ce qui fit que, quand l'or commençait à sortir d'un pays suite à un équilibre défavorable des paiements internationaux, les banquiers cherchaient de plus en plus à entraver le flux par le biais de restrictions sur les exportations d'or. Avec de telles actions, l'équilibre défavorable des échanges continua et d'autres pays furent inspirés pour prendre des mesures de représailles. La situation était également perturbée par les craintes politiques et les ambitions militaires de certains pays, puisque celles-ci résultaient fréquemment d'un désir d'autonomie (autarcie) qui ne pouvait être obtenu que par le biais de tarifs, de subventions, de quotas et de contrôles commerciaux. Dans le même sens, il y avait un sentiment général d'insécurité économique, politique et sociale. Ceci donna lieu à des « fuites de capitaux », c'est-à-dire à des transferts d'exploitation effectués dans la panique à la recherche d'un lieu sûr, indépendamment du rendement économique. De plus, la situation fut perturbée par l'arrivée d'un grand nombre de spéculateurs relativement ignorants sur le marché des changes. Dans la période précédant 1914, les spéculateurs de devises étrangères étaient un petit groupe d'hommes dont les activités étaient fondées sur une longue expérience du marché et avaient un effet stabilisant pour celui-ci. Après 1919, un grand nombre de personnes sans connaissance ou expérience commença à spéculer sur les devises étrangères. Sujette à l'influence des rumeurs, les ouï-dire et la panique des foules, leurs activités eurent un effet très perturbant sur les marchés. Enfin, dans chaque pays, le déclin de la compétition naissant du développement des organisations syndicales, cartels, monopoles, etc., rendit les prix moins sensibles aux flux d'or ou de devises sur les marchés internationaux, et, par la suite, ces flux ne déclenchèrent pas les forces qui auraient pu égaliser les prix entre les pays, mettre fin aux flux d'or et équilibrer les flux de biens.

En raison de ces facteurs, les systèmes de paiements internationaux qui avaient si bien fonctionné avant 1914 ne fonctionnaient plus que timidement après cette date et cessèrent pratiquement de fonctionner après 1930. La cause principale de ces facteurs était que ni les biens ni l'argent n'obéissaient aux forces purement économiques et ne se déplaçaient plus comme autrefois vers les lieux où chacune avait le plus de valeur. Le résultat principal fut une mauvaise distribution totale de l'or, une condition qui devint grave après 1928 et qui, en 1933, força la plupart des pays à abandonner l'étalon-or.

Les modifications des organisations productives et commerciales et des pratiques financières rendaient, après 1919, la restauration du système financier de 1914 presque impossible. Cependant, c'est ce qui fut tenté. Au lieu de chercher à instaurer une nouvelle organisation financière adaptée à l'organisation économique modifiée, les banquiers et politiciens insistaient sur le fait que l'ancien système d'avant-guerre devait être restauré. Ces efforts étaient concentrés dans un désir de restaurer l'étalon-or tel qu'il existait en 1914.

En plus de ces buts pragmatiques, les pouvoirs du capitalisme financier avaient un autre but profond qui n'était autre que de créer un système mondial de contrôle financier entre des mains privées capables de dominer le système politique de chaque pays et l'économie du monde dans son ensemble. Ce système devait être contrôlé de façon féodale par le concert des banques centrales du monde, par des accords secrets atteints lors de fréquentes réunions et conférences privées. L'apogée du système devait être la Banque des règlements internationaux à Bâle, en Suisse, une banque privée contrôlée et possédée par les banques centrales du monde qui étaient elles-mêmes des sociétés privées. Chaque banque centrale, entre les mains d'hommes comme Montagu Norman de la Banque d'Angleterre, Benjamin Strong de la Banque fédérale de réserve de New York, Charles Rist de la Banque de France et Hjalmar Schacht de la Reichsbank, cherchait à dominer son gouvernement par sa capacité à contrôler les prêts de Trésorerie, à manipuler les devises étrangères, à influencer le niveau d'activité économique dans le pays ainsi que les politiciens coopérants par des récompenses économiques subséquentes dans le monde des affaires.

Dans chaque pays, la force de la banque centrale reposait grandement sur son contrôle du crédit et de l'offre monétaire. Dans l'ensemble du monde, la force des banquiers centraux reposait grandement sur leur contrôle des prêts et des flux d'or. Lors des derniers jours du système, ces banquiers centraux furent capables de mobiliser des ressources pour s'entraider à travers la B.R.I. dans laquelle les paiements entre banques centrales pouvaient être réalisés par des rajustements comptables entre les comptes que les banques centrales du monde conservaient à cet endroit. La B.R.I., en tant qu'institution privée, appartenait aux sept banques centrales principales et était gérée par les dirigeants de ces banques centrales qui, ensemble, formaient son conseil de direction. Chacune d'entre elles gardait un important dépôt à la B.R.I. et effectuait régulièrement des paiements entre elles (et, de ce fait, entre les plus importants pays du monde) par des rajustements comptables dans le but d'éviter les livraisons d'or. Elles conclurent des accords sur tous les plus grands problèmes financiers du monde ainsi que sur beaucoup de problèmes économiques et politiques, surtout en référence aux prêts, aux paiements et à l'avenir économique des régions principales du monde.

La B.R.I. est généralement vue comme l'apogée de la structure du capitalisme financier dont les origines lointaines remontent à la création de la Banque d'Angleterre, en 1694, et de la Banque de France, en 1803. En réalité, sa création en 1929 était plutôt un signe du déclin du système financier mondial centralisé de 1914. Elle fut plutôt instaurée pour remédier au déclin de Londres en tant que centre financier du monde en offrant un mécanisme par lequel un monde ayant trois centres financiers principaux, à Londres, New York et Paris, pouvait toujours fonctionner comme une seule entité. La B.R.I. était un effort vain pour faire face aux problèmes naissant du développement de nombreux centres. Elle devait être le cartel mondial des puissances financières nationales grandissantes en rassemblant les chefs nominaux de ces centres financiers nationaux.

Le commandant en chef du système mondial du contrôle bancaire était Montagu Norman, gouverneur de la Banque d'Angleterre, qui fut promu par les banquiers privés à une position où il était vu comme un oracle dans tous les sujets du gouvernement et des affaires. Au sein du gouvernement, le pouvoir de la Banque d'Angleterre fut une restriction considérable sur les actions politiques dès 1819, mais une tentative de briser ce pouvoir par une modification de la charte de la banque en 1844 fut un échec. En 1852, Gladstone, à ce moment chancelier de l'Échiquier et plus tard Premier ministre, déclara : « Toute la situation reposait sur un point : le gouvernement n'avait pas à être une puissance considérable en matière de finance, mais devait laisser le pouvoir monétaire suprême et incontesté. »

Ce pouvoir de la Banque d'Angleterre et de son gouverneur était admis par les observateurs les plus qualifiés. En janvier 1924, Reginald McKenna, qui avait été chancelier de l'Échiquier en 1915-1916, alors président du conseil de la Midland Bank, déclara à ses actionnaires : « Je crains que le citoyen ordinaire n'aime pas qu'on lui dise que les banques peuvent créer de l'argent et qu'elles le font… Et que ceux qui contrôlent le crédit du pays dirigent la politique des gouvernements et détiennent la destinée du peuple dans le creux de leur main. » Durant cette même année, sir Drummond Fraser, vice-président de l'Institut des banquiers, affirma que : « Le gouverneur de la Banque d'Angleterre doit être l'autocrate qui dicte les termes sur lesquels seul le gouvernement peut obtenir de l'argent emprunté. » Le 26 septembre 1921, le Financial Times écrivit : « Six hommes à la tête des cinq grandes banques pourraient bouleverser tout le tissu des finances publiques en s'abstenant de renouveler les bons du Trésor. » Vincent Vickers, qui avait été directeur de la banque pendant neuf ans, déclara : « Depuis 1919, la politique monétaire du gouvernement fut celle de la Banque d'Angleterre, et la politique de la Banque d'Angleterre était celle de M. Montagu Norman. » Le 11 novembre 1927, Le Wall Street Journal surnomma M. Norman « le dictateur de la monnaie de l'Europe. » Ce fait fut admis par M. Norman devant le tribunal de la banque, le 21 mars 1930, et devant le comité Macmillan cinq jours plus tard.

La position de Montagu Norman peut être déduite du fait que ses prédécesseurs dans la fonction de gouverneur, qui étaient près d'une centaine, avaient effectué des mandats de deux ans, rarement prolongés, en temps de crise, à trois voire quatre ans. Mais Norman conserva cette position pendant vingt-quatre ans (1920-1944), pendant lesquels il devint le principal responsable de la liquidation de la suprématie de la Grande-Bretagne dans le monde.

Norman était un homme étrange dont la mentalité relevait de l'hystérie ou même de la paranoïa réprimée efficacement. Il n'avait pas besoin de gouvernement et craignait la démocratie. Ces deux éléments semblaient être, pour lui, des menaces pour les banques privées et, de ce fait, pour tout ce qui était précieux et propre à la vie humaine. Déterminé, infatigable et implacable, il voyait sa vie comme une sorte de combat de cape et d'épée contre les forces de l'argent instable qui étaient unies avec l'anarchie et le communisme. Quand il reconstruisit la Banque d'Angleterre, il le fit comme une forteresse prête à se défendre contre toute révolte populaire avec les réserves d'or sacrées dissimulées dans des coffres profonds sous le niveau des eaux souterraines qui pourraient être libérés pour les protéger en appuyant sur un bouton sur le bureau du gouverneur. Pendant une grande partie de sa vie, Norman se hâta autour du monde en bateau à vapeur rapide, parcourant des dizaines de milliers de kilomètres chaque année, voyageant souvent incognito, caché par un chapeau à larges bords noirs et un long manteau noir, sous le nom d'emprunt de « Professeur Skinner ». Ses embarquements et débarquements des paquebots les plus rapides de l'époque, parfois par le panneau de soute, passaient presque aussi inaperçus que les passages relativement similaires de Greta Garbo durant les mêmes années, et étaient menés dans une tentative « réelle » de se faire discret.

Norman avait un collègue dévoué en la personne de Benjamin Strong, le premier gouverneur de la banque fédérale de réserve de New York. Strong devait sa carrière à la faveur de la Morgan Bank, surtout à celle de Henry P. Davison qui avait fait de lui le secrétaire de la Bankers Trust Company de New York (succédant à Thomas W. Lamont) en 1904, qui l'avait exploité en tant qu'agent de Morgan dans les remaniements bancaires faisant suite au krach de 1907, et qui avait fait de lui le vice-président de la Bankers Trust (succédant toujours à Lamont) en 1909. Il devint le gouverneur de la banque fédérale de réserve de New York en tant que candidat commun de Morgan et Kuhn, Loeb et compagnie en 1914. Deux ans plus tard, Strong rencontra Norman pour la première fois et ils firent immédiatement un accord pour travailler en coopération pour les pratiques financières qu'ils vénéraient tous les deux.

Ces pratiques financières furent un bon nombre de fois énoncées explicitement dans l'abondante correspondance entre ces deux hommes et dans les nombreuses conversations qu'ils avaient, que ce soit au travail ou durant leur temps libre (ils passaient souvent leurs vacances ensemble pendant des semaines, habituellement dans le sud de la France).

Dans les années 1920, ils étaient déterminés à utiliser la puissance financière de la Grande-Bretagne et des États-Unis pour forcer tous les pays les plus importants du monde à adopter l'étalon-or et à l'exploiter à travers les banques centrales libérées de tout contrôle politique, avec toutes les questions de la finance internationale qui devraient être résolues par des accords faits par ces banques centrales sans interférence de la part des gouvernements.

Il ne faut pas penser que les banques centrales principales du monde étaient elles-mêmes des puissances considérables dans le monde de la finance. Elles ne l'étaient pas. En réalité, elles étaient les techniciens et agents des banquiers d'investissement dominants de leurs propres pays, qui les avaient élevés et étaient parfaitement capables de les mettre à terre. Les puissances financières substantielles du monde étaient entre les mains de ces banquiers d'investissement (également appelés banquiers « internationaux » ou banquiers « d'affaires ») qui restaient en général dans les coulisses de leurs propres banques privées sans personnalité juridique. Ceux-ci formèrent un système de coopération internationale et de domination nationale plus privé, plus puissant et plus secret que celui de leurs agents dans les banques centrales. Cette suprématie des banquiers d'investissement était fondée sur leur contrôle des flux de crédits et des fonds d'investissement dans leurs propres pays et à travers le monde. Ils pouvaient dominer les systèmes financiers et industriels de leurs propres pays grâce à leur influence sur le flux des fonds courants par les prêts bancaires, le taux de rabais et le nouvel escompte des dettes commerciales ; ils pouvaient dominer les gouvernements grâce à leur contrôle sur les prêts gouvernementaux actuels et le jeu des échanges internationaux. Presque tout ce pouvoir était exercé par l'influence personnelle et le prestige d'hommes qui avaient démontré leur capacité par le passé à réussir des coups financiers, à tenir leur parole, à garder leur calme lors d'une crise et à partager leurs opportunités gagnantes avec leurs associés. Dans ce système, les Rothschild avaient été prééminents au cours de la majeure partie du XIXe siècle, mais, à la fin de ce siècle, ils furent remplacés par J P. Morgan dont le bureau central se trouvait à New York, bien qu'il ait toujours été dirigé comme s'il se situait à Londres (où il avait, en effet, émergé comme la George Peabody and Company en 1838). J. P. Morgan mourut de vieillesse en 1913, mais il fut succédé par son fils qui portait le même nom (qui avait été formé dans la branche de Londres jusqu'en 1901), alors que les décisions principales de l'entreprise étaient de plus en plus souvent prises par Thomas W. Lamont après 1924. Mais ces relations pourront plus tard être décrites d'une meilleure façon sur une base nationale. À l'étape actuelle, nous devons suivre les efforts des banquiers centraux pour forcer le monde à retourner à l'étalon-or de 1914 dans les conditions d'après-guerre faisant suite à 1918.

Le point de vue des banquiers fut clairement exprimé dans une série de rapports gouvernementaux et de conférences internationales de 1918 à 1933. Parmi eux se trouvaient les rapports du comité de Cunliffe de Grande-Bretagne (aout 1918), celui de la Conférence d'experts de Bruxelles (septembre 1920), celui de la Conférence du conseil suprême de Gênes (janvier 1922), la première Conférence économique mondiale (à Genève, en mai 1927), le rapport du comité de Macmillan sur la finance et l'industrie (de 1931), et les diverses déclarations émises par la Conférence économique mondiale (à Londres en 1933). Ceux-ci et bien d'autres déclarations et rapports demandaient vainement un étalon-or international gratuit, des budgets équilibrés, la restauration des taux de change et des taux de réserve habituels d'avant 1914, une réduction des impôts et des dépenses gouvernementales, ainsi qu'une cessation de toute interférence gouvernementale dans l'activité économique, qu'elle soit nationale ou internationale. Mais aucune de ces études ne tenta d'évaluer les changements fondamentaux dans la vie économique, commerciale et politique depuis 1914. Et aucune ne donnait d'indication d'une prise de conscience du fait qu'un système financier devait s'adapter à de tels changements. Au lieu de cela, ils insinuaient tous que, si les hommes pouvaient seulement abandonner leur mauvaise conduite et imposer le système financier de 1914 au monde, les changements seraient forcés de faire marche arrière et de retourner aux conditions de 1914.

Par conséquent, les efforts financiers de la période postérieure à 1918 se regroupèrent en un très simple (et superficiel) objectif, revenir à l'étalon-or, pas « un » étalon-or, mais « l'étalon-or, » qui représentait le taux de change et les teneurs en or identiques que les unités monétaires avaient eus en 1914.

La restauration de l'étalon-or n'était pas une chose possible grâce à un simple geste du gouvernement. Il fut même admis par les défenseurs les plus ardents de l'étalon-or que certaines relations financières nécessitaient des ajustements avant que l'étalon-or ne puisse être restauré, et cela concernait trois relations principales. Il s'agissait : (1) du problème de l'inflation, ou de la relation entre l'argent et les biens, (2) du problème des dettes publiques, ou de la relation entre les recettes et les dépenses publiques, et (3) du problème des parités des prix, ou de la relation entre les niveaux des prix des différents pays. Le fait que ces trois problèmes existaient était la preuve d'un déséquilibre entre la richesse réelle et les revendications sur la richesse, causée par une baisse relative dans la première et d'une hausse relative dans la seconde.

Le problème des dettes publiques naquit du fait que, comme l'argent (crédit) était créé en période de guerre, il était habituellement fait de telle façon qu'il n'était pas contrôlé par l'État ou la communauté, mais qu'il était contrôlé par les institutions financières privées qui demandaient de la richesse réelle dans le futur pour la création de réclamations sur la richesse dans le présent. Le problème de la dette publique aurait pu être abordé d'une ou de plusieurs façons : (a) en augmentant le montant de richesse réelle dans la communauté de sorte que ses prix diminuent et que la valeur de l'argent augmente. Ceci restaurerait l'ancien équilibre (et le niveau des prix) entre la richesse réelle et les réclamations sur la richesse et, dans le même temps, permettrait le paiement de la dette publique sans augmentation des taux d'imposition, (b) par la dévaluation, c'est-à-dire en réduisant le contenu en or de l'unité monétaire de sorte que les stocks d'or du gouvernement vaillent un nombre bien plus important d'unités monétaires. Ceux-ci pourraient ensuite être appliqués à la dette publique, (c) par le refus, c'est-à-dire une simple annulation de la dette publique par un refus de la payer, (d) par l'imposition, c'est-à-dire en augmentant le taux d'imposition à un niveau suffisamment élevé pour produire assez de revenus pour payer la dette publique, et (e) par la délivrance de monnaie fiduciaire et le paiement de la dette par cette monnaie.

Ces méthodes n'étaient pas incompatibles et, dans certains cas, se chevauchaient. On pourrait, par exemple, soutenir que la dévaluation ou l'usage de monnaie fiduciaire étaient des formes de refus partiels. Ces méthodes n'étaient pas non plus toutes pratiques. Par exemple, la première (richesse réelle augmentée) était de loin la méthode la plus propice à l'atteinte d'une restabilisation, mais personne ne voyait comment l'accomplir. La quatrième (l'imposition) aurait placé un fardeau si lourd sur le système économique qu'elle serait allée à l'encontre du but recherché. En Grande-Bretagne, la dette publique aurait uniquement pu être payée par une taxe de 25% pendant près de trois-cents ans. Des taxes aussi lourdes auraient potentiellement eu un effet de dépression si fort sur la production de richesse réelle que les revenus nationaux auraient diminué plus rapidement que les taux d'imposition auraient augmenté, rendant les paiements par imposition impossibles. Toutes ces méthodes de paiement de la dette publique n'étaient pas non plus d'une commodité équivalente dans leurs effets sur les deux problèmes financiers qui préoccupaient les experts et les hommes d'État. Ces deux autres problèmes étaient tout aussi urgents que la dette publique et les effets des différentes méthodes pour payer la dette publique sur ces derniers auraient pu être totalement différents. Les efforts de paiement de la dette publique par la monnaie fiduciaire auraient fait empirer le problème d'inflation et peut-être aussi celui de la parité des prix. L'imposition et l'augmentation de la richesse réelle, d'autre part, auraient réduit le problème de l'inflation tout en réduisant la dette publique, sachant qu'elles auraient toutes les deux augmenté la valeur de l'argent (c'est-à-dire qu'elles étaient déflationnistes). Leurs effets sur le problème de la parité des prix différaient d'un cas à l'autre.

Enfin, ces méthodes de paiement de la dette publique n'étaient, en théorie, pas de valeur égale. La théorie orthodoxe rejetait le refus, la dévaluation et la monnaie fiduciaire en tant que solutions du problème et, puisque cela ne montrait pas de moyen d'augmenter la production de richesse réelle, seule l'imposition restait exploitable en tant que méthode de paiement des dettes publiques. Mais les théoriciens, comme nous l'avons montré, ne pouvaient annoncer l'imposition comme un moyen possible que s'ils omettaient les conséquences économiques. Ces conséquences étaient si désastreuses dans la majeure partie des pays que l'imposition, si elle était tentée, devrait rapidement être supplantée par d'autres méthodes non orthodoxes. La Grande-Bretagne et les États-Unis étaient les seules grandes puissances à continuer à utiliser l'imposition en tant que principal moyen de payer la dette publique.

Le deuxième problème qui devait être affronté avant que la stabilisation ne soit possible était le problème de l'inflation. Celle-ci était causée par la forte hausse de réclamations sur la richesse (l'argent), et se manifestait par une hausse drastique des prix. Il y avait trois solutions possibles : (a) augmenter la production de richesse réelle, (b) diminuer la quantité d'argent, ou (c) dévaluer, c'est-à-dire rendre chaque unité monétaire égale à un plus petit montant de richesse (en particulier l'or). Les deux premières auraient forcé les prix à diminuer jusqu'au plus bas niveau d'avant-guerre, mais l'auraient fait de façons totalement différentes, l'une entraînant la prospérité et une forte hausse des niveaux de vie, l'autre entraînant la dépression et une chute des niveaux de vie. La troisième méthode (la dévaluation) était surtout une reconnaissance et une acceptation de la situation existante et aurait laissé les prix au niveau supérieur d'après-guerre de façon permanente. Cela aurait impliqué une réduction permanente de la valeur de l'argent et aurait également donné des parités différentes aux devises étrangères (à moins qu'il n'y ait eu un accord international pour que les pays dévaluent par le même ratio). Mais cela aurait rendu la prospérité et une hausse du niveau de vie possibles, et aurait accepté la permanence de la redistribution de la richesse des créditeurs aux débiteurs amenée par l'inflation de la période de guerre.

Puisque la troisième méthode (la dévaluation) fut rejetée par les théoriciens orthodoxes et que personne ne pouvait voir comment obtenir la première (l'augmentation de la richesse réelle), seule la deuxième (la déflation) subsistait en tant que méthode possible pour pallier le problème de l'inflation. Pour un bon nombre de personnes, il semblait évident que la solution face à l'inflation était la déflation, surtout parce que les banquiers voyaient la déflation comme une bonne chose en soi. De plus, la déflation en tant que méthode pour pallier le problème de l'inflation allait de pair avec l'imposition comme solution au problème des dettes publiques. Les théoriciens ne prirent pas le temps de penser quels seraient leurs effets sur la production de richesse réelle et sur la prospérité du monde.

Le troisième problème financier qui devait être résolu avant que la stabilisation ne soit effective était le problème des parités des prix. Ceci était différent, car il s'agissait essentiellement d'une question internationale tandis que les deux autres problèmes étaient principalement nationaux. En suspendant l'étalon-or et en établissant un contrôle artificiel des devises étrangères au déclenchement de la guerre, les pays belliqueux permirent la hausse des prix à différents rythmes dans différents pays. Ceci peut être observé dans le fait que les prix augmentèrent de 200% en Grande-Bretagne en sept ans (1913-1920), tandis qu'aux États-Unis, ils augmentèrent de seulement 100%. Le déséquilibre qui en résulta devait être corrigé avant que les deux pays ne reviennent sur l'étalon-or, ou leurs devises auraient été estimées légalement selon un ratio assez différent de leur valeur en biens. En revenant à l'or aux anciens ratios, une once d'or fin deviendrait, légalement, égale à 20,67$ aux États-Unis et à près de 84 shillings et 11,5 pence en Grande-Bretagne. Pour les 20,67$ aux États-Unis, on pouvait obtenir, en 1920, près de la moitié de ce que l'on aurait pu acheter avec en 1913 ; pour les 84 shillings et 11,5 pence en Grande-Bretagne, on ne pouvait obtenir, en 1920, que près d'un tiers de ce que cela aurait pu payer en 1913. L'once d'or aux États-Unis était bien plus précieuse qu'en Grande-Bretagne, de sorte que les étrangers (et les Britanniques) préfèreraient acheter aux États-Unis plutôt qu'en Grande-Bretagne, et l'or aurait tendance à circuler de la Grande-Bretagne vers les États-Unis tandis que les biens circuleraient dans l'autre sens. Dans de telles conditions, on pourrait dire que la livre était surévaluée et que le dollar était sous-évalué. La surévaluation amènerait la dépression en Grande-Bretagne alors que les États-Unis tendraient à être prospères. Un tel déséquilibre des parités des prix pourrait être ajusté soit par une chute des prix dans le pays dont la devise était surévaluée, soit par une hausse des prix dans le pays dont la devise était sous-évaluée (ou par les deux). Un tel ajustement serait essentiellement automatique, mais au prix d'une considérable circulation d'or de la part du pays dont la devise était surévaluée.

Puisque le problème de la parité des prix se règlerait de lui-même ou nécessiterait un accord international pour son ajustement, les gouvernements n'en firent pas cas lorsqu'ils portèrent leur attention à la tâche de stabilisation. Au lieu de cela, ils se concentrèrent sur les deux autres problèmes et prêtèrent surtout attention à la tâche de constituer des réserves d'or suffisantes pour leur permettre de mener à bien les méthodes choisies pour ces deux problèmes.

La plupart des pays étaient pressés de stabiliser leurs devises quand la paix fut signée en 1919. Les difficultés des trois problèmes que nous avons mentionnées rendaient nécessaire le fait de reporter l'étape pendant des années. Le processus de stabilisation fut étendu sur plus d'une décennie de 1919 à 1931. Seuls les États-Unis furent capables de revenir à l'étalon-or immédiatement et ceci était le résultat d'une combinaison singulière de circonstances qui n'existaient que dans ce pays. Les États-Unis avaient une réserve abondante d'or. De plus, ils avaient une structure technologique assez différente de celle de tout autre pays, sauf peut-être du Japon. La technologie américaine avançait si rapidement entre 1922 et 1928 que, même avec la chute des prix, la prospérité régnait, puisque les couts de production chutaient encore plus rapidement. Cette situation fut aidée par le fait que les prix des matières premières et de la nourriture chutaient plus vite que les prix des produits industriels, de sorte que la production de ces derniers était très rentable. Par la suite, les États-Unis trouvèrent, à un niveau plus important que tout autre pays, une solution à l'inflation et à la dette publique que tous les théoriciens reconnaissaient comme possible, mais qu'aucun d'entre eux n'avait su comment atteindre : la solution se trouvait dans une forte hausse de la richesse réelle. Cette hausse rendit possible le paiement de la dette publique et la réduction des taxes simultanément ; cela permit également la déflation sans avoir une crise économique. Une solution plus joyeuse aux problèmes d'après-guerre n'aurait pu être trouvée, du moins, pour un temps. Sur le long terme, la situation avait ses désavantages puisque les couts chutaient plus vite que les prix, et que les prix des produits agricoles et des matières premières chutaient plus rapidement que les prix des produits industriels, cela signifiait que, sur le long terme, la communauté n'aurait pas assez de pouvoir d'achat pour acheter les produits de l'organisation industrielle. Ce problème fut retardé pendant une période considérablement longue par l'application de crédits faciles et de ventes à crédit au marché national et par l'extension aux pays étrangers de grands emprunts qui permirent à ces pays d'acheter les produits de l'industrie américaine sans envoyer leurs propres biens sur le marché américain en retour. Ainsi, à partir d'une série de circonstances des plus inhabituelles, les États-Unis obtinrent une expansion insolite de prospérité. Ces circonstances étaient, cependant, de maintes façons, un retardement des difficultés plutôt qu'une solution à celles-ci, puisque la compréhension théorique de ce qui arrivait manquait toujours.

Dans d'autres pays, la période de stabilisation n'était pas aussi heureuse. En Grande-Bretagne, la stabilisation fut atteinte par des voies orthodoxes, c'est-à-dire grâce à l'imposition en tant que remède pour les dettes publiques et la déflation en tant que remède à l'inflation. On estimait ces remèdes nécessaires pour revenir à l'ancienne parité de l'or. Puisque la Grande-Bretagne n'avait pas une réserve adéquate d'or, la politique de déflation devait être poussée sévèrement dans le but de réduire le volume d'argent en circulation à une quantité suffisamment faible pour être superposée avec la petite base d'or disponible aux anciens ratios. Dans le même temps, la politique était censée abaisser les prix anglais au niveau des prix internationaux. Les billets de monnaie qui avaient été utilisés pour compléter les billets de banque furent retirés et le crédit fut restreint en augmentant le taux de rabais à un niveau de panique. Les résultats furent épouvantables. Les activités commerciales chutèrent de façon drastique et le nombre de chômeurs augmenta bien au-delà d'un million et demi. La baisse radicale des prix (de 307 en 1920 à 197 en 1921) rendit la production non rentable à moins que les couts ne soient abaissés encore plus rapidement. Ceci ne pouvait pas être fait, car les organisations syndicales étaient convaincues que le fardeau de la politique déflationniste ne devait pas leur être imposé en forçant la baisse des salaires. Le résultat fut une grande vague de grève et de conflits sociaux.

Le gouvernement britannique ne pouvait mesurer le succès de leur déflation qu'en comparant leur niveau de prix avec les niveaux des prix mondiaux. Ceci fut fait au moyen du taux de change entre la livre et le dollar. À l'époque, le dollar était la seule devise importante sur l'étalon-or. Il était attendu que la baisse forcée des prix en Grande-Bretagne se reflèterait dans une augmentation de la valeur de la livre en dollars sur le marché des changes. Ainsi, pendant que la livre augmentait progressivement vers le taux d'avant-guerre de 4,86$, cette augmentation devait mesurer la chute des prix britanniques vers le niveau de prix américain (ou mondial). De façon générale, cela était vrai, mais ne prenait pas en compte les spéculateurs qui, sachant que la valeur de la livre augmentait, vendaient des dollars pour acheter des livres, poussant ainsi le dollar vers le bas et la livre vers le haut plus rapidement qu'il était justifié en termes de changements dans les niveaux des prix des deux pays. Ainsi, la livre s'éleva à 4,86$ alors que le niveau des prix britanniques n'avait pas encore diminué au niveau des prix américains, mais le chancelier de l'Échiquier, Winston Churchill, qui jugeait le niveau des prix avec le taux de change, croyait qu'il était retourné à l'étalon-or à ce moment. Par la suite, la livre sterling fut surévaluée et la Grande-Bretagne se retrouva isolée économiquement sur un prix plancher au-dessus du marché mondial duquel elle était dépendante économiquement. Ces prix britanniques plus élevés servirent à augmenter les importations, diminuer les exportations et à encourager un écoulement de l'or qui abaissa les réserves d'or jusqu'à un niveau dangereusement bas. Pour maintenir les réserves d'or, il était nécessaire de garder le taux de rabais à un niveau si élevé (4,5% ou plus) que les activités commerciales furent dissuadées. La seule solution que le gouvernement britannique pouvait voir à cette situation était une déflation continue. Cette tentative d'abaisser les prix échoua, car les syndicaux avaient été capables d'empêcher la diminution radicale des couts (principalement les salaires) nécessaire pour permettre une production rentable sur un tel marché déflationniste. La méthode alternative à la déflation, par l'imposition lourde, ne pouvait pas non plus être imposée dans la mesure nécessaire aux classes supérieures qui contrôlaient le gouvernement. La confrontation sur la politique déflationniste se manifesta par la grève générale de 1926. Les syndicaux perdirent la grève, c'est-à-dire qu'ils ne purent empêcher la politique de déflation, mais ils empêchèrent le gouvernement de continuer la réduction des couts dans la mesure nécessaire pour restaurer les bénéfices des affaires et le commerce d'exportation.

Suite à cette politique financière, la Grande-Bretagne fut confrontée à la déflation et à la crise économique sur toute la période 1920-1933. Ces effets furent dramatiques en 1920-1922, modérés en 1922-1929, et à nouveau considérables en 1929-1933. L'indice des prix de gros (1913=100) chuta de 307 en 1920 à 197 en 1921, puis diminua lentement à 137 en 1928. Puis il se dégrada rapidement jusqu'à 120 en 1929 et à 90 en 1933. Le nombre de chômeurs était en moyenne de 1,75 million pour chacune des treize années de 1921 à 1932 et atteignit 3 millions en 1931. Au même moment, l'insuffisance des réserves d'or de la Grande-Bretagne au cours de la majeure partie de la période mit celle-ci en position de soumission financière face à la France (qui avait une réserve abondante d'or grâce à sa politique financière différente). Cette soumission servit à équilibrer la soumission politique de la France face à la Grande-Bretagne, née de l'insécurité française, et se termina uniquement avec l'abandon de l'étalon-or par la Grande-Bretagne en 1931.

La Grande-Bretagne était le seul pays européen important à avoir atteint la stabilisation par la déflation. À l'est de ce pays, un deuxième groupe de pays, comprenant la Belgique, la France et l'Italie, atteignirent la stabilisation par la dévaluation. Il s'agissait d'une bien meilleure méthode. Cependant, elle ne fut pas adoptée à cause d'une intelligence supérieure, mais à cause de la faiblesse financière. Dans ces pays, le fardeau de la reconstruction des dommages de la guerre rendait impossible l'équilibrage d'un budget, ce qui rendit la déflation difficile. Ces pays acceptèrent les idées financières orthodoxes et essayèrent de provoquer la déflation en 1920-1921, mais, après la dépression qui en résulta, elles abandonnèrent la tâche. La Belgique se stabilisa une fois à 107 francs par rapport à la livre sterling, mais ne put maintenir ce niveau et dut se dévaluer pour atteindre 175 francs par rapport à la livre (octobre 1926). La France se stabilisa à 124,21 francs par rapport à la livre à la fin de 1926, bien que la stabilisation fût faite *de jure* seulement en juin 1928. L'Italie se stabilisa à 92,46 lires par rapport à la livre sterling en décembre 1927.

Le groupe de pays qui avait atteint la stabilité par la dévaluation prospérait en contraste avec ceux qui l'avaient atteinte par la déflation. La prospérité était à peu près égale au niveau de la dévaluation. Parmi les trois pays latins (la Belgique, la

France et l'Italie), la Belgique avait le plus dévalué et était le pays le plus prospère. Sa stabilisation était à un niveau de prix en dessous du niveau mondial de sorte que la couronne belge était sous-évaluée de près d'un cinquième. Ceci servit à encourager les exportations. Pour un pays industriel comme la Belgique, ceci lui permit de profiter du malheur de la Grande-Bretagne. La France était dans une situation relativement similaire. L'Italie, au contraire, s'était stabilisée à un chiffre qui rendait la lire considérablement surévaluée. Ceci fut fait pour le prestige, Mussolini étant déterminé à stabiliser la lire à une valeur supérieure à celle du franc français. Les effets de cette surévaluation de la lire sur l'économie italienne furent extrêmement défavorables. L'Italie ne fut jamais aussi prospère après qu'avant la stabilisation.

Les pays qui avaient sous-évalué leur devise avaient non seulement prospéré, mais aussi diminué le déséquilibre entre la richesse et l'argent, ils avaient été capables d'utiliser l'inflation pour augmenter leur production, ils avaient échappé aux fortes taxes, ils avaient modéré ou échappé à la crise de la stabilisation et à la dépression déflationniste, ils avaient amélioré leurs positions sur le marché mondial par rapport aux pays à couts élevés comme la Grande-Bretagne, et ils avaient renfloué leurs réserves d'or.

Un troisième groupe de pays atteignit la stabilisation par la reconstruction. Il s'agissait des pays dans lesquels l'ancienne devise avait été supprimée et remplacée par une nouvelle devise. Parmi ces pays se trouvaient l'Autriche, la Hongrie, l'Allemagne et la Russie. Les deux premiers pays avaient été stabilisés par un programme d'aide internationale élaboré par la Société des Nations. Le dernier fut contraint de créer un système financier de lui-même. L'Allemagne vit son système réorganisé suite au Plan Dawes. Le Plan Dawes, comme nous l'avons vu dans notre discussion au sujet des réparations, fournissait les réserves d'or nécessaires pour une nouvelle devise et offrait un contrôle des taux de change qui servit à protéger l'Allemagne des principes de finance orthodoxes qui avaient été acceptés. Ces contrôles furent poursuivis jusqu'en 1930 et permirent à l'Allemagne d'emprunter auprès des sources étrangères, en particulier les États-Unis, les fonds nécessaires pour garder son système économique en état de marche avec un budget déséquilibré et une balance commerciale défavorable. Entre 1924 et 1929, grâce à ces fonds, la structure industrielle de l'Allemagne fut grandement reconstruite de sorte que, à l'arrivée de la dépression, l'Allemagne avait la machine industrielle la plus efficace d'Europe et probablement la deuxième plus efficace au monde (après les États-Unis). Le système financier de l'Allemagne ne maitrisait pas suffisamment l'inflation et presque pas la déflation à cause des restrictions du Plan Dawes sur les opérations de libre marché de la Reichsbank, et de la réaction généralement lente de l'économie allemande aux changements du taux de rabais. Heureusement, de tels contrôles étaient à peine nécessaires. Le niveau des prix était à 137 en 1924 et au même chiffre en 1929 (1913=100).

La période de stabilisation, 1922-1930

Au cours de ces six années, il avait atteint son maximum à 142 (en 1925) et son minimum à 134 (en 1926). Cette stabilité des prix fut accompagnée par une stabilité des conditions économiques. Alors que ces conditions n'étaient en aucun cas en expansion, il n'y eut qu'une seule mauvaise année avant 1930. Il s'agissait de 1926, l'année durant laquelle les prix chutèrent de 142, niveau de 1925, à 134. Cette année-là, le nombre de chômeurs était en moyenne de 2 millions. La meilleure année fut 1925, année durant laquelle le nombre de chômeurs avoisinait 636.000 en moyenne. Cette baisse de la prospérité de 1925 à 1926 fut causée par un manque de crédit suite à l'insuffisance de crédit national et à une diminution temporaire des réserves de crédit étranger. Ce fut cette petite chute dans le commerce qui amena l'Allemagne à suivre la voie de la réorganisation technologique. Ceci permit à l'Allemagne d'augmenter la production en diminuant l'emploi. La hausse annuelle moyenne de la productivité du travail sur la période 1924-1932 en Allemagne était d'environ 5%. La production par heure de travail dans l'industrie augmenta de 87,8 en 1925 à 115,6 en 1930 et 125 en 1932 (1928=100). Cette hausse de la production servit à intensifier l'impact de la dépression en Allemagne de sorte que le chômage, qui était d'une moyenne de trois-millions en 1930, atteignit plus de six-millions fin 1932. Nous en examinerons en détail les implications dans notre étude de la montée au pouvoir d'Hitler.

La période de stabilisation ne s'acheva pas avant 1931 environ, même si les moins grandes puissances étaient encore en train de se stabiliser en 1930. La dernière grande puissance à se stabiliser *de jure* fut la France, en juin 1928, et elle s'était, en réalité, stabilisée bien plus tôt. Sur toute la période, près de cinquante pays avaient stabilisé leurs devises sur l'étalon-or. Mais à cause de la quantité d'or nécessaire pour maintenir les coefficients de réserve coutumiers (c'est-à-dire les coefficients d'avant 1914) aux plus hauts prix qui prévalaient généralement durant la période de stabilisation, aucun pays important ne fut capable de revenir au même étalon-or de 1914. Le changement principal fut l'utilisation du « Gold Exchange Standard » (étalon de change-or) ou « Gold Bullion Standard » (étalon de change en lingot d'or) au lieu de l'ancien étalon-or. Sous l'étalon de change-or, les changes des pays utilisant l'étalon-or pouvaient être utilisés comme des réserves contre les billets ou les dépôts à la place des réserves en or. De cette manière, les réserves d'or limitées du monde pouvaient être utilisées pour soutenir un bien plus grand volume de richesse fictive dans le monde dans son intégralité puisque la même quantité d'or pouvait être utilisée en tant que réserve de lingots pour un pays et en tant que réserve de change-or pour un autre. Même ces pays qui s'étaient stabilisés sur un étalon-or direct l'avaient fait d'une façon assez différente de la situation de 1914. Dans quelques pays, il y avait une convertibilité libre et gratuite entre les billets, les pièces et les lingots. En Grande-Bretagne, par exemple, par l'Acte de l'étalon-or de mai

1925, les billets ne pouvaient être échangés en or seulement sous la forme de lingots et seulement dans des montants d'au moins 400 onces d'or fin (c'est-à-dire pas moins de 8268$ à la fois). Le lingot ne pouvait être présenté à l'hôtel des monnaies pour frapper la monnaie que par la Banque d'Angleterre, bien que la banque fût obligée d'acheter tout l'or offert à 77 shillings et 10,5 pence par once standard. Les billets ne pouvaient être convertis en pièces qu'au gré de la banque. De ce fait, l'étalon-or de 1925 était assez différent de celui de 1914.

Ceci indiquait que même dans ses aspects les plus superficiels, l'étalon-or international de 1914 n'avait pas été rétabli en 1930. Les dispositions légales étaient différentes ; les besoins et les pratiques financiers étaient assez différents ; les conditions économiques et commerciales sous-jacentes étaient totalement différentes et continuaient sur cette voie. Cependant, les financiers, les hommes d'affaires et les politiciens essayaient de se leurrer eux ainsi que le public, qu'ils avaient restauré le système financier de 1914. Ils avaient créé une façade de carton et de guirlandes qui ressemblait vaguement à l'ancien système et ils espéraient que, s'ils faisaient semblant avec une insistance suffisante, ils pourraient changer cette façade en la réalité perdue qu'ils désiraient ardemment. Dans le même temps, alors qu'ils poursuivaient des politiques (telles que les tarifs, les contrôles des prix, les contrôles sur la production, etc.) qui ne faisaient qu'éloigner cette réalité sous-jacente plus loin encore de celle qui existait en 1914, ils suppliaient les gouvernements de faire autrement. Une telle situation, où les faux-semblants étaient traités comme s'ils étaient la réalité, et la réalité comme si elle n'était qu'un mauvais rêve, ne pouvait que mener au désastre. C'est ce qui arriva. La période de stabilisation se combina vite à une période de déflation et de dépression.

Comme nous l'avons dit, le stade du capitalisme financier n'avait pas mis l'accent sur l'échange de biens ou sur la production de biens comme les stades antérieurs du capitalisme commercial et du capitalisme industriel l'avaient fait. En réalité, le capitalisme financier était vraiment très peu intéressé par les biens, mais il était totalement concerné par des déclarations sur la richesse, les actions, les obligations, les hypothèques, l'assurance, les dépôts, les procurations, les taux d'intérêt, et autres.

Il n'investissait pas sur le capital parce qu'il désirait augmenter la production de biens ou de services, mais parce qu'il désirait lancer l'émission (souvent excédentaire) de titres sur cette base productive. Il construisait des chemins de fer dans le but de vendre des titres et non dans le but de transporter des marchandises ; il constituait de grandes sociétés sidérurgiques pour vendre des titres et non pour fabriquer de l'acier, etc. Mais, accessoirement, cela augmenta grandement le transport des marchandises, la production sidérurgique et celle d'autres biens. Cependant, dès la moitié du stade du capitalisme financier, son organisation avait évolué vers un niveau de promotion des titres et de spéculation très sophistiqué qui n'avait pas besoin d'investissement productif comme base. Les sociétés étaient créées à partir de sociétés sous la forme de compagnies financières, de sorte que les titres soient émis en quantités énormes, apportant des frais et des commissions rentables aux capitalistes financiers sans aucune hausse de la production économique. En effet, ces capitalistes financiers avaient découvert qu'ils pouvaient non seulement faire un tabac en émettant de tels titres, mais également faire un tabac à partir de la faillite de telles sociétés, par les frais et commissions de la réorganisation. Un très plaisant cycle d'émission, de faillite, d'émission, de faillite commença à être exploité par ces capitalistes financiers. Plus l'émission était excessive, plus les bénéfices étaient grands et plus la faillite était imminente. Plus la faillite était fréquente, plus les bénéfices de réorganisation étaient grands et plus l'opportunité d'une autre émission excessive venait rapidement, accompagnée de ses bénéfices. Ce stade excessif atteignit son point culminant uniquement aux États-Unis. En Europe, il ne fut atteint que dans des cas isolés.

La croissance du capitalisme financier rendait possibles la centralisation du contrôle économique du monde et l'usage de cette force au profit direct des financiers et au préjudice indirect de tout autre groupe économique. Cependant, cette concentration de puissance ne pouvait être atteinte seulement au moyen de méthodes qui semaient les graines d'un capitalisme monopoliste. Le contrôle financier ne pouvait être exercé qu'imparfaitement par le contrôle du crédit et des conseils d'administration communs. Dans le but de renforcer un tel contrôle, une certaine mesure de l'actionnariat était nécessaire. Mais l'actionnariat était dangereux pour les banques, car leurs fonds étaient composés de plus de dépôts (c'est-à-dire d'obligations à court terme) que de capitaux (ou d'obligations à long terme). Cela signifiait que les banques qui recherchaient le contrôle économique par l'actionnariat plaçaient des obligations à court terme dans des avoirs à long terme. Cela était sécurisé tant que ces derniers pouvaient être liquidés rapidement à un prix suffisamment élevé pour payer les obligations à court terme telles qu'elles se présentaient. Mais ces avoirs de titres étaient voués à être gelés, car les systèmes économiques et financiers étaient déflationnistes. Le système économique était déflationniste, car la production électrique et la technologie moderne avaient entraîné une forte hausse des réserves de richesse réelle. Cela signifiait que, sur le long terme, le contrôle des banques était condamné à cause du progrès technologique. Le système financier était également déflationniste à cause de l'insistance des banquiers sur l'étalon-or, avec tout ce qu'il impliquait.

Pour échapper à ce dilemme, les capitalistes financiers agissaient sur deux fronts. Du côté des affaires, ils cherchaient à mettre fin à la propriété des titres, croyant qu'ils pourraient détenir le premier et renoncer au second. Du côté de l'industrie, ils cherchaient à faire avancer le monopole et à réduire la production, gardant ainsi les prix élevés et leurs avoirs en titres liquides.

Les tentatives des financiers pour séparer la propriété du contrôle furent soutenues par les fortes demandes de capital de l'industrie moderne. De telles demandes en capital rendaient nécessaire l'organisation corporative des entreprises. Cela réunit inévitablement le capital appartenant à un grand nombre de personnes pour créer une entreprise contrôlée par un petit nombre de personnes. Les financiers firent ce qu'ils pouvaient pour rendre le premier nombre aussi grand que possible et le second aussi petit que possible. Le premier fut atteint en fractionnant les actions, en émettant des titres à faible valeur nominale et en grande quantité. Cette dernière fut atteinte avec des actions avec un droit de vote pluriel, des actions sans droit de vote, l'accumulation de compagnies financières, l'élection de directeurs par cooptation et des techniques similaires. Le résultat fut l'appropriation de patrimoines agrégés de plus en plus larges par des groupes d'hommes de plus en plus petits.

Alors que le capital financier tressait ainsi la structure complexe du droit des sociétés modernes et la pratique d'une part, il établissait des monopoles et des cartels d'autre part. Les deux aidèrent à creuser la tombe du capitalisme financier et à passer les rênes du contrôle économique au capitalisme monopoliste plus récent. D'une part, les financiers libérèrent les contrôleurs des affaires des propriétaires d'entreprises, mais, d'autre part, cette concentration donna naissance aux conditions de monopole qui libérèrent les contrôleurs des banques.

La date à laquelle un pays passait au capitalisme financier puis au capitalisme monopoliste dépendait de la réserve de capital disponible pour les affaires. Ces dates pouvaient être précipitées ou retardées par l'action du gouvernement. Aux États-Unis, le commencement du capitalisme monopoliste fut retardé par la loi antimonopole du gouvernement, tandis qu'en Allemagne, il fut précipité par le droit des cartels. La véritable clé du changement reposait sur le contrôle des flux monétaires, et surtout des fonds de placement. Ces contrôles, qui étaient détenus par les banquiers d'investissements en 1900, furent éclipsés par d'autres sources de fonds et de capital, telles que les assurances, les fonds de retraites et de placement, et surtout, par ces flux résultant des politiques fiscales des gouvernements. Les tentatives des anciens banquiers d'investissement pour contrôler ces nouveaux réseaux de fonds avaient différents niveaux de réussite, mais, en général, le capitalisme financier fut détruit par deux évènements : (1) la capacité de l'industrie à financer son propre besoin de capital à cause de plus grands bénéfices naissant de la compétition en baisse établie par le capitalisme financier, et (2) la crise économique engendrée par les politiques déflationnistes résultant de l'obsession du capitalisme financier pour l'étalon-or.

La période de déflation, 1927-1936

La période de stabilisation ne peut pas être clairement différenciée de la période de déflation. Dans la plupart des pays, la période de déflation commença en 1921 et, après environ quatre ou cinq ans, son développement s'accéléra, atteignant, après 1929, un niveau que l'on pourrait qualifier de critique. Pendant la première partie de cette période (1921-1925), les implications économiques dangereuses de la déflation étaient cachées par la croyance qu'une grande période de progrès économique commencerait une fois la stabilisation accomplie. Cet optimisme psychologique était complètement injustifié par les faits économiques, même aux États-Unis où ces faits étaient (du moins, à court terme) plus prometteurs qu'ailleurs. Après 1925, quand la déflation s'enracina et que les conditions économiques empirèrent, le danger que représentaient ces dernières fut caché par la continuation d'un optimisme injustifié. Le symptôme principal des troubles de la réalité économique sous-jacente (la baisse constante des prix) fut caché au cours de la période suivante (1925-1929) par une hausse constante des prix des titres (qui était faussement vue comme un bon signe) et par les prêts excessifs des États-Unis à l'étranger (qui valaient presque dix-milliards de dollars pour la période de 1920 à 1931, menant leur investissement étranger total à près de 27 milliards de dollars avant la fin de 1930).

Ces crédits étrangers des États-Unis étaient la raison principale pour laquelle ces conditions économiques inadaptées avaient pu être gardées secrètes pendant tant d'années. Avant la guerre mondiale, les États-Unis avaient été une nation débitrice et, pour payer ces dettes, avaient développé une économie d'exportation. Le double rôle de débiteur et d'exportateur était très plausible. La guerre fit des États-Unis une nation créancière et en fit également un meilleur exportateur que jamais en augmentant la superficie de ses cultures de coton et de blé ainsi que sa capacité à produire des navires, de l'acier, des textiles, etc. Le double rôle de créancier et d'exportateur qui en résulta n'était pas plausible.

Les États-Unis refusaient d'accepter les deux options nécessaires : réduire les dettes qui leur étaient dues ou augmenter leurs importations. Au lieu de cela, ils augmentèrent leurs tarifs douaniers face aux importations et comblèrent temporairement le fossé avec des prêts étrangers importants. Mais, en tant que solution permanente, cela était sans espoir. En tant que solution temporaire, cela permit aux États-Unis d'être à la fois une nation créditrice et exportatrice ; cela permit à l'Allemagne de payer les réparations sans avoir d'excédent budgétaire ou une balance commerciale favorable ; cela permit à des dizaines de pays moins importants d'adopter un étalon-or qu'ils ne pouvaient pas maintenir ; cela permit à la France, la Grande-Bretagne, l'Italie et à d'autres de payer leurs dettes de guerre aux États-Unis sans envoyer de biens. En bref, cela permit au monde de vivre dans une féérie illusoire loin des réalités économiques.

Ces réalités étaient caractérisées par : (a) des inadaptations fondamentales, à la fois économiques et financières, qui rendaient impossible le fonctionnement du système financier tel qu'il avait fonctionné en 1914, et (b) une déflation constante.

Les inadaptations fondamentales étaient à la fois économiques et financières. Les inadaptations économiques étaient celles que nous avons déjà indiquées : l'industrialisation des régions colonisées ; la surproduction de matières premières et de nourriture due aux prix élevés de la guerre, l'expansion excessive de l'industrie lourde suite aux besoins de la guerre, l'obsolescence d'une grande partie de l'industrie lourde en Europe et en Grande-Bretagne qui rendait la compétition avec un équipement plus récent ou l'adaptation aux variations de la demande impossible, et l'augmentation constante du désavantage des producteurs de matières premières et de nourriture, contrairement aux producteurs de biens industriels. De nouveaux facteurs vinrent s'ajouter à ces anciens facteurs, tels que la forte hausse de la productivité de l'Allemagne et des États-Unis, le retour de la Russie et de l'Allemagne dans l'économie européenne vers 1924, ainsi que le retour de l'Europe dans l'économie mondiale au cours de la période 1925-1927. De nombreux pays cherchèrent à résister à la fois aux récents et aux anciens facteurs, en prenant le parti d'intervenir dans la vie économique au moyen de tarifs, de quotas d'importations, de subventions à l'exportation, etc.

Les inadaptations financières servirent à créer une insuffisance et une mauvaise distribution d'or. L'insuffisance de la réserve d'or avait plusieurs origines. Il fut estimé que les réserves de monnaie d'or du monde devaient augmenter de 3,1% par an dans les années 1920 pour soutenir le développement économique du monde avec des prix stables sur l'étalon-or. La production d'or nouveau après 1920 était inférieure à ce taux.

De plus, suite aux activités de la Société des Nations et de conseillers financiers tels que le professeur E. W. Kemmerer de l'université de Princeton, tous les pays furent encouragés à adopter l'étalon-or. Cela déclencha une « ruée vers l'or » puisque chaque pays essayait d'obtenir une réserve d'or suffisamment importante pour avoir des réserves adéquates. Puisque davantage de pays utilisaient l'or en 1928 qu'en 1914, et puisque les prix étaient en général plus élevés, il fallait plus d'or dans les réserves.

Les tentatives pour contourner cette difficulté en utilisant un étalon de change-or plutôt qu'un étalon-or furent utiles pour régler la question des réserves d'or insuffisantes, mais elles aggravèrent le problème de la mauvaise distribution

La période de déflation, 1927-1936

d'or, puisque l'étalon de change-or ne répondait pas à la circulation de l'or aussi rapidement et n'était donc pas très efficace pour juguler de tels écoulements d'or. Le besoin d'or fut accru à cause de l'existence de larges soldes flottants de fonds politiques, ou de fonds de panique, qui auraient pu passer d'un marché à un autre de façon indépendante des conditions économiques. Ce besoin fut accentué par le fait que, en 1920, il y avait trois centres financiers majeurs qui devaient effectuer des paiements par livraisons d'or, contrairement au centre financier unique de 1914 où les paiements pouvaient être effectués par des opérations comptables. Pour rectifier ce problème dans une certaine mesure, la Banque des règlements internationaux fut créée en 1929. Enfin, le besoin d'or fut accentué par l'énorme croissance des endettements étrangers, dont la majeure partie était de nature politique, comme les dettes et les réparations de guerre.

À cette insuffisance d'or s'ajouta une très mauvaise distribution de l'or. Ceci était une preuve définitive que le système de 1914 s'était effondré, puisqu'il aurait fonctionné automatiquement pour distribuer l'or de manière égale. Cette mauvaise distribution venait du fait que lorsque l'or s'écoulait dans certains pays, les résultats automatiques d'un tel écoulement (tel que les prix en hausse ou la chute des taux d'intérêt), qui auraient restauré l'équilibre en 1914, étaient empêchés en 1928. Pendant cette période, près des quatre cinquièmes de la réserve d'or mondiale se trouvaient dans cinq pays et plus de la moitié se trouvait dans deux pays : les États-Unis et la France. L'or avait été apporté dans ces deux pays pour des raisons assez différentes : aux États-Unis, car il s'agissait du plus grand pays créditeur du monde, et en France, à cause de la dévaluation du franc. La Grande-Bretagne, d'autre part, détenait des soldes flottants de près de 800 millions de livres et traitait 20.000 millions de livres chaque année en transactions avec une réserve d'or de seulement 150 millions de livres. Une telle situation rendit la France capable d'utiliser l'or en tant qu'arme politique contre la Grande-Bretagne.

Dans ce contexte, et à cause des conditions économiques déflationnistes décrites dans le chapitre 11, les prix commencèrent à chuter, lentement au départ puis de plus en plus rapidement. L'élément déclencheur dans la majorité des pays fut en 1925 ou 1926, la Grande-Bretagne étant l'un des premiers concernés (janvier 1925). Dans la première moitié de 1929, ce lent mouvement décroissant commença à se transformer en une chute rapide. Le tableau suivant montre les changements des prix de gros pour les cinq pays principaux :

INDICES DES PRIX DE GROS (1913 = 100)					
	ÉTATS-UNIS	GRANDE-BRETAGNE	FRANCE	ITALIE	ALLEMAGNE
1924	141	166	489	554	137
1925	148	159	550	646	142

INDICES DES PRIX DE GROS (1913 = 100)					
	ÉTATS-UNIS	GRANDE-BRETAGNE	FRANCE	ITALIE	ALLEMAGNE
1926	143	148	695	654	134
1927	137	142	642	527	138
1928	139	137	645	491	140
1929	137	120	627	481	137
1930	124	104	554	430	125
1931	105	102	520	376	111
1932	93	90	427	351	97
1933	95	90	398	320	93
1934	108	92	376	313	98
1935	115	93	339	344	102
1936	116	99	411	385	104
1937	124	114	581	449	106

Après 1925, les effets économiques de cette baisse des prix étaient défavorables, mais ils furent dissimulés sur une période considérablement longue à cause d'influences variées, en particulier les politiques libérales du crédit des États-Unis (à la fois étranger et national) et l'optimisme engendré par l'explosion de la bourse. Cette façade de prospérité superposée à des conditions économiques instables était pratiquement internationale. Il ne s'agissait réellement d'une explosion de richesse qu'en France et aux États-Unis, mais pour ces derniers, ce n'était en aucun cas aussi important que l'on pourrait le croire en jetant un coup d'œil aux valeurs boursières. En Grande-Bretagne, l'explosion apparut sous la forme de l'émission de nouvelles actions de compagnies peu sures et frauduleuses et d'une prospérité mineure de la bourse (une hausse des prix des titres près d'un tiers aussi rapide qu'aux États-Unis). En Allemagne et dans une grande partie de l'Amérique latine, l'explosion reposait sur des emprunts étrangers (provenant principalement des États-Unis) dont les bénéfices étaient majoritairement placés dans une construction non productive. En Italie, l'explosion fut de courte durée, retenue par la surévaluation de la lire en 1927.

LE KRACH DE 1929

L'histoire de la chute commença en 1927 quand la France stabilisa le franc de facto à un niveau auquel il était dévalué et sous-évalué. Ceci entraina une forte demande en francs. La Banque de France vendait des francs en échange de devises étrangères. Les francs avaient été créés en France en tant que crédit, provoquant une inflation visible dans la politique des prix en 1926-1928. La

La période de déflation, 1927-1936

devise étrangère que la France recevait pour ses francs était en général laissée sous cette forme sans être convertie en or. En 1928, la Banque de France avait découvert qu'elle possédait des devises d'une valeur de 32 milliards de francs (près de 1,2 milliard de dollars). À ce moment-là, la Banque de France commença à transférer ses avoirs de change en or en achetant le minerai principalement à Londres et à New York. À cause des réserves d'or insuffisantes à Londres, une réunion de banquiers centraux à New York décida qu'à l'avenir, les achats d'or par la France et l'Allemagne devaient passer de Londres à New York (juillet 1927). Pour empêcher les sorties d'or d'avoir un effet déflationniste qui aurait pu nuire aux affaires, la banque fédérale de réserve de New York fit chuter son taux de rabais de 4% à 3,5%. En 1928, quand les achats d'or français commencèrent à être visibles, la banque fédérale de réserve adopta des opérations de libre-échange pour les compenser en achetant des titres à une valeur égale aux achats d'or de la France. Suite à cela, il n'y eut aucune réduction d'argent aux États-Unis. Cet argent, cependant, allait de plus en plus à la spéculation boursière plutôt qu'à la production de richesse réelle.

Ceci peut être observé dans le tableau des indices de la moyenne des cours boursiers ci-dessous pour la Grande-Bretagne et les États-Unis dans les années indiquées :

\multicolumn{3}{c}{PRIX DES ACTIONS INDUSTRIELLES (1924=100)}
Année	Royaume-Uni	États-Unis
1924	100	100
1925	109	126
1926	115	143
1927	124	169
1928	139	220
1929	139	270
1930	112	200
1931	87	124
1932	84	66
1933	103	95
1934	125	116

L'explosion de la bourse aux États-Unis fut bien plus radicale que ce que ces indices montrent, car il s'agit de moyennes annuelles, qui comprennent des actions stagnantes ainsi que les numéros un du marché. L'explosion commença dès 1924, comme on peut l'observer, et atteignit son pic en automne 1929. Dès le printemps 1929, elle était devenue frénétique et avait des effets profonds sur l'activité commerciale, sur la finance nationale et internationale, sur les affaires nationales des pays étrangers et sur la psychologie et les modes de vie des Américains.

Les résultats suivants faisaient partie des résultats financiers de l'explosion de la bourse : aux États-Unis, le crédit fut dévié de la production vers la spéculation, et des quantités de fonds de plus en plus grandes furent drainées du système économique vers la bourse, où ces fonds circulaient continuellement, faisant augmenter les prix des titres. En Allemagne, emprunter auprès des États-Unis devenait de plus en plus difficile et les emprunts étrangers qui maintenaient le système financier allemand et tout le système de réparations et de dettes de guerre en fonctionnement passèrent de prêts à long terme à des crédits précaires à court terme. Les résultats furent observés dans le chapitre sur les réparations. Dans d'autres pays, les fonds avaient tendance à s'écouler vers les États-Unis où l'on pouvait s'attendre à ce qu'ils amassent des bénéfices extraordinaires en plus-values en assez peu de temps. Ceci valait surtout pour les fonds provenant de Grande-Bretagne où l'explosion de la bourse avait cessé fin 1928. À cette époque, les conditions économiques fondamentalement instables commençaient à être visibles derrière la façade.

Le déclin des prêts étrangers par Londres et New York commençait à être visible lors de la seconde moitié de l'année 1928 et mit en évidence le fait que le pilier principal de la façade était en train de disparaitre. Mais la hausse continue des prix des titres à New York continuait à puiser l'argent du reste du monde et des systèmes de consommation et de production des États-Unis eux-mêmes.

Au début de 1929, le Conseil des gouverneurs de la Réserve fédérale des États-Unis s'alarma de la spéculation de la bourse, et surtout de son drainage de crédit dans la production industrielle. Pour entraver cela, en avril 1929, les autorités de la Réserve fédérale demandèrent aux banques membres de réduire leurs prêts sur le nantissement du marché boursier. Au même moment, le conseil s'engagea dans des opérations de libre-échange qui réduisirent ses parts d'acceptations bancaires de près de 300 millions de dollars à environ 150 millions de dollars. La stérilisation de l'or fut rendue plus sévère. On espérait ainsi réduire la quantité de crédit disponible pour la spéculation. Au lieu de cela, le crédit disponible se dirigeait de plus en plus vers la spéculation et de moins en moins vers les affaires productives. Le taux directeur de New York qui avait atteint 7% fin 1928 était à 13% en juin 1929. Durant le mois de juin, l'élection d'un gouvernement travailliste en Grande-Bretagne alarma tellement le capital britannique que de grandes quantités de fonds s'écoulèrent vers les États-Unis et contribuèrent davantage à la folie spéculative. En aout, le taux de rabais de la Réserve fédérale fut élevé à 6%. À ce moment-là, il devenait évident que les prix des actions étaient bien au-delà de toute valeur fondée sur le potentiel de profit et que ce potentiel de profit commençait à décliner à cause de l'activité industrielle qui faiblissait. À ce moment critique, le 26 septembre 1929, une panique financière mineure à Londres (l'Affaire Hatry) poussa la Banque d'Angleterre à augmenter ses taux bancaires de 4,5% à 6,5%. C'en fut trop. Les fonds anglais commencèrent à quitter Wall Street et le marché, subissant une inflation trop importante, commença à s'affaisser. Dès la mi-octobre, la chute était devenue une panique. Dans la semaine du 21 octobre, sur la Bourse et le Curb-Exchange[1] de New York, les ventes totales d'actions étaient en moyenne de plus de 9 millions par jour, et le jeudi 24 octobre, presque 19,25 millions d'actions changèrent de mains. Le rétrécissement en valeur s'élevait à plusieurs milliards de dollars par jour. Certaines actions chutèrent de 100 ou même de 140 points en un jour. Auburn chuta de 210 points, General Electric de 76 points et U.S. Steel de 26 points en quatre jours et demi. Le 6 novembre, ces trois actions avaient encore chuté de 55, 78 et 28 points respectivement. Il s'agissait d'un désastre financier d'une ampleur inégalée.

Le krach boursier réduisit le volume de prêts étrangers provenant des États-Unis vers l'Europe et ces deux évènements déchirèrent ensemble la façade qui avait, jusqu'à ce moment, caché les mauvais ajustements fondamentaux entre la production et la consommation, entre les dettes et la capacité à payer, entre les créanciers et la volonté de recevoir des biens, entre les théories de 1914 et les pratiques de 1928. Non seulement ces mauvais ajustements furent révélés, mais ils commencèrent également à être réajustés avec une sévérité à l'ampleur et à la vitesse aggravées par le fait que les ajustements aient été retardés aussi longtemps. La production commença à chuter au niveau de la consommation, laissant apparaitre des hommes désœuvrés, des usines désaffectées, du capital inactif et des ressources dormantes. Les débiteurs furent poursuivis en justice et jugés défaillants. Les créanciers qui avaient refusé un remboursement le recherchaient à présent, mais en vain. Toutes les valeurs de richesse réelle diminuèrent drastiquement.

LA CRISE DE 1931

C'était cette diminution des valeurs qui avait mené la crise économique jusqu'à la crise financière et bancaire et, au-delà de celles-ci, jusqu'à la crise politique. Quand les valeurs diminuaient, la production chutait rapidement ; les banques éprouvaient de plus en plus de difficultés à satisfaire les demandes auxquelles leurs réserves devaient faire face ; ces demandes augmentaient avec la perte de confiance ; les gouvernements voyaient que les impôts perçus chutaient si rapidement que les budgets se déséquilibraient malgré toutes leurs tentatives pour empêcher cela.

Les crises financières et bancaires commencèrent en Europe centrale début 1931, atteignirent Londres avant la fin de l'année, s'étendirent aux États-Unis

[1] NYSE American

et à la France en 1932, menant les États-Unis à une phase critique en 1933 et la France en 1934.

La phase critique commença tôt en 1931 en Europe centrale où la crise déflationniste donnait des résultats dramatiques. Incapable d'équilibrer son budget ou d'obtenir des prêts étrangers suffisants, l'Allemagne fut incapable de répondre à ses obligations de réparation. À ce moment critique, comme nous le vîmes, la plus grande banque d'Autriche chuta à cause de son incapacité à liquider ses actifs à des prix suffisamment élevés, et ce suffisamment vite pour respecter les déclarations qui lui étaient présentées. La débâcle autrichienne accentua vite la panique bancaire en Allemagne. Le Moratoire de Hoover sur les réparations diminua la pression sur l'Allemagne courant 1931, mais pas suffisamment pour permettre un rétablissement financier réel. Des millions de crédits à court terme contractés auprès de Londres furent bloqués dans des comptes gelés en Allemagne. Par la suite, à l'été 1931, l'inquiétude se répandit à Londres.

La livre sterling était très vulnérable. Il y avait cinq raisons principales à cela : (1) la livre était surévaluée, (2) les couts de production en Grande-Bretagne étaient bien plus rigides que les prix, (3) les réserves d'or étaient dangereusement faibles, (4) le fardeau de la dette publique était trop grand dans un contexte déflationniste, et (5) il y avait de plus grands encours que d'actifs dans les parts internationales à court terme à Londres (près de 407 millions de livres contre 153 millions de livres). Ce dernier fait fut révélé par la publication du Rapport de Macmillan en juin 1931, au beau milieu de la crise en Europe centrale où la plupart des actifs à court terme étaient gelés. Le taux bancaire fut relevé de 2,5% à 4,5% pour encourager le capital à rester en Grande-Bretagne. 130 millions de livres en crédits furent obtenus de la France et des États-Unis en juillet et aout pour combattre la dépréciation de la livre en envoyant plus de dollars et de francs sur le marché. Pour restaurer la confiance des riches (qui étaient à l'origine de la panique), une tentative d'équilibrage du budget fut faite en diminuant les dépenses publiques de façon radicale. Cela eut des effets nuisibles sur les activités commerciales et augmenta l'inquiétude au sein de la population en réduisant le pouvoir d'achat. Une mutinerie éclata dans la flotte britannique pour protester contre les réductions salariales. Diverses restrictions physiques et extralégales furent placées sur l'exportation d'or (comme émettre des lingots d'or d'une faible pureté, inacceptables à la Banque de France). L'écoulement de l'or ne pouvait être arrêté. Il avait atteint 200 millions de livres en deux mois. Le 18 septembre, New York et Paris refusèrent les crédits supplémentaires à la Trésorerie britannique et, trois jours plus tard, l'étalon-or fut suspendu. Le taux bancaire se stabilisait à 4,5%. Pour beaucoup d'experts, l'aspect le plus important de l'évènement n'était pas le fait que la Grande-Bretagne ait abandonné l'or, mais qu'elle l'ait fait avec un taux bancaire à 4,5%. En Grande-Bretagne, on avait toujours dit qu'un taux bancaire à 10% ferait apparaitre de l'or ex nihilo.

En 1931, les autorités britanniques voyaient clairement la futilité d'essayer de rester sur l'étalon-or en élevant le taux bancaire. Cela montre à quel point le contexte avait changé. On avait pris conscience que la circulation de l'or était davantage sujette à des facteurs que les autorités ne pouvaient pas contrôler qu'à l'influence de facteurs que ces autorités pouvaient contrôler. Cela montre également, c'est un signe encourageant, qu'après douze ans, les autorités commençaient à se rendre compte que le contexte avait changé. Pour la première fois, les gens commençaient à comprendre que les deux problèmes, la prospérité nationale et les échanges stables, étaient des problèmes assez distincts et que l'ancienne pratique orthodoxe de sacrifier la première pour les derniers devait cesser. À partir de ce moment-là, chaque pays, l'un après l'autre, commença à rechercher la prospérité nationale par le biais de prix administrés et d'échanges stables avec des contrôles sur ces derniers. Cela dit, le lien entre les deux (l'étalon-or) était brisé et un problème unique se divisa en deux.

La suspension de l'or par la Grande-Bretagne avait été une nécessité, et non un choix. Cela était vu comme une malédiction, mais il s'agissait en réalité d'une bénédiction. Suite à cette erreur, un grand nombre de bénéfices qui en auraient découlé furent perdus en essayant de compenser les résultats inflationnistes de la suspension par d'autres actions déflationnistes. Le taux de rabais fut élevé à 6% ; les tentatives audacieuses pour équilibrer le budget continuaient ; un tarif protectionniste fut établi et un programme de taxes assez rigides fut installé. Par la suite, les prix n'augmentèrent pas suffisamment pour stimuler la production de manière suffisante pour augmenter la prospérité et réduire le chômage. Aucun système de contrôle des échanges ne fut mis en place. Suite à cela, la dépréciation de la livre sterling par rapport aux devises fondées sur l'étalon-or ne put être empêchée, et elle s'élevait à 30% en décembre 1931. Une telle dépréciation était considérée comme une malédiction par les autorités, principalement à cause des théories économiques orthodoxes qui voyaient la parité des échanges comme une fin en soi et en partie à cause de la nécessité de payer les 130 millions de livres de crédits franco-américains, un fardeau qui augmentait à mesure que la livre se dépréciait par rapport aux dollars et aux francs.

Suite à l'abandon de l'étalon-or par la Grande-Bretagne, le noyau central du système financier mondial fut perturbé. Ce noyau, qui se trouvait exclusivement à Londres en 1914, était divisé entre Londres, New York et Paris en 1931. La part de Londres dépendait de la compétence financière et de vieilles habitudes ; la part de New York dépendait de sa position en tant que grande créditrice du monde ; la part de Paris dépendait de la combinaison d'une position de créditrice et d'une devise sous-évaluée qui attirait l'or. De 1927 à 1931, ces trois villes contrôlèrent le système financier du monde avec des paiements s'écoulant vers les trois, des crédits sortants et des échanges stables entre elles. Les évènements de septembre 1931 brisèrent ce triangle. Les échanges stables continuèrent pour le dollar-franc, laissant le dollar-livre et le livre-franc en fluctuation. Ceci ne permit pas de corriger les taux de change mal ajustés entre 1928 et 1931. Concrètement, la sous-évaluation du franc en 1928 et la surévaluation de la livre en 1925 ne pouvaient être corrigées par les évènements de 1931. Un taux sterling-franc qui aurait éliminé la sous-évaluation du franc aurait donné un taux sterling dollar qui aurait surcorrigé la surévaluation de la livre. D'autre part, la dépréciation de la livre mit une forte pression à la fois sur le dollar et sur le franc. Au même moment, la Grande-Bretagne cherchait à exploiter autant que possible ses relations économiques avec son marché intérieur : l'empire et ce groupe d'autres pays connu sous le nom de « bloc sterling ». Le marché intérieur fut mis de côté par l'établissement des droits de douane sur les importations vers le Royaume-Uni (droits de douane spéciaux en novembre 1931 et un tarif général en février 1932). Un groupe de onze traités de « Préférence impériale » faits à Ottawa, en aout 1932, instaura des liens économiques plus étroits avec l'empire. Le bloc sterling fut renforcé et élargi par une série d'accords de commerce bilatéraux avec divers pays, à commencer par la Norvège, la Suède, le Danemark et l'Argentine.

Ainsi, le monde avait tendance à se diviser en deux groupes financiers : le bloc sterling, organisé autour de la Grande-Bretagne, et le bloc de l'or, organisé autour des États-Unis, de la France, de la Belgique, des Pays-Bas et de la Suisse. La dépréciation de la livre par rapport à l'or fit surévaluer les devises du bloc de l'or et soulagea la Grande-Bretagne de ce statut contraignant pour la première fois depuis 1925. Suite à cela, la Grande-Bretagne éprouva moins de difficultés à exporter et plus de difficultés à importer, et obtint une balance commerciale favorable pour la première fois en près de sept ans. D'autre part, les pays de l'étalon-or virent la dépression s'intensifier.

La troisième conséquence de l'abandon de l'étalon-or par la Grande-Bretagne fut que cette dernière se libéra de sa soumission financière à la France. Cette soumission était née de la position vulnérable des réserves d'or britanniques en opposition avec le gonflement des réserves françaises. Après 1931, les positions financières des deux pays s'inversèrent. Après 1931, quand la Grande-Bretagne fut capable d'ajouter une supériorité financière à la supériorité politique qu'elle avait eue depuis 1924, il devint possible pour elle de forcer la France à accepter la politique d'apaisement. De plus, la crise financière de 1931 devait amener au pouvoir en Grande-Bretagne le gouvernement national qui devait mener la politique d'apaisement.

La quatrième conséquence fut que les pays qui étaient restés sur l'or commencèrent à adopter de nouvelles barrières commerciales, comme les tarifs et les quotas, pour empêcher la Grande-Bretagne d'utiliser l'avantage de la devise dépréciée pour augmenter ses exportations vers eux. Les pays qui avaient déjà quitté l'or commencèrent à voir la valeur de la dépréciation de la monnaie, et la possibilité de courses à la dépréciation commença à se former dans les esprits de certains.

La cinquième conséquence de l'abandon de l'or fut la possibilité de se réarmer sans aboutir au déséquilibre du budget menant à des difficultés financières comme cela aurait été le cas sous un étalon-or. On profita peu de cela, car le pacifisme de la gauche et l'apaisement de la droite politique étaient vus comme des substituts aux armes.

À cause de la politique déflationniste qui avait accompagné l'abandon de l'or en Grande-Bretagne, la reprise économique après la dépression ne put avoir lieu qu'à un très faible niveau. Ni les prix ni l'emploi n'augmentèrent avant 1933, et, à partir de cette année-là, l'amélioration fut lente. La dépréciation de la livre entraina bien une amélioration de la balance du commerce extérieur, les exportations ayant légèrement augmenté et les importations ayant chuté de 12% en 1932 par rapport à 1931. Ceci entraina un regain de confiance en la livre et un déclin simultané de confiance dans les devises fondées sur l'étalon-or. Des fonds étrangers commencèrent à affluer vers Londres.

Le flux de capitaux en Grande-Bretagne début 1932 donna lieu à une appréciation de la livre par rapport aux devises d'or. Cela fut mal accueilli par le gouvernement britannique puisque cela allait détruire son avantage commercial fraichement acquis. La livre sterling s'apprécia par rapport au dollar, de 3,27 le 1er décembre 1931 à 3,80 le 31 mars 1932. Pour contrôler cela, le gouvernement, en mai 1932, établit un compte de péréquation des changes avec un capital de 175 millions de livres. Ces fonds devaient être utilisés pour stabiliser les taux de change en achetant et en vendant des devises étrangères contre les tendances du marché. De cette manière, l'ancienne régulation automatique par le marché de la structure de crédit interne par le flux de fonds internationaux était détruite. Le contrôle de la structure de crédit fut laissé à la Banque d'Angleterre tandis que le contrôle des changes revint à la Caisse de péréquation des changes. Cela permit à la Grande-Bretagne d'adopter une politique de crédits simples et nombreux à l'intérieur du pays sans en être dissuadée par une fuite de capitaux. Puisque la Caisse de péréquation des changes n'était pas un système de contrôle des changes, mais seulement une gestion gouvernementale du marché habituel des changes, elle n'était pas en mesure de se charger d'une émigration considérable de capitaux. Les politiques de crédits simples de la Grande-Bretagne (conçues pour encourager l'activité commerciale) devaient ainsi être combinées à des prix déflationnistes (pour empêcher toute fuite importante de capitaux). Le taux bancaire fut abaissé à 2% en juillet 1932, et un embargo fut placé sur les nouvelles émissions de capitaux étrangers pour garder cet argent simple au niveau national. Les exceptions principales à cet embargo provenaient de prêts devant être utilisés dans l'optique de lier le bloc sterling à la Grande-Bretagne, et les bénéfices de ces exceptions devaient être utilisés dans le pays.

Sur cette base, bien que la livre ait chuté à 3,14 avant la fin du mois de novembre 1932, une reprise économique modeste se développa. Le crédit bon marché permit à l'activité économique de passer des anciens secteurs (comme le charbon, l'acier, les textiles) aux nouveaux secteurs (comme les produits chimiques, les moteurs, les appareils électriques). Le tarif douanier permit une croissance rapide des cartels et des monopoles dont le procédé de création provoqua au moins une reprise temporaire de l'activité économique. Les bas prix constants de la nourriture permirent aux revenus de cette hausse d'activité d'être déviés vers des nécessités d'un autre genre, surtout la construction de logements. Le budget était équilibré et, début 1934, présenta un surplus de 30 millions de livres.

L'amélioration en Grande-Bretagne n'était pas partagée par les pays qui avaient conservé l'étalon-or. Suite à la compétition de la livre dépréciée, ils virent leurs balances commerciales pencher du côté défavorable et leur déflation des prix augmenter. Les tarifs devaient être augmentés, des quotas et des contrôles de change devaient être mis en place. Les États-Unis pouvaient à peine effectuer la première de ces opérations (leur tarif de 1930 était déjà le plus fort de l'histoire) et ils rejetèrent les autres par principe.

La crise aux États-Unis, 1933

Suite à la crise britannique, les pays de l'étalon-or d'Europe cherchaient à modifier leur base financière de l'étalon-or vers l'étalon-lingot d'or. Quand la Grande-Bretagne abandonna l'or en septembre 1931, la France fut prise avec plus de 60 millions de livres sterling de change. Ceci était égal à environ 30% de ses avoirs extérieurs (7775 millions de francs sur 25.194 millions). La perte dépassa le capital total et le surplus de la Banque de France. Pour éviter toute expérience similaire à l'avenir, la France commença à transférer ses avoirs de changes en or, dont une grande partie venait des États-Unis. Alors que la confiance dans la livre augmentait, la confiance dans le dollar chutait. Il devint nécessaire d'élever le taux de rabais de New York de 1,5% à 3,5% (octobre 1932) et de s'engager dans l'achat extensif de titres en libre-échange pour contrer les effets déflationnistes de cela. Cependant, les exportations d'or et la thésaurisation de l'or continuèrent, aggravées par le fait que les États-Unis étaient le seul pays de l'étalon-or avec des pièces d'or toujours en circulation.

Suite au déclin de la confiance et à la demande de liquidité, le système bancaire américain commença à s'effondrer. La Reconstruction Finance Corporation fut établie au début de l'année 1932 avec 3,5 milliards de dollars de fonds publics à prêter aux banques et à d'autres grandes sociétés. À la fin de l'année, elle avait prêté plus de 1,5 milliard de dollars. Quand les détails de ces prêts furent publiés (en janvier 1933), les ruées vers les banques s'intensifièrent. Un jour férié fut déclaré au Nevada en octobre 1932, dans l'Iowa en janvier 1933, dans six États en février et dans seize États durant les trois premiers jours de mars. Du 1er février au 4 mars, la banque fédérale de réserve de New York perdit 756 millions de dollars en or ; elle encaissa 709 millions de dollars des autres banques fédérales de réserve qui étaient également victimes de ruées.

Les banques de tous les États-Unis furent fermées par ordre exécutif le 4 mars pour être de nouveau ouvertes après le 12 mars si leur condition était satisfaisante. L'exportation d'or était soumise à licence, la convertibilité des billets en or fut supprimée et la possession privée d'or fut rendue illégale. Ces ordres, conclus le 20 avril 1933, retirèrent les États-Unis de l'étalon-or. Ceci fut fait de sorte que le gouvernement puisse poursuivre une politique d'inflation des prix dans son programme national. Cela ne fut pas rendu nécessaire par la position financière internationale américaine, puisqu'elle restait très favorable. Ceci était assez différent de la situation en Grande-Bretagne en 1931. Londres avait quitté l'or involontairement et avait ensuite suivi un programme financier orthodoxe ; Washington avait quitté l'or en 1933 volontairement dans le but de suivre un programme financier non orthodoxe d'inflation.

Suite à l'abandon de l'étalon-or par les États-Unis, le triangle d'échange central entre Londres, Paris et New York fut davantage perturbé. Les trois taux de change purent fluctuer bien que le Compte de péréquation des changes en gardait deux relativement stables. Au problème de la détresse économique s'ajoutait maintenant le problème de la stabilisation des changes. Un conflit s'ensuivit entre la Grande-Bretagne, la France et les États-Unis concernant lequel de ces deux problèmes devait être adressé en priorité. La France insistait sur le fait qu'aucun rétablissement économique n'était possible avant que les changes ne soient stabilisés. Il était bien vrai que tant que le franc restait sur l'or à la même valeur, la France souffrirait de la dépréciation de la livre et du dollar. Les États-Unis insistaient sur le fait qu'un rétablissement économique devait avoir la priorité sur la stabilisation puisque cette dernière ralentirait le processus de la relance des prix que l'administration considérait comme essentielle pour le rétablissement.

La Grande-Bretagne, qui était en faveur de la priorité du rétablissement sur la stabilisation tant que la livre était la seule devise dépréciée des trois, insista sur l'importance de la stabilisation dès que les avantages de la dépréciation commençaient à être partagés avec le dollar. Cette dépréciation du dollar et de la livre exerça une grosse pression sur le franc. Pour empêcher la France d'être forcée d'abandonner l'étalon-or, la Grande-Bretagne, le 28 avril 1933, lui prêta 30 millions de livres qui devraient être remboursés à partir du change de la livre sterling qui était en possession de la France en septembre 1931. Jusqu'à la moitié de l'année 1933, le Compte de péréquation des changes fut utilisé par la Grande-Bretagne pour empêcher toute appréciation de la livre. Ceci fut contré aux États-Unis par l'amendement inflationniste de Thomas sur la loi d'ajustement agricole (12 mai 1933). Cet amendement donnait au président le pouvoir de dévaluer le dollar jusqu'à 50% pour émettre jusqu'à 3 milliards de dollars en monnaie fiduciaire et pour s'engager dans un programme étendu de dépenses publiques.

LA CONFÉRENCE ÉCONOMIQUE MONDIALE, 1933

Ce conflit sur la priorité de la stabilisation ou du rétablissement atteignit son apogée lors de la Conférence monétaire et économique mondiale tenue à Londres du 12 au 27 juin 1933. Une commission préparatoire d'experts élabora une série d'accords préliminaires pour les pays utilisant ou non l'étalon-or, avec des contrôles de changes ou sans, mais aucun accord ne pouvait être obtenu à la conférence elle-même. La Grande-Bretagne et la France essayèrent de faire en sorte que le dollar les rejoigne dans une stabilisation de facto temporaire en vue d'un véritable accord. Le franc et la livre avaient déjà été liés entre eux à 84 francs par livre, ce qui donna un prix d'or de Londres de 122 shillings. Les États-Unis refusèrent de rejoindre toute stabilisation temporaire à cause du succès du programme de rétablissement national de l'administration. L'indice général des prix aux États-Unis augmenta de 8,7% de février à juin 1933, et les produits agricoles augmentèrent de 30,1%. Sachant que la simple évocation d'un accord de stabilisation était suffisante pour provoquer un arrêt brutal de la hausse des prix des titres et des marchandises (14 juin 1933), Roosevelt mit alors un terme à toutes les négociations portant sur la stabilisation (3 juillet 1933).

La Conférence économique mondiale, comme l'avait écrit le professeur William Adams Brown, se brisa sur quatre grands points négatifs : les pays qui avaient adopté des restrictions commerciales refusaient de les abandonner sans la stabilisation des changes ; les pays de l'étalon-or refusaient d'accepter les hausses de prix en tant que moyen de rétablissement par peur de l'inflation ; la Grande-Bretagne voulait des hausses de prix, mais refusait de permettre un budget déséquilibré ou un programme de travaux publics ; et les États-Unis, qui cherchaient le rétablissement par l'inflation et les travaux publics, refusaient de ralentir le programme par une stabilisation monétaire.

Suite à l'échec de la Conférence économique, les pays du monde eurent tendance à se séparer en trois groupes : un groupe sterling, un bloc or et un bloc dollar. Les blocs or et sterling étaient officiellement organisés, le premier le 3 juillet et le second le 8 juillet. Une lutte s'ensuivit entre ces trois blocs dans une tentative de passer les fardeaux économiques des erreurs passées à l'autre.

Un grand accord avait été écrit depuis 1933 dans une tentative de répartir les responsabilités de l'échec de la Conférence économique mondiale. C'est une tâche futile. Du point de vue de l'intérêt personnel étroit sur le court terme, tous les pays étaient justes dans leurs actions. Du point de vue plus large du monde en tant qu'ensemble, ou des résultats à long terme, tous les pays étaient fautifs. En 1933, l'époque où tout pays pouvait suivre une politique d'intérêt personnel sur le court terme et rester sous le capitalisme libéral était révolue. Pour des raisons technologiques et institutionnelles, les économies des différents pays étaient si entrelacées que toute politique d'intérêt personnel de la part de l'un d'entre eux serait certaine de porter préjudice aux autres sur le court terme et le pays sur le long terme. Rapidement, les systèmes économiques internationaux et nationaux s'étaient développés (par le pouvoir monétaire) jusqu'au point où les méthodes habituelles de pensée et de procédure en ce qui les concerne étaient (considérées) obsolètes (par le pouvoir monétaire).

La raison pour laquelle une politique d'intérêt personnel à court terme de la part d'un pays était dans un conflit si intense avec toute politique similaire poursuivie par un autre pays ne reposait pas sur le fait que les intérêts d'un pays étaient contraires à ceux d'un autre pays. Cela aurait été un problème à régler par un simple compromis. Les conflits entre les nationalismes économiques étaient fondés sur le fait que, vue de façon superficielle, la crise avait pris des formes entièrement différentes dans les pays principaux du monde. Aux États-Unis, la manifestation la plus évidente de la crise était les bas prix qui, en 1933, avaient rendu l'ensemble du système bancaire insolvable. Les prix élevés devinrent ainsi, pour les États-Unis, le but principal des débiteurs comme des créditeurs. En Grande-Bretagne, la manifestation la plus évidente de la crise était l'écoulement de l'or qui mettait en danger l'étalon-or. Une rectification de la balance internationale des paiements plutôt qu'une hausse des prix devint ainsi le but principal immédiat de la politique britannique. En France, la crise apparut principalement comme un budget intérieur déséquilibré. La réserve d'or de la France était plus que suffisante et les prix, suite à la considérable dévaluation de 1928, étaient considérés comme extrêmement élevés. Mais le budget déséquilibré avait créé un grand problème. Si le déficit était comblé en empruntant, le résultat serait inflationniste et nuisible aux catégories de créanciers qui avaient tant souffert dans les années 1920. Si le déficit était comblé par l'imposition, cela mènerait à la déflation (avec son déclin dans l'activité commerciale) et une fuite des capitaux en dehors du pays. Pour le gouvernement français, le seul moyen de sortir de ce dilemme était de voir augmenter l'activité commerciale, ce qui augmenterait le rendement fiscal sans aucune hausse des taux. Le fait que les États-Unis se préoccupaient des prix plus élevés ou que la Grande-Bretagne portait une importance aux balances commerciales en tant qu'objectifs sur le court terme n'avait aucune utilité pour la France.

Ce contraste entre les différents types d'impacts que la crise économique et financière avait eus sur les différents pays pouvait être étendu aux pays moins importants. En Suisse (où les réserves d'or étaient largement au-dessus de 100%), les « capitaux fébriles » étaient le problème principal. En Allemagne, les dettes étrangères étaient le problème principal, mais cela se développa rapidement en une combinaison de tous les maux qui affligeaient les autres pays (prix bas, balance commerciale défavorable, budget déséquilibré, prêts à court terme faits dans la panique, etc.). Aux Pays-Bas et dans les pays d'Europe de l'Est, le problème principal était la « segmentation des prix » (c'est-à-dire que les prix de la nourriture et des matières premières qu'ils vendaient chutaient plus rapidement que les prix des biens manufacturés qu'ils achetaient).

Suite à la crise, indépendamment de la nature de son impact primaire, tous les pays commencèrent à poursuivre des politiques de nationalisme économique. Cela prit la forme d'augmentation des tarifs douaniers, d'autorisation d'importations, de quotas d'importation, de lois somptuaires limitant les importations, de lois mettant des restrictions sur l'origine nationale, les marques déposées, les restrictions sanitaires ou les quarantaines sur les importations, les contrôles de devises étrangères, la dépréciation compétitive des devises, les subventions à l'exportation, le dumping d'exportations, etc. Ces éléments furent tout d'abord établis à grande échelle nationalement et ils se répandirent rapidement suite à l'imitation et aux représailles.

Suite à un tel nationalisme économique, il sembla rapidement que la disparition de l'ancien système multilatéral de finance mondiale centré à Londres serait suivie par l'effondrement du système multilatéral du commerce mondial (également centré sur la Grande-Bretagne) en de nombreux marchés partiellement isolés fonctionnant sur une base bilatérale. Le commerce international déclina grandement comme l'indiquent les chiffres suivants :

Valeur des échanges en millions de dollars				
	1928	1932	1935	1933
Commerce européen	58.082	24.426	20.762	24.065
Commerce mondial	114.429	45.469	40.302	46.865

LA CRISE DANS LE BLOC DE L'OR, 1934-1936

Après la rupture de la Conférence économique mondiale, les États-Unis continuèrent leur politique d'inflation nationale. Alors que le dollar se dépréciait, la pression sur le franc augmentait, tandis que la livre, par l'usage du Compte de péréquation des changes, essayait d'avoir une position intermédiaire dans une relation dépréciée, mais stable avec le franc. De cette manière, par des moyens purement artificiels, la livre fut conservée à environ 85 francs. Vers la fin de l'été 1933 (le 8 septembre), la Trésorerie des États-Unis commença à déprécier le dollar en achetant de l'or à des prix augmentant constamment (environ 30$ l'once, comparé à l'ancien taux de stabilisation de 20,67$). Cela mit la pression sur le franc ainsi que sur la livre. La déflation devint de plus en plus sévère en France et, en octobre 1933, un déficit budgétaire de plus de 40 milliards de francs donna naissance à une crise du Cabinet. À la fin de l'année 1933, le prix de l'or à New York atteignit 34$ et le dollar, qui avait été à 4,40 par rapport à la livre en aout, chuta à 5,50. Le 1er février 1934, les États-Unis revinrent sur l'étalon-or avec une dévaluation considérable sous le prix de l'or. La quantité d'or fut réduite à 59,06% de la quantité de 1932. Au même moment, la Trésorerie fit une offre permanente d'acheter de l'or à 35$ l'once. Cela servit à enlever une grande partie de l'incertitude à propos du dollar, mais le stabilisa par rapport au franc à un niveau qui mettait une forte pression sur celui-ci. À ce prix pour l'or, le métal s'écoulait vers les États-Unis, la France perdant pour près de 3 milliards de francs en février 1934.

Ainsi, la dépression mondiale et la crise financière auxquelles la France avait échappé pendant plus de trois ans s'installèrent dans le pays. La France avait été capable d'y échapper grâce à sa dévaluation draconienne dans les années 1920, son économie bien équilibrée et sa capacité à conserver le chômage à un bas niveau en mettant des restrictions sur l'entrée de la main-d'œuvre saisonnière venant d'Espagne, d'Italie et de Pologne. La crise de la livre en septembre 1931 avait commencé à étendre la crise jusqu'en France et la crise du dollar de 1933 avait fait empirer la situation. Les actions américaines de 1934, qui avaient donné au monde un dollar à 59 cents et l'or à 35$, avaient rendu la position du bloc de l'or intenable. Il devait subir une très forte déflation, ou abandonner l'or ou se dévaluer. La plupart des pays du bloc de l'or (parce qu'ils craignaient l'inflation ou parce qu'ils avaient des dettes étrangères qui s'alourdiraient si leur devise venait à se déprécier) permirent la déflation avec toutes ses souffrances. L'Italie ordonna même la déflation par décret, en avril 1934, dans le but de maintenir l'activité commerciale en forçant la diminution des couts autant que celle des prix. Au final, tous les membres du bloc de l'or durent abandonner l'or jusqu'à un certain point à cause de la pression du dollar.

La Belgique fut le premier membre du bloc de l'or à céder, établissant des contrôles de changes le 18 mars 1935 et dévaluant la couronne belge à environ 72% de sa quantité précédente d'or le 30 mars. Le coup fatidique qui força le changement fut le tarif britannique sur le fer et l'acier établi le 26 mars 1935. Suite à cette rapide et décisive dévaluation, la Belgique fit l'expérience d'un rétablissement économique considérable. Presque immédiatement, la production et les prix augmentèrent tandis que le chômage chuta.

Les autres membres du bloc de l'or ne prirent pas exemple sur la Belgique, mais étaient déterminés à défendre la quantité d'or de leurs devises jusqu'à la fin. La France était le pays-chef de meute dans ce mouvement et par sa politique, elle fut capable d'influencer les autres membres du bloc à résister avec la même énergie. La détermination de la France à défendre le franc s'explique par le fait que la grande masse de Français était une masse de créditeurs d'une façon ou d'une autre, et, après avoir perdu quatre cinquièmes de leurs épargnes lors de l'inflation de 1914-1926, ils ne voyaient pas d'un bon œil une autre dose du même médicament. Dans son effort à défendre le franc, la France fut grandement aidée par l'activité du Compte de péréquation des changes britannique qui acheta des francs en quantités énormes dès que la devise devenait très faible. En 1935, les ressources du Compte pouvant être consacrées à cette finalité furent grandement dépensées et le franc tomba en dessous du point d'exportation de l'or pendant de longues périodes.

La Banque de France éleva son taux de rabais de 2,5% à 6% (23-28 mai 1935) avec des résultats économiques déprimants. Laval, en juillet, obtint des pouvoirs d'urgence de la part de l'Assemblée et adopta une politique de déflation par décret, réduisant les dépenses publiques ordinaires pour l'année de 40 milliards à 11 milliards de francs, réduisant tous les salaires publics de 10% et réduisant également tous les loyers, les couts des services publics et le prix du pain.

De cette manière, la pression sur les réserves d'or (qui avaient chuté à 16 milliards de francs lors de l'année 1935) fut soulagée au prix d'une dépression accrue. En septembre, le franc était toujours surévalué (en ce qui concernait le cout de la vie) d'à peu près 34% comparé à la livre et de 54% comparé au dollar. La déflation nécessaire pour abaisser les prix français jusqu'à la parité avec les prix des pays aux devises dépréciées ne pouvait pas être obtenue. À la fin de l'année 1935, le gouvernement avait abandonné la tentative et, en empruntant pour répondre au déficit budgétaire, avait tourné la France vers l'inflation. L'or commença à nouveau à quitter le pays et cette sortie devint un déluge après qu'un gouvernement de gauche, mené par Blum, soit arrivé au pouvoir en juin 1936.

Le gouvernement du Front populaire de Blum essayait de suivre un programme impossible : « l'inflation sur l'or ». Il cherchait l'inflation pour soulager la dépression et le chômage, et cherchait à rester sur l'or, car les communistes et les bourgeois qui soutenaient le gouvernement insistaient sur ce point. Dans une tentative de restaurer la confiance et de ralentir la « fuite du franc », il devint nécessaire pour Blum de désavouer officiellement toute intention d'installer un programme socialiste. La droite découvrit ainsi qu'elle pouvait utiliser son droit de véto sur toute action du gouvernement de gauche simplement en exportant du capital de la France. La fuite d'un tel capital continua durant l'été 1936, tandis que Blum négociait avec la Grande-Bretagne et les États-Unis sur la dévaluation du franc. Le 24 septembre 1936, le taux bancaire fut haussé de 3 à 5% et, le jour suivant, une déclaration monétaire à trois pouvoirs annonça que le franc serait « ajusté », que la stabilité des changes serait maintenue par la suite (par des fonds de stabilisation), et que les restrictions commerciales seraient assouplies.

La dévaluation française (loi du 2 octobre 1936) prévoyait que la quantité d'or du franc serait réduite à une quantité de 25,2% à 34,4% de l'ancien chiffre de 65,5 milligrammes. À partir des profits obtenus en réévaluant ainsi les réserves d'or de la France, une caisse de stabilisation des changes de 10 milliards de francs fut établie.

Bien que la dévaluation française de septembre 1936 brisa le bloc d'or et força les autres membres du bloc à suivre le mouvement, elle ne mit pas un terme à la période de déflation. Les raisons pour cela résidaient principalement dans la très mauvaise gestion de la dévaluation française. Cet évènement décisif fut retardé trop longtemps, avec au moins un an de retard, une année durant laquelle l'or s'écoulait constamment de la France. De plus, quand la dévaluation arriva, elle était insuffisante et laissa le franc encore surévalué par rapport aux niveaux des prix des autres grandes puissances. Par ailleurs, la dévaluation était enveloppée dans l'incertitude, puisque la loi permettait au gouvernement de dévaluer jusqu'à toute quantité d'or comprise entre 43 et 49 milligrammes. En se stabilisant à environ 46 milligrammes, le gouvernement empêcha tout rétablissement de la confiance à cause du danger d'une autre dévaluation à 43 milligrammes. Avant que le gouvernement ne réalise qu'une autre dévaluation était nécessaire, la situation s'était détériorée à un tel point qu'une dévaluation à 43 milligrammes était inutile.

Enfin, dans la loi de la dévaluation, le gouvernement prit des mesures punitives contre les thésauriseurs et les spéculateurs, en cherchant à les empêcher de récolter les profits qu'ils obtiendraient en reconvertissant leur or en francs à la nouvelle valeur. Par la suite, l'or exporté et thésaurisé ne revint pas, mais resta caché. Ainsi, les difficultés financières, budgétaires et économiques en France se poursuivirent. Au milieu de l'année 1937, elles étaient devenues si graves que les seules solutions possibles étaient un contrôle des changes ou une dévaluation drastique. La première solution fut rejetée à cause de la pression de la Grande-Bretagne et des États-Unis fondée sur la Convention tripartite de 1936 et sur le soutien que leur caisse de stabilisation apportait au franc ; la seconde solution fut rejetée par tous les politiciens qui pouvaient potentiellement obtenir le pouvoir en France. Suite à cela, le franc traversa une série de dépréciations et de dévaluations partielles qui ne profitèrent à personne à part aux spéculateurs et laissèrent pendant des années la France déchirée par les troubles sociaux et les luttes des classes. Incapable de s'armer ou de donner aux affaires étrangères l'attention dont elles avaient besoin, le gouvernement fut sujet à un chantage systématique des nantis du pays à cause de la capacité de ces personnes à empêcher la réforme sociale, les dépenses publiques, l'armement ou toute politique de décision par vente de francs. Un pas décisif ne fut fait qu'en mai 1938. À cette époque, le franc était dramatiquement déprécié à 179 par rapport à la livre et fixé à ce nombre. Sa quantité d'or (par une loi du 12 novembre 1938) fut fixée à environ 27,5 milligrammes neuf dixièmes pures. À cette époque, la France avait subi des années de chaos économique et de faiblesse gouvernementale. Ces conditions avaient encouragé l'agression de l'Allemagne et, quand une action financière décisive fut faite en 1938, il était trop tard, à cause de la crise internationale grandissante, pour récolter un quelconque bénéfice économique.

Nous dîmes que le bloc de l'or avait été détruit par la dévaluation française de septembre 1936. Cela fut accompli presque immédiatement. La Suisse, les Pays-Bas et la Tchécoslovaquie dévaluèrent leurs devises de près de 30% et l'Italie d'environ 40% avant la fin d'octobre. Dans chaque cas, comme en Belgique plutôt qu'en France, la dévaluation était suffisamment grande en quantité et suffisamment soudaine pour contribuer à une reprise des prix visible et à une amélioration de l'activité commerciale. Chaque pays de l'ancien bloc de l'or établit une caisse de stabilisation pour contrôler les taux de change et rejoignit la Convention de devise tripartite de septembre 1936.

L'importance historique de la crise déflationniste de 1927-1940 engendrée par les banquiers peut à peine être surestimée. Elle porta un coup à la démocratie et au système parlementaire que les futurs triomphes de ceux-ci au cours de la Seconde Guerre mondiale et dans le monde d'après-guerre furent incapables de soigner complètement. Cela donna une incitation à l'agression par ces nations dans lesquelles le gouvernement parlementaire s'effondra et devint ainsi une cause principale de la Seconde Guerre mondiale. Cela gêna tellement les puissances qui restaient démocratiques par leurs théories économiques orthodoxes que celles-ci furent incapables de se réarmer pour se défendre, avec pour conséquence un prolongement excessif de la Seconde Guerre mondiale par les défaites précoces des États démocratiques. Cela provoqua un conflit entre les théoriciens de méthodes financières orthodoxes et non orthodoxes… Et, finalement, cela força tout le développement économique de l'Ouest à suivre la voie du capitalisme financier au capitalisme monopoliste et, peu après, vers l'économie pluraliste.

La controverse entre les banquiers et les théoriciens de la finance non orthodoxe naquit sur le bon moyen de se charger d'une dépression économique. Nous analyserons ce problème plus tard, mais nous devrions dire ici que la formule des banquiers pour s'occuper d'une dépression était de s'accrocher à l'étalon-or, d'augmenter les taux d'intérêt et de chercher la déflation, et d'insister sur une réduction des dépenses publiques, un surplus fiscal ou, au moins, un budget équilibré.

Ces idées furent totalement rejetées, avec un examen point par point, par les économistes non orthodoxes (parfois appelés « keynésiens » par erreur). La formule des banquiers cherchait à encourager le rétablissement économique en « restaurant la confiance dans la valeur de l'argent », c'est-à-dire, leur propre confiance dans ce qui était la première préoccupation des banquiers. Cette formule n'avait fonctionné par le passé que quand elle avait, plus ou moins accessoirement, réduit les couts (surtout les salaires) plus rapidement que les prix de gros de sorte que les hommes d'affaires avaient regagné leur confiance, non pas dans la valeur de l'argent, mais dans la possibilité de bénéfices. Les théoriciens non orthodoxes cherchaient à atteindre cette dernière plus rapidement et plus directement en restaurant le pouvoir d'achat, et ainsi les prix, en augmentant, au lieu de réduire, l'offre monétaire et en la plaçant entre les mains de clients potentiels plutôt que dans les banques ou entre les mains d'investisseurs...

La fin du capitalisme financier pourrait remonter à l'effondrement de l'étalon-or en Grande-Bretagne en septembre 1931, mais, du côté des particuliers, elle pourrait remonter au suicide de sa personnalité la plus spectaculaire, le « Roi des allumettes », Ivar Kreuger, à Paris en avril 1932.

Ivar Kreuger (1880-1932), après une expérience de plusieurs années en tant qu'ingénieur en Amérique et en Afrique du Sud, établit à Stockholm en 1911 l'entreprise sous-traitante de Kreuger & Toll. En 1918, cette entreprise était une société financière avec un capital de 12 millions de couronnes et principalement intéressée par la Swedish Match Company, une compagnie financière organisée par Kreuger. En une décennie, Kreuger avait obtenu le contrôle de plus de 150 sociétés d'allumettes dans 43 pays. Les titres de ces sociétés étaient contrôlés à travers une société du Delaware (appelée International Match Company). Cette compagnie financière vendait des millions de dollars de titres sans droits de vote, pendant que le contrôle était exercé par un petit groupe d'actions avec droit de vote détenu par Kreuger & Toll. En octroyant des prêts aux gouvernements de divers pays, Kreuger obtint des monopoles sur les allumettes qui rapportèrent des sommes considérables. En tout, 330 millions de livres furent prêtés aux gouvernements de cette manière, y compris 75 millions de dollars à la France et 125 millions de dollars à l'Allemagne. En retour, Kreuger obtint le contrôle de 80% de l'industrie des allumettes, la majeure partie de la production de papier et de la pâte de bois d'Europe, quatorze compagnies de téléphonie et de télégraphie dans six pays, une considérable quantité de systèmes d'hypothèques agricoles de Suède, de France et d'Allemagne, huit mines de minerais de fer et de nombreuses autres entreprises, y compris un considérable groupe de banques et de journaux dans divers pays. L'intégralité du système était financée d'une manière somptueuse en vendant des titres sans valeur et frauduleux aux investisseurs à travers les banquiers d'affaires les plus célèbres du monde. En tout, environ 750 millions de dollars furent vendus dans de tels titres, près d'un tiers aux États-Unis. La respectée Lee, Higginson et Compagnie de Boston vendit 150 millions de dollars de ces titres à 600 banques et courtiers sans vérification de leurs valeurs ou de l'honnêteté, et reçurent environ 6 millions de dollars en redevances pour avoir fait cela. L'argent ainsi amassé par Kreuger fut utilisé pour avancer des prêts à divers pays, pour payer des intérêts et des dividendes sur les titres émis précédemment et pour financer les futurs exploits de M. Kreuger. Comme illustration de ces exploits, nous pourrions mentionner le fait que Kreuger & Toll payait des dividendes de 25% de 1919 à 1928 et de 30% après 1929, principalement à partir de capitaux ; la Swedish Match Company payait habituellement 15% de dividendes. Ceci était fait dans le but de persuader le public investisseur d'acheter davantage de titres de Kreuger et de garder ainsi le système en marche. Dans le but d'encourager ce public, les prospectus furent falsifiés, les lettres furent contrefaites et la bourse fut manipulée à un prix très élevé. Des obligations furent émises contre le même titre à plusieurs reprises. La chose la plus effrontée fut l'émission d'obligations contre les recettes du monopole des allumettes de l'Italie et de l'Espagne. Bien que Kreuger ne possédait aucun des deux, il les transféra sur ses comptes pour 80 millions de dollars et eut des obligations contrefaites par lui-même pour justifier la déclaration. La dépression interminable de 1929-1933 rendit impossible de conserver le système à flot, bien que Kreuger n'ait évité aucun niveau de corruption et de supercherie dans ses tentatives pour y parvenir. En mars 1932, une lettre de change de 11 millions de dollars de l'International Telephone and Telegraph arriva à échéance et Kreuger, incapable de l'honorer, se suicida. Il laissa des déclarations contre son patrimoine de 700 millions de dollars alors que ses dettes personnelles s'élevaient à 179 millions de dollars avec des actifs de 18 millions de dollars.

La mort de Kreuger était juste un symbole de la fin du capitalisme financier européen. Pendant environ cinquante ans avant cet évènement, le contrôle centralisé, rendu possible par le système financier, avait été utilisé pour développer des tendances monopolistes dans l'industrie. Celles-ci avaient été promues par la croissance de larges combinaisons, par la formation de cartels et d'associations de commerce entre les unités d'entreprise, et par l'augmentation de ces restrictions moins tangibles sur la compétition connue en tant que compétition imparfaite monopoliste. Suite à cela, la compétition avait diminué, le contrôle du marché avait augmenté et l'autofinancement par des unités industrielles avait augmenté aussi. Ce dernier développement permit à l'industrie une fois de plus de se libérer du contrôle financier comme elle avait été dans la période de la gestion des propriétaires qui précédait le capitalisme financier. Mais, à la différence de cette étape antérieure, le contrôle ne revint pas des financiers aux propriétaires de l'entreprise, mais tendait plutôt à passer entre les mains d'une nouvelle classe de gestionnaires bureaucratiques dont les pouvoirs de contrôle étaient en dehors de toute relation de la mesure de leur propriété des entreprises concernées. En France, les banquiers, bien qu'en retraite quand la guerre arriva en 1939, avaient été tellement renforcés par les politiques financières non orthodoxes des années 1920 qu'ils furent capables d'empêcher toute victoire importante pour le capitalisme monopoliste dans les années 1930, de telle sorte que le passage du capitalisme financier au capitalisme monopoliste n'apparut pas en France avant les années 1940.

Aux États-Unis, également, la transition n'était pas complète quand la guerre arriva en 1939, de sorte que les États-Unis, comme la France, mais contrairement à tout autre pays important, n'avaient pas réprimé la dépression mondiale même en 1940.

Relance et inflation, 1933-1947

La période de relance commença dans certains pays (tels que la Grande-Bretagne et les États-Unis) bien avant que la période de déflation ne se soit achevée ailleurs (comme en France). Dans la plupart des pays, le rétablissement était associé à la hausse des prix de gros, avec un abandon de l'étalon-or ou au moins de la déflation, et avec un crédit facile. Cela résulta dans tous les cas à une demande plus forte, une hausse de la production et une réduction du chômage. Au milieu de l'année 1932, le rétablissement était visible parmi les membres du bloc sterling ; à la moitié de l'année 1933, il était global sauf pour les membres du bloc de l'or. Ce rétablissement était hésitant et incertain. Dans la mesure où cela fut causé par les actions du gouvernement, ces actions visaient à traiter les symptômes plutôt que les causes de la dépression et ces actions, en allant à l'encontre des idées économiques orthodoxes, et servaient à ralentir le rétablissement en réduisant la confiance. Dans la mesure où le rétablissement fût causé par le fonctionnement normal du cycle économique, le rétablissement fut ralenti par la continuation de mesures d'urgence, telles que les contrôles sur le commerce et la finance et par le fait que les déséquilibres économiques, que la dépression avait engendrés, étaient fréquemment intensifiés par les légers mouvements vers le rétablissement. Enfin, le rétablissement fut ralenti par la hausse draconienne de l'insécurité politique suite aux agressions du Japon, de l'Italie et de l'Allemagne.

À part pour l'Allemagne et la Russie (qui avaient toutes les deux isolé leurs économies des fluctuations mondiales), le rétablissement se poursuivit pendant pas moins de trois ou quatre années. La plupart des pays, entre la dernière moitié de 1937 et le début de 1938, virent une forte « récession ». Les prix n'atteignaient pas le niveau de 1929 au début de la récession (même s'ils étaient à 10% de celui-ci) et le pourcentage de personnes au chômage n'avait pas non plus chuté à ce niveau dans un seul pays important. Dans de nombreux pays (mais pas aux États-Unis ou dans le bloc de l'or), la production industrielle avait atteint les niveaux de 1929.

La récession fut marquée par une baisse des prix de gros, un déclin de l'activité commerciale et une hausse du chômage. Dans la majorité des pays, cela commença au printemps 1937 et continua pendant près de dix mois ou un an. Cela fut causé par plusieurs facteurs : (1) une grande partie de la hausse des prix avant 1937 avait été causée par des achats spéculatifs et par les tentatives de « l'argent de la panique » pour se réfugier dans les marchandises plutôt que par la demande des consommateurs ou des investisseurs, (2) plusieurs cartels de produits internationaux créés dans la période de dépression et au début du rétablissement furent démantelés, entraînant une chute des prix, (3) il y eut une limitation du déficit budgétaire public dans plusieurs pays, surtout aux États-Unis et en France, (4) le remplacement des biens d'équipement usés dans la période 1929-1934 avait causé la majorité du rétablissement de 1933-1937 et commençait à s'amenuiser en 1937, (5) l'augmentation de la tension politique dans la Méditerranée et l'Extrême-Orient suite à la guerre civile en Espagne et à l'attaque japonaise sur le nord de la Chine eut un effet défavorable, et (6) une « peur de l'or » s'installa. Cette dernière fut une chute soudaine de la demande d'or causée par le fait que la forte hausse de la production d'or résultant du prix de 35$ l'once du Trésor américain donna naissance à des rumeurs selon lesquelles le Trésor viendrait à abaisser ce prix dans peu de temps.

Suite à la récession de 1937, les politiques gouvernementales de 1933-1935, qui avaient abouti sur le premier rétablissement, furent intensifiées et donnèrent naissance à un second rétablissement. Les taux bancaires furent abaissés, dans certains cas à 1% ; le déficit budgétaire reprit ou augmenta ; toute tentative pour revenir sur un étalon-or fut reportée jusqu'à nouvel ordre ; aux États-Unis, la stérilisation de l'or prit fin et toute idée de réduire le prix de vente de l'or fut abandonnée. Le nouveau facteur principal après la récession était d'une importance mineure, mais grandissante. Le déficit budgétaire qui avait été utilisé pour payer les projets de travaux publics avant 1937 était de plus en plus consacré au réarmement après cette date. La Grande-Bretagne, par exemple, dépensa 186 millions de livres pour le réarmement lors de l'année fiscale 1936-1937 et 262 millions de livres sur l'année 1937-1938. Il n'est pas possible de dire à quel point cette augmentation de l'armement fut causée par le besoin de déficit budgétaire et à quel point cela était le résultat des tensions politiques naissantes. De la même manière, on ne peut pas dire ce qui était la cause et ce qui était l'effet en ce qui concernait les relations entre les tensions politiques et le réarmement. En effet, les relations entre ces trois facteurs étaient des réactions mutuelles de cause à effet. Quoi qu'il en soit, après la récession de 1937, les armements, les tensions politiques et la prospérité augmentèrent ensemble. Pour la plupart des pays, les tensions politiques menèrent à l'usage d'armes en conflits ouverts avant que la prospérité totale n'ait pu être atteinte. Dans la plupart des pays, la production industrielle dépassa le niveau de 1929 avant la fin de 1937, mais, à cause de l'accroissement de la population, de l'efficacité et du capital, cela fut atteint sans une utilisation complète des ressources. Aux États-Unis (avec le Canada en tant que membre annexe) et en France (avec la Belgique en tant qu'annexe), la production resta lente tout au long des années 1930, n'atteignant le niveau de 1929 qu'à la fin de l'été 1939 pour la première paire et n'atteignant jamais ce niveau pour la seconde paire. Suite à l'incapacité de la majorité des pays (en dehors de l'Allemagne et de l'Union soviétique) à atteindre l'utilisation complète des ressources, il fut possible de consacrer des pourcentages de plus en plus importants de ces ressources à l'armement sans subir de déclin des modes de vie. En réalité, à la surprise de beaucoup, le résultat fut exactement l'inverse : tandis que l'armement augmentait, le niveau de vie s'améliorait grâce au fait que l'obstacle principal à une amélioration du niveau de vie, c'est-à-dire le manque de pouvoir d'achat des consommateurs, avait été corrigé par le fait que la manufacture d'armes fournissait un tel pouvoir d'achat sur le marché sans devenir un bien équivalent sur le marché qui épuiserait le pouvoir d'achat.

Le rétablissement de la dépression après 1933 n'aboutit pas à une réduction marquée des restrictions et des contrôles que la dépression avait amenés sur l'activité commerciale et financière. Puisque ces contrôles avaient été établis à cause de la dépression, il avait peut-être été attendu que ces contrôles soient assouplis avec l'affaiblissement de la dépression. Au lieu de cela, ils furent maintenus et, dans certains cas, étendus. Les raisons pour cela étaient variées. Premièrement, alors que la crise politique devenait de plus en plus intense, la valeur de ces contrôles pour la défense et pour la guerre fut réalisée. Deuxièmement, de forts intérêts particuliers bureaucratiques s'étaient formés pour renforcer ces contrôles.

Troisièmement, ces restrictions, qui avaient été établies principalement pour contrôler le commerce extérieur, s'étaient montrées très efficaces pour contrôler l'activité économique nationale. Quatrièmement, sous la protection de ces contrôles, la différence des niveaux des prix entre certains pays s'était tellement développée que la fin des contrôles aurait réduit leurs structures économiques en charpie. Cinquièmement, la demande de protection de la concurrence étrangère restait si forte que ces contrôles ne pouvaient pas être arrêtés. Sixièmement, les relations débiteur-créancier entre les pays restaient valides et déséquilibrées et auraient requis de nouveaux contrôles dès la levée des anciens contrôles pour éviter les paiements déséquilibrés et la pression déflationniste. Septièmement, l'existence d'un «capital emprisonné» dans les systèmes économiques nationaux rendait la levée des contrôles impossible puisque la fuite de ce capital aurait été préjudiciable pour le système économique. L'exemple principal de ce capital emprisonné était la propriété des Juifs en Allemagne, qui s'élevait à plus de 10 milliards de marks.

Pour ces raisons ainsi que pour d'autres, les tarifs, quotas, subventions, contrôles des changes et manipulations gouvernementales du marché continuèrent. Le moment auquel ces contrôles auraient pu être retirés le plus facilement était au début de l'année 1937, car, à cette époque, le rétablissement s'était bien développé et les déséquilibres internationaux étaient moins graves grâce à la rupture du bloc de l'or vers la fin de 1936. Le moment passa sans qu'un quelconque fait important soit accompli et, avant la fin de 1937, la récession et la crise politique grandissante rendirent tous les espoirs d'assouplissement des contrôles utopiques.

Cependant, de tels espoirs étaient présents avant et après 1937. Ceux-ci comprenaient les Accords d'Oslo de 1930 et 1937, la Convention d'Ouchy de 1932, le Programme de Commerce réciproque de Hull de 1934 et, ensuite, la mission Van Zeeland de 1937 et le fonctionnement constant de la Société des Nations. Parmi ceux-ci, le Programme Hull fut le seul à accomplir une chose concrète et l'importance de ses accomplissements devint un sujet de discorde.

Le Programme de Commerce réciproque de Hull était plus important du point de vue politique que du point de vue économique. Il visait clairement un commerce plus libre et multilatéral. La loi, adoptée en 1934 et renouvelée à intervalles réguliers depuis, donna à la branche exécutive le pouvoir de négocier des accords de commerce avec d'autres pays dans lesquels les États-Unis pouvaient réduire les tarifs de tout montant jusqu'à 50%. En contrepartie de l'abaissement de nos tarifs de cette manière, nous espérions obtenir des concessions commerciales de l'autre partie de l'accord. Bien que ces accords fussent de forme bilatérale, ils eurent des effets multilatéraux, car chaque accord retenait une clause inconditionnelle de la nation la plus favorisée par laquelle chaque partie se liait pour proposer des concessions à l'autre partie au moins aussi grandes que celles qu'elle étendait à la nation la plus favorisée avec laquelle elle faisait commerce. Suite à de telles clauses, toute concession faite par l'une ou l'autre avait tendance à se généraliser dans d'autres pays. L'intérêt des États-Unis dans la levée des restrictions sur le commerce international se trouvait dans le fait qu'ils avaient une capacité productive au-delà de celle qui était nécessaire pour satisfaire la demande nationale exprimée dans presque tous les domaines de l'activité économique. Par la suite, ils durent exporter ou se retrouver avec un surplus de marchandises. L'intérêt des États-Unis dans le commerce multilatéral plutôt que dans le commerce bilatéral se trouvait dans le fait que leurs surplus existaient dans tous types de biens (denrées alimentaires, matières premières et produits industriels) et les marchés pour ceux-ci devaient être trouvés dans tous types d'économies étrangères, et non dans un seul type. Les États-Unis avaient une offre excédentaire de nourriture comme le blé, le porc et le maïs ; de matières premières comme le pétrole, le coton et le fer ; de produits industrialisés spécialisés comme des radios, des voitures et des locomotives. Il n'était pas possible de vendre tous ces types à un pays producteur de denrées alimentaires, comme le Danemark, ou à un pays producteur de matières premières comme le Canada ou les États malais, ou à un pays industriel tel que l'Allemagne ou la Grande-Bretagne. Par conséquent, les États-Unis devinrent le principal défenseur mondial du commerce libre et multilatéral. Leur argument principal était fondé sur le fait qu'un tel commerce contribuerait à un meilleur niveau de vie pour toutes les parties. Pour les États-Unis, dont la sécurité politique était si stable qu'ils n'avaient que rarement besoin de réfléchir une seule seconde, un meilleur niveau de vie était le but principal de l'existence. Par conséquent, il était difficile pour les États-Unis de comprendre le point de vue d'un État qui, n'ayant pas de sécurité politique, plaçait un haut niveau de vie après une telle sécurité.

L'Allemagne nazie contrastait fortement avec les États-Unis dans son attitude face au problème du commerce international. Ce pays ainsi que d'autres cherchaient « l'indépendance » (c'est-à-dire des buts politiques dans la sphère économique) et ils rejetaient la « dépendance » même si elle comprenait vraiment un plus haut niveau de vie. Ils rejetaient fréquemment l'argument disant que l'autarcie était nécessairement nuisible au niveau de vie ou au commerce international, car, par « autarcie » ils ne voulaient pas dire autosuffisance en toute chose, mais autosuffisance dans les besoins. Une fois que cela fut atteint, ils exprimèrent leur volonté d'étendre le commerce mondial aux produits accessoires à un niveau aussi élevé que tout niveau de vie pourrait demander.

L'élément fondamental de la nouvelle démesure sur l'autarcie se trouvait dans le fait que les défenseurs d'une telle attitude économique avaient une nouvelle conception du sens de la souveraineté. Pour eux, la souveraineté avait non seulement toutes les connotations judiciaires et politiques qu'elle avait toujours eues, mais, en plus de cela, devait également inclure l'indépendance économique. Puisqu'une telle indépendance économique ne pouvait, selon la théorie, être obtenue que par les grandes puissances, les États moindres devaient être privés de souveraineté dans son sens le plus global et être réduits à une condition de vassal ou de client relative aux grandes puissances. La théorie était que chaque grande puissance, afin de jouir d'une souveraineté absolue, devait adopter une politique d'autarcie. Puisqu'aucune puissance, quelle que soit sa grandeur, ne pouvait être autosuffisante dans ses propres frontières nationales, elle devait étendre sa sphère d'autarcie pour inclure ses voisins plus faibles, et cette sphère aurait eu des implications politiques et économiques, puisqu'il était impensable qu'une grande puissance permette à ses voisins les moins importants de la mettre en danger en interrompant soudainement ses approvisionnements ou en la coupant de ses marchés.

La théorie mena ainsi à la conception de « blocs continentaux » qui consistaient en des agrégats d'États moins importants autour des quelques grandes puissances. Cette théorie était en accord total avec le développement politique de la fin du XIXe siècle et du début du XXe siècle. Ce développement avait vu une disparité croissante dans les pouvoirs des États avec un nombre décroissant de grandes puissances. Ce déclin du nombre de grandes puissances arriva à cause de l'avancée technologique, qui avait progressé à un point où seulement quelques États pouvaient suivre. La théorie des blocs continentaux était également en accord avec le développement des communications, du transport, des armes et des techniques administratives. Ceci rendit presque inévitable l'intégration du monde dans des unités politiques de plus en plus larges. L'inéluctabilité de ce développement peut être vue à partir du fait que les guerres de 1914-1945, menées pour la préservation de petits États (comme la Pologne, la Tchécoslovaquie, la Hollande et la Belgique), réussirent à réduire le nombre de grandes puissances de sept à deux.

Cette intégration des États dans un bloc continental ou dans un autre grand bloc était, comme nous le vîmes, une ambition plutôt légitime et accessible, mais elle était recherchée par les États agresseurs (comme l'Allemagne, le Japon et l'Italie) par des méthodes assez illégitimes. Une meilleure méthode pour atteindre une telle intégration aurait été fondée sur le consentement et la pénétration mutuelle. Mais cette méthode fédéraliste d'intégration n'aurait pu aboutir que si elle offrait honnêtement une alternative à la solution autoritaire des États agresseurs. Ceci ne fut pas fait. Au lieu de cela, les États « libéraux » refusèrent de reconnaitre l'inéluctabilité de l'intégration et, tout en repoussant la solution autoritaire, cherchèrent également à repousser tout le processus d'intégration. Ils cherchaient à préserver la structure mondiale atomistique des États souverains qui n'arrivait pas à suivre les développements technologiques à la fois en politique (nouvelles armes, transports rapides et communications plus rapides) et en économie (production de masse et besoin grandissant de matériaux exotiques comme l'étain, le caoutchouc ou l'uranium trouvés en petites quantités éparses). Suite à cela, les puissances libérales repoussèrent les tentatives allemandes de s'adapter aux développements du monde réel sans mettre de programme de remplacement progressif ou réaliste à sa place.

La politique de négativisme de la part des puissances libérales empira à cause du fait que ces puissances avaient mis l'Allemagne et d'autres dans une position (en tant que débiteurs) où ils étaient entrainés dans la direction d'une plus grande intégration du monde sur une base volontaire. Cela fut manifeste dans le fait que ces puissances durent adopter un commerce plus libre et accru dans le but de payer leurs dettes. Ayant mis la majorité des pays du monde dans cette position de nécessité d'une intégration accrue dans le but de payer leurs dettes, les pays libéraux rendirent impossible l'obtention d'une telle intégration sur une base fédéraliste en adoptant des politiques isolationnistes, de nationalisme économique pour eux-mêmes (par le biais de forts tarifs, en mettant fin aux prêts à long terme, etc.). Cette politique « de chien du jardinier » sur les questions économiques était assez similaire à celle appliquée dans les questions politiques où, après avoir établi une organisation pour atteindre la paix, ils refusèrent de permettre à l'Allemagne d'en faire partie et, plus tard, quand l'Allemagne en fit partie, ils refusèrent d'avoir recours à l'organisation à des fins pacifiques, mais essayèrent plutôt de l'utiliser pour faire appliquer le Traité de Versailles ou pour développer un équilibre de puissance face à l'Union soviétique.

Cet échec des États libéraux dans les années 1920 devient plus évident lorsque l'on examine la forte augmentation de politiques restrictives économiques et financières des années 1930. Il est habituellement dit que les excès de celles-ci furent causés par la forte croissance du nationalisme due à la dépression. Cela est faux et l'augmentation de telles restrictions ne peut être utilisée comme une preuve du nationalisme grandissant. Aucun pays ne s'engageait dans de telles politiques pour des raisons nationalistes, c'est-à-dire pour l'intégration plus étroite de son propre peuple ou bien pour le séparer plus nettement d'autres peuples, ou encore pour l'expansion de son propre peuple au détriment d'un autre. La croissance du nationalisme économique était fondée sur une cause bien plus concrète que cela, sur le fait que la nation était la seule unité sociale capable d'agir dans l'urgence due à la dépression. Et les hommes réclamaient des mesures. Pour cela, la seule agence disponible était l'État national. Si une agence plus large avait été disponible, elle aurait été utilisée. Puisque ce n'était pas le cas, l'État dut être utilisé, non pas dans l'objectif de nuire à son voisin, mais seulement dans le but d'en tirer un avantage pour soi. Le fait que les voisins furent affectés négativement était un résultat plus ou moins accidentel, regrettable, mais inévitable tant que l'unité d'organisation la plus large (c'est-à-dire la plus large unité capable de toute action) était l'État-nation. Quand un théâtre prend feu et que des gens sont piétinés dans la panique résultante, ce n'est pas parce que quelqu'un le désirait, mais simplement parce que chaque individu cherchait à s'échapper du bâtiment aussi vite que possible. Le résultat est un désastre, car l'individu est la seule unité disponible qui peut agir. Et l'individu est une unité d'action trop petite pour épargner un grand nombre d'individus de la tragédie. Si une unité d'organisation plus large existait (comme, par exemple, si les personnes dans le théâtre sont une compagnie d'infanterie avec ses officiers), ou si une personne capable de garder la tête froide pouvait organiser le groupe en une unité d'action plus grande que l'individu, tous pourraient s'échapper en toute sureté. Mais les chances de former une organisation après que la panique se déclencha furent pratiquement nulles, et en 1929-1934, la panique éclata. Tous souffrirent et les tentatives insignifiantes de former une organisation après le commencement de la panique furent vaines. Ceci fut la véritable tragédie des années 1920. À cause du conservatisme, de la timidité et de l'hypocrisie de ceux qui essayaient de créer une organisation internationale sur la période 1919-1929, cette organisation était si inadaptée en 1929, quand l'urgence se fit sentir, que l'organisation en place fut anéantie plutôt que renforcée. Si les instruments de coopération internationale avaient été plus avancés en 1929, la demande d'action aurait utilisé ces instruments et une nouvelle ère de progrès politique aurait débuté. Au lieu de cela, l'insuffisance de ces instruments força les hommes à s'en remettre à l'instrument le plus large disponible : l'État-nation ; et ainsi se mit en place un mouvement régressif capable de détruire toute civilisation occidentale.

Le nationalisme économique qui naquit du besoin d'agir dans une crise, et d'agir unilatéralement à cause du manque de tout organisme capable d'agir de manière multilatérale (c'est-à-dire internationalement), fut intensifié après l'effondrement de la finance et de l'économie de 1931-1933 par plusieurs développements. Premièrement, il fut accru par la découverte, par l'Allemagne en 1932, par l'Italie en 1934, par le Japon en 1936 et par les États-Unis en 1938, que la déflation pouvait être empêchée par le réarmement. Deuxièmement, il fut intensifié par la réalisation du fait que l'activité politique était plus puissante et plus fondamentale que l'activité économique, une réalisation qui devint claire quand il fut découvert que chaque pas vers une solution économique unilatérale aboutissait à des représailles des autres nations qui annulaient cette étape et rendaient une autre étape nécessaire qui, à son tour, appelait d'autres représailles ; cela montra rapidement que, sauf dans une nation capable d'autosuffisance, de telles actions dans la sphère économique ne pouvaient accomplir que peu de choses et que l'intervention unilatérale, si elle avait lieu, devait être accompagnée par des étapes politiques (qui bloqueraient toutes représailles). Troisièmement, le nationalisme économique fut accru et l'internationalisme réduit par la grande croissance de l'insécurité politique, puisque la préservation d'une organisation économique internationale impliquait de confier le destin économique de chacun, à un certain niveau, aux mains d'un autre. Au lieu de cela, le nationalisme économique s'intensifia au nom de l'autarcie, de la sécurité, de la mobilisation économique, etc. L'autosuffisance, même si elle impliquait un niveau de vie moins élevé, était préférable à la division internationale du travail, sous prétexte que la sécurité politique était plus importante qu'un niveau de vie élevé et précaire.

En conséquence de ces trois causes, le commerce international commença à subir un nouveau préjudice. Le vieux transfert de biens du XIXe siècle entre les régions industrielles et colonisées (producteurs de nourriture et de matières premières) avait commencé à décliner par une évolution purement naturelle suite à l'industrialisation des régions colonisées. Mais à présent, suite à la croissance du nationalisme économique, un autre type de transfert fut perturbé. Il s'agissait du transfert entre les nations industrielles nées d'une division internationale du travail et d'une distribution inégale des matières premières. Un exemple de cela peut être vu dans l'industrie sidérurgique de l'Europe de l'Ouest. Ici, le charbon britannique et allemand, les minerais de fer bas de gamme de la Belgique et de la France et les minerais de fer haut de gamme de la Suède étaient mélangés et combinés pour permettre la production d'acier chirurgical haut de gamme en Suède, d'acier de construction bas de gamme en Belgique, de produits de machinerie lourde en Allemagne et de produits en acier léger en France. Ce transfert de marchandises commença à être perturbé dans le déferlement du nationalisme économique après 1929. Suite à cela, l'histoire retourna en arrière, et l'échange plus ancien des produits coloniaux pour des produits industriels augmenta en importance relative.

Le nationalisme économique augmenta également la tendance vers le bilatéralisme. Ceci reçut son principal et premier élan de l'Allemagne, mais elle fut rapidement suivie par d'autres pays jusqu'à ce que, en 1939, les États-Unis soient le seul défenseur important du commerce multilatéral. La majorité des pays justifiaient leur acceptation du bilatéralisme sous prétexte qu'ils étaient contraints de l'accepter à cause de la pression économique de l'Allemagne. Dans de nombreux cas, cela était faux. Certains États, comme l'Autriche ou la Roumanie, furent forcés d'accepter le bilatéralisme, car il s'agissait du seul moyen d'échanger avec l'Allemagne. Mais d'autres États, plus importants, y compris la Grande-Bretagne, n'avaient pas cette excuse pour leurs actions, bien qu'ils le fissent tout de même. Les véritables raisons de la Grande-Bretagne d'adopter le bilatéralisme et la protection se trouvaient dans la structure de l'économie nationale britannique, principalement dans sa rigidité grandissante causée par le développement fort et rapide des monopoles et des cartels.

La nouvelle politique de commerce de la Grande-Bretagne après 1931 était l'antithèse complète de celle poursuivie par les États-Unis, bien que les méthodes extrêmes et spectaculaires de l'Allemagne cachèrent ce fait à de nombreuses personnes jusqu'en 1945. Les États-Unis cherchaient le multilatéralisme et l'expansion du commerce international. La Grande-Bretagne cherchait à recouvrir ses créances et l'augmentation des exportations à travers le bilatéralisme. Sans égalité de traitement, ses accords commerciaux cherchaient à réduire les dettes en premier lieu et à augmenter les exportations en second lieu, si ce dernier point était compatible avec la réduction des dettes. Dans certains cas, dans le but de réduire les dettes actives, elle fit des accords pour réduire les exportations depuis la Grande-Bretagne ou pour réduire les quotas sur de telles marchandises (accords anglo-italiens d'avril 1936, de novembre 1936 et de mars 1938, tels qu'amendés en mars 1939). Elle établit des accords de paiement et des compensations avec les pays débiteurs. Le commerce actuel était subordonné à la liquidation de dettes passées. Ceci était tout le contraire de la théorie américaine qui avait tendance à négliger les dettes passées dans le but de développer le commerce actuel dans l'espoir que les dettes passées pourraient finalement être liquidées à cause du volume accru des échanges. Les Britanniques préféraient un volume d'échanges moins important avec des paiements rapides, à un volume plus grand, avec des paiements différés.

Ces tactiques ne fonctionnèrent pas très bien. Même avec des compensations et des exportations limitées, la Grande-Bretagne eut de grandes difficultés à donner naissance à une balance commerciale défavorable avec les pays débiteurs. Ses balances restaient, en général, favorables, avec les exportations plus élevées que les importations. Par la suite, les paiements continuaient à être à la traîne (deux ans et demi pour ce qui était de la Turquie) et il était nécessaire de réécrire les accords commerciaux concrétisant le nouveau bilatéralisme (dans le cas de l'Italie, quatre accords en trois ans). Dans certains cas (comme la Turquie en mai 1938), des organisations de partenariats commerciaux spéciales furent mises sur pied pour vendre des marchandises du pays compensateur sur des marchés libres de sorte que les dettes dues à la Grande-Bretagne par les pays compensateurs puissent être payées. Cependant, cela signifiait que les pays de libre-échange devaient obtenir des produits turcs de la Grande-Bretagne et ne pouvaient vendre aucun de leurs propres produits en Turquie à cause du manque d'échange.

À cause de l'échec des accords bilatéraux de la Grande-Bretagne pour parvenir à ce qu'elle espérait avoir, elle fut poussée à remplacer ces accords par d'autres, allant toujours dans la direction d'un contrôle plus accru. Les contrats de compensation qui étaient à l'origine volontaires furent ensuite rendus obligatoires ; ceux qui n'avaient auparavant qu'un seul but en eurent deux ensuite. La Grande-Bretagne fit des accords de troc avec des pays divers, y compris un échange direct de caoutchouc pour du blé avec les États-Unis. En 1939, la Fédération des industries britanniques alla jusqu'à chercher un accord avec l'Allemagne, divisant les marchés et fixant les prix pour la plupart des activités économiques.

Suite à cela, les marchés internationaux des commodités sur lesquels tout pouvait être acheté ou vendu (si le prix était juste) furent perturbés. Le centre de ceux-ci (principalement en Grande-Bretagne) commença à disparaitre, tout comme le marché international du capital (également centré sur la Grande-Bretagne). Ces deux marchés furent divisés en marchés partiels et isolés. En réalité, l'un des développements principaux de la période fut la disparition du Marché. Il est intéressant de voir que l'histoire de l'Europe moderne était exactement parallèle dans le temps à l'existence du marché (du XIIe siècle au XXe siècle).

LA PÉRIODE D'INFLATION, 1938-1945

La période de relance, qui avait commencé dans la première moitié de l'année 1933 pour la plupart des pays, se transforma en la période d'inflation suivante sans nette ligne de démarcation entre les deux. La hausse des prix, de la prospérité, de l'emploi et de l'activité commerciale après 1933 fut généralement causée par des hausses de dépenses publiques. Alors que la crise politique empirait avec les attaques sur l'Éthiopie, l'Espagne, la Chine, l'Autriche et la Tchécoslovaquie, ces dépenses publiques prenaient de plus en plus la forme de dépenses en armement. Pendant plusieurs années, il fut possible, dans la majorité des pays, d'augmenter la production d'armes sans avoir à réduire la production de biens de consommation ou de biens d'équipement en mettant simplement les ressources, les hommes, les usines et le capital qui étaient restés inactifs pendant la dépression à l'œuvre. La période d'inflation ne commença vraiment que quand il n'y avait plus de ressources inactives et que l'accroissement de l'armement dut être obtenu en déviant des ressources pour cet objectif à partir de la production des biens de consommation ou d'équipement. À ce moment-là, une compétition commença entre les fabricants d'armements et les producteurs de richesse pour l'offre limitée de ressources. Cette compétition prit la forme d'une concurrence sur les prix, où chaque côté offrait de plus hauts salaires pour la main-d'œuvre et de plus hauts prix pour les matières premières. Cela aboutit à l'inflation. L'argent que la communauté obtint pour la production de richesse ainsi que pour la production d'armes ne fut disponible que pour acheter la première (puisque les armes n'étaient habituellement pas à vendre pour le public). Cela intensifia fortement l'inflation. Dans la plupart des pays, la transition de la relance à l'inflation n'eut pas lieu avant leur entrée en guerre. L'Allemagne était l'exception principale et aussi, probablement, l'Italie et la Russie puisque ces trois pays faisaient une utilisation relativement complète de leurs ressources en 1938. En Grande-Bretagne, une telle utilisation complète ne fut pas obtenue avant 1940 ou 1941, et pas avant 1942 ou 1943 aux États-Unis. En France et dans les autres pays sur le continent envahis par l'Allemagne en 1940 et 1941, une telle utilisation complète ne fut pas atteinte avant qu'ils ne soient vaincus.

La période d'inflation de 1938-1947 était très similaire à la période d'inflation de 1914-1920. La destruction de la propriété et des biens était bien plus grande ; la mobilisation des ressources pour une telle destruction était également plus grande. Par la suite, la réserve de richesse réelle, à la fois celle des producteurs et celle des consommateurs, était restreinte de manière bien plus complète. D'autre part, grâce à un savoir et à une expérience accrus, la production d'argent et sa gestion furent traitées d'une manière bien plus habile. Les deux faits réunis donnèrent un niveau d'inflation qui était légèrement moins intense lors de la Seconde Guerre mondiale que dans la Première. Les contrôles sur les prix et les rationnements furent mieux et plus strictement appliqués. Les surplus d'argent furent repris par de nouvelles techniques d'épargne obligatoires ou volontaires. Le financement de la guerre fut plus habile de sorte qu'une bien plus grande hausse de la production soit obtenue d'un niveau similaire d'inflation.

Une grande partie de l'amélioration du financement de la Seconde Guerre mondiale par rapport à la Première naquit du fait que l'attention fut concentrée sur les ressources réelles plutôt que sur l'argent. Ceci se reflétait à la fois dans la manière dont chaque pays gérait son économie nationale et dans les rapports entre les pays. Ces derniers peuvent être vus dans l'usage des prêts-baux plutôt que des échanges comme lors de la Première Guerre mondiale pour approvisionner les alliés de l'Amérique en fournitures de combat. L'usage de l'échange commercial et du financement orthodoxe lors de la Première Guerre mondiale avait laissé un terrible fardeau de dettes intergouvernementales et une rancœur dans la période d'après-guerre. Lors de la Seconde Guerre mondiale, les États-Unis fournirent à la Grande-Bretagne, en prêts-baux, 27 milliards de dollars de matériel, reçurent 6 milliards de dollars en échange et amortirent le compte avec un paiement de près de 800 millions de dollars dans les accords d'après-guerre.

Dans les économies nationales, des techniques encore plus révolutionnaires furent développées sous la catégorie générale de planification centralisée. Cela alla bien plus loin en Grande-Bretagne qu'aux États-Unis ou en Allemagne et fut principalement remarquable par le fait que cela s'appliquait aux ressources réelles et non aux flux monétaires. La majorité de ces contrôles concernait la main-d'œuvre et les matériaux. Ceux-ci furent alloués où ils semblaient être requis et ne furent pas autorisés, comme lors de la Première Guerre mondiale, à être attirés çà et là en réaction aux salaires ou aux prix croissants. Les hausses des prix étaient contrôlées en absorbant le pouvoir d'achat excessif par le biais d'épargne obligatoire ou à moitié obligatoire et par le rationnement de besoins spécifiques. Avant tout, les hausses des prix de tels besoins furent empêchées par des subventions aux producteurs qui leur donnaient une valeur de paiement sur leur production plus importante sans une quelconque augmentation du prix de vente final. Par la suite, en Grande-Bretagne, le cout de la vie augmenta de 100 en 1939 à 126 en 1941, mais n'augmenta pas à plus de 129 à la fin de la guerre en 1945. Aux États-Unis, le prix de gros de toutes les denrées n'augmenta que de 26% de 1940 à 1945, mais était deux fois plus haut en 1947 qu'en 1940. La majeure partie de cette hausse aux États-Unis arriva après la fin de la guerre et peut être attribuée au refus du Congrès, contrôlé par les républicains et mené par le Sénateur Taft, de profiter des erreurs de 1918-1920. En conséquence, la plupart des erreurs de cette première période comme la fin des contrôles sur les prix et du rationnement et les retards de la reconversion en production de temps de paix furent à nouveau commises, mais seulement après que la guerre fut remportée.

En dehors des États-Unis, un grand nombre des mécanismes de contrôle du temps de guerre furent poursuivis dans la période d'après-guerre et contribuèrent énormément à la création d'un nouveau genre de système économique que nous pourrions appeler « d'économie pluraliste », car celui-ci opérait à partir des affiliations changeantes de plusieurs blocs d'intérêts organisés, comme la main-d'œuvre, les fermiers et l'industrie lourde, les consommateurs, les groupes financiers et, surtout, le gouvernement. Ceci sera analysé plus tard. Pour le moment, nous avons uniquement besoin de dire que l'économie d'après-guerre avait un caractère complètement différent de celle des années 1920 suivant la Première Guerre mondiale. Cela était plus visible dans l'absence d'une dépression d'après-guerre, qui était généralement attendue, mais qui ne vint pas, car il n'y eut aucune tentative pour se stabiliser sur un étalon-or. La différence principale était l'éclipse des banquiers qui avaient vu leur statut grandement réduit, passant de maitres à servants du système économique. Ceci fut provoqué par la nouvelle inquiétude vis-à-vis des facteurs économiques réels au lieu des parades financières, comme précédemment. Dans le cadre de ce processus, il y eut une forte réduction du rôle économique de l'or. Deux problèmes de guerre persistants, qui auraient pu être évités par l'étalon-or, émergèrent de cela. Ceux-ci étaient : (1) une inflation mondiale lente naissant des demandes concurrentes de ressources économiques par les consommateurs, les investisseurs et par les besoins en matière de défense et du gouvernement ; et (2) la survenance récurrente de grandes difficultés d'échanges, comme la « pénurie de dollars » dans le commerce mondial, provoquées par l'incapacité des livraisons d'or ou de la demande étrangère à influencer suffisamment les prix nationaux pour renverser ces mouvements étrangers. Mais ces inconvénients, associés à l'absence d'un étalon-or et les insuffisances des arrangements financiers pour le remplacer étaient généralement vus comme un petit prix à payer pour le plein emploi et pour des niveaux de vie en hausse que les pays avancés étaient capables d'obtenir dans le cadre de plans dans la période d'après-guerre.

VIII

LE SOCIALISME INTERNATIONAL ET LE CHALLENGE SOVIÉTIQUE

Le mouvement socialiste international	408
De la révolution bolchévique à 1924	418
Le stalinisme, 1924-1939	426

Le mouvement socialiste international

Le mouvement socialiste international fut à la fois un produit du XIXe siècle et le résultat d'un sentiment de révulsion envers ce dernier. Ses racines étaient ancrées dans certaines des caractéristiques de ce siècle, telles que l'industrialisme, l'optimisme, la croyance dans le progrès, l'humanitarisme, le matérialisme scientifique et la démocratie, mais il se révoltait contre le *laissez-faire*, la domination de la classe moyenne, le nationalisme, le délabrement de certaines zones urbaines et le rapport cout-bénéfice, en tant que facteur dominant de toutes les valeurs humaines. Cela ne signifie pas que tous les socialistes partageaient les mêmes opinions, ou que ces opinions ne changèrent pas au fil du temps. Au contraire, on comptait presque autant de socialismes que de socialistes, et les opinions que ce terme recouvrait variaient selon les années et les pays.

L'industrialisme, en particulier durant ses premières années, donna naissance à des conditions économiques et sociales pouvant tout à fait être qualifiées de désastreuses. Les êtres humains étaient regroupés autour des usines, pour former de nouvelles grandes villes, sordides et insalubres. Dans bien des cas, ces personnes étaient réduites à vivre dans des conditions inhumaines et choquantes. Entassés dans la misère et la maladie, sans loisir ni sécurité, entièrement dépendants d'un salaire hebdomadaire permettant à peine de se nourrir, ces gens travaillaient entre douze et quinze heures par jour, six jours par semaine, au contact de machines sales et dangereuses, sans bénéficier de protection contre les accidents inévitables, la maladie ou la vieillesse, et ne rentraient que le soir dans des chambres surpeuplées, sans nourriture suffisante, sans lumière ni air frais, ni chaleur, ni eau pure, ni installations sanitaires.

Ces conditions nous sont décrites dans les écrits de romanciers tels que Dickens en Grande-Bretagne et Hugo ou Zola en France, dans les rapports des comités parlementaires tels que le comité Sadler en 1832 ou le comité de lord Ashley en 1842, ainsi que dans de nombreuses études privées comme *In Darkest England, and the Way Out*, réalisée par le Général William Booth, de l'Armée du Salut. À la fin du siècle, ces conditions commencèrent à faire l'objet d'études scientifiques privées en Grande-Bretagne, avec notamment *Life and Labour of the People in London* de Charles Booth, ou *Poverty, a Study of Town Life* de B. Seebohm Rowtree.

Le mouvement socialiste était une réaction contre ces conditions déplorables subies par les masses ouvrières. On considéra longtemps que ce mouvement pouvait être divisé en deux phases, autour de l'année 1848, la première étant appelée « la période du socialisme utopique » et la seconde « la période du socialisme scientifique ». La démarcation entre ces deux phases correspond à la publication, en 1848, du *Manifeste du Parti communiste* de Karl Marx et Friedrich Engels. Cet ouvrage, qui s'ouvre sur un constat alarmiste : « Un spectre hante l'Europe : le spectre du communisme », et s'achève avec l'appel solennel : « Prolétaires de tous pays, unissez-vous ! », est généralement considéré comme la graine à partir de laquelle le bolchévisme russe et le stalinisme se développèrent au XXe siècle. Ce point de vue est sans aucun doute excessivement simpliste, étant donné que l'idéologie socialiste se transforma au gré de virages et de rebondissements qui auraient bien pu l'entrainer sur un tout autre chemin si l'histoire du mouvement avait été différente.

L'histoire du mouvement socialiste peut être divisée en trois périodes, correspondant aux trois périodes internationales socialistes. La première, de 1864 à 1876, relevait autant de l'anarchisme que du socialisme. Elle fut finalement dissoute suite à des dissensions entre ces deux groupes. La deuxième fut socialiste, fondée en 1889. Elle devint de plus en plus conservatrice, et fut dissoute par les communistes pendant la Première Guerre mondiale. La troisième, ou communiste, fut organisée en 1919 par des éléments dissidents de la deuxième période. En raison des dissensions entre ces trois mouvements, l'idéologie anticapitaliste, qui n'était à ses débuts qu'une révolte confuse contre les conditions économiques et sociales découlant de l'industrialisme en 1848, se divisa en quatre grandes écoles. Ces écoles devinrent de plus en plus doctrinaires, et leurs relations de plus en plus amères.

La division fondamentale qui eut lieu au sein du mouvement socialiste après 1848 sépara ceux qui souhaitaient abolir ou réduire le rôle de l'État et ceux qui voulaient étendre ce rôle en accordant des activités économiques à l'État. La première division comprenait les anarchistes et les syndicalistes, alors que la seconde comprenait les socialistes et les communistes. De manière générale, la première division considérait que l'homme était naturellement bon et que tout pouvoir coercitif était mauvais. Pour elle, le pire de ces pouvoirs coercitifs était l'autorité publique. Selon les anarchistes, tout le mal du monde provenait du fait que la bonté innée de l'homme était corrompue et dénaturée par le pouvoir coercitif. Selon eux, le remède contre ce mal était la destruction de l'État. Cela entrainerait la disparition de toutes les autres formes de pouvoir coercitif et la libération de la bonté innée de l'homme. Toujours selon les anarchistes, la façon la plus simple de détruire l'État était d'assassiner son chef. Cela serait l'étincelle qui déclencherait le soulèvement de l'humanité opprimée dans son ensemble, contre toutes les formes de pouvoir coercitif. Ces convictions motivèrent de nombreux assassinats de divers dirigeants politiques, dont un roi d'Italie et un président des États-Unis, dans la période 1895-1905.

Le syndicalisme apparut comme une version tardive et en quelque sorte plus réaliste de l'anarchisme. Il était déterminé à abolir intégralement l'autorité publique, mais ne comptait pas sur la bonté innée des individus pour la pérennisation de la vie sociale. Au contraire, il visait à remplacer l'autorité publique par des associations volontaires d'individus chargées d'organiser la camaraderie et la gestion de la vie sociale, là où l'État, selon eux, avait manifestement échoué. Les syndicats se trouveraient alors à la tête des principales associations volontaires remplaçant l'État. Selon les syndicalistes, l'État devait être détruit, non pas par l'assassinat de chaque chef d'État, mais par une grève générale des travailleurs organisés en syndicats. Cette grève donnerait aux travailleurs un puissant « esprit de corps » fondé sur un sentiment commun de puissance et de solidarité. En rendant impossible toute forme de coercition, la grève générale détruirait l'État et le remplacerait par un organe plus souple fédérant les associations libres de travailleurs (syndicats).

Le défenseur le plus vigoureux de l'anarchisme était l'exilé russe Michel Bakounine (1814-1876). Ses doctrines avaient un attrait considérable en Russie même, mais en Europe elles n'étaient largement acceptées qu'en Espagne, en particulier à Barcelone, et dans certaines régions d'Italie où les conditions économiques et psychologiques étaient assez semblables à celles de la Russie. Le syndicalisme devait peu après prospérer dans les mêmes régions, ses principaux théoriciens seraient alors des Français, menés par Georges Sorel (1847-1922).

Le second groupe de théoriciens sociaux radicaux était fondamentalement opposé aux anarchosyndicalistes, bien que ce fait n'ait été reconnu que progressivement. Ce deuxième groupe souhaitait étendre la puissance et la portée des gouvernements en leur donnant un rôle dominant dans la vie économique. Au cours du temps, des confusions commencèrent à apparaitre au sein de ce second groupe, et il se divisa en deux écoles dominantes : les socialistes et les communistes. Ces deux écoles se distinguaient plus par leur organisation et leurs activités que par leurs théories, car les socialistes devinrent de plus en plus modérés et même conservateurs dans leurs activités, tout en restant relativement révolutionnaires sur le plan théorique. Cependant, alors que leurs théories rejoignaient progressivement leurs activités sur le chemin de la modération au cours de la Deuxième Internationale (1889-1919), de violentes controverses s'élevèrent entre ceux qui prétendaient rester fidèles aux idées révolutionnaires de Karl Marx et ceux qui voulaient réviser ces idées de manière plus modérée, pour les adapter à ce qu'ils considéraient comme une évolution des conditions sociales et économiques. Les partisans d'une interprétation stricte de Karl Marx en vinrent à être connus comme les communistes, tandis que les partisans d'une interprétation plus modérée seraient connus sous le nom de socialistes. Au final, les rivalités entre ces deux groupes entraineraient la dissolution de la Deuxième Internationale et du mouvement ouvrier dans son ensemble, de sorte que les régimes hostiles à ce mouvement parvinrent au pouvoir dans une grande partie de l'Europe au cours de la période 1918-1939. La dissolution et l'échec du mouvement ouvrier est l'un des facteurs déterminants de l'histoire de l'Europe au XXe siècle et il est par conséquent nécessaire d'aborder au moins brièvement sa nature et son contexte.

Les idées de Karl Marx (1818-1883) et de son associé Friedrich Engels (1820-1895) furent publiées dans le *Manifeste du Parti communiste* en 1848, et dans leur ouvrage en trois volumes, *Das Kapital* (1867-1894). Bien que suscitées par les conditions de vie déplorables des classes ouvrières sous l'industrialisme, les idées elles-mêmes trouvaient principalement leurs sources dans l'idéalisme de Hegel, le matérialisme des anciens atomistes grecs (en particulier Démocrite) et dans les théories des économistes classiques anglais (en particulier Ricardo). Marx emprunta à Hegel ce que l'on appelle aujourd'hui la « dialectique historique ». Cette théorie soutenait que tous les évènements historiques sont le résultat d'une lutte entre des forces opposées qui, finalement, fusionnent pour créer une troisième situation, différente des deux premières. Toute organisation existante de la société ou des idées (thèse) suscite, le moment venu, une opposition (antithèse). Elles luttent l'une contre l'autre, donnant naissance aux évènements marquant l'histoire, jusqu'à finalement fusionner pour former une nouvelle organisation (synthèse). Cette synthèse se comporte à son tour comme une nouvelle thèse, à laquelle vient s'opposer une nouvelle antithèse, et la lutte se poursuit, comme l'histoire elle-même se poursuit.

Un des éléments principaux de la théorie marxiste était l'interprétation économique de l'histoire. Selon ce point de vue, l'organisation économique de toute société en constitue l'aspect déterminant, étant donné que tous les autres aspects ; politique, social, intellectuel ou religieux, reflètent l'organisation et les pouvoirs de la sphère économique. Sur la base des travaux de Ricardo, Marx élabora la théorie selon laquelle la valeur des biens économiques est fondée sur la quantité de travail qu'ils nécessitent. En appliquant cette conception à la société industrielle, où le travail rapporte un salaire ne représentant qu'une partie de la valeur du produit créé, Marx établit que les ouvriers étaient exploités. Une telle exploitation était rendue possible, selon lui, par le fait que la classe ouvrière ne possédait pas les « moyens de production » (c'est-à-dire les usines, la terre, et les outils), mais avait permis que ceux-ci, par un jeu de dupes légal, tombent entre les mains des classes possédantes. De cette façon, le système de production capitaliste avait divisé la société en deux classes opposées : la bourgeoisie, propriétaire des moyens de production, et le prolétariat, qui vend son travail pour vivre. Le prolétariat, cependant, était dépouillé d'une partie de ce qui lui revenait, du fait que les salaires perçus ne représentent qu'une partie de la valeur du travail fourni, la « plus-value » dont ils étaient privés allant à la bourgeoisie qui la touchait sous forme de bénéfices. La bourgeoisie était en mesure de maintenir ce système fondé sur l'exploitation, car les composantes économiques, sociales, intellectuelles et religieuses de la société agissaient comme des relais de l'exploitation caractéristique du système économique.

L'argent que la bourgeoisie prenait au prolétariat dans le système économique permettait à celle-ci de dominer le système politique (y compris la police et l'armée), le système social (y compris la vie de famille et l'éducation), ainsi que le système religieux et les aspects intellectuels de la société (y compris les arts, la littérature, la philosophie et tous les moyens pour les faire connaitre).

À partir des trois concepts de dialectique historique, de déterminisme économique, et de valeur du travail, Marx composa une théorie compliquée de l'histoire passée et future. Il était convaincu que « toute l'histoire se résume à l'histoire des luttes des classes ». Tout comme elle concernait, durant l'Antiquité, la lutte entre les esclaves et les hommes libres ou encore celle des plébéiens contre les patriciens, l'histoire du Moyen Âge, est celle de la lutte opposant les serfs et les seigneurs, et dans les temps modernes, entre le prolétariat et la bourgeoisie. Chaque groupe privilégié se constitue en opposition à un groupe privilégié préexistant, joue son rôle nécessaire dans le progrès historique et, à son tour, est défié avec succès par ceux qu'il avait exploités. Ainsi, la bourgeoisie est à l'origine constituée de serfs exploités qui se sont opposés avec succès à l'ancien groupe privilégié, celui des seigneurs féodaux. Vint ensuite une époque de suprématie de cette bourgeoisie qui contribua alors à l'histoire en instaurant une société industrielle entièrement capitalisée qui, à son tour, sera mise en échec par la montée en puissance des masses ouvrières.

Pour Marx, la révolution du prolétariat n'était pas seulement inévitable, mais aurait dû être couronnée de succès, et aurait dû donner naissance à une société entièrement nouvelle, où le prolétariat aurait tout pouvoir sur le système de gouvernement, la vie sociale, les schémas intellectuels et l'organisation religieuse.

« L'inévitable révolution » ne peut conduire qu'à une « inévitable victoire du prolétariat », car la position privilégiée de la bourgeoisie lui permet d'exploiter sans pitié le prolétariat, en faisant pression sur les masses ouvrières pour qu'elles se trouvent dans une situation leur permettant à peine de survivre, et cela, car la main-d'œuvre, étant devenue à peine plus qu'un outil disponible à la vente sur le marché, échangeable contre un salaire, tomberait naturellement au niveau ne permettant qu'à la quantité nécessaire de travailleurs de survivre.

Grâce à cette exploitation, la bourgeoisie deviendrait de plus en plus riche et de moins en moins nombreuse, et serait bientôt propriétaire de tous les biens de la société, tandis que le prolétariat deviendrait de plus en plus pauvre, de plus en plus nombreux, et se rapprocherait de plus en plus du désespoir. Finalement, la bourgeoisie deviendrait si réduite et le prolétariat si nombreux que ce dernier se soulèverait de colère, reprendrait possession des moyens de production, et contrôlerait ainsi la société dans son ensemble.

D'après cette théorie, la « révolution inévitable » aurait dû avoir lieu au sein du pays le plus avancé industriellement, car ce n'était qu'après une longue période d'industrialisation que la situation révolutionnaire aurait pu se développer, et que la société aurait pu s'équiper d'usines capables de soutenir un système socialiste. Une fois la révolution en marche, une « dictature du prolétariat » aurait dû s'instaurer, durant laquelle les aspects politiques, sociaux, intellectuels, militaires et religieux de la société auraient dû se transformer afin de correspondre au socialisme. À la fin de cette période, un socialisme intégral aurait pris place naturellement ; l'État aurait disparu, et une « société sans classe » aurait vu le jour. À ce stade, l'histoire aurait dû prendre fin. Cette conclusion plutôt surprenante du processus historique est due au fait que Marx définissait l'histoire comme un processus de lutte des classes et l'État comme l'instrument de l'exploitation de celles-ci. Étant donné qu'au sein d'un État socialiste il n'y aurait pas d'exploitation, donc pas de classes, il n'y aurait pas de lutte de classes, et donc l'État deviendrait inutile.

En 1889, après que la Première Internationale fut dissoute suite aux dissensions entre les anarchistes et les socialistes, une Seconde Internationale fut formée par les socialistes. Ce groupe resta très longtemps fidèle à la théorie marxiste, pourtant dès le début les actions de ces socialistes ne suivirent pas cette théorie. Cette divergence venait du fait que la théorie marxiste ne dressait pas un portrait réaliste ou réalisable des développements sociaux et économiques. Rien n'était réellement prévu pour les syndicats ouvriers, pour les partis politiques ouvriers, pour les réformistes bourgeois, pour l'élévation du niveau de vie ou pour le nationalisme. Pourtant, ces derniers points devinrent, après la mort de Marx, les préoccupations principales de la classe ouvrière. En conséquence, les syndicats ouvriers et les partis politiques sociaux-démocrates qu'ils dominaient devinrent des groupes réformistes plutôt que révolutionnaires. Ils étaient soutenus par des groupes des classes supérieures au nom de valeurs humanitaires ou religieuses, et ce soutien entraina l'amélioration des conditions de travail et de vie des classes ouvrières, d'abord lentement et avec quelques réticences, puis de plus en plus rapidement avec le temps. Tant que l'industrie resterait un secteur concurrentiel, la lutte entre les industriels et la main-d'œuvre demeurerait intense, car tout succès rencontré par les ouvriers au sein d'une usine dans l'amélioration de leurs salaires ou de leurs conditions de travail augmenterait les couts assumés par leur employeur, et nuirait à sa position concurrentielle par rapport aux autres employeurs. Mais comme les industriels se regroupèrent après 1890, afin de réduire la concurrence qui existait entre eux en régulant leurs prix et leurs productions, et comme les syndicats ouvriers s'associèrent entre eux de façon à couvrir plusieurs usines, voire des secteurs d'activité entiers, la lutte entre capital et travail devint moins intense, car toutes les concessions faites aux ouvriers avaient une même incidence sur l'ensemble des détenteurs de capitaux au sein de la même activité, et pouvaient être compensées simplement en augmentant le prix du produit de toutes les usines concernées pour les consommateurs finaux.

En réalité, la prédiction de Marx concernant un nombre toujours croissant de travailleurs, réduits à des conditions de vie de de plus en plus mauvaises en raison de leur exploitation par des capitalistes de moins en moins nombreux, s'avéra complètement erronée au sein des pays les plus industrialisés au XXe siècle. Ce qui se déroula à la place pourrait être décrit comme un effort conjugué des ouvriers syndiqués et de l'industrie monopolisée dans le but d'exploiter les consommateurs non organisés, en augmentant de plus en plus les prix afin d'obtenir à la fois des salaires supérieurs et des profits plus élevés. L'ensemble de ce processus fut appuyé par les actions des gouvernements qui imposèrent des réformes telles que les journées de huit heures, les lois sur le salaire minimum, ou les assurances obligatoires concernant les accidents, la vieillesse et la retraite pour l'ensemble des secteurs d'activité. Il en résulte que la condition des travailleurs s'améliora nettement au lieu de se détériorer avec l'avancée de l'industrialisme au cours du XXe siècle.

Cette tendance à l'élévation du niveau de vie révéla également une autre erreur marxiste. Marx n'avait pas saisi la véritable essence de la révolution industrielle. Il pensait qu'elle tenait dans la séparation complète de la classe ouvrière et de la propriété des outils et dans la relégation du travail au simple statut de marchandise. La véritable essence de l'industrialisme résidait dans l'application à la production de l'énergie non humaine, telle que celle du charbon, du pétrole ou de la force hydraulique. Ce processus accrut la capacité humaine à produire des biens, et ce à un incroyable degré. Mais la production de masse ne pouvait exister que si elle était suivie par la consommation de masse et l'élévation des niveaux de vie. En outre, elle devait conduire, au long terme, à une baisse de la demande en main-d'œuvre, et à une demande croissante de techniciens hautement qualifiés, employés comme gestionnaires plutôt qu'ouvriers. À plus long terme encore, ce processus donnerait lieu à un système de production d'un tel niveau de complexité technique qu'il ne pourrait plus être géré par ses propriétaires, mais par des gestionnaires disposant des compétences techniques nécessaires.

De plus, en tirant parti de l'organisation des secteurs industriels pour qu'un petit nombre contrôle les économies de la majorité, et ce en vendant des titres à des groupes de plus en plus larges d'investisseurs (y compris à la fois des groupes de gestion et de travail), gestion et propriété se verraient dissociées et le nombre de propriétaires connaitrait une augmentation drastique.

Tous ces développements étaient contraires aux attentes de Karl Marx. Là où il avait anticipé l'appauvrissement des masses et la concentration de la propriété, avec une forte augmentation du nombre d'ouvriers et une diminution tout aussi importante du nombre de propriétaires, accompagnés de l'élimination progressive de la classe moyenne, il y eut en réalité (dans les pays très industrialisés) une amélioration du niveau de vie, la dissémination de la propriété, une diminution relative du nombre d'ouvriers, et une forte augmentation des classes moyennes.

Sur le long terme, sous l'effet des impôts progressifs sur les revenus et sur les successions, les riches connurent un appauvrissement progressif (certes relatif). Le grand problème des sociétés industriellement avancées n'était pas, dès lors, l'exploitation des ouvriers par les capitalistes, mais l'exploitation des consommateurs non organisés (issus des classes ouvrières et de la classe moyenne inférieure) par les ouvriers syndiqués et les gestionnaires regroupés en monopoles, qui agissaient de concert. L'influence de ces deux groupes sur l'État dans des pays fortement industrialisés eut également pour effet d'augmenter leur capacité à obtenir ce qu'ils désiraient de la société dans son ensemble.

En raison de toutes ces influences, l'esprit révolutionnaire ne continua pas à se développer avec l'industrialisme, comme Marx s'y était attendu, mais commença plutôt à s'affaiblir, éloignant ainsi les pays les plus avancés industriellement des idées révolutionnaires. De plus, l'esprit révolutionnaire qui existait dans les pays industriellement avancés ne se trouvait pas, comme Marx s'y attendait, parmi la population ouvrière, mais parmi la classe moyenne inférieure (surnommée « petite bourgeoisie »). L'employé de banque, le dessinateur en bâtiment ou l'instituteur moyen n'était pas organisé, se trouvait opprimé par la masse ouvrière organisée, l'industrie monopolisée et la puissance grandissante de l'État, et était aspiré par la spirale de la hausse des couts, résultant des efforts entrepris par ses oppresseurs pour reporter le cout de la protection sociale et des profits confortables sur le consommateur non syndiqué. Le petit bourgeois s'aperçut qu'en dépit de son statut d'employé de bureau, de sa meilleure éducation, et des dépenses qu'il devait faire pour correspondre aux normes de sa classe en matière d'apparence et de niveau de vie, ses revenus étaient inférieurs à ceux des ouvriers syndiqués. Par conséquent, le sentiment révolutionnaire existant dans les pays industriels avancés se rencontrait plus au sein de la petite bourgeoisie que du prolétariat, et s'accompagnait d'accents psychopathes découlant des ressentiments refoulés et des insécurités sociales de ce groupe. Mais ces sentiments dangereux et même explosifs de la petite bourgeoisie prirent une forme antirévolutionnaire plutôt qu'une forme révolutionnaire et s'exprimèrent par des mouvements nationalistes, antisémites, antidémocratiques et antiprolétaires, plutôt que celle de mouvements antibourgeois ou anticapitalistes comme Marx l'avait prévu.

Malheureusement, alors que les développements économiques et sociaux dans les pays industrialisés s'orientaient dans les directions non marxistes que nous venons de mentionner, les ouvriers syndiqués et leurs partis politiques sociaux-démocrates continuèrent d'accepter l'idéologie marxiste ou, du moins, de prononcer les vieux cris de guerre marxistes « À bas les capitalistes ! », « Vive la révolution ! » ou encore « Prolétaires de tous les pays, unissez-vous ! ». Comme l'idéologie et les cris de guerre marxistes étaient plus facilement observables que les réalités sociales qu'ils essayaient de dissimuler, surtout quand les chefs syndicaux désiraient toute la publicité possible pour ce qu'ils disaient, mais privilégiaient le plus profond secret pour ce qu'ils faisaient, beaucoup de capitalistes, un petit nombre d'ouvriers et presque tous les observateurs étrangers passèrent complètement à côté de ces nouveaux développements et continuèrent à croire que la révolution ouvrière était imminente. Tout cela eut pour effet de détourner et confondre les esprits et les actions des gens durant la plus grande partie du XXe siècle. Ces confusions devinrent très importantes dans les domaines des luttes des classes et du nationalisme.

Nous soulignâmes déjà que les luttes des classes entre les capitalistes et les masses ouvrières avaient revêtu une grande importance durant les premières étapes de l'industrialisme. À cette période, le processus de production dépendait plus du travail manuel et moins des équipements élaborés que ce ne fut le cas par la suite. De plus, dans ce premier temps, la main-d'œuvre n'était pas organisée (donc soumise à la concurrence), et les capitalistes n'étaient pas organisés en monopoles (et donc eux aussi en concurrence). Alors que le processus d'industrialisation se poursuivait, cependant, les salaires représentèrent une part de moins en moins importante des couts de production, tandis que d'autres facteurs, notamment l'équipement nécessaire à la production de masse, la gestion technique requise par ces équipements, la publicité et la distribution nécessaires à la consommation de masse, générèrent des couts de plus en plus importants. Tous ces éléments firent augmenter l'importance de la planification dans le processus de production. Une telle planification requiert la réduction au minimum du nombre de facteurs non contrôlés au sein du processus de production, tout en cherchant à en contrôler autant que possible. Une industrie possédant des centaines de millions (voire des milliards) de dollars en équipement et en infrastructure, comme c'était le cas pour les secteurs de l'acier, des automobiles, des produits chimiques, ou les fournisseurs d'électricité, devait être capable de planifier la fréquence et le nombre d'utilisations que cet équipement supporterait. Ce besoin conduisit au monopole, qui consistait, fondamentalement, en un effort pour contrôler à la fois les prix et les ventes en créant un marché non concurrentiel. Une fois que la concurrence avait été retirée du marché, ou du moins significativement réduite, il devenait à la fois possible et utile pour la main-d'œuvre de se syndiquer.

Cette main-d'œuvre syndiquée aidait à la planification en garantissant des salaires fixes pour une période déterminée et en offrant une force de travail mieux formée et plus disciplinée. De plus, elle aidait à la planification en établissant des salaires, des conditions et des heures (et donc des couts) identiques au niveau de l'ensemble du secteur d'activité. De cette façon, la main-d'œuvre syndiquée et l'industrie monopolisée cessèrent d'être ennemies et devinrent partenaires dans un projet de planification centré autour d'installations technologiques très complexes et très couteuses. La lutte des classes telle que l'avait définie Marx disparut en grande partie. La seule exception à cela était que, dans une industrie planifiée, le personnel de direction pouvait comparer les couts salariaux et les couts de capital fixe et décider, en s'attirant le ressentiment de la main-d'œuvre, de remplacer une certaine quantité de main-d'œuvre par un certain nombre de nouvelles machines. La main-d'œuvre avait tendance à ne pas apprécier et à s'opposer à ce genre d'action, sauf si on la consultait sur ce problème. Le résultat net de cela fut que la rationalisation de la production se poursuivit, et que les pays industrialisés continuèrent de progresser en dépit de l'influence contraire de la monopolisation de l'industrie, qui rendit possible, jusqu'à un certain point, la survie des usines obsolètes, en raison de l'affaiblissement de la concurrence sur le marché.

Les conséquences du nationalisme sur le mouvement socialiste furent encore plus importantes, au point d'entrainer la dissolution de la Seconde Internationale en 1914-1919. Marx avait insisté sur le fait que l'ensemble du prolétariat partageant les mêmes intérêts devait former un front uni et ne devait pas devenir une victime du nationalisme, qu'il considérait comme une propagande capitaliste visant, à l'instar de la religion, à détourner les ouvriers de leurs objectifs légitimes d'opposition au capitalisme. Le mouvement socialiste accepta globalement l'analyse que Marx faisait de cette situation pendant une longue période, en faisant valoir que les ouvriers de tous les pays étaient frères et devaient se réunir en opposition à la classe capitaliste et à l'État capitaliste. Les slogans marxistes appelant les ouvriers du monde entier à se rassembler pour former un front commun continuèrent d'être entonnés, et ce en dépit du fait que le nationalisme moderne avait profondément gagné les esprits de bien des ouvriers. La démocratisation de l'éducation dans les pays industriellement avancés avait tendance à propager le nationalisme au sein des classes ouvrières. Les mouvements socialistes internationaux disposaient de très peu de pouvoir pour inverser ou entraver ce développement. Ces mouvements continuèrent de diffuser l'idéologie internationaliste du socialisme international, mais cette idéologie s'éloignait de plus en plus de la réalité de la vie de l'ouvrier moyen. Dans la plupart des pays, les partis sociaux-démocrates continuèrent d'embrasser le point de vue international et d'insister pour que les ouvriers s'opposent à toute guerre entre les États capitalistes en refusant de payer des impôts pour soutenir ces guerres ou de porter eux-mêmes les armes contre leurs « frères ouvriers » à l'étranger.

Il devint assez clair en 1914 que ce discours était irréaliste lorsque les travailleurs de tous les pays, à quelques exceptions près, soutinrent leurs propres gouvernements lors de la Première Guerre mondiale. Dans la plupart des pays, seule une petite minorité de socialistes continua de résister à la guerre, en refusant de payer leurs impôts ou de servir dans les forces armées, ou en poursuivant leurs efforts vers une révolution sociale plutôt que vers la victoire. Cette minorité, principalement composée d'Allemands et de Russes, devint le noyau de la Troisième Internationale, ou Internationale communiste, qui fut formée sous la direction de la Russie en 1919. La minorité de gauche qui devint connue sous le nom de « communiste » refusa de soutenir les efforts de guerre des différents pays d'où elle était issue, non pas parce qu'elle était pacifiste, comme l'étaient les socialistes, mais parce qu'elle était antinationaliste. Ils ne désiraient pas mettre fin à la guerre, comme le voulaient les socialistes, mais souhaitaient qu'elle se poursuive, dans l'espoir qu'elle détruirait la vie politique, économique et sociale existante et offrirait une opportunité à la montée des régimes révolutionnaires. De plus, ils ne se souciaient pas de savoir qui gagnerait la guerre, contrairement aux socialistes, mais étaient prêts à voir leurs propres pays vaincus si cette défaite permettait d'amener au pouvoir un régime communiste. Le chef de ce groupe radical de socialistes dissidents violents était un conspirateur russe, Vladimir Ilitch Oulianov, mieux connu sous le nom de Lénine (1870-1924). Bien qu'il exprima fréquemment et bruyamment son point de vue durant la guerre, il faut avouer que le nombre de ses partisans, même parmi les socialistes extrêmement violents, était extrêmement réduit. Néanmoins, les hasards de la guerre permirent à cet homme d'accéder au pouvoir en Russie en novembre 1917, en tant que dirigeant d'un régime communiste.

De la révolution bolchévique à 1924

La corruption, l'incompétence et l'oppression du régime tsariste furent oubliées lorsque la guerre éclata en 1914 et que la plupart des Russes, même ceux envoyés au combat avec une formation insuffisante et des armes inadéquates, se rallièrent à la cause de leur Sainte mère Russie dans un élan de patriotisme. Cette loyauté survécut aux premiers désastres de 1914 et 1915 et permit une mobilisation suffisante pour soutenir la grande offensive de Broussilov contre l'Autriche en 1916. Mais les terribles pertes humaines et matérielles de cette guerre sans fin, la prise de conscience croissante de la totale incompétence et de la corruption du gouvernement, ainsi que les rumeurs grandissantes de l'influence pernicieuse de la tsarine et de Raspoutine sur le tsar eurent pour effet de détruire intégralement tout le gout que la population russe aurait pu avoir pour la guerre. Cette baisse de moral fut accélérée par l'hiver rigoureux de 1916-1917, et la semi-famine qui l'accompagna. Le mécontentement public se manifesta en mars 1917, lorsque des grèves et des émeutes commencèrent à Petrograd. Les troupes de la capitale refusèrent de réprimer cette agitation, et le gouvernement se retrouva bientôt impuissant. Lorsqu'il tenta de dissoudre la Douma, celle-ci refusa de se laisser intimider, et forma un gouvernement provisoire sous la direction du Prince Lvov. Il n'y avait dans ce nouveau régime qu'un seul socialiste : Alexander Kerensky, le ministre de la Justice.

Bien que le nouveau gouvernement forçât le tsar à abdiquer, qu'il reconnût l'indépendance de la Finlande et de la Pologne, et qu'il établît un système complet de libertés civiles, il reporta tous changements sociaux et économiques fondamentaux jusqu'à l'établissement de la future assemblée constituante, et fit tous les efforts possibles pour poursuivre la guerre. C'est ainsi qu'il échoua à satisfaire les désirs de terre, de nourriture et de paix qu'avaient de nombreux Russes. Le puissant ressentiment de la population vis-à-vis des efforts fournis pour poursuivre la guerre mena à la démission de plusieurs des membres plus modérés du gouvernement, dont le Prince Lvov, qui fut remplacé par Kerensky. Les socialistes plus radicaux avaient été libérés de prison ou étaient rentrés de leur exil (dans certains cas, comme Lénine, grâce à l'aide allemande). Leurs actions pour obtenir la paix et des terres rallia à leur cause un groupe bien plus étendu que celui de leurs propres partisans, surtout parmi les paysans, très éloignés des idées et soutiens socialistes, mais qui insistaient pour obtenir la fin de la guerre ainsi qu'un système de propriété terrienne plus équitable.

À Saint-Pétersbourg et à Moscou, ainsi que dans d'autres villes, des assemblées d'ouvriers, de soldats et de paysans nommées Soviets furent formées par des socialistes plus radicaux, opposés au gouvernement provisoire. Le groupe bolchévique, sous la direction de Lénine, mit en place une puissante campagne de propagande visant à remplacer le gouvernement provisoire par un système soviétique national, et à adopter un programme immédiat de paix et de distribution des terres. On ne peut pas dire que le groupe bolchévique gagna beaucoup de partisans ou grossit très rapidement, mais ses actions constantes eurent pour effet de neutraliser ou d'aliéner les soutiens du gouvernement provisoire, en particulier parmi les soldats des deux villes principales. Le 7 novembre 1917, le groupe bolchévique prit le contrôle des centres du gouvernement à Saint-Pétersbourg et réussit à les tenir grâce au refus des contingents militaires locaux de soutenir le gouvernement provisoire. En vingt-quatre heures, ce groupe révolutionnaire publia une série de décrets abolissant le gouvernement provisoire, ordonnant le transfert de toute autorité publique en Russie aux groupes soviétiques d'ouvriers, de soldats et de paysans, mettant en place un exécutif central des dirigeants bolchéviques appelé « Conseil des Commissaires du Peuple » et ordonnant la fin de la guerre avec l'Allemagne et la distribution de grandes propriétés terriennes aux paysans.

Les bolchéviques ne se faisaient pas d'illusion quant à leur position en Russie à la fin de 1917. Ils savaient qu'ils formaient un groupe infinitésimal dans ce vaste pays, et qu'ils n'avaient été en mesure de prendre le pouvoir que parce qu'ils constituaient une minorité résolue et impitoyable dans une grande masse de personnes ayant été neutralisées par la propagande. La durée de cette neutralisation restait soumise à de nombreux doutes. De plus, les bolchéviques étaient convaincus, en accord avec la théorie marxiste, qu'aucun système socialiste réel ne pourrait être mis en place dans un pays aussi industriellement arriéré que la Russie. Et, enfin, le doute subsistait quant à savoir si les puissances occidentales resteraient les bras croisés et permettraient aux bolchéviques de faire sortir la Russie de la guerre ou de tenter d'établir un système économique socialiste. Il était parfaitement clair du point de vue des bolchéviques qu'ils devaient simplement essayer de survivre au jour le jour, espérer réussir à garder la grande masse des Russes neutralisée par l'obtention de la paix, du pain et des terres, et croire en l'avènement rapide d'une révolution socialiste en Allemagne, pays industriellement avancé, qui apporterait à la Russie un allié économique et politique qui serait en mesure de remédier à ses faiblesses et son retard.

De 1917 à 1921, la Russie traversa une période de chaos politique et économique presque inimaginable. Avec l'apparition de mouvements contrerévolutionnaires et de forces étrangères interventionnistes de tous les côtés, la zone contrôlée par les bolchéviques fut réduite, à un certain point, à à peine plus que les parties centrales de la Russie européenne. Le pays connut un effondrement social et économique extrême. La production industrielle fut désorganisée par la perturbation des transports, l'approvisionnement insuffisant en matières premières et en crédit, et par la confusion provenant de la guerre, de telle sorte que des produits comme les vêtements, les chaussures, ou les outils agricoles manquaient presque totalement. En 1920, la production industrielle générale équivalait à 13% de celle de 1913. Parallèlement, la monnaie papier était imprimée si librement pour payer les frais de la guerre, de la guerre civile, et des opérations du gouvernement que les prix grimpèrent rapidement et que le rouble perdit presque toute sa valeur. En 1917, l'indice général des prix n'était que trois fois supérieur à celui de 1913, mais s'éleva à plus de 16.000 fois cet indice à la fin de 1920. Incapable d'échanger leurs produits contre de la monnaie solide ou des produits industriels, les paysans ne plantèrent plus que la quantité nécessaire à leur propre survie, ou stockaient leurs surplus de production. La superficie des cultures fut réduite d'au moins un tiers entre 1916 et 1920, tandis que les rendements connurent une chute encore plus rapide, tombant de 74 millions de tonnes de céréales produites en 1916 à 30 millions de tonnes en 1919, puis à moins de 20 millions de tonnes en 1920. La baisse de 1920 était le résultat de la sècheresse, et la situation empira à un tel point qu'en 1921 les récoltes furent complètement nulles. Les pertes humaines s'élevèrent à cinq-millions durant ces deux années de famine, bien que l'American Relief Administration soit venue dans le pays et ait nourri dix-millions de personnes par jour (en aout 1922).

Au cours de ce chaos tragique, le régime bolchévique réussit à survivre, à écraser les mouvements contrerévolutionnaires et à éliminer les interventionnistes étrangers. Et ce grâce au fait que ses adversaires étaient divisés, indécis ou neutralisés alors que le régime était vigoureux, décidé et totalement impitoyable. La force bolchévique se trouvait dans l'Armée rouge et la police secrète, dans la neutralité des paysans ainsi que dans le soutien des prolétaires au sein de l'industrie et des transports. La police secrète (Tchéka) était composée de communistes fanatiques et impitoyables qui assassinaient systématiquement tout opposant potentiel ou réel. L'Armée rouge fut recrutée parmi l'ancienne armée tsarine, mais était récompensée par un salaire élevé et des rations alimentaires favorables. Bien que le système économique s'effondrât presque intégralement, et que les paysans refusassent de fournir, voire de produire de la nourriture pour la population des villes, les bolchéviques mirent en place un système de réquisition de la nourriture auprès des paysans, et la redistribuèrent au travers d'un système de rationnement par lequel ils récompensèrent leurs partisans. L'assassinat de la famille impériale, par les bolchéviques en juillet 1918, supprima ce noyau potentiel pour les forces contrerévolutionnaires, et le refus général de ces dernières d'accepter la redistribution révolutionnaire des terres agricoles préservait la position neutre des paysans, malgré les réquisitions de céréales des bolchéviques. De plus, les paysans étaient divisés de telle manière que les plus pauvres s'unissaient pour détourner le poids des réquisitions de céréales vers leurs plus riches voisins.

Le problème le plus sérieux auquel le régime révolutionnaire dut faire face à la fin de 1917 fut la guerre contre l'Allemagne. Au début, les bolchéviques essayèrent de mettre fin au conflit sans faire officiellement la paix, mais les Allemands poursuivirent leur progression et les bolchéviques furent forcés de signer le Traité de Brest-Litovsk (mars 1918). Par ce traité, la Russie perdit toutes ses régions frontalières occidentales, dont la Pologne, l'Ukraine et la région Baltique. Les forces allemandes essayèrent, sans réel succès, d'obtenir des ressources économiques de la part de l'Ukraine, et progressèrent rapidement bien au-delà des limites établies par le Traité de Brest-Litovsk pour occuper la vallée de Don, la Crimée, et le Caucase.

Dans diverses parties de la Russie, notamment au sud et à l'est, des armées contrerévolutionnaires appelées les «Blancs» entrèrent en jeu pour renverser les bolchéviques. Les cosaques du Don, sous la direction de L.G. Kornilov, Anton Denikin et Petr Wrangel occupèrent le Caucase, la Crimée et l'Ukraine après que les Allemands se soient retirés de ces régions. En Sibérie, un gouvernement conservateur mené par l'Amiral Alexandr Kolchak fut mis en place à Omsk, et annonça son intention de prendre le contrôle de l'ensemble de la Russie (à la fin de 1918). Un groupe de 40.000 Tchécoslovaques armés, qui avaient déserté l'armée de Habsbourg pour se battre pour la Russie, se retourna contre les bolchéviques et, alors qu'il était évacué vers l'est le long du chemin de fer transsibérien, prit le contrôle de cette route depuis la Volga jusqu'à Vladivostok (à l'été 1918).

Plusieurs puissances extérieures intervinrent également dans le chaos russe. Un corps expéditionnaire allié envahit le nord de la Russie, depuis Murmansk et Arkhangelsk, pendant qu'une force japonaise et une autre composée d'Américains débarquaient à Vladivostok et avançaient par l'ouest sur des centaines de kilomètres. Les Britanniques prirent possession des champs pétroliers de la région Caspienne (à la fin de 1918), tandis que les Français occupèrent des parties de l'Ukraine aux alentours d'Odessa (en mars 1919).

Les bolchéviques combattirent ces différentes forces avec un succès grandissant, utilisant la nouvelle Armée rouge ainsi que la Tchéka, soutenues par les systèmes industriels et agricoles nationalisés. Pendant que celles-ci se battaient pour préserver le régime révolutionnaire russe, divers sympathisants s'organisèrent hors du pays. L'Internationale communiste fut organisée sous la direction de Grigori Zinoviev afin d'encourager des mouvements révolutionnaires au sein d'autres pays. Son seul succès notable eut lieu en Hongrie, où un régime bolchévique dirigé par Béla Kun réussit à garder le pouvoir pendant quelques mois (de mars à aout 1919).

En 1920, la Russie était dans un état de confusion totale. Cette année-là, le nouveau gouvernement polonais envahit la Russie, occupant une grande partie de l'Ukraine. Une contrattaque bolchévique renvoya les Polonais à Varsovie, où ils firent appel aux Puissances de l'Entente pour les aider. Le Général Weygand fut envoyé avec une mission militaire et du ravitaillement. Ainsi soutenue, la Pologne fut en mesure d'envahir de nouveau la Russie et d'imposer le Traité de Riga (en mars 1921). Ce traité établit une frontière entre la Pologne et la Russie à 240 kilomètres à l'est de la «Ligne Curzon» provisoire qui avait été dessinée le long de la frontière ethnographique par les Puissances occidentales en 1919. Par cette action, la Pologne accueillit à l'intérieur de ses frontières plusieurs millions d'Ukrainiens et de Russes blancs, et s'assura l'animosité de la Russie pour les vingt années à venir.

La majeure partie du fardeau de cette crise et de ce conflit fut imposée aux paysans russes sous la forme de réquisitions agricoles, et de l'ensemble du système de « Communisme de Guerre ». Sous ce système, non seulement toutes les cultures agricoles étaient considérées comme étant la propriété du gouvernement, mais tout commerce ou échange privé étaient également interdits. Les banques ainsi que toutes les installations industrielles de plus de cinq employés et toutes les entreprises d'artisanat de plus de dix employés furent nationalisées (1920). Ce système de communisme extrême était loin d'être un succès, et l'opposition paysanne s'accrut de manière constante en dépit des punitions sévères infligées pour toute violation des règlementations. Alors que les mouvements contrerévolutionnaires étaient supprimés et que les interventionnistes étrangers se retiraient progressivement, l'opposition au système d'oppression politique et de « communisme de guerre » augmenta. Elle eut pour point culminant les révoltes paysannes, les émeutes urbaines et la mutinerie des marins à Kronstadt (mars 1921). En une semaine, un tournant décisif fut franchi, et l'ensemble du système de « communisme de guerre » et de réquisition des paysans fut abandonné en faveur d'une « nouvelle politique économique » d'activité commerciale libre pour, entre autres, les produits agricoles, avec le rétablissement de la recherche des profits et de la propriété privée dans les petites industries et les petites possessions terriennes. La réquisition fut remplacée par un système de taxations modérées, et les pressions exercées par la police secrète, par la censure et par le gouvernement furent assouplies de manière générale. Grâce à ces tactiques, la prospérité économique et la stabilité politique connurent une hausse importante. Cette amélioration se poursuivit pendant deux ans, jusqu'à ce qu'à la fin de 1923, l'instabilité politique et les problèmes économiques s'aggravent à nouveau. Parallèlement, l'approche de la mort de Lénine compliquait ces problèmes alors que ses successeurs se disputaient le pouvoir.

Comme l'organisation politique du régime bolchévique était fondée, durant ses premières années, sur un système d'apprentissage par l'erreur, ses principales caractéristiques ne furent établies que vers 1923. Ces caractéristiques avaient deux aspects très différents : l'un était politique, l'autre constitutionnel. Constitutionnellement, le pays fut organisé (en 1922) en l'Union des républiques socialistes soviétiques (URRS). Le nombre de ces républiques fut soumis à des changements importants, s'élevant de quatre en 1924 à onze dans la période 1936-1940 jusqu'à quinze dans les années 1960. Parmi celles-ci, la plus grande et la plus importante était la République socialiste fédérale soviétique de Russie (RSFSR), qui couvrait près des trois quarts de l'ensemble de l'Union, et rassemblait près de cinq huitièmes de sa population totale. La constitution de cette RSFSR, rédigée en 1918, devint le modèle de système gouvernemental suivi par les autres républiques lors de leur création et de leur fusion avec la RSFSR dans la formation de l'URSS. Au sein de cette organisation, les Soviets locaux des villes ou des villages s'organisèrent en fonction des métiers, et élurent des représentants pour les congrès soviétiques au niveau des districts, des comtés, des régions et des provinces. Comme nous le verrons dans un instant, ces nombreux niveaux de représentation indirecte contribuèrent à affaiblir l'influence populaire sur le haut de la chaine, et de permettre aux différents maillons de celle-ci d'être contrôlés par le parti communiste. Les Soviets des villes et les congrès provinciaux soviétiques envoyaient des représentants à un Congrès national des Soviets russes qui possédait, en théorie, les pleins pouvoirs constitutionnels. Comme ce Congrès des Soviets, d'un millier de membres, ne se rassemblait pas plus d'une fois par an, il déléguait son autorité à un Comité central exécutif national composé de trois-cents membres. Ce comité exécutif, qui ne se rassemblait que trois fois par an, confiait l'administration quotidienne à un Conseil des commissaires du peuple, ou Cabinet, composé de dix-sept membres. Lorsque l'Union des Républiques soviétiques socialistes fut formée en 1923 par l'ajout d'autres républiques à la RSFSR, ces nouvelles républiques obtinrent une organisation constitutionnelle similaire, et un système semblable fut créé pour l'ensemble de l'Union. Ce dernier possédait un Congrès de l'Union des Soviets, grand et complexe, qui se rassemblait peu fréquemment et dont les membres étaient choisis par les Soviets des villes et des provinces. Ce Congrès de l'Union élisait un comité national exécutif central tout aussi complexe, constitué de deux chambres. L'une de ces deux chambres, le Conseil de l'Union, représentait la population, alors que l'autre, le Conseil des nationalités, représentait les républiques constituantes et les régions autonomes de l'Union soviétique. Le Conseil des commissaires du peuple de la RSFSR fut soumis à de légères modifications, et transformé en un Conseil des Commissaires de l'Union pour l'ensemble de l'Union. Ce ministère comportait des commissaires pour cinq domaines différents (affaires étrangères, défense, commerce extérieur, communications et postes et télégraphes) dont les républiques constituantes étaient exclues, ainsi que de nombreux commissaires dont les activités étaient partagées avec ces républiques.

Ce système était doté de certaines caractéristiques notables. Premièrement, il n'y avait aucune séparation des pouvoirs, de telle sorte que les différents organes du gouvernement pouvaient s'engager dans des activités législatives, administratives, exécutives et, si nécessaire, judiciaires. Deuxièmement, il n'y avait pas de constitution ou de loi constitutionnelle dans le sens d'un corps de règles au-dessus ou en dehors du gouvernement, étant donné que les lois constitutionnelles étaient créées par le même processus et avaient le même poids que les autres lois. Troisièmement, il n'y avait aucun droit ou liberté garantis pour les individus, puisque selon la théorie acceptée, les droits et les obligations venaient de et dans l'État, et non de l'extérieur de celui-ci. Enfin, il n'y avait pas d'élément démocratique ou parlementaire, en raison du monopole du pouvoir politique pratiqué par le Parti communiste.

Le Parti communiste était organisé en un système similaire et parallèle à l'État, à la différence qu'il n'incluait qu'une petite partie de la population. En bas de ce système, dans chaque boutique ou quartier, se trouvaient des unions de membres du parti, appelées « cellules ». Au-dessus de celles-ci se trouvaient des organisations plus importantes consistant, à chaque niveau, en un congrès du parti et en un comité exécutif choisi par ce congrès. Ceux-ci se trouvaient dans les districts, les comtés, les provinces, les régions, et dans les républiques constituantes. Au sommet se trouvait le Congrès central du Parti ainsi que le comité exécutif central, choisi par ce dernier. Au fil des années, le Congrès central du Parti se rassembla de plus en plus rarement et approuvait simplement les activités et les résolutions du comité exécutif central. Ce comité et ses institutions parallèles d'État (le Conseil des commissaires du peuple) furent dominés, jusqu'en 1922, par la personnalité de Lénine. Son éloquence, son agilité intellectuelle et sa capacité à prendre des décisions impitoyables et à faire des improvisations pratiques lui accordèrent une position primordiale à la fois dans l'État et dans le Parti. En mai 1922, Lénine fut atteint d'une première attaque cérébrale, et mourut en janvier 1924 après une série d'autres anévrismes. Cette longue maladie donna naissance à une lutte au sein même du parti pour son contrôle et celui de l'appareil d'État. Cette lutte prit, au début, l'aspect d'une union des leaders moins importants s'opposant à Trotsky (qui était le deuxième leader le plus influent après Lénine). Mais cette lutte évolua finalement en une bataille entre Staline et Trotsky et, enfin, entre Staline et le reste. En 1927, Staline avait remporté une victoire décisive contre Trotsky et le reste de l'opposition.

La victoire de Staline fut en grande partie la résultante de sa capacité à contrôler les rouages administratifs du parti depuis les coulisses et de la réticence de ses adversaires, en particulier Trotsky, à s'engager dans une lutte contre lui de crainte que cela ne mène à une guerre civile, à une intervention étrangère et à l'anéantissement des réalisations révolutionnaires. Ainsi, alors que Trotsky avait le soutien de l'Armée rouge et de la plupart des membres du parti, ils étaient tous deux neutralisés par son refus de les utiliser contre le contrôle de Staline sur la machine du parti.

Le parti, comme nous l'avons dit, restait composé d'une minorité de la population, suivant la théorie selon laquelle la qualité était plus importante que la quantité. Il comptait en mars 1917 23.000 membres, et 650.000 en octobre 1921. C'est à cette dernière date que la purge commença, réduisant les rangs du parti de 24%. Par la suite, les listes furent rouvertes, et le nombre de membres atteignit 3,4 millions en 1940. Le pouvoir d'admettre ou de purger reposait dans les mains du comité exécutif central, et centralisait totalement le contrôle du parti. Le fait qu'il n'existait qu'un seul parti légal et que les élections aux positions au sein de l'État étaient réalisées par bulletins rassemblant les membres d'un unique parti, et même un seul nom pour chaque bureau, accordait au parti le contrôle total de l'État. Ce contrôle ne fut ni affaibli ni menacé par la nouvelle constitution, d'apparence et de forme démocratique, qui fit son apparition en 1936.

En 1919, le comité exécutif central de dix-neuf membres nomma deux sous-comités de cinq membres chacun, ainsi qu'un secrétariat composé de trois membres. Un de ces sous-comités, le Politburo, était chargé des questions de politique, tandis que l'autre, l'Orgburo, était chargé de ce qui relevait de l'organisation du parti. Un seul homme, Staline, était membre de ces deux sous-comités. En avril 1922, un nouveau secrétariat de trois membres fut nommé (composé de Staline, Vyacheslav Molotov et Valerian Kuibyshev), dont Staline était le secrétaire général. Il était capable, depuis cette position centrale, de constituer l'appareil administratif du parti qui lui serait fidèle, de purger ceux qui s'opposeraient le plus à ses plans, ou de transférer à des postes distants les membres du parti dont la loyauté serait questionnable. À la mort de Lénine en janvier 1924, Staline était le membre du parti le plus influent, mais il restait encore tapi dans l'ombre. Au début, il faisait partie d'un triumvirat composé de lui-même, Grigori Zinoviev et de Lev Kamenev, tous unis dans l'opposition contre Trotsky. Ce dernier fut destitué de sa position de commissaire de guerre en janvier 1925, puis du Politburo en octobre 1926. En 1927, conformément à la volonté de Staline, Trotsky et Zinoviev furent expulsés du parti. Zinoviev y fut plus tard réintégré, mais en 1929, Trotsky fut expulsé et exilé en Turquie. À ce moment, Staline tenait fermement les rênes du gouvernement.

Le stalinisme, 1924-1939

Alors que Staline renforçait petit à petit son contrôle interne de l'Union soviétique après la mort de Lénine en 1924, il devint de plus en plus possible de se tourner vers d'autres problèmes. La nouvelle politique économique, adoptée en 1921 par Lénine, fut un tel succès que l'Union soviétique connut une reprise phénoménale après avoir été malmenée par le « communisme de guerre » entre 1918 et 1921.

Malheureusement pour les théoriciens économiques de l'Union soviétique, la NEP n'était pas une « politique » au sens propre, et il ne s'agissait pas de communisme. En rétablissant un nouveau système monétaire basé sur l'or, dans lequel un nouveau rouble en or valait 50.000 anciens roubles de papier inflationnistes, la reprise fut rendue possible grâce à une solide base financière. Un régime de liberté était alors permis, à l'exception du commerce international et de l'industrie lourde à grande échelle, que le gouvernement continuait à règlementer. La production agricole augmenta, les activités commerciales devinrent prospères et l'industrie légère pour les biens de consommation commença à récupérer. Les différences de ressources refirent surface chez les paysans. Les plus riches (appelés « koulaks ») étaient suspects aux yeux du régime, tandis que leurs voisins moins fortunés les enviaient. En même temps, ceux qui avaient fait fortune dans le commerce (appelés « hommes de la NEP ») étaient par moment persécutés par le régime, car considérés comme ennemis du socialisme. Le système économique n'en était pas moins florissant. La superficie consacrée à la culture passa de 148 millions d'acres en 1921 à 222 millions en 1927. Après la famine de 1922, on estime que la collecte des céréales doubla entre 1923 et 1927. La production de charbon passa du simple au double en trois ans et la production de tissus de coton fut multipliée par quatre. Grâce à cette reprise spectaculaire, le système économique russe de 1927 était revenu au même niveau qu'en 1913. Cependant, le revenu par habitant était moins élevé, sachant que la population avait augmenté de dix-millions de personnes.

En dépit de la reprise économique de la NEP, de graves problèmes firent surface. Tout comme l'économie agricole libre donnait naissance à des koulaks, et le système commercial libre à des hommes de la NEP, ce système industriel mixte comportait des conséquences indésirables. Avec ce système, les industries concernées par la défense nationale étaient sous le contrôle direct de l'État. L'industrie lourde était contrôlée par des trusts monopolistiques qui appartenaient à l'État, mais opéraient sous des budgets distincts, et devaient se montrer rentables. La petite industrie, elle, était libre. L'un des inconvénients était que cette dernière était mise à mal dans ses efforts pour obtenir des travailleurs, des matériaux, ou du crédit. Ses produits étaient rares et vendus à des prix élevés. De plus, les prix agricoles qui étaient libres et compétitifs chutèrent en même temps que la production agricole se rétablissait. En revanche, les prix de l'industrie, étant soumis au monopole, ou disponibles en quantité limitée, restaient élevés. Tout ceci donna lieu à une « crise des ciseaux. » Résultat, les fermiers vendaient leurs produits à bas prix, tandis que ceux qu'ils achetaient étaient chers et rares. Ainsi, en 1923, les prix agricoles étaient équivalents à 58% de leur valeur de 1913, et les prix industriels, à 187%, si bien que les récoltes des paysans ne leur permettaient d'acheter qu'un tiers des produits manufacturés auxquels ils avaient accès en 1913. En refusant d'accorder à l'industrie son crédit, le gouvernement put forcer les usines à liquider leurs stocks de marchandises en baissant les prix. Par conséquent, en 1924, les prix de l'industrie tombèrent à 141% de ce qu'ils étaient en 1913 et les prix agricoles augmentèrent de 77% par rapport à leur niveau à la même année. La position des paysans avait progressé entre un tiers et la moitié de son niveau en 1913, mais ils ne retrouvèrent jamais le niveau de parité qu'ils avaient alors. Ceci donna lieu à un grand mécontentement de leur part et à de nombreuses émeutes paysannes à la fin de la NEP.

Lénine avait insisté sur le fait qu'à cause de la faiblesse du prolétariat russe, il était nécessaire de maintenir une alliance avec la paysannerie. Une telle alliance avait déjà existé pendant la période du capitalisme d'État (de novembre 1917 à juin 1918), mais elle avait été en grande partie détruite pendant le « Communisme de guerre » (de juin 1918 à avril 1921). Elle fut ensuite rétablie à l'époque de la NEP, mais la « crise des ciseaux » la détruisit une fois de plus, avant d'être rétablie à nouveau, en partie seulement. La victoire de Staline sur Trotski et son gout pour les méthodes de gouvernement terroristes menèrent à des décisions qui marquèrent la fin de ces cycles de mécontentement paysan. En raison du choix de construire le socialisme dans un seul pays, il fut jugé nécessaire d'accentuer la prédominance de l'industrie lourde afin d'établir dès que possible les bases d'une manufacture d'armements (principalement des projets concernant le fer, l'acier, le charbon et l'énergie électrique). Pour mener à bien de tels projets, il fallait réunir et nourrir un grand nombre de travailleurs. La paysannerie devrait fournir à la fois les travailleurs et la nourriture. Mais privilégier l'industrie lourde plutôt que l'industrie légère voulait aussi dire que les paysans recevraient peu de biens en retour de la nourriture qu'ils auraient à fournir. De plus, à cause de la main-d'œuvre empruntée dans les campagnes pour constituer la force ouvrière urbaine, les paysans restants devraient considérablement améliorer leurs méthodes de production agricole afin de fournir, en étant moins nombreux, de la nourriture pour eux, pour les nouveaux travailleurs urbains, pour l'appareil administratif du parti toujours plus nombreuse, et pour l'Armée rouge, aussi en expansion, et que l'on considérait comme essentielle pour défendre le « socialisme dans un seul pays ».

Obtenir des quantités de nourriture plus importantes avec moins de paysans sans leur offrir de biens manufacturés en échange était, selon Staline, impossible dans un régime paysan fondé sur la liberté du commerce, comme c'était le cas de la NEP entre 1921 et 1937. Cela ne fonctionnerait pas non plus dans un régime fondé sur des paysans individuels, comme lors du « communisme de guerre », entre 1918 et 1921. Sous ce premier régime, il fallait donner aux paysans des biens de consommation en échange de leurs récoltes tandis que le second pouvait échouer si les paysans refusaient de produire plus de nourriture que celle nécessaire à leurs propres besoins. La NEP ne parvenait pas à résoudre ce problème. Malgré l'arrêt de la crise des ciseaux de 1923 à 1927, les prix de l'industrie restèrent plus élevés que ceux de l'agriculture. Étant donné qu'ils n'avaient pas accès aux produits manufacturés qu'ils voulaient en retour, les paysans étaient réticents à approvisionner les villes en nourritures. De plus, la quantité de céréales vendues par les paysans constituait toujours 13% des récoltes de 1927, comparée à 26% en 1913. Un tel système pourrait permettre aux paysans de mener une vie aisée, mais il ne pourrait jamais apporter la base hautement industrialisée nécessaire pour soutenir « le socialisme dans un seul pays ».

La nouvelle direction prise par le développement de la Russie après 1927, que l'on appelle le « stalinisme », est une conséquence de plusieurs facteurs. En voici trois : (1) les ambitions sanguinaires et paranoïaques de Staline et de ses associés, (2) un retour de la Russie à ses anciennes traditions, mais à un nouveau niveau et avec une intensité inédite, et (3) une théorie des développements sociaux, politiques et économiques qui soit comprise dans l'expression « le socialisme dans un seul pays ». Cette théorie fut accueillie par un fanatisme tellement insensé de la part des dirigeants de la nouvelle Russie, et motiva tant les politiques étrangères et intérieures de l'Union soviétique, qu'il est nécessaire de l'analyser en profondeur.

La rivalité qui existait entre Staline et Trotski au milieu des années 1920 fut combattue à l'aide de slogans, mais aussi avec des armes plus violentes. Trotski appelait à une « révolution mondiale », tandis que Staline voulait le « communisme dans un seul pays ». Selon Trotski, la Russie était économiquement trop faible et trop arriérée pour pouvoir établir un système communiste seule. Tous s'accordaient à dire qu'un tel système était uniquement réalisable dans un pays complètement industrialisé. La Russie, qui était loin de l'être, pouvait seulement obtenir le capital nécessaire en l'empruntant à l'étranger ou en le collectant au sein de son propre peuple. Dans les deux cas, il serait, à long terme, pris aux paysans russes par la contrainte politique. Dans l'un des cas, le capital serait exporté pour rembourser les prêts faits à l'étranger et dans l'autre, il serait transmis par le biais de nourriture et de matières premières aux travailleurs industriels urbains. Les deux situations impliqueraient de nombreux dangers. Puisque leurs propres systèmes économiques étaient capitalistes, les pays étrangers ne resteraient pas les bras croisés et ne permettraient pas l'établissement d'un système socialiste rival en Russie. De plus, dans l'une ou l'autre des configurations, le mécontentement des paysans serait fort, car la nourriture et les matières premières nécessaires devraient être prises dans les campagnes russes en raison de la contrainte politique, et ce, sans retour économique. La théorie soviétique permit de conclure qu'en raison de l'hostilité des pays capitalistes étrangers, la nouvelle industrie russe devrait se concentrer sur les produits issus de l'industrie lourde pour soutenir la production d'armements plutôt que sur les produits d'industrie légère. Ces derniers pourraient permettre de fournir aux paysans des biens de consommation en échange de leur production.

Les bolchéviques considéraient comme un axiome le fait que les pays capitalistes ne laissent pas l'Union soviétique ériger un système socialiste efficace qui pourrait rendre le capitalisme obsolète. Cette idée fut renforcée par une théorie selon laquelle « l'impérialisme est le stade suprême du capitalisme », à laquelle Lénine contribua largement. Selon cette théorie, un pays capitaliste entièrement industrialisé rentre dans une période de dépression économique qui le conduit à adopter un programme d'agression guerrière. La théorie insistait sur le fait que la distribution du revenu dans une société capitaliste deviendrait tellement injuste que le peuple n'aurait pas assez d'argent pour acheter les biens produits par les usines industrielles. Tandis que ces biens invendus s'accumuleraient, entraînant une baisse des profits et aggravant la dépression, on basculerait vers la production d'armements. Ce changement serait un moyen de générer des profits et de produire des biens qui pourraient être vendus. De plus, la politique étrangère serait de plus en plus agressive afin d'obtenir des marchés pour des produits invendus dans des pays arriérés ou sous-développés. Pour les intellectuels soviétiques, un impérialisme si agressif ferait inévitablement de la Russie la cible d'une agression, dont le but serait d'empêcher qu'un système communiste prospère ne devienne un modèle attractif aux yeux du prolétariat mécontent des pays capitalistes. Selon Trotski, toutes ces vérités étaient la preuve que « le socialisme dans un seul pays » n'était qu'une idée impossible, d'autant plus si ce seul pays était aussi pauvre et arriéré que la Russie. Pour lui et ses amis, il paraissait évident que le système soviétique devait être sauvé grâce à une révolution mondiale, laquelle permettrait de rassembler d'autres pays en tant qu'alliés aux côtés de la Russie, notamment un pays industriel aussi avancé que l'Allemagne.

Tandis que le conflit interne entre Trotski et Staline continuait entre 1923 et 1927, il devint évident qu'une révolution mondiale était impossible, et que l'Allemagne ne se dirigeait pas non plus vers une révolution communiste, pas plus qu'elle envisageait une alliance avec l'Union soviétique. Il apparut également que des zones « coloniales oppressées » telles que la Chine ne s'allieraient pas à l'Union soviétique. Le « communisme dans un seul pays » fut seulement adopté comme politique de la Russie, car il n'y avait pas d'autre alternative.

Selon les intellectuels bolchéviques, pour que le communisme puisse être établi en Russie seulement, il faudrait industrialiser le pays à toute vitesse, quelles que soient les pertes et les difficultés, et se concentrer sur l'industrie lourde et les armements plutôt que d'augmenter le niveau de vie. C'est-à-dire qu'il fallait prendre aux paysans les biens qu'ils produisaient par la contrainte politique, sans retour économique. De même qu'il fallait avoir recours à une forme extrême de terreur autoritaire pour empêcher les paysans de réduire leur production à leurs seuls besoins de consommation, comme ils l'avaient déjà fait de 1918 à 1921 lors du « communisme de guerre ». Pour que l'industrialisation de la Russie puisse voir le jour, la paysannerie devrait donc être sous le joug de la terreur et il faudrait la réorganiser. Ainsi, elle passerait d'une base capitaliste d'exploitations privées à un système socialiste d'exploitations collectives. D'ailleurs, pour empêcher les pays capitalistes impérialistes de profiter de l'agitation que ce programme causerait en Russie, il était nécessaire de neutraliser toute forme d'espionnage étranger, de résistance à l'État bolchévique, de pensée indépendante ou de mécontentement populaire. Il fallait les écraser par la terreur afin que la Russie puisse devenir une structure monolithique de prolétariat discipliné qui obéirait à ses dirigeants avec une obéissance si aveugle qu'elle effraierait les potentiels agresseurs.

Les étapes de cette théorie se succédèrent comme celles d'une proposition géométrique : à cause de l'échec de la révolution dans l'Allemagne industriellement avancée, il fallut établir le communisme dans une Russie arriérée. L'industrialisation dut être rapide et focalisée sur l'industrie lourde. Ceci signifie que les paysans n'avaient pas accès aux biens de consommation en échange de la nourriture et des matières premières qu'ils fournissaient. Et la contrainte terroriste les obligeait à travailler dans des exploitations collectives où ils ne pouvaient ni réduire ni résister à leurs niveaux de production. Le mécontentement et l'indépendance devaient être détruits par une police d'État despotique pour que les pays capitalistes impérialistes étrangers ne puissent exploiter ni la colère ni l'agitation sociale qui régnaient en Russie. Pour les dirigeants du Kremlin, l'ultime preuve de la véracité de cette proposition apparut quand l'Allemagne, qui n'était pas communiste, mais était demeurée capitaliste, attaqua la Russie en 1941.

Un historien pourrait remettre en question les hypothèses ou les stades de cette théorie. Il verrait aussi qu'elle permit à la Russie bolchévique d'abandonner en grande partie les influences de l'idéologie occidentale du marxisme (comme l'humanisme, son égalité, ou ses opinions antimilitaristes et antiétatiques). Elle permit, en outre, de retrouver la tradition russe qui consiste à instaurer une police d'État despotique qui repose sur l'espionnage et la terreur et dans laquelle il existait un profond gouffre entre l'idéologie et le mode de vie des dirigeants et ceux du peuple. Il devrait aussi être évident qu'un nouveau régime, comme le bolchévisme l'était en Russie, n'utiliserait pas de méthodes traditionnelles de recrutement social ou de circulation des élites. Elles seraient fondées sur le complot et la violence et ses membres les plus résolus, impitoyables, sans scrupules et les plus violents se retrouveraient inévitablement au pouvoir. Un tel groupe, formé autour de Staline, commença à établir un « communisme dans un seul pays » entre 1927 et 1929, et continua jusqu'à être interrompu par l'approche de la guerre en 1941. Ce programme de forte industrialisation fut organisé par une série de plans quinquennaux. Le premier couvrit la période de 1928 à 1932.

Les principaux éléments du premier plan quinquennal étaient la collectivisation de l'agriculture et la création d'un système de base reposant sur l'industrie lourde. Afin de produire plus de nourriture et de travail industriel dans les villes,

Staline força les paysans à quitter leurs propres terres (ils travaillaient avec leur propre bétail et leurs propres outils) pour les regrouper dans de grandes fermes collectives. Ils travaillaient alors en coopération et partageaient les terres, les outils, et le bétail qui appartenaient à la communauté. Les paysans pouvaient aussi travailler dans d'immenses fermes d'État, gérées comme des entreprises d'État par des employés salariés. Dans ce cas, les terres, les outils et le bétail utilisés par les paysans étaient la propriété de l'État. Dans les fermes collectives, les récoltes appartenaient à plusieurs membres à la fois et étaient divisées après qu'une certaine partie ait été mise de côté pour les impôts, les achats et autres paiements qui permettaient à la nourriture d'être distribuée dans les villes. Dans les fermes d'État, les récoltes appartenaient complètement à l'État, une fois que les couts nécessaires avaient été payés. Avec le temps, l'expérience prouva que les couts des fermes d'État étaient tellement élevés et leurs opérations tellement inefficaces qu'elles étaient relativement inutiles, bien que toujours plus d'entre elles étaient créées chaque jour.

L'adoption du nouveau système se fit lentement entre 1927 et 1929, avant qu'il ne devienne totalement opérationnel en 1930. En l'espace de six semaines (entre février et mars 1930), le nombre de fermes collectives passa de 59.400 avec 4.400.000 familles à 110.200 fermes pour 14.300.000 familles. Tous les paysans qui résistaient étaient traités avec violence, leur propriété était confisquée, ils étaient battus ou exilés dans des régions isolées. Nombreux sont ceux qui furent tués. Ce processus, que l'on appelle « la liquidation des koulaks » (puisque ce sont les paysans les plus riches qui résistaient le plus vigoureusement), affecta cinq-millions de familles koulaks. Résultat, le nombre de têtes de bétail diminua de 30,7 millions en 1928 à 19,6 millions en 1933, tandis que, sur la même période, le nombre de chèvres et de moutons chuta de 146,7 millions à 50,2 millions. Celui des porcs de 26 à 12,1 millions et des chevaux de 33,5 à 16,6 millions. De plus, la saison des semailles de 1930 fut complètement perturbée, tout comme les activités agricoles au cours des années suivantes, si bien que la production de nourriture chuta radicalement. Puisque le gouvernement décida de prendre les denrées nécessaires pour nourrir la population urbaine, il restait peu de nourriture pour les zones rurales, et au moins trois-millions de paysans moururent de faim entre 1931 et 1933. Douze ans plus tard, en 1956, Staline dit à Winston Churchill que douze-millions de paysans étaient morts pendant la réorganisation de l'agriculture.

Pour compenser ces désagréments, de larges portions de terres qui n'avaient jusqu'alors pas été cultivées, furent mises en culture comme fermes d'État. La plupart de ces terres étaient semi-arides et se trouvaient en Sibérie. De nombreuses recherches furent faites sur de nouvelles variétés de cultures dans le but d'améliorer les rendements, et d'exploiter les terres plus sèches du sud ainsi que les cycles de culture plus courts du nord. En conséquence, la superficie de ter-

Le stalinisme, 1924-1939

ritoire sous culture augmenta de 21% entre 1927 et 1938. Cependant, comme la population soviétique passa de 150 millions à 170 millions de personnes au cours de ces onze années, la superficie cultivée par habitant n'augmenta que de 1,9 à 2 acres. Les terres semi-arides nécessitèrent une extension considérable de l'irrigation. De ce fait, entre 1928 et 1938, la superficie irriguée augmenta de 50% (elle passa de 10,6 millions d'acres à 15,2 millions d'acres). Certains de ces projets d'irrigation associaient irrigation et génération d'électricité grâce à l'énergie hydraulique, et permirent d'améliorer les services de transport de l'eau. On peut citer le célèbre projet de Dnipropetrovsk, en bas du fleuve Dniepr, qui avait une capacité d'un demi-million de kilowatts (1935).

La baisse du nombre d'animaux de ferme, qui ne remonta pas avant 1941, ainsi que les efforts pour développer l'industrie lourde, donnèrent lieu à une augmentation du nombre de tracteurs et autres équipements mécanisés agricoles. On vit la quantité de tracteurs passer de 26,7 milliers en 1928 à 483,5 milliers en 1938, tandis que sur la même décennie, le pourcentage de la superficie labourée par les tracteurs passa de 1 à 72%. Les paysans avaient de plus en plus recours aux moissonneuses pour faire leurs récoltes, et on comptabilisait 182.000 machines en 1940, contre quasiment zéro en 1928. Cette machinerie si complexe n'appartenait pas aux fermes collectives, mais à des stations de machines et de tracteurs disséminées dans le pays que les paysans louaient quand ils en avaient besoin. L'introduction de cette agriculture mécanisée rencontra un succès mitigé, puisque de nombreuses machines furent détruites par le manque d'expérience. De plus, le cout de l'entretien et du carburant était très élevé. Néanmoins, la mécanisation ne cessa pas, en partie pour imiter les États-Unis, mais également en raison de l'enthousiasme plutôt enfantin que suscitait la technologie moderne. Ces deux facteurs d'impulsion étaient parfois combinés pour produire un effet de « gigantisme », c'est-à-dire un enthousiasme pour la grandeur plutôt que pour l'efficacité ou un mode de vie satisfaisant. Dans l'agriculture, cela se traduisit par un grand nombre d'immenses fermes d'État de plusieurs centaines de milliers d'acres, notoirement inefficaces. De plus, le passage à une telle agriculture mécanisée à grande échelle, par opposition à l'ancienne agriculture tsariste organisée par lopins de terre cultivés selon un système de rotation de trois ans, contribua grandement à empirer certains problèmes. Parmi eux, on compte la sècheresse, les pertes dues aux insectes nuisibles et le déclin de la fertilité du sol. En effet, l'agriculture mécanisée nécessitait l'usage d'engrais artificiels. En dépit de tous ces problèmes, l'agriculture soviétique, sans jamais devenir prospère ou même suffisante, fournit une base en développement constant pour la croissance de l'industrie soviétique, jusqu'à ce que toutes deux soient perturbées par l'invasion des hordes hitlériennes à l'été 1941.

La partie industrielle du premier plan quinquennal fut appliquée au même rythme impitoyable que la collectivisation de l'agriculture et montra des résultats spectaculaires semblables : une performance physique impressionnante, une perte à grande échelle, un manque d'intégration, un mépris cruel du confort personnel et des niveaux de vie, des purges constantes des éléments d'opposition, des boucs émissaires et de ceux qui n'étaient pas efficaces. Tout cela accompagné de coups de propagande qui amplifiaient le succès réel du plan dans des proportions incroyables, qui attaquaient les groupes d'opposition (certains existaient, mais la plupart étaient fictifs) au sein de l'Union soviétique, ou qui mélangeaient le mépris et la peur en agressant verbalement les pays étrangers « capitalistes impérialistes » et leurs « saboteurs » secrets qui se trouvaient en Russie.

Le premier plan quinquennal de 1928 à 1932 fut suivi par un second plan de 1933 à 1937, puis d'un troisième de 1938 à 1942. Ce dernier fut complètement perturbé par l'invasion allemande en juin 1941. Il fit, dès le début, l'objet de changements réguliers qui modifièrent son but pour donner de plus en plus d'importance aux armements étant donné les tensions internationales grandissantes. Il est difficile, en raison de l'insuffisance des statistiques soviétiques disponibles, de déterminer l'efficacité de ces plans. La production de biens industriels augmenta indubitablement, et cette hausse concernait davantage les biens d'équipement que les biens de consommation. Il est également évident qu'une grande partie de ce progrès était disparate et inégale et que, lorsque le revenu national soviétique augmentait, le niveau de vie des Russes chutait par rapport à ce qu'il était en 1928. Les estimations suivantes, faites par Alexandr Baykov, donnent une idée de l'ampleur du succès du système économique soviétique entre 1928 et 1940 :

	1928	1940
Charbon (millions de tonnes)	35	166
Pétrole (millions de tonnes)	11,5	31,1
Fonte brute (millions de tonnes)	3,3	15
Acier (millions de tonnes)	4,3	18,3
Ciment (millions de tonnes)	1,8	5,8
Électricité (milliards de kW.)	5,0	48,3
Tissus de coton (millions de mètres)	2742	3700
Tissus de laine (millions de mètres)	93,2	120
Chaussures en cuir (millions de paires)	29,6	220
Fret ferroviaire (milliards de tonnes-kilomètres)	93,4	415
Population totale (millions)	150	173
Population urbaine (pourcentage estimé)	18 %	33 %
Personnes employées (millions)	11,2	31,2
Rémunération totale (millions de roubles)	8,2	162
Cultures céréalières (millions d'hectolitres)	92,2	111,2

Le stalinisme, 1924-1939

Il y a fort à parier que cette incroyable avancée dans l'industrialisation permit au système soviétique de résister à l'agression allemande en 1941. Au même moment, la portée de cette réussite suscita beaucoup de changements et de tensions dans la vie soviétique. Des millions de personnes quittèrent la campagne pour aller en ville (certaines de ces villes venaient tout juste de se construire) pour finalement trouver que les logements et la nourriture manquaient et être confrontées à de violentes tensions psychologiques. D'un autre côté, ce même exil ouvrit la voie à de grandes opportunités grâce à l'éducation gratuite, pour les paysans et pour leurs enfants, ainsi que des opportunités de s'élever dans les structures sociales, économiques et celle du parti. En conséquence de ces opportunités, les distinctions de classes réapparurent dans l'Union soviétique. Les dirigeants privilégiés de la police secrète et de l'Armée rouge, mais aussi ceux du parti ainsi que quelques écrivains, musiciens, danseurs classiques et acteurs de l'élite perçurent des revenus si supérieurs à ceux du Russe ordinaire qu'ils ne vivaient pas dans le même monde. Ce dernier manquait de nourriture et de logement. Il était de plus en plus rationné et devait faire la queue pour obtenir quelques produits en petite quantité, ou même parfois vivre sans pendant de longues périodes. Il en était réduit à vivre avec sa famille dans une simple pièce, voire, dans de nombreux cas, dans un coin d'une pièce qu'il partageait avec d'autres familles. Les responsables privilégiés et leurs favoris avaient ce qu'il y a de meilleur. Notamment en ce qui concerne la nourriture et le vin. Ils avaient accès à des maisons de vacances à la campagne ou en Crimée, ainsi qu'à des voitures officielles pour se déplacer en ville. Il leur était permis de vivre dans d'anciens palais et demeures tsaristes, les meilleures places leur étaient réservées lors de représentations musicales ou dramatiques. Cependant, ces privilèges accordés au groupe dirigeant avaient un cout terrible: celui de l'insécurité la plus totale. Même les responsables du parti les plus importants étaient constamment surveillés par la police secrète et étaient inévitablement éliminés, exilés ou exécutés tôt ou tard.

L'accroissement des inégalités était de plus en plus rapide sous les plans quinquennaux. Elles faisaient même partie intégrante des lois. Toute restriction concernant les salaires maximums fut supprimée. Les écarts de revenus étaient de plus en plus importants, notamment à cause des privilèges non monétaires accordés aux rangs supérieurs favorisés. Des magasins spéciaux où l'élite pouvait se procurer des produits rares à bas prix furent créés. Deux ou même trois restaurants avec des menus complètement différents virent le jour dans des usines industrielles pour les différents niveaux d'employés. La discrimination dans l'accès au logement était de plus en plus injuste. Tous les salaires étaient calqués sur une base de travail aux pièces, même dans les cas les plus absurdes. Les quotas de travail et la durée de travail minimum augmentaient constamment. Cette différence de salaire était justifiée par un système de propagande frauduleux appelé stakhanovisme.

En septembre 1935, un mineur nommé Stakhanov a extrait 102 tonnes de charbon en un jour, soit quatorze fois le rendement habituel. Des exploits similaires furent ordonnés dans d'autres activités pour servir la propagande, puis utilisés pour justifier l'accélération du rythme de travail, l'augmentation des quotas de production et les différences de salaire. Dans le même temps, le niveau de vie du travailleur ordinaire ne cessait de diminuer, pas seulement à cause de l'augmentation des quotas, mais aussi à cause d'une politique systématique d'inflation segmentée. La nourriture était achetée dans les fermes collectives pour une somme dérisoire puis revendue à un prix élevé à la population. Le fossé entre les deux se creusait de plus en plus au fil des années. Parallèlement, la quantité de produits pris aux paysans par une technique ou une autre augmentait progressivement. Lorsque les fermes collectives durent passer des tracteurs aux moissonneuses, les machines furent prises au sein même des fermes pour être centralisées dans les stations de machines et de tracteurs contrôlées par le gouvernement. Elles étaient louées à des taux qui approchaient le cinquième du rendement total de la ferme collective. L'une des sources principales du revenu du gouvernement était un impôt sur le chiffre d'affaires (impôt sur les ventes) appliqué aux biens de consommation. Il était différent selon le produit, mais il était en moyenne de 60%, voire plus. Il ne s'appliquait pas aux biens de producteurs, qui étaient au contraire subventionnés à la moitié des dépenses du gouvernement. La segmentation des prix était telle qu'entre 1927 et 1948, les prix des consommateurs furent multipliés par trente, les salaires par onze, tandis que les prix des biens de producteurs et de l'armement triplèrent à peine. Cela servit à réduire la consommation et à falsifier l'image du revenu national, les niveaux de vie et la répartition entre les biens de consommation, les biens d'équipement et les armements.

Tandis que le mécontentement exprimé par la population et les tensions sociales grandissaient durant la période des plans quinquennaux et de la collectivisation de l'agriculture, l'espionnage, les purges, la torture et les meurtres devenaient de plus en plus fréquents pour atteindre des proportions jamais connues auparavant. Chaque vague de mécontentement, chaque dénonciation de l'inefficacité, chaque reconnaissance d'une erreur passée des autorités provoqua de nouvelles vagues d'opérations de la police. Lorsque les provisions de viande dans les villes étaient quasi nulles, après la collectivisation de l'agriculture au début des années 1930, plus d'une dizaine de hauts responsables de l'approvisionnement en viande de Moscou furent arrêtés et fusillés, bien qu'ils n'étaient en aucun cas responsables de la pénurie. Au milieu des années 1930, les recherches des « saboteurs » et des « ennemis de l'État » devinrent une obsession universelle qui n'épargna que peu de familles. Des centaines de milliers de personnes furent tuées, très souvent sur de fausses accusations et des millions d'autres furent arrêtées et exilées en Sibérie ou envoyées dans d'immenses camps de travail forcé. Des millions se tuèrent à la tâche dans les mines, dans des exploitations forestières en Arctique ou en construisant de nouveaux chemins de fer, de nouveaux canaux ou de nouvelles villes dans des conditions de cruauté incroyable, tout cela presque sans manger. Selon les estimations, entre deux et vingt millions de personnes passèrent par ces camps de travail forcé dans les années qui précèdent l'attaque d'Hitler en 1941. La majorité de ces prisonniers n'avait commis aucun crime contre l'État soviétique ni contre le système communiste. Ils étaient des proches, des associés et des amis de ceux qui avaient été arrêtés pour des motifs plus graves. Souvent, ces accusations étaient complètement fausses, fabriquées de toutes pièces dans le seul but de fournir de la main-d'œuvre dans des régions éloignées. Elles fournissaient des boucs émissaires aux découpages administratifs et servaient à éliminer les rivaux potentiels dans la course au contrôle du système soviétique, ou simplement à cause des soupçons paranoïaques grandissants du public qui enveloppaient les couches supérieures du régime. Dans de nombreux cas, des évènements fortuits donnaient lieu à de sévères représailles pour des raisons personnelles, loin d'être justifiées par l'incident en lui-même. La plupart du temps, ces « liquidations » avaient lieu en pleine nuit, dans les cellules de la police secrète, sans annonces publiques, sauf pour les plus laconiques. Mais pour certains, des procès publics spectaculaires étaient mis en scène. L'accusé, généralement un dirigeant soviétique célèbre, était réprimandé et injurié, et il confessait abondamment ses propres pratiques atroces. Après avoir confessé, il était escorté dehors puis fusillé.

Ces purges et procès maintenaient l'Union soviétique en ébullition et le reste du monde dans un état de stupeur continu pendant toute la durée des plans quinquennaux. En 1929, un grand groupe de dirigeants du parti qui s'opposait à l'exploitation barbare de la paysannerie (l'« Opposition de droite »), dirigé par le meilleur théoricien de l'idéologie marxiste, Nikolaï Boukharine, fut purgé.

En 1933, environ un tiers des membres du parti (au moins un million de noms) fut exclu. En 1935, à la suite du meurtre de Serge Kirov, partisan de Staline, par la police secrète, un grand nombre de « vieux bolchéviques », parmi lesquels Zinoviev et Kamenev, fut accusé de trahison. L'année suivante, au tout début de la guerre civile espagnole, ce même groupe passa une fois de plus devant les tribunaux comme « trotskistes » et fut exécuté. Quelques mois plus tard, un autre groupe important de « vieux bolchéviques » qui comptait Karl Radek et Grigori Piatakov, fut jugé pour trahison et exécuté. Plus tard, toujours en 1937, la police secrète allemande envoya à Staline, par l'intermédiaire de Benes, président de la Tchécoslovaquie, des preuves que les dirigeants de l'armée soviétique avaient été en contact avec le haut commandement allemand. Ces échanges, qui avaient commencé avant 1920, étaient un secret de polichinelle pour ceux qui étudiaient minutieusement les affaires européennes. Ils avaient été approuvés par les deux gouvernements en tant que front commun contre les puissances démocratiques occidentales. Cette information servit cependant d'excuse pour purger l'Armée rouge de la majorité de ses vieux dirigeants, et huit de ses plus hauts officiers, conduits par Mikhaïl Toukhatchevski. Moins d'un an plus tard, en mars 1938, c'est au tour des quelques derniers vieux bolchéviques d'être jugés, inculpés et exécutés. Parmi eux, on trouve Boukharine, Alexeï Rykov (successeur de Lénine au poste de président de l'Union soviétique) et G. Iagoda (qui avait été directeur de la police secrète).

Pour chaque dirigeant publiquement éliminé lors de ces « Procès de Moscou », des milliers de personnes étaient tuées en secret. En 1939, tous les plus vieux dirigeants du bolchévisme avaient été évincés de la vie publique et la plupart d'entre eux avaient connu des morts violentes, ne laissant que Staline et ses plus jeunes collaborateurs, tels que Molotov et Vorochilov. Toute opposition d'action, de parole, ou de pensée à l'encontre de ce groupe était qualifiée de sabotage contrerévolutionnaire et d'espionnage agressif capitaliste.

À l'époque du stalinisme, toute la Russie était dominée par trois grands appareils administratifs : celles du gouvernement, du parti et de la police secrète. La police secrète était alors plus puissante que le parti et le parti était plus puissant que le gouvernement. Chaque service, chaque usine, chaque université, chaque ferme collective, chaque laboratoire de recherche ou musée comprenait ces trois structures. Lorsque la direction d'une usine cherchait à produire des biens, il y avait toujours une interférence de la part du comité du parti (cellule) ou de la part du département spécial (l'unité de la police secrète) interne à l'usine. Il existait deux réseaux d'espions pour le compte de la police secrète, chacun inconnu de l'autre. L'un travaillait pour le département spécial de l'usine pendant que l'autre rapportait les faits à un haut niveau de la police secrète extérieure. La plupart de ces espions n'étaient pas rémunérés et opéraient sous des menaces de chantage ou de liquidation. Ces « liquidations » pouvaient aller de réductions du revenu (perçu par la police secrète), à l'exil, l'emprisonnement, l'expulsion du parti (pour ceux qui étaient membres), voire l'assassinat, en passant par le passage à tabac ou la torture. La police secrète bénéficiait d'énormes fonds puisqu'elle collectait les retenues salariales de nombreuses personnes et avait des millions de travailleurs forcés dans ses camps qui étaient loués, comme des animaux de trait, par le biais d'un contrat et qui travaillaient sur les projets de construction. Quand la police secrète avait besoin de plus d'argent, elle pouvait soumettre un grand nombre de personnes à son système de retenue sur salaire sans procès ni aucune forme d'avertissement, ou les envoyer dans les camps de travail forcé pour qu'elles soient louées. Il semblerait que la police secrète, qui agissait à sa guise, était la vraie souveraine de la Russie. C'était le cas, sauf pour le plus haut niveau du gouvernement. Staline pouvait toujours liquider le directeur de la police secrète en le faisant arrêter par son second, en échange de quoi il promettait de promouvoir ce dernier à la plus haute position. C'est ainsi que

Le stalinisme, 1924-1939

les directeurs de la police secrète étaient éliminés tour à tour. V. Menjinski fut remplacé par Iagoda en 1934, lui-même remplacé par Nikolaï Iejov en 1936, à qui Lavrenti Beria prit la place en 1938. Ces changements rapides avaient pour but de masquer les falsifications de preuves que ces hommes avaient rassemblées pour les grandes purges de l'époque. Chacun fut réduit au silence par la mort à la fin de la mission d'élimination des rivaux de Staline à laquelle il avait contribué. Pour que l'organisation reste dépendante du parti, aucun des chefs de la police secrète n'était membre du Politburo avant Beria. Beria était une pure création de Staline jusqu'à ce que tous deux meurent ensemble en 1953.

Ce serait une grave erreur de croire que le système gouvernemental soviétique, avec cette combinaison de censure, de propagande de masse et d'impitoyable terreur qui lui était propre, était une invention de Staline et de ses amis. Il serait tout aussi faux de penser que ce système est une création du bolchévisme. En vérité, il fait partie du mode de vie russe et remonte au byzantinisme, avant le tsarisme, et même au césarisme. En Russie, Ivan le Terrible, Pierre le Grand, Paul Ier ou Alexandre III en étaient déjà les prédécesseurs.

Les principaux changements furent que le système devint plus omniprésent, plus constant, plus violent et plus irrationnel avec les progrès de la technologie, des armes, des communications et du transport. Pour illustrer son irrationalité, on peut faire remarquer que les politiques étaient soumises à des revirements soudains qui étaient exécutés avec une sévérité impitoyable. De plus, lorsqu'une politique était changée, ceux qui avaient contribué le plus activement à l'ancienne politique officielle étaient liquidés en tant que saboteurs ou ennemis de l'État pour leurs activités précédentes, et ce dès l'effectivité du revirement de la politique. À la fin des années 1920, les responsables vivant en Ukraine devaient parler ukrainien. Quelques années plus tard, il s'agissait d'un motif de persécution pour tentative de perturbation de l'Union soviétique. À chaque changement de dirigeant, chacun demandait une loyauté sans compromis, qui était devenue un prétexte de liquidation par un successeur à chaque changement de dirigeant. Les revirements politiques concernant la paysannerie firent de nombreuses victimes, tout comme les violents revirements dans la politique étrangère. Les relations germano-soviétiques se détériorèrent. Amicales entre 1922 et 1927, elles devinrent violemment hostiles entre 1933 et 1939. De 1939 à 1941, elles étaient fondées sur l'amitié et la coopération, puis sur une violente animosité, une fois de plus en 1941. Il était difficile pour le peuple russe, largement censuré, de suivre ces revirements de politique. Il était également quasi impossible pour les sympathisants du régime soviétique ou les membres des partis communistes des pays étrangers de rester à la page. Ces revirements étaient particulièrement dangereux pour les dirigeants du système soviétique, qui pouvaient se faire arrêter pour avoir suivi une politique différente (mais alors officielle) l'année précédente.

Pourtant, malgré toutes ces difficultés, la puissance militaire et industrielle de l'Union soviétique continua de se développer dans la décennie qui précéda l'année 1941. En dépit des mauvaises conditions de vie, les tensions internes destructrices, les purges dévastatrices, les perturbations économiques, les énormes pertes et l'inefficacité, la base industrielle de la puissance soviétique continua de se développer. Les Allemands nazis, et le monde extérieur en général, étaient plus conscients des tensions, des purges, des perturbations et de l'inefficacité qu'ils ne l'étaient de la puissance grandissante. En conséquence, tous furent ébahis lorsque l'Union soviétique résista aux assauts de l'Allemagne qui commencèrent le 22 juin 1941.

IX

L'ALLEMAGNE DE KAISER À HITLER

Introduction	444
La République de Weimar, 1918-1933	454
Le régime nazi	470
L'arrivée au pouvoir, 1933-1934	470
Les gouvernants et les gouvernés, 1934-1945	480

Introduction

Le destin de l'Allemagne est l'un des plus tragiques de toute l'histoire de l'humanité, car un peuple si talentueux et pouvant se vanter de tels accomplissements a rarement entraîné de tels désastres sur lui-même et les autres. Il est nécessaire d'étudier l'histoire de l'Allemagne au-delà du XXe siècle pour comprendre comment elle en est arrivée à une telle situation. En effet, les origines de la catastrophe de 1945 remontent à un passé lointain. Elles reposent sur l'ensemble de l'histoire de l'Allemagne, du temps des tribus germaniques à aujourd'hui. Le fait que l'Allemagne ait une origine tribale et non civilisée et qu'elle se trouvait exclue des frontières de l'Empire romain et de la langue latine représentent deux des facteurs qui finirent par mener l'Allemagne à 1945. La tribu germanique offrait la sécurité et un sens à la vie de chacun de telle sorte que leur personnalité en était presque assimilée au groupe, comme le font habituellement les tribus. Elle apportait une certaine sécurité, car elle leur fournissait un statut social reconnu ainsi que des relations relativement stables avec leurs semblables ; elle leur donnait un sens, car elle était accaparante, totalitaire si l'on veut, dans le sens où elle satisfaisait presque tous leurs besoins dans un seul système.

La dissolution de la tribu germanique pendant la période des migrations, il y a mille-cinq-cents ans, et l'exposition de ses membres à une structure sociale plus haute, mais tout aussi complète et satisfaisante, le système impérial romain, qui s'effondrera presque immédiatement après, causèrent un double traumatisme dont les Allemands souffrent encore, même aujourd'hui. La dissolution de la tribu, que l'on pourrait comparer avec la situation actuelle de nombreuses tribus africaines, plongea les Allemands dans un chaos auquel ils n'avaient encore jamais été confrontés et dans lequel il n'y avait ni sécurité ni sens. Alors que toute autre relation avait été détruite, les Allemands se retrouvèrent exposés seulement à la relation humaine pour laquelle ils consacrèrent toute leur énergie, la loyauté envers leurs compagnons directs. Mais cela ne suffisait pas à porter l'énergie de toute une vie ou satisfaire tous les besoins, pas une seule relation humaine ne le peut, et essayer d'y parvenir ne ferait qu'entraîner des conséquences déplorables. Mais le tribal allemand du VIe siècle s'attela à la tâche et essaya de bâtir sécurité et sens sur la base de la loyauté personnelle. Toute violence, tout acte criminel, toute bestialité était légitime au nom de l'allégeance de la loyauté personnelle. On peut retrouver ce système dans la première œuvre littéraire allemande, *Niebelungenlied* (*La Chanson des Nibelung,* en français), un asile dans lequel règne cette atmosphère, et dont l'histoire se déroule dans des conditions pas si différentes de celles de l'Allemagne de 1945.

De la folie de la monomanie créée par la dissolution des tribus allemandes surgit la reconnaissance soudaine d'un meilleur système qui pouvait être, selon eux, tout aussi sûr et sensé, car tout aussi complet. Ce système fut symbolisé par le mot *Rome*. Il nous est presque impossible, à nous, Occidentaux d'aujourd'hui, imprégnés comme nous sommes par la perspective historique et l'individualisme, de voir ce à quoi ressemblait la culture classique et la raison pour laquelle elle plaisait aux Allemands. Les deux peuvent être résumés par le mot « total ». La *polis* grecque était totale, tout comme l'*imperium* romain. Nous, à l'ouest, avons échappé à la fascination du totalitarisme, car nos traditions contiennent d'autres principes, le refus par les Hébreux de confondre Dieu et le monde ou la religion et l'État, ainsi que la réalisation que Dieu est transcendantal et, par conséquent, que toute chose doit être, dans une certaine mesure, incomplète et donc imparfaite. Nous avons aussi, dans notre tradition, le Christ, qui se distinguait de l'État et demanda à ses disciples de « Rendre à César ce qui est César. » Nous retrouvons également dans notre tradition l'église des catacombes où les valeurs humaines n'étaient clairement pas unies ou totales et étaient opposées à l'État. Les Allemands, comme les Russes par la suite, échappèrent à toute l'influence de ces principes de la tradition occidentale. Les Allemands et les Russes ne connurent Rome que dans sa phase post-Constantin durant laquelle les empereurs chrétiens cherchaient à préserver le système totalitaire de Dioclétien, mais dans un totalitarisme chrétien plutôt que païen. Cela fut le système que les Allemands, ne faisant plus partie d'aucune tribu, aperçurent juste avant qu'il ne soit lui aussi dissout. Ils le voyaient comme une entité plus grande, plus large, plus puissante que la tribu, mais comportant les mêmes éléments qu'ils voulaient préserver de leur passé tribal. Ils aspiraient à faire partie de ce totalitarisme impérial et y aspirent toujours. Théodoric, roi des Ostrogots (empereur romain, 489-526) se voyait comme un Constantin germanique. Les Allemands persistaient dans leur refus d'accepter cette seconde perte, contrairement aux Latins et aux Celtes. Et, pendant le millénaire qui suivit, les Allemands mirent tout en œuvre pour reconstruire l'impérium chrétien sous Charles Quint (Saint Empereur romain, 1519-1555) comme sous Théodoric. Les Allemands continuaient à rêver de cet aperçu qu'ils avaient eu du système impérial avant qu'il ne s'effondre, uni, universel, total, saint, éternel, impérial, romain. Ils refusaient d'accepter le fait qu'il n'existait plus, haïssant le petit groupe qui s'opposait à sa résurrection et méprisant le grand nombre de personnes qui s'en moquaient, tout en se voyant comme seuls défenseurs des valeurs et de la droiture prêts à tout sacrifier pour restaurer ce rêve sur terre. Seul Charlemagne (mort en 814) fut proche de réaliser ce rêve, Barbarossa, Charles Quint, Guillaume II ou même Hitler n'étant que de pâles imitations. Après

Charlemagne, l'État et l'autorité publique disparurent à l'époque du Moyen-Âge, tandis que la société et l'Église survécurent. Quand l'État commença à renaître à la fin du Xe siècle, il se considéra évidemment comme une entité séparée de l'Église ou de la société. L'impérium totalitaire avait été détruit de façon permanente à l'ouest en deux, puis en de nombreuses allégeances. Lors de la séparation, au Moyen-Âge, de l'entité unique qui était simultanément sainte Romaine, catholique, universelle et impériale, les adjectifs furent substitués pour laisser place à une Église catholique universelle et un saint Empire romain. Le premier existe toujours à l'heure actuelle, mais Napoléon mit fin au second en 1806, mille ans après Charlemagne.

Pendant ce millénaire, l'ouest du pays développa un système pluraliste dans lequel l'individu était le bien ultime (et la réalité philosophique ultime), faisant face à la nécessité de choisir parmi de nombreuses allégeances contradictoires. L'Allemagne fut entraînée dans le même processus, cependant contre son gré, et continua à aspirer à une seule allégeance qui serait totalement absorbante. On retrouva ce même désir dans beaucoup de caractéristiques germaniques, parmi lesquelles une liaison poursuivie avec la Grèce et Rome. Même à ce jour, un spécialiste du classique effectue la majorité de ses lectures en allemand bien qu'il ne le reconnaisse que rarement, car l'intérêt de la culture classique pour les Allemands reposait sur sa nature totalitaire, reconnue par ces derniers, mais généralement ignorée par les Occidentaux.

Toutes les expériences subséquentes du peuple allemand, de l'échec d'Otton le Grand au Xe siècle à celui d'Hitler au XXe siècle, servirent à perpétuer et peut-être à intensifier la soif allemande pour le confort d'un mode de vie totalitaire. Là est la clé du caractère national allemand : malgré tout ce qu'ils purent dire sur le comportement héroïque, tout ce qu'ils voulaient c'était se sentir confortable, être à l'abri du besoin de prendre des décisions qui nécessitaient l'indépendance et l'autonomie d'un individu constamment exposé aux effrayantes querelles de nombreuses alternatives. Franz Grillparzer, le dramaturge autrichien, parla comme un vrai Allemand quand il déclara, il y a un siècle de ça, « La chose la plus difficile à faire au monde est de prendre une décision. » Décision, qui requiert l'évaluation d'alternatives, qui mène l'homme vers l'individualisme, l'autonomie et le rationalisme, soit des qualités toutes haïssables du germanisme.

Malgré leurs désirs de confort d'unicité totalitaire, les Allemands, en tant qu'habitants de l'ouest, bien qu'ils fassent partie d'une minorité, furent forcés de vivre autrement. Avec le recul, pour Wagner, l'Allemagne s'était rapprochée le plus de ses désirs dans la vie de la fin de l'Augsbourg médiévale dominée par la guilde ; c'est la raison pour laquelle son seul opéra joyeux était situé à cette époque. Mais si Wagner a raison, la situation ne fut atteinte que brièvement.

Le changement du commerce international partant de la mer Méditerranée et de la mer Baltique jusqu'à l'océan Atlantique anéantit la base commerciale transgermanique de la vie de guilde municipale allemande, un fait que Thomas Mann déplorerait encore de nos jours. Presque immédiatement, l'unité spirituelle allemande fut détruite par la Réforme protestante. Quand il devint évident qu'aucun degré de violence ne pouvait rétablir l'ancienne unité religieuse, les Allemands, avec l'accord d'Augsbourg (1555), trouvèrent une solution typique à l'Allemagne : les individus seraient exemptés du besoin pénible de prendre une décision quant à la croyance religieuse en laissant le choix au prince de chaque principauté. Cette solution et la réception presque contemporaine du droit romain représentaient des preuves significatives du processus par lequel le municipalisme allemand de la fin de la période médiévale fut remplacé par l'Allemagne des principautés (Land) des temps modernes.

Suite à la perte de l'unité religieuse, les Allemagnes se divisèrent en deux : une région protestante au nord-est, de plus en plus dominée par les Hohenzollern de Brandebourg-Prusse, et une autre, catholique, au sud-est, de plus en plus dominée par les Habsbourg d'Autriche. Les deux régions commencèrent de façon significative leur ascension dynastique en tant que « marks », c'est-à-dire des avant-postes militaires frontaliers de germanisme chrétien contre le peuple slave païen de l'est. Même quand l'Est slave fut converti au christianisme et, en prenant exemple sur Byzance, obtint une société plus proche du désir germanique que l'ouest, les Allemands ne pouvaient ni copier ni rejoindre les Slaves, car ces derniers, n'appartenant pas à la tribu, étaient considérés comme inférieurs et à peine humains. Même les Polonais, qui faisaient plus partie de l'ouest que les Allemands, étaient considérés par les Allemands comme faisant partie de l'obscurité étrangère du peuple slave et donc comme une menace pour l'empire tribal germanique toujours inexistant.

La malchance de l'Allemagne s'acheva par les désastres du XVIIe siècle quand Richelieu, au nom de la France, utilisa les problèmes internes de l'Allemagne dans la guerre de Trente Ans (1618-1648) pour monter les groupes les uns contre les autres, en s'assurant que les Habsbourg n'unifieraient jamais l'Allemagne et en condamnant les Allemagnes à deux-cents autres années de désunion. Hitler, Bismarck et même le *Kaiser* Guillaume II pourraient bien être considérés comme la revanche de l'Allemagne sur la France pour Richelieu, Louis XIV et Napoléon. Dans une position exposée en Europe centrale, l'Allemagne se trouva piégée entre la France, la Russie et les territoires des Habsbourg et fut incapable de s'occuper de ses problèmes fondamentaux à sa manière et selon ses mérites. Par conséquent, l'Allemagne n'obtint son unité nationale que tardivement « par le sang et le fer », et n'obtint jamais la démocratie. Il convient d'ajouter qu'elle ne réussit pas non plus à obtenir l'attitude du « laissez-faire » ou du libéralisme pour les mêmes raisons. Dans la majorité des pays, ce fut les classes moyennes qui obtinrent la démocratie, soutenues par les paysans et les prolétaires dans une attaque contre la monarchie, elle, soutenue par la l'appareil administratif et l'aristocratie foncière. En Allemagne, cette alliance ne fonctionna jamais, car ces divers groupes refusaient d'entrer en conflit entre eux face à leurs menaçants voisins. Au lieu de cela, à cause des frontières exposées de l'Allemagne, ces différents groupes n'eurent pas d'autres choix que de subordonner leurs rivalités communes et de s'unir au prix d'un sacrifice de la démocratie, du « laissez-faire », du libéralisme et des valeurs immatérielles. L'unification pour l'Allemagne fut réalisée au XIXe siècle, non pas en acceptant les valeurs typiques de cette même période, mais en les rejetant. En commençant par réagir face à l'assaut de Napoléon en 1806, puis en rejetant le rationalisme, le cosmopolitisme et l'humanitarisme des Lumières, l'Allemagne parvint à s'unifier seulement grâce aux moyens suivants :

1. En renforçant la monarchie et son appareil administratif.
2. En renforçant l'armée professionnelle permanente.
3. En préservant la classe des propriétaires (les junkers) comme une source de personnel à la fois pour la l'appareil administratif et l'armée.
4. En renforçant la classe industrielle à travers des subventions publiques directes et indirectes, mais en ne lui octroyant pas le droit de vote dans la politique d'État.
5. En soulageant les paysans et les travailleurs à travers des bourses économiques et sociales paternalistes plutôt que par l'extension des droits politiques qui leur permettraient de s'entraider.

Les Allemands essuyèrent une longue série d'échecs dans leur tentative d'obtenir la société qu'ils désiraient, mais cela ne fit qu'intensifier leur désir de l'atteindre. Ils voulaient une société confortable qui leur fournirait à la fois la sécurité et un sens, une structure totalitaire qui serait aussi bien universelle qu'ultime et qui absorberait l'individu dans sa structure de telle sorte qu'il n'aurait jamais à prendre d'importantes décisions pour lui-même. Encadré par une structure faite de relations personnelles satisfaisantes et reconnues, un tel individu serait en sécurité, car il serait entouré de semblables tout aussi satisfaits de leurs propres positions, chacun se sentant important du fait de son appartenance à un ensemble plus vaste.

Bien que cette structure sociale ne vît jamais le jour en Allemagne et ne le verra jamais, au vu de la nature dynamique de la civilisation occidentale dans laquelle les Allemands faisaient partie, chacun essaya, au fil des siècles, de mettre en place une telle atmosphère pour son bienêtre personnel dans son environnement immédiat (au moins dans sa famille ou son *Biergarten*[1]) ou, à défaut, se servit de la littérature, la musique, le théâtre et l'art allemand comme moyens

---

1. Jardin ou terrasse d'un restaurant en plein air.

pour protester contre ce manque. Ce désir témoigne évidemment de leur soif de statut (qui établit leur relation avec l'ensemble) et de l'absolu (qui donne un sens immuable à l'ensemble).

Le désir des Allemands d'obtenir ce statut est totalement différent de celui des Américains. L'Américain est motivé par le désir d'avancer, c'est-à-dire de changer son statut ; il veut que le statut et ses symboles soient considérés comme des preuves ou encore des mesures de la vitesse avec lesquelles il le modifie. L'Allemand veut un statut en tant que liaison de relations évidentes autour de lui, de sorte que personne ne doute jamais de sa position, fixe, au sein du système. Il veut un statut, car il n'aime pas les changements, car il déteste avoir à prendre des décisions. L'Américain s'épanouit à travers le changement, la nouveauté et les décisions. Mais curieusement, les deux réagissent de manière opposée malgré des raisons assez similaires reposant sur la maturation et l'intégration inadéquates de la personnalité de l'individu. L'Américain vise le changement comme l'Allemand vise les relations externes stables dans le but de combler le manque d'intégration, d'autonomie et de ressources de l'individu lui-même.

L'Allemand veut un statut reflété dans des symboles externes évidents de sorte que le lien entre ses relations personnelles soit clair pour toutes les personnes qu'il rencontre et pour qu'il soit traité en conséquence et presque automatiquement (sans avoir à prendre de décisions difficiles). Il veut des titres, des uniformes, des plaques nominatives, des drapeaux, des badges, tout ce qui le rendra identifiable par tous. Dans toute organisation allemande, que ce soit une entreprise, une école, une armée, une église, un club social ou une famille, il y a des rangs, des gradations et des titres. Aucun Allemand ne pourrait être satisfait avec seulement son nom sur une carte de visite ou avec une plaque nominative sur sa porte. Sur sa carte de visite doivent aussi être inscrits son adresse, ses titres et son niveau de scolarisation. Le grand anthropologue Robert H. Lowie dit cela des hommes titulaires de deux doctorats dont les plaques nominatives indiquent « Professeur Dr untel », pour que le monde entier puisse voir leur double statut académique. L'insistance sur les gradations mineures de rangs et de classes, avec des titres, reflète le particularisme allemand, tout comme l'insistance verbale sur l'absolu reflète son universalisme, ce qui doit donner un sens au système dans son ensemble.

Dans ce système, l'Allemand juge nécessaire de proclamer de vive voix sa position, ce qui peut sembler vantard pour les étrangers, tout comme son attitude envers ses supérieurs et subalternes dans ses relations personnelles semble être servile ou agressive pour un Anglais. Ces trois éléments sont acceptables pour ses semblables Allemands, qui sont tout aussi impatients de voir ces indications de statut qu'il ne l'est à les montrer. Bien que critiquées par des penseurs allemands tels que Kant comme s'ils cherchaient la préséance, et satirisées dans la littérature allemande au cours des deux derniers siècles, toutes ces réactions ont formé le réseau principal des relations personnelles qui façonnent la vie allemande. La suscription correcte sur une enveloppe, nous dit-on, serait « Herm Hofrat Professor Dr Siegfried Harnischfeger ». Ces propos pompeux sont utilisés dans les discours comme dans les écrits et sont appliqués à la femme de l'individu ainsi qu'à lui-même.

De telles insistances sur la position, la préséance, les titres, les gradations et les relations stables, surtout entre les supérieurs et les subalternes, sont des caractéristiques propres à l'Allemagne. Cela explique pourquoi l'Allemand est plus à l'aise dans des situations hiérarchiques comme dans une organisation militaire, ecclésiastique ou éducationnelle, plutôt qu'en entreprise ou en politique où le statut est plus difficile à établir et à rendre évident.

Avec ce genre de nature et des tels systèmes neurologiques, les Allemands sont mal à l'aise face à l'égalité, la démocratie, l'individualisme, la liberté et d'autres éléments qui constituent la vie moderne. Leurs systèmes neurologiques résultaient du confort de l'enfance allemande qui, contrairement à l'impression générale, n'était pas une condition de misère et de cruauté personnelle (comme cela est souvent le cas en Grande-Bretagne), mais, au contraire, une situation chaleureuse, affectueuse et extrêmement disciplinée fondée sur des relations solides. Après tout, le père Noël et la fête de Noël centrée sur les enfants sont allemands. Ceci est l'atmosphère que l'Allemand adulte, qui est confronté à ce qui semble être un monde étranger, cherche constamment à recréer. Pour l'Allemand, cela est *Gemutlichkeit*[1], mais pour les étrangers cela peut être étouffant. Dans tous les cas, cela donne naissance à deux nouveaux traits de caractère allemands que l'on retrouve chez les adultes : le besoin d'une discipline externe et la qualité d'égocentrisme.

L'Anglais est discipliné de l'intérieur de sorte qu'il emporte son autodiscipline, qui est incorporée dans son système neurologique, avec lui où qu'il aille, même dans des situations dans lesquelles toutes les formes externes de discipline sont absentes. En conséquence, l'Anglais est l'Européen le plus socialisé comme le Français est le plus civilisé, l'Italien le plus grégaire ou l'Espagnol le plus individualiste. Mais l'Allemand, à chercher la discipline externe, montre son désir inconscient de retrouver le monde discipliné extérieurement de son enfance. Avec une telle discipline, il peut être le citoyen qui se conduit le mieux, mais, sans elle, il peut devenir sauvage.

Un second transfert remarquable de la vie d'enfance à la vie d'adulte allemande était l'égocentrisme. Pour tout enfant, le monde entier semble tourner autour de lui et la plupart des sociétés fournirent des moyens afin de détromper les adolescents de cette erreur. L'Allemand quitte l'enfance si brusquement qu'il est rarement conscient de ce fait universel et passe le reste de sa vie à créer un

---

1. Mot allemand qui décrit un environnement chaleureux dans lequel il fait bon vivre.

réseau de relations stables centrées sur lui-même. Puisqu'il s'agit là de son but dans la vie, il ne voit pas la nécessité de faire des efforts pour voir quoi que ce soit d'un autre point de vue que le sien. À agir ainsi, l'incapacité à le faire par la suite n'en est que plus préjudiciable. Chaque classe ou groupe est totalement insensible face à tout point de vue autre que le point de vue égocentrique du spectateur lui-même. Son union, son entreprise, son compositeur, son poète, son parti, son voisinage sont les meilleurs, et sont presque les seuls exemples acceptables de la classe. Tous les autres doivent être dénigrés. Dans le cadre de ce processus, un Allemand choisit généralement pour lui-même sa fleur, sa composition musicale, sa bière, son club, sa peinture ou son opéra favori et ne voit que peu de valeur ou de mérite dans les autres. Mais en même temps, il insiste sur le fait que sa vision myope ou très réduite de l'univers doit être universalisée, car personne n'est plus insistant sur le rôle de l'absolu ou de l'universel comme cadre de son propre égocentrisme. Les animosités sociales omniprésentes dans une Allemagne qui a fortement proclamé sa solidarité rigide furent une conséquence déplorable de cela.

Avec une structure de personnalité individuelle telle que celle-ci, l'Allemand était terriblement mal à l'aise dans le monde totalement différent et, pour lui, totalement hostile, de l'individualisme, du libéralisme, de l'atomisme concurrentiel, de l'égalité démocratique et de la mobilité autonome du XIXe siècle. Et l'Allemand était doublement mal à l'aise et aigri, dès 1860, de voir le pouvoir, la richesse et l'unité nationale que ces traits du XIXe siècle avaient apportés à la Grande-Bretagne et la France. L'arrivée tardive en Allemagne de ces accomplissements, en particulier l'unité nationale et l'industrialisme, laissa l'Allemand moyen dans un sentiment d'infériorité par rapport à la Grande-Bretagne. Peu d'Allemands étaient prêts à rivaliser en tant qu'individus contre des hommes d'affaires anglais. Par conséquent, on s'attendait à ce que le gouvernement allemand, fraîchement unifié, aide les industriels par l'intermédiaire de tarifs, crédits, contrôles sur les prix et la production, couts de main-d'œuvre moins élevés et autres. En conséquence, l'Allemagne n'eut jamais d'économie clairement compétitive et libérale comme les Puissances occidentales.

L'incapacité à atteindre la démocratie s'est reflétée dans le droit public. Le Parlement allemand avait davantage le rôle d'organe consultatif que législatif ; le système judiciaire n'était pas sous le contrôle populaire ; et l'exécutif (le chancelier et le Conseil des ministres) était responsable devant l'empereur plutôt que devant le Parlement. De plus, la constitution, à cause d'un système de suffrage particulier, était lestée pour donner une importance excessive à la Prusse (qui était le bastion de l'armée, des propriétaires, de l'appareil administratif et des industriels). En Prusse, les élections étaient lestées pour accorder trop d'influence à ces mêmes groupes. Par-dessus tout, l'armée n'était pas sujette à un contrôle démocratique ou même gouvernemental, mais était dominée par le Corps des officiers prussiens dont les membres étaient recrutés par élection régimentaire. Par conséquent, le Corps des officiers finit par ressembler à une fraternité plutôt qu'à une organisation administrative ou professionnelle.

Dès 1890, quand il cessa d'exercer ses fonctions, Bismarck avait développé en Allemagne un équilibre instable de forces similaire à l'équilibre instable de pouvoirs qu'il avait établi dans toute l'Europe. Sa vision cynique et matérialiste des motivations humaines avait mené toutes les forces idéalistes et humanitaires de la scène politique allemande et avait réformé les partis politiques dans leur quasi-intégralité pour devenir des groupes de pression économique qu'il montait les uns contre les autres. Ces forces étaient dirigées par les propriétaires (Parti conservateur), les industriels (Parti national-libéral), les catholiques (Parti centriste) et les prolétaires (Parti social-démocrate). De plus, l'armée et la démocratie étaient supposées être politiquement neutres, mais elles n'hésitèrent pas à exercer des pressions sur le gouvernement sans l'intermédiaire d'aucun parti politique. Ainsi, il existait un équilibre précaire et dangereux des forces que seul un génie pouvait manipuler. Aucun génie ne succéda à Bismarck. Le *Kaiser*, Guillaume II (1888-1918), était un névrotique incapable et le système de recrutement au service gouvernemental était tel qu'il excluait tout sauf les médiocrités. Par conséquent, la structure précaire laissée par Bismarck ne fut pas gérée, mais fut seulement cachée du public par une façade de propagande nationaliste, anti-étrangère, antisémite, impérialiste et chauvine dont l'empereur était le centre.

La dichotomie en Allemagne entre apparence et réalité, entre propagande et structure, entre prospérité économique et faiblesse politique et sociale fut mise à l'épreuve pendant la Première Guerre mondiale et échoua complètement. Les évènements de 1914-1919 révélèrent que l'Allemagne n'était pas une démocratie dans laquelle tous les hommes étaient égaux devant la loi. Au lieu de cela, les groupes dirigeants formèrent un étrange animal qu'ils faisaient passer à gué au-dessus d'une foule d'animaux inférieurs. Le corps de cette créature étrange était représenté par la monarchie, qui lui, reposait sur quatre piliers : l'armée, les propriétaires, l'appareil administratif et les industriels.

Aucun groupe important d'Allemagne ne se réjouit de cet aperçu de la réalité, si bien qu'il fût recouvert, presque aussitôt, par une autre façade illusoire : la « révolution » de 1918 n'en était pas réellement une, car elle ne changea pas radicalement cette situation ; elle supprima la monarchie, mais laissa le Quatuor de piliers.

Ce Quatuor ne se créa pas en un instant, mais fut plutôt le résultat d'un long processus de développement dont les dernières étapes ne furent atteintes qu'au cours du XXe siècle. Dans ces dernières étapes, les industriels furent adoptés dans la coterie dirigeante par des actes d'accords conscients. Ces actes aboutirent dans les années 1898-1905 à un accord par lequel les junkers acceptèrent le programme de développement d'une marine des industriels (qu'ils détestaient) en l'échange de l'acceptation, de la part des industriels, des tarifs élevés sur les céréales des junkers. Ces derniers étaient contre la marine, car ils étaient opposés, du fait de leur petit nombre et leur alliance étroite avec l'armée, à toute aventure vers les domaines du colonialisme ou de l'impérialisme d'outre-mer et étaient déterminés à ne pas mettre la position continentale de l'Allemagne en danger en aliénant la Grande-Bretagne. En réalité, la politique des junkers n'était pas seulement continentale ; sur le continent, elle était aussi *Klein Deutsch*. Cette expression signifiait qu'ils n'étaient pas impatients d'inclure les Allemands d'Autriche au sein de l'Allemagne, car un tel accroissement de la population allemande diluerait le pouvoir du petit groupe de junkers à l'intérieur de l'Allemagne. Au lieu de cela, les junkers auraient préféré annexer les régions non allemandes à l'est dans le but d'obtenir plus de terre et un approvisionnement de main-d'œuvre agricole slave bon marché. Ils voulaient que les tarifs agricoles augmentent les prix de leurs céréales, surtout du seigle et, plus tard, des betteraves sucrières. Les industriels contestaient les tarifs sur la nourriture, car des prix élevés de nourriture entraînaient la nécessité d'augmenter les salaires, ce à quoi ils s'opposaient. D'autre part, les industriels voulaient des prix industriels élevés ainsi qu'un marché pour les produits d'industrie lourde. Ils obtinrent le premier après 1888 avec la création de cartels ; ils obtinrent le second après 1898 avec le programme de développement naval et l'expansion de l'armement. Les junkers acceptèrent ces conditions uniquement en échange d'un tarif sur la nourriture qui devint finalement, par le biais de « certificats d'importation », une subvention pour cultiver du seigle. Cette alliance, dont Bülow était le créateur, fut approuvée en mai 1900 et conclue en décembre 1902. Le tarif de 1902, qui donna à l'Allemagne l'une des agricultures les plus protégées au monde, était le prix payé par l'industrie pour la facture de la Marine de 1900 et, de façon assez symbolique, put être transmis par le Reichstag seulement après que les règles de procédure furent violées pour étouffer l'opposition.

Le Quatuor n'était pas conservateur, mais était composé, au moins potentiellement, de réactionnaires révolutionnaires. Ceci est au moins vrai pour les propriétaires et les industriels, un peu moins vrai pour l'appareil administratif et encore moins pour l'armée. Les propriétaires étaient révolutionnaires, car ils étaient poussés au désespoir par la crise agricole persistante. En effet, à cause de celle-ci, il devint difficile pour une région où les prix sont élevés comme l'Allemagne de l'Est d'être en concurrence avec une région bon marché comme l'Ukraine ou des régions à haute productivité comme le Canada, l'Argentine ou les États-Unis. Même dans l'Allemagne isolée, ils eurent des difficultés à maintenir les salaires de la main-d'œuvre agricole allemande bas ou à obtenir un crédit agricole. Le premier problème naquit du besoin d'être en concurrence avec les salaires industriels de l'Allemagne de l'Ouest. Le problème du crédit survint à cause du manque endémique de capital en Allemagne, du besoin d'être en concurrence avec l'industrie pour l'offre de capital disponible et de l'impossibilité d'augmenter le capital par le biais d'hypothèques où les domaines étaient impliqués. Suite à ces influences, les propriétaires, surchargés de dettes, et en grand danger face à toute chute de prix, et les importateurs de travailleurs slaves désorganisés, rêvaient de conquérir les terres et la main-d'œuvre d'Europe de l'est. Les industriels étaient dans une détresse similaire, pris entre les hauts salaires de la main-d'œuvre allemande syndiquée et le marché limité des produits industriels. Pour augmenter l'approvisionnement à la fois en main-d'œuvre et en marchés, ils espéraient avoir une politique étrangère active qui unirait un bloc pangermanique, sinon une *Mitteleuropa*. L'appareil administratif, pour des raisons idéologiques, surtout nationalistes, partageait ces rêves de conquête. Seule l'armée resta sous l'influence des junkers qui voyaient avec quelle facilité ils pouvaient, en tant que pouvoir social et politique limité, être submergés dans une *Mitteleuropa* ou même une Pangermanie. En conséquence, le Corps des officiers prussiens n'avait que peu d'intérêt dans ces rêves germaniques et ne regardait avec amour la conquête des régions slaves que si cela pouvait être accompli sans expansion excessive de l'armée.

La République de Weimar, 1918-1933

L'essence de l'histoire allemande de 1918 à 1933 peut être trouvée dans l'affirmation suivante : « Il n'y eut pas de révolution en 1918 ». Pour qu'il y eût révolution, il aurait nécessairement fallu liquider le Quatuor ou, au moins, l'assujettir à un contrôle démocratique. Le Quatuor représentait le vrai pouvoir dans la société allemande, car il représentait les forces de l'ordre public (l'armée et l'appareil administratif) et de la production économique (les propriétaires et les industriels). Même sans une liquidation de son Quatuor, il aurait été possible que la démocratie fonctionne dans les interstices de celui-ci si ses membres s'étaient disputés. Ils ne se disputèrent pas, car ils avaient un esprit de corps né de plusieurs années de service dans un système commun (la monarchie) et parce que dans bon nombre de cas, les mêmes individus se trouvaient dans au moins deux des quatre autres groupes. Franz von Papen, par exemple, était un noble westphalien, un colonel dans l'armée, un ambassadeur et un homme ayant un nombre considérable de parts industrielles, héritées de sa femme, dans la Sarre.

Bien qu'il n'y ait pas eu de révolution, c'est-à-dire de réel changement dans le contrôle du pouvoir en Allemagne en 1919, il y eut un changement légal. Dans la législation, un système démocratique fut établi. Par la suite, dès la fin des années 1920, une divergence évidente était apparue entre la loi et les faits, le régime étant, d'après la loi, contrôlé par le peuple alors qu'il était, en réalité, contrôlé par le Quatuor. Les raisons de cette situation sont importantes.

Le Quatuor, avec la monarchie, fit la guerre de 1914-1918 et fut incapable de la remporter. Par la suite, il fut complètement discrédité et déserté par les soldats et les ouvriers. Ainsi, les masses renoncèrent complètement à l'ancien système en novembre 1918. Cependant, le Quatuor ne fut pas liquidé pour plusieurs raisons :

1. Il fut capable de rejeter le blâme du désastre sur la monarchie et l'abandonna pour se sauver.
2. La plupart des Allemands acceptèrent cela comme une révolution adéquate.
3. Les Allemands hésitaient à faire une révolution par peur qu'elle mène à une invasion de l'Allemagne par les Français, les Polonais ou d'autres peuples.
4. Bon nombre d'Allemands étaient satisfaits de la création d'un gouvernement qui était de forme démocratique et firent peu d'efforts pour examiner la réalité sous-jacente.
5. Le seul parti politique capable de mener une vraie révolution était le Parti social-démocrate qui s'était opposé au système du Quatuor et à la guerre elle-même, du moins en théorie. Mais ce parti fut incapable de faire quoi que ce soit durant la crise de 1918, car il était irrémédiablement divisé entre des coteries doctrinaires, horrifié par le danger du bolchévisme soviétique et satisfait du fait que l'ordre, le syndicalisme et un régime « démocratique » étaient plus importants que le socialisme, la protection humanitaire ou la consistance entre la théorie et l'action.

Avant 1914, il y avait deux partis en dehors du système du Quatuor : les sociaux-démocrates et le Parti centriste (catholique). Le premier avait une attitude doctrinaire, étant anticapitaliste, engagé dans la confrérie internationale du travail, pacifiste, démocrate et marxiste dans un sens évolutionnaire, mais pas révolutionnaire. Le Parti centriste, comme les catholiques qui l'avaient inventé, venait de tous les niveaux de la société et de toutes les nuances d'idéologie, mais, en pratique, était fréquemment opposé au Quatuor sur des problèmes spécifiques.

Ces deux partis d'opposition subirent des changements considérables pendant la guerre. Les sociaux-démocrates étaient en théorie toujours opposés à la guerre, mais ils la soutenaient dans un esprit patriotique en votant pour les crédits en tant que moyen de financement de la guerre. Son parti de gauche éphémère refusait de soutenir la guerre même de cette manière, et ce dès 1914. Ce groupe extrémiste, sous Karl Liebknecht et Rosa Luxembourg, fut connu sous le nom de Ligue spartakiste et après 1919 sous celui de communiste. Ces extrémistes voulaient une révolution socialiste immédiate et complète avec une forme de gouvernement soviétique. Un autre groupe, plus modéré que les spartakistes, se faisait appeler les socialistes indépendants. Ceux-ci votèrent pour les crédits de guerre jusqu'en 1917, puis cessèrent et se séparèrent du Parti social-démocrate. Le reste des sociaux-démocrates soutenait en réalité la guerre et l'ancien système monarchique jusqu'en novembre 1918, mais embrassait en théorie un type extrême de socialisme évolutionnaire.

Le Parti centriste était agressif et nationaliste jusqu'en 1917 où il devint pacifiste. Sous Matthias Erzberger, il s'allia aux sociaux-démocrates pour mettre en œuvre la Résolution de paix du Reichstag de juillet 1917. La position de ces différents groupes sur le problème du nationalisme agressif fut nettement révélée dans le vote pour ratifier le Traité de Brest-Litovsk imposé par les militaristes, les junkers et les industriels d'une Russie prostrée. Le Parti centriste vota pour la ratification ; les sociaux-démocrates s'abstinrent ; les indépendants votèrent « non ».

La « révolution » de novembre 1918 aurait été une véritable révolution sans l'opposition des sociaux-démocrates et du Parti centriste, car le Quatuor, dans les jours cruciaux de novembre et décembre 1918, était découragé, déshonoré et sans défense. En dehors du Quatuor lui-même, il y avait, à cette époque et même plus tard, uniquement deux groupes qui auraient potentiellement pu être utilisés par celui-ci en tant que points de ralliement autour desquels un soutien massif pour le Quatuor aurait pu être développé. Ces deux petits groupes étaient les « nationalistes sans discernement » et les « mercenaires ». Les nationalistes sans discernement étaient ces hommes, comme Hitler, qui étaient incapables de faire la différence entre la nation allemande et l'ancien système monarchique. Ces personnes, à cause de leur loyauté envers la nation, étaient impatientes de se rallier au soutien du Quatuor qu'ils voyaient comme identique à la nation. Les mercenaires étaient un groupe plus large qui n'avait pas de loyauté particulière envers qui que ce soit ou envers une quelconque idée, mais qui était désireux de servir tout groupe qui pouvait payer pour un tel service. Les seuls groupes capables de payer étaient deux éléments du Quatuor, le Corps d'officiers et les industriels, qui coordonnèrent de nombreux mercenaires dans des bandes armées ou « Corps libres » entre 1918 et 1923.

Au lieu de travailler pour une révolution entre 1918 et 1919, les deux partis qui dominaient la situation (les sociaux-démocrates et les centristes) firent tout ce qu'ils pouvaient pour empêcher une révolution. Ils laissèrent non seulement le Quatuor à ses postes de responsabilité et de puissance, les propriétaires sur leurs domaines, les officiers au commandement, les industriels au contrôle de leurs usines et l'appareil administratif au contrôle de la police, des tribunaux et de l'administration, mais ils augmentèrent également l'influence de ces groupes, car les actions du Quatuor n'étaient pas réfrénées sous la république en ce sens de l'honneur ou de la loyauté envers le système qui avait restreint l'usage de son pouvoir sous la monarchie.

Dès le 10 novembre 1918, Friedrich Ebert, représentant principal du Parti social-démocrate, signa un accord avec le Corps des officiers dans lequel il promit de ne pas utiliser la puissance du nouveau gouvernement pour démocratiser l'armée si les officiers soutenaient le nouveau gouvernement contre la menace des indépendants et des spartakistes d'établir un système soviétique. Suite à cet accord, Ebert conserva une ligne téléphonique privée entre son bureau, dans la Chancellerie, et le bureau du Général Wilhelm Groener, au quartier général de l'armée. Il prit également conseil auprès de l'armée du bon nombre de problèmes politiques critiques. Une autre conséquence à cela fut l'utilisation, par Ebert et son ministre de la guerre Gustav Noske, également un social-démocrate, de l'armée sous ses anciens officiers monarchistes pour détruire les ouvriers et les radicaux qui cherchaient à mettre la situation existante à l'épreuve. Ceci fut fait à Berlin en décembre 1918, en janvier 1919 et une fois de plus en mars 1919 ainsi que dans d'autres villes, à d'autres moments. Dans ces assauts, l'armée eut le plaisir de tuer plusieurs milliers de radicaux détestés.

Un accord antirévolutionnaire relativement similaire fut signé entre l'industrie lourde et les syndicats socialistes le 11 novembre 1918. En ce jour, Hugo Stinnes, Albert Vogler et Alfred Hugenberg, qui représentaient l'industrie, et Carl Legien, Otto Hue et Hermann Müller, qui représentaient les syndicats, signèrent un accord pour se soutenir dans le but de garder les usines en fonctionnement. Bien que cet accord fût justifié sur une base opportuniste, il montrait clairement que les soi-disant socialistes n'étaient pas intéressés par des réformes économiques ou sociales, mais seulement intéressés par les objectifs étroits des syndicats concernant les salaires, les heures et les conditions de travail. Cet éventail étroit d'intérêts fut ce qui finit par détruire la foi des Allemands moyens dans les socialistes ou leurs syndicats.

L'histoire de la période de 1918 à 1933 ne peut être comprise sans connaissance des partis politiques principaux. Il y avait près de quarante partis, mais seulement sept ou huit d'entre eux étaient importants. Ceux-ci étaient, de l'extrême gauche à l'extrême droite, comme suit :

1. La Ligue spartakiste (ou les communistes – KPD)
2. Les socialistes indépendants (USPD)
3. Les sociaux-démocrates (SPD)
4. Le parti démocrate

5. Le Centre (y compris le Parti populaire bavarois)

6. Le Parti populaire

7. Les nationalistes

8. Les "Racistes" (y compris les nazis)

Parmi ces partis, seuls les démocrates avaient une croyance sincère et consistante en la République démocratique. D'autre part, les communistes, indépendants et bon nombre des sociaux-démocrates à gauche, ainsi que les « racistes », nationalistes et bon nombre de membres du Parti populaire à droite étaient contre la République, ou étaient aux mieux ambivalents. Le Parti centriste catholique, étant formé sur une base religieuse plutôt que sociale, avait des membres de tous les secteurs du spectre politique et social.

L'histoire politique de l'Allemagne, de l'armistice de 1918 à l'arrivée d'Hitler au mandat de chancelier en janvier 1933, peut être ainsi divisée en trois périodes :

- La Période de Troubles (1918-1924)
- La Période d'Accomplissement (1924-1930)
- La Période de Désintégration (1930-1933)

Durant cette période de quatorze ans, il y eut huit élections, dans lesquelles aucun parti n'obtint une majorité des sièges au Reichstag. En conséquence, tout cabinet allemand de la période était une coalition. Le tableau suivant donne les résultats de ces huit élections :

Parti	Jan 1919	June 1920	May 1924	Dec. 1924	May 1928	July 1930	Sept. 1932	Nov. 1932	March 1933
Communiste	0	4	62	45	54	77	89	100	81
Socialiste indépendant	22	84							
Socialiste démocrate	163	102	100	131	153	143	133	121	120
Démocrate	75	39	28	32	25	20	4	2	5
Central	91	64	65	69	62	68	75	70	74
Peuple bavarois		21	16	19	16	19	22	20	18
Parti économique	4	4	10	17	25	23	2	0	0
Parti populaire allemand	19	65	45	51	45	30	7	11	2
Nationalistes	44	71	95	103	73	41	37	52	52
Nazis	0	0	32	14	12	107	230	196	288

Sur la base de ces élections, l'Allemagne eut vingt changements majeurs de cabinets de 1919 à 1933. Généralement, ces cabinets étaient construits autour des partis centriste et démocratique avec l'addition des représentants des sociaux-démocrates ou du Parti populaire. Il ne fut possible qu'à seulement deux occasions (Gustav Stresemann en 1923 et Hermann Müller entre 1928 et 1930) d'obtenir un cabinet suffisamment large pour inclure les quatre partis. De plus, le deuxième de ces cabinets de premier ordre fut le seul cabinet après 1923 à inclure les socialistes et le seul cabinet après 1925 qui n'incluait pas les nationalistes. Cela indique clairement la dérive vers la droite du gouvernement allemand après la démission de Joseph Wirth en novembre 1922. Cette dérive, comme nous allons le voir, ne fut retardée que par deux influences : le besoin de prêts étrangers et de concessions politiques venant des Puissances occidentales et la reconnaissance du fait que ces deux éléments pouvaient être obtenus d'une meilleure façon par un gouvernement qui semblait avoir une tendance républicaine et démocratique plutôt que par un gouvernement qui allait de pair avec le Quatuor.

À la fin de la guerre, en 1918, les socialistes avaient le contrôle, non pas parce que les Allemands étaient socialistes (puisque le parti n'était pas vraiment socialiste), mais parce qu'il s'agissait du seul parti qui avait été traditionnellement opposé au système impérial. Un comité de six hommes fut établi : trois des sociaux-démocrates (Ebert, Philip Scheidemann et Otto Landsberg) et trois des socialistes indépendants (Hugo Haase, Wilhelm Dittman et Emil Barth). Ce groupe régnait comme une sorte d'empereur combiné de chancelier, et avait des secrétaires d'État réguliers en tant que subordonnés. Ces hommes ne firent rien pour consolider la république ou la démocratie et étaient opposés à toute tentative de prendre des mesures visant à se diriger vers le socialisme. Ils refusèrent même de nationaliser l'industrie du charbon, qui était pourtant une attente générale. Au lieu de cela, ils gâchèrent cette opportunité en s'occupant des problèmes syndicaux typiques comme la journée de huit heures (12 novembre 1918) et les méthodes de négociations collectives (23 décembre 1918).

Le problème critique était la forme du gouvernement, avec le choix partagé entre les conseils des ouvriers et des paysans (Soviets), qui étaient déjà largement établis, et une assemblée nationale pour établir un système parlementaire ordinaire. Le groupe socialiste préférait la dernière option et était désireux d'utiliser l'armée régulière pour renforcer ce choix. Sur cette base, un accord contrerévolutionnaire fut signé entre Ebert et l'État-major général. Suite à cet accord, l'armée attaqua une parade spartakiste à Berlin le 6 décembre 1918 et liquida la division navale populaire rebelle le 24 décembre 1918. Pour protester contre cette violence, les trois membres indépendants du gouvernement démissionnèrent. Leur exemple fut suivi par d'autres indépendants, à travers l'Allemagne, à l'exception de Kurt Eisner à Munich. Le jour suivant, les spartakistes formèrent le Parti communiste allemand avec un programme non révolutionnaire. Leur déclaration stipulait, en partie : « La Ligue spartakiste n'adoptera jamais une puissance gouvernementale sauf en réponse au désir plein et indubitable de la grande majorité des masses prolétaires en Allemagne et seulement suite à un accord définitif de ces masses avec les buts et méthodes de la Ligue spartakiste ».

Cependant, le programme des leaders était un vœu pieux ; les masses du nouveau parti, et probablement des membres du groupe des socialistes indépendants aussi, étaient furieux face au conservatisme des sociaux-démocrates et commencèrent à échapper à tout contrôle. Le problème fut relié à la question des conseils contre l'Assemblée nationale. Le gouvernement, sous la direction de Noske, utilisa les troupes régulières dans une suppression sanglante de la gauche (5-15 janvier), débouchant sur le meurtre de Rosa Luxembourg et de Karl Liebknecht, les chefs communistes. Le résultat fut comme le Quatuor le souhaitait : les communistes et de nombreux ouvriers non communistes étaient constamment aliénés des socialistes et de la république parlementaire. Le Parti communiste, privé de ses chefs, devint un outil du communisme russe. Suite à cette répression, l'armée fut capable de désarmer les ouvriers au moment exact où elle commençait à armer des bandes privées réactionnaires (Corps libres) de la droite. Chacun de ses développements fut encouragé par Ebert et Noske.

Ce n'est qu'en Bavière que l'aliénation des communistes et des socialistes et le désarmement des premiers n'eurent pas lieu ; Kurt Eisner, le ministre-président socialiste indépendant à Munich, empêcha cela. Par conséquent, Eisner fut tué par le Comte Anton von Arco-Valley le 21 février 1919. Quand les ouvriers de Munich se révoltèrent, ils furent écrasés par une combinaison de l'armée régulière et des Corps libres au milieu de scènes d'une horrible violence des deux côtés. Eisner fut remplacé en tant que Premier ministre par un social-démocrate, Adolph Hoffman. Hoffman, la nuit du 13 mars 1920, fut rejeté par un coup militaire qui le remplaça par un gouvernement de droite sous Gustav von Kahr.

Entretemps, l'Assemblée nationale, élue le 19 juin 1919, schématisa une constitution parlementaire sous les conseils du Professeur Hugo Preuss. Cette constitution prévoyait une législature bicamérale et un cabinet responsable garant de la chambre basse de la législature par un président élu chef d'État pour un mandat de sept ans. La chambre haute, ou Reichsrat était composée des représentants des dix-huit États allemands et avait, en matière législative, un véto suspensif qui pouvait être surmonté par un vote majoritaire des deux tiers de la chambre basse. Cette chambre basse, ou Reichstag, avait 608 membres élus par un système de représentation proportionnelle sur une base de parti. Le chef du gouvernement, auquel le président donnait un mandat pour former un cabinet, était appelé le chancelier. Les principales faiblesses de la constitution étaient les clauses pour la représentation proportionnelle et d'autres clauses, par les articles 25 et 48, qui permettaient au président de suspendre les garanties et règles constitutionnelles par décret, dans des périodes « d'urgence nationale ». Dès 1925, les partis de droite comptaient détruire la république par le biais de ces pouvoirs.

Un défi direct de la droite lancé à la république arriva en mars 1920, quand la Brigade des Corps libres du Capitaine Ehrhardt défila dans Berlin, força le gouvernement à fuir pour Dresden et établit un gouvernement sous Wolfgang Kapp, un ultranationaliste. Kapp était soutenu par le commandant de l'armée dans la région de Berlin, le Baron Walther von Lüttwitz, qui devint le ministre du Reichswehr dans le gouvernement de Kapp. Puisque le Général Hans von Seeckt, chef du cabinet, refusait de soutenir le gouvernement légitime, il était sans défense et ne fut sauvé que par une grève générale des ouvriers à Berlin ainsi que par un grand soulèvement prolétarien dans les régions industrielles de l'ouest de l'Allemagne. Le gouvernement Kapp fut inapte à fonctionner et s'effondra tandis que l'armée violait les clauses de désarmement territorial du Traité de Versailles en envahissant la Ruhr dans le but d'écraser la révolte des ouvriers dans cette région. Seeckt fut récompensé pour sa non-coopération en étant nommé commandant en chef en mai 1920.

Suite à ces troubles, les élections générales de juillet 1920 allaient à l'encontre de la « Coalition de Weimar ». Un nouveau gouvernement du côté de la classe moyenne entra au pouvoir, les socialistes de la coalition de Weimar étant remplacés par le parti des grosses entreprises, le Parti populaire allemand. Noske fut remplacé en tant que ministre du Reichswehr par Otto Gessler, un pion volontaire du Corps d'officiers. Gessler, qui conserva sa position critique de mars 1920 à janvier 1928, ne fit aucune tentative d'assujettir l'armée à un contrôle démocratique, ou même civil, mais coopéra de toutes les façons avec les tentatives secrètes de Seeckt pour échapper aux clauses de désarmement des traités de paix. Les usines d'armement allemandes furent déplacées en Turquie, en Russie, en Suède, aux Pays-Bas et en Suisse. Les officiers allemands étaient entrainés aux armes prohibées en Russie et en Chine. En Allemagne, les armements secrets étaient préparés à grande échelle et les troupes excédant les limites du traité étaient organisées en un « Reichswehr Noir » qui était soutenu par les fonds secrets du Reichswehr régulier. Le Reichstag n'avait de contrôle sur aucune de ces organisations. Quand les Puissances occidentales réclamèrent que les Corps libres, en 1920, soient dispersés, ces groupes entrèrent dans la clandestinité et formèrent une organisation parallèle au Reichswehr Noir, en étant approvisionnés en protection, fonds, informations et armes par le Reichswehr et les conservateurs. En retour, les Corps libres s'engagèrent dans une conspiration et le meurtre à grande échelle au nom des conservateurs. D'après le *The Times* de Londres, les Corps libres tuèrent quatre-cents personnes de la gauche et du centre en un an.

Le cabinet de classe moyenne de Konstantin Fehrenbach démissionna le 4 mai 1921 et permit à la Coalition de Weimar des socialistes, des démocrates et du centre d'entrer en fonction pour recevoir l'ultimatum des réparations de la part des gouvernements alliés le 5 mai. Ainsi, le régime démocratique fut davantage discrédité aux yeux des Allemands en tant qu'instrument de faiblesse, de souffrances et de honte. Dès que le travail fut réalisé, les socialistes furent remplacés par le Parti populaire et un gouvernement purement de classe moyenne sous Wilhelm Cuno, directeur général de la Hamburg-American Steamship Line, qui succéda au cabinet de Wirth. Ce gouvernement était celui qui « géra » l'hyperinflation de 1923 et la résistance passive contre les forces françaises dans la Ruhr. L'inflation, qui était un grand avantage pour le Quatuor, détruisit la position économique des classes moyennes et des classes moyennes inférieures et les aliéna de la république.

Le gouvernement Cuno se termina par un accord entre Stresemann et les socialistes. Le premier, au nom du Parti populaire, qui avait jusqu'à présent été résolument antirépublicain, accepta la république ; les socialistes acceptèrent de soutenir un cabinet de Stresemann, et une large coalition fut formée pour une politique d'accomplissement du Traité de Versailles. Ceci mit fin à la Période de Troubles (août 1923).

La Période d'Accomplissement (1923-1930) est associée au nom de Gustav Stresemann, qui fut dans tous les cabinets jusqu'à sa mort en octobre 1929. Pangermain réactionnaire et impérialiste économique dans la période d'avant 1919, Stresemann fut toujours un partisan du Quatuor et le créateur principal du Parti populaire allemand, le parti de l'industrie lourde. En 1923, tout en gardant ses convictions précédentes, il décida de les contrepasser publiquement et d'adopter un programme de soutien pour la république et affirma que l'accomplissement des obligations des traités serait une bonne politique. Il fit cela, car il avait réalisé que l'Allemagne était trop faible pour faire autre chose et qu'elle ne pouvait devenir plus forte qu'en obtenant la levée des restrictions les plus sévères des traités par le biais de prêts étrangers de la part de financiers anglais et américains compatissants et par le biais d'une consolidation secrète du Quatuor. Toutes ces choses pouvaient être atteintes plus facilement par une politique d'accomplissement que par une politique de résistance comme celle de Cuno.

Le gouvernement bavarois de la droite, qui avait été instauré sous Gustav von Kahr en 1921 refusa d'accepter la décision de Stresemann de réadmettre les socialistes au gouvernement du Reich à Berlin. Au lieu de cela, Kahr endossa des pouvoirs dictatoriaux avec le titre de commissaire d'État de Bavière. En réponse, le cabinet de Stresemann investit le pouvoir exécutif du Reich au ministre du Reichswehr, un acte qui eut l'effet de faire de von Seeckt le souverain de l'Allemagne. Dans la terreur d'un coup d'État de la droite (putsch), l'Internationale communiste décida de permettre au Parti communiste allemand de coopérer avec les socialistes dans un front anti-droite dans le régime parlementaire. Ceci fut réalisé immédiatement dans les États de la Saxe et de Thuringe. Face à cela, le commandant du Reichswehr en Bavière, le Général Otto von Lossow, passa de Seeckt à Kahr. Stresemann-Seeckt à Berlin affronta Kahr-Lossow à Munich avec les gouvernements « Rouges » de Saxe et de Thuringe. Le Reichswehr obéit surtout à Berlin alors que le Reichswehr Noir et les Corps libres clandestins (surtout ceux d'Ehrhardt et de Rossbach) obéissaient à Munich. Kahr-Lossow, avec le soutien d'Hitler et Ludendorff, visaient à envahir la Saxe et Thuringe, renverser les gouvernements rouges sous prétexte de supprimer le bolchévisme et, ensuite, à continuer vers le nord pour renverser le gouvernement central à Berlin. Le gouvernement du Reich étouffa ce complot par un acte illégal : les forces du Reichswehr de Seeckt renversèrent les gouvernements rouges de Saxe et Thuringe pour devancer la Bavière. Par la suite, Lossow et Kahr abandonnèrent les plans de la révolte tandis qu'Hitler et Ludendorff refusèrent de le faire. Avec le Putsch de la « Halle aux bières » du 8 novembre 1923, Hitler et Ludendorff essayèrent d'enlever Kahr et Lossow et de les forcer à poursuivre la révolte. Ils furent défaits dans une explosion de coups de feu. Kahr, Lossow et Ludendorff ne furent jamais punis ; Hermann Göring fuit le pays ; Hitler et Rudolf Hess obtinrent des habitations dans une forteresse pendant un an, profitant de l'occasion pour écrire le fameux ouvrage *Mein Kampf*.[1]

Dans le but de s'occuper de la crise économique et de l'inflation, le gouvernement de Stresemann se vit accorder des pouvoirs dictatoriaux outrepassant toutes les garanties constitutionnelles, mais les socialistes remportèrent une promesse de ne pas impacter la journée de huit heures ou le système d'assurance sociale. De cette façon, l'inflation fut freinée et un nouveau système monétaire fut établi ; incidemment, la journée de huit heures fut abolie par décret (1923). Un accord de réparations (le Plan Dawes) fut signé avec les gouvernements alliés et la Ruhr fut évacuée avec succès. Dans le cours des évènements, les sociaux-démocrates abandonnèrent le gouvernement Stresemann en signe de protestation contre sa suppression illégale du gouvernement rouge de Saxe, mais le programme de Stresemann continua avec le soutien des partis du centre et de la droite, y compris, pour la première fois, avec celui des nationalistes antirépublicains. En effet, les nationalistes, avec trois ou quatre sièges dans le cabinet entre 1926 et 1928, étaient la force dominante du gouvernement, bien qu'ils continuassent à protester en public contre la politique d'accomplissement et que Stresemann continuât à prétendre que son administration de cette politique l'exposait au danger imminent de l'assassinat des mains des extrémistes de la droite.

Les cabinets allemands de 1923 à 1930, sous Wilhelm Marx, Hans Luther, Marx une fois de plus et enfin Hermann Müller, étaient principalement préoccupés par les questions de politique étrangère, avec les réparations, l'évacuation des régions occupées, la campagne de désarmement, Locarno et la Société des Nations. Sur le plan intérieur, des évènements tout aussi insignifiants se déroulaient, mais avec moins de fracas. Une grande partie du système industriel,

---

1 N.D.É. *Mon combat*

ainsi que bon nombre de bâtiments publics, furent reconstruits grâce aux prêts étrangers. Le Quatuor fut secrètement renforcé et consolidé par la réorganisation de la structure fiscale, par l'utilisation de subventions gouvernementales et par la formation et le réaménagement du personnel. Alfred Hugenberg, le membre le plus violent et irréconciliable du Parti nationaliste, développa un système de propagande à travers son titulariat sur des vingtaines de journaux et une participation de contrôle dans l'UFA, la grande société de création cinématographique. Par de tels outils, une campagne de propagande persuasive, fondée sur les préjugés allemands existants, fut mise en place pour ouvrir la voie à une contrerévolution par le Quatuor. Cette campagne cherchait à montrer que tous les problèmes et malheurs de l'Allemagne étaient causés par les groupes démocratiques et syndicaux, les internationalistes et les Juifs.

Le centre et la gauche partageaient suffisamment ce poison nationaliste pour s'abstenir de toute tentative de donner au peuple allemand la véritable histoire de la responsabilité de l'Allemagne pour la guerre et pour ses propres difficultés. Ainsi, il fut possible pour la droite de propager sa propre histoire de la guerre, que l'Allemagne avait été submergée par « un coup dans le dos » de la part des « trois Internationaux » : l'« Or » international des Juifs, l'International « Rouge » des socialistes et l'International « Noir » des catholiques, une triple alliance impie qui était symbolisée dans le drapeau or, rouge et noir de la République de Weimar. De cette manière, tous les efforts furent réalisés avec un succès considérable, de la part de ceux qui étaient réellement garants des groupes démocratiques et républicains pour dévier l'animosité populaire envers la défaite de 1918 et à l'accord de Versailles. Au même moment, l'animosité allemande contre l'exploitation économique fut éloignée des propriétaires et des industriels par les doctrines racistes qui blâmaient les mauvais banquiers internationaux juifs et les propriétaires de grandes surfaces pour tous les problèmes de ce genre.

Le nationalisme général du peuple allemand et sa volonté d'accepter la propagande de la droite réussirent à faire du maréchal Paul von Hindenburg le président de la République en 1925. Au premier scrutin, aucun des sept candidats ne reçut une majorité du total des voix, le problème tint donc encore des élections. Au second scrutin, Hindenburg reçut 14.655.766 de voix, Marx (du Parti centriste) en reçut 13.751.615 tandis que le communiste Ernst Thälmann en reçut 1.931.151.

La victoire de Hindenburg fut un coup fatal à la république. Chef militaire médiocre et déjà à la limite de la sénilité, le nouveau président était un antidémocrate et antirépublicain convaincu. Pour rattacher son alliance au Quatuor plus étroitement, les propriétaires et les industriels tirèrent parti de son quatre-vingtième anniversaire en 1927 pour lui donner un domaine de junker, Neudeck, en Prusse occidentale. Pour éviter le droit de succession, l'acte notarié de ce domaine fut signé à l'ordre du fils du président, le Colonel Oskar von

Hindenburg. Avec le temps, ce domaine finit par être connu comme le « plus petit camp de concentration » en Allemagne, étant donné que le président y passa ses dernières années, coupé du monde par sa sénilité et une coterie d'intrigants. Ces intrigants, qui furent capables d'influencer le vieil esprit présidentiel dans toutes les directions qu'ils souhaitaient, étaient le Colonel Oskar, le Général Kurt von Schleicher, le Dr Otto Meissner, qui resta le chef du bureau du président sous Ebert, Hindenburg et Hitler et Elard von Oldenburg-Januschau qui avait possédait le domaine à côté de Neudeck. Cette coterie fut capable de mettre en place et de détrôner des cabinets de 1930 à 1934 et contrôlait l'usage du pouvoir présidentiel pour gouverner par décret dans cette période critique.

Dès que Hindenburg devint un propriétaire en octobre 1927, il commença à mobiliser une assistance gouvernementale pour les propriétaires. Cette assistance, connue sous le nom d'Osthilfe (Aide orientale), fut organisée lors d'une séance commune du Reich et des gouvernements prussiens présidée par Hindenburg le 21 décembre 1927. La finalité déclarée de cette assistance était d'augmenter la prospérité économique des régions à l'est du fleuve d'Elbe dans le but de mettre un terme à la migration des Allemands depuis cette région vers l'ouest de l'Allemagne et leur remplacement par les ouvriers agricoles polonais. Cette assistance devint rapidement un puits de corruption, l'argent étant dévié d'une façon ou d'une autre, légalement ou illégalement, pour subventionner les grandes propriétés en faillite et les extravagances des propriétaires junkers. La menace de la révélation publique de ce scandale fut la cause de la mort de la République de Weimar par la main de Hindenburg en 1932.

La combinaison de tous ces évènements (la vraie puissance du Quatuor, l'opportunisme myope et peu scrupuleux des sociaux-démocrates et du Parti centriste, la coterie autour de Hindenburg et le scandale de Osthilfe) rendit la désintégration de la République de Weimar possible dans les années 1930-1933. La décision du Quatuor de tenter d'établir un gouvernement satisfaisant pour eux-mêmes fut prise en 1929. Les causes principales de la décision étaient (1) la compréhension quant au fait que les usines industrielles avaient été largement reconstruites par des prêts étrangers, (2) la prise de conscience quant au fait que ces prêts étrangers étaient désormais en train de se tarir et que, sans eux, ni la réparation ni la dette ne pouvaient être honorées sauf à un prix que le Quatuor ne voulait pas payer, et (3) la prise de conscience quant au fait que la politique d'accomplissement avait exécuté à peu près tout que ce qui pouvait être attendu d'elle, les Missions de contrôle des Alliés étant terminées, le réarmement ayant progressé aussi loin que possible sous le Traité de Versailles, la frontière occidentale ayant été sécurisée et la frontière orientale ayant été ouverte à l'Allemagne.

La décision du Quatuor ne résulta pas de la crise économique de 1929, mais fut prise plus tôt dans l'année. Cela peut être vu dans l'alliance de Hugenberg et Hitler pour forcer un référendum sur le plan Young. En 1924, le Quatuor avait accepté le plan Dawes qui était bien plus sévère, car il n'était alors pas prêt à détruire le régime de Weimar. Le défi du plan Young indiquait non seulement que le Quatuor était prêt, mais donnait également une indication de sa force. Ce test fut une déception puisqu'il n'obtint que cinq-millions de votes défavorables au plan dans un corps électoral de 40 millions. Par la suite, pour la première fois, les nazis commencèrent à fomenter un grand mouvement de partisans. Le moment pour lequel ils avaient été maintenus en vie par les contributions financières du Quatuor était venu. Cependant, les tentatives n'auraient jamais réussi sans la crise économique. L'intensité de cette crise peut être mesurée par le nombre de sièges du Reichstag occupés par les nazis:

April 1924	Dec. 1924	1928	1930	July 1932	Dec. 1932	March 1933
7	14	12	107	230	196	288

Les nazis furent financés par le Reichswehr Noir de 1919 à 1923, puis ce soutien cessa à cause du dégout de l'armée face au fiasco du Putsch de Munich. Ce manque d'enthousiasme de l'armée pour les nazis continua pendant des années. Il fut inspiré par le snobisme social et les craintes de voir les Sturmabteilung (SA) en tant que rivaux possibles. Cette défiance de la part de l'armée fut compensée par le soutien des industriels qui financèrent les nazis dès la sortie de prison d'Hitler en 1924 jusqu'en 1932.

La destruction de la République de Weimar se décompose en cinq étapes:
- Brüning: 27 mars 1930 - 30 mai 1932
- Von Papen: 31 mai 1932 - 17 novembre 1932
- Schleicher: 2 décembre 1932 - 28 janvier 1933
- Hitler: 30 janvier 1933 - 5 mars 1933
- Gleichschaltung: 6 mars 1933 - 2 aout 1934

Quand la crise économique commença en 1929, l'Allemagne avait un gouvernement démocratique constitué des Partis du centre et social-démocrate. La crise entraina une diminution des taxes fiscales et une hausse parallèle des demandes pour les services de sécurité sociale du gouvernement. Cela mena à la dispute latente sur le financement orthodoxe et non orthodoxe d'une dépression. Les grosses entreprises et les grands organismes financiers étaient déterminés à mettre le fardeau de la dépression sur les classes ouvrières en forçant le gouvernement à adopter une politique de déflation, c'est-à-dire en réduisant les salaires et en mettant des restrictions sur les dépenses gouvernementales. Les sociaux-démocrates vacillèrent dans leur attitude, mais étaient, en général, opposés à cette politique. Schacht, en tant que président de la Reichsbank, fut capable de forcer le socialiste Rudolf Hilferding à quitter sa position de ministre des Finances en refusant un crédit bancaire au gouvernement jusqu'à ce qu'il démissionne. En mars 1930, le Parti centriste rompit la coalition à cause de la réduction des allocations de chômage, les socialistes furent expulsés du gouvernement et Heinrich Brüning, chef du Parti centriste, devint chancelier. Puisqu'il n'avait pas la majorité au Reichstag, il dut mettre la politique déflationniste en place par l'usage d'un décret présidentiel en vertu de l'article 48. Ceci marqua la fin de la République de Weimar, car il n'avait jamais été envisagé que cette « clause d'urgence » soit utilisée dans le processus ordinaire du gouvernement, bien qu'elle eût été utilisée par Ebert en 1923 pour abolir la journée de huit heures. Quand le Reichstag condamna la méthode de Brüning par un vote (236 contre 221) le 18 juillet 1930, le chancelier décida de la dissoudre et demanda de nouvelles élections. Les résultats de celles-ci furent contraires à ses espoirs, puisqu'il perdit des sièges au profit de la droite et de la gauche. Il y avait 148 sièges (107 nazis et 41 nationalistes) à sa droite et 220 sièges (77 communistes et 143 socialistes) à sa gauche. Les socialistes permirent à Brüning de rester en fonction en refusant de voter une motion de défiance. Laissé dans son cabinet ministériel, Brüning poursuivit la politique déflationniste par des décrets que Hindenburg signait. Ainsi, en effet, Hindenburg était le dirigeant de l'Allemagne, puisqu'il pouvait congédier ou nommer tout chancelier et permettre à quelqu'un de gouverner par son propre pouvoir de décret.

La politique de déflation de Brüning fut un désastre. La souffrance du peuple fut terrible avec près de huit-millions de chômeurs sur vingt-cinq-millions de personnes aptes au travail. Dans le but de compenser sa politique nationale impopulaire, Brüning adopta une politique étrangère plus agressive sur des questions telles que les réparations, l'union avec l'Autriche ou la conférence mondiale pour le désarmement.

Dans la crise de 1929-1933, les partis bourgeois tendaient à se dissoudre au profit de l'extrême gauche et de l'extrême droite. En cela, le Parti nazi en tirait plus profit que les communistes pour plusieurs raisons : (1) il avait le soutien financier des industriels et des propriétaires, (2) il n'était pas internationaliste, mais nationaliste, comme tout parti allemand devait l'être, (3) il ne s'était jamais compromis en acceptant la république même temporairement, un avantage quand la plupart des Allemands tendaient à blâmer la république pour leurs problèmes, (4) il était prêt à faire usage de la violence tandis que les partis de gauche, mêmes les communistes, étaient formalistes et relativement pacifistes, car la police et les juges étaient de droite.

Les raisons pour lesquelles les nazis, à l'inverse des nationalistes, profitèrent du détournement de la modération pouvaient être expliquées par le fait que : (1) les nationalistes s'étaient compromis et vacillèrent sur tous les problèmes de 1924 à 1929, (2) les nazis avaient un avantage dans la mesure où ils n'étaient pas clairement un parti de droite, mais étaient ambigus.

En réalité, un grand nombre d'Allemands voyait les nazis comme un groupe révolutionnaire de la gauche, différent des communistes par le seul fait qu'ils soient patriotiques.

Dans cette polarisation du spectre politique, les classes moyennes furent celles qui perdirent leur point d'ancrage, sous l'impulsion du désespoir et de la panique. Les sociaux-démocrates étaient suffisamment fortifiés par le syndicalisme tandis que les membres du Parti centriste étaient suffisamment soutenus par la religion pour résister à la dérive vers l'extrémisme. Malheureusement, chacun de ces groupes relativement stables manquait d'une direction intelligente et était trop dévoué aux vieilles idées et aux intérêts étroits pour avoir trouvé une attirance suffisamment large aux yeux d'un vaste éventail de votants allemands.

L'intégralité de l'année 1932 fut remplie d'une série d'intrigues et d'alliances méfiantes et changeantes parmi les divers groupes qui cherchaient à entrer dans une position permettant d'utiliser le pouvoir présidentiel établi par le décret. Le 11 octobre 1931, une grande alliance réactionnaire fut fondée par les nazis, les nationalistes, le Stahlhelm (une organisation de vétérans militaires) et le Landbund des junkers. Le prétendu « Front Harzburg » devait être une opposition unifiée face au communisme, mais représentait en réalité une partie de l'intrigue de ces divers groupes pour arriver au pouvoir. Parmi les vrais dirigeants de l'Allemagne, seuls les industriels westphaliens et l'armée étaient absents. Les industriels furent conduits au camp par Hitler pendant un discours de trois heures qu'il fit au club industriel de Düsseldorf à l'invitation de Fritz Thyssen le 27 janvier 1932. L'armée ne pouvait pas être mise en conformité puisqu'elle était contrôlée par la coterie présidentielle, surtout pas Schleicher et Hindenburg lui-même. Schleicher avait ses propres ambitions politiques et l'armée ne s'engagerait traditionnellement jamais de façon ouverte ou formelle.

Au milieu de cette crise vint l'élection présidentielle de mars-avril 1932. Elle offrit une vue fantastique d'une République symboliquement démocratique forcée à choisir son président parmi quatre personnes antidémocratiques, antirépublicaines dont l'une d'elles, Hitler, n'était devenu un citoyen allemand qu'un mois avant par une astuce légale. Puisque Hindenburg semblait être le moins mauvais des quatre, il fut réélu au second tour :

	Premier tour	Second tour
Hindenburg	18.661.736	19.359.533
Hitler, nazi	11.338.571	13.418.051
Thälmann, communiste	4.982.079	3.706.655
Düsterberg, Scahlhelm	2.557.876	

Hindenburg continua à soutenir Brüning jusqu'à la fin du mois de mai 1932 quand il le congédia et présenta Von Papen. Ceci fut fait à la demande de Von

Schleicher qui espérait développer un genre de coalition sur un large front de nationalistes et d'ouvriers en tant que façade pour le Reichswehr. Dans ce plan, Schleicher fut capable de pousser Hindenburg à abandonner Brüning en le persuadant que le chancelier prévoyait de démanteler certaines des grandes propriétés en faillite à l'est de l'Elbe et qu'il pourrait même, éventuellement, enquêter sur les scandales d'Osthilfe. Schleicher mit Papen dans la position de chancelier en lui faisant croire qu'il avait si peu de soutien dans le pays qu'il serait complètement dépendant de la capacité de Schleicher à contrôler Hindenburg. Au lieu de cela, le président apprécia tellement Papen que le nouveau chancelier put utiliser le pouvoir de Hindenburg directement et commença même à ébranler l'influence de Schleicher dans l'entourage du président.

Le « cabinet des barons » de Papen était clairement un gouvernement du Quatuor et n'avait presque pas de soutien que ce soit au sein du Reichstag ou dans le pays. Papen et Schleicher réalisèrent que cela ne pouvait pas durer longtemps. Chacun commença à former un complot pour se consolider et arrêter la polarisation de l'opinion politique en Allemagne. Le plan de Papen était de couper les contributions financières de l'industrie pour Hitler et de détruire l'indépendance du Parti nazi par une série d'élections couteuses. Le chancelier était sûr qu'Hitler serait désireux d'entrer dans un cabinet à la tête duquel se trouvait Papen dans le but de retrouver les contributions financières de l'industrie et empêcher la dissolution de son parti. Schleicher, d'autre part, espérait unir l'aile gauche du Parti nazi sous Otto Strasser avec les syndicats chrétiens et socialistes pour soutenir le Reichwehr dans un programme de nationalisme et de finance non orthodoxe. Les deux complots dépendaient de la conservation des faveurs de Hindenburg dans le but de garder le contrôle de l'armée et du pouvoir présidentiel pour émettre des décrets. En cela, Papen fut plus performant que Schleicher, puisque le vieux président n'avait pas de penchant pour les plans économiques non orthodoxes.

Le complot de Papen se développait plus rapidement que celui de Schleicher et semblait plus prometteur grâce à sa plus grande capacité à contrôler le président. Ayant persuadé ses amis proches, les industriels, d'arrêter leurs contributions aux nazis, Papen demanda une nouvelle élection pour novembre 1932. Dans le système de vote, les nazis furent réduits de 230 à 196 sièges tandis que les communistes furent augmentés de 89 à 100. Le vent avait tourné. Cela eut trois conséquences :

Hitler décida de rejoindre un gouvernement de coalition, ce qu'il avait refusé de faire auparavant ;

Le Quatuor décida de renverser la république dans le but d'arrêter la dérive vers les communistes ;

Le Quatuor, surtout les industriels, décida que Hitler avait appris une leçon et pouvait être mis sans risque au pouvoir en tant que figure de proue d'un gouvernement de droite, car il s'affaiblissait.

L'accord fut trouvé dans son intégralité par Papen, lui-même colonel et industriel ainsi qu'aristocrate westphalien, et fut conclu chez le Baron Kurt von Schroder, banquier de Cologne, le 4 janvier 1933.

Cet accord entra en vigueur grâce à la capacité de Papen de gérer Hindenburg. Le 28 janvier 1933, le président força la démission de Schleicher en refusant de lui offrir des pouvoirs de décret. Deux jours plus tard, Hitler entra en fonction en tant que chancelier dans un cabinet qui ne comportait que deux autres nazis. Ceux-ci étaient le ministre de l'Air Hermann Göring et le ministre de l'Intérieur Wilhelm Frick. Parmi les huit autres postes, deux d'entre eux, les ministères de l'Économie et de l'Agriculture, revinrent à Hugenburg. Le ministère du Travail revint à Franz Seldte du Stahlhelm, le ministère des Affaires étrangères et le ministère du Reichswehr revinrent à des experts tiers et la plupart des postes restants revinrent à des amis de Papen. Il n'aurait pas semblé possible pour Hitler, ainsi entouré, d'obtenir un jour le contrôle de l'Allemagne. Pourtant, au bout d'un an et demi, il devint le dictateur du pays.

Le régime nazi

L'ARRIVÉE AU POUVOIR, 1933-1934

Quand Adolf Hitler devint chancelier du Reich allemand le 30 janvier 1933, il n'avait pas encore quarante-quatre ans. De sa naissance en Autriche, en 1889, au déclenchement de la guerre en 1914, sa vie avait été une succession d'échecs : il passa les sept années 1907-1914 comme un paria à Vienne et à Munich. Là-bas, il était devenu un fanatique pangermaniste, antisémite qui attribuait ses propres échecs aux « complots de la communauté juive internationale ».

Le déclenchement de la guerre en aout 1914 donna à Hitler la première vraie motivation de sa vie. Il devint un grand patriote, rejoignit la Seizième Infanterie bénévole bavaroise et servit au front pendant quatre ans. À sa manière, il était un excellent soldat. Rattaché à l'état-major régimentaire en tant que messager pour la Première Compagnie, il était parfaitement heureux, toujours volontaire pour effectuer les tâches les plus périlleuses. Bien que ses relations avec ses supérieurs fussent excellentes et qu'il fût décoré de la Croix de fer, seconde classe, en 1914 et de la Croix de fer, première classe, en 1918, il ne fut jamais promu au-delà de soldat de première classe, car il était incapable d'entretenir de vraies relations avec ses compagnons d'armes ou de diriger n'importe quel groupe d'entre eux. Il resta en service actif au front pendant quatre ans. Durant cette période, son régiment de 3500 hommes subit 3260 pertes au combat et Hitler fut blessé deux fois. Ce furent les deux seules occasions où il quitta le front. En octobre 1918, il fut aveuglé par du gaz moutarde et envoyé dans un hôpital à Pasewalk, près de Berlin. Quand il reprit connaissance un mois plus tard, il vit que la guerre était terminée, que l'Allemagne avait été vaincue et que la monarchie avait été renversée. Il refusa de s'accommoder à cette situation. Incapable d'accepter la défaite ou la république, se souvenant de la guerre comme étant le deuxième amour de sa vie (le premier étant sa mère), il resta dans l'armée et finit par devenir un espion politique pour le Reichswehr, situé près de Munich. Au cours des opérations d'espionnage de nombreux groupes politiques à Munich, Hitler fut fasciné par les diatribes de Gottfried Feder contre « l'esclavage d'intérêt des Juifs ». À quelques réunions, Hitler devint un participant, attaquant le « complot des Juifs pour dominer le monde » ou faisant des diatribes à propos du besoin de l'unité pangermanique. Par la suite, il lui fut proposé de rejoindre le Parti ouvrier allemand, ce qu'il fit, devenant l'un des soixante membres réguliers et le septième membre de son comité exécutif.

Le Parti ouvrier allemand avait été fondé par un serrurier de Munich, Anton Drexler, le 5 janvier 1919, en tant que groupe d'ouvriers nationalistes pangermaniques. En quelques mois, le Capitaine Ernst Rohm du corps du Reichswehr Noir de Franz von Epp se joignit au mouvement et devint l'intermédiaire par lequel des fonds secrets du Reichswehr, venant par le biais de Epp, étaient amenés au parti. Il commença également à organiser une forte milice au sein du groupe (Sturmabteilung ou SA). Lorsque Hitler rejoignit ce groupe en septembre 1919, il fut chargé de la publicité du parti. Puisqu'il s'agissait de la dépense principale et puisque Hitler était également devenu l'orateur en chef du parti, l'opinion publique vint à considérer tout le mouvement comme étant celui d'Hitler et Rohm versa les fonds du Reichswehr directement à Hitler.

Au cours de l'année 1920, le parti passa de 54 à 3000 membres ; il changea son nom en Parti nationale-socialiste des travailleurs allemands, acheta le Volkischer Beobachter avec 60.000 marks de l'argent du Général von Epp et schématisa son « Programme en 25 points ».

Le programme du parti de 1920 fut imprimé dans le journal du parti pendant vingt-cinq ans, mais ses clauses étaient de plus en plus hors d'atteinte au fur et à mesure que les années passaient. Même en 1920, bon nombre de ses clauses étaient insérées pour remporter le soutien des classes inférieures et non parce qu'elles étaient sincèrement désirées par les chefs du parti. Celles-ci incluaient

(1) le pangermanisme, (2) l'égalité internationale allemande, y compris l'abrogation du Traité de Versailles, (3) de l'espace habitable pour les Allemands, y compris les régions colonisées, (4) la nationalité allemande fondée uniquement sur le sang, sans naturalisation, sans immigration pour les non-Allemands et tous les Juifs ou « autres étrangers » éliminés, (5) l'abolition de tous les revenus immérités, le contrôle de tous les monopoles, l'imposition d'un impôt sur les excédents de bénéfices sur les sociétés, la "communalisation" des grands supermarchés, un encouragement des petites entreprises pour l'attribution de contrats gouvernementaux, la prise de la terre agricole pour l'utilité publique sans compensation et l'attribution de pensions de vieillesse par l'État, (6) la punition de tous les profiteurs de guerres et usuriers par la mort, et (7) la correspondance de la presse, de l'éducation, de la culture et de la religion aux « mœurs et au sens religieux de la race allemande ».

À mesure que le parti grandissait, intégrant des membres et s'étendant pour créer des liens avec des mouvements similaires dans d'autres parties de l'Allemagne, Hitler renforçait son contrôle du groupe. Il pouvait faire cela, car il détenait le contrôle du journal du parti et de la source principale d'argent et était sa figure publique principale. En juillet 1921, il fit changer la constitution du parti pour donner au président le pouvoir absolu. Il fut élu président ; Drexler fut fait président honoraire ; tandis que Max Amann, le sergent d'Hitler pendant la guerre, devint directeur commercial. Suite à cet évènement, la SA fut réorganisée sous Rohm, le mot « Socialisme » dans le nom du parti fut interprété comme étant du nationalisme (ou une société sans conflits sociaux) et l'égalité dans le parti et l'État fut remplacée par le « principe de leadership » et la doctrine de l'élite. Au cours des deux années suivantes, le parti traversa une série de crises dont la principale était la tentative de Putsch du 9 novembre 1923. Au cours de cette période, tous les types de violence et d'illégalité, même les meurtres, étaient approuvés par les autorités de Bavière et de Munich. Suite aux échecs de cette période, surtout le Putsch avorté, Hitler fut convaincu qu'il devait entrer au pouvoir par des méthodes légales plutôt que par la force ; il se sépara de Ludendorff et cessa d'être soutenu par le Reichswehr ; il commença à recevoir son principal soutien financier de la part des industriels ; il fit une alliance tacite avec le Parti populaire bavarois par laquelle le Premier ministre Heinrich Held de Bavière leva la prohibition du parti nazi en l'échange de la répudiation de Hitler des enseignements antichrétiens de Ludendorff ; et Hitler forma une nouvelle milice armée (les SS) pour se protéger face au contrôle de Rohm sur l'ancienne milice armée (les SA).

Sur la période 1924-1930, le parti continua, sans croissance réelle, en tant que « parti extrémiste » subventionné par les industriels. Parmi les contributeurs principaux du parti dans cette période se trouvaient Carl Bechstein (fabricant de pianos de Berlin), August Borsing (constructeur de locomotives de Berlin),

Emil Kirdof (directeur général du Kohlensyndikat), Fritz Thyssen (propriétaire de United Steel Works et président du Conseil Industriel allemand) et Albert Vogler (directeur général de Gelsenkirchen Iron and Steel Company et anciennement directeur général de United Steel Works). Dans cette période, ni Hitler ni ses partisans ne cherchèrent à créer un mouvement populaire. Cela n'arriva pas avant 1930. Mais durant cette période initiale, le parti était fermement centralisé et les éléments gauchistes (comme les frères Strasser) furent affaiblis ou éliminés. En avril 1927, Hitler fit un discours devant 400 industriels à Essen ; en avril 1928, il s'adressa à un groupe similaire de propriétaires de l'est de l'Elbe ; en janvier 1932, il connut l'un de ses plus grands triomphes lorsqu'il fit un discours de trois heures devant le Club Industriel de Düsseldorf et remporta le soutien et les contributions financières de ce groupe puissant. Jusqu'à ce jour, il cherchait à changer son mouvement en un parti politique de masse capable de l'envoyer au pouvoir. Ce projet fut un échec. Comme nous l'avons indiqué, dès la fin de 1932, une grande partie du soutien financier de l'industrie avait été coupée par Papen et les adhésions au parti s'écroulaient, principalement au profit des communistes. Pour arrêter ce déclin, Hitler accepta de devenir chancelier dans un Cabinet dans lequel il n'y aurait que trois nazis sur onze membres.

De cette manière, Papen espérait contrôler les nazis et en obtenir le soutien populaire dont il avait douloureusement manqué dans son propre mandat de chancelier en 1932. Mais Papen était bien trop intelligent pour son propre bien. Lui, Hugenberg, Hindenburg et le reste des intrigants avaient sous-estimé Hitler. Ce dernier, en retour de l'acceptation de nouvelles élections le 5 mars 1933 par Hugenberg, promit qu'il n'y aurait pas de changement au Cabinet, quel que soit le résultat du vote. Malgré le fait que les nazis n'eussent obtenu que 44% du scrutin dans la nouvelle élection, Hitler devint dictateur de l'Allemagne en dix-huit mois.

L'une des raisons principales de ce succès repose sur la position de la Prusse au sein de l'Allemagne. La Prusse était le plus grand des quatorze États d'Allemagne. Couvrant près de deux tiers du pays, elle comprenait à la fois les grandes régions rurales de l'est et les grandes régions industrielles de l'ouest. Ainsi, elle comprenait les portions d'Allemagne les plus conservatrices ainsi que les plus progressistes. Alors que son influence était presque aussi grande sous la république qu'elle l'était sous l'empire, cette influence était d'un type plutôt différent, étant passée de l'état de rempart principal au conservatisme dans la période initiale à celui de région principale du progressisme dans la période plus tardive. Ce changement fut rendu possible par le grand nombre de groupes des Lumières dans les régions rhénanes de la Prusse, mais principalement par le fait que la prétendue Coalition de Weimar des sociaux-démocrates, du Parti centriste et des démocrates libéraux restât intacte en Prusse de

1918 à 1932. Suite à cette alliance, un social-démocrate, Otto Braun, adopta la position de Premier ministre de Prusse pendant la presque totalité de la période 1920-1932 et la Prusse fut l'obstacle principal sur le chemin des nazis et l'obstacle à la réaction dans les jours critiques après 1930. Dans le cadre de ce mouvement, le Cabinet prussien, en 1930, refusa d'autoriser les communistes et les nazis à avoir des fonctions municipales en Prusse, prohiba l'adhésion des fonctionnaires prussiens à ces deux partis et interdit l'usage de l'uniforme nazi.

Cet obstacle à l'extrémisme fut retiré le 20 juillet 1932, lorsque Hindenburg, par décret présidentiel en vertu de l'article 48, nomma Papen haut fonctionnaire de Prusse. Papen renvoya immédiatement les huit membres du Cabinet parlementaire prussien et offrit leurs fonctions gouvernementales à des hommes qu'il nomma lui-même. Les ministres renvoyés furent retirés de leurs bureaux par la force de l'armée, mais contestèrent immédiatement la légalité de cet acte devant la Cour Suprême allemande à Leipzig. Par son verdict du 25 octobre 1932, la Cour trancha pour les fonctionnaires renvoyés. En dépit de cette décision, Hitler, après seulement une semaine au poste de chancelier, fut capable d'obtenir un nouveau décret de la part de Hindenburg qui renvoya une fois de plus les ministres prussiens de leurs fonctions et conféra leurs pouvoirs au vice-chancelier fédéral, Papen. Le contrôle de l'administration de la police fut conféré à Hermann Göring. Les nazis avaient déjà, par le biais de Wilhelm Frick, le contrôle du ministère de l'Intérieur du Reich et, ainsi, des pouvoirs de la police nationale. Ainsi, Hitler, dès le 7 février, avait le contrôle des pouvoirs de la police du Reich et de la Prusse.

Exploitant cet avantage, les nazis commencèrent un double assaut sur l'opposition. Göring et Flick travaillaient d'en haut sous couvert du droit tandis que le Capitaine Rohm, aux commandes des SA du Parti nazi, travaillait d'en bas sans un prétexte de légalité. Tous les fonctionnaires de police non coopératifs furent pensionnés, démis de leurs fonctions ou envoyés en vacances et remplacés par des substituts nazis, généralement des chefs de SA. Le 4 février 1933, Hindenburg signa un décret d'urgence qui donna au gouvernement le droit d'interdire ou de contrôler toute réunion, tout uniforme ou tout journal. De cette manière, la plupart des réunions et des journaux de l'opposition furent empêchés d'atteindre le public.

Cette attaque envers l'opposition venant d'en haut fut accompagnée d'un assaut violent venant d'en bas mené par la SA. Dans des attaques désespérées, au cours desquelles dix-huit nazis et cinquante-et-un membres de l'opposition furent tués, toutes les réunions des communistes, la plupart des réunions des socialistes et bon nombre de celles du Parti centriste furent perturbées. En dépit de tout cela, il était évident, une semaine avant l'élection, que le peuple allemand n'était pas convaincu. En conséquence, sous des circonstances qui restent mystérieuses, un complot fut élaboré pour bruler le bâtiment du Reichstag et

Le régime nazi

blâmer les communistes. La plupart des conspirateurs étaient homosexuels et furent capables de persuader un idiot dégénéré de Hollande, nommé Van der Lubbe, de les accompagner. Après que le bâtiment fût incendié, Van der Lubbe fut laissé, errant à l'intérieur, et fut arrêté par la police. Le gouvernement arrêta immédiatement quatre communistes, y compris le chef du parti dans le Reichstag (Ernst Torgler).

Le jour suivant l'incendie (28 février 1933), Hindenburg signa un décret suspendant toutes les libertés civiles et donnant au gouvernement le pouvoir d'envahir toute sphère privée, y compris le droit de fouiller des résidences privées ou de confisquer des biens. Tous les membres communistes du Reichstag, ainsi que des milliers d'autres, furent immédiatement arrêtés et tous les journaux communistes et sociaux-démocrates furent suspendus pendant deux semaines.

La véritable histoire de l'incendie du Reichstag ne fut gardée secrète que difficilement. Plusieurs personnes qui connaissaient la vérité, y compris un membre nationaliste du Reichstag, le Dr Oberfohren, furent tuées en mars et avril pour les empêcher de diffuser la véritable histoire. La majorité des nazis qui avaient fait partie du complot furent tués par Göring pendant la « Nuit des Longs Couteaux » du 30 juin 1934. Les quatre communistes qui avaient été directement accusés du crime furent acquittés par les cours allemandes normales, bien que Van der Lubbe fût condamné.

Malgré ces mesures draconiennes, l'élection du 5 mars 1933 fut un échec du point de vue nazi. Le parti d'Hitler ne reçut que 288 des 647 sièges ou 43,9% du scrutin total. Les nationalistes n'obtinrent que 8%. Les communistes obtinrent 81 sièges, une diminution de 19, mais les socialistes en obtinrent 125, une hausse de 4 sièges. Le Parti centriste chuta de 89 à 74 et le Parti populaire chuta de 11 à 2 sièges. Les nationalistes restèrent à 52 sièges. Dans les élections simultanées du Régime prussien, les nazis obtinrent 211 sièges et les nationalistes obtinrent 43 sièges sur 474.

La période de l'élection du 5 mars 1933 à la mort d'Hindenburg le 2 aout 1934, est généralement appelée la Période de Coordination (Gleichschaltung). Le processus fut effectué, alors que la campagne électorale venait de se terminer, par des actes illégaux d'en dessous et des actions formalistes d'en haut. D'en-dessous, le 7 mars, à travers l'Allemagne, la SA balaya une grande partie de l'opposition par la violence, la poussant à se cacher. Elle marcha vers la plupart des bureaux des syndicats, des périodiques et des autorités locales, les démolissant, expulsant leurs occupants et hissant le drapeau du svastika. Le ministre de l'Intérieur, Wilhelm Frick, approuva ces actions en nommant des nazis comme présidents de la police dans divers États allemands (Baden, Saxe, Wurtemberg, Bavière), y compris le général von Epp en Bavière. Ces hommes utilisèrent ensuite leurs pouvoirs de police pour prendre le contrôle de l'appareil du gouvernement étatique.

Le nouveau Reichstag se réunit le 23 mars dans l'opéra Kroll. Afin d'obtenir une majorité, les nazis exclurent tous les membres communistes et 30 membres socialistes de la session, soit près de 109 au total. Il fut demandé aux membres restant d'adopter une «loi d'habilitation» qui donnerait au gouvernement le droit de légiférer par décret sans le besoin de la signature présidentielle, comme dans l'article 48, et sans restrictions constitutionnelles sauf pour ce qui est des pouvoirs du Reichstag, du Reichsrat et de la présidence, pendant quatre ans.

Puisque cette loi requérait une majorité des deux tiers, elle aurait pu être battue si seulement un petit groupe du Parti centriste avait voté contre elle. Pour être sûr, Hitler indiqua clairement qu'il était prêt à faire usage de la violence contre tous ceux qui refusaient de coopérer avec lui, mais son pouvoir de le faire sur un problème constitutionnel clair et net en mars 1933 était bien moindre qu'il ne le devint plus tard, puisque sa violence sur une telle question aurait pu monter le président et le Reichswehr contre lui.

Malgré le discours intimidant de Hitler, Otto Wels des sociaux-démocrates prit la parole pour expliquer pourquoi son parti refusait de soutenir le projet de loi. Il fut suivi par Monsignor Kaas du Parti centriste qui expliqua que son groupe catholique le soutiendrait. Le vote en faveur de la loi fut plus que suffisant, étant de 441 voix contre 94, avec les sociaux-démocrates formant la solide minorité. Ainsi, ce groupe faible, craintif, doctrinaire et ignorant se racheta par son courage après que la onzième heure passa.

Sous cette «Loi d'Habilitation», le gouvernement publia une série de décrets révolutionnaires au cours des mois suivants. Les régimes de tous les États allemands à l'exception de la Prusse (qui avait eu sa propre élection le 5 mars) furent reconstitués dans les proportions de votes dans l'élection nationale du 5 mars, à la différence que les communistes furent rejetés. Chaque parti reçut son quota de membres et fut permis de nommer les membres individuels en se fondant purement sur le parti. Une procédure similaire fut appliquée aux gouvernements locaux. Ainsi, les nazis reçurent une majorité dans chaque corps.

Un décret du 7 avril donna au gouvernement du Reich le droit de nommer un gouverneur de chaque État allemand. Cela fut une nouvelle habilitation pour renforcer les politiques du gouvernement du Reich au point même de rejeter les gouvernements fédéraux, y compris les Premiers ministres, les régimes et les juges jusqu'à maintenant inamovibles. Ce droit fut utilisé dans chaque État pour avoir un gouverneur nazi et un Premier ministre nazi. En Bavière, par exemple, ces deux personnes étaient Epp et Rohm, tandis qu'en Prusse c'était Hitler et Göring. Dans bon nombre d'États, le gouverneur était le chef du district du Parti nazi, et dans les lieux où il ne l'était pas, il était sujet aux ordres de ce chef. Par une loi plus tardive du 30 janvier 1934, les régimes des États furent abolis ; les pouvoirs souverains des États furent transférés au Reich ; et les gouverneurs devinrent des subalternes du ministère de l'Intérieur du Reich.

Tous les partis politiques, sauf le Parti nazi, furent abolis en mai, juin et juillet 1933. Les communistes avaient été rendus illégaux le 28 février. Les sociaux-démocrates enjoints à toutes activités le 22 juin et furent renvoyés de divers corps régissant le 7 juillet. Le Parti d'État allemand (Parti démocratique) et le Parti populaire allemand furent dissouts le 28 juin et le 4 juillet. Le Parti populaire de Bavière fut écrasé par la SA le 22 juin et se démantela lui-même le 4 juillet. Le Parti centriste fit la même chose le jour suivant. Une série de batailles féroces entre la SA et le Stahlhelm en avril-juin 1933 se termina avec l'absorption du dernier dans le Parti nazi. Les nationalistes furent écrasés par la violence le 21 juin ; Hugenberg fut incapable de pénétrer la garde SA autour de Hindenburg pour contester ; et le 28 juin, son parti fut dissout. Enfin, le 14 juillet 1933, le Parti nazi fut déclaré le seul parti reconnu en Allemagne.

Les classes moyennes furent coordonnées et désappointées. Les associations de commerces de gros et de vente au détail furent consolidées en une Société du Reich du Commerce allemand sous la direction du nazi Dr von Renteln. Le 22 juin, le même homme devint président du Conseil de l'Industrie et du Commerce allemand, qui était un syndicat de toutes les chambres du commerce. En Allemagne, ces dernières avaient été des sociétés juridiques semi-publiques.

La dissolution des grands magasins, qui avaient été l'une des promesses des nazis à la petite bourgeoisie depuis le programme en 25 points de Gottfried Feder de 1920, fut abandonnée, d'après l'annonce de Hess le 7 juillet. De plus, la liquidation des sociétés coopératives, qui avait également été une promesse de longue durée, fut abandonnée par une annonce du 19 juillet. Ce dernier renversement résultait du fait que la plupart des coopératives fussent tombées sous le contrôle des nazis en étant envahies par le Front ouvrier le 16 mai 1933.

La main-d'œuvre fut organisée sans résistance, sauf de la part des communistes. Le gouvernement fit du 1er mai un jour férié et le célébra avec un discours de Hitler sur la dignité de la main-d'œuvre devant un-million de personnes à Tempelhof. Le jour suivant, la SA s'empara de tous les bâtiments et bureaux des syndicats, arrêta tous les chefs de syndicats et envoya la plupart d'entre eux en camps de concentration. Les syndicats eux-mêmes furent incorporés dans un Front ouvrier nazi sous Robert Ley. Le nouveau chef, dans un article dans le Volkischer Beobachter, promit aux employés qu'ils pouvaient dorénavant être les maitres dans leurs propres résidences tant qu'ils servaient la nation (c'est-à-dire, le Parti nazi). Du travail fut fourni à la main-d'œuvre en réduisant la semaine de travail à quarante heures (avec une diminution de salaire correspondante), en interdisant aux étrangers de travailler, par le biais d'un « service du travail » pour le gouvernement imposé, par l'attribution de prêts aux personnes mariées, par des réductions d'impôts pour les personnes qui dépensent l'argent sur des réparations, par la construction de routes militaires, et ainsi de suite.

L'agriculture ne fut coordonnée qu'après que Hugenberg eût quitté le gouvernement le 29 juin et qu'il fût remplacé par Richard Darre en tant que ministre du Reich de l'alimentation et ministre de l'Agriculture prussien. Les diverses terres et associations de paysans furent réunies en une seule association dont Darre était le président, tandis que diverses associations de propriétaires furent unies pour devenir le Conseil de l'Agriculture allemand dont Darre était également le président.

La religion fut coordonnée de diverses façons. L'Église Évangélique fut réorganisée. Quand un non-nazi, Friedrich von Bodelschwing, fut élu évêque du Reich en mai 1933, il fut démis de force de ses fonctions et le Synode national fut forcé d'élire un nazi, Ludwig Müller, à sa place (27 septembre). Aux élections pour les assemblées religieuses en juillet 1933, la pression gouvernementale était si forte qu'une majorité de nazis fut choisie pour chacune d'elles. En 1935, un ministre des Affaires religieuses sous la direction de Hans Kerrl fut établi avec le pouvoir d'émettre des injonctions ayant la force de la loi et avec un contrôle total sur la propriété et les fonds de l'Église. Les chefs protestants proéminents, comme Martin Niemoller, qui s'opposaient à ces étapes, furent arrêtés et envoyés en camps de concentration.

L'Église catholique fit tous les efforts envisageables pour coopérer avec les nazis, mais se rendit rapidement compte que cela était impossible. Elle révoqua sa condamnation du nazisme le 28 mars 1933 et signa un concordat avec von Papen le 20 juillet. Par cet accord, l'État reconnut la liberté religieuse, l'exemption du clergé de certains devoirs civiques, et le droit de l'Église de gérer ses propres affaires et d'établir des écoles confessionnelles. Les gouverneurs de l'État allemand reçurent le droit de s'opposer aux nominations aux postes cléricaux les plus élevés ; les évêques durent faire un serment de loyauté et l'éducation dut continuer à fonctionner comme elle le faisait.

Cet accord avec l'Église commença à s'effondrer presque immédiatement. Dix jours après la signature du Concordat, les nazis commencèrent à attaquer la Ligue de la Jeunesse catholique et la presse catholique. Les écoles confessionnelles furent limitées et les membres du clergé furent arrêtés et jugés pour évasion des régulations des changes monétaires et pour immoralité. L'Église condamna les tentatives des nazis comme Rosenberg pour remplacer le christianisme par un paganisme allemand ressuscité et des lois telles que celles permettant la stérilisation de personnes socialement répréhensibles. Le livre de Rosenberg, Le Mythe du vingt*ième siècle, fut mis à l'Index* ; des spécialistes catholiques exposèrent ses erreurs dans une série d'études en 1934 ; et enfin, le 14 mars 1937, le pape Pie XI condamna bon nombre des doctrines du nazisme dans le Mit brennender Sor*ge encyclique.*

*Les t*entatives de coordonner le service civil commencèrent avec la loi du 7 avril 1933 et continuèrent jusqu'à la fin du régime sans jamais être complètement couronnées de succès à cause du manque de personnel compétent qui étaient de loyaux nazis. Les « non-Aryens » (Juifs) ou les personnes mariées aux « non-Aryens », les personnes politiquement peu fiables et les « Marxistes » furent renvoyés et la loyauté au nazisme fut requise pour la nomination et la promotion au service civil.

Parmi les éléments principaux de la société allemande, la présidence, l'armée, l'Église catholique et l'industrie furent les seules à ne pas être coordonnées avant 1934. De plus, l'appareil administratif était seulement partiellement contrôlée. La première, la présidence, fut totalement envahie en 1934 suite à un accord avec l'armée.

Dès le printemps de l'année 1934, le problème de la SA devint critique puisque cette organisation mettait directement deux membres du Quatuor, l'armée et l'industrie, à l'épreuve. L'industrie était mise à l'épreuve par la demande de la SA pour la « seconde révolution », c'est-à-dire, pour les réformes économiques qui justifieraient l'usage du mot « socialisme » dans le nom « socialisme national ». L'armée fut mise à l'épreuve par la demande du Capitaine Rohm que sa SA soit incluse dans le Reichswehr avec chaque officier ayant le même rang dans ce dernier que dans le précédent. Puisque le Reichswehr n'avait que 300.000 hommes tandis que la SA en avait trois-millions, cela aurait inondé le Corps d'officiers. Hitler avait dénoncé ce projet le 1er juillet 1933 et Frick le répéta dix jours plus tard. Cependant, Rohm répéta sa demande le 18 avril 1934 et fut repris par Edmund Heines et Karl Ernst. Lors d'une réunion du Cabinet au complet, le ministre de la Guerre, le Général von Blomberg refusa.

Une situation tendue se développa. Si Hindenburg était mort, le Reichswehr aurait peut-être liquidé les nazis et restauré la monarchie. Le 21 juin, Hindenburg ordonna à Blomberg d'utiliser l'armée, si nécessaire, pour restaurer l'ordre dans le pays. Ceci fut vu comme une menace envers la SA. En conséquence, Hitler fit l'accord de détruire la SA en échange d'un accord de carte blanche pour s'occuper de la présidence quand elle devenait vacante. Ceci fut fait. Une rencontre des chefs de la SA fut demandée pour le 30 juin 1934 par Hitler à Bad Wiessee, en Bavière. Les SS, sous le commandement personnel de Hitler, arrêtèrent les chefs de la SA au milieu de la nuit et tirèrent sur la plupart d'entre eux immédiatement. À Berlin, Göring fit la même chose aux chefs SA présents là-bas. Hitler et Göring tuèrent la plupart de leurs ennemis personnels ; les incendiaires, Gregor Strasser, le Général et Mme von Schleicher, tous les associés proches de von Papen, Gustav von Kahr, tous ceux qui avaient connu Hitler dans les premiers jours de son échec, et bien d'autres. Papen ne s'échappa que de justesse. En tout, plusieurs milliers furent éliminés dans cette « Nuit des Longs Couteaux ».

Deux excuses furent données pour cet acte violent : les hommes tués étaient homosexuels (une chose qui était sue depuis des années) et ils étaient membres d'une conspiration pour tuer Hitler. Le fait qu'ils fussent dans une conspiration était relativement vrai, mais celle-ci n'était en aucun cas arrivée à maturité en juin 1934, et elle visait l'armée et l'industrie, pas Hitler. En réalité, Hitler avait hésité jusqu'au dernier moment entre unir sa destinée avec la « seconde révolution » ou avec le Quatuor. Sa décision de rejoindre ce dernier et d'exterminer le premier fut un évènement d'une grande importance. Cela fit irrévocablement du mouvement nazi une contrerévolution de la droite, utilisant l'organisation du parti comme un instrument pour protéger le statuquo économique.

Les partisans de la « seconde révolution » furent contraints à la clandestinité, formant un « Front noir » sous la direction d'Otto Strasser. Ce mouvement fut si inefficace, que le seul choix qui s'offrait à l'Allemand moyen était le choix entre le mode de vie réactionnaire développé autour des membres survivants du Quatuor (l'armée et l'industrie) et le nihilisme complètement irrationnel de la clique interne du Parti nazi.

Une troisième option possible n'apparut que lorsque le régime touchait à sa fin : un humanisme chrétien progressif et coopératif ranimé qui surgissait de la réaction engendrée au sein du Quatuor par la réalisation du fait que le nihilisme des nazis était seulement le résultat logique des méthodes traditionnelles du Quatuor de poursuivre ses buts traditionnels. Bon nombre des personnes associées à cette troisième option furent détruites par les nazis dans la destruction systématique qui suivit la tentative d'assassinat d'Hitler le 20 juin 1944.

En échange de l'étape décisive d'Hitler, la destruction de la SA le 30 juin 1934, l'armée permit à Hitler de devenir président à la suite de la mort de Hindenburg en aout. En combinant les fonctions de président et de chancelier, Hitler obtint le droit légal du président de diriger par décret et obtint également le contrôle suprême de l'armée, une position qu'il solidifia en exigeant un serment personnel d'obéissance inconditionnelle de la part de chaque soldat (la Loi du 20 aout 1934). À partir de ce moment, dans les esprits du Reichswehr et de l'appareil administratif, il était légalement et moralement impossible de résister aux ordres d'Hitler.

LES GOUVERNANTS ET LES GOUVERNÉS, 1934-1945

Ainsi, en aout 1934, le mouvement nazi avait atteint son objectif : l'établissement d'un État autoritaire en Allemagne. Le mot utilisé ici est « autoritaire », car, contrairement au régime fasciste en Italie, le régime nazi n'était pas totalitaire. Il n'était pas totalitaire, car deux membres du Quatuor n'étaient pas coordonnés, un troisième membre ne fut que partiellement coordonné et, contrairement à l'Italie ou à la Russie soviétique, le système économique n'était pas dirigé par l'État, mais était sujet au « règne autonome ». Tout cela n'était pas non plus en accord avec l'opinion populaire sur la nature du système nazi ni à l'époque où il était florissant ni depuis. Les journalistes et auteurs journalistes appliquèrent le terme « totalitaire » au système nazi et le nom resta sans réelle analyse des faits tels qu'ils existaient. En réalité, le système nazi n'était totalitaire ni en théorie ni en pratique.

Le mouvement nazi, dans son analyse la plus simple, était une agrégation de gangsters, de névrotiques, de psychopathes et de gens simplement mécontents, avec un petit mélange d'idéalistes. Ce mouvement fut développé par le Quatuor en tant que force contrerévolutionnaire contre, premièrement, la République de Weimar, l'internationalisme et la démocratie, et contre, deuxièmement, les dangers de la révolution sociale, surtout le communisme, engendrés par la dépression économique mondiale. Ce mouvement, une fois arrivé au pouvoir à la demande du Quatuor, choisit une vie et des objectifs propres assez différents et, effectivement, très défavorables à la vie et aux objectifs du Quatuor. Aucune confrontation ou conflit ouvert ne naquit entre le mouvement et le Quatuor. Au lieu de cela, un modus vivendi par lequel les deux membres principaux du Quatuor, l'industrie et l'armée obtinrent leurs désirs fut mis au point tandis que les nazis obtinrent le pouvoir et les privilèges auxquels ils aspiraient.

Les graines du conflit continuèrent à exister et même à grandir entre le mouvement et ses créateurs, surtout à cause du fait que le mouvement eût fonctionné continuellement pour créer un système industriel de substitution et une armée de substitution parallèles à l'ancien système industriel et à l'ancien Reichswehr. Ici encore, le conflit menaçant n'éclata jamais, car la Seconde Guerre mondiale eut le double résultat qu'elle démontra le besoin de solidarité face à l'ennemi et qu'elle apporta un grand butin et de grands bénéfices aux deux côtés : aux industriels et au Reichswehr d'une part et au parti d'autre part.

À l'exception de la montée du parti et des bénéfices, du pouvoir et du prestige qui s'accumulèrent pour les chefs (mais pas pour les membres ordinaires) du parti, la structure de la société allemande ne changea pas de façon drastique après 1933.

Elle était toujours nettement divisée en deux parties : les gouvernants et les gouvernés. Les trois changements principaux furent : (1) les méthodes et techniques par lesquelles les gouvernants contrôlaient les gouvernés furent modifiées et intensifiées, de telle façon que la loi et les procédures légales disparurent pratiquement et le pouvoir (exercé par la force, les pressions économiques et la propagande) devint bien plus pur et direct dans son application, (2) le Quatuor qui avait détenu le véritable pouvoir de 1919 à 1933 fut réarrangé et agrandi à un Quintette, comme avant 1914, et (3) la limite entre gouvernants et gouvernés fut rendue plus nette, avec moins de personnes dans une position ambigüe qu'auparavant dans l'histoire allemande ; ceci fut rendu plus acceptable pour les gouvernés par la création d'un nouveau troisième groupe de non-citoyens (Juifs et étrangers) qui pouvaient être exploités et oppressés même par le second groupe de gouvernés.

Le tableau suivant montre les relations approximatives des groupes gouvernants dans les trois périodes de l'histoire allemande au XXe siècle :

Empire	La République de Weimar	Le Troisième Reich
Empereur		Parti nazi (uniquement les leaders)
Armée	Armée	Industrie
Propriétaires de terres	L'appareil administratif	Armée
L'appareil administratif	Industrie	L'appareil administratif
Industrie	Propriétaires de terres	Propriétaires de terres

Les groupes gouvernés sous ses gouvernants restèrent à peu près les mêmes. Dans le Troisième Reich, ils comprenaient : (1) les paysans, (2) les ouvriers, (3) la petite bourgeoisie de clercs, de détaillants, d'artisans, de la petite industrie et ainsi de suite, et (4) les groupes professionnels tels que les docteurs, pharmaciens, enseignants, ingénieurs, dentistes, etc. En dessous de ceux-ci se trouvait le groupe submergé de « non-Aryens » et les habitants des régions occupées.

Une lumière révélatrice fut lancée sur la société nazie par l'examen des positions des groupes gouvernants. Nous allons examiner chacune de ces positions dans l'ordre inverse.

L'influence du groupe de propriétaires dans la période initiale reposait sur la tradition plutôt que sur le pouvoir. Elle était supportée par un certain nombre de facteurs : (1) les rapports étroits des propriétaires avec l'empereur, l'armée et l'appareil administratif, (2) les règles de vote particulières en Allemagne qui donnaient aux propriétaires une influence excessive en Prusse et donnait à l'État de Prusse une influence excessive en Allemagne, et (3) le pouvoir économique et social des propriétaires, surtout à l'est de l'Elbe, un pouvoir basé sur leur capacité à faire pression sur les locataires et ouvriers agricoles dans cette région.

Toutes ces sources de pouvoirs s'affaiblissaient, même sous l'empire. La république et le Troisième Reich étendirent simplement un processus déjà bien avancé. Le pouvoir économique des propriétaires était menacé par la crise agricole après 1880 et était clairement visible dans leur demande d'une protection tarifaire après 1895. La faillite des domaines des junkers était destinée à ébranler leur influence politique même si l'État était prêt à les soutenir indéfiniment avec des subventions et de l'Osthilfe. Le départ de l'empereur et le changement de position de l'armée et de l'appareil administratif sous la république affaiblirent ces pistes d'influence indirecte par les propriétaires. Le changement des règlementations électorales après 1918 et la fin du vote après 1933, combiné à l'absorption grandissante de la Prusse et des autres lands (états fédérés) en un État allemand unifié, réduisirent le pouvoir politique du groupe de propriétaires. Enfin, leur influence sociale fut affaiblie par la migration des ouvriers agricoles allemands de l'est de l'Allemagne vers le centre et l'ouest de l'Allemagne et leur remplacement par la main-d'œuvre agricole slave.

Cette hausse du pouvoir du groupe de propriétaires continua sous le Troisième Reich et fut intensifiée par le fait que ce groupe était un segment du Quatuor qui était très bien coordonné. Les propriétaires perdirent la majeure partie de leur pouvoir économique, car le contrôle de leur vie économique ne fut pas laissé entre les mains des propriétaires comme cela avait été le cas avec l'industrie. Dans les deux cas, la vie économique était contrôlée, principalement par des cartels et des associations, mais dans l'industrie ceux-ci étaient contrôlés par des industriels alors que dans l'agriculture ils étaient contrôlés par l'État en étroite coopération avec le parti.

Les prix, la production, les conditions de vente et, en réalité, chaque détail concernant l'agriculture étaient contrôlés par la société gouvernementale appelée le Reichsnahrstand qui consistait en un ensemble de groupes, d'associations et de conseils. Le chef de cet ensemble était le ministre de l'Alimentation et de l'Agriculture, nommé par Hitler. Ce chef nomma les chefs subalternes de toutes les organisations membres du Reichsnahrstand et ceux-ci, en retour, nommèrent leurs subalternes. Ce processus fut poursuivi jusqu'à l'individu le plus bas, chaque chef nommant ses subalternes directs conformément au « principe de leadeurship ». Toute personne engagée dans toute activité concernant l'agriculture, l'alimentation ou la production de matières premières, y compris le bois, la pêche, l'industrie laitière et le pâturage, faisait partie d'une ou plusieurs associations dans le Reichsnahrstand. Les associations étaient organisées à la fois sur une base territoriale et sur une base fonctionnelle. Sur une base fonctionnelle, elles étaient organisées à la fois en associations verticales et horizontales. Sur une base territoriale, il y avait vingt « communautés de paysans » régionaux (Landesbauernschaften) subdivisées en 515 « communautés de paysans » locales (Kreisbauernschaften). Sur une base horizontale se trouvaient les associations de personnes qui exerçaient la même activité, tels que le meulage de la farine, le barattage du beurre, la culture de céréales, etc. Sur une base verticale se trouvaient les associations de toutes les personnes concernées par la production et le traitement de toute denrée, comme les céréales ou le lait. Ces organisations, toutes formées sur le « principe de leadeurship », étaient principalement concernées par les prix et les quotas de production. Ceux-ci étaient contrôlés par l'État, mais les prix étaient fixés à un niveau suffisant pour apporter un profit à la plupart des participants et les quotas étaient fondés sur des analyses estimées par les fermiers eux-mêmes.

Alors que les propriétaires perdirent du pouvoir de cette manière, ils reçurent des avantages économiques. Comme cela convenait à un mouvement contrerévolutionnaire, les nazis augmentèrent la richesse et les privilèges des propriétaires. Le rapport sur le scandale de l'Osthilfe, qui avait été fait pour Schleicher en 1932, fut supprimé de façon permanente. Le programme d'autarcie leur donna un marché stable pour leurs produits, les protégeant des aléas qu'ils avaient subis sous le libéralisme avec ses marchés instables et ses prix fluctuants. Les prix fixés sous le nazisme n'étaient pas élevés, mais étaient adéquats, surtout en combinaison avec d'autres avantages. En 1937, les prix payés aux fermiers étaient 23% plus importants qu'en 1933 bien qu'encore 28% en dessous de ceux de 1925. Les plus grandes fermes qui utilisaient de la main-d'œuvre embauchée étaient aidées par la prévention des syndicats, les grèves et les hausses salariales. Les forces ouvrières furent accrues par l'utilisation des services de main-d'œuvre des garçons et des filles dans le mouvement des Jeunesses nazies et du Service de main-d'œuvre. Les paiements des intérêts et des taxes furent tous deux réduits, le premier de 950 millions de marks en 1929-1930 à 630 millions de marks en 1935-1936 et le dernier de 740 millions à 460 millions de marks dans les mêmes six années. Les fermiers furent complètement dispensés de contributions d'assurance maladie qui s'élevaient à 19 millions de marks en 1932-1933. La menace constante de briser les grands domaines fut retirée, qu'elle provienne de l'État ou de créanciers privés. Toutes les fermes plus grandes que des fermes familiales furent sécurisées en possession de la famille de leur propriétaire, sans possibilité d'aliénation, par le biais de l'augmentation de l'usage de la succession dans les grands domaines et par l'Acte des fermes Héréditaires pour les unités moins importantes.

Ces bénéfices furent plus grands pour les unités les plus grandes que pour les moins importantes et ils furent les plus grands pour les grands domaines. Alors que les petites fermes (5 à 50 hectares), selon Max Sering, faisaient un retour net de 9 marks par hectare en 1925, les larges (plus de 100 hectares) perdirent 18 marks par hectare. En 1934, les chiffres correspondants étaient 28 et 53, un gain de 19 marks par hectare pour les petites unités et de 71 marks par hectare pour les grandes unités. Suite à cette croissance de la rentabilité des grandes unités, la concentration de la propriété de terre en Allemagne fut augmentée, renversant ainsi une tendance. Le nombre et la taille moyenne des grandes unités augmentèrent tous les deux.

Ainsi, les propriétaires gagnèrent de grands privilèges et récompenses dans le Troisième Reich, mais au cout d'une réduction drastique de leur pouvoir. Ils étaient coordonnés, comme le reste de la société en dehors des groupes gouvernants ; le résultat fut qu'ils devinrent le groupe le moins important d'entre eux.

Le régime nazi

L'appareil administratif ne fut pas complètement coordonnée, mais son pouvoir fut grandement réduit. Le service civil n'était pas, comme nous l'avons indiqué, purgé des non nazis, bien que les Juifs et les hommes clairement antinazis fussent généralement retirés. Il n'y eut d'abord un changement extensif qu'au ministère de l'Économie, peut-être à cause de la réorganisation complète du Ministère. Mais ce changement ne fit pas entrer de nouveaux membres au parti ; il apporta des hommes d'entreprises privées. En dehors du ministère de l'Économie, les changements principaux furent les ministres eux-mêmes et leurs secrétaires d'État. Les ministères fraichement créés, bien sûr, avaient de nouveaux hommes, à l'exception des niveaux les plus bas, ceux-ci ne furent pas choisis, car ils étaient des membres du parti. L'ancienne division de l'appareil administratif en deux classes (académique et non-académique), avec la plus haute ouverte uniquement à ceux qui réussissaient un examen académique, continua. Ce n'est que dans les rangs les moins élevés et non qualifiés que les membres du parti submergèrent le service.

Dès 1939, parmi les 1,5 million de fonctionnaires, 28,2% étaient des membres du parti, 7,2% faisaient partie de la SA et 1,1% faisaient partie des SS. L'acte de 1933, qui renvoya les non-Aryens et les politiques peu fiables, n'affecta que 1,1% (ou 25 sur 2.339) des plus hauts fonctionnaires. Mais les nouvelles recrues étaient majoritairement des membres du parti, de sorte qu'avec le temps, l'appareil administratif devint presque complètement nazie. L'Acte du Service civil de 1937 ne requérait pas d'allégeance au parti, mais le candidat devait être loyal à la pensée nazie. En pratique, 99% de ceux nommés au rang d'assesseur (le rang académique le plus bas) furent des membres du parti de 1933 à 1936. Cependant, une loi du 28 décembre 1939 spécifiait, ce qui avait toujours été compris, que, dans son travail de service civil, un membre du parti n'était pas sujet aux ordres du parti, mais seulement aux ordres du supérieur du service civil. Là encore, les rangs moins élevés étaient plus sujets au contrôle du parti au moyen de la « cellule du parti » du bureau qui permettait aux membres du parti d'arriver à leurs fins par la terreur. Ceci ouvre un aspect important, si non officiel, de ce sujet.

Un changement principal fut que lorsqu'auparavant, l'appareil administratif gouvernait par des règles rationnelles connues, sous les nazis, il gouvernait de plus en plus par le biais de règles irrationnelles et même inconnues. Ces règles ne furent faites ni auparavant ni plus tard par l'appareil administratif et, dans une certaine mesure, les règles ultérieures, à cause des propensions antidémocratiques bien connues de l'appareil administratif, furent peut-être plus acceptables pour la bureaucratie. Une chose plus importante était l'influence du terrorisme du parti, par la SA, les SS et la police secrète (Gestapo). Une chose encore plus importante était la croissance, en dehors de l'appareil administratif, d'une organisation du parti qui annula et éluda les décisions et actions de l'appareil administratif ordinaire. La police ordinaire était contournée par la police du parti ; les pistes ordinaires de la justice étaient contournées par les tribunaux du parti ; les prisons ordinaires étaient éclipsées par les camps de concentration du parti. Par la suite, Torgler, acquitté par les tribunaux ordinaires de l'accusation selon laquelle il aurait conspiré pour bruler le Reichstag, fut immédiatement envoyé dans un camp de concentration par la police secrète ; et Niemoller, ayant purgé une brève peine pour violation des règlementations religieuses, fut transféré d'une prison ordinaire à un camp de concentration.

Le Corps d'officiers du Reichswehr ne fut pas coordonné, mais se trouva plus sujet aux nazis qu'il ne l'avait jamais été à la République de Weimar. La République n'aurait jamais pu tuer des généraux comme l'a fait Hitler en 1934. Cet affaiblissement du pouvoir de l'armée, cependant, n'était pas autant en relation avec le parti qu'elle ne l'était avec l'État. Auparavant, l'armée contrôlait l'État en très grande partie ; sous le Troisième Reich, l'État contrôlait l'armée ; mais le parti ne contrôlait pas l'armée et, par son incapacité à le faire, développa sa propre armée (SS). Il y avait une disposition législative qui rendait illégal pour les membres des forces armées le fait d'être simultanément des membres du parti. Cette incompatibilité fut révoquée en automne 1944. Cependant, l'armée était complètement assujettie à Hitler en tant que chef d'État, mais pas en tant que führer du Parti nazi. L'armée avait toujours été subordonnée au chef d'État. Quand Hitler obtint sa position (avec le consentement de l'armée) à la mort de Hindenburg le 2 aout 1934, il renforça sa position en exigeant que les officiers de l'armée lui prêtent personnellement un serment de loyauté et non pas seulement à la Patrie allemande comme c'était le cas auparavant. Tout cela fut possible, car l'armée, bien qu'elle ne fût pas coordonnée, approuvait généralement ce que les nazis faisaient et, lorsqu'ils étaient occasionnellement en désaccord, ils ne le faisaient que pour des raisons tactiques. Les relations entre les deux furent clairement énoncées par le Maréchal Werner von Blomberg, le ministre de la Guerre du Reich et le commandant en chef des forces armées jusqu'en février 1939 :

« Avant 1938-1939, les généraux allemands n'étaient pas opposés à Hitler. Il n'y avait pas de raison de s'opposer à Hitler puisqu'il produisait les résultats qu'ils désiraient. Après cette période, des généraux commencèrent à condamner ses méthodes et perdirent confiance dans le pouvoir de son jugement. Cependant, ils échouèrent en tant que groupe pour prendre position contre lui, bien que quelques-uns d'entre eux essayassent de le faire et, par la suite, durent le payer de leurs vies ou de leurs positions ». Il n'est pas nécessaire d'ajouter à cette déclaration le fait que le Corps d'officiers allemand maintint sa condition autonome et son contrôle de l'armée par la destruction de son principal rival, la SA, le 30 juin 1934. Il paya pour cela le 2 aout 1934. Après cela, il était trop tard pour qu'il s'oppose au mouvement, même s'il l'avait souhaité.

La position des industriels dans la société nazie était complexe et très importante. En général, l'entreprise avait une position extraordinaire. Premièrement, elle était la seule membre du Quatuor qui avait amélioré sa position dans le Troisième Reich de façon draconienne. Deuxièmement, il s'agissait du seul membre du Quatuor qui n'était pas largement coordonné et dans lequel le « principe de leadership » n'était pas appliqué. Au lieu de cela, l'industrie fut laissée libre de tout contrôle du gouvernement et du parti sauf dans les termes les plus généraux et sauf pour les exigences de la guerre et fut plutôt assujettie à un type d'autorégulation bâti non pas sur le « principe de leadership », mais sur un système où le pouvoir était proportionnel à la taille de l'entreprise.

Dans ces étranges exceptions, nous pouvons trouver l'un des principes centraux du système nazi. Il s'agit d'un principe qui est souvent oublié. Il nous fut dit que l'Allemagne avait un État-entreprise ou un État totalitaire. Aucun n'était vrai. Il n'y avait pas de réelle structure corporative (même frauduleuse, comme en Italie et en Autriche), et une telle organisation, très débattue avant et après 1933, fut rapidement abandonnée dès 1935. Le terme « totalitaire » ne pouvait pas être appliqué au système allemand d'autorégulation, même s'il pouvait être appliqué au système soviétique.

Le système nazi était un capitalisme dictatorial, c'est-à-dire une société organisée de sorte que tout soit sujet aux profits du capitalisme; c'est-à-dire, tout ce qui était conforme à deux facteurs: (a) que le Parti nazi, qui n'était pas capitaliste, soit au contrôle de l'État, et (b) que la guerre, qui n'était pas capitaliste, puisse forcer la restriction des avantages capitalistes (au moins sur le court terme). Dans ce cas, nous devons définir nos termes de façon précise. Nous définissons le capitalisme comme un « système d'économie dans lequel la production est fondée sur le profit pour ceux qui contrôlent le capital ». Dans cette définition, un point doit être noté: l'expression « pour ceux qui contrôlent le capital » ne signifie pas nécessairement les propriétaires. Dans les conditions économiques modernes, une entreprise à grande échelle avec un actionnariat largement dispersé a rendu la gestion plus importante que la propriété. Par conséquent, le profit est différent des dividendes et, en réalité, les dividendes deviennent inacceptables pour la gestion, puisqu'ils retirent le profit de son contrôle.

Le système capitaliste traditionnel était un système de profit. Dans sa poursuite du profit, il n'était pas essentiellement préoccupé par la production, la consommation, la prospérité, le taux d'emploi élevé, le bienêtre national ou toute autre chose. Par la suite, sa concentration sur le profit servit finalement à nuire au profit.

Ce développement mit la société dans un tel état que des ennemis du système de profit commencèrent à se soulever de tous côtés. Le fascisme fut la contrattaque du système de profit contre ces ennemis. Cette contrattaque fut menée d'une manière tellement violente que toute l'apparence de la société changea, bien que, sur le court terme, la vraie structure ne fût pas grandement modifiée. Sur le long terme, le fascisme menaçait même le système de profit, car les défenseurs de ce système, les hommes d'affaires plutôt que les politiciens, remirent le contrôle de l'État à un groupe de gangsters et d'aliénés qui, sur le long terme, risquaient de s'attaquer aux hommes d'affaires eux-mêmes.

Sur le court terme, le mouvement nazi atteignit le but de ces créateurs. Afin de sécuriser les profits, il cherchait à prévenir six dangers possibles pour le système de profit. Ces dangers étaient (1) l'État, (2) le travail organisé, (3) la compétition, (4) la dépression, (5) les pertes commerciales, et (6) des formes alternatives de la production économique organisées sur des bases non lucratives. Ces six devinrent un seul grand danger, le danger de tout système social dans lequel la production était organisée sur toute base autre que le profit. La peur des propriétaires et chefs du système de profit pour tout système organisé sur une autre base devint presque psychopathique.

Le danger du système de profit de l'État a toujours existé, car l'État n'est pas essentiellement organisé sur une base de profit. En Allemagne, ce danger que représente l'État fut évité par l'invasion de l'État par les industriels, pas directement, mais par le biais d'un agent, le Parti nazi. Hitler exprima son désir d'agir comme un tel agent de diverses façons : par le biais de garanties, comme son discours de Düsseldorf en 1932 ; en acceptant, en tant que chef de parti et conseiller économique principal, un représentant de l'industrie lourde (Walter Funk) le même jour (le 31 décembre 1931) durant lequel ce représentant rejoignit le parti à la demande des industriels ; par le biais de la purge de ceux qui désiraient la « seconde révolution » ou un État corporatif ou totalitaire (30 juin 1934).

Le fait que la foi des industriels en Hitler à ce titre n'était pas déplacée fut rapidement démontré. Comme l'écrit de Gustav Krupp, le fabricant d'armes, à Hitler en tant que représentant officiel de l'Association du Reich de l'Industrie allemande, exprimé le 25 avril 1933, « La tournure des évènements est alignée avec les souhaits que le Conseil d'Administration et moi-même avons chéris pendant un long moment ». Cela était vrai. La « seconde révolution » fut rejetée publiquement par Hitler dès juillet 1933 ainsi que bon nombre de ses partisans envoyés en camps de concentration, un développement qui atteignit son paroxysme lors de la « Nuit des Longs Couteaux » un an plus tard. Le radical Otto Wagener fut remplacé en tant que conseiller économique principal du Parti nazi par un manufacturier, Wilhelm Keppler. Les tentatives de coordonner l'industrie furent sommairement arrêtées. Bon nombre des activités économiques qui étaient passées sous le contrôle de l'État furent « reprivatisées ». Les United Steel Works, que le gouvernement avait achetés à Ferdinand Flick en 1932, ainsi que trois des plus grandes banques en Allemagne, qui avaient été prises pendant la crise de 1931, furent restituées à la propriété privée au détriment du gouvernement. Reinmetal-Borsing, l'une des plus grandes sociétés dans l'industrie lourde, fut vendue aux Hermann Göring Works. Bon nombre d'autres entreprises importantes furent vendues à des investisseurs privés. Au même moment, la propriété dans les sociétés industrielles appartenant toujours à l'État passa du contrôle public au contrôle mixte public-privé en étant assujetti à un conseil d'administration mixte. Enfin, l'entreprise municipale fut limitée ; son profit fut taxé pour la première fois en 1935 et la loi permettant les centrales d'énergie électrique municipales fut révoquée la même année.

Le danger que représentait la main-d'œuvre n'était pas aussi grand qu'il en avait l'air de prime abord. Ce n'était pas la main-d'œuvre qui était dangereuse, car la main-d'œuvre n'entrait pas directement et immédiatement en conflit avec le système de profit ; c'était plutôt avec le fait que la main-d'œuvre se fasse de fausses idées, surtout des idées marxistes qui cherchaient à mettre les ouvriers directement en conflit avec le système de profit et la propriété privée. Par la suite, le système nazi chercha à contrôler les idées et l'organisation de la main-d'œuvre et était quasiment aussi désireux de contrôler son temps libre et les activités de loisirs qu'il l'était de contrôler ses aménagements de travail. Pour cette raison, il n'était pas suffisant de simplement détruire les organisations du travail existantes. Cela aurait laissé la main-d'œuvre libre et incontrôlée et capable de suivre tout genre d'idées. Le nazisme, de ce fait, ne tenta pas de détruire ces organisations, mais de prendre leur contrôle. Tous les anciens syndicats furent dissouts pour devenir le front du Travail allemand. Cela donna un corps informe de 25 millions de personnes dans lequel l'individu était perdu. Ce front du Travail était une organisation du parti et ses finances étaient sous le contrôle du trésorier du parti, Franz X. Schwarz.

Le front du Travail perdit rapidement toutes ses activités économiques, principalement au profit du ministère de l'Économie. Une façade élaborée d'organisations frauduleuses qui n'avaient soit jamais existé ou jamais fonctionné fut développée autour du front du Travail. Elles comprenaient les chambres du travail nationales et régionales et un Conseil de l'Économie et du Travail fédéral. En réalité, le front du Travail n'avait pas de fonction économique ou politique et n'avait rien à voir avec les salaires ou les conditions de travail. Ses fonctions principales étaient (1) de faire de la propagande, (2) d'absorber le temps de loisir des travailleurs, surtout par l'organisation « La Force par la joie », (3) de taxer les travailleurs pour le profit du parti, (4) de donner des emplois pour les membres fiables du parti dans le front du Travail, et (5) de perturber la solidarité de la classe ouvrière.

Cette façade fut peinte avec une idéologie élaborée fondée sur l'idée que l'usine ou l'entreprise était une communauté dans laquelle le chef et les partisans coopéraient. La Charte du Travail du 20 janvier 1934 qui établit cela disait

« Le chef de l'usine décide contre les partisans sur toutes les questions relatives à l'usine dans la mesure où elles sont réglées par une loi ». Il fut prétexté que ces régulations appliquaient simplement le « principe de leadership » pour l'entreprise. Cela ne faisait rien de tel. Sous le « principe de leadership », le chef était nommé d'en haut. Dans la vie économique, le propriétaire ou manager existant devenait, ipso facto, le chef. Sous ce système, il n'y avait pas d'accords collectifs, aucun moyen par lequel un groupe défendait les travailleurs face au grand pouvoir de l'employeur. Un des instruments principaux de la coercition était le « cahier » tenu par le travailleur, qui devait être signé par l'employeur à l'entrée ou à la sortie de tout emploi. Si l'employeur refusait de signer, le travailleur ne pouvait avoir d'autre emploi.

Les échelles salariales et les conditions de travail, précédemment établies par des accords collectifs, furent faites par un fonctionnaire, le fiduciaire du travail, créé le 19 mai 1933. Sous ce contrôle, il y eut une réduction régulière des conditions du travail, le changement principal étant d'un salaire périodique au paiement aux pièces. Tous les taux des heures supplémentaires, des vacances, des nuits et des dimanches furent abolis. Il fut ordonné au fiduciaire de fixer des taux de salaire maximums en juin 1938 et un plafond rigide fut établi en octobre 1939.

En l'échange de cette exploitation de la main-d'œuvre, renforcée par l'activité terroriste de la « cellule du parti » dans chaque usine, l'ouvrier recevait certaines indemnisations dont la principale était qu'il n'était plus menacé par le danger du chômage de masse. Les chiffres de l'emploi de l'Allemagne étaient de 17,8 millions de personnes en 1929, seulement de 12,7 en 1932 et de 20 millions avant 1939. Cette activité économique augmentée revint aux biens de non-consommation plutôt qu'aux biens de consommation, comme cela peut être vu avec les indices de production suivants :

	1928	1929	1932	1938
Production	100	100,9	58,7	124,7
a. Biens d'équipement	100	103,2	45,7	135,9
b. Biens de consommation	100	98,5	78,1	107,8

Le commerce déteste la compétition. Une telle compétition pouvait apparaitre sous diverses formes : (a) les prix, (b) pour les matières premières, (c) pour les marchés, (d) la concurrence potentielle (création de nouvelles entreprises dans la même activité), et (e) pour le travail. Toutes ces formes rendent la planification difficile et mettent le profit en danger. Les hommes d'affaires préfèrent s'unir avec les concurrents de sorte qu'ils puissent coopérer pour exploiter les consommateurs à l'avantage du profit plutôt que de se faire concurrence au détriment du profit. En Allemagne, cela était fait par trois genres d'accords : (1) les cartels (Kartelle), (2) les associations professionnelles (Fackverbande) et (3) les associations d'employeurs (Spitzen-verbande). Les cartels règlementaient les prix, la production et les marchés. Les associations professionnelles étaient des groupes politiques organisés comme des chambres du commerce ou de l'agriculture. Les associations d'employeurs cherchaient à contrôler la main-d'œuvre. Toutes ces organisations existaient avant qu'Hitler n'entre au pouvoir, un évènement qui eut une influence relativement faible sur les cartels, mais une influence considérable sur les deux autres. Le pouvoir économique des cartels, laissé dans les mains des hommes d'affaires, fut grandement étendu ; les associations d'employeurs furent coordonnées, assujetties au contrôle du parti à travers l'établissement du « principe de leadeurship », et devinrent le front du Travail, mais n'avaient pas grand-chose à faire, puisque toutes les relations avec la main-d'œuvre (le salaire, les heures, les conditions du travail) étaient contrôlées par l'État (par le ministère de l'Économie et le fiduciaire) et imposées par le parti. Les associations professionnelles furent également coordonnées et assujetties au « principe de leadeurship », étant organisées en une hiérarchie élaborée de chambres de l'économie, du commerce et de l'industrie, dont les chefs furent finalement nommées par le ministère de l'Économie.

Tout cela était au gout des hommes d'affaires. Alors qu'en théorie ils avaient perdu le contrôle des trois types d'organisations, ils avaient eu tout ce qu'ils voulaient dans chacune des trois. Nous montrâmes que les associations d'employeurs étaient coordonnées. Pourtant, les employeurs eurent la main-d'œuvre, le salaire et les conditions de travail qu'ils désiraient et abolirent les syndicats et la concertation collective, ce qui avait été leur ambition principale dans ce domaine. Dans le second domaine (les associations professionnelles), les activités furent largement réduites à des actions sociales et de propagande, mais les chefs, même sous le « principe de leadeurship », continuèrent à être des hommes d'affaires proéminents. Sur 173 chefs dans toute l'Allemagne, 9 étaient des fonctionnaires, seulement 21 étaient des membres du parti, 108 étaient des hommes d'affaires et le statut du reste était inconnu. Sur 17 chefs dans les chambres économiques provinciales, tous étaient des hommes d'affaires dont 14 étaient des membres du parti. Dans le troisième domaine, les activités des cartels furent tellement étendues que presque toute forme de concurrence du marché prit fin et ces activités étaient contrôlées par les plus grandes entreprises. Les nazis permirent aux cartels de détruire toute compétition en forçant toutes les entreprises à entrer dans des cartels et en les soumettant au contrôle des plus grands hommes affaires. Au même moment, cela fit tout ce qui était possible pour profiter aux grandes entreprises, forcer les fusions et détruire les plus petites entreprises. Quelques exemples de ce processus suffiront.

Une loi du 15 juillet 1933 donna au ministre de l'Économie le droit de rendre certains cartels obligatoires, de règlementer la capacité des entreprises et de prohiber la création de nouvelles entreprises. Des centaines de décrets furent émis sous cette loi. Le même jour, la loi des cartels de 1923 qui empêchait aux cartels d'utiliser les boycotts contre les tiers fut modifiée pour permettre cette pratique. Par la suite, les cartels furent capables d'interdire les nouveaux points de vente et refusèrent fréquemment d'approvisionner les grossistes ou les détaillants à moins qu'ils n'aient fait plus qu'un volume minimum d'affaires ou eu plus qu'un montant minimum de capital. Ces mesures furent prises, par exemple, par les cartels de la radio et de la cigarette.

Les cartels étaient contrôlés par les grandes entreprises, puisque le pouvoir de vote au sein du cartel était fondé sur la production ou le nombre d'employés. La concentration des entreprises fut augmentée par divers expédients, tels que l'offre de contrats publics aux grandes entreprises uniquement ou par « aryanisation » (ce qui forçait les Juifs à vendre les entreprises établies). Par la suite, le 7 mai 1938, le ministère de l'Économie signala que 90.448 des entreprises individuelles sur 600.000 avaient été fermées en deux ans. Le droit des Sociétés de 1937 facilita les fusions, refusa de permettre la création de nouvelles sociétés de moins de 500.000 marks de capital, ordonna que toutes les parts de marchés soient émises à une valeur nominale d'au moins 1000 marks et ordonna la dissolution de toutes les sociétés de moins de 100.000 marks de capital. Par cette dernière clause, 20% de toutes les sociétés avec 0,3% de tout le capital social furent condamnées. Au même moment, les propriétaires d'actions perdirent la plupart de leurs droits face au conseil d'administration et sur le conseil, le pouvoir du président fut grandement élargi. À titre d'exemple de changement, le conseil pouvait refuser de donner des informations aux actionnaires sous de piètres prétextes.

Le contrôle des matières premières, qui manquait sous la République de Weimar, fut confié aux associations professionnelles fonctionnelles. Après le 18 aout 1939, les numéros de priorité, fondés sur les décisions des associations professionnelles, furent émis par le Reichstellen (bureaux subordonnés du ministère de l'Économie). Dans quelques cas critiques, les bureaux subordonnés du Reichstellen furent établis en tant que fonctions publiques pour attribuer des matières premières, mais dans chaque cas, celles-ci n'étaient que des organisations commerciales déjà existantes avec un nouveau nom. Dans certains cas, comme le charbon et le papier, elles n'étaient rien de plus que des cartels existants.

De cette manière, la compétition qui existait jusque-là fut largement éliminée et ce, pas par l'État, mais par l'autorégulation industrielle et non au cout du profit, mais à l'avantage du profit, surtout à celui des entreprises qui avaient soutenu les nazis : de grandes unités dans l'industrie lourde.

La menace de l'industrie venant de la dépression fut éliminée. Ceci peut être vu dans les chiffres suivants :

Le régime nazi

		1929	1932	1938
Revenu national, prix de 1925-1934 en milliards	RM	70,0	52,0	84,0
Revenus par tête, prix de 1925-1934	RM	1089,0	998,0	1226,0
Pourcentage des revenus nationaux				
pour l'industrie		21,0%	17,4%	26,6%
pour les ouvriers		68,8%	77,6%	63,1%
pour les autres		10,2%	5,0%	10,3%
Nombre de faillites d'entreprises		116	134	7
Taux de bénéfice des entreprises (industrie lourde)		4,06%	-6,94%	6,44%

Dans la période après 1933, la menace envers l'industrie venant des formes de production fondées sur une organisation de commerce à but non lucratif disparut en grande partie. De telles menaces pouvaient venir de la propriété publique, de coopératives ou du syndicalisme. Ce dernier fut détruit par la destruction des organisations syndicales. Les coopératives furent coordonnées en étant assujetties « de façon irrévocable et inconditionnelle à la commande et à l'autorité administrative du chef du front du Travail allemand, le Dr Robert Ley », le 13 mai 1933. La menace de la propriété publique fut éliminée sous Hitler, comme nous l'avons indiqué.

Il semblerait, par ces faits, que l'industrie était en train de surfer sur la crête de la vague sous le nazisme. Cela est assez vrai. Mais l'industrie devait partager cette crête avec le parti et l'armée. Parmi ces trois éléments, elle était au moins en deuxième position, un rang plus élevé qu'elle avait atteint dans une autre période de l'histoire allemande. La participation du parti dans les activités commerciales n'était pas une menace à l'industrie contrairement à ce qui pouvait sembler au premier coup d'œil. Ces participations étaient les tentatives du parti pour sécuriser une fondation économique indépendante et étaient largement divisées en activités peu rentables, ou non aryennes, non allemandes ou syndicales et n'étaient pas constituées au prix de l'industrie allemande « légitime ». Les Hermann Göring Works provenaient des tentatives du gouvernement pour utiliser du minerai de fer bas de gamme à Brunswick. Diverses autres entreprises s'ajoutèrent à cela : celles qui étaient déjà sous contrôle gouvernemental (qui passèrent d'une base socialisée à une base lucrative), celles issues des régions nouvellement annexées et celles qui furent confisquées à Thyssen quand il devint un traitre. Gustloff-Werke, sous le contrôle total du parti, était constitué de propriétés non aryennes. Le front du Travail, avec soixante-cinq sociétés en 1938, était une amélioration par rapport à la situation précédente, puisque toutes, à l'exception de l'entreprise Volkswagen (l'automobile du peuple), furent prises aux syndicats. Les autres activités du parti étaient dans la publication, un domaine qui préoccupait peu la grande industrie et, auparavant, largement non aryen.

L'avènement de la guerre était contraire aux désirs et probablement aux intérêts de l'industrie. L'industrie voulait se préparer pour la guerre, puisqu'elle était rentable, mais elle n'aimait pas la guerre puisque le profit, en temps de guerre, avait un rôle secondaire à la victoire. L'avènement de la guerre fut le résultat du fait que l'industrie ne gouvernait pas l'Allemagne directement, mais gouvernait par le biais d'un agent. Ce n'était pas un gouvernement de, par et pour l'industrie, mais un gouvernement de et par le parti et pour l'industrie. Les intérêts et désirs de ces deux étaient différents. Le parti était largement paranoïaque, raciste, violemment nationaliste et croyait vraiment en sa propre propagande sur la mission impériale de l'Allemagne par « le sang et le sol ». L'industrie voulait des réarmements et une politique extérieure agressive pour les soutenir, non pas dans le but de mener une politique paranoïaque, mais plutôt parce que c'était le seul genre de programme qu'elle pouvait voir capable de combiner le plein emploi de la main-d'œuvre et l'équipement avec du profit. Dans la période 1936-1939, les politiques de « réarmement pour la guerre » et de « réarmement pour le profit » suivaient des parcours parallèles. À partir de 1939, elles n'étaient parallèles que parce que les deux groupes partageaient le butin des régions conquises et elles étaient divergentes à cause du danger de la défaite. Ce danger était vu comme un risque nécessaire dans la poursuite de la conquête du monde par le parti ; et vu comme un risque inutile dans la poursuite du profit par l'industrie.

Cela nous amène au nouveau groupe gouvernant, le parti. Le parti n'était un groupe gouvernant que si nous limitons le sens du terme « parti » au groupe relativement petit (quelques milliers) de chefs de parti. Les quatre-millions de membres du parti ne faisaient pas partie du groupe gouvernant, mais étaient seulement une masse assemblée pour placer les chefs au contrôle de l'État, mais devinrent gênants et même dangereux une fois ceci fait. En conséquence, la période après 1933 vit une double décision, une croissance régulière du pouvoir et de l'influence pour le Reichsleiter par rapport aux groupes gouvernés, au Quatuor et aux membres ordinaires du parti lui-même, et, combinée à cela, une hausse régulière du parti en tant qu'un tout par rapport à l'État. Autrement dit, les chefs contrôlaient l'État et l'État contrôlait le parti.

À la tête du parti se trouvait le Flihrer ; puis arriva le Reichsleiter cardinal ; en dessous se trouvait la hiérarchie du parti, organisée en divisant l'Allemagne en 4 districts (Gaue) chacun sous un Gauleiter ; chaque district était subdivisé en 808 cercles (Kreise), chacun sous un Kreisleiter ; chaque Kreis était divisé en sections (Orts-gruppen), chacune sous un Ortsgruppenleiter ; ces sections étaient divisées en cellules (Zellen) et subdivisées en blocs sous le Zellenleiter et le Blockleiter. Le Blockleiter devait superviser et espionner 40 à 60 familles ; le Zellenleiter devait superviser 4 à 8 blocs (200 à 400 familles) ; et le

Ortsgruppenleiter devait superviser une ville ou un district allant jusqu'à 1500 familles par ses 4 à 6 Zellenleiter.

Cette organisation du parti devint, en temps voulu, une menace persistante à la position des industriels. La menace devint plus directe après le déclenchement de la guerre en 1939, bien que, comme nous l'avons indiqué, la question fût suspendue dans l'intérêt de partager le butin et pour la solidarité face à l'ennemi. Les trois groupes gouvernants, le parti, l'armée et les industriels restèrent sur un équilibre précaire bien qu'ils fussent en train de lutter secrètement pour la suprématie sur toute la période 1934-1945. En général, il y avait une expansion lente de la supériorité du parti, bien que le parti ne fût jamais capable de se libérer de leur dépendance à l'armée et aux entreprises à cause de leur compétence technique.

L'armée fut mise sous le contrôle du parti en 1934 quand Hitler devint président et obtint le serment d'allégeance ; ce contrôle fut étendu en 1938 quand Hitler devint commandant en chef. Cela résulta en la création de centres d'intrigue au sein du Corps d'officiers, mais cette intrigue, bien qu'elle eût pénétré le niveau militaire le plus élevé, ne réussit jamais à faire plus que de blesser Hitler une fois sur une douzaine de tentatives d'assassinats. Le pouvoir de l'armée était constamment assujetti à Hitler. Les anciens officiers échappèrent au contrôle des troupes de combat après leur échec en Russie en décembre 1941, et dès 1945, le Corps d'officiers avait été tellement perturbé de l'intérieur que l'armée subit défaite après défaite par rien de plus tangible que « l'intuition » d'Hitler, malgré le fait que la plupart des officiers de l'armée aient refusé de s'assujettir eux-mêmes et l'Allemagne aux dangers d'une telle autorité imprévisible et improductive.

Le commerce était dans une position assez similaire, mais moins extrême. Au départ, l'unité des points de vue semblait assurée, principalement parce que l'esprit d'Hitler était capable d'adopter les couleurs de l'esprit d'un industriel dès qu'il faisait un discours à des hommes d'affaires. Dès 1937, les hommes d'affaires étaient convaincus que les armements étaient productifs et, dès 1939, les éléments les plus instables avaient même décidé que la guerre serait rentable. Mais une fois que la guerre eût commencé, le besoin urgent de la victoire assujettit l'industrie aux contrôles qui étaient à peine compatibles avec la vision de l'autonomie gouvernementale industrielle que Hitler avait adoptée du commerce. Le Plan quadriennal, créé dès 1936, devint l'entrée en matière du contrôle externe. Après que la guerre eût commencé, le nouveau ministère des Munitions sous le contrôle de Fritz Todt et Albert Speer (qui étaient des nazis, mais pas des hommes d'affaires) commençait à dominer la vie économique.

En dehors de sa région plutôt spécialisée, l'organisation du Plan quadriennal, presque complètement nazie, fut transformée en un Conseil Économique

Général en 1939 et toute l'étendue de la vie économique fut, en 1943, assujettie à quatre nazis formant le Conseil de Défense intérieur. L'industrie accepta sa situation, car le profit était toujours protégé, les promesses d'avantages matériels restèrent prometteuses pendant des années et l'espoir ne s'éteignit pas, car ces contrôles n'étaient rien de plus que des mesures temporaires de temps de guerre.

Ainsi, l'équilibre précaire du pouvoir entre le parti, l'armée et l'industrie, suivi dans un rôle secondaire par l'appareil administratif et les propriétaires, les mena, eux et le peuple allemand, à une catastrophe si gigantesque qu'il menaça, pendant un temps, de détruire complètement toutes les institutions établies et les relations de la société allemande.

X

LA GRANDE-BRETAGNE :
LES DESSOUS DE L'APAISEMENT,
1900-1939

Le contexte social et constitutionnel	500
L'histoire politique jusqu'en 1939	521

Le contexte social et constitutionnel

Au cours du XXe siècle, la Grande-Bretagne connut une révolution, aussi profonde et beaucoup plus constructive que celle ayant eu lieu en Russie ou en Allemagne. L'ampleur de cette révolution ne peut pas être jugée par l'Américain moyen, car la Grande-Bretagne fut, pour la plupart des Américains, l'un des pays les moins connus d'Europe. Cette condition ne se fonda pas tant sur l'ignorance que sur des idées fausses. Ces dernières semblent découler de la croyance selon laquelle les Anglais, qui parlent une langue similaire, auraient des idées semblables. Ces idées fausses sont autant répandues dans les classes les plus instruites d'Américains, que dans les milieux moins bien informés et par conséquent, les erreurs et l'ignorance concernant la Grande-Bretagne sont très répandues, et ce même dans les meilleurs livres sur le sujet. Dans ce chapitre, nous verrons en quoi la Grande-Bretagne est différente des États-Unis, notamment au niveau de sa constitution et de sa structure sociale.

Du point de vue politique, la plus grande différence entre la Grande-Bretagne et les États-Unis réside dans le fait que la première n'a pas de constitution. Cela n'est pas généralement reconnu. Au lieu de cela, il établit habituellement que la Grande-Bretagne possède une constitution non écrite s'appuyant sur les coutumes et les conventions. Une telle affirmation déforme grandement la réalité. Le terme « constitution » fait référence à un corps de règles portant sur la structure et le fonctionnement d'un gouvernement ; il sous-entend clairement que cet ensemble de règles a un pouvoir supérieur et qu'il est formé par un processus différent de celui des lois ordinaires. Ce n'est pas le cas en Grande-Bretagne. Le prétendu « droit constitutionnel » anglais est constitué soit de lois qui ne diffèrent en aucun cas des lois ordinaires (tant dans leur processus de création que dans leur hégémonie), soit de coutumes et de conventions dont l'autorité est hiérarchiquement inférieure aux lois.

Les principales pratiques de la « constitution » britannique se fondent davantage sur la convention que sur la loi. La distinction entre les deux révèle immédiatement l'infériorité de la première par rapport à la seconde. Les « lois » (reposant sur des lois et des décisions judiciaires) sont exécutoires devant les tribunaux, alors que les « conventions » (s'appuyant sur les anciennes pratiques considérées comme appropriées) ne sont pas juridiquement exécutoires. Les précédents du système gouvernemental britannique sont généralement sous forme de conventions qui couvrent les parties les plus importantes du sys-

Le contexte social et constitutionnel

tème : le Cabinet et les partis politiques, la monarchie, les deux Chambres du Parlement, les relations entre ces dernières, ainsi que la discipline interne et la gestion de ces cinq institutions.

Les conventions de ce système furent grandement appréciées et décrites comme contraignantes pour les actions des hommes. Elles sont très appréciables, mais leur caractère obligatoire est très surfait. Elles ne sont certainement pas suffisamment contraignantes pour mériter le nom de constitution. Cela ne signifie pas qu'une constitution ne peut pas être non écrite. Il est parfaitement possible d'avoir une constitution non écrite, mais aucune constitution n'existe à moins que ses pratiques non écrites soient assez clairement envisagées et qu'elles soient plus contraignantes que le droit commun. En Grande-Bretagne, rien de tout cela n'est vrai. Il n'y a pas d'accords, même sur des questions nettement définies. Par exemple, tous les manuels affirment que la monarchie n'a plus le pouvoir de véto sur la législation, parce que ce pouvoir n'était plus utilisé depuis le règne de la reine Anne. Pourtant, au cours des années 1900, trois des quatre grandes autorités du droit constitutionnel (sir William Anson, A. V. Dicey, et Arthur Berriedale Keith) eurent tendance à croire que le véto royal existait encore.

Les coutumes de la constitution sont certes moins contraignantes que la loi. Elles ne sont pas exécutoires devant les tribunaux et ne sont clairement inscrites à aucun endroit. Par conséquent, leur nature, contraignante ou non, est laissée en grande partie à l'interprétation de l'acteur lui-même. Étant donné qu'un grand nombre de relations couvertes par les conventions repose sur des précédents qui sont secrets (telles que les relations entre la monarchie et le Cabinet, le Cabinet et les partis politiques, le Cabinet et la fonction publique et au sein du Cabinet lui-même) et puisque, dans de nombreux cas, le secret de ces précédents est protégé par la loi sur les secrets officiels, le caractère contraignant des conventions devint progressivement plus faible. En outre, la plupart des soi-disant conventions, soulignées par les auteurs sur le sujet, ne furent jamais vraies ; il s'agissait d'inventions provenant des écrivains eux-mêmes. Parmi celles-ci se trouvait la convention prévoyant que le monarque se devait d'être impartial, une convention qui ne s'accordait pas du tout avec la conduite de la Reine Victoria, sous le règne de laquelle la règle fut explicitement énoncée par Walter Bagehot.

Une autre convention, apparue depuis des années dans les manuels, portait sur le fait que les Cabinets soient renversés par des votes défavorables au Parlement. En réalité, il y eut de nombreux cas au cours des deux dernières générations, où les désirs du Cabinet rencontrèrent un vote défavorable. Pourtant, en plus de soixante ans, aucun Cabinet ne démissionna à la suite d'un tel vote. Dès 1853, le gouvernement de coalition fut défait trois fois en une semaine à la Chambre des communes, tandis qu'en 1924, le gouvernement travailliste fut défait dix fois en sept mois. Il est fait mention dans de nombreux livres que le Cabinet est responsable devant la Chambre des communes qui le contrôle. Ce contrôle est censé être exercé grâce au vote des membres du Parlement, étant entendu que le gouvernement démissionnerait suite à un vote défavorable et qu'il peut être contraint à le faire avec le contrôle sur l'offre que détient la Chambre des communes. Toute cette interprétation du système gouvernemental britannique n'avait guère de rapport avec la réalité du XIXe siècle et quasiment aucun avec celle du XXe siècle. En réalité, ce n'est pas le Cabinet qui est contrôlé par la Chambre des communes, mais le contraire.

Comme W. I. Jennings le dit à plusieurs reprises dans son livre *Cabinet Government* : « C'est le gouvernement qui contrôle la Chambre des communes ». Ce contrôle est exercé par l'intermédiaire du contrôle du Cabinet de l'appareil du parti politique. Le pouvoir sur ce dernier est exercé par le contrôle des financements du parti et surtout, par le contrôle des candidatures aux circonscriptions. Le fait qu'il n'y ait pas d'élections primaires en Grande-Bretagne et que les candidats du parti soient nommés par la clique interne du parti est d'une importance capitale, et se trouve être la clé du contrôle que la clique interne exerce sur la Chambre des communes. Néanmoins, ce fait est très rarement mentionné dans les livres traitant du système politique anglais.

Aux États-Unis, les partis politiques sont très décentralisés ; tous les pouvoirs découlent des districts locaux vers l'intérieur du comité central. Tout homme qui remporte l'investiture du parti aux primaires locales ainsi qu'aux élections peut devenir un chef de parti. En Grande-Bretagne, la situation est totalement différente. Le contrôle du parti est presque entièrement centralisé entre les mains d'une clique interne largement auto-entretenue. En raison de l'absence d'élections primaires, cette clique possède un pouvoir d'approbation sur tous les candidats et peut contrôler la discipline du parti grâce à sa capacité à donner les meilleures circonscriptions aux membres du parti les plus dociles. L'affirmation selon laquelle la Chambre des communes contrôle le Cabinet grâce à son contrôle sur l'offre est fausse, car si ce dernier dispose d'une majorité au Parlement, il peut, en utilisant la discipline du parti, forcer cette majorité à voter un projet de loi de crédits, de la même façon qu'il l'oblige à adopter d'autres projets de loi. Cette déclaration affirmant que le contrôle de l'offre assure le contrôle du gouvernement ne fut jamais utilisée pour justifier le contrôle qu'exerçait la Chambre des Lords sur le Cabinet, bien que les Lords, de même que la Chambre des communes, pussent refuser l'offre jusqu'en 1911.

Une autre convention, généralement exprimée dans les termes les plus catégoriques, concerne l'impartialité du Président de la Chambre des communes. La validité de cette convention peut être appréciée en lisant le *Hansard* de 1939, ainsi qu'en observant la façon dont le Président protégeait les membres du gouvernement de l'interrogation de ces derniers par l'opposition au Parlement. Cela fut souvent présenté comme l'une des garanties du gouvernement libre en Grande-Bretagne. Dans la pratique, c'est devenu une garantie de faible valeur. Le gouvernement peut refuser de répondre à toute question pour des raisons « d'intérêt public ». Cette décision est sans appel. De surcroit, lorsque les questions ne sont pas refusées, les réponses données sont souvent évasives, ce qui n'apporte absolument aucun éclaircissement. C'était la procédure normale pour répondre aux questions concernant la politique étrangère au cours de la période 1935-1940. Durant cette période, il arrivait que les réponses données soient de purs mensonges, ne laissant aucun recours possible à la disposition de ceux posant les questions.

La violation et la déformation des « conventions de la constitution » ne cessèrent d'augmenter au cours du XXe siècle. En 1921, une convention datant de plus de cinq-cents ans, ainsi qu'une autre, vieille de plus de cent ans, furent mises de côté sans plus de formalités. La première stipulait que les convocations de l'Église anglicane devaient s'effectuer en même temps que les sessions du Parlement tandis que la seconde spécifiait que le discours royal devait être approuvé en assemblée. Les déformations de conventions étaient plus graves encore. En 1931, la convention déclarant que le chef de l'opposition serait invité à former un gouvernement lorsque le Cabinet démissionnerait fut sérieusement modifiée. En 1935, la règle concernant la solidarité du Cabinet fut vidée de son sens. En 1937, le gouvernement conservateur viola même une convention constitutionnelle en toute impunité, en faisant prêter le serment du couronnement à George VI sous une forme différente de celle prévue par la loi.

Ce processus d'affaiblissement et de dissolution de la soi-disant « constitution » alla tellement loin pendant le XXe siècle, qu'en 1932, sir Austen Chamberlain et Stanley (lord) Baldwin s'accordèrent à dire que « "inconstitutionnel" est un terme appliqué en politique à l'autre homme qui fait quelque chose qui ne vous plait pas. » Cette déclaration est vraiment trop radicale. Une évaluation plus précise de la situation pourrait sans doute être formulée ainsi : « "Inconstitutionnelle" désigne toute action susceptible de mener au désordre public dans un avenir proche, ou susceptible d'avoir une incidence négative sur les chances du gouvernement aux scrutins de n'importe quelle élection future. »

Le type d'acte qui pourrait conduire à un tel résultat pourrait être, en premier lieu, un acte ouvert de répression. Plus important encore, cela pourrait être, dans un second temps, un acte ouvert d' « injustice ». Cette idée d'« injustice », ou son opposé positif, le « fairplay[1] », est un concept très largement anglo-saxon, et qui repose en grande partie sur la hiérarchie sociale anglaise telle qu'elle existait jusqu'au début du XXe siècle. Celle-ci était clairement envisagée dans l'esprit des Anglais et si complètement acceptée qu'elle fut assumée sans avoir à être explicitement mentionnée. Dans cette structure, la Grande-Bretagne était considérée comme étant divisée en deux groupes : d'un côté les

---

1. N.D.É. Le respect loyal des règles.

« classes » et de l'autre les « masses ». Les « classes » désignaient ceux qui vivaient dans l'aisance. Cela signifiait qu'ils avaient des biens et des revenus. De ce fait, ils n'avaient pas besoin de travailler pour gagner leur vie, ils avaient reçu une éducation dans un système séparé et couteux, ils se mariaient au sein de leur propre classe, avaient un accent particulier et, par-dessus tout, ils possédaient une attitude caractéristique. Cette attitude provenait de la formation dispensée dans le système éducatif spécial des « classes ». Cela pourrait se résumer par cette affirmation : « les méthodes sont plus importantes que les objectifs ». Mais ce groupe considérait les méthodes et les manières qu'ils employaient comme des objectifs, ou étroitement liées à ceux-ci.

Ce système éducatif reposait sur trois grands aspects négatifs, difficile à comprendre pour les Américains : (a) l'éducation ne doit pas être professionnelle, c'est-à-dire qu'elle ne doit pas viser à aider quelqu'un à gagner sa vie, (b) l'éducation ne vise pas directement à créer ou façonner l'intelligence, et (c) l'éducation ne vise pas à trouver la « Vérité ». Mais d'un autre côté, le système éducatif des « classes » montre davantage sa véritable nature au niveau de l'école qu'au niveau universitaire. Il vise à développer une conscience morale, un respect pour les traditions, des qualités de dirigeant, de coopération, mais surtout, sans doute cette capacité de coopération dans la compétition, résumée par l'idée anglaise du « sport » et de « jouer le jeu ». En raison du nombre restreint des membres de la classe supérieure en Grande-Bretagne, ces attitudes s'appliquent principalement à ces membres, et ne sont pas nécessairement applicables aux étrangers, ni même aux masses. Elles s'appliquent aux personnes qui « appartiennent » à cette classe, et non pas à tous les êtres humains.

Le fonctionnement du système parlementaire britannique dépendait en grande partie du fait que les membres du Parlement possèdent cette attitude. Jusqu'à la fin du XIXe siècle, la plupart des députés, qui provenaient de la même classe sociale, avaient cette attitude. Depuis lors, cette dernière fut perdue dans une large mesure au sein du Parti conservateur, avec l'influence grandissante des hommes d'affaires et le déclin de l'ancienne aristocratie, ainsi qu'au sein du Parti travailliste, dont la majorité des membres n'avait jamais été soumise aux influences formatrices, en particulier éducatives, qui créèrent cette attitude. Cependant, la perte de cette attitude ne fut pas aussi rapide que l'on pourrait le penser, car, en premier lieu, la ploutocratie en Grande-Bretagne fut toujours plus proche de l'aristocratie que dans les autres pays. Il n'y a aucune division nette entre les deux, de sorte que l'aristocratie d'aujourd'hui est simplement la ploutocratie d'hier, l'admission du dernier groupe dans le premier étant généralement accomplie en une génération, grâce à la capacité financière de la première génération de riches à envoyer leurs enfants dans les écoles privilégiées des aristocrates. Ce processus est si général que le nombre de véritables aristocrates en Grande-Bretagne est très faible, bien que celui des aristocrates nominaux soit assez élevé. En effet, en 1938, plus de la moitié des pairs avait été créée depuis 1906, soit l'écrasante majorité d'entre eux, dans l'unique but de reconnaitre leur capacité à acquérir une fortune. Ces nouveaux pairs singèrent les aristocrates plus âgés, et cela eut pour effet de maintenir vivantes les attitudes qui permettent à la constitution de fonctionner, même s'il faut avouer que les nouveaux dirigeants du Parti conservateur (comme Baldwin ou Chamberlain) montrent une maitrise plus complète des formes que de la substance de l'ancienne attitude aristocratique.

Au sein du Parti travailliste, dont la majorité des membres n'eut pas l'occasion d'acquérir l'attitude nécessaire pour permettre le bon fonctionnement du système constitutionnel, le problème fut réduit dans une large mesure par le fait que les membres de ce parti, qui sont d'origine ouvrière, influencèrent très largement le petit groupe d'origine aristocratique du parti. Les membres de la classe ouvrière du Parti travailliste se révélèrent très sensibles à ce qu'on appelle l'« étreinte aristocratique », c'est-à-dire qu'ils firent preuve de considération envers les points de vue et surtout envers les mœurs et positions des classes supérieures, dans une mesure qui aurait été impossible dans un pays où les lignes de classe ne sont pas aussi rigoureusement tracées qu'en Grande-Bretagne. Lorsque les membres de la classe ouvrière du Parti travailliste entrèrent au Parlement, ils ne rejetèrent pas les anciennes méthodes d'action de la classe supérieure, mais cherchèrent au contraire à obtenir son approbation et à conserver le soutien de la classe défavorisée en démontrant qu'ils pouvaient diriger le gouvernement aussi bien que la classe supérieure l'avait toujours fait. Ainsi, les dirigeants du Parti conservateur et ceux de la classe ouvrière du Parti travailliste tentèrent chacun d'imiter l'ancienne attitude aristocratique qui avait donné naissance aux conventions du gouvernement parlementaire. Les deux échouèrent en substance plutôt qu'en apparence ; ils échouèrent également par manque de vrai sentiment pour le modèle de pensée aristocratique, plutôt que par un quelconque désir de modifier les conventions.

L'élément principal de l'ancienne attitude que les deux groupes ne parvinrent pas à comprendre est celui que nous tentâmes de décrire en mettant l'accent sur les méthodes plutôt que sur les objectifs. Au sein du gouvernement, comme au tennis ou au cricket, l'ancienne attitude souhaitait gagner, mais voulait le faire dans les règles, et ce sentiment était tellement fort qu'il pouvait conduire un simple observateur à croire qu'ils ne désiraient pas vraiment gagner. Dans la vie parlementaire, cela apparaissait comme un manque d'assurance face à la possession d'un poste élevé, ou encore face à la réalisation d'un quelconque élément spécifique de la législation. Si ce dernier ne pouvait être obtenu avec les règles en vigueur, il était alors volontairement abandonné.

Cette attitude reposait, dans une très large mesure, sur le fait que les membres du gouvernement et de l'opposition étaient, à l'époque de la reine Victoria, de la même classe sociale, soumis aux mêmes influences formatrices, et avec des intérêts économiques identiques ou similaires. 40 des 69 ministres du Cabinet étaient fils de pairs en 1885-1905, alors qu'ils n'étaient que 25 sur 51 en 1906-1916. À cette époque, démissionner de ses fonctions ou retirer tout élément de projets législatifs n'était en aucun cas le signe d'un acte de reddition envers un groupe adverse. Ce n'était pas une attitude que les nouveaux dirigeants d'entreprise du Parti conservateur ou de la classe ouvrière du Parti travailliste pouvaient accepter. Leurs objectifs avaient, pour eux, une telle valeur immédiate et concrète, qu'ils ne pouvaient considérer avec sérénité la perte d'un poste ou la défaite de leur programme législatif. C'est cette nouvelle attitude qui permit, à la même époque, la forte augmentation de la discipline du parti et la volonté d'arrondir les angles, lorsque cela était possible, dans l'interprétation des conventions constitutionnelles.

La coutume de la constitution repose donc uniquement sur l'opinion publique, comme une sanction, et tout gouvernement britannique peut faire ce qu'il souhaite, tant qu'il ne déchaine pas l'opinion publique. Cette sanction est loin d'être aussi efficace qu'il n'y parait au premier abord, principalement en raison de la difficulté qu'a l'opinion publique anglaise à obtenir des informations, mais aussi parce qu'elle ne peut s'exprimer qu'à travers les bulletins de vote. Or, le peuple ne peut bénéficier d'une élection que si le gouvernement souhaite en organiser une. Tout ce que le gouvernement a besoin de faire, c'est d'empêcher une élection jusqu'à ce que l'opinion publique se calme. Le Parti conservateur y parvenait plus facilement que le Parti travailliste, car ses membres possédaient un contrôle plus étendu sur les moyens de publicité, qui suscitaient l'intérêt de l'opinion publique, et parce que les actions d'un gouvernement conservateur pouvaient être gardées secrètes plus facilement, puisque les conservateurs contrôlèrent toujours les autres parties principales du gouvernement qui étaient en mesure de contester les actions de celui-ci. Le premier point sera abordé plus tard. Le second peut être développé ici.

La Chambre des communes et le Cabinet sont généralement contrôlés par le même parti, le second contrôlant le premier par le biais de la machine du parti. Ce groupe peut faire ce qu'il souhaite avec un minimum de publicité ou de protestation publique, uniquement si les trois autres parties du gouvernement coopèrent. Ces trois parties sont la monarchie, la Chambre des Lords, et la fonction publique. Étant donné qu'elles sont toutes les trois traditionnellement conservatrices, un gouvernement conservateur pouvait donc généralement compter sur leur coopération. Cela signifiait qu'un gouvernement conservateur, à son arrivée au pouvoir, avait le contrôle de l'ensemble des cinq parties du gouvernement, alors qu'un gouvernement travailliste ne contrôlait que deux d'entre elles. Cela ne veut pas nécessairement dire que les conservateurs utilisaient leur contrôle de la monarchie, des Lords ou de la fonction publique pour entraver une Chambre des communes contrôlée par un parti travailliste, étant donné qu'ils furent généralement convaincus de leur valeur à long terme, dérivant d'une réticence à contrarier l'opinion publique. En 1931, ils abandonnèrent l'étalon-or, sans vraiment faire d'efforts pour le défendre, à la suite de la mutinerie de la flotte britannique. En 1935, ils utilisèrent leur contrôle de la British Broadcasting Corporation de manière relativement impartiale, suite à des protestations publiques concernant la manière très injuste dont ils l'avaient utilisé en 1931.

Néanmoins, le contrôle conservateur de ces autres parties du gouvernement, à une époque où ils ne contrôlaient pas le gouvernement, leur fut très utile. En 1914, par exemple, l'armée refusa de faire appliquer le projet de loi pour l'autonomie de l'Irlande, qui avait été voté après deux élections générales et approuvé à trois reprises par les Communes. L'armée, presque entièrement conservatrice, ne refusa pas seulement de faire appliquer ce projet de loi, mais précisa également que s'il devait y avoir la moindre confrontation sur le sujet, elle offrirait son soutien aux adversaires du projet de loi. Le serment de loyauté de l'armée allait au roi et non au gouvernement ; ce refus d'obéir au gouvernement libéral de l'époque était donc ainsi justifié. Le fait qu'une minorité de conservateurs refuse d'obéir à la loi et ne puisse être contrainte par l'armée, privilège qui n'est pas partagé par les minorités libérales ou travaillistes, pourrait bien être un précédent pour une règle.

De nouveau, en 1931, George V, suite à la démission de MacDonald, ne fit pas appel au chef de l'opposition pour former un gouvernement, mais encouragea un complot qui tenta de diviser le Parti travailliste et réussit à faire perdre à ce dernier 15 de ses 289 députés. MacDonald, qui ne représentait alors aucun parti, devint le Premier ministre d'une majorité empruntée au roi d'un autre parti. Que le roi accepte de coopérer à une telle intrigue, en faveur du Parti travailliste, était très douteux. L'unique satisfaction qu'a éprouvée le Parti travailliste fut de vaincre les sécessionnistes lors de l'élection de 1935, mais cela ne contribua guère à surmonter la blessure infligée en 1931.

Ou encore, en 1929-1931, sous le deuxième gouvernement travailliste, la Chambre des Lords conservatrice empêcha l'adoption de toutes les législations importantes, y compris une loi sur les conflits du travail, la démocratisation tant attendue de l'éducation et la réforme électorale. Depuis 1911, pour qu'une loi passe au-dessus de l'opposition des Lords, elle doit être votée à trois reprises par la Chambre des communes, sous une forme identique, durant une période d'au moins deux ans. Cela signifie que les conservateurs ont un droit de veto suspensif sur la législation des gouvernements d'opposition. Le faible nombre de projets de loi ayant été adoptés sans le consentement de la Chambre des Lords témoigne de l'étendue de ce pouvoir.

Contrairement à celui des États-Unis, le gouvernement anglais ne comporte aucun élément de fédéralisme ou de séparation des pouvoirs. Le gouvernement central peut gouverner dans quelconque domaine, qu'il soit local ou détaillé, bien qu'en pratique, il laisse une autonomie considérable aux comtés, municipalités ainsi qu'aux autres unités locales. Cette autonomie est plus évidente en ce qui concerne l'administration ou l'exécution des lois qu'elle ne l'est en matière de législation, car le gouvernement central bloque habituellement ses vœux dans la législation générale, laissant les autorités locales combler les lacunes des règlementations administratives et exécuter l'ensemble sous le contrôle des autorités centrales. Cependant, les besoins de l'administration locale, ainsi que l'ampleur croissante de la règlementation gouvernementale générale, provoquèrent un encombrement de la législation tellement important au Parlement, que l'on pouvait s'attendre à ce qu'aucun membre ne connaisse réellement la plupart des projets de loi. Heureusement, cela n'était pas escompté. Voter au Parlement se fait sur des lignes de parti strictes : les membres doivent voter comme leur ordonne leur parti et l'on n'attend pas d'eux qu'ils comprennent le contenu des projets de loi pour lesquels ils votent.

En outre, il n'y a aucune séparation des pouvoirs. Le Cabinet est le gouvernement et on attend de lui qu'il « gouverne non seulement conformément à la loi, mais, si cela s'avérait nécessaire, sans, ou même contre la loi ». Il n'y a aucune limite quant à la législation rétroactive, et aucun Cabinet ou Parlement ne peut se lier à ses successeurs. Le Cabinet peut entrer en guerre sans l'autorisation ou l'approbation du Parlement. De la même manière, il peut dépenser de l'argent sans l'approbation du Parlement ou à son insu, comme il le fit en 1847 pour venir en aide à l'Irlande, ou bien en 1783-1883 en qui concerne l'argent des services secrets. Il peut autoriser des infractions à la loi, comme il le fit pour les paiements de la Banque d'Angleterre en 1847, 1857 ou 1931. Il peut conclure des traités ou d'autres accords internationaux contraignants sans le consentement ou à l'insu du Parlement, comme cela fut fait en 1900, 1902, et 1912.

L'idée, largement répandue aux États-Unis, selon laquelle la Chambre des Communes est un organe législatif et le Cabinet un organe exécutif, est incorrecte. En ce qui concerne la législation, la Grande-Bretagne dispose d'un système multicaméral, dans lequel le Cabinet est la seconde chambre, la Chambre des communes la troisième et les Lords la quatrième. Sur ces trois-là, les conservateurs ont toujours le contrôle de la Chambre des Lords, et le même parti contrôle généralement les deux autres. La législation provient des réunions de la clique interne du parti, agissant comme une première chambre. Si elle est acceptée par le Cabinet, alors elle passera la Chambre des communes presque automatiquement. Cette dernière, au lieu d'être un organe législatif, représente plutôt le forum public au sein duquel le parti annonce les décisions qu'il a prises lors de réunions secrètes entre le parti et le Cabinet, et permet à l'opposition de critiquer, afin de tester les réactions du public. De ce fait, tous les projets de loi proviennent du Cabinet, et un rejet de la part de la Chambre des communes est presque impensable, à moins que le Cabinet accorde à ses membres une certaine liberté d'action. Toutefois, cette liberté s'étend généralement seulement au droit d'abstention de vote, et ne permet pas aux membres de voter contre un projet de loi. Bien que l'appareil pour les propositions de loi, semblable à celui des États-Unis, existe, ces propositions sont rarement adoptées. La seule proposition de loi significative de ces dernières années provenait d'un membre inhabituel d'une circonscription inhabituelle. Il s'agissait de la loi sur le divorce d'A. P. Herbert, célèbre humoriste et membre d'Oxford.

Cette situation est quelquefois qualifiée de « dictature du Cabinet ». Il serait peut-être plus juste de parler de « dictature du parti ». Le Cabinet et la Chambre des communes sont tous deux contrôlés par le parti, ou plus précisément par la clique interne du parti. Cette dernière peut siéger au Cabinet, mais ces deux organes sont dissemblables, puisque les membres de l'un ne sont pas forcément membres de l'autre, et les gradations de pouvoir ne sont en aucune façon les mêmes dans l'un et dans l'autre. La clique interne du Parti conservateur se réunit parfois au Carlton Club, tandis que celle du parti travailliste se réunit en assemblée syndicale, généralement au Transport House.

L'implication selon laquelle le Cabinet contrôle la Chambre des communes, que cette dernière ne renversera jamais le Cabinet, et qu'elle ne rejettera pas une législation acceptable pour le Cabinet, se fonde sur l'hypothèse que le parti a une majorité à la Chambre des communes. Un gouvernement minoritaire, généralement un gouvernement de coalition, ne possède pas un tel contrôle sur la Chambre des communes, ses pouvoirs de discipline du parti étant trop faibles sur tout parti autre que le sien. Un gouvernement dispose de peu de pouvoirs sur les autres partis que le sien. En effet, au-delà de la menace de dissolution qui, bien qu'elle menace les membres de tous les partis avec les dépenses qu'engendrent une élection et la possibilité de perdre leurs sièges, est une arme à double tranchant. Le Cabinet dispose, sur ses propres membres, de pouvoirs supplémentaires résultant du contrôle des candidatures aux circonscriptions, des fonds du parti, et de la nomination aux bureaux gouvernementaux.

Il n'est pas généralement reconnu qu'il y ait eu beaucoup de restrictions de la démocratie en Grande-Bretagne, la plupart d'entre elles ayant eu lieu dans les sphères non politiques de la vie. Néanmoins, elles réduisaient de manière efficace la démocratie dans la sphère politique. Ces restrictions étaient encore pires qu'aux États-Unis, parce que là-bas, elles reposaient sur toute une variété de motifs (racial, religieux, national, etc.), parce qu'elles étaient reconnues comme étant injustes, et qu'elles suscitaient des sentiments de culpabilité chez ceux qui en tiraient profit et de vives protestations de la part des autres. En Grande-Bretagne, les restrictions reposaient presque toutes sur un seul critère :

la possession de richesses. De plus, elles ne suscitèrent pratiquement aucune revendication, parce qu'en Grande-Bretagne, l'idée selon laquelle la richesse accorde à son possesseur des privilèges et des devoirs spéciaux était généralement acceptée, même par les masses non détentrices. C'est cette absence d'objections de la part des classes et des masses qui masqua le fait que la Grande-Bretagne était, jusqu'en 1945, la plus grande ploutocratie du monde.

Au cours de la période précédant 1945, la ploutocratie avait restreint la démocratie en Grande-Bretagne jusqu'à un degré notable, mais en diminution. C'était plus évident dans la vie économique ou sociale que dans la vie politique, et en politique, cela se voyait davantage dans les affaires locales que nationales. Dans la vie politique, le gouvernement local avait un suffrage limité (les propriétaires et leurs épouses, qui représentaient, dans certaines localités, environ moitié moins qu'au suffrage national). Ce suffrage restreint élisait des membres des conseils locaux ou des conseils dont les activités n'étaient pas rémunérées, limitant ainsi ces postes à ceux qui en avaient les moyens (c'est-à-dire qui possédaient des richesses). Dans le gouvernement local, la vieille tradition anglaise selon laquelle le meilleur gouvernement est un gouvernement dirigé par des amateurs (ce qui équivaut à dire que le meilleur gouvernement est un gouvernement dirigé par les nantis) survécut. Ces amateurs étaient aidés par des secrétaires et des assistants rémunérés, qui possédaient les connaissances techniques nécessaires pour pallier les problèmes qui se présentaient. Ces techniciens faisaient aussi partie des classes moyennes ou supérieures, pour la bonne raison que les frais qu'engendrait le système éducatif écartaient les pauvres qui se trouvaient aux plus bas niveaux de scolarité. L'expert rémunéré qui conseillait les membres non payés des conseils municipaux était le secrétaire de mairie. L'expert rémunéré qui conseillait le juge de paix non rémunéré dans l'administration de la justice locale était le greffier de la cour de sessions trimestrielles.

Dans la politique nationale, le suffrage était vaste et pratiquement sans restriction, mais les classes aisées avaient le droit de voter à deux reprises. En effet, elles étaient autorisées à voter à leur lieu de travail ou leur université, ainsi qu'à leur domicile. Pendant des années, les députés furent tributaires des nantis à cause des frais de bureau et parce qu'ils n'étaient pas rémunérés. Le paiement accordé aux députés fut tout d'abord adopté en 1911, et fixé à 400 livres par an. En 1936, cette somme fut portée à 500 livres avec un supplément de 100 livres pour les dépenses. Mais les frais des députés dans la Chambre des communes étaient tellement élevés, qu'un député conservateur aurait eu besoin d'un revenu supplémentaire d'au moins 1000 livres par an, et un député du parti travailliste, quant à lui, aurait eu besoin d'environ 350 livres supplémentaires par an. En outre, chaque candidat au Parlement doit effectuer un versement de 150 livres qu'il perdra s'il ne reçoit pas plus d'un huitième du total des voix. Cette somme était supérieure au revenu annuel total des trois-quarts environ des familles anglaises en 1938, et constituait un autre obstacle à la grande majorité s'ils aspiraient à vouloir se faire élire au Parlement. En raison de ces obstacles monétaires, la grande majorité des Anglais ne pouvait pas participer activement à la vie politique, à moins qu'ils ne trouvent une autre source de financement. En trouvant cette source dans les organisations syndicales, ils créèrent, dans la période post-1890, un nouveau parti politique organisé sur un système de classe, et forcèrent la fusion des deux partis existants en un seul groupe, lui aussi organisé sur un système de classe.

De ce point de vue, l'histoire des partis politiques anglais pourrait être divisée en trois périodes entre les années 1915 et 1924. Avant 1915, les deux principaux partis étaient les libéraux et les unionistes (conservateurs) ; après 1924, il s'agissait des conservateurs et des travaillistes, et la décennie 1915-1924 représentait une période pendant laquelle le Parti libéral était perturbé et affaibli.

Jusqu'en 1915, les deux partis représentaient la même classe sociale : le petit groupe était connu sous le nom de « société ». En réalité, les deux partis, conservateur et libéral, étaient contrôlés depuis au moins 1866 par la même petite clique appelée « société ». Cette clique se composait tout au plus d'une demi-douzaine des principales familles, de leurs parents et alliés, tout cela renforcé par une recrue occasionnelle venant de l'extérieur. Ces recrues provenaient généralement du système éducatif sélectif de la « société ». Elles étaient découvertes au Balliol College, au New College d'Oxford, ou encore au Trinity College de Cambridge, où elles attiraient tout d'abord l'attention, soit parce qu'elles bénéficiaient d'une bourse, soit grâce à leur participation aux débats de l'Oxford ou de la Cambridge Union. Ayant suscité l'attention de cette manière, les nouvelles recrues se virent offrir l'occasion de prouver leur valeur à la clique interne de chaque parti, et elles finissaient généralement par se marier dans l'une des familles qui dominait ces cliques.

Au début du XXe siècle, la clique interne du Parti conservateur était presque entièrement composée de la famille Cecil et de ses proches. Cela était dû à l'énorme influence de lord Salisbury. Les seuls pouvoirs autonomes importants du Parti conservateur de 1900 étaient ceux des dirigeants du Parti libéral qui étaient passés du côté conservateur, en raison de leur opposition au projet de Gladstone, concernant l'autonomie de l'Irlande. Parmi ces derniers, l'exemple le plus important était celui de la famille Cavendish (les ducs de Devonshire et les marquis d'Hartington). À la suite de cette division dans le Parti libéral, ce dernier fut soumis à un contrôle moins centralisé, et accueillit dans sa clique interne de nombreux nouveaux industriels qui avaient l'argent pour le soutenir.

Depuis 1915, le Parti libéral disparut quasiment, remplacé par le Parti travailliste, dont la discipline et le contrôle centralisé soutiennent des comparaisons avec celui du Parti conservateur. Les principales différences entre les deux partis existants se trouvent dans leurs méthodes de recrutement : la clique interne du Parti conservateur reposait sur les relations familiales, sociales et éducatives, tandis que celle du Parti travailliste provenait de la rude école de politique syndicale, avec une certaine quantité de renégats issus de la classe supérieure. Dans les deux cas, l'électeur ordinaire de Grande-Bretagne, en 1960 comme en 1900, se voyait offrir un choix entre des partis dont les programmes et les candidats étaient en grande partie les créations de deux petits groupes s'auto-perpétuant sur lesquels il (l'électeur ordinaire) n'avait aucun réel contrôle. Le changement principal entre 1900 et 1960 résidait dans le fait qu'en 1900 les deux partis représentaient une petite classe sociale exclusive, éloignée de l'expérience des électeurs, alors qu'en 1960, ils représentaient deux classes sociales antithétiques, qui étaient toutes les deux éloignées de l'électeur moyen.

Ainsi, l'absence d'élections primaires et le paiement insuffisant des députés se combinèrent pour donner à la Grande-Bretagne deux partis politiques, organisés sur un système de classe, mais où aucun des deux ne représentait les classes moyennes. Aux États-Unis, cela est très différent : les deux grands partis sont des partis de classe moyenne et les influences géographiques, religieuses et traditionnelles sont plus importantes que les influences de classe pour déterminer l'appartenance à un parti. En Amérique, l'idéologie très répandue des membres de la classe moyenne pourrait facilement dominer les partis, car les deux partis sont décentralisés et indisciplinés. En Grande-Bretagne, où les deux partis sont centralisés, disciplinés et contrôlés par deux extrêmes sociaux opposés, l'électeur de la classe moyenne ne trouve aucun parti qu'il puisse considérer comme représentatif de lui-même ou qui réponde à ses idées. En conséquence, dans les années 1930, la masse des classes moyennes était divisée : certains continuaient à soutenir le Parti libéral, bien que cela ait été reconnu comme étant sans espoir ; certains votaient conservateur uniquement pour éviter le socialisme, même s'ils s'opposaient au proto-fascisme de nombreux conservateurs ; d'autres se tournaient vers le Parti travailliste dans l'espoir de le faire devenir un véritable parti progressiste.

L'étude des deux partis est très révélatrice. Le Parti conservateur représentait une petite clique de très riches nantis, soit le 0,5% de la population qui percevait des revenus de plus de 2000 livres par an. Ces gens-là se connaissaient bien, ils étaient liés par le mariage, s'étaient rendus dans les mêmes écoles couteuses, appartenaient aux mêmes cercles très fermés, ils contrôlaient la fonction publique, l'empire, les professions, l'armée et les grandes entreprises. Bien que seulement un tiers d'un pour cent des Anglais soit allé à Eton ou à Harrow, 43% des députés conservateurs avaient fréquenté ces écoles, en 1909. En 1938, ce chiffre était encore d'environ 32%. Au cours de la dernière année (1938), il y avait 415 députés conservateurs. Parmi eux, 236 possédaient des titres et 145 avaient des parents qui siégeaient à la Chambre des Lords. Le Cabinet, qui avait rendu les accords de Munich, comptait un marquis, trois comtes, deux vicomtes, un baron ainsi qu'un baronnet. Parmi les 415 députés conservateurs de l'époque, seul l'un d'entre eux avait eu des parents pauvres, et quatre seulement venaient des classes inférieures. Comme le dit Duff Cooper (vicomte Norwich) en mars 1939 : « Il est aussi difficile pour un homme pauvre, s'il est conservateur, d'entrer dans la Chambre des communes, que ça l'est de faire passer un poil de chameau par le chas d'une aiguille ». Cela était dû aux grandes dépenses occasionnées en occupant le poste de député conservateur. On attendait des candidats de ce parti qu'ils fassent des contributions substantielles au parti. Le cout d'une campagne électorale était de 400 à 1200 livres. Les candidats qui avaient payé l'ensemble des frais et qui, en outre, versaient 500 à 1000 livres par an à la caisse du parti, se voyaient attribuer les sièges les plus surs. Ceux qui payaient environ la moitié de ces sommes se voyaient octroyer le droit de « se tenir debout » dans des circonscriptions moins désirables.

Une fois élu, on attendait d'un député conservateur qu'il devienne membre de l'un des clubs très fermés de Londres, où était pris un grand nombre de décisions importantes du parti. Parmi ces clubs, le Carlton, dont plus de la moitié des députés conservateurs étaient membres en 1938, coutait 40 livres de droit d'entrée et 17 guinées de cotisation annuelle. Le City of London Club, avec un groupe considérable de conservateurs sur ses listes, avait un droit d'entrée de 100 guinées ainsi qu'une cotisation annuelle de 15 guinées. Dans la période précédant 1938, sur les 33 députés conservateurs morts en laissant leurs dernières volontés consignées, tous avaient laissé au moins 1000 livres, alors que la succession brute du groupe s'élevait à 7.199.151 livres. Cela donnait une succession moyenne de 218.156 livres. Sur ces 33 députés, 14 laissèrent plus de 10.000 livres chacun ; 14 autres laissèrent de 20.000 à 100.000 livres et seulement cinq laissèrent entre 10.000 et 20.000 livres.

Sur les 415 députés conservateurs en 1938, 44% (soit 181 d'entre eux) étaient administrateurs de société, et détenaient 775 postes de direction. De ce fait, presque chaque société importante avait comme directeur un député conservateur. Ces députés n'hésitaient d'ailleurs pas à se récompenser eux-mêmes, leurs sociétés ainsi que leurs associés avec des faveurs politiques. En huit ans (1931-1939), 13 directeurs des cinq grandes banques et les deux directeurs de la Banque d'Angleterre furent élevés à la pairie par le gouvernement conservateur. Sur les 90 pairs créés en sept ans (1931-1938), 35 étaient directeurs de compagnies d'assurance. En 1935, Walter Runciman, président de la Chambre de commerce, présenta un projet de loi visant à accorder une subvention de deux-millions de livres pour les cargos de navires marchands. Il administra ce financement, et en deux ans, versa 92.567 livres à l'entreprise de son père (Moor Line, Ltd.), dans laquelle il détenait 21.000 actions. Lorsque son père mourut en 1937, il laissa une fortune de 2.388.453 livres. Il y a relativement peu d'objection à ce type d'activités en Grande-Bretagne. Après avoir accepté le fait que les politiciens soient les représentants directs des intérêts économiques, il n'y aurait guère d'intérêt à protester lorsque les politiciens agissent conformément à leurs intérêts économiques. En 1926, le Premier ministre Baldwin avait un intérêt personnel direct dans l'issue de la grève de charbon et de la grève générale, puisqu'il détenait 194.526 actions ordinaires et 37.591 actions privilégiées de la société Baldwin, qui possédait de grandes mines de charbon.

La situation en 1938 n'était pas tellement différente de ce qu'elle était en 1898, sauf qu'en 1938, le Parti conservateur était soumis à un contrôle encore plus centralisé et l'influence de la richesse industrielle était subordonnée à celle de la richesse foncière. En 1898, le Parti conservateur n'était guère plus qu'un outil de la famille Cecil. Le Premier ministre et chef du parti était Robert Arthur Talbot Gascoyne Cecil-(lord Salisbury), qui avait été Premier ministre à trois reprises pour un total de quatorze ans quand il se retira en 1902. Lorsqu'il prit sa retraite, il remit la direction du parti ainsi que le fauteuil de Premier ministre à son neveu, Arthur James Balfour, successeur désigné et protégé. Au cours des dix années du gouvernement Salisbury-Balfour entre 1895 et 1905, le Cabinet était rempli de parents et de proches de la famille Cecil. Salisbury fut Premier ministre et ministre des Affaires étrangères (1895-1902); son neveu, Arthur Balfour, fut le premier Lord du Trésor et dirigeant de la Chambre des communes (1895-1902) avant de devenir Premier ministre (1902-1905); un autre neveu, Gerald Balfour (le frère d'Arthur), fut secrétaire en chef de l'Irlande (1895-1900) et président de la Chambre de commerce (1900-1905); le fils et héritier de lord Salisbury, le vicomte Cranborne, fut sous-secrétaire des Affaires étrangères (1900-1903) et Lord du Sceau Privé (1903-1905); le gendre de Salisbury, lord Selborne, fut sous-secrétaire aux Colonies (1895-1900) ainsi que premier Lord de l'Amirauté (1900-1905); Walter Long, un protégé de Salisbury, fut président du Conseil de l'Agriculture (1895-1900), président de la Commission gouvernementale locale (1900-1905) et secrétaire en chef de l'Irlande (1905-1906); George Curzon, un autre protégé de Salisbury, fut sous-secrétaire des Affaires étrangères (1895-1898) et vice-roi de l'Inde (1899-1905); Alfred Lyttelton, l'ami le plus intime d'Arthur Balfour et qui serait devenu son beau-frère sans la mort prématurée de sa sœur en 1875 (un évènement qui poussa Balfour à rester célibataire pour le reste de sa vie), fut secrétaire d'État aux Colonies; Neville Lyttelton, frère d'Alfred Lyttelton, fut commandant en chef en Afrique du Sud et chef de l'état-major (1902-1908). De plus, une douzaine de proches parents de Salisbury, dont trois fils, plusieurs neveux, des gendres, des petits-enfants, de nombreux protégés et des agents, se trouvaient au Parlement ou occupaient différents postes administratifs, soit à ce moment-là, soit plus tard.

Le Parti libéral n'était pas aussi étroitement contrôlé que le Parti conservateur, mais ses principaux dirigeants entretenaient d'étroites relations amicales et coopératives avec les Cecil. Cela était particulièrement vrai pour lord Rosebery, qui fut Premier ministre de 1894 à 1895, et pour H. H. Asquith, qui fut Premier ministre de 1905 à 1915. Asquith épousa Margot Tennant, la belle-sœur d'Alfred Lyttelton, en 1894, au cours d'une cérémonie où Balfour lui servit de témoin principal. Lyttelton était le neveu de Gladstone, comme Balfour était celui de Salisbury. Des années plus tard, Balfour était l'ami le plus proche des Asquith, alors même qu'ils dirigeaient deux partis opposés. Balfour plaisantait souvent sur le fait qu'il dinait et buvait du champagne au domicile des Asquith, avant de se rendre à la Chambre des communes pour attaquer les politiques de son hôte. Les jeudis soir, quand Asquith dinait à son club, Balfour prenait quant à lui son repas avec Mme Asquith, avant que le Premier ministre ne vienne la chercher pour rentrer à la maison. Ce fut au cours d'une soirée de ce genre que Balfour et Mme Asquith convinrent de persuader Asquith d'écrire ses mémoires. Asquith avait une relation presque aussi étroite avec un autre dirigeant puissant du Parti conservateur, lord Milner. Durant quatre ans, dans les années 1870, les deux hommes avaient pris leurs repas ensemble à la table des boursiers à Balliol, et pendant les années 1880, avaient soupé ensemble les dimanches soir. Mme Asquith avait eu un interlude romantique avec Milner en Égypte en 1892, avant qu'elle ne soit mariée, et affirma plus tard qu'elle lui avait obtenu sa nomination en tant que président du conseil du Revenu de l'Intérieur en écrivant à Balfour depuis l'Égypte pour lui demander cette faveur. En 1908, d'après W. T. Stead, Mme Asquith avait trois portraits au-dessus de son lit : ceux de Rosebery, Balfour et Milner.

Après l'interruption du Parti libéral et les débuts de la montée du Parti travailliste, de nombreux membres du Parti libéral passèrent du côté des conservateurs. Les relations entre les deux partis devinrent un peu moins conviviales et le contrôle du Parti libéral nettement moins centralisé.

Le Parti travailliste prit son essor en raison de la découverte, par les masses populaires, que leur vote ne leur servait pas beaucoup tant que le seul choix des candidats était, comme Bagehot le fit remarquer : « Laquelle de ces deux personnes riches allez-vous choisir ? ». La question atteignit un point critique à cause d'une décision judiciaire : dans l'affaire de Taff Vale (1901), les tribunaux décidèrent que les syndicats étaient responsables des dommages résultant de leurs actions économiques. Pour surmonter cette décision, qui aurait paralysé les syndicats en les rendant financièrement responsables pour les dommages découlant des grèves, les classes ouvrières se tournèrent vers l'action politique en installant leurs propres candidats dans leur propre parti. Les fonds nécessaires furent apportés par les organisations syndicales, de sorte que le Parti travailliste devint, à toutes fins pratiques, le Parti syndical.

Le Parti travailliste est, en théorie, quelque peu plus démocratique que le Parti conservateur, puisque sa conférence annuelle est l'autorité finale concernant les politiques et les candidats. Mais, puisque les syndicats fournissent l'essentiel des membres et des fonds du parti, ces mêmes syndicats dominent la partie. En 1936, lorsque les membres du parti étaient au nombre de 2.444.357, près de deux-millions d'entre eux étaient des membres indirects provenant des 73 syndicats qui appartenaient au parti. Entre les conférences du parti, l'administration de l'activité du parti résidait entre les mains du Comité exécutif national, dont 17 des 25 membres pouvaient être élus par les syndicats.

En raison de son fondement sur la classe ouvrière, le Parti travailliste manquait généralement de fonds. Dans les années 1930, il dépensa en moyenne 300.000 livres par an, comparé aux 600.000 livres par an des conservateurs et aux 400.000 livres par an des libéraux. Lors de l'élection de 1931, le Parti travailliste déboursa 81.629 livres dans sa campagne, par rapport aux 472.476 livres dépensées par les candidats non travaillistes. Lors de l'élection de 1935, les dépenses se chiffraient respectivement à 196.819 et 526.274 livres.

Ce manque d'argent du côté du Parti travailliste fut aggravé par le fait que ce dernier, en particulier lorsqu'il était en déplacement, avait du mal à exposer sa vision des faits au peuple britannique. En 1936, le Parti travailliste avait le soutien d'un journal du matin ayant un tirage de deux-millions d'exemplaires, tandis que les conservateurs avaient le soutien de six journaux du matin dont le tirage atteignait plus de six-millions d'exemplaires. Des trois journaux du soir, deux soutenaient les conservateurs et un seul soutenait les libéraux. Souvent, parmi les journaux du dimanche avec un tirage cumulatif de 13.130.000 exemplaires, sept, avec un tirage de 6.330.000 exemplaires, soutenaient les conservateurs ; un, dont le tirage s'élevait à 400.000 exemplaires, soutenait le Parti travailliste, et les deux plus grands, avec un tirage de 6.300.000, étaient indépendants.

La radio, qui est le deuxième instrument le plus important de la publicité, est un monopole gouvernemental créé en 1926 par les conservateurs. En théorie, elle est contrôlée par un conseil impartial. Mais celui-ci ayant été créé par les conservateurs, il est généralement tenu par des sympathisants conservateurs et autorise le gouvernement à prendre certaines décisions administratives. Parfois, ce conseil est dirigé de façon juste ; parfois, non. Lors de l'élection de 1931, le gouvernement autorisa 15 créneaux sur la BBC pour les campagnes politiques ; il en octroya 11 aux conservateurs, trois au Parti travailliste et une aux libéraux. En 1935, cela fut fait un peu plus équitablement. Le gouvernement autorisa 12 créneaux, et en donna cinq aux conservateurs, quatre au Parti travailliste et trois aux libéraux.

Étant donné que les deux partis principaux en Grande-Bretagne ne représentent pas l'Anglais ordinaire, mais représentent au contraire les intérêts économiques bien établis, il y a relativement peu de « pressions », ou de tentatives d'influencer les législateurs par des pressions politiques ou économiques. Cela est très différent des États-Unis où les lobbyistes semblent parfois être les seules préoccupations dans l'esprit d'un membre du Congrès. En Grande-Bretagne, où les intérêts économiques sont directement représentés au Parlement, les pressions proviennent essentiellement des groupes influencés par des questions non économiques telles que le divorce, le droit de vote des femmes, l'antivivisection, etc.

Dans l'ensemble, si nous devions examiner la politique, la Grande-Bretagne apparaitrait au moins aussi démocratique que l'Amérique. C'est seulement lorsque l'on regarde en dehors de la sphère politique, vers les sphères sociales ou économiques, que nous constatons que l'ancienne division en deux classes fut maintenue de façon relativement rigide jusqu'en 1939. Les classes privilégiées étaient généralement en mesure de maintenir leur emprise sur les professions, le système éducatif, l'armée, la fonction publique, etc., même quand elles perdaient leur emprise sur le système politique. Cela était possible parce que la formation dans le système éducatif couteux des classes aisées continuait d'être la principale exigence pour entrer dans ces activités apolitiques. Le système éducatif, comme nous l'avons dit, était divisé *grosso modo* en deux parties : (a) une partie pour les classes dirigeantes qui se composait d'écoles préparatoires, d'écoles dites « publiques » et de vieilles universités, et (b) l'autre, pour les masses, se composait des écoles élémentaires publiques, des établissements d'enseignement secondaire et de nouvelles universités. Cette division n'est absolument pas rigide, notamment au niveau universitaire, mais elle l'est assez sur le niveau inférieur.

Comme sir Cyril Norwood, directeur de la Harrow School, le précisa : « Un jeune homme doté de capacités et venant d'une famille pauvre peut entrer à Oxford, c'est difficile, mais pas impossible. En revanche, il n'a aucune chance d'entrer à Eton ». Une école privée (appelée « école publique ») coutait environ 300 livres par an en 1938, soit une somme qui dépassait le revenu annuel de plus de 80% des familles anglaises. Les masses n'obtinrent des écoles primaires gratuites qu'après 1870, et des établissements d'enseignement secondaire qu'en 1902 et 1918. Ces derniers, toutefois, n'étaient pas gratuits, bien qu'il y ait de nombreuses places en paiement partiel, et en 1938, moins de 10% des enfants entraient dans un établissement secondaire. En 1938, les 12 universités de Grande-Bretagne et du Pays de Galles comptaient seulement 40.000 étudiants au plus haut niveau scolaire. Aux États-Unis, à la même période, le nombre d'étudiants qui fréquentaient les universités était de 1.350.000, une différence qui n'était que partiellement compensée par le fait que la population des États-Unis était quatre fois supérieure à celle de la Grande-Bretagne.

Le système éducatif britannique était la principale raison pour laquelle les masses populaires étaient exclues des postes de pouvoir et à responsabilité. Il agissait comme une restriction, car le type d'éducation qui conduisait à ces positions était bien trop cher pour que quiconque, hormis une petite poignée d'Anglais, puisse se l'offrir. Ainsi, bien que la Grande-Bretagne ait obtenu la démocratie politique assez tôt, elle n'en demeure pas moins le dernier pays civilisé à avoir obtenu un système d'éducation moderne. En réalité, elle tente toujours d'obtenir un tel système. Cela contraste fortement avec la situation en France, où la quantité d'éducation obtenue par un étudiant est seulement limitée par sa capacité et sa volonté à travailler, et où les postes d'importance dans la fonction publique, les professions, et même les entreprises sont disponibles pour ceux qui réussissent le mieux dans le système éducatif. En Grande-Bretagne, c'est la capacité, dans une large mesure, qui commande des postes pour ceux qui passent par le système éducatif, mais le droit de faire cela repose très largement sur la capacité à payer.

En 1939, la fonction publique en Grande-Bretagne était identique dans tous les départements réguliers du gouvernement, et était divisée en trois niveaux. Du bas vers le haut, ceux-ci étaient appelés « clérical », « exécutif » et « administratif ». Passer d'un niveau à un autre n'était pas impossible, mais cela était tellement rare que la grande majorité demeurait dans son niveau d'origine. Le niveau le plus important, à savoir l'administratif, était réservé aux classes aisées, de par sa méthode de recrutement. En théorie, il était ouvert à tout le monde au moyen d'un concours de recrutement. Cependant, il n'y avait que les personnes âgées de vingt-deux ou vingt-quatre ans qui pouvaient passer ce concours. Cela donnait 300 des 1300 points pour la partie orale ; la partie écrite s'appuyait sur des sujets libéraux, comme ceux enseignés dans les « écoles publiques » et les universités. Tout cela servait à restreindre l'admission, au niveau administratif de la fonction publique, aux jeunes hommes dont les familles pouvaient se permettre de les élever correctement. En 1930, sur les 56 fonctionnaires occupant des postes de commandant dont le salaire s'élevait à plus de 2000 livres chacun, seuls neuf d'entre eux n'avaient pas reçu l'enseignement dispensé à Oxford, Cambridge ou encore à l'« école publique ». Cette politique de restriction était plus évidente au ministère des Affaires étrangères où, de 1851 à 1919, chaque personne au niveau administratif était d'Oxford ou de Cambridge, un tiers était d'Eton, et un tiers avait des titres. L'utilisation des restrictions éducatives comme méthode pour réserver les rangs supérieurs de la fonction publique aux nantis était délibérée et avait, dans l'ensemble, réussi à atteindre leur but. Ainsi, comme H. R. G. Greaves l'écrivit : « Les personnes que l'on trouve dans les principaux postes de la fonction publique en 1850, 1900, ou 1930 ne diffèrent guère dans leur type ».

Une situation similaire fut constatée ailleurs. Dans l'armée, en temps de paix, les officiers venaient presque entièrement de la classe supérieure. Ils obtenaient leurs brevets grâce à un examen, en grande partie oral, reposant sur

Le contexte social et constitutionnel

les études qu'ils avaient suivies à l'université ou dans les deux écoles militaires (Sandhurst et Woolwich), auxquelles il fallait verser 300 livres par an pour y entrer. Le salaire n'était pas très élevé, avec de fortes déductions pour les frais de subsistance, de sorte qu'un officier avait besoin d'un revenu privé. La marine était quelque peu plus démocratique, bien que la proportion d'officiers ayant monté en grade ait diminué de 10,9% en 1931 à 3,3% en 1936. L'école navale (Dartmouth) était très chère ; elle coutait 788 livres par an.

Le clergé de l'Église établie représentait la même classe sociale puisque, jusque tard dans le XXe siècle, les rangs supérieurs du clergé étaient nommés par le gouvernement, et les rangs inférieurs acquéraient leurs nominations en les achetant. Par conséquent, dans les années 1920, 71 des 80 évêques provenaient des écoles « publiques » couteuses.

Les différents membres de la profession juridique étaient eux aussi très susceptibles d'être de la classe supérieure, car la formation juridique était longue et couteuse. Cette formation commençait en général dans l'une des universités les plus anciennes. Pour être admis au barreau, un homme devait être membre de l'une des quatre Inns of Court (Inner Temple, Middle Temple, Lincoln's Inn, Gray's Inn). Il s'agissait d'institutions privées, dont l'admission se faisait par la nomination des membres et dont les frais d'admission étaient importants, allant de 58 à 208 livres. On attendait d'un membre qu'il y dine 24 nuits par an pendant trois ans avant d'être admis au barreau. Puis il était censé commencer à pratiquer en agissant comme « avocat stagiaire » (clerc) pour un avocat pendant quelques années. Au cours de ces années, l'« avocat stagiaire », même en 1950, payait 100 guinées à l'avocat, 130 livres par an pour sa part du loyer, 50 guinées par an au greffier, 30 guinées pour la perruque et la robe, et de nombreuses autres dépenses « accessoires ». En conséquence, il n'est pas surprenant de constater que les fils de salariés représentaient moins d'un pour cent des admissions à la Lincoln's Inn en 1886-1923 et seulement 1,8% sur la période 1923-1927. En effet, à cette époque, il pouvait très bien s'écouler cinq ans, après l'obtention de son diplôme de licence, avant qu'un membre du barreau n'atteigne une position où il pourrait commencer à gagner sa vie.

À cause de cela, et jusqu'à très récemment, les membres du barreau venaient presque entièrement des classes aisées. Étant donné que les juges sont nommés exclusivement par des avocats ayant sept à quinze années d'expérience, le système judiciaire avait également été monopolisé par les classes supérieures. En 1926, 139 des 181 juges étaient diplômés des écoles « publiques » couteuses. Les mêmes conditions existent également sur les niveaux inférieurs de la justice, dont le juge de paix, un fonctionnaire non rémunéré qui n'avait besoin d'aucune formation juridique, était la principale figure. Ces derniers furent toujours les rejetons des « familles aristocratiques », des nantis.

Avec un système d'administration juridique et judiciaire tel que celui-là, le processus d'obtention de la justice était complexe, lent et par-dessus tout, couteux. En conséquence, seules les personnes ayant les moyens pouvaient défendre leurs droits dans une action civile et si jamais les individus moins bien lotis devaient se rendre au tribunal, ils se retrouvaient alors dans une atmosphère complètement dominée par les membres des classes supérieures. De ce fait, l'Anglais ordinaire (soit plus de 90% de la population) évite tous les litiges, même quand il a le droit de son côté.

À cause des conditions qui viennent d'être décrites, l'histoire politique de la Grande-Bretagne au XXe siècle représenta une longue lutte pour l'égalité. Cette lutte apparut sous différentes formes : comme un effort pour étendre les possibilités d'éducation, comme un effort visant à étendre la santé et la sécurité économique aux classes inférieures, et comme un effort pour ouvrir les rangs supérieurs de la fonction publique, les forces de défense, ainsi que la Chambre des communes elle-même, aux classes ne disposant ni des moyens ni de la formation qu'offrait la richesse.

Dans cette lutte pour l'égalité, l'objectif était de niveler les classes supérieures vers le bas et de niveler les classes inférieures vers le haut. Les privilèges des premières furent réduits, notamment par des impôts et par des méthodes de recrutement plus impersonnelles pour le bureau, au moment même où les possibilités des classes inférieures furent étendues en élargissant les avantages éducatifs et en octroyant un paiement à la personne pour services rendus. Au cours de cette lutte, des changements révolutionnaires furent réalisés par les libéraux, les conservateurs, ainsi que par les travaillistes, chacun espérant obtenir la reconnaissance des masses aux élections.

Jusqu'en 1915, le mouvement en faveur de l'égalité était généralement soutenu par les libéraux et combattu par les conservateurs, bien que cet alignement ne soit pas invariable. Depuis 1923, ce mouvement était généralement soutenu par le Parti travailliste et combattu par le Parti conservateur. Là encore, l'alignement n'était pas invariable. Que ce soit avant ou après la Première Guerre mondiale, il y eut toujours des conservateurs très progressistes et des libéraux, ou travaillistes, très réactionnaires. En outre, depuis 1924, les deux partis principaux, comme nous le mentionnâmes déjà, en vinrent à représenter deux intérêts économiques opposés : les intérêts de la richesse établie et ceux du syndicalisme retranché. Cela eut pour effet de rendre les positions des deux partis encore plus antithétiques qu'elles ne l'étaient dans la période avant 1915, lorsque les deux partis principaux représentaient le même segment de société. De plus, depuis 1923, alors même que l'aliénation des deux partis sur la scène politique devint progressivement plus importante, une tendance survint consistant à ce que chacun prenne la forme d'un groupe exploitant, concernant la grande classe moyenne de consommateurs et des travailleurs non syndiqués.

Au cours de la double décennie de 1925 à 1945, il semble que les efforts des hommes tels que lord Melchett et d'autres auraient créé une situation où l'industrie monopolisée et la main-d'œuvre syndiquée auraient coopéré sur un programme de production limitée, de salaires élevés, de prix élevés et de protection sociale des bénéfices et de l'emploi, au péril de tous les progrès économiques et de la blessure des classes moyennes et professionnelles, qui n'appartenaient pas au rang de l'industrie cartellisée et de la main-d'œuvre syndiquée. Bien que ce programme ait réussi jusqu'au point où beaucoup d'installations industrielles de Grande-Bretagne devinrent obsolètes, inefficaces et insuffisantes, cette tendance prit en partie fin avec l'influence de la guerre, mais surtout avec la victoire du Parti travailliste aux élections de 1945.

À la suite de cette victoire, le Parti travailliste commença à assaillir certains segments de l'industrie lourde dans le but de les nationaliser, puis lança un programme de services publics socialisés (comme la médecine publique, les bas prix des denrées alimentaires subventionnées, etc.), ce qui brisa l'entente tacite avec l'industrie monopolisée. Il commença ensuite à distribuer les bénéfices de l'économie socialisée en dehors des effectifs des syndicats, aux autres membres des classes populaires et aux classes moyennes inférieures. Le but était de créer une nouvelle société de privilèges qui, sur certains points, ressemblerait à une version inversée de la société de privilèges de 1900. Les nouveaux privilégiés étaient l'élite syndicale des classes ouvrières et les anciens privilégiés des classes supérieures, tandis que les exploités étaient la classe moyenne des cols blancs et des travailleurs professionnels qui ne possédaient ni la force syndiquée de l'un ni la richesse investie de l'autre.

L'histoire politique jusqu'en 1939

L'histoire politique de la Grande-Bretagne au XXe siècle pourrait bien être divisée en trois parties par les deux grandes guerres avec leur expérience de coalition ou de gouvernement « national ». Sur la première période, dix années de gouvernement conservateur (dans lequel Balfour succéda à Salisbury) furent suivies par dix années de gouvernement libéral (dans lequel Asquith succéda à Campbell-Bannerman). Les dates de ces quatre gouvernements sont les suivantes :

    A. Conservateur
        Lord Salisbury, 1895-1902

Arthur J. Balfour, 1902-1905
B. Libéral
Henry Campbell-Bannerman, 1905-1908
Herbert Henry Asquith, 1908-1915

Le gouvernement de Balfour n'était vraiment rien d'autre qu'une continuation du gouvernement Salisbury, mais il ne s'agissait que d'une pâle copie de ce dernier. Balfour était loin d'être la forte tête qu'était son oncle et il devait faire face aux conséquences des erreurs du gouvernement Salisbury. De plus, il devait affronter les débuts de tous ces problèmes du XXe siècle qui n'avaient pas été imaginés lors de la grande époque de Victoria : des problèmes d'agressivité impérialiste, de mouvements ouvriers, d'hostilité entre classes, de mécontentements économiques.

Le triste bilan de l'administration de guerre britannique pendant la guerre des Boers mena à la fondation d'une Commission d'enquête parlementaire sous lord Esher. Le compte-rendu de ce groupe résulta en toute une série de réformes qui équipèrent bien mieux la Grande-Bretagne qu'elle ne l'aurait été pour supporter les coups de 1914-1918. L'une des conséquences de la Commission d'enquête fut notamment la création, en 1904, du Comité de Défense impériale. Dans ce dernier comité, Esher fut, pendant vingt-cinq ans, la personnalité principale et, du fait de son influence, deux fonctionnaires compétents sortirent de l'ombre de son personnel de secrétariat : (sir) Ernest Swinton, qui deviendra ensuite l'inventeur du char d'assaut, et Maurice (lord) Hankey, qui deviendra plus tard secrétaire à la Conférence de la paix de 1919 et, pendant vingt ans, secrétaire au Conseil des ministres.

Le gouvernement de Balfour fut affaibli par plusieurs autres actions. La décision d'importer des coolies chinois pour travailler dans les mines du Transvaal en 1903 mena aux accusations répandues de rétablir l'esclavage. La loi sur l'éducation de 1902, qui cherchait à étendre la disponibilité de l'éducation secondaire en déplaçant son contrôle des commissions scolaires aux entités administratives locales et en payant des impôts locaux (tarifs) pour soutenir les écoles privées confessionnelles, fut dénoncée par les non-conformistes comme étant un plan pour les forcer à contribuer au soutien de l'éducation anglicane. Les tentatives de Joseph Chamberlain, le secrétaire d'État pour les colonies de Balfour, d'abandonner la politique traditionnelle du « libre-échange » pour un programme de réforme tarifaire fondé sur la préférence impériale ne réussit qu'à séparer le cabinet, Chamberlain démissionnant en 1903 dans le but de débattre pour rappeler son objectif principal, tandis que le Duc de Devonshire et les trois autres ministres démissionnèrent pour protester contre l'incapacité de Balfour à rejeter totalement les propositions de Chamberlain.

En plus de ces difficultés, Balfour fit face à une lame de fond de mécontement venant du fait que la partie salariée de la population subissait un déclin des niveaux de vie sur la période 1898-1906 à cause de l'inhabilité des salaires à suivre la hausse des prix. Cette incapacité naquit très largement de la décision de la Chambre des Lords, agissant en tant que Cour Suprême, dans l'affaire de la Taff Vale de 1902, stipulant que les syndicats pourraient être poursuivis en justice pour les dégâts émergeant des actes de leurs membres en grève. Privés de cette manière de leur arme économique principale, les travailleurs se replièrent sur leur arme politique principale, le vote, de sorte que l'effectif ouvrier à la Chambre des communes passa de trois à quarante-trois sièges lors de l'élection de 1906.

Cette élection de 1906 fut un triomphe des libéraux, ce parti obtenant une majorité relative de 220 contre les conservateurs et une majorité de 84 contre tous les autres partis. Mais le triomphe fut de durée relativement brève pour les chefs de la classe supérieure de ce parti, tels que Asquith, Haldane et Edward Grey. Ces chefs de parti, qui étaient plus proches, à la fois socialement et idéologiquement, des chefs du parti conservateur qu'ils ne l'étaient de leurs propres partisans, devaient, à des fins partisanes, donner les rênes aux membres les plus radicaux de leur propre parti, tels que Lloyd George, et étaient, après 1910, totalement incapables de gouverner sans le soutien des membres du parti ouvrier et des nationalistes irlandais.

Le nouveau gouvernement commença à bride abattue. La loi sur les conflits commerciaux de 1906 rejeta la décision de la Taff Vale et restaura la grève en tant qu'arme dans l'artillerie des ouvriers. Dans la même année, la loi sur les indemnités des travailleurs fut adoptée et devint, en 1909, un système de pension de vieillesse. Entretemps, la Chambre des Lords, le bastion du conservatisme, essaya d'arrêter la vague libérale par le biais de son véto d'une loi sur l'éducation, d'une loi sur l'octroi de licences qui aurait réduit le nombre de « maisons publiques », d'une loi restreignant le vote plural et, en tant que coup de grâce, le budget de Lloyd George de 1909. Ce budget visait directement les partisans du parti conservateur par le biais de ses impositions de revenus non gagnés, surtout de ceux venant de propriété foncière. Son rejet par les Lords fut dénoncé par Asquith comme étant une brèche dans la constitution qui, d'après sa croyance, donnait à la chambre basse un contrôle sur les lois budgétaires.

Une crise constitutionnelle qui ébranla la société anglaise jusqu'à ses fondations émergea de ce conflit. Même après deux élections générales, en janvier et décembre 1910, si les libéraux étaient revenus au pouvoir, quoiqu'avec une majorité réduite, les Lords refusèrent de céder jusqu'à ce que Asquith les menace de créer assez de nouveaux pairs pour adopter son projet de loi. Ce projet de loi, qui devint une loi en aout 1911, prévoyait que les Lords ne pussent pas opposer leur véto à une loi budgétaire et ne pussent empêcher aucun autre projet de loi de devenir une loi s'il était adopté lors des trois sessions des communes sur une période d'au moins deux ans.

Les élections de 1910 avaient tellement réduit la majorité relative d'Asquith qu'il devint dépendant du soutien irlandais et ouvrier, et, lors des quatre années suivantes, contraint, par nécessité, d'accorder à chacun des concessions desquelles il n'était personnellement pas friand. En 1909, les Lords, encore une fois en tant que Cour suprême, déclarèrent illégal l'usage de fonds de travailleurs dans les campagnes politiques, détruisant ainsi l'arme politique vers laquelle la décision de la Taff Vale de 1902 avait mené le parti travailliste. Asquith n'était plus désireux de renverser son soi-disant « Jugement d'Osborne », du moins pour un moment, car tant que les activités syndicales politiques étaient illégales, les travailleurs membres de la Chambre des communes devaient soutenir Asquith dans le but d'oublier une élection générale qu'ils ne pouvaient plus financer. Pour permettre aux membres existants du parti travailliste de vivre sans fonds de travailleurs, le gouvernement Asquith établit, en 1911, une rémunération pour les membres du Parlement pour la première fois. Le parti travailliste fut également récompensé pour son soutien du gouvernement Asquith par la création de l'assurance maladie et du chômage en 1911, par une loi sur le salaire minimum en 1912, et par une loi sur les syndicats en 1913. Ce dernier point rendit légal le financement d'activités politiques par les organisations du travail, après l'approbation par une majorité de leurs membres, ainsi que la collecte des fonds spéciaux des membres du syndicat qui n'avaient pas demandé à en être dispensés.

Assailli par les partisans du suffrage féminin, dépendant des votes du parti travailliste et des nationalistes irlandais, et sous la pression constante des libéraux non conformistes, le gouvernement Asquith vécut une période désagréable de 1912 à 1915. Le caractère désagréable culmina lors de controverses violentes sur le Home Rule irlandais et le Welsh Disestablishment. Les deux projets de loi furent adoptés sans l'acceptation des Lords en septembre 1914, dans les deux cas avec des clauses qui suspendaient leur application jusqu'à la fin de la guerre avec l'Allemagne. Ainsi, la faiblesse et les désaccords du gouvernement Asquith ainsi que les désaccords alarmants au sein de la Grande-Bretagne même furent engloutis par les problèmes plus importants de la conduite d'une guerre moderne aux ressources illimitées.

Le problème de s'engager dans cette guerre fut finalement mis entre les mains des gouvernements de coalition, d'abord (1915-1916) sous Asquith puis (1916-1922) sous la direction plus vigoureuse de David Lloyd George. Cette dernière coalition retourna au pouvoir lors de « l'élection Khaki » de décembre 1918, sur un programme promettant de punir les « criminels de guerre » allemands, un paiement complet des couts de la guerre par les puissances vaincues, ainsi que des « foyers dignes des héros ». Bien que le gouvernement de coalition ait été essentiellement constitué de conservateurs, de libéraux et de travaillistes, avec un Premier ministre anciennement libéral, les conservateurs avaient une majorité de sièges au Parlement et étaient en contact plus étroit avec Lloyd George de sorte que le gouvernement de coalition soit, sinon de nom, un gouvernement conservateur.

L'histoire politique de la Grande-Bretagne de l'année 1918 à l'année 1945 est déprimante, principalement à cause des erreurs des conservateurs dans la politique économique nationale et la politique étrangère. Dans cette période, il y eut sept élections générales (1918, 1922, 1923, 1924, 1929, 1931, 1935). Le parti ne reçut une majorité du vote populaire que dans une seule d'entre elles (1931), mais dans quatre d'entre elles, les conservateurs obtinrent une majorité de sièges dans la Chambre des communes. Sur la base de ces élections, la Grande-Bretagne eut dix gouvernements sur la période 1918-1945. Par conséquent, parmi ceux-ci, trois étaient des coalitions dominées par les conservateurs (1918, 1931, 1940), deux étaient travaillistes, soutenues par des votes des libéraux (1924, 1929), et cinq étaient conservatrices (1922, 1923, 1924, 1935, 1937).

Lloyd George	décembre 1918 à octobre 1922
Bonar Law	octobre 1922 à mai 1923
Stanley Baldwin	mai 1923 à janvier 1924
Ramsey MacDonald	janvier 1924 à novembre 1924
Second Baldwin	novembre 1924 à juin 1929
Second MacDonald	juin 1929 à aout 1931
Gouvernement national (MacDonald)	aout 1931 à juin 1935
Troisième Baldwin	juin 1935 à mai 1937
Neville Chamberlain	mai 1937 à mai 1940
Second Gouvernement national (Churchill)	mai 1940 à juillet 1945

La coalition de Lloyd George était presque un gouvernement personnel, puisque Lloyd George avait ses propres partisans et ses propres fonds et conflits politiques. Bien qu'il soit techniquement un libéral, Lloyd George avait divisé son propre parti de sorte que Asquith soit en opposition aux côtés du parti travailliste et d'un nombre à peu près égal de conservateurs. Puisque les 80 nationalistes irlandais et les républicains irlandais n'avaient pas pris leurs sièges, les 334 conservateurs de la coalition avaient une majorité de communes, mais ils avaient permis à Lloyd George d'assumer la responsabilité de gérer les problèmes d'après-guerre. Ils attendirent quatre ans avant de le renvoyer. Durant cette période, les affaires intérieures étaient dans une crise et les affaires étrangères n'étaient pas vraiment dans une meilleure situation. Dans le premier cas, la tentative pour faire baisser les prix en vue de retourner sur l'étalon-or à la parité d'avant-guerre fut fatale pour la prospérité et l'ordre national. Le chômage et les grèves augmentèrent, surtout dans les mines de charbon.

Les conservateurs empêchèrent toute attaque réaliste contre ces problèmes et adoptèrent la loi sur les pouvoirs d'exception de 1920, qui, pour la première fois dans l'histoire de la Grande-Bretagne, donna à un gouvernement de paix le droit de proclamer un état de siège (comme cela fut fait en 1920, 1921, et 1926). Le chômage fut réglé par l'établissement d'une « allocation chômage », c'est-à-dire d'un paiement de 20 shillings par semaine pour les personnes ne réussissant pas à trouver du travail. La vague de grèves fut réglée par des concessions mineures, par des promesses vagues, par des enquêtes dilatoires et en montant les groupes les uns contre les autres. La révolte en Irlande fut touchée par un programme de répression sévère de la main d'une nouvelle police militarisée connue sous le nom de « Black and Tans ». Le protectorat sur l'Égypte prit fin en 1922 et un nouvel examen des relations impériales fut rendu nécessaire par le refus des territoires de soutenir le Royaume-Uni dans la crise du Proche-Orient naissant de l'opposition de Lloyd George à Kemal Atatürk.

Le 23 octobre 1923, les conservateurs renversèrent Lloyd George et établirent leur propre gouvernement sous Bonar Law. Lors des élections générales suivantes, ils obtinrent 344 des 615 sièges et furent capables de rester au pouvoir. Ce gouvernement conservateur ne dura que quinze mois sous Bonar Law et Stanley Baldwin. Dans les affaires intérieures, ses activités principales étaient des actions sporadiques sur le chômage et des discussions au sujet d'un tarif protectionniste. Baldwin demanda des élections générales autour de cette dernière question en décembre 1923 et perdit sa majorité, tout en continuant d'avoir le bloc le plus large dans la Chambre des communes, 258 sièges face aux 191 du parti travailliste et aux 159 du parti libéral. Asquith, qui détenait l'équilibre des pouvoirs, aurait pu soutenir tout camp et choisit de soutenir le parti travailliste, en espérant donner à ce parti une « chance équitable ». Ainsi, le premier gouvernement travailliste de l'histoire entra en fonction, sinon au pouvoir.

Avec une Chambre des Lords peu amicale, un Conseil des ministres presque totalement inexpérimenté, un gouvernement minoritaire, une large majorité de ses membres dans les syndicats de la Chambre des communes sans expérience parlementaire et un véto libéral sur toute tentative de mener un programme socialiste ou même travailliste, on ne pouvait qu'en attendre peu du premier gouvernement de MacDonald. Peu de choses furent accomplies, du moins rien d'importance permanente, et en trois mois, le Premier ministre chercha une excuse pour démissionner. Son gouvernement poursuivit la pratique des solutions sporadiques pour le chômage, commença les subventions publiques pour le logement, diminua les taxes sur les nécessités (sucre, thé, café, cacao). Il abolit également l'impôt sur les sociétés et les fonctions relatives au temps de guerre de 33 et 1/3 de pour cent sur les automobiles, les montres, les horloges, les instruments de musique, les chapeaux et le verre plat, ainsi que les fonctions de 1921 sur les « industries clés » (verres optiques, produits chimiques, appareils électriques).

Cependant, le problème politique principal du jour était le communisme. Ceci entraina de très fortes tensions quand MacDonald reconnut la Russie soviétique et essaya de faire un traité commercial avec ce même pays. MacDonald coopéra avec les libéraux avec peu de grâce et démissionna quand le Parlement décida d'enquêter sur l'annulation des poursuites de l'éditeur d'un journal hebdomadaire communiste, sous la loi d'incitation à la mutinerie. Dans les élections générales consécutives, les conservateurs jouèrent la « peur rouge » pour ce que cela valait. Ils furent grandement aidés quand les fonctionnaires permanents des affaires étrangères publièrent, quatre jours avant les élections, la soi-disant « Lettre de Zinoviev ». Ce document falsifié appelait les sujets de la Grande-Bretagne à soutenir une révolution violente au nom de la Troisième Internationale. Cela joua indubitablement un rôle dans l'obtention de la plus large majorité des conservateurs depuis des années, 412 sièges sur 615.

C'est ainsi que commença un gouvernement conservateur qui fut en fonction sous Baldwin pendant cinq ans. Winston Churchill, en tant que chancelier de l'Échiquier, mena la politique de stabilisation qui mit la Grande-Bretagne sur l'étalon-or avec la livre sterling au taux de parité d'avant-guerre. Comme nous l'avons indiqué dans le chapitre 7, cette politique de baisse des prix mena la Grande-Bretagne vers une dépression économique et une période de conflit de travail, et la politique était tellement ratée dans son exécution que le pays fut condamné à subir une semi-dépression pendant près d'une décennie, et fut mené plus proche d'une rébellion nationale qu'il ne l'avait été en tout temps depuis le mouvement chartiste de 1848. La reconnaissance de la Russie et de l'accord commercial avec ce pays fut abrogée ; les droits d'importation furent restaurés ; et l'imposition sur le revenu fut abaissée (bien que l'impôt successoral ait augmenté). Tandis que les déficits s'accroissaient, ils étaient constitués d'une série d'attaques sur les dotations spéciales disponibles. L'évènement national principal de la période fut la grève générale du 3 au 12 mai 1926.

La Grève générale se développa à partir d'une grève dans les mines de charbon et de la détermination des deux côtés pour amener la lutte des classes à une fin concluante. Les mines britanniques étaient en mauvais état à cause de la nature des gisements de charbon et à cause de la mauvaise gestion qui les laissèrent avec de l'équipement technologique inadéquat et obsolète. La plupart d'entre elles étaient des productrices à charges élevées comparées aux mines du nord de la France et de l'ouest de l'Allemagne. La baisse des prix résultant de la tentative visant à stabiliser la livre toucha les mines avec un impact particulier, puisque les prix ne pouvaient être réduits que si les couts l'étaient en premier, un acte qui signifiait, surtout pour les mines, une baisse des salaires. La perte du commerce à l'exportation, résultant des tentatives par l'Allemagne de payer les compensations en charbon, et surtout le retour des mines de la Ruhr à la pleine production, après l'évacuation française de cette région en 1924, firent de ces mines le point central des problèmes de main-d'œuvre en Grande-Bretagne.

Les mines étaient sous contrôle gouvernemental durant la guerre. Après la fin du conflit, bon nombre de libéraux, travaillistes ainsi que les mineurs eux-mêmes voulaient la nationalisation. Cette attitude se refléta dans le compte-rendu d'une commission royale, sous lord Sankey, qui recommandait la nationalisation et de plus hauts salaires. Le gouvernement accorda ce dernier point, mais refusa le premier (1919). En 1921, quand le contrôle du gouvernement prit fin, les propriétaires demandèrent davantage d'heures et des salaires plus bas. Les mineurs refusèrent, partirent en grève pendant trois mois (mars-juin 1921), et remportèrent la promesse d'une subvention gouvernementale pour augmenter les salaires dans les quartiers les moins bien rémunérés. En 1925, suite à la stabilisation, les propriétaires annoncèrent de nouvelles baisses de salaires. Puisque les mineurs s'y étaient opposés, le gouvernement nomma une nouvelle commission royale sous sir Herbert Samuel. Ce groupe condamna la subvention et recommanda la fermeture des mines couteuses, vendant la production collectivement et baissant les salaires en laissant les horaires de travail tels quels. Puisque les propriétaires, le gouvernement et la main-d'œuvre étaient tous trois volontaires pour forcer un rapport de force, l'affaire dériva vers une crise quand le gouvernement fit appel à la loi sur les pouvoirs d'exception de 1920 et le Congrès des syndicats répondit avec une ordonnance pour une Grève générale.

Lors de cette Grève générale, tous les syndicats partirent. Les volontaires de la classe supérieure et de la classe moyenne cherchèrent à continuer de faire fonctionner les fournisseurs et les autres activités économiques essentielles. Le gouvernement publia son propre bulletin d'informations (le British Gazette sous Churchill), utilisa la British Broadcasting Corporation pour attaquer les syndicats et vit leur camp soutenu par le seul journal disponible, le Daily Mail, qui était antisyndical, imprimé à Paris et envoyé en Grande-Bretagne par avion.

Le Congrès des syndicats n'avait pas de véritable intérêt pour la grève et y mit rapidement un terme, laissant les mineurs en grève se débrouiller. Les mineurs restèrent hors des mines pendant six mois et commencèrent ensuite à se rediriger vers leur travail pour ne pas mourir de faim. Ils étaient complètement vaincus, poussant bon nombre d'entre eux à quitter la Grande-Bretagne. La population de la région la plus durement touchée, le sud du Pays de Galles, chuta de 250.000 en trois ans.

Parmi les conséquences de l'échec de la Grève générale, deux évènements doivent être mentionnés. La loi sur les conflits du travail de 1927 interdit les grèves de solidarité, restreignit le piquetage, interdit aux fonctionnaires de s'affilier avec d'autres travailleurs, restaura la décision de la Taff Vale et changea la base pour la collecte des fonds politiques des syndicats qui n'avaient pas refusé de contribuer pour ceux qui avaient expressément convenu de contribuer. Le Congrès des syndicats, désabusé par les armes économiques de la lutte des classes, écarta la grève de son arsenal et centra son attention sur les armes politiques. Dans le domaine économique, il devint de plus en plus conservateur et commença à négocier avec les chefs de l'industrie, tels que lord Melchett d'Imperial Chemical Industries, sur les méthodes par lesquelles le capital et la main-d'œuvre pourraient coopérer pour faire payer les consommateurs. Un Conseil industriel national, constitué du Congrès des syndicats, de la Fédération des industries de Grande-Bretagne et de la Conférence nationale des employeurs fut établi en tant qu'instrument de cette coopération.

Les trois dernières années du gouvernement conservateur furent marquées par la création d'un système national de distribution électrique et d'un monopole étatique sur la radio (1926), l'extension d'un suffrage pour les femmes entre vingt-et-un et vingt-trois ans (1928), la loi sur les transports routiers et la loi sur les gouvernements locaux (1929). Au cours de ces dernières années, le gouvernement devint de moins en moins populaire à cause d'un certain nombre de comportements arbitraires de la part de la police. De ce fait, les élections générales de 1929 furent presque une répétition de celles de 1923 : les conservateurs descendirent à 260 sièges ; le parti travailliste, avec 288 sièges, était le parti le plus grand, mais n'avait pas de majorité ; et les Libéraux, avec 59 sièges, détenaient l'équilibre du pouvoir. Comme en 1923, les Libéraux donnèrent leur soutien au parti travailliste, mettant le second gouvernement MacDonald en fonction.

Le gouvernement MacDonald de 1929-1931 était encore moins radical que celui de 1924. Les membres du parti travailliste étaient hostiles envers leurs partisans libéraux et étaient en désaccord entre eux de sorte qu'il y ait des chamailleries même au sein du Conseil des ministres. Les membres libéraux étaient plus progressistes que le parti travailliste et se montrèrent impatients devant les politiques conservatrices de ce dernier. Snowden, en tant que chancelier de l'Échiquier, conserva les droits d'importations et haussa les autres taxes, y compris l'impôt sur le revenu. Puisque cela n'était pas suffisant pour équilibrer le budget, il emprunta de l'argent à divers fonds distincts et avança la date butoir de l'impôt sur le revenu.

Le Lord du Sceau Privé, J. H. Thomas, un chef du syndicat des chemins de fer, fut fait chef d'un groupe qui cherchait une solution au problème du chômage. Après quelques mois, la tâche fut abandonnée et il devint secrétaire d'État pour les Territoires. Cet échec semblait pire car les Libéraux et sir Oswald Mosley (alors membre du parti travailliste) avaient ébauché des plans détaillés fondés sur des projets de travaux publics. Les allocations chômage furent augmentées avec pour conséquence la nécessité de renflouer la Caisse sociale pour les assurances par le biais de prêts. La loi sur les mines de charbon (1930) établit une agence de vente commune, une subvention pour les exportations de charbon et un office national des salaires pour les mines, mais laissa le temps de travail à sept jours et demi au lieu des sept d'autrefois.

La Chambre des Lords refusa d'accepter un projet de loi de réforme électorale, un projet de loi d'utilisation des terres agricoles et le projet de loi sur l'éducation de sir Charles Trevelyan. Cette dernière fournissait une éducation secondaire gratuite et haussait l'âge de fin de scolarité à quinze ans ; mais le gouvernement travailliste n'était pas insistant sur ces projets et Treveylan démissionna pour protester contre son attitude dilatoire. Un projet de loi sur la commercialisation des produits agricoles, qui profitait au groupe foncier dans la Chambre des Lords et augmentait les prix des aliments pour les consommateurs, fut adopté. À travers ces tentatives de législation, il était clair que le parti travailliste éprouvait des difficultés à contrôler ses propres membres et le vote de protestation de ce parti sur la plupart des désaccords dans la Chambre des communes était assez important.

Le problème du déficit budgétaire grandissant empira en 1931 à cause de l'exportation d'or. La Confédération nationale des employeurs et la Fédération des industries de Grande-Bretagne acceptèrent d'imposer des baisses de salaire d'un-tiers. En février, une commission sous sir George May, instaurée sur une motion libérale, remit son rapport. Elle recommandait des baisses de 96 millions de livres dans les dépenses gouvernementales, deux-tiers devant venir des allocations chômage et un-tiers des salaires des employés. Ceci fut rejeté par le Congrès des syndicats et par une majorité du Conseil des ministres.

En juin, la Commission Macmillan, après deux ans d'études, rapporta que toute la structure financière de la Grande-Bretagne était instable et devrait être corrigée par une devise gérée, contrôlée par la Banque d'Angleterre. Au lieu de faire des tentatives dans une quelconque direction consistante, MacDonald, méconnu de toute personne dans son cabinet, mis à part Snowden et Thomas, démissionna, mais accepta secrètement de continuer en tant que Premier ministre, soutenu par les conservateurs et par tout membre du parti travailliste et libéral qu'il pouvait avoir. Tout au long de la crise, MacDonald se concerta avec les chefs des deux autres partis, mais pas avec le sien, et annonça la formation du Gouvernement national à la même réunion du cabinet à laquelle il avait dit aux ministres qu'ils avaient démissionné.

Le Gouvernement national avait un cabinet de dix membres, dont quatre travaillistes, quatre conservateurs et deux Libéraux. Les ministres ne faisant pas partie du cabinet étaient des conservateurs ou des Libéraux. Ce Conseil des ministres avait le soutien de 243 conservateurs, 52 Libéraux et 12 travaillistes, et avait dans l'opposition 242 travaillistes et 9 Indépendants. Seulement treize députés travaillistes suivaient MacDonald et ils furent rapidement expulsés du parti.

Cette crise était de grande importance car elle révéla l'incapacité du parti travailliste et le pouvoir des banquiers. À travers cela, le parti travailliste était détruit par des chamailleries personnelles. Ses membres principaux ne comprenaient pas l'économie. Snowden, l'« expert en économie » du Conseil des ministres, avait des perspectives financières à peu près identiques à celles de Montagu Norman de la Banque d'Angleterre. Un programme du parti ne fut pas convenu en dehors du programme vague et irréaliste de la « nationalisation de l'industrie », et ce programme était voué à être vu avec un enthousiasme mitigé par un parti dont la structure était fondée sur le syndicalisme.

En ce qui concerne les banquiers, ils avaient le contrôle tout au long de la crise. Alors qu'ils insistaient, publiquement, sur un budget équilibré, ils refusaient, en privé, d'accepter l'équilibre par l'imposition et insistaient sur l'équilibre par des réductions des paiements de secours. Travaillant en coopération étroite avec les banquiers américains et les chefs conservateurs, ils étaient dans une position leur permettant de renverser tout gouvernement qui n'était pas enclin à les écraser totalement. Alors qu'ils refusaient de coopérer avec le gouvernement travailliste le 23 aout, ils furent capables d'obtenir un prêt de 80 millions auprès des États-Unis et de la France pour le gouvernement national quand il n'avait été en fonction que depuis quatre jours. Même s'ils refusaient de permettre au gouvernement travailliste de toucher à l'étalon-or en aout, ils permirent au gouvernement national de l'abandonner en septembre avec des taux bancaires à 4 %.

Le gouvernement national s'attaqua immédiatement à la crise financière avec une arme typique des banquiers : la baisse des prix. Il offrit un budget comprenant de plus fortes taxes et des baisses draconiennes des allocations chômage et des salaires des fonctions publiques. Cela déboucha sur des émeutes, des protestations et une mutinerie dans la marine. Ces résultats forcèrent la Grande-Bretagne à abandonner l'or le 21 septembre. Des élections générales furent réclamées pour le 27 octobre. Elles furent âprement disputées, MacDonald et Snowden attaquant les travaillistes pendant que les conservateurs et les Libéraux se disputaient sur le problème d'un tarif. Snowden appela le parti travailliste « Bolchévisme mal dirigé. » Il fut ensuite récompensé avec une pairie. Le gouvernement utilisa toutes les puissantes méthodes de publicité qu'il contrôlait, y compris la BBC, d'une façon incroyablement peu équitable, tandis que le parti travailliste avait peu de possibilités de publicité et était faible financièrement suite à la dépression et à la loi sur les conflits du travail de 1927. Cela résulta en une victoire écrasante du gouvernement avec 458 membres le soutenant et seulement 56 en opposition.

Le gouvernement national dura quatre ans. Son exploit national principal fut la fin du libre-échange et la construction d'une économie cartellisée derrière les nouveaux obstacles au commerce. La construction de cartels, le rétablissement du commerce à l'exportation et la continuité des faibles prix des denrées donna un léger essor économique, surtout dans le logement. La fin du libre-échange sépara le parti libéral en un groupe du gouvernement (sous sir John Simon) et un groupe d'opposition (sous sir Herbert Samuel et sir Archibald Sinclair). Cela donna naissance à trois divisions libérales, puisque Lloyd George n'avait jamais soutenu le gouvernement.

Le programme national du gouvernement national était de nature à encourager un système économique cartellisé et à limiter la liberté personnelle des individus. Il n'y eut pas de véritable protestation sur ce point, puisque l'opposition travailliste avait un programme qui, en réalité sinon en théorie, penchait vers la même direction.

Un système national d'assurance chômage fut établi en 1933. Pour qu'il fonctionne, il fallait que la caisse sociale pour les assurances reste solvable en variant les contributions avec les besoins. Il était accompagné d'un programme de secours, comprenant un examen des ressources, qui s'appliquait à ceux qui n'avaient pas le droit à l'assurance chômage. Il plaçait la charge sur les gouvernements locaux, mais plaçait tout le contrôle dans un Conseil d'assurance chômage. Les jeunes désœuvrés étaient envoyés dans des centres de formation. Toute réforme sur l'éducation fut restreinte et le projet de hausser l'âge de fin de scolarité de quinze à seize ans fut abandonné.

La loi sur le transport de voyageurs de Londres de 1933, comme la loi qui créa la BBC sept ans plus tard, montra que les conservateurs n'avaient pas de véritable objection à la nationalisation des services publics. Tout le système de transport de la région de Londres, à l'exception des chemins de fer, fut consolidé sous le contrôle d'une entreprise publique. Les propriétaires privés furent mis en évidence par un échange généreux d'actions et un conseil de direction fut établi par des administrateurs représentant divers intérêts.

La loi sur la commercialisation des produits agricoles de 1931, telle que modifiée en 1933, fournissait un contrôle centralisé de la distribution de certaines céréales avec des prix minimums et des subventions gouvernementales. La police de Londres, ayant compétence sur un-sixième de la population de la Grande-Bretagne, fut réorganisée en 1933 pour détruire sa compassion évidente pour les classes ouvrières. Ceci fut fait en limitant tous les rangs au-dessus de celui d'inspecteur aux personnes avec une éducation de la classe supérieure, en les formant dans une école de police nouvellement créée et en leur interdisant de rejoindre la fédération de police (une sorte de syndicat). Les conséquences de cela furent immédiatement ostensibles dans le contraste entre la clémence du comportement de la police envers l'Union britannique des fascistes de sir Oswald Mosley (qui battait les sujets britanniques dans une impunité relative) et la violence de l'action de la police même envers les activités antifascistes pacifiques. Cette attitude tolérante envers le fascisme se reflétait à la fois à la radio et au cinéma.

Une sévère loi d'incitation à la désaffection en 1934 menaçait de détruire bon nombre des garanties personnelles accumulées au fil des siècles en amoindrissant les restrictions de la fouille de domicile par la police et en faisant de la simple possession d'informations pouvant potentiellement faire désaffecter les forces armées un crime. Elle fut adoptée après de sérieuses critiques et une discussion des Lords qui continua jusqu'à quatre heures du matin. Pour la première fois en trois générations, la liberté personnelle et les droits civils furent réduits en temps de paix. Cela fut fait par le biais de nouvelles lois, par l'usage d'anciennes lois comme les lois sur les secrets officiels et par des innovations de mauvais augure telles que la censure « volontaire » de la presse et par la prorogation judiciaire dans le champ d'application des lois sur la calomnie. Ce développement atteignit son étape la plus dangereuse avec la loi sur la prévention de la violence de 1939, qui donne à un secrétaire d'État les moyens d'arrêter sans un mandat et de déporter toute personne, même un sujet de Grande-Bretagne qui n'avait pas usuellement résidé en Grande-Bretagne, sans procès s'il croit qu'une telle personne est impliquée dans la préparation ou l'instigation d'actes de violence ou abrite des personnes impliquées dans une telle chose. Heureusement, ces nouvelles restrictions furent administrées avec un certain reste des anciennes tolérances anglaises de bonne humeur et étaient, pour des raisons politiques, rarement appliquées à toute personne ayant un fort soutien des syndicats.

C'était dans ses politiques fiscales que les tendances réactionnaires du gouvernement national étaient les plus évidentes. Pour celles-ci, Neville Chamberlain était principalement responsable. Pour la première fois en près d'un siècle, il y eut une hausse de la proportion de l'impôt total payé par les classes ouvrières. Pour la première fois depuis la révocation des lois sur le maïs en 1846, il y eut un impôt sur les denrées. Pour la première fois en deux générations, il y eut un revirement de la tendance vers une meilleure éducation pour le peuple. Le budget était maintenu en équilibre, mais à un prix considérable en souffrance humaine et en perte des irremplaçables ressources humaines de la Grande-Bretagne. Dès 1939, dans les soi-disant « régions défavorisées » d'Écosse, du sud du Pays de Galles et de la côte nord-est, des centaines de milliers de personnes étaient au chômage depuis des années et, comme l'indiqua le Pilgrim Fund, avaient vu leur fibre morale complètement détruite par des années de vie sur une allocation chômage inadaptée. Les capitalistes de ces régions étaient soit soutenus par une subvention gouvernementale (puisque la famille Runciman doublait leurs poches en expédiant des subventions), soit mis en évidence par des cartels et des associations commerciales à partir de fonds estimés sur les membres les plus actifs de l'industrie (comme cela était fait dans le minage du charbon, l'acier, le ciment, la construction navale, etc.).

La loi sur le déclassement de 1929 de Neville Chamberlain exonéra l'industrie du paiement des trois-quarts de ses impôts sous certaines conditions. Sur la période 1930-1937, cela fit économiser 170 millions de livres à l'industrie tandis que bon nombre de chômeurs étaient autorisés à mourir de faim. Cette loi valait près de 200.000 livres par an à Imperial Chemical Industries. D'autre part, Chamberlain, en tant que chancelier de l'Échiquier, exigea ces appropriations pour l'armée de l'air qui finit par permettre à l'armée de l'air britannique de surmonter l'attaque de Göring lors de la Bataille de la Grande-Bretagne de 1940.

Les élections générales de 1935, qui donnèrent dix années de fonction de plus aux conservateurs, furent les plus honteuses des temps modernes.

Il était parfaitement clair que le peuple anglais souhaitait de tout cœur une sécurité collective. Dans la période de novembre 1934 à juin 1935, le syndicat de la Société des Nations coopéra avec d'autres organisations pour tenir un « Vote de paix ». Cinq questions furent posées, les plus importantes étant la première (Est-ce que la Grande-Bretagne devrait rester dans la Société?) et la cinquième (Est-ce que la Grande-Bretagne devrait avoir recours à des sanctions militaires contre les agresseurs?). Les réponses à la première question donnèrent 11.090.387 votes affirmatifs et 355.883 votes négatifs. En ce qui concerne l'usage de sanctions économiques, il y eut 10.027.608 votes affirmatifs contre 635.074 votes négatifs. À propos de l'usage de sanctions militaires, le vote donna 6.784.368 réponses affirmatives contre 2.351.981 réponses négatives.

En plus de cela, une élection partielle à l'est de Fulham au printemps 1935 vit la victoire d'un partisan travailliste de la sécurité collective face à un conservateur. Les conservateurs se résolurent à participer à une élection générale pour soutenir la sécurité collective. Baldwin remplaça MacDonald en tant que Premier ministre et Samuel Hoare remplaça le Libéral sir John Simon au Ministère des Affaires étrangères pour faire croire que le programme d'apaisement antérieur serait inversé. En septembre, Hoare fit un discours enthousiaste à Genève dans lequel il jurait que le soutien de la sécurité collective par la Grande-Bretagne mettrait fin à l'agression de l'Italie contre l'Éthiopie. Le public ne savait pas qu'il avait fait escale à Paris en se dirigeant vers Genève pour parvenir à un accord secret par lequel l'Italie recevrait deux-tiers de l'Éthiopie.

Le Jubilé Royal fut utilisé lors du printemps 1935 pour développer un enthousiasme populaire pour la cause des conservateurs. Vers la fin du mois d'octobre, une semaine avant les élections locales dans lesquelles le parti travailliste avait déjà dépensé la majeure partie de ses fonds disponibles, les conservateurs annoncèrent des élections générales pour le 14 novembre et demandèrent un mandat populaire pour soutenir la sécurité collective et le réarmement. Le parti travailliste se retrouva sans une émission ni les fonds pour la soutenir, et était de plus divisé sur la question du pacifisme, les chefs de parti des Lords et des communes refusant de s'entendre avec le reste du parti sur le problème du réarmement en tant que soutien pour la sécurité collective.

Lors des élections, le gouvernement perdit 83 sièges, mais les conservateurs avaient toujours une majorité avec 387 sièges contre 154 pour le parti travailliste. Le parti libéral tomba de 34 à 21 sièges. Ce nouveau gouvernement fut en fonction pendant dix ans et voua son attention presque exclusivement aux affaires étrangères. Dans celles-ci, jusqu'en 1940 comme nous le verrons, il montra la même incapacité et le même parti pris qu'il avait révélé dans son programme national.

XI

CHANGER LE PARADIGME ÉCONOMIQUE

Introduction	538
La Grande-Bretagne	540
L'Allemagne	549
La France	558
Les États-Unis d'Amérique	573
Facteurs économiques	580
Conséquences de la dépression économique	592
Économie pluraliste et blocs mondiaux	596

Introduction

Un système économique ne se doit pas forcément d'être expansionniste, c'est-à-dire, qui produit constamment plus de richesse, et il est tout à fait possible d'être heureux dans un système économique qui ne l'est pas, à condition d'y être habitué. Au XXe siècle cependant, les individus de notre culture vivent dans des conditions expansives, et cela depuis plusieurs générations. Leur mode de pensée est psychologiquement adapté à l'expansion et ils sont profondément frustrés si leur situation n'est pas meilleure d'année en année. Le système économique lui-même devint organisé pour l'expansion, et il a tendance à s'effondrer s'il ne se développe pas.

La raison principale derrière cette instabilité est que l'investissement devint une part essentielle du système. S'il diminue, les revenus des consommateurs ne suffisent plus à acheter les biens produits dans une autre partie du système car une part du pouvoir d'achat, créée par la production de biens, ne sert plus à acheter ceux qu'elle produisit. Au lieu de cela, elle fut épargnée. Tous les biens produits ne pouvaient être vendus à moins que cette épargne soit réintroduite dans le marché par des investissements. Au sein du système en général, chacun cherchait à améliorer sa propre position à court terme, mais cela compromettait en réalité le fonctionnement du système à long terme. Il ne s'agit pas ici d'un simple contraste entre l'individu et le système, mais également entre le long et le court terme.

Le XIXe siècle avait accepté la théorie de « l'harmonie des intérêts » comme croyance de base. Le principe était le suivant : ce qui était bon pour l'individu l'était aussi pour la société dans son ensemble, et le meilleur moyen pour que la société se développe était que les individus soient libres de chercher leurs propres avantages. On pensait que cette harmonie existait entre un individu et un autre, entre l'individu et le groupe, et entre le court terme et le long terme. Si une telle théorie était parfaitement défendable au XIXe siècle, on ne pouvait l'accepter au XXe siècle qu'en la modifiant considérablement. Comme certains cherchaient leurs avantages individuels, l'organisation économique de la société fut tellement modifiée que les actes d'une seule personne pouvaient très certainement nuire à ses semblables, à l'ensemble de la société et, à long terme, à son propre avantage. Cette situation donna lieu à un tel conflit entre la théorie et la pratique, les intentions et les accomplissements, les individus et les groupes, qu'il fallut revenir aux fondamentaux de l'économie. Malheureusement, ce retour fut rendu pénible par les conflits entre les intérêts et les principes, ainsi qu'à cause des difficultés à trouver des principes dans l'extraordinaire complexité de la vie économique du XXe siècle.

Les facteurs essentiels au progrès économique s'ajoutent à ceux nécessaires à la production. En effet, elle requiert d'organiser les connaissances, le temps, l'énergie, les matériaux, la terre, le travail, etc. Ces trois autres facteurs sont indispensables au progrès économique : l'innovation, l'épargne et l'investissement. À moins qu'une société soit organisée pour tous les fournir, elle ne pourra se développer économiquement. « Innovation » veut dire imaginer de nouvelles méthodes de production plus performantes. « Épargner » signifie s'abstenir de consommer les ressources afin qu'elles puissent être utilisées pour différents usages. Enfin, « Investissement » indique la mobilisation des ressources dans de nouveaux moyens de production plus efficaces.

L'absence du troisième facteur (l'investissement) est la cause la plus fréquente de l'échec du progrès économique. Il peut très bien venir à manquer quand les deux autres facteurs fonctionnement parfaitement. Dans ce cas, l'épargne accumulée n'est pas investie dans les inventions mais dans la consommation, le prestige social ostentatoire, la guerre, la religion pour d'autres fins non productives. Elle peut tout aussi bien ne pas être dépensée.

Le progrès économique fut toujours accompagné de déplacements des ressources productives : d'anciennes méthodes furent abandonnées et de nouvelles furent adoptées. Même si de tels déplacements étaient bénéfiques pour certains groupes et ouverts à tous, il était évident que d'autres groupes avec des intérêts personnels dans les anciennes pratiques et utilisations des ressources les désapprouveraient et les repousseraient. Dans une période de progrès, ces intérêts personnels sont incapables de défendre leurs intérêts personnels au point d'empêcher le progrès. Cependant, dans une société qui contrôle l'épargne nécessaire au progrès, si les groupes sont les mêmes intérêts personnels qui bénéficient de la pratique en vigueur, ils peuvent défendre ces intérêts et empêcher le progrès. Pour cela, il suffit de ne pas utiliser les excédents pour financer de nouvelles inventions. Une telle situation est destinée à provoquer une crise économique. D'un point de vue simplifié, c'est ainsi que survint celle du XXe siècle. Pour mieux comprendre comment une telle situation peut apparaitre, nous devons examiner le développement dans les principaux pays capitalistes et découvrir la cause de la crise.

La Grande-Bretagne

En Grande-Bretagne, au cours du XIXe siècle, l'approvisionnement en capitaux, qui provenait de l'épargne privée, était si abondant que l'industrie était en mesure de s'autofinancer en ayant peu recours au système bancaire. La forme sociale fut adoptée relativement lentement, et cela, grâce aux avantages que procurent la responsabilité limitée, plutôt que parce qu'elle permettait de faire appel à un large public pour obtenir des capitaux propres. Les économies étaient si abondantes que l'excédent devait être exporté, et les taux d'intérêts ne cessaient de diminuer. Les promoteurs et les banquiers d'investissement n'étaient guère intéressés par les valeurs industrielles nationales (à l'exception des chemins de fer), et durant une grande partie du siècle, ils se concentraient sur les obligations d'État (nationales et internationales) ainsi que sur les entreprises étrangères. Le capitalisme financier se manifesta dans un premier temps au sein des titres étrangers, où il y trouva un champ d'opérations fructueux. Le droit des sociétés (tel qu'il fut codifié en 1862) était très indulgent. Il imposait peu de restrictions quant à la création des entreprises, et aucune en ce qui concerne les fausses brochures ou les faux rapports financiers. Jusqu'en 1928, les holdings (sociétés de portefeuille) n'étaient pas légalement reconnues, et aucun bilan consolidé n'était alors demandé. Jusqu'en 1933, seulement 52 des 111 British Investment Trusts (sociétés d'investissement britanniques) publièrent un compte rendu de leurs holdings.

Cet élément confidentiel est l'une des caractéristiques clés de la vie financière et commerciale anglaise. Le « droit » le plus faible que possède un anglais est le « droit de savoir », qui est à peu près aussi restreint que celui octroyé lors d'opérations nucléaires américaines. En affaires, la plupart des droits, des pouvoirs et des actions sont contrôlés par des procédures et conventions habituelles, et non par des lois et régulations explicites, et sont souvent réalisés sous la forme de remarques anodines entre amis de longue date. Aucun rapport n'immortalise de telles remarques, et elles sont généralement considérées comme étant d'ordre privé qui ne regardent personne d'autre, même lorsqu'elles impliquent des millions de livres sterling de fonds publics. Bien que cette situation évolue lentement, le cercle intime de la vie financière anglaise reste une question de « qui nous connaissons », plutôt que « qu'est-ce que nous savons ». Encore aujourd'hui, c'est grâce à la famille, au mariage ou aux relations universitaires que l'on trouve du travail ; l'individu est beaucoup plus important que son savoir ou ses compétences ; et de ce fait, les postes à responsabilité sont confiés aux hommes n'ayant aucune formation, aucune expérience, ou aucun savoir leur permettant de prétendre au poste en question.

Il existe dix-sept entreprises privées de « banquiers d'affaires », faisant partie de ce système et étant au cœur de la vie financière anglaise, qui trouvent les fonds nécessaires pour des entreprises établies et prospères, aussi bien à court terme (« acceptations bancaires ») qu'à long terme (investissement). Parmi ces banquiers d'affaires, qui comptabilisent au total moins de cent partenaires actifs, se trouvent les entreprises de Baring Brothers, N. M. Rothschild, J. Henry Schroder, Morgan Grenfell, Hambros, and Lazard Brothers. Ces banquiers d'affaires, pendant la période du capitalisme financier, occupaient une position dominante avec la Banque d'Angleterre et, curieusement, possèdent encore aujourd'hui un peu de leur pouvoir, malgré la nationalisation de la Banque par le Parti travailliste en 1946. En 1961, un des membres de la famille Baring (lord Cromer) fut nommé gouverneur de la banque, et son conseil d'administration, appelé « Cour » de la banque, comptait à son bord les représentants de Lazard, Hambros et Morgan Grenfell, ainsi que ceux d'une entreprise industrielle (English Electric) qui était sous le contrôle de ces derniers.

L'âge d'or du capitalisme financier en Grande-Bretagne est associé à la période pendant laquelle Montagu Norman était au poste de gouverneur, de 1920 à 1944, mais il débuta environ un siècle après l'arrivée du capitalisme industriel, avec la promotion de la brasserie Guinness, Ltd, par Barings en 1886, et se poursuivit avec la création de la brasserie Allsopps, Ltd. par la Westminster Bank en 1887. Au cours de la dernière année, il existait seulement 10.000 entreprises, bien que dans les années 1870, environ 1000 sociétés étaient créées chaque année, et en moyenne 2000 dans les années 1880. Parmi les entreprises enregistrées, environ un-tiers fit faillite au cours de la première année. Il s'agit d'une importante fraction si l'on considère qu'environ la moitié des sociétés créées étaient privées. Elles n'apportaient donc aucune valeur au secteur public, et jouissaient sûrement déjà d'une activité prospère. Le capitalisme financier s'implanta réellement en Grande-Bretagne dans les années 1890. En deux ans (1894-1896), E. T. Hooley promut vingt-six sociétés avec pour directeurs différents nobles seigneurs. Le capital total de ce groupe s'élevait à 18,6 millions de livres sterling (environ 24,9 millions d'euros), duquel Hooley prit 5 millions pour lui (environ 6,66 millions d'euros).

À compter de cette date, le capitalisme financier se développa rapidement en Grande-Bretagne, sans jamais égaler celui des États-Unis ou de l'Allemagne. Les entreprises nationales restaient petites, étaient dirigées par leurs propriétaires et ne connaissaient aucune évolution (surtout celles des secteurs les plus anciens tels que le textile, le fer, le charbon, la construction navale). Un des principaux domaines d'exploitation pour le capitalisme financier de la Grande-Bretagne continuait à être présent dans les pays étrangers jusqu'au krach de 1931. Il se répandit seulement temporairement en 1920 dans des domaines nouveaux comme la machinerie, les appareils électriques, et les produits chimiques, au sein desquels il fut presque aussitôt remplacé par un capitalisme monopoliste. Par conséquent, la période du capitalisme financier en Grande-Bretagne était d'une certaine fragilité. De plus, son règlement était relativement honnête (par opposition à celui des États-Unis, mais similaire à celui de l'Allemagne). Il se servait peu des holdings, exerçant son influence par l'intermédiaire de conseils d'administration croisés et de contrôles financiers directs. Il s'éteignit assez facilement, en cédant le contrôle du système économique à de nouvelles organisations de capitalisme monopoliste érigées par des hommes tels que William H. Lever, Vicomte de Leverhulme (1851-1925) ou Alfred M. Mond, lord Melchett (1868-1930). Le premier mit en place un grand monopole international dans le domaine des huiles végétales en se concentrant sur Unilever, tandis que le dernier créa le monopole chimique anglais connu sous le nom d'Imperial Chemical Industries.

Le capitalisme financier en Grande-Bretagne, comme partout ailleurs, ne fut pas seulement marqué par un contrôle financier accru de l'industrie, mais aussi par une concentration grandissante de ce contrôle et une régulation bancaire du gouvernement de plus en plus présente. Comme nous le vîmes déjà, cette influence de la Banque d'Angleterre sur le gouvernement fut un désastre presque total pour la Grande-Bretagne. Le pouvoir de la banque dans le monde des affaires ne fut jamais aussi total que celui au sein du gouvernement, car les entreprises britanniques demeuraient plus que jamais autofinancées en comparaison avec celles des autres pays. Ce pouvoir d'autofinancement des sociétés en Grande-Bretagne dépendait de l'avantage qu'il détenait grâce à l'arrivée précoce de l'industrialisme en Grande-Bretagne. À mesure que les autres pays s'industrialisaient, en réduisant ainsi cet avantage de la Grande-Bretagne et ses résultats exceptionnels, les entreprises britanniques se voyaient contraintes de chercher des apports en dehors des aides financières ou de réduire la création d'usines principales. Ces deux méthodes étaient employées, ce qui entraîna le développement du capitalisme financier et, parallèlement, l'obsolescence d'une grande partie des usines principales du pays.

Le contrôle de la Banque d'Angleterre sur les entreprises était exercé indirectement par l'intermédiaire des sociétés bancaires par action. Au XXe siècle, ces banques étaient de plus en plus puissantes et concentrées. À la suite de fusions, le nombre de ces institutions diminua pour passer de 109 en 1866 à 35 en 1919 et 33 en 1933. Cette croissance d'une « confiance monétaire » en Grande-Bretagne entraîna une enquête menée par un comité du Trésor sur les fusions de banques. Dans son rapport (Colwyn Report, 1919), ce comité reconnut le danger de ces opérations et réclama l'intervention du gouvernement. Un projet de loi fut établi afin d'éviter une nouvelle concentration mais il fut retiré lorsque les banquiers demandèrent au Trésor, par le biais d'un « accord à l'amiable », l'autorisation pour de futures fusions.

Le résultat net était de protéger l'influence de la Banque d'Angleterre, étant donné que celle-ci aurait peut-être été réduite par une monopolisation totale des sociétés bancaires par action, et la banque se trouvait toujours dans une position lui permettant d'influer sur l'attitude du Trésor quelle que soit la question. Parmi les 33 sociétés bancaires par action supprimées en 1933, 9 étaient en Irlande et 8 en Écosse, n'en laissant que 16 à la Grande-Bretagne et au Pays de Galles. Ensemble, les 33 sociétés possédaient plus de 2500 millions de livres sterling (un peu plus de 3362 millions d'euros) de dépôts en avril 1933, dont 1773 millions (environ 2383 millions d'euros) appartenaient au ainsi nommé « Big Five » (les cinq plus grandes banques britanniques à savoir Midland, Lloyds, Barclays, Westminster et la National Provincial). Le groupe contrôlait au moins 7 des 28 autres (dans un cas par possession de 98% des actions). Bien que la concurrence au sein du « Big Five » fût étrangement vive, toutes les banques étaient soumises à la puissante influence de la Banque d'Angleterre, exercée au travers d'un taux d'actualisation, de postes de direction interdépendants, mais surtout au travers des influences intangibles, la tradition, l'ambition et le prestige.

En Grande-Bretagne, comme ailleurs, l'influence du capitalisme financier servit à établir des conditions du capitalisme monopoliste en ne créant pas uniquement des conditions de monopole (qui permettaient à l'industrie de se libérer de la dépendance financière à l'égard des banques) mais en insistant aussi sur ces politiques financières orthodoxes et déflationnistes qui creusèrent finalement l'écart entre les industriels et les financiers. Même si le développement du capitalisme monopoliste remonte à l'union de la British Salt en 1888 (une société de produits chimiques qui contrôlait 91% de la production britannique), le capitalisme monopoliste évinça seulement le capitalisme financier en 1931. Cette année-là, la structure du capitalisme monopoliste était bien organisée. La Commission du Commerce reporta en 1918 que la Grande-Bretagne possédait 500 organisations syndicales professionnelles restrictives. Cette même année, la Fédération des industries britanniques (Federation of British Industries) comptait parmi ses membres 129 de ces organisations syndicales et 704 entreprises. Elle annonça qu'elle aurait pour objectifs de réguler les prix, réduire la concurrence, et promouvoir la coopération en ce qui concerne les questions d'ordre technique, en politique ainsi que dans la publicité. En 1935, pour pouvoir respecter les régulations sur le prix minimal et les quotas de production, elle avait élargi son plan d'action pour y ajouter trois nouveaux objectifs, à savoir (a) la suppression de la capacité de production excédentaire, (b) des restrictions à l'arrivée de nouvelles entreprises dans un domaine, et (c) une contrainte de plus en plus importante sur les membres et l'extérieur. Cette dernière aptitude se renforça progressivement entre 1931 et 1940. La décision de la Chambre des Lords, agissant en tant que Cour Suprême, d'autoriser l'utilisation de la contrainte envers l'extérieur dans le but de renforcer les accords économiques restrictifs (cas de Thorne *v.* Motor Trade Association décidé le 4 juin 1937), fut probablement la plus grande réussite vers la réalisation de ces objectifs.

L'année 1931 fut un tournant pour la Grande-Bretagne qui passa du capitalisme financier au capitalisme monopoliste. Cette année-là, le capitalisme financier, qui avait maintenu l'économie britannique dans une semi-dépression depuis une décennie, remporta son ultime grande victoire lorsque les financiers, menés par Montagu Norman and J. P. Morgan, obligèrent le gouvernement travailliste britannique à démissionner. Mais ce n'était plus un secret pour personne. Le monopole avait déjà atteint un tel degré qu'il aspirait à faire du système bancaire son serviteur plutôt que son maitre. La politique financière déflationniste des banquiers avait séparé les politiciens des industriels et conduit des syndicats monopolistes à former un front uni contre les banquiers.

Cela était d'une évidence claire lors de la Conférence sur les relations et la réorganisation industrielles qui se tint en avril 1928. Cette réunion rassemblait des représentants du Congrès des syndicats et de la Fédération patronale et délivra un Mémorandum au chancelier de l'Échiquier, signé par sir Alfred Mond de la société britannique Imperial Chemicals et par Ben Turner, représentant des syndicats. D'autres groupes monopolistes avaient émis de similaires déclarations, mais la division des capitalistes monopolistes et des capitalistes financiers ne pouvait pas être divulguée avant que ces derniers soient en mesure de se débarrasser du gouvernement travailliste. Une fois ce résultat obtenu, les travailleurs et les patrons s'étaient unis pour lutter contre la politique économique des banquiers qui continuait d'appliquer des prix bas et qui présentait encore un taux de chômage élevé. L'élément décisif qui causa la fin du capitalisme financier en Grande-Bretagne fut la révolte de la flotte britannique à Invergordon le 15 septembre 1931, et non l'abandon de l'étalon-or six jours plus tard. La mutinerie démontra clairement que la politique de déflation devait prendre fin. Par conséquent, aucun effort réel ne fut fait pour défendre le système monétaire.

Le capital et la main-d'œuvre monopolistes se joignirent à l'abandon de l'étalon-or et à l'adoption d'un tarif protecteur dans le but d'augmenter à la fois les salaires et les profits par l'intermédiaire d'un programme de prix élevés et de restrictions sur la production. Les anciens monopoles et cartels se renforcèrent et de nouveaux se créèrent, en général avec l'appui du gouvernement. Ces groupes imposèrent à leurs membres ainsi qu'à l'extérieur, des pratiques allant même jusqu'à l'achat et la destruction de la capacité de production dans leurs propres secteurs. Dans certains cas, comme pour les produits agricoles et le charbon, ces efforts se fondaient sur le droit écrit, mais dans la plupart des cas, ils étaient de nature purement privée, propres aux entreprises. En aucun cas le gouvernement ne fit de réels efforts pour protéger les consommateurs contre l'exploitation. En 1942, un observateur compétent, Hermann Levy, écrivit, « Aujourd'hui la Grande-Bretagne est le seul pays hautement industrialisé au monde où aucune tentative ne fut jusqu'à présent entreprise pour restreindre la domination des associations quasi-monopolistes dans les secteurs de l'industrie et du commerce ». Il est vrai que le gouvernement n'accepta pas les suggestions de lord Melchett et de la Fédération des industries britanniques selon lesquelles les cartels et les associations professionnelles seraient obligatoires. Il donna cependant tellement de liberté à ces groupes en ce qui concerne l'utilisation de leur puissance économique que l'aspect obligatoire devint en grande partie inutile. Sous la pression économique et sociale, les particuliers qui refusaient d'adopter des pratiques restrictives favorisées par toute l'industrie se voyaient dans l'obligation de s'incliner ou étaient ruinés. Cela fut le cas, par exemple, pour un sidérurgiste qui insistait pour construire une aciérie dédiée au laminage continu en 1940.

Au sein des groupes producteurs, des pressions sociales furent ajoutées aux contraintes économiques afin de faire appliquer des pratiques restrictives. Une tradition d'inefficacité, de prix élevés, et de faible rendement s'était établie de sorte que quiconque remettait en question cette pratique était considéré comme socialement inacceptable et était presque accusé d'être un traitre aux yeux de la Grande-Bretagne. Selon l'hebdomadaire *The Economist*, la seule voix importante dans le pays qui résistait à cette tendance (le 8 janvier 1944), « trop peu d'hommes d'affaires britanniques essayent de faire concurrence. De nos jours, affirmer qu'une entreprise accrut tellement son efficacité à tel point qu'elle ne peut pas vendre à bas prix n'a pas pour but de lui rendre grâce quant à ses initiatives et son esprit d'entreprise, mais de critiquer le fait qu'elle enfreigne les règles d'un commerce « équitable » et s'autorise le péché suprême de concurrence « sauvage » ».

Aucune analyse détaillée des méthodes ou de l'organisation de ces groupes restrictifs ne peut être établie ici, mais on peut indiquer quelques exemples. Le Coal Mines Act (loi sur les mines de charbon) de 1930 mit en place une organisation qui attribuait les quotas de production à chaque mine de charbon et fixait des prix minimaux. La National Shipbuilders Security, Ltd (organisation gouvernementale regroupant des entreprises nationales de construction navale) fut fondée en 1930 et commença à racheter et détruire tous les chantiers navals en utilisant les fonds d'un emprunt obligatoire s'élevant à un million de livres sterling (environ 1,337 million d'euros) dont les frais de service étaient financés par une taxe d'1% sur les contrats de construction. En 1934, un-quart de la capacité de construction navale de la Grande-Bretagne avait disparu. La Mutual Association (mutuelle britannique) fondée en 1920 par Millers supprima entièrement toute concurrence au sein de ses membres, et mit en place la Purchase Finance Company (société de financement) afin de racheter et détruire les minoteries, à l'aide de fonds garantis par une taxe secrète sur l'industrie. En 1933, plus d'un-sixième des minoteries en Grande-Bretagne avaient disparu. Dans le domaine du textile, la Lancashire Cotton Corporation (firme cotonnière du Lancashire) fit l'acquisition de 10 millions de broches de coton en trois ans (1934-1937), et en supprima presque la moitié, pendant que le Spindles Board (conseil composé d'un président et de deux autres membres nommés par la Commission du Commerce) en élimina environ 2 millions en une année (1936-1937). En dépit de la croissante crise internationale, les actions restrictives se poursuivirent sans relâche jusqu'en mai 1940, mais la tendance vers une mobilisation totale par le gouvernement de Churchill entraîna une utilisation des ressources en Grande-Bretagne plus complète que dans n'importe quel autre pays.

Cette expérience de guerre avec le plein emploi rendit impossible le retour à une semi-stagnation et une partielle utilisation des ressources qui avaient prévalu sous le capitalisme financier dans les années 1930. Cependant, le futur économique de la Grande-Bretagne pendant la période d'après-guerre était considérablement freiné par le fait que les deux partis politiques adverses représentaient des intérêts économiques bien établis et n'étaient pas des groupes non structurés d'intérêts divers comme c'était le cas aux États-Unis. Le Parti travailliste, qui était en exercice de 1945 à 1951 sous la direction de Clement Attlee, représente les intérêts des syndicats et, de manière plus large, ceux des consommateurs. Le Parti conservateur, qui était en exercice sous la direction de Churchill, Eden, Macmillan, et Douglas-Home après 1951 représente les classes possédantes, et montre encore aujourd'hui une forte influence dans le secteur bancaire. Cela permit la création d'un certain équilibre au sein duquel un État providence fut établi, mais aux dépens d'une inflation lente et d'une faible utilisation des ressources.

La consommation et la pratique des activités de loisirs plutôt que de production furent les caractéristiques de l'économie britannique, même sous la direction du Parti conservateur, qui se préoccupa davantage de la valeur de la livre sterling dans les bourses étrangères, que de l'investissement productif. Les classes moyennes et, surtout, les groupes professionnels et ceux jouissant d'une éducation ne sont pas directement représentés par aucun des partis. Du fait de leur changement d'un de ces partis étrangers à l'autre, ils peuvent déterminer l'issu des élections, mais ils ne sont pas complètement chez eux dans aucun des partis et peuvent, à la fin, se retourner vers le Parti libéral, bien qu'ils soient réticents à se lancer dans la période de coalition, ainsi que dans les gouvernements relativement irresponsables que cela implique.

La structure des classes en Grande-Bretagne, qui avait survécu à la guerre malgré une attrition régulière, est toujours érodée, non pas par toute augmentation considérable des travailleurs au sein de la classe supérieure, mais par le développement de la troisième classe n'appartenant à aucune des anciennes classes. Ce nouveau groupe comprenait les personnes dotées d'un « savoir-faire », les directeurs, les scientifiques, les hommes professionnels, les entrepreneurs arrivistes et créatifs dans des secteurs d'activité que la plus ancienne classe possédante avait laissés pour compte. Ces riches nouvellement établis tentent à présent d'ignorer la classe supérieure la plus ancienne, et font fréquemment preuve de rancœur envers cette dernière. Comme ce nouveau groupe enthousiaste et non structuré, qui n'a malheureusement pas d'apparence commune ni d'idéologie, s'accroît en nombre, il estompe l'idée générale des deux plus anciennes classes. Une grande partie de cette confusion résulte de l'adoption des caractéristiques de la classe supérieure par des personnes n'en faisant pas partie. De plus en plus de jeunes adoptent l'accent de la British Broadcasting Corporation (BBC), il est donc de plus en plus difficile d'établir l'origine géographique de l'orateur, ainsi que sa classe sociale et son niveau d'éducation. Le soin porté à l'apparence et à la santé de l'anglais ordinaire est étroitement relié à cette question, en raison de l'amélioration du niveau de vie de manière générale, et plus particulièrement de l'arrivée du National Health Service (système de santé publique britannique). La perte de ces deux caractères d'identification fait de l'habit le principal repère de distinction des classes, mais cela ne s'applique qu'aux hommes. Beaucoup de femmes, du fait de la grande diffusion de magazines de mode et de l'influence du cinéma, portent le même style de robes, utilisent des produits cosmétiques similaires, et se coiffent de la même façon. De nos jours, même des vendeuses relativement pauvres sont souvent bien habillées et toujours agréablement propres sur elles et soigneusement coiffées.

Comme dans la plupart des pays dans le monde d'après-guerre, l'économie britannique se constitue de plus en plus de grands blocs de groupes d'intérêts dont les constantes mutations déterminent une politique économique au sein de cette zone triangulaire constituée par le niveau de vie des consommateurs, les besoins en investissement, et les dépenses du gouvernement (notamment en matière de défense). Tous ces divers groupes d'intérêts sont de plus en plus organisés de manière monopolistique, et sont davantage convaincus de la nécessité de planification pour leurs propres intérêts. Cependant, le principal facteur dans cette histoire n'est plus la solidarité du secteur bancaire, comme aux temps d'avant-guerre, mais le gouvernement qui exerce ses fonctions à travers le Trésor.

Cette réduction du pouvoir des banquiers, associée à l'augmentation correspondante de celui d'autres groupes, y compris le gouvernement, n'est pas le résultat de nouvelles lois, telles que la nationalisation de la Banque d'Angleterre, mais celui de changements dans les flux de fonds d'investissement qui contournent de plus en plus les banques. Beaucoup des plus grandes entreprises industrielles, comme l'entreprise chimique British Imperial Chemicals ou la compagnie pétrolière Shell, sont en grande partie autofinancées du fait des conditions de monopole fondées sur les cartels, des contrôles de brevet, ou de la régulation des ressources rares. Au même moment, la massive quantité de fonds d'investissement provient de sources non liées au secteur bancaire. Environ la moitié de ces fonds dépendent désormais du gouvernement et des autorités publiques, telles que le National Coal Board (Commission nationale du charbon) qui produit 17 millions de livres sterling par an (environ 22,8 millions d'euros) de nouvel argent en quête de placement. Les compagnies d'assurance (intéressées par des politiques d'assurance non-vie) sont assez étroitement liées à la plus ancienne structure bancaire, comme elles le sont dans la plupart des pays, mais les banques ne tenaient pas compte de l'assurance vie, ce qui devint en Grande-Bretagne un problème pour les classes inférieures, qui étaient payées par l'intermédiaire de primes hebdomadaires ou mensuelles grâce au démarchage à domicile. Ces compagnies d'assurance britanniques fournissent 1,5 million de livres sterling par jour (environ 2 millions d'euros) en argent à la recherche d'occasions de placement (1961), et la plus grande société, Prudential, déverse 2 millions de livres sterling par semaine (environ 2,7 millions d'euros). Une grande partie de ce montant est destinée aux actions industrielles. En 1953, lorsque le Parti conservateur dénationalisa la sidérurgie, que le Parti travailliste avait nationalisée en 1948, la majorité de ses actions avaient été rachetées par des fonds provenant de compagnies d'assurance. Ces énormes fonds créent un grand danger de sorte que quelques hommes inconnus gérant l'investissement de tels fonds pourraient se convertir en une puissance centralisée dans la vie économique de la Grande-Bretagne. Jusqu'ici ils ne firent rien pour y parvenir, étant donné qu'ils fournissent des fonds sans compromettre la gestion actuelle des sociétés dans lesquelles ils investissent. Ils sont satisfaits d'un retour approprié sur leur argent, mais la possibilité d'un tel contrôle existe.

Le Postal Savings system (système d'épargnes postales) est une autre source de fonds provenant des classes inférieures. Il prit de l'ampleur car ces classes inférieures anglaises considèrent les banques comme des institutions étrangères de classes supérieures, et préfèrent placer leurs économies ailleurs. En conséquence, les Postal Savings s'élevant à plus de 6000 millions de livres sterling (environ 8020 millions d'euros) ont une valeur à peu près identique à celle des dépôts de l'ensemble des onze sociétés bancaires par action.

Les investissements des fonds de pension sont quelques peu semblables, atteignant un total d'environ 2000 millions de livres sterling (en moyenne 2673 millions d'euros) à la fin de 1960 et augmentent chaque année d'une valeur à peu près égale à 150 millions de livres sterling (environ 200 millions d'euros).

Deux autres innovations des classes inférieures non liées au secteur bancaire qui influencèrent de manière révolutionnaire la vie britannique sont les « building societies » (sociétés d'investissement et de crédit immobilier, appelées « building and loan » aux États-Unis) et les sociétés de location-vente « hire-purchase » (organisations qui achètent des mensualités). Elles les aident à acquérir des logements et à les équiper. Ensemble, elles firent disparaître l'aspect miteux traditionnel de la vie des anglais de classe inférieure en l'égayant grâce à de nouveaux équipements qui contribuèrent à développer le sentiment de solidarité au sein de la vie de famille. L'élimination des quartiers insalubres et leur reconstruction par des institutions publiques locales (les habitations à loyer modéré) contribuèrent à ce changement. Une des conséquences du flux des fonds d'investissement hors du contrôle des banques fut la perte d'efficacité des contrôles traditionnels sur la consommation et sur l'investissement qui étaient effectués par l'usage des variations des taux bancaires. Cela eut pour double effet d'atténuer les va-et-vient du cycle économique, et d'affecter de tels contrôles au gouvernement, qui est en mesure de réguler la consommation par l'intermédiaire d'outils tels que des modifications en termes d'achats de mensualité (à travers des acomptes et des frais financiers plus importants). En même temps, l'ancien rôle indépendant de la Grande-Bretagne dans toutes ces affaires, fut de plus en plus soumis à des influences extérieures incontrôlables, telles que la conjoncture économique aux États-Unis, la concurrence du marché commun européen, et les pressions exercées par divers organismes internationaux comme le Fonds monétaire international. Le résultat final est une économie de protection sociale complexe de plus en plus féodalisée dans laquelle ce sont les dirigeants plus que les patrons qui partagent le pouvoir au sein d'un système dynamique complexe dont les principaux paramètres demeurent largement méconnus, même des étudiants sérieux.

L'Allemagne

Tandis que la Grande-Bretagne traversait les étapes du capitalisme de cette façon, l'Allemagne faisait de même mais selon un autre modèle.

Lorsque l'industrialisme arriva en Allemagne, il y avait peu de capital. Comme l'épargne réalisée grâce au commerce intérieur et extérieur ou aux petites boutiques artisanales était bien moindre qu'en Grande-Bretagne, l'étape de la gestion des propriétaires fut relativement courte. Presque immédiatement, l'industrie se retrouva dépendante des banques. Ces dernières avaient un fonctionnement très différent de celui des banques anglaises puisqu'elles étaient « mixtes » et non séparées en plusieurs établissements pour chaque fonction bancaire. Les principales banques de crédit allemandes, fondées entre 1848 et 1881, servaient aussi de banques d'épargne, de banques commerciales, de banques de promotion et d'investissement, d'agents de change, de coffres forts, etc. Dès la création de la Darmstadter Bank en 1853, elles développèrent une relation étroite et de confiance avec l'industrie. Les banques établissaient des titres flottants pour l'industrie en accordant un crédit à une entreprise, en retour de quoi elles s'accordaient des titres. Ceux-ci étaient vendus aux investisseurs au fur et à mesure que les opportunités se présentaient. La banque conservait suffisamment d'actions pour avoir le contrôle et nommait ses employés comme directeurs de l'entreprise pour avoir le contrôle complet.

On peut expliquer l'importance de la possession de titres pour les banques par le fait qu'en 1908, la Dresdner Bank en détenait pour un montant de 2 millions de marks (1.022.584 euros). Il était essentiel d'avoir des administrations croisées. En effet, en 1913, les directeurs de cette même banque siégeaient au conseil de plus de deux-cents entreprises industrielles. En 1929, à l'époque de la fusion de la Deutsche Bank et de la Disconto-Gesellschaft, les deux établissements étaient au total présents à la direction de 660 entreprises industrielles et à la présidence du conseil de 192 d'entre elles. Avant 1914, il était courant pour des individus de cumuler trente ou quarante postes de directeur.

Ce contrôle de l'industrie par les banques était encore accentué par l'usage qu'elles faisaient de leurs positions de courtières et de dépôts de titres. Les banques de crédit allemandes faisaient office d'agents de change, et la plupart des investisseurs laissaient leurs titres en dépôt pour qu'ils soient disponibles au cas où ils auraient besoin de les vendre rapidement. Les banques votaient toutes les actions et autres mesures de contrôle pour les directions, à moins que les détenteurs des actions l'interdisent expressément (ce qui était très rare). En 1929, une loi interdisant aux banques de voter les actions déposées chez elles fut adoptée, sauf si les détenteurs avaient clairement exprimé leur accord. Le changement était négligeable, puisqu'à partir de 1929, le capitalisme financier commença à régresser en Allemagne. De plus, il était rare que la permission de voter des actions déposées soit refusée. Voter toute action laissée à titre de garantie de prêts ou achetée sur marge faisait aussi partie des droits dont jouissaient les banques. Contrairement à la situation aux États-Unis, on considérait que les actions achetées sur marge appartenaient à la banque (qui faisait office d'agent de change) jusqu'à ce que son prix ait été payé dans sa globalité. L'importance de l'activité de courtage en actions pour les banques allemandes peut être expliquée par le fait qu'entre 1885 et 1908, un quart des bénéfices bruts des grandes banques de crédit provenait des commissions. Ceci est d'autant plus remarquable si on considère que les commissions de courtage facturées par les banques allemandes étaient très modestes (parfois seulement 0,5 ‰). Ce sont des méthodes similaires qui permirent de bâtir un capitalisme financier extrêmement centralisé en Allemagne. Cette période commence avec la fondation de la Darmstadter Bank en 1853. Il s'agissait de la première banque à établir un contrôle systématique permanent des sociétés qu'elle flottait. Elle fut également la première à avoir recours à des syndicats de promotion (en 1859). D'autres banques suivirent cet exemple et l'explosion du nombre de promotions atteignit un pic d'activité et de corruption entre 1870 et 1874. Au cours de ces quatre années, 857 sociétés par actions avec 3.306.810.000 marks (1.690.745.917 euros) d'actifs furent flottées, pour 295 entreprises et 2.405.000.000 marks (1.229.657.564 euros) d'actifs au cours des dix-neuf années précédentes (1851-1870). Sur ces 857 sociétés fondées entre 1870 et 1874, 123 étaient en procédure de liquidation et 37 d'entre elles étaient en faillite en septembre 1874.

Ces excès de promotion du capitalisme financier conduisirent à une enquête du gouvernement, laquelle donna lieu en 1883 à une loi stricte régulant la promotion. Elle permit aux banquiers allemands d'amasser des fortunes grâce à la promotion et il devint nécessaire pour eux de viser les mêmes objectifs en consolidant leur contrôle des sociétés industrielles à long terme. La situation était très différente aux États-Unis : en raison de l'absence de règlementation juridique de la promotion avant le *Securities Act* de 1933, il était plus probable que les banquiers d'investissement cherchent à faire fortune à court terme grâce à des promotions plutôt que des gains à long terme en contrôlant des entreprises industrielles. On peut également y voir une autre conséquence dans le financement relativement plus solide des sociétés allemandes à partir de fonds propres et non pas à partir de la méthode plus onéreuse (mais préférée par le promoteur) d'obligations à taux fixes.

Le capitalisme financier allemand atteignit son point culminant dans les années qui précédèrent 1914. Il était contrôlé par une oligarchie fortement centralisée. Au cœur de tout cela se trouvait la Reichsbank, dont le contrôle sur les autres banques était, de façon générale, relativement faible. Ce dernier fut bien accueilli par l'oligarchie financière, étant donné que la Reichsbank, bien qu'appartenant au secteur privé, était en grande partie contrôlée par le gouvernement. À l'origine de sa faible influence sur le système banquier se trouve son influence tout aussi faible sur les deux instruments qu'une banque centrale contrôle normalement, à savoir le taux de réescompte et les opérations de libre-échange. La Reichsbank avait peu d'influence sur les taux de réescompte car les autres banques s'adressaient rarement à elle pour ces derniers, et la plupart avait un taux d'escompte plus bas que celui de la Reichsbank. Une loi fut votée en 1899 pour tenter de surmonter cette faiblesse en forçant les autres banques à ajuster leurs taux d'escompte à celui de la Reichsbank mais cette loi ne fut jamais un très bon instrument de contrôle. Le contrôle du libre-échange était également faible en raison de la réticence formelle allemande « à spéculer » avec les titres du gouvernement. De plus, les autres banques étaient plus attentives à l'état de leurs portefeuilles de papiers commerciaux et de titres qu'elles ne l'étaient au volume de leurs réserves d'or. En cela, elles étaient plus semblables aux banques françaises qu'aux banques britanniques. Ce n'est qu'en 1909 que la Reichsbank entama une politique volontariste de contrôle au travers des opérations de libre-échange, mais elle ne se montra jamais efficace. Elle fut complètement abandonnée entre 1914 et 1929 à cause de la guerre, de l'inflation et des restrictions imposées par le plan Dawes.

En raison des faiblesses de la Reichsbank, le contrôle du capitalisme financier allemand reposait sur les banques de crédit. Cela revient à dire qu'il échappait largement au contrôle du gouvernement et qu'il était entre les mains du secteur privé.

Sur les centaines de banques de crédit allemandes, la grande majorité du pouvoir appartenait aux huit « Grandes banques ». Elles contrôlèrent l'économie allemande de 1865 à 1915. Pour preuve de leur position dominante, en 1907, 44 % du capital total détenu par les 421 banques de crédit allemandes et leurs 13.204.220.000 marks (6.751.213.726 euros) appartenaient à ces huit grandes banques. De plus, la situation de ces dernières était en réalité encore plus avantageuse puisqu'elles géraient de nombreuses autres banques. Résultat, Robert Franz, éditeur du *Der Deutsche Oekonomist*, estima en 1907 que ces huit banques contrôlaient 74 % des immobilisations des 421 banques.

Le pouvoir du capitalisme financier en Allemagne fut gravement ébranlé durant la Première Guerre mondiale, en théorie plus qu'en pratique. Il fut mortellement touché par l'inflation de l'après-guerre et complètement assujetti par la dépression et les mesures d'Hitler après 1933. L'année qui suivit la fin de l'inflation (1924) marque le tournant entre le capitalisme financier et le capitaliste monopoliste. Au cours de cette année, l'inflation prit fin, les cartels se virent octroyer un statut juridique spécial ainsi que leur propre tribunal des cartels pour régler les conflits, et la plus grande création du contrôle financier jamais construite par le capitalisme financier allemand s'effondra. L'inflation prit fin en novembre 1923. La loi sur les cartels (KVO) fut votée le 2 novembre 1923. La grande structure de contrôle était le trust Stinnes, qui commença à s'effondrer à la mort d'Hugo Stinnes en avril 1924. Stinnes avait alors un contrôle absolu sur 107 grandes sociétés (notamment d'industrie lourde et de transport) et avait d'importants intérêts dans environ 4500 autres entreprises. La tentative (et l'échec) de Stinnes de transformer cette structure de contrôle financier en un monopole intégré marque la fin du capitalisme financier en Allemagne.

Il est certain que le profond besoin de capital de l'industrie allemande dans la période qui suivit 1924 (puisqu'une grande quantité de l'épargne allemande fut anéantie par l'inflation) donna aux derniers moments du capitalisme financier allemand un faux sentiment de prospérité. En cinq ans, l'industrie allemande bénéficia de milliards de marks par le biais de canaux financiers, grâce à des emprunts faits hors de l'Allemagne. Mais la dépression de 1929 à 1934 révéla que les apparences étaient trompeuses. À cause de la dépression, toutes les grandes banques sauf une durent être secourues par le gouvernement allemand, qui prit en échange possession de leurs capitaux propres. En 1937, ces banques qui appartenaient alors à l'État furent « reprivatisées », mais l'industrie avait déjà largement échappé à tout contrôle financier.

Les débuts du capitalisme monopoliste en Allemagne remontent au moins à la génération qui précéda la Première Guerre mondiale. Dès 1870, les capitalistes financiers essayaient de faire fusionner des entreprises et de réduire la compétition avec des pressions financières directes et leur système d'administrations croisées.

Ils avaient tendance à avoir recours à des cartels pour les activités les plus anciennes, comme le charbon, le fer et l'acier. Pour les plus récentes, comme le matériel électrique et les produits chimiques, ils favorisaient de grandes entreprises monopolistiques. Il n'existe pas de chiffres officiels en ce qui concerne les cartels avant 1905 mais on suppose qu'il existait 250 cartels en 1896 et que 80 d'entre eux étaient des cartels de fer et d'acier. L'enquête officielle sur les cartels menée par le Reichstag en 1905 permit d'en comptabiliser 385, dont 92 dans le charbon et les métaux. Peu après, le gouvernement commença à les aider. L'exemple le plus célèbre est une loi qui en 1910 forçait les fabricants de potasses à devenir membres du cartel de la potasse.

En 1923, il existait selon la fédération des industriels allemands 1500 cartels. Comme nous le vîmes, ils bénéficièrent d'un statut juridique et d'un tribunal spéciaux l'année suivante. Au moment de l'effondrement financier de 1931, il existait 2500 cartels et le capitalisme monopoliste s'était tellement développé qu'il était prêt à contrôler le système économique allemand dans sa globalité. Alors que les banques tombaient sous la coupe du gouvernement, le contrôle privé du système économique était assuré puisqu'il ne dépendait plus des banques. Il doit sa liberté à des lois comme celle qui entravait les administrations croisées et le nouveau droit des sociétés de 1937. Mais plus particulièrement car le développement des grandes entreprises et des cartels avait permis à l'industrie de s'autofinancer sans avoir recours aux banques.

Ce capitalisme monopoliste nouvellement géré par le secteur privé était organisé en une hiérarchie complexe dont les détails ne pourraient être révélés qu'après des années et des années de recherche. Les entreprises étaient devenues si importantes que dans la plupart des domaines, seul un petit nombre d'entre elles était capable de dominer les autres. De plus, il était très fréquent qu'une entreprise détienne le capital-actions d'une autre grâce à des administrations croisées et des acquisitions. Enfin, il y avait les cartels qui travaillaient sur des actions à prix fixes, des marchés et des quotas de production pour tous les produits industriels importants. Un exemple, loin d'être le pire, pourrait être l'industrie du charbon allemand en 1937. Il y avait alors 260 sociétés minières. 21 d'entre elles créaient 90 % de la production totale, 5 en généraient 50 % et 1 était responsable de 14 % de la production. Ces mines étaient divisées en cinq cartels. L'un d'entre eux contrôlait 81 % de la production et, ajouté à un autre, ils en contrôlaient 94 %. Enfin, la plupart des sociétés minières (69 % de la production totale) étaient des filiales d'autres entreprises qui utilisaient du charbon, de producteurs de métal (54 % de la production totale de charbon), ou de produits chimiques (10 % de la production totale).

Une concentration similaire existait dans la plupart des autres activités économiques. En 1929, dans les métaux ferreux, 3 entreprises sur 26 généraient 68,8 % de toute la production de fonte brute en Allemagne. 4 sur 49 entreprises produisaient 68,3 % de la totalité de l'acier brut. 3 entreprises sur 59 fabriquaient 55,8 % des produits laminés. En 1943, une société (United Steel Works) générait 40 % de la production totale d'acier en Allemagne, et 12 entreprises en fabriquaient plus de 90 %. Avec une telle concentration, il ne pouvait pas y avoir de compétition mais de plus, l'industrie de l'acier était organisée selon une série de différents cartels de l'acier (un pour chaque produit). Ces cartels, qui virent le jour vers les années 1890, contrôlaient en 1930 la totalité de la production allemande des produits de métaux ferreux. Les entreprises membres atteignirent ce chiffre en achetant les non-membres avant 1930. Les cartels géraient les prix, la production et les marchés allemands. Ils imposaient leurs décisions au moyen d'amendes ou de boycotts. Ils étaient également membres du cartel international de l'acier, fondé sur son homologue allemand qui le dominait. Le cartel international contrôlait deux-cinquièmes de la production mondiale d'acier et cinq-sixièmes du commerce international de l'acier. La propriété d'entreprises de fer et d'acier en Allemagne est obscure mais de toute évidence très concentrée. En 1932, Friedrich Flick avait une participation majoritaire dans l'entreprise Gelsen-Kirchner Bergwerke, qui dirigeait en grande partie United Steel Works. Il vendit son contrôle au gouvernement allemand pour 167 % de sa valeur en menaçant le gouvernement de le vendre à une entreprise française. Après l'arrivée d'Hitler au pouvoir, les intérêts détenus par l'État furent « reprivatisés » pour être réduits à 25 %. Quatre autres groupes détenaient ensemble 41 % de ces intérêts, et ils étaient intimement liés les uns aux autres. Flick resta directeur de United Steel Works et était président du conseil de six mines d'acier et de charbon, ainsi que de nombreuses grandes entreprises. Il y a fort à parier que l'industrie de l'acier allemande de 1937 était seulement contrôlée par cinq hommes, Flick étant le plus puissant d'entre eux.

Ces exemples de développement du capitalisme monopoliste en Allemagne sont simplement des exemples choisis au hasard et n'ont rien d'exceptionnel. Un autre exemple connu est le développement d'IG Farbenindustrie, l'entreprise allemande de produits chimiques. Elle fut fondée en 1904 à partir de trois entreprises principales et se développa progressivement jusqu'après sa dernière réorganisation en 1926, lorsqu'elle contrôlait près des deux-tiers de la production de produits chimiques en Allemagne. Elle étendit son contrôle à toutes les branches de l'industrie, se concentrant notamment sur les colorants (dans lesquels elle avait un monopole de 100%), les médicaments, les plastiques, les explosifs et les métaux légers. Il avait été dit que l'Allemagne n'aurait pu faire aucune des Guerres mondiales sans IG Farben. Au cours de la Première Guerre mondiale, elle fournit des stocks d'explosifs et d'engrais quand les sources naturelles furent coupées au Chili grâce au procédé Haber qui permettait d'extraire du nitrogène dans l'air. Au cours de la Seconde Guerre mondiale, elle fournit une grande quantité de biens indispensables, le caoutchouc synthétique et les carburants principalement. IG Farben était la plus grande entreprise d'Allemagne à l'époque de la Seconde Guerre mondiale. Elle avait un actif de plus de 2.332,8 millions de Reichsmarks et une capitalisation de plus de 1165 millions de Reichsmarks en 1942. Elle comptait de plus une centaine d'importantes filiales en Allemagne, et employait 350.000 personnes dans celles qui la concernaient directement. L'entreprise avait des intérêts dans environ 700 entreprises en dehors de l'Allemagne et avait conclu plus de 500 accords restrictifs avec des sociétés étrangères.

Le plus important de ces accords était le European Dyestuff Cartel. Il naquit d'un cartel suisse formé en 1918. Quand IG Farben fut réorganisée en 1925, et qu'une autre structure française de ce genre (les Établissements Kuhlmann) vit le jour en 1927, ces deux formèrent un cartel franco-allemand. Les trois pays créèrent le cartel européen en 1929. L'entreprise britannique Imperial Chemicals, qui avait presque obtenu le monopole sur son territoire en 1926, rejoignit le cartel européen en 1931. Ce groupe avait déjà un accord global avec l'entreprise du Pont aux États-Unis (établi en 1929 et révisé en 1939). Une tentative de IG Farben pour créer un monopole commun avec du Pont sur le sol américain échoua après des années de négociation à cause d'un conflit pour savoir si la division du pouvoir devrait être 50-50 ou 51-49. Cependant, IG Farben conclut plusieurs accords de cartel avec du Pont et d'autres entreprises américaines, certains formels, d'autres étaient des *gentlemen's agreements*, des accords informels. Au sein de sa propre production de colorants, l'entreprise créa une série de filiales aux États-Unis qui réussirent à contrôler 40% de la production américaine. Pour s'assurer que IG Farben avait le contrôle de ces filiales, une majorité d'Allemands fut placée dans chaque conseil d'administrateurs, et Dietrich Schmitz alla aux États-Unis pour être naturalisé comme citoyen américain et devenir le dirigeant de la principale filiale de IG Farben dans le pays. Dietrich Schmitz était l'un des frères d'Hermann Schmitz, président du conseil de IG Farben, administrateur de United Steel Works, de Metallgesellschaft (le trust allemand de métaux légers), de la Banque des règlements internationaux, et d'une vingtaine de grandes entreprises. Cette politique de pénétration aux États-Unis fut également utilisée dans d'autres pays.

Alors qu'IG Farben était le meilleur exemple de contrôle concentré dans le capitalisme monopoliste allemand, cette situation n'avait rien d'extraordinaire. En 1939, le processus de concentration avait atteint un niveau qui ne peut être exagéré. Après avoir étudié des documents allemands saisis, le comité Kilgore du Sénat américain conclut en 1945 qu'ensemble, IG Farben et United Steel Works pouvaient dominer l'intégralité du système industriel allemand. Puisque la majorité de cette domination était fondée sur des amitiés et des relations personnelles, sur des accords et des contrats secrets, sur des pressions économiques et la contrainte ainsi que sur la propriété et d'autres droits de contrôle évidents, elle ne peut être démontrée au travers de statistiques. Cependant, même les statistiques révèlent une concentration de pouvoir économique. Il existait environ 40.000 entreprises à responsabilité limitée dans l'Allemagne de 1936, avec une capitalisation totale approchant les 20.000 millions de Reichsmarks et IG Farben et United Steel Works en détenaient 1.344. Sur ces 40.000 entreprises, 18 seulement étaient responsables d'un-sixième du total des fonds de roulement.

Tandis que l'organisation monopolistique de la vie économique atteignait son point culminant en Allemagne, ces différences entre l'Allemagne et les autres pays furent amplifiées. Ce n'était qu'une différence de développement et, même à ce niveau, la Grande-Bretagne, le Japon et quelques plus petits pays n'étaient pas aussi loin de celui de l'Allemagne que l'on pourrait le croire à première vue. Il y avait deux raisons à cette illusion. D'un côté, les cartels allemands et les monopoles bénéficiaient d'une bonne publicité, tandis que des organisations similaires dans d'autres pays restaient cachées. Comme le signala le British Committee on Trusts (comité britannique des trusts) en 1929, « Ce qui est remarquable dans les fusions et les associations britanniques, ce n'est pas leur rareté ou leur faiblesse mais plutôt leur discrétion ». Le monopole britannique de l'huile végétale autour d'Unilever était peut-être aussi puissant que celui des produits chimiques autour d'IG Farben en Allemagne. Cependant, si on entendait beaucoup parler de ce dernier, c'est loin d'être le cas du premier. Après avoir tenté d'étudier le cas britannique, le magazine *Fortune* écrivit : « Il est exaspérant de voir que peut-être aucune autre industrie n'est aussi secrète que celles du savon et de la matière grasse. »

D'autre part, on désapprouvait des organisations monopolistiques allemandes parce qu'elles étaient disposées à être utilisées à des fins nationalistes. Les dirigeants des cartels allemands étaient d'abord des Allemands patriotiques, et ensuite des hommes d'affaires en quête de profits. Dans la plupart des autres pays (surtout les États-Unis), les capitalistes monopolistes sont d'abord des hommes d'affaires puis des patriotes. Résultat, les objectifs des cartels allemands étaient souvent tout aussi politiques qu'économiques. IG Farben et d'autres s'efforçaient constamment d'aider l'Allemagne dans sa lutte pour le pouvoir, par l'espionnage, en obtenant des avantages économiques pour l'Allemagne et en cherchant à ce que les autres pays ne puissent ni mobiliser leurs ressources ni faire la guerre.

Cette différence de comportement entre les capitalistes allemands et ceux d'autres pays s'accrut dans les années 1930. Durant cette décennie, l'Allemand constatait que ses motivations économiques et patriotiques l'entrainaient dans une même direction (développer le pouvoir et la richesse de l'Allemagne contre la Russie et l'Occident). Au contraire, les capitalistes français, britanniques et américains étaient souvent confrontés à des motivations conflictuelles. Au même moment, le bolchévisme se présentait comme une menace économique pour eux et le nazisme comme une menace politique pour leur pays. De nombreuses personnes étaient prêtes à négliger voire même à intensifier cette menace afin de l'utiliser contre le bolchévisme.

Cette différence de comportement entre l'Allemagne et les autres pays capitalistes avait plusieurs raisons. Parmi celles-là se trouvaient (a) le contraste entre la tradition allemande d'avoir une économie nationale et les traditions occidentales de laissez-faire, (b) le fait que la dépression mondiale ait fait naitre la menace d'une possible révolution avant que le nazisme se révèle être un danger politique pour l'Occident, (c) le fait que le capitalisme financier cosmopolite ait été remplacé plus rapidement par le capitalisme de nationalisme monopoliste en Allemagne qu'en Occident, et (d) le fait que de nombreuses personnes riches et influentes comme Montagu Norman, Ivar Kreuger, Basil Zaharoff et Henri Deterding aient dirigé l'attention du public vers le danger du bolchévisme tout en maintenant une attitude neutre ou favorable envers le nazisme.

L'impact de la guerre sur l'Allemagne était relativement différent de celui qu'elle eut sur les autres pays en général. En France, en Grande-Bretagne et aux États-Unis, elle joua un rôle important en démontrant de façon concluante que la stagnation économique et le sous-emploi des ressources n'étaient pas indispensables et qu'il était possible de les éviter si le système financier était subordonné au système économique. Cette prise de conscience n'était pas nécessaire en Allemagne puisque les nazis avaient déjà fait cette découverte dans les années 1930. Cependant, les destructions de la guerre laissèrent une lourde tâche à l'Allemagne, celle de reconstruire ses usines industrielles. Mais étant donné que le pays ne pouvait s'y atteler avant d'avoir son propre gouvernement, la population allemande souffrit beaucoup entre 1945 et 1950. Ainsi, lorsque des conditions politiques correctes permirent cette reconstruction, les travailleurs allemands étaient presque prêts à accepter n'importe quel emploi et avaient plus à cœur de toucher un salaire suffisant pour vivre que d'améliorer leur niveau de vie. Cette disposition à accepter de bas revenus, qui est l'une des principales caractéristiques de la reprise économique allemande, fut amplifiée par l'afflux de millions de réfugiés venus de l'Orient occupé par les soviétiques et frappé par la pauvreté. Ainsi, un excédent de main-d'œuvre, de faibles revenus, d'opérations financières peu orthodoxes et une immense tâche à réaliser sont autant de facteurs qui contribuèrent à la reprise allemande.

C'est la réforme monétaire de l'Allemagne de l'Ouest en 1950 qui indique son début. Elle encouragea l'investissement et offrit aux entrepreneurs la perspective d'importants profits grâce aux politiques fiscales de l'État. L'ensemble créa un grand boom lorsque la fondation du marché commun européen à partir de sept États de l'Europe de l'ouest offrit à l'Allemagne un marché de masse pour une production de masse lorsque la reconstruction de son industrie était bien organisée. La combinaison de faibles revenus, d'une force de travail solide, de nouveau matériel, et d'un système d'impôts peu élevés pour les producteurs, ainsi que l'absence du besoin d'assumer les dépenses de défense pendant plusieurs années, permirent de rendre les couts de production allemands faibles sur le marché international. Ces facteurs aidèrent aussi l'Allemagne à établir un commerce d'exportations prospère et profitable. L'exemple allemand fut copié au Japon et en Italie et, sur des critères différents, en France. Conséquence, la zone du marché commun profita d'un sursaut de développement économique et de richesse qui commencèrent à transformer la vie de l'Europe de l'ouest et à offrir à ces pays une mobilité et une aisance inédites. Une autre conséquence est le développement de ce qui avait été, dans ces pays, des zones arriérées, notamment dans le sud de l'Italie, où le boom se déclara en 1960. La seule zone du marché commun qui ne connut pas un tel phénomène était la Belgique, entravée par du matériel désuet et des animosités sociales nationales. En France, le boom fut retardé de plusieurs années en raison des graves problèmes politiques associés à la mort de la Quatrième République (1958).

La France

Le capitalisme financier dura plus longtemps en France que dans les autres grands pays. Ses racines dans ce dernier, comme aux Pays-Bas mais pas en Allemagne, remontent à la période du capitalisme commercial qui précéda la révolution industrielle. Elles se développèrent rapidement durant la seconde moitié du XVIIIe siècle et c'est la fondation de la Banque de France en 1800, qui leur permit de réellement s'établir. À cette époque, le pouvoir financier était entre les mains de dix à quinze établissements bancaires dont les fondateurs étaient pour la plupart arrivés de Suisse pendant la seconde moitié du XVIIIᵉ siècle. Tous étaient protestants et jouèrent un rôle important dans l'effervescence qui précéda la Révolution française. Lorsque la violence révolutionnaire devint incontrôlable, ils étaient les principales forces derrière l'ascension de Napoléon, qui était pour eux l'homme qui allait rétablir l'ordre. Pour les récompenser de leur soutien, en 1800 il leur donna un monopole sur la finance française en leur laissant le contrôle de la nouvelle Banque de France. Dès 1811, la plupart de ces banquiers s'étaient rangés du côté de l'opposition, désapprouvant la décision de Napoléon de continuer une politique belliciste. La France en était alors encore au stade du capitalisme commercial, et une guerre permanente était nuisible à l'activité commerciale. Ce groupe abandonna donc Bonaparte pour se ranger du côté de Bourbon, et survécut au changement de régime en 1815. C'est ainsi que s'établit un modèle de dextérité politique, répété avec plus ou moins de succès au cours des changements successifs de régime. De ce fait, les banquiers protestants, qui avaient dirigé la vie financière sous le Premier Empire, étaient toujours les acteurs principaux du conseil d'administration de la Banque de France jusqu'à la réforme de 1936. Parmi eux se trouvent les noms de Mirabaud, Mallet, Neuflize et Hottinguer.

Au cours du XIXᵉ siècle, un second groupe s'ajouta au cercle des banquiers français. Les membres de celui-ci étaient en grande partie juifs, et n'étaient pas non plus d'origine française. La majorité d'entre eux était d'origine germanique (comme Rothschild, Heine, Fould, Stern et Worms) et le reste d'origine ibérique (par exemple Pereire et Mirés). Une rivalité s'installa bientôt entre les anciens banquiers protestants et les nouveaux banquiers juifs. Elle était principalement de nature politique plus que religieuse, mais la limite devint floue lorsque certains membres du groupe juif abandonnèrent leur religion et se tournèrent vers le groupe protestant (c'est le cas de Pereire et Heine).

Le conflit entre ces deux groupes ne cessait de grandir en raison de leurs positions politiques divergentes quant à la monarchie de Juillet (1830-1848), le Second Empire (1852-1870) et la Troisième République (1871-1940). Au sein de cette rivalité, le groupe protestant était plus conservateur que le groupe juif. Le premier avait un avis mitigé au sujet de la monarchie de Juillet et accueillait le Second Empire avec enthousiasme tandis qu'il était opposé à la Troisième République. Le second groupe en revanche soutenait vivement la monarchie de Juillet ainsi que la Troisième République mais était contre le Second Empire. Chaque groupe était dirigé par la famille de banquiers la plus riche et la plus neutre. Les protestants étaient commandés par Mirabaud, dont les idées étaient plutôt à la gauche du groupe. Rothschild, qui se positionnait, d'un point de vue politique à la droite du groupe juif, en était le dirigeant. Les tendances des deux hommes étaient si proches que Mirabaud et Rothschild (qui dominaient à eux deux l'ensemble du système financier, étant plus riches et plus puissants que toutes les autres banques privées réunies), coopéraient régulièrement même lorsque leurs groupes étaient en concurrence.

Cette situation simple se compliqua après 1838 avec l'émergence progressive d'un troisième groupe de banquiers, catholique cette fois. Ce groupe (avec des noms comme Demachy, Seillière, Davillier, de Germiny, Pillet-Will, Gouin et Lubersac) arriva lentement et tardivement. Il fut bientôt divisé en deux moitiés. L'une forma une alliance avec le groupe de Rothschild et accepta la Troisième République. L'autre se joignit à la puissance croissante de l'industrie lourde (majoritairement catholique) et grandit avec, pour former sous le Second Empire et le début de la Troisième République un puissant groupe industriel-banquier dont le principal moyen d'expression était le Comité des forges (l'organisation patronale de la sidérurgie).

Ainsi, entre 1871 et 1900, trois groupes coexistèrent en France : (a) l'alliance des juifs et des catholiques, dominée par Rothschild, (b) l'alliance entre les industriels et banquiers catholiques, dirigée par le sidérurgiste Schneider, et (c) le groupe de banquiers protestants, dominé par Mirabaud. Le premier acceptait la Troisième République tandis que les deux autres la rejetaient. Le groupe de Rothschild devint riche dans cette même période, notamment grâce au pouvoir qu'il exerçait sur la plus grande banque d'investissement française, la Banque de Paris et des Pays-Bas (Paribas). En 1906, le bloc de la banque Paribas dominait à la fois la vie politique et économique française.

Pour s'opposer à Paribas, les banquiers protestants fondèrent en 1904 leur propre banque d'investissement, la Banque de l'Union Parisienne. Au cours de la période entre 1904 et 1919, le groupe de l'Union Parisienne et celui du Comité des forges formèrent une alliance fondée sur leur opposition commune à la Troisième République et au bloc de la banque Paribas. Nous pouvons appeler cette nouvelle combinaison le bloc Union-Comité. La rivalité entre ces deux grandes puissances, le bloc Paribas et celui de l'Union-Comité, nourrit l'Histoire de France entre 1884 et 1940. Elle paralysa le système politique français avec la crise de l'affaire Dreyfus et une fois de plus entre 1934 et 1938. Elle entrava également en partie le système économique français, ce qui retarda la transformation du capitalisme financier en capitalisme monopoliste, et empêcha la reprise économique suite à la dépression de 1935 à 1940. Elle contribua fortement à la défaite française en 1940. Aujourd'hui, seuls les aspects économiques de cette lutte nous intéressent.

En France, la phase du capitalisme commercial dura bien plus longtemps qu'en Grande-Bretagne et l'apparition du capitalisme industriel ne remonte qu'à 1830. La phase du capitalisme financier ne démarra qu'aux alentours des années 1880, et celle du capitalisme monopoliste ne devint évidente que vers 1925.

Au cours de cette période, les banquiers privés continuèrent à exister et à gagner en pouvoir. Découverts durant le capitalisme commercial, ils étaient d'abord surtout intéressés par les obligations gouvernementales, à la fois nationales et étrangères. En conséquence, les plus grands banquiers privés, comme les Rothschild ou les Mallet, étaient très proches des gouvernements mais pas de la vie économique du pays. Ce sont les débuts du chemin de fer entre 1830 et 1870 qui changèrent cette situation. Il fallait une quantité de capital bien supérieure à celle qu'une banque privée pouvait fournir sur ses propres ressources pour construire les chemins de fer. Pour pallier cette difficulté, certains fondèrent des banques d'investissement, des banques de dépôt, des banques d'épargne et des compagnies d'assurance qui rassemblèrent l'épargne d'une multitude de personnes et la mirent à disposition afin que les banques privées puissent les investir comme bon leur semblait. Ainsi, le banquier privé se mit à gérer les fonds d'autrui plutôt que de prêter ses propres ressources. En second lieu, il devint bien plus influent et plus discret. S'il gérait avant des millions de francs, il avait maintenant des milliards sous sa responsabilité. Cette transition se fit en toute discrétion, le banquier n'agissait plus en son nom mais restait en arrière-plan, caché du public derrière une multitude d'institutions financières et de crédit, créées pour exploiter l'épargne privée. La population ne remarqua pas que les noms des banquiers privés et de leurs agents figuraient toujours sur les listes des directeurs des nouvelles sociétés financières. En troisième lieu, la naissance des chemins de fer fit émerger de nouvelles puissances économiques, notamment dans la fabrication du fer et de l'extraction de charbon. Ces dernières, les premières grandes influences économiques dans cet État libéré du contrôle des banques privées, apparurent en France grâce à une activité très sensible aux grâces et aux disgrâces du gouvernement : l'industrie de l'armement.

Comme dans les autres pays, le capitalisme industriel français naquit dans les secteurs du textile et de la production de fer. Il est possible d'en discerner les débuts avant 1830, mais son évolution fut toujours lente. Le capital ne manquait pas puisque la plupart des Français épargnaient beaucoup, mais ils préféraient les obligations à taux d'intérêt fixes (souvent empruntées à l'État) plutôt que les fonds propres, et avaient plus tendance à investir dans des entreprises familiales que dans des titres d'une autre provenance. Le recours aux sociétés comme forme d'entreprise se développa très lentement (bien que la loi française l'ait autorisé avant les autres pays, en 1807). Les entreprises individuelles et les partenariats restèrent populaires, même durant le XXe siècle. La plupart étaient financés par les profits et l'épargne familiale (comme en Grande-Bretagne). Lorsqu'ils étaient prospères et qu'ils se développaient, les propriétaires interrompaient régulièrement l'expansion de l'entreprise existante pour en créer une ou plusieurs nouvelles en plus de l'ancienne. Il arrivait qu'elles aient la même activité économique mais la plupart du temps, il s'agissait d'activités complémentaires. Un fort sentiment familial entrava la croissance de grands groupes ou d'entreprises du secteur public à cause d'une réticence à octroyer du pouvoir à des personnes extérieures au sein des entreprises familiales. En raison de cette préférence pour des obligations à taux d'intérêt fixes plutôt que pour des titres de participation comme investissements, les entreprises avaient du mal à se développer sainement. Enfin, le fort ressentiment contre l'autorité publique, notamment contre les percepteurs d'impôt, rendit la population encore plus réticente à s'impliquer dans des entreprises publiques plutôt que privées.

Cependant, l'industrie se développa, en particulier grâce à l'impulsion donnée par la naissance des chemins de fer, qui permit une demande croissante en acier et en charbon, et grâce au gouvernement de Napoléon III (1852-1870) qui ajouta une nouvelle demande en armement au marché industriel. Napoléon montra une préférence particulière pour une entreprise d'aciérie et de fabrication d'armes, celle de Schneider au Creusot. Eugène Schneider obtint un monopole en fournissant des armes au gouvernement français, et en vendant des matériaux pour la construction des rails de chemins de fer, encouragée par le gouvernement. Il devint de plus président de la Chambre des députés et Ministre de l'Agriculture et du Commerce. Il n'est donc pas bien surprenant que les industriels considéraient cette époque du Second Empire comme une sorte d'âge d'or.

L'influence politique décroissante des industriels de l'industrie lourde après 1871 réduisit leurs profits et les poussa à s'allier avec les banquiers catholiques. Ainsi, la lutte entre le capitalisme financier et le capitalisme monopoliste qui était apparue dans la plupart des pays fut remplacée, en France, par une confrontation entre deux blocs économiques, tous deux intéressés par l'industrie et les banques. Aucun d'entre eux n'était prêt à accepter les procédures bancaires peu orthodoxes qui devenaient alors l'un des objectifs premiers du capitalisme monopoliste. En conséquence, ce dernier n'apparut que tardivement en France et lorsque ce fut le cas, il se développa entre les deux grands blocs, avec des ramifications dans l'un comme dans l'autre, tout en restant largement indépendant de leur contrôle central. Ce nouveau groupe autonome et plutôt informe, qui illustrait la montée du capitalisme monopoliste peut être appelé l'Axe Lille-Lyon. Il commença à se développer lentement après 1924 et prit le contrôle de la France après la défaite de 1940.

La montée du capitalisme financier en France, ainsi que dans les autres pays, fut permise par la demande en capital générée par la construction des chemins de fer. La création du Crédit Mobilier en 1852 (avec 60 millions de francs d'actif) peut être considérée comme la date de début du capitalisme financier français. Cette banque servit de modèle aux banques de crédit qui seront ensuite fondées en Allemagne et qui, comme elle, avaient des activités mixtes de comptes d'épargne, de crédits commerciaux et de banques d'investissement. Le Crédit Mobilier fit faillite en 1867 mais d'autres banques furent créées par la suite, certaines mixtes, d'autres plus spécialisées, suivant les modèles britanniques ou américains.

Dès son arrivée en France, le capitalisme financier entraîna les mêmes excès qu'ailleurs. Ils étaient pires en France qu'en Grande-Bretagne ou en Allemagne (après les réformes de 1884), même si on ne pouvait les comparer aux excès de frénésie et de fraude constatés aux États-Unis. En France, comme en Grande-Bretagne, les principaux exploits du capitalisme financier du XIXe siècle se trouvaient à l'étranger, dans les titres publics plutôt que dans les valeurs mobilières. Les pires épisodes de délire furent constatés au début des années 1850, puis au début des années 1880, et ensuite durant la majeure partie du XXe siècle. En une année de la première période (du 1er juillet 1854 au 1er juillet 1855), pas moins de 457 nouvelles entreprises avec un capital total d'un-milliard de francs furent créées en France. Les pertes au profit des acquéreurs de titres étaient telles que le 9 mars 1856, le gouvernement dut interdire temporairement toute nouvelle émission de titres à Paris. Une nouvelle fois entre 1876 et 1882, plus d'un-milliard de francs d'actions furent émis, ce qui conduisit au krach de 1882. Finalement, durant toute la période allant de 1900 à 1936, le capitalisme financier contrôla clairement la France. En 1929, un journal parisien estima que sur une durée de trente ans (depuis l'escroquerie de Thérèse Humbert en 1899), plus de 300 milliards de francs (l'équivalent des dettes publiques et privées de la France en 1929), avaient été pris aux Français par le biais de titres qui ne valaient rien.

Le cœur du système économique français du XXe siècle ne résidait pas, comme certains le croyaient, dans la Banque de France mais dans un groupe d'institutions presque inconnues, les banques privées. Il en existait plus de cent, mais seule une vingtaine avait une réelle importance, et même dans ce groupe restreint, deux (Rothschild et Mirabaud) étaient plus puissantes que toutes les autres combinées. Elles constituaient ce qu'on appelait la haute banque, et dirigeaient le système économique français. Il y avait d'un côté un groupe de sept banques juives (Rothschild, Stern, Cahen d'Anvers, Propper, Lazard, Spitzer et Worms) et de l'autre un groupe de sept banques protestantes (Mallet, Mirabaud, Heine, Neuflize, Hottinguer, Odier et Vernes), enfin, il y avait un dernier groupe de cinq banques catholiques (Davillier, Lubersac, Lehideux, Goudchaux et Demachy). Au XXe siècle, la fissure de base dont nous avons déjà parlé était apparue entre les Juifs et les protestants, et le groupe catholique s'était divisé pour s'allier soit aux Juifs, soit aux forces de l'industrie lourde monopolistique. Cependant, les différents groupes continuèrent à administrer la Banque de France en coopération.

La Banque de France n'était pas le cœur du capitalisme financier français, elle en était seulement le symbole, et elle n'avait aucun pouvoir autonome propre. Jusqu'en 1936, comme cela avait été le cas en 1813, elle fut dirigée par la poignée de banques privées qui l'avaient fondée. Cependant au XXe siècle, certaines d'entre elles étaient étroitement liées avec un groupe tout aussi petit mais plus informe d'industriels. En dépit de cette fissure, les deux blocs coopéraient main dans la main afin de gérer cet important instrument de pouvoir.

La Banque de France était gérée par une quarantaine de familles (pas deux-cents comme beaucoup l'affirmaient), à cause d'une condition dans la charte bancaire stipulant que seuls les 200 actionnaires les plus importants avaient le droit d'élire les membres du conseil d'administration (le conseil de direction de la banque). Il y avait 182.500 actions en circulation, d'une valeur de 1000 francs chacune mais qui valaient cinq ou dix fois ce montant. Le nombre d'actionnaires au XXe siècle était environ de 30.000 à 40.000 personnes. Sur les 200 qui pouvaient participer à l'élection des douze membres du conseil, il y avait 78 entreprises ou fondations et 122 particuliers. Les deux classes étaient dominées par les banques privées, et ce depuis si longtemps que les sièges au conseil étaient pratiquement devenus héréditaires. C'est le développement de l'industrie lourde et le transfert de sièges à des femmes qui sont à l'origine des principaux changements dans les noms des membres du conseil. Trois sièges appartinrent aux mêmes familles pendant plus d'un siècle. Pendant tout le XXe siècle, les noms de Rothschild, Mallet, Mirabaud, Neuflize, Davillier, Vernes, Hottinguer et de ceux leurs proches figurèrent au conseil d'administration.

La Banque de France faisait office d'une sorte de personnel pour les quarante familles qui étaient à la tête des dix-neuf principales banques privées. Peu d'efforts furent faits pour influencer les affaires par le biais du taux de réescompte, et les opérations de libre-échange furent seulement introduites en 1938. L'État fut influencé par les besoins de trésorerie de la Banque de France. D'autres banques furent influencées par des méthodes plus particulièrement françaises : par des mariages-alliances, par de la corruption indirecte (c'est-à-dire par le contrôle de sinécures largement rémunérées dans la banque et l'industrie), et par le fait que les banques françaises soient dépendantes de la Banque de France en cas de crises. La raison de cette dépendance était que les banques françaises ne mettaient pas l'accent sur leurs réserves en or mais considéraient plutôt les papiers commerciaux comme principale réserve. Dans toute crise où ces papiers ne pouvaient être liquidés suffisamment rapidement, les banques en faisaient appel au pouvoir illimité de création de billets de la Banque de France.

Dans la troisième ligne de contrôle de l'économie française se trouvaient les banques d'investissement appelées « banques d'affaires ». Ces dernières étaient dominées par deux banques : la Banque de Paris et des Pays-Bas fondée en 1872 par le groupe Rothschild, et la Banque de l'Union Parisienne fondée par le bloc rival en 1904. Ces banques d'investissement fournissaient des capitaux à long terme aux industries et en retour se servaient en actions et en mandats. La plupart des actions étaient revendues au public mais les mandats étaient détenus indéfiniment à des fins de contrôle. En 1931, Paribas détenait les titres de 357 entreprises, et ses propres directeurs et hauts dirigeants détenaient 180 mandats dans 120 des plus importantes d'entre elles. Le contrôle était constamment facilité grâce à des actions sans droit de vote, des actions à droit de vote multiple, des mandats coopératifs et autres modifications du capitalisme financier. Par exemple, la Compagnie Générale de Télégraphie Sans Fil créée par Paribas distribua 200.000 parts d'actions d'une valeur de 500 francs chacune. 181.818 d'entre elles, vendues au public, valaient un dixième de voix chacune tandis que les 18.182 actions détenues par le groupe d'initiés valaient un vote chacune. Une situation similaire fut découverte dans les actions Havas, également distribuées par Paribas.

La banque d'investissement des banques privées non-juives et de leurs alliés était l'Union Parisienne. Dans la période qui précéda 1934, parmi les noms de ses directeurs figuraient ceux de Mirabaud, Hottinguer, Neuflize, Vernes, Wendel, Lubersac et Schneider. Les deux actionnaires les plus importants entre 1935 et 1937 étaient Lubersac et Mallet. En 1933, les directeurs de cette banque comptabilisaient 124 autres mandats dans 90 grandes entreprises. La banque détenait au même moment des actions dans 338 sociétés. La valeur des titres détenus par l'Union Parisienne en 1932 était de 482,1 millions de francs et celle des titres détenus par Paribas était de 458,8 millions de francs, ce qui, en additionnant les deux, donne un total de 1.030,9 millions de Francs.

Dans la quatrième ligne de contrôle se trouvaient cinq principales banques commerciales avec 4416 agences en 1932. Au début du siècle, elles faisaient toutes partie du « Consortium Paribas », mais après la fondation de l'Union Parisienne en 1904, elles se mirent à dériver lentement vers le nouveau bloc, le Comptoir national d'escompte de Paris, et passèrent de ce côté presque d'un seul coup, tandis que les autres suivirent moins rapidement. Résultat, le contrôle exercé par les deux grands blocs sur les principales banques de dépôt était plutôt mixte au XXe siècle, le vieux groupe juif de banquiers privés perdant de plus en plus de terrain. Le déclin de ce groupe était étroitement lié à celui du capitalisme financier international, et le coup le plus dur fut la perte des obligations étrangères acquises pendant le Première Guerre mondiale. Les banques de dépôt régionales étaient dirigées à différents niveaux par l'un ou l'autre des blocs, Paribas ayant un pouvoir plus affirmé dans le nord, l'ouest et le sud, tandis que le bloc de l'Union-Comité était plus puissant dans le nord-est, l'est et le sud-est. Le pouvoir des banques d'épargne et des compagnies d'assurance était également partagé, notamment là où elles avaient été fondées avant que les deux blocs n'acquièrent leur forme moderne. Par exemple, la plus grande compagnie d'assurance de France, avec un capital et des réserves qui s'élevaient à 2463 millions de francs en 1931, avait parmi ses directeurs des noms comme Mallet, Rothschild, Neuflize, Hottinguer, et ainsi de suite.

Cette coopération entre les deux blocs, en ce qui concerne les niveaux inférieurs du système bancaire (et la Banque de France elle-même), ne s'étendait généralement pas à l'activité industrielle ni commerciale. La compétition dans ce secteur en dehors du marché était sévère, et elle se transforma en combat à mort entre 1932 et 1940. Dans certaines activités, des sphères d'intérêt se dessinèrent entre les deux groupes, réduisant ainsi la concurrence. En France, il existait une scission de base entre l'est et l'ouest, le groupe juif se concentrant sur la construction de navires, les communications et le transport transatlantique, ainsi que sur les services publics dans l'ouest, tandis que le groupe protestant-catholique donnait plus d'importance au fer, à l'acier, et à l'armement dans l'est. En dehors de la France, le premier groupe dominait les colonies, l'Afrique du Nord, et la Méditerranée orientale, tandis que le second groupe mettait l'accent sur l'Europe centrale et l'Europe de l'ouest (notamment au travers de l'Union européenne industrielle et financière, créée en 1920, comme équivalent économique de la Petite Entente).

Dans certains domaines, la rivalité entre les deux groupes avait des ramifications au niveau international. Dans les produits pétroliers par exemple, les banquiers juifs contrôlaient la Compagnie française des pétroles, qui était reliée à la Standard Oil et à Rockefeller, grâce à la Banque de Paris et des Pays-Bas, tandis que les banquiers catholiques-protestants géraient Petrofina, qui était reliée à Royal Dutch Shell et Deterding, par le biais de l'Union Parisienne. Jules Exbrayat, partenaire de Demachy et Cie (dont François de Wendel était le propriétaire majoritaire) était l'un des directeurs de l'Union Parisienne ainsi que de Petrofina. Alexandre Bungener, partenaire de Lubersac et Cie était également l'un des directeurs de l'Union Parisienne et de Petrofina. Charles Sergent, qui fut sous-secrétaire d'État aux Finances et sous-gouverneur de la Banque de France, tint pendant quatre ans le poste de Président du Conseil d'Administration de l'Union Parisienne et joua un rôle important dans un bloc similaire à celui d'Horace Finaly dans l'autre bloc. Il était l'un des directeurs de Petrofina et également de l'Union européenne industrielle et financière. Lorsqu'il prit sa retraite pour des raisons de santé en 1938, il fut remplacé dans plusieurs de ses fonctions (notamment à Petrofina et à L'Union Parisienne) par Jean Tannery, gouverneur de la Banque de France. Au même moment, Joseph Courcelle, ancien inspecteur des finances, avait un poste de directeur dans seize entreprises différentes, y compris Petrofina et l'Union Parisienne. De l'autre côté, Horace Finaly était directeur général de la banque Paribas et directeur de la Standard Franco-Américaine, tandis que son fils Boris était l'un des directeurs de la Compagnie française des pétroles. L'ancien ambassadeur Jules Cambon, et Émile Oudot, tous deux directeurs de Paribas, étaient respectivement directeur de la Standard Franco-Américaine et directeur de la Compagnie française des pétroles (avant leur fusion en 1938).

En dehors du système banquier que nous décrivîmes, l'économie française était organisée en une série d'associations professionnelles, monopoles industriels et cartels. Ces derniers étaient généralement contrôlés par le bloc catholique-protestant de banquiers privés, puisque le groupe juif utilisait toujours les anciennes méthodes du capitalisme financier tandis que ses rivaux se dirigeaient vers les méthodes plus évidentes du capitalisme monopoliste. Dans ces cas, les entreprises individuelles gérées par le groupe juif organisaient souvent les cartels et associations fondés par le bloc rival.

Au cœur de ce système de contrôles industriels monopolistiques se trouvait la Confédération générale du patronat français qui, après 1936 (avec les accords de Matignon), proposa des négociations collectives à la majorité de l'industrie française. La Confédération était divisée en sections correspondant aux différentes branches de l'industrie. Autour d'elle gravitait une série d'associations professionnelles générales et de cartels comme le Comité des forges, le Comité central des Houillères, l'Union des industries métallurgiques et minières, la Société de l'industrie minérale, et ainsi de suite. En-dessous se trouvait un nombre conséquent d'associations et de cartels régionaux qui s'inscrivaient dans un seul ensemble grâce à des contrôles financiers, des alliances familiales et des positions croisées.

Le Comité des forges, organisation patronale de la sidérurgie, tenait un rôle clé dans ce système. À l'origine, l'industrie sidérurgique en France était disséminée en une multitude de petites entreprises. Parmi celles-là, les usines du Creusot, acquises par la famille Schneider en 1838, étaient si privilégiées par Napoléon III qu'elles s'imposèrent petit à petit comme la principale entreprise métallurgique de France. En raison de la perte de ses privilèges gouvernementaux lors de la transition entre le Second Empire et la Troisième République et le coup porté au prestige de Schneider après la victoire des canons d'acier Krupp sur ceux en bronze du Creusot en 1870, toute l'industrie métallurgique de France commença à se tourner vers un monopole et à demander des capitaux aux banquiers privés. Cette orientation en faveur d'un monopole se déclara presque soudainement, notamment sous la forme typiquement française du comptoir.

Comme nous le dîmes, le Comité des forges était, en 1884, le fruit de l'association de toutes les industries métallurgiques de France, et utilisait un seul comptoir pour empêcher toute concurrence de prix. Au XXe siècle, le Comité des forges était constitué de représentants provenant de plus de 200 entreprises avec un capital nominal d'environ 8 milliards de francs, mais dont les titres valaient en 1939 près de 100 milliards de francs. Parmi ces 200 sociétés, les plus importantes étaient peut-être les Établissements Schneider, la Compagnie des forges et aciéries de la Marine et d'Homécourt, la société des Petits-fils de François de Wendel, les aciéries de Longwy, et ainsi de suite. En 1939, 75 % de la production d'acier française sortait de ces six entreprises. Les influences monopolistiques, cependant, étaient bien plus importantes que ces chiffres pourraient le laisser penser. Sur les 200 entreprises du Comité des forges, seulement 70 jouaient un rôle important dans la production de fer et d'acier. Ces dernières regroupaient une capitalisation globale d'environ 4 milliards de francs. 51 d'entre elles, détenant 2.727.054.000 francs de capital en 1939, appartenaient au bloc de l'Union-Comité et étaient sous le contrôle de l'alliance Schneider-Mirabaud. Onze entreprises avec 506 millions de francs de capital faisaient partie du bloc Paribas. Huit autres avec un capital de 749 millions de francs n'appartenaient à aucun des deux blocs ou on ne sait pas auquel.

Un développement quelque peu similaire fut constaté dans l'industrie houillère française. Cela n'est peut-être pas surprenant étant donné que cette dernière était en majorité dominée par les mêmes groupes que l'industrie sidérurgique. En 1938, 14 entreprises étaient responsables de 77 % de la production de charbon en France. Trois d'entre elles appartenaient à Wendel, qui contrôlait ainsi 15,3 % de la production directe de charbon française, et indirectement bien plus encore. En parallèle du Comité des forges dans l'acier se trouvait le Comité central des houillères de France dans le charbon, contrôlé par le même groupe. Il était appuyé par une taxation sur le charbon fondée sur la production. Le droit de vote au sein de l'organisation était fondé sur cette contribution financière. De ce fait, 13 entreprises contrôlaient plus des trois-quarts des votes et Wendel plus d'un-sixième. L'industrie houillère française était dirigée, presque tout autant que l'industrie sidérurgique, par le bloc de l'Union-Comité. En France, le charbon se trouvait principalement dans deux régions : au nord-ouest, dans les alentours de Lille, et dans le sud-est, autour de Lyon. La production dans cette région était presqu'entièrement dirigée par le bloc de l'Union-Comité, mais l'influence de Paribas était très forte dans le nord, région bien plus riche. Ce sont ces mines de charbon du nord, contrôlées par Paribas, qui se détachèrent progressivement pour devenir l'un des éléments principaux de l'axe monopolistique Lille-Lyon.

L'influence prépondérante du bloc de l'Union-Comité dans des domaines aussi importants que le fer, l'acier et le charbon fut quelque peu équilibrée par l'habile méthode avec laquelle Paribas avait pris le contrôle des points stratégiques dans les domaines des communications et de la publicité.

Environ 1506 sociétés étaient inscrites à la bourse de Paris en 1936. Parmi elles, seules 600 étaient de grandes entreprises. Si on ajoute les 150 ou 200 non inscrites, nous obtenons un total d'environ 800 entreprises. Sur ces 800, le bloc Paribas en contrôlait en 1936 près de 400, et le bloc Union-Comité environ 300. Le reste n'était contrôlé par aucun des deux blocs. Le nombre supérieur d'entreprises contrôlées par Paribas était compensé par une capitalisation bien plus forte pour celles du second bloc. Le fait que les entreprises de Paribas détenaient des positions stratégiques est également un autre facteur d'influence.

L'ensemble du système Paribas était dirigé au XXe siècle par le baron Édouard de Rothschild, mais le chef effectif était René Mayer, directeur de la banque Rothschild et neveu par alliance de James Rothschild. Le centre des opérations du système était principalement la Banque de Paris et des Pays-Bas dirigée jusqu'en 1937 par Horace Finaly. Il était issu d'une famille juive d'origine austro-hongroise arrivée en France en 1880 grâce à Rothschild. La majorité de la part de l'économie française contrôlée par son bloc était régie depuis cette banque. On entend par là plusieurs entreprises étrangères et coloniales, des entreprises de service, de transport maritime, de compagnies aériennes, de construction navale, et surtout de communications. Dans ce dernier groupe se trouvaient la Compagnie générale transatlantique, la Compagnie générale de Télégraphie Sans Fil, Radio France, la Compagnie française des câbles télégraphiques, la Compagnie internationale des wagons-lits, Havas, et Hachette.

Havas était une grande agence de presse monopolistique, et l'agence de publicité la plus importante de France. Elle pouvait, et c'est ce qu'elle faisait, étouffer ou diffuser à la fois des informations et de la publicité. Elle fournissait généralement des bulletins d'informations gratuitement aux journaux qui imprimaient le matériel publicitaire qui les accompagnait. L'entreprise reçut des subventions secrètes de la part du gouvernement pendant près d'un siècle (information d'abord révélée par Balzac) et à la fin des années 1930, ces subventions issues de fonds secrets du Front Populaire avaient atteint une ampleur colossale. Hachette bénéficiait d'un monopole sur la distribution des périodiques et une part considérable de celle des livres. Ce monopole pouvait être utilisé pour supprimer les journaux considérés comme répréhensibles. C'est ce qui arriva au réactionnaire *L'Ami du peuple* de François Coty dans les années 1930.

Après 1934, le bloc de l'Union-Comité fut gravement touché par la dépression mondiale, qui eut un impact plus sévère sur l'industrie lourde que sur les autres segments de l'économie. Après 1937, le bloc Paribas fut particulièrement divisé par la montée de l'antisémitisme, la controverse sur les méthodes financières, orthodoxes ou pas, utilisées pour faire face à la dépression et, par-dessus tout, par la crise étrangère grandissante. Les Rothschild souhaitaient former une alliance avec la Russie et adopter une politique de résistance contre Hitler tout en soutenant l'Espagne loyaliste, en continuant à mener des politiques financières orthodoxes, et en constituant des organisations syndicales contre le Comité des forges, qui s'effondra à cause de ses propres contradictions internes, de son manque de confiance et de la pression imposée par la Grande-Bretagne.

Alors que les deux blocs étaient en train de se fragiliser, un nouveau bloc se hissa rapidement au pouvoir. Il s'agissait de l'Axe Lille-Lyon. Il fut construit sur la base de deux groupes régionaux, un dans le nord près de Lille et un autre dans le sud-est, près de Lyon et en Alsace. Le premier avait une branche qui allait jusqu'à Bruxelles, tandis que le second en avait également une, qui allait jusqu'à Bâle, en Suisse. Initialement, le côté de Lille était sous l'influence de

Rothschild, tandis que celui de Lyon était sous celle de Mirabaud. Les deux furent intégrés dans une seule unité par les activités de plusieurs banques privées et deux banques de dépôt parisiennes. Parmi les banques privées se trouvaient Odier, Sautter et Cie, Propper et Cie, et Worms et Cie. Les banques de crédit étaient le Crédit commercial de France et la Banque française pour le commerce et l'industrie.

Cet Axe Lille-Lyon fut créé sur la base de quatre activités économiques : des compagnies d'électricité, de produits chimiques, de textiles synthétiques, et de métaux légers. Ces activités étaient toutes monopolistiques et liées les unes aux autres, notamment pour des raisons technologiques. Elles étaient monopolistiques soit par nature (services publics), soit parce qu'elles étaient basées sur des ressources naturelles strictement réglementées (les services et les produits chimiques), parce qu'elles nécessitaient une opération à grande échelle utilisant des produits dérivés et des activités connexes pour que les opérations soient rentables (services, produits chimiques, textiles synthétiques et métaux légers), ou parce qu'elles nécessitaient des brevets similaires (produits chimiques, textiles synthétiques et métaux légers).

Ces activités étaient liées les unes aux autres pour plusieurs raisons. Les services publics du nord étaient fondés sur le charbon, ceux du sud-est sur l'énergie hydraulique. La fabrication de métaux légers était concentrée dans le sud-est car cette énergie était disponible. Ces métaux, principalement de l'aluminium, étaient produits par électrolyse, produisant ainsi des produits chimiques dérivés. Par conséquent, les deux entreprises de métaux légers en France s'orientèrent vers le domaine des produits chimiques. L'industrie textile était déjà concentrée dans le nord (aux alentours de Lille) et dans le sud-est (autour de Lyon). Quand l'industrie textile se tourna vers les fibres artificielles, elle dut s'allier avec les entreprises de produits chimiques. Ce fut facile car celles du sud-est entretenaient déjà d'étroites relations avec les entreprises de l'industrie textile de Lyon (principalement la famille Gillet), tandis que celles du nord avaient tissé un lien étroit avec les entreprises textiles de la région (en particulier la famille Motte et ses proches). Les usines textiles du nord dirigeaient déjà, en coopération avec Paribas, les mines de charbon les plus riches de la région. Ces dernières commencèrent à générer de l'électricité dans leurs mines, n'utilisant que des produits dérivés pour fabriquer leurs produits chimiques et les textiles synthétiques. Étant donné que les familles du nord (comme la famille Motte) étaient liées aux familles du textile présentes dans le sud-est (par exemple Gillet) par des mariages et par des associations professionnelles, il était facile pour l'Axe Lille-Lyon de grandir en même temps que ces lignées.

En conséquence de l'impasse entre les deux grands blocs, les capitalistes financiers et monopolistes, les partisans de l'alliance franco-russe et ceux en faveur d'un apaisement, les mesures financières orthodoxes et non orthodoxes, et entre les Juifs et les antisémites, la France, complètement paralysée, essuya une défaite en 1940. Cette dernière était plutôt prévisible pour l'Axe Lille-Lyon, qui accepta la défaite avec satisfaction et commença, avec l'aide des Allemands, à prendre le contrôle de toute l'économie française. Le bloc Paribas fut détruit par les lois antisémites, et plusieurs de ses points forts furent repris. Le bloc de l'Union-Comité fut gravement endommagé par une série de coups durs, notamment la vente forcée de tous les titres que Schneider détenait à l'étranger ainsi que de la majorité des titres nationaux de Wendel aux Allemands (principalement à la Reichswerke de Hermann Göring), la saisie des autres entreprises de fer lorraines, et l'abolition du Comité des forges lui-même.

Au même moment, l'Axe Lille-Lyon devenait de plus en plus puissant. L'industrie française des produits chimiques, déjà largement monopolisée par les Établissements Kuhlmann, fut forcée de se regrouper sous une seule entreprise (la société Francolor), contrôlée par l'Axe Lille-Lyon et IG Farben. L'industrie des métaux légers, déjà majoritairement monopolisée par Alais, Froges et Camargue, fut presqu'entièrement centralisée dans cette firme. L'industrie du textile synthétique, déjà en grande partie sous le monopole du groupe de Gillet, fut centralisée au sein de l'entreprise France-Rayonne, conjointement dirigée par Gillet et les Allemands. L'industrie automobile était sujette au contrôle unique du Comité d'organisation d'automobiles, et créa une entreprise de fabrication commune : la Société générale française de construction automobile. L'intégralité du système était contrôlée par un petit groupe à Lyon, lié à la famille Gillet et représenté sur la scène politique par Pierre Laval.

Les combats entre ces trois grands blocs représentant la puissance économique en France sont plutôt difficiles à comprendre pour les Américains car ils ne se reflétaient pas dans la concurrence de prix du marché, où les Américains s'attendraient normalement à voir apparaître une concurrence économique. Dans le domaine des politiques de prix, les trois blocs coopéraient généralement. Ils adoptaient également un comportement similaire à l'égard de la main-d'œuvre, mais dans une moindre mesure. Dans les domaines du pouvoir économique et politique, leur rivalité semblait se manifester sous forme de luttes pour diriger les sources de matières premières, les réserves de crédit et de capital, et les instruments du gouvernement. La concurrence de prix, qui avait toujours semblé être pour les Américains la principale, sinon la seule méthode de concurrence, fut de façon générale considérée en Europe comme la dernière option, une méthode tellement destructrice pour les deux parties qu'elle était tacitement évitée par les deux rivaux. En fait, en France, comme dans la majorité des pays européens, les groupes économiques en concurrence ne voyaient rien d'incompatible dans le fait de s'allier pour utiliser le pouvoir de l'État afin d'appliquer des politiques connexes pour les prix et la main-d'œuvre.

La défaite française de 1940 détruisit l'impasse entre les blocs du pouvoir économique qui avaient paralysé la France dans les années 1930 et avaient tant œuvré pour la défaite. Les deux blocs les plus anciens furent suspendus sous l'occupation allemande et le régime de Vichy, le bloc Paribas par les lois antisémites et celui de l'Union-Comité car ses titres étaient à la fois convoités par les collaborateurs allemands et français. L'Axe Lille-Lyon, conduit par les associés de la Banque Worms et de la Banque de l'Indochine, chercha à régner sur la plupart de l'économie française, tout comme ceux qui collaboraient volontiers avec les Allemands et leur vieil associé Pierre Laval, et réussit plutôt bien, mais les confusions économiques de l'occupation et le fardeau des couts de l'occupation allemande firent qu'il leur était impossible de tirer de réels bénéfices de leur position. De plus, ayant collaboré avec les nazis, l'Axe Lille-Lyon ne pouvait s'attendre à survivre à la défaite allemande, et ne survit pas d'ailleurs.

Les trois blocs qui existaient avant la guerre ne jouèrent pas de rôle majeur en France depuis 1945, à l'exception de quelques membres du personnel de Paribas, notamment René Mayer, directeur effectif des intérêts de la famille Rothschild qui fut Ministre des Finances au début du gouvernement d'après-guerre. Plus tard, en 1962, de Gaulle promut le directeur de la banque de Rothschild, Georges Pompidou, Premier ministre. Le rôle relativement important joué par des banquiers comme ceux-là n'empêcha pas la France de suivre la voie des nouvelles procédures économiques que nous observâmes dans d'autres pays. Le processus fut retardé par la paralysie politique émanant du système parlementaire français, particulièrement l'instabilité des Cabinets causée par la multiplicité des partis. La crise militaire en Indochine, suivie par une longue et frustrante guerre civile en Algérie empêcha la France d'établir le moindre système économique viable avant 1958.

Cependant, le seul succès de ce début de période était de taille : le rôle de la France dans l'établissement du marché commun européen, qui était décisif. Il fut créé à la suite du traité de Rome en 1957, et comptait alors six membres (la France, la République fédérale d'Allemagne, la Belgique, les Pays-Bas, l'Italie et le Luxembourg). Son objectif était de supprimer les barrières douanières intérieures entre ses membres par plusieurs étapes, sur un minimum de dix ans, tout en adoptant un tarif extérieur commun contre les pays non-membres. De cette façon, un marché de masse viendrait à naitre, ce qui permettrait une production de masse à moindre cout. La France ne put réellement contribuer à ce nouveau marché avant de retrouver une stabilité politique grâce à l'établissement de la Cinquième République, selon un modèle plus autoritaire en 1958 (constitution du 4 octobre). En décembre de la même année, le franc fut dévalué et un programme d'austérité fut mis en place. L'activité économique commença à augmenter immédiatement. Le taux de croissance de la production industrielle atteignit les 6,3% en 1961 et près de 8,5% en 1962. Les réserves en or doublèrent dans les deux années qui suivirent la dévaluation.

La prospérité qui en résulta, qualifiée de « miracle économique » dans le rapport de 1962 des vingt pays de l'Organisation de coopération et de développement économique (OCDE) (qui succéda au Plan Marshall), était inégalement répartie, si bien que les fermiers et les fonctionnaires en obtenaient une part inéquitable. Cette prospérité fut accompagnée d'une inflation indésirable du cout de la vie (avec un indice 100 en 1953), jusqu'à 103 en 1965, et même 138 en 1961, puis 144 en 1962. Cependant, elle permit à la France et aux autres pays du marché commun d'atteindre un niveau de prospérité sans précédent, contraste frappant par rapport aux conditions ternes dans les malheureux pays qui se trouvaient de l'autre côté du Rideau de fer. Les Britanniques, qui avaient formé une Association européenne de libre-échange des sept pays restés en dehors de l'OCDE (Autriche, Danemark, Norvège, Portugal, Suède, Suisse) pour parvenir à un libre-échange entre ces membres mais sans instaurer de tarif extérieur commun contre les autres pays, cherchaient à relever leur économie plutôt léthargique en intégrant le marché commun en 1962. Cependant, leur requête fut rejetée par de Gaulle, qui demandait en échange que la Grande-Bretagne renonce à ses démarches entamées il y a plusieurs décennies pour établir une relation spéciale avec les États-Unis.

Les États-Unis d'Amérique

Les États-Unis, qui représentent l'exemple le plus frappant du capitalisme financier, atteignirent le capitalisme monopoliste seulement de façon partielle et déformée, sur une très courte période, et atteignirent l'étape suivante d'économie pluraliste d'une manière purement naturelle et temporaire.

Depuis le début, les États-Unis eurent un manque de main-d'œuvre devant une richesse des ressources sans précédent. En conséquence, ils cherchèrent à développer des appareils facilitant le travail et à accroitre considérablement la production journalière, y compris dans le secteur agricole. Ainsi, la quantité de biens d'équipement par homme était particulièrement élevée tout au long de l'histoire américaine, y compris dans les débuts, et cela posa sans aucun doute un problème dans un pays sous-développé où l'épargne privée était rare depuis de nombreuses générations. L'accumulation de telles économies pour l'investissement dans des dispositifs facilitant le travail créa rapidement une opportunité au capitalisme financier. Par conséquent, le capitalisme financier fut présent aux États-Unis sur une période plus longue et sous une forme plus exagérée que dans n'importe quel autre pays. De plus, la taille du pays rendit les problèmes de transport vraiment conséquents. De gros capitaux furent donc nécessaires pour les premiers canaux, les voies ferrées et la sidérurgie, et d'autres sources que les citoyens durent être trouvées pour le financement. Beaucoup de ces capitaux provenaient de subventions de l'État ou d'investisseurs étrangers, comme on pouvait le voir dès les années 1850. Par ailleurs, les connexions outremers qu'ils possédaient existaient encore dans les années 1930.

Dans les années 1880, les techniques du capitalisme financier étaient bien développées à New York et au nord du New Jersey. Elles atteignirent des niveaux de corruption qui n'avaient été jamais approchés dans les pays européens. Cette corruption cherchait à tromper l'investisseur ordinaire grâce à des introductions en bourse et des manipulations de titres au profit des « initiés ». Son succès résidait dans sa propre justification. De plus, les responsables de ces escroqueries étaient aussi socialement acceptables que leurs richesses leur permettaient de l'être, sans qu'ils aient à subir de critiques quant à la façon dont ces richesses avaient été acquises. Les techniques de corruption, associées aux noms de Daniel Drew ou Jay Gould durant les jours les plus fous du jonglage financier des compagnies ferroviaires, étaient également pratiquées par Morgan ainsi que d'autres, devenus respectables grâce à un succès plus durable qui leur permit de développer des entreprises établies.

Chacune des réformes sur les pratiques de Wall Street provenait de l'arrière-pays, notamment de l'ouest agricole. Ces réformes furent longuement retardées par le partenariat étroit qui liait Wall Street à deux principaux partis politiques formés dans les années 1880-1900. En 1900, au sein de ce partenariat, l'influence de Morgan au Parti républicain était dominante, sa rivalité de chef découlant de l'influence d'un capitaliste monopoliste de l'Ohio, Rockfeller. La même année, Wall Street avait en grande partie abandonné le Parti démocratique. Ce changement était marqué par le passage de la famille Whitney du cercle fermé des démocrates à celui des républicains, peu de temps après qu'elle ait établi une alliance familiale avec Morgan. Par ailleurs, la famille Rockefeller inversa la direction de développement normale, en passant des champs pétrolifères monopolistes aux cercles bancaires de New York, par la Chase National Bank. De nouvelles alliances familiales et financières se formèrent chez les Morgan, les Whitney et les Rockefeller, principalement grâce aux liens familiaux entre Payne et Aldrich.

Pendant près de 50 ans, de 1880 à 1930, le capitalisme financier s'apparentait à une structure féodale au sein de laquelle deux grands pouvoirs, tous deux localisés à New York, dominaient un nombre de pouvoirs moindres, situés à New York et dans les villes de province. Il n'est pas possible de décrire brièvement cette structure telle qu'elle existait dans les années 1920, puisqu'elle s'infiltra dans tous les aspects de la vie américaine, et notamment dans tous les secteurs de la vie économique.

Il y avait, au centre de cette structure, un groupe qui comptait moins d'une dizaine de banques d'investissement. À l'apogée de leur puissance, elles étaient encore des partenariats privés sans personnalité juridique. Parmi elles, on comptait la J. P. Morgan, la famille Rockefeller, la Kuhn, Loeb and Company, la Dillon, Read and Company, la Brown Brothers and Harriman et d'autres encore. Toutes étaient liées par des relations personnelles ou organisationnelles à diverses banques, des compagnies d'assurance, des compagnies ferroviaires, des facturiers et des entreprises industrielles. Cela eut pour conséquence de créer un certain nombre de réseaux de pouvoir économique dont le plus important était situé à New York, tandis que les autres groupes provinciaux qui s'alliaient à lui se trouvaient à Pittsburgh, Cleveland, Chicago et Boston.

J. P. Morgan travaillait en étroite collaboration avec un groupe de banques et de compagnies d'assurance, notamment la First National Bank of New York, la Guaranty Trust Company, la Bankers Trust, la New York Trust Company et la Metropolitan Life Insurance Company. Cette association contrôlait un réseau d'entreprises commerciales qui comprenait au moins un-sixième des deux-cents plus grandes sociétés non financières américaines. Parmi elles se trouvaient 12 entreprises du service public, cinq réseaux ferroviaires ou plus, 13 entreprises industrielles, et au moins cinq des 50 plus grandes banques du pays. Le capital commun de ces entreprises se chiffrait à plus de 30 milliards de dollars. Elles comprenaient l'American Telephone and Telegraph Company, l'International Telephone and Telegraph, la Consolidated Gas of New York, les fournisseurs d'électricité connus sous le nom de l'Electric Bond and Share et de l'United Corporation Group (notamment la Commonwealth and Southern, le Public Service of New Jersey et la Columbia Gas and Electric), le réseau ferroviaire de la New York Central, les neuf lignes du réseau ferroviaire de Van Sweringen (Allegheny, comprenant le Chesapeake and Ohio, l'Erie, le Missouri Pacific, le Nickel Plate et le Pere Marquette), le Santa Fe, le réseau nord de cinq grandes lignes (le Great Northern, le Northern Pacific, le Burlington et d'autres), le Southern Railway, la General Electric Company, l'United States Steel, la Phelps Dodge, la Montgomery Ward, la National Biscuit, la Kennecott Copper, l'American Radiator and Standard Sanitary, la Continental Oil, la Reading Coal and Iron, la Baldwin Locomotive, et d'autres encore.

Le groupe Rockefeller, qui était réellement une organisation capitaliste monopoliste investissant uniquement dans ses propres profits, fonctionnait comme une unité capitaliste financière en étroite collaboration avec Morgan. Allié à la plus grande banque du pays, la Chase National Bank, le groupe était impliqué en tant que puissance industrielle dans les nombreuses entreprises de la Standard Oil et dans l'Atlantic Refining Company, mais il contrôlait plus de la moitié des capitaux de l'industrie pétrolière ainsi qu'un-tiers des capitaux de la Chase National Bank, soit deux milliards de dollars.

La Kuhn, Loeb and Company était principalement intéressée par les compagnies ferroviaires. Elle contrôlait la Pennsylvania, l'Union Pacific, la Southern Pacific, la Milwaukee, la Chicago Northwestern, la Katy (Missouri-Kansas-Texas Railroad Company) et la Delaware and Hudson. Elle contrôlait également la Bank of Manhattan et la Western Union Telegraph Company pour un total d'environ 11 milliards de dollars de capitaux.

Le groupe Mellon, situé à Pittsburgh, contrôlait la Gulf Oil, la Koppers, l'Alcoa, la Westinghouse Electric, l'Union Trust Company, la Mellon National Bank, la Jones and Laughlin Steel, l'American Rolling Mill, la Crucible Steel et quatre autres entreprises, pour un capital total d'environ 3,3 milliards de dollars.

Un calcul permit de constater que, au milieu des années 1930, 200 des plus grandes sociétés non financières des États-Unis, ainsi que 50 des plus grandes banques, possédaient 34% des capitaux des entreprises industrielles, 48% des capitaux des banques commerciales, 75% des capitaux des services publics et 95% des capitaux des compagnies ferroviaires. Le nombre total des capitaux de ces quatre classes se chiffrait à près de 100 milliards de dollars, divisés entre elles presque équitablement. Les quatre blocs de pouvoir économique que nous mentionnâmes (Morgan ; Rockefeller ; Kuhn, Loeb and Company et Mellon) ainsi que du Pont et trois groupes locaux associés à ceux de Boston, Cleveland et Chicago, contrôlaient ensemble les pourcentages suivants des 250 entreprises susmentionnées : 58% du capital total des entreprises industrielles, 82% de celui des compagnies ferroviaires et 58% de celui des services publics. La valeur totale des capitaux contrôlés par les huit groupes de puissance était d'environ 61.205 millions de dollars, sur un total de 198.351 millions de dollars de capitaux de ces 250 plus grandes sociétés, à la fin de 1935.

La puissance économique représentée par ces chiffres est presque inimaginable, et augmenta grâce au rôle actif que ces titans financiers prirent en politique. Ensemble, Morgan et Rockefeller contrôlaient fréquemment le Parti républicain national, alors même que Morgan avait une influence considérable au sein du Parti démocratique national (trois des partenaires de Morgan étaient généralement des démocrates). Tous deux avaient également un certain pouvoir au niveau étatique, Morgan à New York et Rockefeller en Ohio. Mellon était une puissance en Pennsylvanie et du Pont était bien évidemment une puissance politique au Delaware.

Dans les années 1920, ce système de puissance économique et politique formait une hiérarchie dirigée par les intérêts de Morgan et jouait un rôle majeur tant en politique que dans la vie commerciale. Morgan, qui opérait au niveau international en collaboration avec ses alliés à l'étranger, en particulier en Grande-Bretagne, influençait les évènements historiques à un degré qui ne peut être clairement défini mais qui était, sans nul doute, extraordinaire. Cependant, les lents développements de la vie commerciale que nous mentionnâmes rendaient les investissements des banquiers, tel que Morgan, obsolètes, et les politiques financières déflationnistes sur lesquelles insistaient ces banquiers établissaient les bases de l'effondrement économique qui mit fin à leur règle de désastre social général en 1940.

Toutefois, aux États-Unis, la disparition du capitalisme financier prit plus de temps que dans la plupart des autres pays, et elle ne fut pas suivie par un système bien établi de capitalisme monopoliste. Cette confusion entre les étapes fut causée par un certain nombre d'évènements dont trois devraient être mentionnés : (1) l'influence personnelle continue de nombreux banquiers et financiers, même après que leur pouvoir ait diminué, (2) la condition décentralisée des États-Unis mêmes, en particulier le système politique fédéral, et (3) la tradition d'antimonopole juridique et politique de longue durée datant d'au moins 1890 avec le Sherman Antitrust Act. En conséquence, les États-Unis n'atteignirent pas une économie clairement monopolistique et furent incapables d'adopter une politique financière pleinement non conformiste capable de mettre l'intégralité des ressources à disposition. Le chômage, qui avait touché 13 millions de personnes en 1933, frappait encore dix-millions d'individus en 1940. D'un autre côté, les États-Unis effectuèrent de grands pas en direction de la conciliation des blocs d'intérêts par le renforcement important des groupes de travailleurs et des groupes agricoles ainsi que par de nettes réductions de l'influence et des privilèges de l'industrie lourde et de la finance.

Parmi les différents groupes jouant un rôle dans l'économie américaine, les financiers étaient plus étroitement liés à l'industrie lourde, car cette dernière avait un besoin conséquent en matière de capital pour son équipement lourd. Les politiques déflationnistes des banquiers étaient acceptables pour l'industrie lourde, principalement parce qu'aux États-Unis, les travailleurs de masse de l'industrie lourde (notamment en sidérurgie et dans l'industrie automobile) n'étaient pas syndicalisés. En outre, les prix des produits de l'industrie lourde diminuèrent lentement. Ceux-ci auraient pu continuer à être produits de manière rentable si les couts avaient été réduits en remplaçant un nombre important de travailleurs par plus d'équipements lourds. Une grande partie de ce nouvel équipement, qui conduisit à des techniques de chaines de montage, tels que l'aciérie continue, était financée par les banquiers. Avec le travail non organisé, les employés pouvaient réarranger, écourter ou terminer le travail sans avertissement, sur un système journalier, et pouvaient ainsi réduire les couts de travail afin de faire chuter les prix de la déflation banquière. Le fait que les réductions au niveau des salaires ou les nombreux licenciements dans les industries d'emploi massif aient également réduit le pouvoir d'achat économique dans son ensemble, jusqu'à toucher les autres groupes en vendant des biens de consommation, fut ignoré par les fabricants de biens des gros producteurs. De cette façon, les agriculteurs, l'industrie légère, l'immobilier, les groupes commerciaux et d'autres segments de la société furent touchés par les politiques déflationnistes des banquiers et par les politiques de l'emploi de l'industrie lourde, étroitement liées aux banquiers. Lorsque ces politiques devinrent insupportables durant la dépression de 1929-1933, ces autres blocs d'intérêts, qui avaient été traditionnellement républicains (ou qui avaient, comme les agriculteurs, pour le moins refusé de voter démocrate et s'étaient engagés à grande échelle dans les futiles mouvements politiques d'un troisième parti), désertèrent le Parti républicain, qui était resté soumis à la haute finance et à l'industrie lourde.

Le mouvement politique du bloc agricole, de l'industrie légère, des intérêts commerciaux (notamment les grands magasins), de l'immobilier, des professionnels et des travailleurs de masse non qualifiés vers le Parti démocrate, en 1932, résultait de l'élection de Franklin D. Roosevelt et de la Nouvelle donne. La nouvelle administration cherchait à diminuer le pouvoir des deux groupes d'opposition et d'exploitation (les banquiers et l'industrie lourde), et de récompenser et d'aider les groupes qui l'avaient élue. Les agriculteurs furent aidés grâce à des subventions. Les travailleurs furent appuyés par des dépenses gouvernementales afin de créer des emplois et offrir un pouvoir d'achat, ainsi que par l'encouragement de la syndicalisation. L'immobilier, les professionnels et les groupes commerciaux, quant à eux, furent soutenus par la demande croissante créée par le pouvoir d'achat grandissant des agriculteurs et des travailleurs.

Les actions de la Nouvelle donne contre la finance et l'industrie lourde avaient comme principal objectif d'empêcher ces deux derniers de répéter les actions perpétrées pendant la période de 1920-1933. Le Security Exchange Act cherchait à surveiller les problèmes de sécurité et les pratiques boursières afin de protéger les investisseurs. La loi sur les compagnies ferroviaires avait pour but de réduire l'exploitation financière et même de réfléchir à la faillite des compagnies ferroviaires par les intérêts financiers (comme William Rockefeller l'avait fait à Chicago, Milwaukee et St Paul, ou encore Morgan à New York, New Haven et Hartford). La loi bancaire de 1933 sépara les banques d'investissement des banques de dépôt. La manipulation systématique des travailleurs par l'industrie lourde fut entravée par le National Labor Relations Act de 1933, qui avait pour but de protéger les droits à la négociation collective des travailleurs. Dans le même temps, grâce aux bienfaits de la nouvelle administration, un effort fut fourni par les groupes de travailleurs liés à elle afin de syndicaliser les masses de travailleurs non qualifiés employés par l'industrie lourde, afin d'empêcher cette dernière d'adopter une quelconque politique de licenciement de masse ou de réduction de salaires importante et soudaine au cours d'une éventuelle période de demande décroissante à venir. Dans ce but, un Comité pour l'organisation industrielle fut mis en place sous la direction d'un des chefs de syndicat des travailleurs de masse du pays, John L. Lewis, de l'United Mine Workers (Syndicat des travailleurs miniers), et un effort fut fait pour s'occuper des travailleurs de la sidérurgie, de l'industrie automobile, électrique ainsi que d'autres industries, qui n'avaient pas de syndicat.

Tout cela servit à créer des blocs d'intérêts mieux organisés et moins naturels dans la vie américaine, en particulier parmi les agriculteurs et les travailleurs, mais cela ne représenta pas une victoire pour le financement non conformiste, qui était la clef du capitalisme monopoliste ou d'une économie pluraliste planifiée. La raison à cela était que la Nouvelle donne, à cause du président Roosevelt, était fondamentalement conventionnelle dans ses idées sur la nature de l'argent. Roosevelt était plutôt prêt à déséquilibrer le budget et à dépenser dans une dépression de manière non conventionnelle ; car il avait compris l'idée selon laquelle le manque de pouvoir d'achat était la cause du manque de la demande, ce qui entrainait des biens invendus ainsi que du chômage. Mais il n'avait aucune idée des causes de la dépression et avait quelques idées conventionnelles sur la nature de la monnaie. En conséquence, son administration traita les symptômes de la dépression plus que les causes, et, alors qu'il dépensait de manière non conformiste pour traiter ces symptômes, il en avait fait autant avec l'argent emprunté aux banques. La Nouvelle donne permettait aux banquiers de créer de la monnaie, de l'emprunter aux banques et de la dépenser. Cela signifie que la Nouvelle donne avait laissé s'accumuler la dette nationale au crédit des banques, et avait dépensé l'argent d'une manière si limitée qu'aucun réemploi drastique de chômeurs n'était possible.

L'un des faits les plus notables de cette Nouvelle donne était son conformisme à l'argent. Pendant les 12 ans qu'il a passés à la Maison Blanche, Roosevelt avait des compétences légales pour émettre un décret sur l'argent sous la forme de billets verts imprimés par le gouvernement sans recours aux banques. Cette autorité ne fut jamais utilisée. Ainsi, les symptômes de la dépression des chômeurs furent surmontés seulement lorsque l'urgence de la guerre, en 1942, rendit possible la justification d'une croissance sans limite de la dette nationale par des emprunts sans limite aux personnes privées ainsi qu'aux banques. Mais l'épisode entier montra un échec à comprendre la nature de l'argent et la fonction des systèmes monétaires, dont des traces notables demeurèrent dans la période d'après-guerre.

L'une des raisons pour laquelle la préparation de la Nouvelle donne continua avec une théorie conventionnelle sur la nature de la monnaie et une pratique non conformiste de son usage, est le fait qu'elle résultait de l'échec de l'administration Roosevelt à reconnaitre la nature de la crise économique. On peut constater cet échec dans la théorie de « l'amorçage économique » de Roosevelt. Il croyait sincèrement, à l'instar de son ministre des Finances, qu'il n'y avait rien de structurellement faux dans cette économie, qu'il s'agissait d'une paralysie temporaire, et que cette économie continuerait de fonctionner si elle pouvait se relancer. Afin de la relancer, la seule chose nécessaire, selon la théorie de la Nouvelle donne, était une quantité relativement modérée et temporaire des dépenses gouvernementales. Cela aurait créé du pouvoir d'achat (de la demande) pour les biens de consommation, ce qui, par conséquent, aurait augmenté la confiance des investisseurs qui auraient commencé à libérer une grande quantité de dépenses inutilisées dans l'investissement. Cela aurait ensuite créé du pouvoir d'achat supplémentaire et de la demande, et le système économique aurait donc décollé par ses propres moyens. La diminution des pouvoirs de la finance et de l'industrie lourde aurait ainsi empêché toute réitération de l'effondrement de 1929.

L'inadéquation de cette théorie de la dépression fut démontrée en 1937, lorsque la Nouvelle donne, après quatre ans d'amorçage économique et une élection victorieuse en 1936, cessa ses dépenses. Au lieu de décoller, l'économie s'effondra pendant la récession la plus brutale de l'histoire. La Nouvelle donne dut reprendre son traitement, mais désormais sans l'espoir que le programme de dépense puisse un jour se terminer. C'était un projet sans espoir puisque l'administration ignorait comment réformer le système, ou même comment éviter d'emprunter des crédits bancaires avec l'augmentation de sa dette publique. L'administration manqua également de courage pour adopter les dépenses nécessaires à très grande échelle permettant le plein emploi des ressources. L'administration fut sauvée de cette impasse grâce au besoin du programme de réarmement suivi par la guerre. Depuis 1947, la Guerre Froide et le programme spatial permirent à la même situation de continuer. Ainsi, la prospérité actuelle n'est pas le résultat d'un système économique proprement organisé mais des dépenses gouvernementales. La réduction drastique de ces dépenses aurait mené à une grave dépression.

Facteurs économiques

D'un point de vue analytique, il existe un certain nombre d'éléments importants dans la situation économique du XXe siècle. Ces éléments n'apparurent pas tous en même temps, et, séparément, ils n'apparurent pas non plus partout simultanément. Nous listons ci-dessous l'ordre approximatif dans lequel ces éléments apparurent :

1. Hausse des niveaux de vie

2. Industrialisme

3. Croissance de la taille des entreprises

4. Dispersion de la propriété des entreprises

5. Séparation du contrôle et de la propriété

6. Concentration du contrôle

7. Déclin de la concurrence

8. Hausse de la disparité dans la distribution des revenus

9. Rythme décroissant d'expansion menant à une crise

➤ 1. La hausse des niveaux de vie généraux ou moyens dans les temps modernes est évidente et remonte à un-millier d'années, avec des ruptures occasionnelles. Une telle progression est appréciée, mais est évidemment accompagnée de certains facteurs qu'il faut comprendre et accepter. Un niveau de vie en hausse, mis à part à ses premiers stades, n'implique pas une hausse de la consommation de produits de première nécessité, mais plutôt une hausse de la consommation de biens de luxe, au point même de remplacer les produits de base par des produits de luxe. Lorsque le revenu moyen augmente, au-delà d'un certain niveau, les gens ne mangent pas de plus en plus de pain noir, de pommes de terre ou de chou, ni ne portent de plus en plus de vêtements. Ils remplacent plutôt le pain noir par du pain de blé et ajoutent de la viande à leur alimentation. Ils remplacent leurs vêtements grossiers par des vêtements plus élégants ; ils mettent davantage l'accent sur les aliments protecteurs plutôt que sur les aliments énergétiques.

Ce processus peut se poursuivre indéfiniment. Un certain nombre d'étudiants se fondèrent sur ce point de vue pour diviser les biens en trois niveaux : (a) les nécessités, (b) les produits industriels, et (c) le luxe et les services. Le premier contiendrait les denrées alimentaires et les vêtements ; le deuxième contiendrait les chemins de fer, l'automobile et les radios ; le dernier contiendrait le cinéma, les livres, le divertissement, les yachts, les loisirs, la musique, la philosophie, etc. Naturellement, les frontières entre ces trois groupes sont très vagues, et la position de chacun des éléments varie d'une société à une autre, et même d'un individu à un autre.

Avec la hausse des niveaux de vie, une proportion de plus en plus faible d'attention et de ressources est consacrée aux produits de type primaire ou secondaire, et une part d'attention de plus en plus forte est consacrée aux produits de type secondaire ou tertiaire. Les conséquences économiques sont très grandes. Cela signifie que le luxe a tendance à devenir relativement plus important que les nécessités. Cela signifie également que l'attention passe constamment de produits pour lesquels la demande est relativement inélastique à des produits pour lesquels la demande est relativement élastique (c'est-à-dire expansible). Il y a cependant des exceptions. Par exemple, le logement, qui est de toute évidence un bien de première nécessité, est un bien pour lequel la demande est plutôt élastique et pourrait le rester jusqu'à ce que la plupart des gens vivent dans des palaces, mais dans l'ensemble, la demande pour des produits de première nécessité est moins élastique que celle pour des produits de luxe.

Une hausse des niveaux de vie signifie également une augmentation de l'épargne (ou une accumulation de surplus) sans commune mesure avec l'augmentation des revenus. C'est une règle générale pour les sociétés et les individus, l'épargne augmente plus rapidement que les revenus lorsque ces derniers sont en hausse, ne serait-ce que parce qu'un individu ayant un approvisionnement suffisant en produits de première nécessité prendra le temps de décider pour quels produits de luxe il dépensera ses revenus augmentés.

Enfin, un changement de production primaire pour une production secondaire entraine généralement une très grande augmentation des investissements en capitaux, alors qu'un changement de production secondaire pour une production tertiaire pourrait ne pas résulter en un investissement en capitaux proportionnellement aussi grand. Il est peu probable que les loisirs, le divertissement, la musique, la philosophie, l'éducation et les services personnels nécessitent des investissements en capitaux comparables à ceux que nécessitent la construction de chemins de fer, d'aciéries, d'usines automobiles et de stations électriques.

En conséquence de ces facteurs, il se pourrait qu'une société dont les niveaux de vie l'amenèrent à un point où l'accent passe de la production secondaire à la production tertiaire doive faire face à la nécessité de s'ajuster à une situation dans laquelle le luxe est plus important que les produits de première nécessité, plus d'attention est portée aux produits dont la demande est élastique plutôt qu'à ceux dont la demande est inélastique, et dans laquelle l'épargne augmente alors que la demande d'investissement baisse.

➤ 2. L'industrialisation est un élément évident du développement économique moderne. Dans le sens où nous l'entendons ici, elle a une signification très particulière, à savoir, l'application d'énergie inanimée à la production. Pendant très longtemps, la production était réalisée grâce à l'utilisation d'énergie de sources animées telles que le corps humain, les esclaves, ou les animaux de trait, et les énergies de sources inanimées telles que le vent ou les chutes d'eau étaient très peu utilisées. La période appelée Révolution industrielle débuta lorsque l'énergie tirée du charbon, extraite par une machine non-vivante, la machine à vapeur, devint un élément important dans le processus de production. Elle continua avec les améliorations de l'énergie éolienne et de l'énergie hydroélectrique jusqu'à l'utilisation d'huile dans les moteurs à combustion interne et enfin jusqu'à l'énergie tirée de sources atomiques.

L'aspect essentiel de l'industrialisme fut la forte augmentation d'énergie par habitant des différentes populations. Aucun chiffre propre n'est disponible pour la plupart des pays européens, mais aux États-Unis, l'énergie consommée par habitant était la suivante :

Année	Énergie par habitant	Indice
1830	6 millions BTU (1 756,95 kW)	1
1890	80 millions BTU (23.426,1 kW)	13
1930	245 millions BTU (71.742,3 kW)	40

Suite à cette hausse de l'utilisation d'énergie par habitant, la production industrielle par heure-homme augmenta de manière significative (aux États-Unis, 96% de 1899 à 1929). C'est cette augmentation du rendement par heure-homme qui permit la hausse des niveaux de vie et l'accroissement des investissements associés au processus d'industrialisation.

La révolution industrielle ne toucha pas toute l'Europe, ou même toutes les régions d'un même pays, simultanément. De manière générale, elle commença en Grande-Bretagne à la fin du XVIIIe siècle (vers 1776), puis s'étendit lentement vers l'est et le sud de l'Europe, atteignant la France après 1830, l'Allemagne après 1850, puis l'Italie et la Russie après 1890. Ce mouvement d'industrialisme vers l'est connut de nombreux résultats significatifs, parmi lesquels la croyance des nouveaux pays selon laquelle ils auraient été désavantagés par rapport à la Grande-Bretagne, à cause de la longueur d'avance de celle-ci. Ce qui était faux, car, d'un point de vue strictement temporel, ces nouveaux pays avaient un avantage sur la Grande-Bretagne, puisque leurs installations industrielles étaient plus récentes, donc moins obsolescentes et moins gênées par des intérêts directs. Quels que soient les avantages qu'avait la Grande-Bretagne, ceux-ci provenaient de meilleures ressources naturelles, d'une offre de capitaux plus abondante, et d'une main-d'œuvre plus qualifiée.

➤ 3. La croissance de la taille des entreprises découla naturellement du processus d'industrialisation. Ce processus nécessita des mises de fonds considérables pour le capital fixe, en particulier dans les activités les plus associées aux premiers stades de l'industrialisation, telles que les chemins de fer, les fonderies de fer et les usines de textile. De telles mises de fonds nécessitaient une nouvelle forme de structure légale pour les entreprises. Il s'agissait de la société par actions ou de la société à responsabilité limitée. Dans cette entreprise, des installations à grands capitaux pouvaient être mises en place et gérées, la propriété étant divisée en petites parts parmi un grand nombre de personnes.

Cette croissance des entreprises fut visible dans tous les pays, mais surtout aux États-Unis, en Grande-Bretagne, et en Allemagne. Les statistiques à ce sujet sont incomplètes et leur utilisation est délicate, mais, de manière générale, elles indiquent que, alors que le nombre de sociétés augmenta et que leur taille moyenne chuta, la taille absolue des plus grandes sociétés augmenta très rapidement au XXᵉ siècle, et la part des actifs totaux et de la production totale détenue par les plus grandes sociétés augmenta. Par conséquent, la production de certains produits, notamment les produits chimiques, les métaux, les fibres synthétiques, les équipements électriques, etc., fut dominée dans la plupart des pays par quelques grandes entreprises.

Aux États-Unis, où ce processus fut étudié de très près, il fut découvert qu'entre 1909 et 1930, le nombre de sociétés multimilliardaires augmenta de 1 à 15, et la part de tous les actifs des sociétés détenus par les 200 plus grandes d'entre elles augmenta de 32% à plus de 49%. En 1939, ce chiffre s'élevait à 57%. Cela signifiait que les 200 plus grandes sociétés connaissaient une croissance plus rapide que les autres sociétés (5,4% par an contre 2% par an) et plus rapide que les richesses nationales totales. Par conséquent, en 1930, ces 200 plus grandes sociétés détenaient 49,2% de tous les actifs des sociétés (soit 81 milliards de dollars sur 165 milliards) ; elles détenaient 38% du patrimoine des entreprises (soit 81 milliards de dollars sur 212 milliards) ; et 22% des richesses totales du pays (soit 81 milliards de dollars sur 367 milliards). En réalité, en 1930, une seule société (American Telephone and Telegraph) détenait des actifs plus grands que les richesses totales de 21 États. De tels chiffres ne sont pas disponibles pour l'Europe, mais une croissance similaire se déroulait sans aucun doute dans la plupart de ces pays durant cette période.

➤ 4. La dispersion de la propriété des entreprises résulta naturellement de la croissance de la taille des entreprises, et fut rendue possible par la méthode d'organisation de la société. Avec l'agrandissement des sociétés, il devenait de moins en moins possible pour un individu ou un petit groupe de détenir une part importante de leurs stocks. Dans la plupart des pays, le nombre de détenteurs de titres augmentait plus rapidement que le nombre de titres en circulation. Aux États-Unis, le premier augmenta sept fois plus rapidement que le second entre 1900 et 1928. Cette marge était plus grande que dans les autres pays, mais ailleurs la marge créée par la propriété des entreprises était également considérable. Cela contredisait totalement la prédiction de Karl Marx, selon laquelle les propriétaires de l'industrie seraient de moins en moins nombreux et de plus en plus riches.

➤ 5. La séparation entre la propriété et le contrôle fut déjà mentionnée. C'était une contrepartie inévitable de l'avènement de la forme de société pour les entreprises ; en effet, cette forme fut conçue dans ce but précis, c'est-à-dire pour mobiliser le capital détenu par de nombreuses personnes en une seule entreprise, contrôlée par peu de personnes. Comme nous le vîmes, cette contrepartie inévitable fut poussée jusqu'à un degré inattendu par les systèmes inventés par le capitalisme financier.

➤ 6. La concentration du contrôle était tout aussi inévitable sur le long terme, mais fut aussi poussée à un degré inattendu par des systèmes spéciaux. Par conséquent, les systèmes économiques des pays hautement industrialisés étaient dominés par une poignée de complexes industriels. L'économie française était dominée par trois puissances (Rothschild, Mirabaud, et Schneider) ; l'économie allemande était dominée par deux puissances (I. G. Farben et Vereinigte Stahl Werke) ; et les États-Unis par deux puissances (Morgan et Rockefeller). Les autres pays, comme l'Italie et la Grande-Bretagne, étaient dominés par des nombres plus grands. La puissance de ces grands complexes n'était dans aucun pays une puissance suprême et exclusive, et dans aucun pays ces puissances ne furent capables de contrôler la situation au point de pouvoir empêcher leur propre déclin sous l'impact des environnements politiques et économiques, mais leur capacité à contrôler leurs domaines est indéniable. En France, Rothschild et Schneider furent incapables de résister aux attaques d'Hitler ; en Allemagne, Thyssen fut incapable de supporter les assauts de Flick et de Göring. Aux États-Unis, Morgan ne put empêcher le revirement de l'économie d'un capitalisme financier vers un capitalisme monopoliste, et il céda avec dignité face à la puissance grandissante de du Pont. En Grande-Bretagne, également, les maitres du capitalisme financier cédèrent face aux maitres des produits chimiques et des huiles végétales, une fois que la situation leur fut présentée de manière plus que convaincante. Mais tous ces changements de pouvoir dans les systèmes économiques individuels indiquent simplement que les individus ou les groupes ne peuvent maintenir leurs positions dans les fluctuations complexes de la vie moderne, et n'indiquent aucunement une décentralisation du contrôle. Au contraire, alors que les groupes se succèdent, la concentration du contrôle devient plus grande.

➤ 7. Le déclin de la concurrence est une conséquence naturelle de la concentration du contrôle. Ce déclin fait bien sûr seulement référence à la concurrence en matière de prix sur le marché, puisque c'est ce mécanisme qui fit fonctionner le système économique au XIXe siècle. Ce déclin est clair pour tous les étudiants en économie moderne, et c'est l'un des aspects du système économique moderne les plus débattus. Les activités des hommes d'affaire ne sont pas seulement en cause, mais aussi les actions des syndicats, des gouvernements, des organismes privés de bienêtre social, et même le comportement des consommateurs, qui agissent eux-mêmes comme des troupeaux.

➤ 8. La disparité croissante dans la distribution des revenus est la caractéristique du système la plus controversée, et la moins bien établie. Les preuves statistiques disponibles sont tellement insuffisantes dans tous les pays d'Europe que cette caractéristique ne peut être prouvée de façon concluante. Une étude approfondie sur ce sujet, fondée sur les informations disponibles pour l'Europe et les États-Unis, accompagnée d'une analyse minutieuse des informations américaines, bien meilleures, permettra de tirer les conclusions provisoires qui suivent. En faisant abstraction de toute action du gouvernement, il semblerait que la disparité dans la distribution du revenu national ne cessa de grandir.

Aux États-Unis, par exemple, selon le National Industrial Conference Board, un-cinquième de la population, la partie la plus riche, reçut 46,2% du revenu national en 1910, 51,3% en 1929, et 48,5% en 1937. Ces mêmes années, la part du cinquième le plus pauvre de la population chuta de 8,3% à 5,4%, puis à 3,6%. Ainsi, le ratio entre la portion obtenue par le cinquième le plus riche et celle obtenue par le cinquième le plus pauvre augmenta, entre ces trois années, de 6 $ à 9,3 $, puis à 13,5 $. Si, au lieu d'utiliser les cinquièmes, nous examinons le ratio entre les pourcentages obtenus par le dixième le plus riche et celui obtenu par le dixième le plus pauvre, on constate que le ratio était de 10 en 1910 ; 21,7 en 1929 ; et 34,4 en 1937. Cela signifie qu'aux États-Unis, les riches s'enrichissaient relativement, et surement même absolument, tandis que les pauvres devenaient plus pauvres relativement et absolument. Cela est dû au fait que l'augmentation du revenu national réel dans la période 1910-1937 ne fut pas assez importante pour compenser la baisse du pourcentage reversé aux plus pauvres ou pour compenser la hausse du nombre de personnes composant cette classe.

Du fait d'une telle hausse des disparités dans la distribution du revenu national, l'épargne va avoir tendance à augmenter et le pouvoir d'achat des consommateurs plutôt à baisser, l'un par rapport à l'autre. Cela est dû au fait que les économies d'une communauté sont réalisées en grande partie par les plus riches, et l'épargne augmente de manière disproportionnée par rapport à l'augmentation des revenus. En revanche, les revenus de la classe pauvre sont consacrés principalement aux dépenses de consommation. Ainsi, s'il est correct d'affirmer que la disparité dans la distribution du revenu national d'un pays augmente, l'épargne aura tendance à augmenter tandis que le pouvoir d'achat aura tendance à baisser, l'un par rapport à l'autre. S'il en est ainsi, les contrôleurs de l'épargne seront de plus en plus réticents à l'idée d'investir leurs économies dans des nouveaux biens d'équipement, puisque le déclin du pouvoir d'achat rendra de plus en plus difficile la vente de biens d'équipement existants, et il est très peu probable que les nouveaux biens d'équipement se vendent plus facilement.

Cette situation, telle que nous la décrivons, part du principe que le gouvernement n'intervint pas de manière à changer la distribution du revenu national tel qu'il est déterminé par les facteurs économiques. Cependant, si le gouvernement intervient pour perturber cette distribution, ses actions augmenteront la disparité ou la feront baisser. Si elles l'augmentent, le problème de la divergence auquel nous faisions référence entre l'épargne, d'une part, et le niveau du pouvoir d'achat et de l'investissement, d'autre part, empirera. Si, cependant, le gouvernement adopte un programme visant à réduire la disparité dans la distribution du revenu national, par exemple en adoptant un programme de taxation qui réduirait l'épargne des riches tout en augmentant le pouvoir d'achat des pauvres, le même problème d'investissements insuffisants se posera. Un programme de taxes tel que nous le décrivons devrait être fondé sur un impôt sur le revenu progressif, et, à cause de la concentration de l'épargne dans la tranche des revenus élevés, il devrait être mené à un niveau de graduation si pointu que les taxes des individus très riches approcheraient très rapidement le niveau de confiscation. Cela servirait, comme le disent les conservateurs, de mesure de découragement. Il n'y a aucun doute à ce sujet, car tout individu ayant un revenu assez important pour satisfaire ses exigences de consommateur n'aura certainement aucun avantage à investir si chaque dollar de profit doit être récupéré presque entièrement par le gouvernement sous la forme de taxes.

De cette manière, le problème de la disparité croissante dans la distribution du revenu national mène à un unique résultat (le déclin de l'investissement par rapport à l'épargne), que la situation dépende seulement des facteurs économiques ou que le gouvernement intervienne pour faire baisser la disparité. La seule différence, c'est que dans un cas le déclin de l'investissement pourrait être dû au manque de pouvoir d'achat, tandis que dans l'autre cas, il pourrait être dû aux actions prises par le gouvernement pour instaurer des mesures de découragement. Ainsi, nous voyons que la controverse qui fait rage en Europe et aux États-Unis depuis 1932 entre les progressistes et les conservateurs, en ce qui concerne les causes du manque d'investissement, est artificielle. Les progressistes, qui insistaient sur le fait que ce manque d'investissement était causé par un manque de pouvoir d'achat, avaient raison. Mais les conservateurs, qui affirmaient que le manque d'investissement était la conséquence d'un manque de confiance, n'avaient pas tort non plus. Ils voyaient chacun un côté opposé de ce qui est en fait un cycle continu.

Le cycle se déroule à peu près de la manière suivante : (a) le pouvoir d'achat crée de la demande de biens, (b) la demande de biens crée la confiance dans l'esprit des investisseurs, (c) la confiance crée de nouveaux investissements, et (d) les nouveaux investissements créent le pouvoir d'achat, qui crée la demande, et ainsi de suite. Rompre le cycle à un point donné et affirmer que le cycle commence à ce point, c'est falsifier la situation. Dans les années 1930, l'attention des progressistes se concentrait sur le stade (a), tandis que celle des conservateurs se concentrait sur le stade (c). Les progressistes, qui cherchaient à augmenter le pouvoir d'achat en redistribuant le revenu national, augmentèrent indéniablement le pouvoir d'achat au stade (a), mais en perdirent au stade (c) en réduisant la confiance de potentiels investisseurs. Cette baisse de confiance fut particulièrement remarquable dans des pays (comme la France et les États-Unis) qui étaient alors toujours plongés dans le capitalisme financier.

Il semblerait que seuls les facteurs économiques affectaient la distribution des revenus vers une disparité croissante. Cependant, dans aucun pays majeur les facteurs économiques seuls pouvaient déterminer le problème. Partout, les actions du gouvernement influencèrent remarquablement la distribution. Cependant, cette influence n'était, en général, pas le résultat d'un désir conscient de changer la distribution du revenu national.

En Italie, les facteurs économiques étaient relativement libres jusqu'à la création du corporatisme d'état en 1934. L'effet de l'action du gouvernement fut l'augmentation de la tendance économique normale vers une hausse de la disparité dans la distribution du revenu national. Cette tendance fut acceptée et fonctionna très tôt jusqu'à la fin de la guerre en 1918. Un effort drastique venant d'influences de gauche entre 1918 et 1922 poussa le gouvernement à agir et ainsi à renverser cette tendance. Par conséquent, une contrerévolution amena Mussolini au pouvoir en octobre 1922. Le nouveau gouvernement supprima ces actions gouvernementales qui avaient gêné la tendance économique normale, et le résultat fut le retour de la tendance vers une grande disparité dans la distribution des revenus nationaux. Cette tendance se radicalisa après la création de la dictature en 1925, après la stabilisation de la lire en 1927, et après la création du corporatisme d'état en 1934.

En Allemagne, les changements dans la distribution du revenu national furent similaires à ceux de l'Italie, mais ils furent compliqués par les efforts pour créer un État-providence (des efforts qui remontent à Bismarck), et par l'hyperinflation. De manière générale, la tendance vers une hausse de la disparité dans la distribution du revenu national continua, moins rapidement qu'en Italie, jusqu'après 1918. En supprimant le chômage dans les classes inférieures et l'épargne des classes moyennes, l'inflation créa une situation complexe dans laquelle la richesse des classes supérieures augmenta et la pauvreté des classes les plus basses fut réduite. La tendance générale vers une grande disparité de revenus fut probablement réduite elle aussi. Cette réduction devint encore plus importante sous l'État-providence entre 1924 et 1930, mais fut renversée drastiquement par la forte augmentation de la pauvreté dans les classes inférieures après 1929. Après 1934, l'adoption d'une politique financière peu orthodoxe et d'une politique de bénéfices pour le capitalisme de monopole renforça la tendance normale vers une plus grande disparité dans la distribution des revenus. Cela fut fait en accord avec les volontés du gouvernement d'Hitler, mais l'impact total de cette politique ne se fit sentir sur la distribution des revenus que durant la période de plein emploi après 1937.

Jusqu'en 1938, la politique d'Hitler, bien qu'elle ait eu pour but de favoriser les classes aux revenus élevés, éleva le niveau de vie des classes à revenus plus bas encore plus radicalement (en passant du chômage avec un salaire presque nul à une position de salarié dans l'industrie). La disparité dans la distribution de revenus fut donc probablement réduite pendant une courte période entre 1934 et 1937. Cela était acceptable pour les classes aux revenus élevés, car la menace d'une révolution des classes mécontentes était supprimée, et car de toute évidence, ils en profitaient sur le long terme. Ces avantages à long-terme commencèrent à apparaitre lorsque la capacité d'emploi de capital et de main-d'œuvre fut réalisée en 1937. Le maintien de la politique de réarmement après 1937 permit l'augmentation des salaires des classes à haut revenu, et la baisse des salaires des classes à plus bas revenu, ce qui servit ainsi, à partir de 1937, à renforcer la tendance économique normale vers une plus grande disparité dans la distribution des revenus. C'est, bien sûr, l'une des caractéristiques principales d'un gouvernement fasciste, et c'est évident non seulement en Allemagne depuis 1937, en Italie depuis 1927, mais aussi en Espagne depuis 1938.

En France et en Grande-Bretagne, la tendance vers une plus grande disparité dans la distribution des revenus se renversa ces dernières décennies, bien qu'en Grande-Bretagne avant 1945 et en France avant 1936, aucun effort conscient n'était fourni pour atteindre ce résultat.

En France, les disparités augmentèrent jusqu'en 1913, puis baissèrent principalement grâce au pouvoir des syndicats et aux actions du gouvernement. L'inflation et la dévaluation qui en découla nuisit gravement aux revenus de la classe possédante, rendant ainsi les disparités moins dispersées ; mais dans l'ensemble le niveau de vie diminuait, l'épargne diminuait, et les investissements diminuaient encore plus que le reste. Ce processus s'aggrava après que la dépression ait touché la France vers 1931 et encore plus après que le Front Populaire ait adopté son programme de bienêtre social en 1936. Ce déclin du niveau économique général se poursuivit de façon continue, mis à part le temps d'une courte reprise après 1938, mais il est fort probable que les disparités dans la distribution des revenus aient repris de plus belle en 1940-1942.

En Grande-Bretagne, les disparités s'aggravèrent, mais plus lentement (grâce aux syndicats), jusqu'à la Première Guerre mondiale, puis devinrent presque stables, augmentant très légèrement, grâce aux gros efforts fournis par la Grande-Bretagne pour payer le cout de la guerre par le biais des taxes. Cependant, la baisse des plus gros revenus à cause des taxes fut plus que surpassée par la baisse des plus faibles revenus causée par le chômage. Cet état statique des disparités dans la distribution des revenus continua sans doute après 1931. Depuis cette date, la situation est confuse. La reprise de la prospérité et le développement rapide de nouvelles lignes d'activités, associés avec les particularités du cas des taxes britanniques, réduisirent probablement les disparités, mais, jusqu'en 1943, pas au point auquel on pourrait s'attendre en regardant le problème de plus près pour la première fois. Depuis 1943, et particulièrement depuis 1946, le régime d'imposition et le programme de bienêtre social du gouvernement réduisirent radicalement les disparités dans la distribution des revenus et réduisirent également les investissements et même l'épargne de sources privées à un degré considérable.

Il semblerait qu'au XXᵉ siècle, les disparités dans la distribution du revenu national, qui avaient augmenté pendant des générations, ralentirent et se renversèrent grâce aux activités du gouvernement. Ce tournant apparut à différentes dates selon les pays, probablement plus tôt au Danemark et en France, plus tard en Allemagne et en Italie, et encore plus tard en Grande-Bretagne et en Espagne. En France et en Grande-Bretagne, la situation se renversa grâce aux actions du gouvernement, mais d'une manière hésitante, qui ne permit pas de surmonter de façon déterminante l'affaissement dans les entreprises privées par une reprise de l'entreprise gouvernementale. En Allemagne, en Italie et en Espagne, le gouvernement tomba entre les mains des classes possédantes, et la volonté des populations de ces pays d'une distribution plus équitable des revenus fut contrariée. Dans les trois situations, il y eut un déclin du progrès économique réel jusqu'après 1950.

➤ 9. Un rythme décroissant de l'expansion économique est la dernière des caractéristiques principales du système économique européen au siècle actuel, jusqu'en 1950. Il varia de pays en pays, les pays d'Europe de l'Est souffrant dans l'ensemble moins que ceux d'Europe de l'Ouest, mais surtout parce que leur taux de progrès passé était beaucoup plus bas.

Les causes de ce déclin se trouvent essentiellement dans une hausse relative du pouvoir des intérêts directs de la communauté pour défendre le statu quo contre les efforts fournis par les progressistes et les membres entreprenants de la communauté pour le changer. Cela fut révélé sur le marché (le mécanisme central du système économique) comme une conséquence d'une augmentation de l'épargne par rapport à l'investissement. L'épargne continua et augmenta pour plusieurs raisons. Tout d'abord, il existait en Europe de l'Ouest une tradition de haute considération sociale de l'épargne, de la Réforme protestante jusqu'aux années 1930. Deuxièmement, il y avait des organismes d'épargne institutionnalisés établis depuis longtemps, tels que les compagnies d'assurance. Troisièmement, la hausse des niveaux de vie fit également augmenter l'épargne rapidement. Quatrièmement, l'épargne fut aussi augmentée par les disparités grandissantes dans la distribution des revenus. Cinquièmement, la croissance de la taille des entreprises et la séparation de la propriété et du contrôle jouèrent un rôle dans la hausse de l'épargne d'entreprise (bénéfices non distribués).

Cependant, la tendance à investir n'augmenta pas aussi rapidement que l'épargne, ni même diminua. Les raisons sont également nombreuses. Premièrement, dans les pays industrialisés avancés, la mutation de la production secondaire vers une production tertiaire réduit la demande de lourds investissements en capitaux. Deuxièmement, la baisse de la croissance démographique et l'expansion géographique pourrait avoir un effet négatif sur la demande d'investissement. Troisièmement, les disparités dans la distribution des revenus, empêchés ou non par les actions du gouvernement, ont tendance à réduire la demande d'investissement en capitaux. Quatrièmement, le déclin de la concurrence contribua à la diminution des investissements en permettant aux contrôleurs de capitaux existant de conserver leur valeur en limitant l'investissement de nouveaux capitaux, ce qui réduirait la valeur des capitaux existants. Ce dernier pourrait nécessiter des explications supplémentaires.

Dans le passé, l'investissement n'était pas seulement un créateur de capitaux, il en détruisait également. C'est-à-dire qu'il faisait perdre aux capitaux toute leur valeur en les rendant obsolètes. Par exemple, la création par l'investissement de chantiers navals pour produire des navires à vapeur à coque en acier ne créa pas seulement de nouveaux capitaux mais aussi détruisit la valeur des chantiers existants, équipés pour construire des navires à voile à coque en bois. Par le passé, un nouvel investissement était fait seulement dans l'un de ces deux cas : (a) si un ancien investisseur pensait que de nouveaux capitaux pouvaient engendrer suffisamment de profits pour couvrir ses propres frais ainsi que ceux de l'ancien investissement rendu obsolète, ou (b) si le nouvel investisseur ne dépendait absolument pas de l'ancien, pour que celui-ci ne puisse pas empêcher la destruction de ses parts du capital existant par le nouvel investisseur. Ces deux alternatives devinrent moins probables au XXe siècle (jusqu'en 1950), la première à cause de la baisse du pouvoir d'achat du consommateur et la seconde à cause du déclin de la concurrence.

La manière dont le déclin de l'investissement par rapport à l'épargne mène à une crise économique n'est pas difficile à comprendre. Dans la communauté économique moderne, la somme totale des biens et des services présents sur le marché représente à la fois le revenu de la communauté et le cout global de la production de ces mêmes biens et services. Les sommes dépensées par l'entrepreneur pour les salaires, les locations, les matières premières, les intérêts, les frais d'avocat, etc., sont pour lui des couts, et pour ceux qui les reçoivent des revenus. Ses propres profits doivent aussi être pris en considération, puisqu'ils sont son revenu et ce qui le motive à continuer à produire les richesses en question. Les biens sont à vendre à un prix égal à la somme de tous les couts (dont les profits). Dans l'ensemble de la communauté, le cout global, les salaires totaux, et les prix totaux sont les mêmes, puisqu'ils sont simplement des côtés opposés des mêmes dépenses.

Le pouvoir d'achat d'une communauté est égal au revenu moins l'épargne. S'il y a une épargne, le pouvoir d'achat sera moins élevé que les prix totaux demandés pour les biens en vente, et ce à hauteur du montant de l'épargne. Ainsi, les biens et les services produits ne peuvent être vendus tant que l'épargne est retenue. Pour que tous les biens soient vendus, il est nécessaire que l'épargne réapparaisse sur le marché en tant que pouvoir d'achat. En général, cela se fait par l'investissement. Lorsque l'épargne est investie, elle est dépensée au sein de la communauté et apparait comme du pouvoir d'achat. Puisque les biens d'équipement acquis par l'investissement ne sont pas mis en vente pour la communauté, les dépenses faites pour leur création apparaissent complètement comme du pouvoir d'achat. Ainsi, le déséquilibre entre le pouvoir d'achat et les prix créé par l'épargne est restauré complètement par l'investissement, et tous les biens peuvent être vendus aux prix demandés. Mais dès que l'investissement est plus faible que l'épargne, le pouvoir d'achat disponible est insuffisant, à hauteur du montant de l'écart, pour pouvoir acheter les biens. Cette marge qui représente une insuffisance de pouvoir d'achat due à un excès d'épargne par rapport à l'investissement peut être appelée « écart déflationniste ». Cet « écart déflationniste » est la clé de la crise économique du XXe siècle et l'un des trois noyaux centraux de la tragédie de ce siècle.

Conséquences de la dépression économique

L'écart déflationniste résultant d'un échec d'investissement ayant pour but d'atteindre le taux d'épargne peut être résorbé de trois manières différentes : soit en abaissant l'offre de biens à un niveau égal à celui du pouvoir d'achat disponible, soit en augmentant le pouvoir d'achat à un niveau permettant d'absorber l'offre de biens existante, soit en combinant ces deux méthodes. La première solution apportera une économie stabilisée à un niveau d'activité économique bas ; quant à la seconde solution, ce niveau de stabilisation de l'économie sera élevé. Livré à lui-même, le système économique, dans les conditions actuelles, opterait pour la première option. Cela se présenterait à peu près comme suit : l'existence de l'écart déflationniste (c'est-à-dire, un pouvoir d'achat disponible inférieur au prix total des biens et des services disponibles) entrainera une chute des prix, un déclin de l'activité économique, et une augmentation du chômage. Tout cela aura pour conséquence la chute du revenu national, qui entrainera à son tour une diminution encore plus rapide du volume de l'épargne. Ce fléchissement se poursuit jusqu'à ce que le volume de l'épargne atteigne le taux d'investissement, seuil auquel la chute s'arrête et l'économie se stabilise à un niveau bas.

En réalité, ce processus ne se résolut pas tout seul dans aucun des pays industrialisés au cours de la Grande Dépression de 1929-1934. En effet, la répartition du revenu national était si inégale qu'une part considérable de la population se serait vue supprimer tout revenu et se serait trouvée dans le besoin absolu avant que les économies des plus fortunés ne retombent au même niveau que celui de l'investissement. De plus, au fur et à mesure que la dépression s'aggrava, le taux d'investissement chuta encore plus rapidement que le taux d'épargne. Il fait peu de doutes que, dans de telles conditions, de grands groupes de population auraient été poussés à la révolte avant que les « facteurs économiques automatiques » puissent stabiliser l'économie. Cet équilibre, s'il était atteint, se serait fait à un niveau si bas qu'une part considérable de la population aurait été dans la nécessité absolue. De fait, dans tous les pays industrialisés, les gouvernements prirent des mesures afin d'endiguer la progression de la dépression avant que les citoyens perdent tout espoir.

Les méthodes employées pour traiter la dépression et résorber l'écart déflationniste étaient de toutes sortes, mais pouvaient se regrouper en deux idées fondamentales : *(a)* détruire les biens et *(b)* produire les biens ne pénétrant pas le marché.

La destruction des produits résorbera l'écart déflationniste en réduisant l'offre de biens invendus par l'intermédiaire d'une diminution de l'offre de biens au même niveau que le pouvoir d'achat. Cette méthode n'est généralement pas reconnue comme l'une des principales manières de combler l'écart dans un cycle économique normal. Au sein d'un tel cycle, l'élimination de marchandises se fait tout simplement par le biais d'une cessation de la production des biens pouvant être produits par le système. L'incapacité à appliquer entre 1930 et 1934 le système économique d'après le volume de production de 1929 causa une perte de biens d'une valeur de 100.000.000.000 de dollars (environ 92 milliards d'euros) rien qu'aux États-Unis, en Grande-Bretagne et en Allemagne. Cette perte était équivalente à la suppression de tels produits. La destruction de biens causée par la non-cueillette de la récolte est un phénomène courant à l'époque moderne, surtout en ce qui concerne les fruits, les baies et les légumes. Lorsqu'un agriculteur ne cueille pas ses oranges, ses pêches ou ses fraises car le prix de vente est trop faible pour couvrir les frais de récolte, il s'agit d'une destruction de biens. L'élimination totale des biens déjà produits n'est pas chose courante, et cette méthode apparut pour la première fois comme un moyen de combattre la dépression dans les années 1930 à 1934. Durant cette période, les réserves de café, de sucre et de bananes furent détruites, le maïs fut labouré, et le jeune bétail fut abattu afin de réduire l'offre sur le marché. La destruction de biens en temps de guerre est un autre exemple de cette pratique permettant de surmonter les conditions déflationnistes au sein du système économique.

La seconde méthode employée, à savoir celle recourant à la production de biens ne pénétrant pas le marché, atteint son objectif en fournissant de la capacité d'achat, puisque les couts de production de tels produits entrent sur le marché sous forme de pouvoir d'achat, tandis que les biens eux-mêmes ne retirent pas de fonds au système s'ils ne sont pas proposés à la vente. Avoir recours à un nouvel investissement était la procédure habituelle pour atteindre ce but au sein du cycle économique normal, mais ce n'est pas la méthode communément utilisée pour combler l'écart dans des conditions de dépression modernes. Nous observâmes déjà la réticence croissante des gens à investir, et l'improbabilité que le pouvoir d'achat nécessaire à la prospérité soit fourni par un flot constant d'investissement privé. Si tel est le cas, il faut recourir à un programme de dépenses publiques pour pouvoir se procurer les fonds destinés à la production des biens ne pénétrant pas le marché.

Aucun de ces programmes de dépenses, cependant, n'affronte de manière simultanée les problèmes d'inflation et de dette publique. Ces deux mêmes préoccupations furent mentionnées dans un chapitre précédent traitant des efforts mis en œuvre par les gouvernements pour financer la Première Guerre mondiale. Les méthodes de financement employées pour une dépression économique sont exactement identiques à celles du financement d'une guerre. Toutefois, la combinaison de méthodes utilisées peut être quelque peu différente car les buts à atteindre sont quelques peu différents. Pour financer une guerre, nous devons réussir à construire une méthode qui permettra de maximiser la production avec un niveau d'inflation et de dette publique minimum. Pour ce qui est de la dépression, le but principal étant de combler l'écart déflationniste, l'objectif visé sera de fournir une production maximale avec un niveau d'inflation adéquat et une dette publique minimale. Par conséquent, l'usage de monnaie fiduciaire est davantage justifié dans le cas d'une dépression que dans celui d'une guerre. De plus, la vente d'obligations à des particuliers en temps de conflit pourrait bien cibler les ménages les moins fortunés afin de réduire la consommation et de libérer des capacités de production pour la guerre. En revanche, dans une dépression (où la faiblesse du niveau de consommation est le problème majeur), de telles émissions d'obligations pour financer les dépenses publiques devraient viser l'épargne des plus fortunés.

Ces idées sur le rôle des dépenses publiques à l'heure de combattre la dépression furent officiellement organisées selon la « théorie d'économie compensatoire ». Elle recommande que ces dépenses, ainsi que les politiques fiscales, soient ordonnées de telle sorte qu'elles s'opposent entièrement au fonctionnement du cycle économique. En période de déflation, elles se caractériseraient par un abaissement des impôts et une augmentation des dépenses et, en période d'expansion, par des impôts plus élevés et une réduction de ces dépenses, les déficits budgétaires du cycle baissier étant compensés dans le budget national par les excédents du cycle haussier.

L'application de cette économie compensatoire ne fut fructueuse dans aucun pays européen excepté la Suède. Dans un pays démocratique, elle retirerait le contrôle des taxes et des dépenses aux représentants élus par le peuple et confierait ce précieux « pouvoir du portefeuille » au processus d'ajustement automatique du cycle économique, tel que l'interprètent les spécialistes de la l'appareil administratif (ainsi, peu représentatifs). De plus, tous ces programmes de déficit budgétaire sont remis en question dans un pays où le système bancaire est privé. Dans un tel système, la création monétaire (ou crédit) est généralement réservée aux institutions bancaires privées, et n'est pas considérée comme un pouvoir détenu par le gouvernement. L'argument selon lequel la création de fonds par le gouvernement est mauvaise alors que celle provenant des banques est salutaire est très persuasif dans un système fondé sur un laissez-faire traditionnel et au sein duquel les moyens de communication (tels que les journaux et la radio) sont soumis à un contrôle privé, ou même exercé par les banques.

Les dépenses publiques, employées dans le but de contrer la dépression, peuvent présenter un caractère extrêmement différent en fonction de leur finalité. Celles consacrées à la destruction des biens ou à la restriction de la production, relevant du premier programme agricole du *New Deal*, ne peuvent être facilement justifiées dans un pays démocratique avec une liberté des communications, car elles entraînent de toute évidence une baisse du revenu national et du niveau de vie. Celles destinées à la réalisation de projets non productifs sont un peu plus justifiables mais sont difficilement considérées comme une solution à long terme. Les dépenses consacrées à l'investissement dans des équipements de production (comme la *TVA*) sont de toute évidence la meilleure alternative, puisqu'elles mènent à une augmentation de la richesse nationale et du niveau de vie, et sont notamment efficaces à long terme. Cependant, elles marquent une rupture permanente avec un système de capitalisme privé, et peuvent être facilement contestées dans un pays ayant une idéologie capitaliste et un système bancaire privé. Enfin, l'utilisation des dépenses pour financer l'armement et la défense nationale est la dernière méthode permettant de contrer la dépression économique, et il s'agit de la pratique la plus facilement et la plus largement adoptée au XXe siècle.

Établir un programme de dépenses publiques consacré à l'armement est une manière de combler l'écart déflationniste et de vaincre la dépression, car il ajoute du pouvoir d'achat sur le marché sans pour autant le retirer par la suite (étant donné que les armes, une fois produites, ne sont pas mises en vente). D'un point de vue économique, cette mesure n'est pas si différente de celle mentionnée plus tôt sous la destruction des biens car, dans ce cas, les ressources économiques sont également détournées des activités constructives ou oisives au profit du système « produire pour détruire ». L'intérêt de cette approche visant à faire face aux problèmes de la dépression ne repose en aucun cas sur des raisons économiques car, sur ce plan, aucune justification n'est possible. Son intérêt réside plutôt sur d'autres motifs, principalement politiques.

Un de ces motifs est le suivant : un programme de réarmement aide l'industrie lourde de manière directe et immédiate. Ce secteur est le premier segment de l'économie touché lors d'une période de dépression économique et ce, de façon considérable. Il est aussi celui qui absorbe la main-d'œuvre le plus facilement (en réduisant ainsi le chômage) et celui ayant une influence politique dans la plupart des pays. Il est facile d'expliquer à la population la mise en place d'un tel programme, en se fondant sur le critère de défense nationale, surtout si les autres pays gèrent leurs crises économiques de la même façon.

Un pays ne doit pas prendre la décision d'adopter la politique de réarmement dans le but premier de combattre la dépression. S'il opte pour cette mesure, il doit croire en toute honnêteté qu'il le fait pour de bonnes raisons, qu'il est menacé par des agressions, et qu'un tel programme est nécessaire pour la protection politique. Il est rare pour un pays d'adopter volontairement un programme d'agression car, dans la plupart des guerres, les deux parties sont convaincues que leurs actions sont de nature défensives. Il lui est presque tout aussi rare d'adopter une politique de réarmement dans le but de remédier à la dépression. Mais inconsciemment, la menace d'un pays voisin, ainsi que les avantages que peuvent apporter le réarmement face à un tel danger sont, en règle générale, deux arguments plus convaincants pour un pays dont le système économique fonctionne en dessous de sa capacité, que pour un pays en plein essor. De plus, si un pays approuve un tel programme car il craint les armes de son prochain, et si ces dernières sont le fruit d'un effort de résorption d'un écart déflationniste, on peut également ajouter que le programme de réarmement du premier a une cause économique fondamentale.

Comme nous l'évoquâmes, le fascisme est l'adoption d'une forme de gouvernement autoritaire par les groupes d'intérêts particuliers au sein d'une société, dans le but de maintenir ces intérêts et éviter une réforme de la société. Au XXe siècle, en Europe, ces groupes d'intérêts cherchaient généralement à empêcher une révision du système économique (réforme que la longue dépression économique rend nécessaire) en mettant en place un programme économique dont l'effort visant à combler l'écart déflationniste grâce au réarmement était l'élément principal.

Économie pluraliste et blocs mondiaux

Les catastrophes économiques occasionnées par deux guerres, une dépression mondiale, ainsi que les fluctuations d'après-guerre démontrèrent clairement, en 1960, qu'une nouvelle organisation économique de la société était à la fois nécessaire et possible. Le système compétitif du laissez-faire s'était autodétruit, et avait aussi presque anéanti la civilisation, à cause de son incapacité à distribuer les biens qu'il produisait. Le système du capitalisme monopoliste avait aidé à faire face à ce désastre et avait clairement démontré que ses efforts pour protéger les bénéfices et privilèges, dans les pays fascistes, par l'intermédiaire d'un gouvernement autoritaire puis, d'une guerre, avaient échoué. Cela était dû au fait qu'il ne pouvait pas allier le conservatisme dans la vie économique et sociale, à l'innovation et la liberté nécessaires dans la vie militaire et intellectuelle, pour pouvoir remporter les guerres qu'il aurait pu déclencher. De plus, le communisme, qui sortit vainqueur du conflit, démontra néanmoins, comme n'importe quel système autoritaire, son incapacité à fournir des solutions en termes d'innovation, de flexibilité et de liberté. Il était en mesure de réaliser de grands progrès industriels seulement en copiant les peuples les plus libres, et ne pouvait pas rehausser son niveau de vie de manière considérable. Il ne pouvait en effet pas concilier le manque de liberté et de force dans la vie politique et dans l'utilisation des ressources économiques avec la production de plus en plus importante de nourriture et de liberté spirituelle et intellectuelle qui représentaient les désirs principaux de sa population.

Les échecs presque simultanés du laissez-faire, du fascisme économique et du communisme dans un but de satisfaire la population de plus en plus désireuse d'une augmentation du niveau de vie et d'une liberté spirituelle, contraignirent la moitié du XXe siècle à chercher une nouvelle organisation économique. Cette demande s'intensifia avec l'arrivée sur la scène de nouvelles populations, de nouvelles nations, et de nouvelles tribus qui montrèrent leur sensibilisation croissante aux problèmes, et leur détermination à y remédier, étant donné qu'elles avaient les mêmes demandes. Alors que ce nouveau groupe de populations sous-développées était en phase d'observation, il fut frappé par les déclarations contradictoires de deux grandes superpuissances, à savoir les États-Unis et l'Union soviétique. La première offrait à ces peuples les biens qu'ils désiraient (ce qui augmentait le niveau de vie et de liberté), tandis que la seconde semblait proposer des méthodes leur permettant l'acquisition de ces biens (par une accumulation de capitaux publics, une direction gouvernementale de l'utilisation des ressources économiques, et des méthodes centralisées de planification sociale globale), ce qui pouvait empêcher la réalisation de ces objectifs. Le résultat net de tout cela se caractérisa par une convergence des trois systèmes vers un système commun qui sera à considérer pour l'avenir, s'il ne s'établit que dans un futur lointain.

La nature ultime de ce nouveau système de vie économique et sociale n'est pas encore très claire, mais nous pourrions parler d'« économie pluraliste », et caractériser sa structure sociale comme permettant de fournir du prestige, des récompenses ainsi que du pouvoir à des groupes d'experts gestionnaires qui contribuent au système grâce à leurs compétences et leur « savoir-faire ». Ces directeurs et experts, qui représentent une minorité significative au sein de n'importe quelle société, sont recrutés par l'ensemble de cette dernière, peuvent seulement être choisis par un processus de « professions ouvertes au talent » fondé sur la méthode du tâtonnement, et doivent être en mesure de se réunir, de discuter et de prendre des décisions librement afin de produire les innovations nécessaires pour le succès à venir, ou même la survie du système dans lequel ils opèrent. Par conséquent, l'économie pluraliste et la société gestionnaire du début des années 1940, poussèrent la croissance d'un nouveau genre d'organisation économique dont les idées seront entièrement contraires à celles des quatre systèmes établis avant 1939 (le laissez-faire américain, le stalinisme, le fascisme, et les régions sous-développées).

Le nouveau système gestionnaire pluraliste se compose de cinq caractéristiques principales :

➤ 1. Dans le nouveau système, le principal problème de prise de décision s'intéressera à la répartition des ressources entre trois demandes : (a) les biens de consommation permettant l'augmentation du niveau de vie, (b) les investissements en biens d'équipement afin de fournir le dispositif permettant la production des biens de consommation, et (c) un secteur public en charge de la défense, de l'ordre public, de l'éducation, de la protection sociale, et de toute la sécurité centrale des activités administratives liées à la protection des jeunes, des personnes âgées ainsi que de l'ensemble des citoyens.

➤ 2. Le processus de prise de décision entre ces trois points prendra la forme d'une lutte complexe et multilatérale parmi un certain nombre de groupes d'intérêts. Ces derniers, différents d'une société ou d'une zone à l'autre, sont en constante évolution dans chacune de ces populations ou de ces régions. Cependant, de manière générale, les principaux blocs ou groupes impliqués seront : (a) les forces de défense, (b) les travailleurs, (c) les agriculteurs, (d) l'industrie lourde, (e) l'industrie légère, (f) les groupes de transport et de communication, (g) les groupes financiers, fiscaux et bancaires, (h) les groupes commerciaux, l'immobilier et le bâtiment, (i) les groupes scientifiques, éducatifs et intellectuels, (j) les partis politiques et les fonctionnaires ainsi que, (k) les consommateurs en général.

➤ 3. Le processus de prise de décision opère selon les changements lents et presque imperceptibles des différents blocs, un à un, allant de l'appui à la neutralisation, en passant par l'opposition de l'élite managériale centrale envers la division existante des ressources entre les trois secteurs susmentionnés. Si, par exemple, l'attribution des ressources au secteur gouvernemental ou à celui de la défense est excessive, les groupes agricoles, les consommateurs, les groupes commerciaux, les intellectuels, et d'autres se satisferont de moins en moins de la situation et réorienteront progressivement leurs moyens de pression. Ils réduiront l'approvisionnement des ressources affectées au secteur de la défense, et en fourniront davantage aux consommateurs ou aux secteurs d'investissements de capitaux. Ces changements sont complexes, graduels, réversibles et continus.

➤ 4. L'élaboration de ces changements de ressources, afin d'atteindre les objectifs les plus concrets des différents blocs d'intérêts au sein de la société, sera de plus en plus dominée par des méthodes rationnelles et scientifiques, en mettant l'accent sur des techniques analytiques et quantitatives. Cela signifie que les émotions et l'intuition joueront, comme toujours, un rôle considérable dans l'évolution des blocs d'intérêts qui contrôlent la répartition des ressources entre les trois secteurs. Mais cela veut aussi dire qu'ils s'appuieront sur des méthodes plus rationnelles qu'émotionnelles, et se fonderont davantage sur le quantitatif que sur le qualitatif pour le contrôle de l'utilisation de ces ressources au sein de chacun des secteurs, afin d'établir des objectifs plus précis. Une importante liberté de discussion quant à l'usage de ces ressources sera donc nécessaire, même dans des zones où des méthodes autoritaires et confidentielles sont employées pour l'attribution des ressources entre les secteurs, tel que c'est le cas dans les États communistes ou dans les régions sous-développées. Et, en général, cela modifiera de manière considérable les régions et les objectifs de liberté dans toutes les sociétés à travers le monde, avec une réduction graduelle de nombreuses libertés personnelles du passé. Elle sera accompagnée d'une augmentation progressive d'autres libertés fondamentales, surtout intellectuelles, qui permettront l'apport d'innovations techniques, le choc des idées, la libération de l'énergie personnelle nécessaire pour réussir, ou même la survie de systèmes d'État modernes.

➤ 5. Les détails des opérations de ce nouveau système différeront inévitablement d'une région à l'autre, et même d'un État à l'autre. Dans le bloc des États occidentaux, l'évolution de l'opinion publique continue de se refléter très largement au sein des partis politiques changeants. Pour ce qui est du bloc communiste, ces changements se feront, comme dans le passé, entre les membres d'un groupe restreint d'initiés et sur une base bien plus personnelle, de telle sorte que l'évolution des objectifs et l'orientation des politiques seront présentées au public par l'intermédiaire de changements de personnel au sein de la structure bureaucratique de l'État. Et dans les pays sous-développés, où la possession de pouvoir est souvent associée au soutien des forces armées, le processus peut se traduire par des modifications politiques et directionnelles apportées par l'élite et les dirigeants existants qui retiennent leur pouvoir malgré de nouvelles politiques.

De façon très générale, la période qui suivit 1947 montra une atténuation des différences entre deux des trois blocs ; les trois méthodes employées pour parvenir à des changements politiques (mentionnées ci-dessus) deviennent de plus en plus similaires aussi bien en théorie qu'en pratique, mais sont cependant différentes et continuent à figurer dans la loi. De plus, pendant cette même période, les pays d'Occident et les pays communistes devinrent de moins en moins solidaires, tandis que les peuples non engagés et sous-développés de la zone intermédiaire se trouvant entre les deux grandes superpuissances partagent de plus en plus les mêmes visions, les mêmes politiques et les mêmes intérêts.

La méthode de fonctionnement de ce système pluraliste managérial nouvellement formé peut être appelée « planification », si l'on considère que cette dernière peut à la fois être privée et publique, et ne doit pas nécessairement être centralisée. Cependant, elle vise plutôt la méthode générale d'une utilisation scientifique et rationnelle des ressources, dans le temps et dans l'espace, afin d'atteindre les futurs objectifs envisagés en toute conscience.

Dans ce processus, les plus grandes réussites reviennent à l'Europe occidentale et au Japon. Ce dernier, qui fut grandement soulagé de la nécessité de consacrer les ressources à la défense, fut en mesure de les mobiliser pour les utiliser à des fins d'investissements et, dans une mesure un peu moindre, pour augmenter le niveau de vie. Il fut aussi capable d'enregistrer une augmentation du produit national brut qui est passé de 7 à 9% annuel. Cela fit du Japon la seule région du monde non occidental et des pays sous-développés capable d'atteindre le niveau supérieur d'industrialisation, permettant d'enregistrer d'importantes améliorations dans le niveau de vie de chacun. Freinées par l'importance accordée à la reconstruction et aux investissements entre 1945 et 1962, ces améliorations évoluèrent lentement mais surement au cours des dernières années au profit des consommateurs, qui purent bénéficier d'avantages incorporels tels que l'augmentation des activités sportives, d'éducation, de loisirs et de divertissement.

L'Europe occidentale eut une expérience proche de celle du Japon, excepté qu'elle mettait principalement l'accent sur l'amélioration du niveau de vie (connu sous l'appellation « bienêtre »), en accordant plus d'importance à la défense et moins aux investissements que le Japon. Par conséquent, l'Europe occidentale, en particulier l'Allemagne de l'Ouest, l'Italie, la France, la Scandinavie et la Grande-Bretagne, atteignirent, pour la première fois, presque le très haut niveau de consommation personnelle enregistré aux États-Unis. Dans ce processus, ces pays sacrifièrent le pouvoir défensif de leurs forces armées dans l'intérêt de leurs objectifs de bienêtre, mais le firent sans se soucier de leur sécurité car ils comptaient sur le pouvoir défensif américain pour dissuader toute agression soviétique.

Dans ce processus, l'Europe de l'Ouest enregistra une augmentation du produit national brut (PNB) de 4 à 8% par an, en raison de trois forces fondamentales, qui étaient les suivantes : (1) l'utilisation adroite (et peut-être chanceuse) de techniques de financement et de fiscalité qui encouragèrent à la fois l'investissement et la volonté de consommer, (2) l'aide économique et technique des États-Unis, premièrement avec le plan Marshall de 1946, puis avec l'aide militaire gouvernementale des États-Unis et les placements d'épargne provenant de l'ensemble du monde occidental, et (3) l'intégration croissante de l'économie européenne au sein du marché commun qui rendit possible l'adoption de techniques de production en masse en vue d'un marché grandement élargi.

Dans ce même processus, les réalisations qu'obtinrent les États-Unis et le bloc soviétique furent bien moins spectaculaires, d'un point de vue purement économique. En ce qui concerne les États-Unis, où le niveau de vie atteignit des degrés de richesse sans précédent, être une superpuissance était un fardeau qui ralentit le bienêtre de la population à cause des revendications en termes de défense, de dépenses publiques, de prestige et d'autres rivalités contradictoires à celles de l'Union soviétique, et du désir de contribuer à la croissance de régions du monde sous-développées. Par conséquent, le PNB augmenta de 2 à 5% annuel, et cette contrainte du secteur public, y compris la défense, et l'augmentation de demandes d'éléments de bienêtre tels que l'éducation, la santé et l'égalisation des opportunités personnelles, pesèrent lourdement sur le développement du secteur des consommateurs.

L'ensemble du bloc soviétique, en dehors de l'Union soviétique qui est le membre dominant de ce groupe, resta ambigu sur sa croissance économique. L'association des exigences du secteur de la défense et d'autres conséquences de la Guerre Froide, telles que la « course à l'espace », aux constantes défaillances des pratiques agricoles communistes et à l'inefficacité intrinsèque du système communiste dans son ensemble limita sévèrement la hausse du niveau de vie. Celui de l'Union soviétique à elle seule atteignit le niveau le plus élevé de toute l'histoire de la Russie, bien qu'il soit toujours derrière celui des États-Unis à seulement une fraction près. Mais, au sein de l'ensemble du bloc communiste, le tableau était nettement moins optimiste. Les pays hors Russie faisant partie du bloc furent exploités par l'Union soviétique, furent traités comme des zones coloniales (c'est-à-dire, comme des sources de pouvoir, de matières premières et de nourriture correspondant aux demandes des relations politiques), et n'enregistrèrent qu'une très faible augmentation du PNB, si ce n'est aucune, au-delà de ce qui est nécessaire pour assurer la survie de la population grandissante. Dans le cas de régions plus occidentales, telles que l'Allemagne de l'Est, la Hongrie et la Pologne, ceci fut démontré par la baisse absolue du niveau de vie. Le net contraste entre cette situation et l'essor visible de l'Allemagne de l'Ouest augmenta dans une large mesure le mécontentement chez les satellites européens.

De manière générale, la position des nations sous-développées n'était pas non plus très claire. Dans l'ensemble, le manque de savoir-faire et de main-d'œuvre qualifiée associés au manque de capital, au gaspillage des ressources par de petites élites privilégiées, à l'absence totale de ressources dans certaines régions, à la croissance rapide des populations presque dans le monde entier et, irrémédiablement, à la stagnation de structures sociales et d'idéologies, empêchèrent toute amélioration considérable du niveau de vie. Ces niveaux de vie diminuèrent en effet dans une grande partie de l'Indonésie, du Proche-Orient et de l'Amérique Latine et, conservèrent seulement une légère longueur d'avance sur les populations grandissantes d'Inde, de l'Asie du Sud-Est et d'Afrique. Comme nous le mentionnâmes déjà, le Japon est le seul pays à avoir connu un succès de ce point de vue, tandis qu'en Chine et en Amérique Latine, ces mêmes volontés échouèrent et eurent tendance à se désaligner du bloc soviétique et du bloc occidental pour se tourner vers une position plus ambivalente de nations non engagées. En effet, dans ce processus, l'hostilité de la Chine envers l'Union soviétique et les États-Unis eut tendance à repositionner le pays hors des alignements de la politique internationale d'avant 1962, tandis que les revendications de plus en plus nombreuses de l'Amérique Latine la conduisirent, à tous points de vue, vers la position des pays du Proche-Orient.

XII

LA POLITIQUE DE L'APAISEMENT, 1931-1936

Introduction	606
L'assaut japonais, 1931-1934	608
L'assaut italien, 1934-1936	618
Cercles et contrecercles, 1935-1939	625
La tragédie espagnole, 1931-1939	635

Introduction

La structure de la sécurité collective, que les puissances victorieuses construisirent si imparfaitement après 1919, fut complètement détruite lors des 8 années qui suivirent 1931, sous l'assaut du Japon, de l'Italie et de l'Allemagne. Ces attaques ne visaient pas directement le système de sécurité sociale, ni même les règlements de paix dont il faisait partie. Après tout, deux des agresseurs étaient du côté des vainqueurs en 1919. D'ailleurs, ces assauts, bien que provoqués par la crise mondiale, dépassaient toute réaction à la crise économique.

Dans une optique plus large, les agresseurs de 1931 jusqu'à 1941 attaquaient l'intégralité du mode de vie du XIXe siècle ainsi que certains des aspects fondamentaux de la civilisation occidentale même. Ils se révoltaient contre la démocratie, le système parlementaire, le laissez-faire, la vision libérale, le nationalisme (bien qu'ils l'aient fait en son nom), l'humanitaire, la science ; enfin contre toute forme de respect de la dignité humaine.

C'était une tentative de brutalisation, visant à transformer l'homme en une masse d'atomes incapable de réfléchir, dont les réactions pouvaient être contrôlées par les médias de masse et dédiées à augmenter les gains et le pouvoir des alliés militaristes, des industriels importants, du patronat et des organisateurs politiques psychopathes piochés dans le fond de la société. Le fait que cette même société qu'ils vinrent contrôler pourrait avoir créé une telle racaille, des hommes qui étaient totalement imperméables aux traditions occidentales et qui ne répondaient à aucune relation sociale, et qu'elle pourrait avoir permis aux militaristes et aux industriels d'utiliser cette même racaille comme instrument de contrôle de l'État éveille de forts doutes sur la nature de cette société et sur sa fidélité quant aux traditions à propos desquelles elle avait fait de belles déclarations.

Au cours du XIXe siècle, par l'accélération des transports et des communications et par le rassemblement de personnes en foules sans formes dans les villes, la vitesse du changement social avait détruit la plupart des plus anciennes relations humaines de l'homme ordinaire. En le privant de l'attachement émotionnel qu'il pouvait ressentir vis-à-vis de son quartier, sa paroisse, son métier ou même sa famille, elle l'abandonna à l'isolement et à la frustration.

Les sentiers offerts par la société de ses ancêtres vers l'épanouissement de son besoin émotionnel, intellectuel et social furent détruits par la vitesse du changement social, et la création de nouvelles voies d'expression dépassait désormais les capacités de l'homme ordinaire. Délaissé dans la retenue de ses volontés les plus intimes, l'homme se retrouva prêt à suivre n'importe quel charlatan lambda proposant un but dans la vie, un stimulus émotionnel, une place dans un groupe.

Les méthodes de propagande de masse proposées par la presse et la radio fournirent les moyens permettant d'atteindre et de mobiliser ces individus. La détermination des militaristes, du patronat et des industriels d'élargir leur propre pouvoir et d'augmenter leurs propres intérêts, au point d'en détruire la société, donna le motif. La crise mondiale, quant à elle, était l'occasion. Les matériaux (des hommes frustrés dans la masse), les méthodes (communications de masse), l'instrument (l'organisation politique psychopathe) et l'occasion (la crise) étaient tous disponibles en 1931. Néanmoins, ces hommes n'auraient jamais été au pouvoir et n'auraient pas non plus approché la destruction totale de la civilisation occidentale si cette civilisation même n'avait pas échoué dans ses efforts pour protéger ses propres traditions et si les vainqueurs de 1919 avaient pu se défendre.

Le XIXe siècle prospéra tellement dans les techniques organisationnelles qu'il avait presque complètement perdu toute conception d'objectif.

Une nature contrôlée par le biais du progrès scientifique, une production augmentée grâce à la croissance industrielle, l'alphabétisation répandue à travers une éducation universelle, l'accélération immuable du mouvement et de la communication, la montée incroyable du niveau de vie : tout cela mena l'homme à étendre sa capacité de faire les choses sans pour autant clarifier ses idées sur ce qui en vaut vraiment la peine. Ceci mena à la perte des objectifs ou à leur réduction au niveau le plus primitif de l'obtention du pouvoir et de la fortune. Cependant, la constante acquisition du pouvoir ou de l'argent, tel un narcotique pour lequel le besoin ne cesse de grandir au fur et à mesure qu'il est consommé, sans jamais en être satisfait, finit par laisser insatisfaite la nature supérieure de l'homme. Depuis le passé de la civilisation occidentale, suite à la fusion des contributions classiques, sémitiques, chrétiennes et médiévales, un système de valeurs et des modes de vie, qui ne reçurent que peu de respect au cours du XIXe siècle, avaient émergé, malgré le fait que la base de ce siècle (sa science, son humanitarisme, son libéralisme et sa croyance en la dignité et la liberté humaine) venait de cet ancien système de valeurs et de ces modes de vie. La Renaissance et la Réformation avaient rejeté la partie médiévale de ce système ; tandis que le XVIIIe siècle avait rejeté la valeur de la tradition et de la discipline sociales, le XIXe siècle rejeta la dimension classique et chrétienne de cette tradition avant de donner le coup de grâce à la conception hiérarchique des besoins humains. Le XXe siècle récolta tout ce que les siècles précédents avaient semé. Dès le milieu du XXe siècle, la civilisation occidentale, qui abandonna sa tradition et conserva uniquement ses techniques, arriva au point où la question que l'on se pose principalement est « Peut-elle survivre ? ».

Dans ces circonstances, les puissances agressives se soulevèrent après 1931 afin de remettre en cause la civilisation occidentale et les puissances « apaisées » qui n'avaient ni la volonté ni le désir de la défendre. La faiblesse du Japon et de l'Italie du point de vue du développement industriel ou des ressources naturelles les empêcha de lancer un quelconque défi à moins qu'ils ne soient confrontés à de faibles volontés chez leurs victimes. En vérité, il est tout à fait clair que ni le Japon, ni l'Italie n'aurait réussi ses assauts sans l'agression commise par l'Allemagne en parallèle. Par contre, ce qui est beaucoup moins clair, mais est tout aussi vrai, est le fait que l'Allemagne n'aurait pas pu attaquer sans le consentement, et même dans certains cas, l'encouragement réel, des puissances « apaisées », en particulier la Grande-Bretagne. La preuve à l'appui réside dans tous les documents allemands saisis en 1944.

L'assaut japonais, 1931-1934

À une exception près, l'historique des agressions au Japon est comparable à celle de l'Allemagne. Cette exception résidait dans la force industrielle des deux puissances. Le Japon n'était pas vraiment une cible alléchante, ne disposant pas des principales ressources naturelles qui permettent d'assurer un système industriel performant. Il avait besoin de matériaux basiques tels que le charbon, le fer, le pétrole, les alliages de minéraux, l'énergie hydraulique voire même des denrées alimentaires. En revanche, la soi-disant pauvreté de l'Allemagne n'était qu'une vaste propagande. Outre cette dernière, les similarités entre ces deux nations étaient flagrantes. Chacune d'elle maintenait une industrie complètement cartellisée, une tradition militariste, une population travailleuse qui respecte l'autorité et qui apprécie l'ordre, une obsession nationale au sujet de leur propre et unique valeur, accompagnée d'une rancœur envers le reste du monde sur leur incapacité à la reconnaître ainsi qu'une structure constitutionnelle dont la façade du constitutionnalisme parlementaire dissimulait à peine la réalité du pouvoir exercé par l'alliance de l'armée, des propriétaires terriens et de l'industrie. Cette dernière ressemblance est exacerbée par l'observation que la constitution japonaise de 1889 est conçue sur le modèle de la Constitution de Bismarck.

Nous mentionnâmes précédemment la gravité du problème présenté au

Japon à travers le contraste qui réside entre leurs ressources naturelles limitées et leurs problèmes croissants. Alors que leurs ressources ne connaissaient pas de croissance, leur population s'élargissait passant de 31 millions en 1873 à 73 millions en 1939. Ainsi, le taux de croissance avait atteint son pic entre 1925 et 1930. C'est avec une grande ingéniosité et une énergie inépuisable que les Japonais essayèrent de joindre les deux bouts. Avec les devises rapportées par la marine marchande, l'export de la soie, les produits forestiers ou encore les fruits de mer, les matières premières furent importées, transformées en produits industriels puis exportées afin d'obtenir les devises nécessaires pour payer l'import des matières premières ou de la nourriture. En maintenant des prix et des couts bas, les Japonais réussirent à supplanter les exportateurs européens de textiles, de coton et des produits à base de fer dans les marchés asiatiques, notamment en Chine et en Indonésie.

L'évidente occupation européenne des zones coloniales empêcha une éventuelle dépressurisation par le biais de l'immigration, comme l'avait fait l'Europe auparavant. Les anglophones qui occupaient les régions les plus intéressantes, bien que dépeuplées, claquaient leur porte au nez de l'immigration japonaise pendant la période qui suivit 1901, en se justifiant par des arguments d'ordre racial et économique. Les restrictions américaines autour de l'immigration japonaise, émanant de la classe ouvrière de Californie, étaient une pilule amère pour le Japon ; attaquant directement sa fierté.

Après 1897, la hausse régulière des tarifs sur les produits manufacturés japonais, une manœuvre menée par l'Amérique, contribua à augmenter les difficultés de la position du Japon. L'épuisement latent des pêches dans le Pacifique, les restrictions sur celles-ci à cause des accords conversationnistes ne cessaient d'accroitre, le déclin des ressources forestières ainsi que l'agitation politique et sociale en Asie y contribuèrent également. Pendant très longtemps, le Japon fut protégé de l'impact global de ce problème grâce à un concours de circonstances qui joua en sa faveur. La Première Guerre mondiale était une aubaine incroyable. Elle mit fin à la compétition commerciale européenne en Asie, en Afrique et dans le Pacifique, augmenta la demande des produits et services japonais et fit du pays un créditeur international pour la première fois. L'investissement en capital entre 1915 et 1920 était 8 fois supérieur au capital investi au cours de la décennie entre 1905 et 1915. Les ouvriers employés dans des usines qui faisaient travailler plus de cinq travailleurs chacune étaient au nombre de 948.000 en 1914. En 1919, elles étaient 1 612.000. Le transport maritime passa d'un peu plus de 1 360.000 tonnes de marchandises en 1914 à 2 720.000 tonnes en 1918, tandis que le revenu du fret maritime passa de 40 millions de yens en 1914 à 450 millions en 1918. La balance favorable du commerce international s'élevait à 1480 millions de yens entre 1915 et 1918. La vie sociale, la structure économique ainsi que le système de la tarification, déjà disloqués par ce changement rapide, furent fortement impactés par la crise de 1920-1921. Mais le Japon s'en remit rapidement et fut protégé contre toutes les conséquences de sa large population et de ses ressources limitées à travers l'essor de 1920. Le rapide progrès technologique aux États-Unis, en Allemagne et au Japon, la demande des produits japonais (notamment dans le textile) dans le sud et sud-est de l'Asie, les prêts américains à travers le monde entier, les achats importants de soie japonaise par les Américains ainsi que le « boom de la psychologie » du monde entier protégea le Japon de l'impact de sa propre situation jusqu'en 1929-1931. Sous cette protection, les traditions autoritaires et militaristes les plus anciennes furent affaiblies, le libéralisme et la démocratie progressèrent lentement mais surement et l'imitation des traditions germaniques dans les contextes politiques et intellectuels (qui durait depuis 1880) fut complètement abandonnée. Par ailleurs, le premier gouvernement fut établi en 1918 et le suffrage universel en 1925. Le régime militaire, quant à lui fut remplacé par la gouvernance civile pour la toute première fois dans les zones coloniales comme Formosa. L'armée fut réduite à 17 divisions au lieu de 21 en 1924, la marine aussi, selon un accord international en 1922 et en 1930 et l'éducation connut une immense expansion surtout dans l'enseignement supérieur. Ce mouvement progressif vers la démocratie et le libéralisme alarma le militarisme et les plongea dans le désespoir. Parallèlement, la croissance de l'esprit unitaire et de l'ordre public en Chine, chose que ces militaristes avaient considérée comme victime potentielle de leurs opérations, les convainquit qu'il fallait agir avant qu'il ne soit trop tard. La crise mondiale se présenta comme leur plus grande opportunité.

Pourtant, bien avant ses débuts, le contexte politique japonais connut quatre signes de mauvais augure, planant sur l'horizon comme des nuages menaçants. Le premier était le manque d'exigence constitutionnelle digne d'un gouvernement chargé de la Diète. Le deuxième résidait dans la liberté constitutionnelle continue de l'armée du contrôle civil. Le troisième, dans la croissance du recours à l'assassinat politique utilisé par les conservateurs en tant qu'outil d'élimination des politiciens libéraux de l'espace public comme dans le cas des trois Premiers ministres et beaucoup moins pendant la période de 1918 à 1932 ; et enfin, l'ampleur que prenait l'attrait socialiste révolutionnaire au sein de la classe ouvrière.

La crise mondiale et économique frappa le Japon d'un coup terrible. La baisse de la demande des produits comme la soie grège qui était en concurrence avec les fibres synthétiques comme la viscose, ainsi que le lent déclin des marchés asiatiques tels que la Chine ou l'Inde en raison d'agitations politiques et d'une industrialisation croissante rendirent ce coup plus difficile à supporter. Sous cet impact, les forces réactionnaires et agressives dans la société japonaise purent renforcer le contrôle de l'État, intimider toutes les oppositions nationales et s'embarquer dans une aventure d'agression, de destruction qui mena tout droit aux conséquences désastreuses de 1945.

Certes, ces assauts économiques étaient violents, mais ce n'est pas pour ces raisons que le Japon se montra aussi agressif, mais plutôt à cause de ses traditions militaristes venant de l'époque féodale, qui se frayèrent un chemin jusqu'aux temps modernes et fleurirent malgré la ferme opposition et les critiques constantes. La structure constitutionnelle sut protéger les dirigeants militaires et les politiciens civils du contrôle populaire en justifiant leurs actions au nom de l'Empereur. Mais ces deux branches gouvernementales étaient séparées de façon à ce que la population civile n'ait aucun contrôle sur les généraux.

Les lois et coutumes de la constitution permettaient aux généraux et aux amiraux d'aborder directement l'Empereur sans que le Cabinet n'en prenne connaissance ni ne donne son consentement. Elles stipulaient aussi que seuls les officiers de ce rang pouvaient remplir la fonction de ministre pour ces services dans le Cabinet lui-même. Aucun citoyen ne pouvait intervenir dans la hiérarchie depuis l'Empereur jusqu'au soldat et les services armés devinrent un État dans un État. Puisque les officiers n'hésitaient pas à user de leur position pour obtenir l'obéissance des civils, ayant un recours constant à la force et à l'assassinat, le pouvoir de l'institution militaire grandit après 1927. Ils disaient que tous leurs actes étaient au nom de l'Empereur, pour la gloire du Japon, pour le libérer de la corruption, des partisans politiques, des exploitations ploutocrates, pour la restauration des virtuels de l'ordre japonais antique, de l'abnégation et de la dévotion à l'autorité.

Les forces du monopole capitaliste étaient séparées des forces armées. Bien que parfois en opposition, elles étaient généralement dépendantes d'elles car le principal acheteur des produits de l'industrie lourde était les forces du monopole capitaliste. Elles étaient dirigées comme nous le mentionnâmes auparavant, par huit des plus grands complexes économiques, contrôlés comme des unités familiales et connus sous le nom de *zaibatsu*. Dirigées par Mitsui, ces huit unités contrôlaient 75% de la richesse nationale des entreprises en 1930 et possédait 15% du capital des entreprises du pays. Une relation corrompue avec les politiciens japonais, et plus rarement, avec les militaristes s'instaura ouvertement. Ils coopérèrent souvent ensemble, comme en 1927. Les efforts de Mitsui et de Mitsubishi pour casser un plus petit concurrent, l'entreprise Suzuki de Kobe, précipita une panique financière qui fit fermer la plupart des banques au Japon. Tandis que la banque de Show, exploitée conjointement par le *zaibatsu*, s'accapara des entreprises plus petites et des banques qui avaient échoué durant la crise et que plus de 180.000 de leurs clients perdirent leurs épargnes, le cabinet du général militariste Tanaka accorda 1500 millions de yens pour préserver le *zaibatsu* des conséquences de leur cupidité.

Les traditions militaristes et nationalistes étaient largement acceptées par le peuple japonais. Celles-ci, vantées par la plupart des politiciens et enseignants et, propagées par plusieurs sociétés patriotiques, ouvertes et secrètes, avaient carte blanche alors que la plupart des voix des opposants furent mises en sourdine en 1930 après avoir été écrasés par des méthodes légales et illégales. Au cours de la même période, les militaristes et le *zaibatsu* qui étaient auparavant opposés aussi souvent qu'alliés, s'unirent pour une dernière alliance fatidique. Ils se réunirent autour d'un programme d'industrialisation lourde, de militarisation et d'agressions étrangères. L'Asie orientale, notamment le nord de la Chine et la Mandchourie, devinrent les victimes cibles étant donné leur capacité à offrir les matières premières et les marchés nécessaires à l'industrialisation ainsi que le terrain de gloire et le butin aux militaristes.

En ciblant ses attaques vers la Mandchourie en 1931 et la Chine en 1937, le Japon choisissait ses victimes pour leur vulnérabilité. Comme nous le vîmes déjà, la révolution chinoise de 1912 n'avait pas œuvré pour rajeunir le pays. Entre les querelles des partisans, le désaccord sur les objectifs, la lutte à des fins égoïstes, et la menace constante d'un bon gouvernement mené par des dirigeants militaires qui n'étaient rien d'autre que des bandits, le pays était sérieusement troublé et avait beaucoup de difficulté à se réhabiliter. Au nord de la rivière de Yangzi, les seigneurs guerriers se battirent pour la suprématie jusqu'en 1926, tandis qu'au sud de la rivière, à Canton, le Kuomintang, un parti politique fondé par Sun Yat-sen et tourné vers l'Occident, monta son propre gouvernement. Contrairement aux seigneurs guerriers du nord, ce parti avait des idéaux et un programme, même s'il faut avouer qu'ils parlaient plus qu'ils n'agissaient.

Les idéaux du Kuomintang constituaient en un mélange des aspects occidentaux, chinois et russes bolchéviques. Ils cherchaient à créer une Chine indépendante et unie avec un gouvernement démocratique, mixte, coopératif, socialiste, avec un système économique individualiste. En général, Dr. Sun puisait ses idées culturelles dans les traditions chinoises, ses idées politiques dans leur équivalent occidental et ses idées économiques dans le mélange des deux, en y rajoutant des éléments socialistes assez importants.

Son programme envisageait la réalisation de ces idées en trois étapes, dans l'ordre suivant. La première consisterait en une période de domination militaire afin d'assurer l'unité et l'indépendance suivie d'une phase d'une dictature permettant d'assurer l'éducation politique nécessaire des masses. En dernier lieu, une démocratie constitutionnelle serait instaurée. Ce programme fut suivi jusqu'à la deuxième étape. Elle fut vraisemblablement atteinte en 1927 avec l'annonce que le Kuomintang serait désormais le seul parti politique légal. Cela avait été précédé par onze années de domination militaire au cours desquelles Chiang Kaï-Shek s'était imposé comme le chef militaire de la plus grande partie de la Chine au nom du Kuomintang.

Sous l'influence du Dr. Sun, notamment au cours de la période 1924-1927, le Kuomintang avait accepté le soutien et quelques-unes des idées communistes internationales.

Les théories de Lénine sur la nature de «l'impérialisme capitaliste» persuadèrent les Chinois, ce qui leur donna l'illusion d'une justification intellectuelle contre les interventions étrangères dans les affaires chinoises. Dirigés par Michel Borodin, des agents russes vinrent en Chine après 1923 afin d'assister le pays dans sa «reconstruction économique», son «éducation» politique et sa résistance à l'impérialisme. Ils avaient réorganisé le Kuomintang en tant que parti politique totalitaire sur le modèle communiste soviétique et la formation militaire chinoise avaient désormais lieu dans la célèbre académie militaire de Whampoa. C'est à partir de ces cercles là qu'émergea Chiang Kaï Shek. Grâce au rôle proéminent que jouaient les consultants militaires allemands dans ses activités, il put lancer une série d'attaques qui permit d'élargir le règne du Kuomintang jusqu'au territoire des seigneurs guerriers au nord de la rivière de Yangzi. Le chef de ces derniers, Chang Tso-lin, garda sa position en coopérant avec les Japonais et en résistant aux efforts des Russes qui voulaient pénétrer dans la Mandchourie.

Alors qu'il avait atteint un succès militaire dans ces zones après 1926, Chiang Kaï-Shek devint de plus en plus conservateur et fit s'éloigner l'idée du programme démocratique et socialiste du Dr. Sun. Parallèlement, l'interférence et le complot des éléments communistes dans le camp du Kuomintang justifiaient progressivement la violente répression de leurs activités. Tout compte fait, le conservatisme croissant de Chiang culmina en 1927 lorsqu'il épousa un membre de la famille aisée de Soong. Parmi eux, T.V Soong était banquier et spéculateur financier, son beau-frère, H.H. Kung, occupait une position économique similaire alors qu'une autre sœur (écartée par la famille à cause de ses sympathies communistes) était devenue Madame Sun Yat-sen. Le gouvernement du Kuomintang était dirigé par Soong, au poste de ministre des Finances et par Kung, ministre de l'Industrie, du Commerce et du Travail.

En 1927, le Kuomintang mit fin à la collaboration communiste, les Russes furent expulsés de Chine et le Kuomintang devint l'unique parti légal. Sous la directive de dirigeants formés par Moscou comme dans le cas de Mao Zedong, les autochtones communistes chinois focalisèrent leurs efforts dans les zones rurales du sud. Ils s'y installèrent selon un modèle agricole, expropriant les propriétaires, diminuant les loyers, les impôts et les taux d'intérêts et construisant une milice toujours rurale composée de paysans. Dès que les forces nationales, dirigées par Chiang Kaï-Shek achevèrent leur conquête du nord de la Chine en s'accaparant de Pékin en juin 1928, ils relocalisèrent leur attaque vers le sud dans l'espoir de détruire le centre communiste à Jiangxi. L'armée communiste, dont les extorsions grandissantes avaient désillusionné ses partisans paysans, se replia dans un retrait ordonné sur une route sinueuse de 10.000 kilomètres au nord-ouest de la Chine (1934-1935). Chiang ne cessa pas de combattre les communistes même après les attaques des Japonais dans la Mandchourie en 1931. Malgré la déclaration de guerre des communistes sur le Japon en 1932, il orchestra cinq attaques massives entre 1930 et 1933 et continua à exiger que la Chine présente un front unifié contre ces agresseurs entre 1931 et 1937.

Bien que la prise de la Mandchourie par les Japonais à l'automne 1932 soit dissociée des actions des forces militaires japonaises, elle fut tout de même cautionnée par les dirigeants civils. Les Chinois ripostèrent par un boycott des biens japonais, réduisant significativement l'export des produits japonais.

Afin de mettre fin à ce boycott, le Japon fit débarquer ses troupes à Shanghai en 1932. De violents affrontements eurent lieu, dont la plupart furent infligés aux Européens par les Japonais. Les forces armées chinoises furent chassées de la ville et contraintes d'accepter la rupture du boycott économique à l'encontre du Japon. Vers la même époque, un protectorat japonais sur la Mandchourie fut établi, sous le règne d'Henry Puyi qui avait renoncé au trône de Chine en 1912.

Dès janvier 1932, les États-Unis tinrent à notifier tous les signataires du traité des neuf puissances de 1922 qu'elle refuserait les changements territoriaux appliqués de force, étant considérés comme une violation du pacte Briand-Kellog qui condamne le recours à la guerre. Le 21 septembre 1931, la Chine fit appel à la Société des Nations en quête de soutien. Ce même jour, la Grande-Bretagne abandonna l'étalon-or, traversa une succession de conflits de procédure qui mena finalement à une commission d'enquête sous la supervision du Comte de Lytton. Leur rapport, publié en 1932, condamna fermement les actions du Japon, mais ne fit jamais mention d'une quelconque mesure conjointe pour s'y opposer. La Société des Nations accepta la doctrine Stimson pour la non-reconnaissance des conquêtes japonaises et exprima sa sympathie à l'égard de la position de la Chine. On rabâcha longtemps cette affaire depuis 1931 à coup de revendications et de demandes reconventionnelles que l'efficacité de la Société des Nations était freinée par l'absence des États-Unis aux conseils ; par le retard que prenait Stimson à condamner l'agression japonaise, ou encore par le refus britannique de soutenir les suggestions de Stimson en faveur d'une action contre le Japon. Ces discussions négligèrent le point essentiel puisque l'armée japonaise dans la Mandchourie n'était pas sous le contrôle du gouvernement civil japonais avec lequel les négociations se déroulaient. Dans la même lignée, les autorités qui s'opposaient aux attaques dans la Mandchourie ne pouvaient pas se faire entendre sans risquer leurs propres vies. Pas plus tard qu'en novembre 1930, le Premier ministre Yuko Hamaguchi fut tué pour avoir approuvé le Traité Naval de Londres, les militaristes y étant opposés, puis, en mai 1932, le Premier ministre Ki Inukai connut le même sort. Durant ce temps, les négociations de la Société des Nations n'étaient pas menées avec le bon parti.

Au-delà de la violation du sentiment national et des moyens plus que discutables mis en œuvre pour y arriver, le Japon tirait de l'acquisition de la Mandchourie de nombreux avantages stratégiques et économiques. Elle apporta les ressources industrielles dont le Japon avait si absolument besoin, et pouvait, à terme, renforcer l'économie japonaise. La séparation de la région de la Chine, qui ne l'avait pas contrôlé efficacement pendant de nombreuses années, aurait restreint la sphère du gouvernement de Chiang à un territoire plus gérable. De plus, cela aurait servi de contrepoids pour le pouvoir soviétique dans l'Extrême-Orient et aurait fourni un point d'appui pour limiter les actions soviétiques en Europe après la chute de l'Allemagne. Malheureusement, cette solution était rendue impossible à cause de l'inflexible cupidité et l'ignorance des militaristes japonais. Ils confirmèrent cela avec deux erreurs capitales, l'attaque contre la Chine en 1937 et celle contre les États-Unis en 1941. Dans les deux cas, les militaristes avaient eu les yeux plus gros que le ventre, et détruisirent des avantages potentiels desquels ils auraient pu profiter par l'acquisition de la Mandchourie en 1931.

Durant les sept ans qui suivirent la première attaque dans la Mandchourie en septembre 1931, le Japon investit 2,5 billions de yens en investissement de capital dans cette région, principalement dans l'exploitation minière, la production de métaux, l'énergie électrique et le pétrole. Avec le temps, cet investissement augmenta sans rapporter en retour au Japon, puisque tout le rendement était immédiatement réinvesti. Les seuls choses qui bénéficiaient directement au Japon étaient le minerai de fer, la fonte brute, et certains engrais chimiques. La récolte de soja mandchou, bien qu'interdite selon les ordres du Japon, était une monnaie d'échange avec l'Allemagne contre des denrées disponibles là-bas. Tous les autres besoins urgents du Japon, comme le coton brut, le caoutchouc et le pétrole ne pouvaient pas être résolus par l'acquisition de la Mandchourie. En dépit du cout de l'investissement en capital, le pays ne pouvait produire plus que pour ses propres besoins en pétrole, principalement par le procédé de liquéfaction du charbon.

La Mandchourie ne résolvant pas les problèmes économiques du Japon, les dirigeants militaristes s'orientèrent vers une nouvelle agression, en direction du nord de la Chine. Alors qu'ils préparaient leur nouvel assaut, Chiang Kaï-Shek préparait sa sixième campagne contre les communistes, tout en lorgnant sur la partie reculée au nord-ouest de la Chine. Ni la menace grandissante du Japon ni l'appel des communistes chinois à former un front unifié contre les Nippons ne dissuada Chiang de son objectif d'écraser les communistes. En décembre 1936, il fut brutalement kidnappé par son propre commandant, Chang Hsüeh-liang à Xi'an, et sous menace de mort, fut forcé d'accepter de combattre le Japon. Un front unifié Kuomintang-Communiste fut formé, et Chiang promit de se battre contre le Japon plutôt que contre les communistes et d'assouplir les restrictions du Kuomintang en ce qui concerne les libertés civiles. De leur côté, les communistes s'engagèrent à abolir le gouvernement soviétique chinois, à devenir un gouvernement régional de la République de Chine, à mettre un terme à l'expropriation des propriétaires terriens, à cesser leurs attaques contre le Kuomintang et à incorporer leurs forces armées à l'armée nationale de Chiang Kaï-Shek.

L'accord tout juste conclu, et pas encore publié que les Japonais embrayèrent sur une attaque contre le nord de la Chine (juillet 1937). Ce fut, dans l'ensemble, une réussite face à une défense tenace du gouvernement national, avançant de Nankin à Hankou (novembre 1937) et d'Hankou à Chongqing, près du cours supérieur de la rivière Yangzi (octobre 1938). Les Japonais, à forces inégales avec seulement dix-sept divisions, qui comptabilisaient moins de 250.000 hommes toutes régions confondues, tentèrent de détruire les armées nationalistes et communistes de Chine, d'empêcher la Chine de disposer de denrées étrangères en contrôlant les chemins de fer, les ports et les rivières et de maintenir l'ordre en Mandchourie et en Chine occupées. C'était mission impossible. Les régions occupées ressemblèrent vite à une sorte de réseau ouvert dans lesquelles les troupes japonaises patrouillaient autour des rivières et des chemins de fer, mais le pays était largement contrôlé par les guérillas communistes. Le repli du gouvernement nationaliste pour Chongqing et son incapacité à conserver l'allégeance des paysans chinois, notamment ceux qui se trouvent derrière les frontières japonaises, à cause de son alliance avec l'oligarchie des propriétaires terriens, des commerçants, des banquiers affaiblirent progressivement le Kuomintang et renforcèrent les communistes.

La rivalité entre les communistes chinois et le Kuomintang éclata par intermittence entre 1938 et 1941, mais le Japon fut incapable d'en profiter pleinement à cause de sa faiblesse économique. Le grand investissement dans la Mandchourie et l'adoption d'une politique agressive nécessitait une réorganisation de l'économie du Japon, qui se focalisait auparavant sur l'industrie légère pour l'exportation à une industrie lourde axée sur l'armement et de lourds investissements. Cela fut exécuté si impitoyablement que la production d'industrie lourde s'éleva de 3 milliards de yens en 1933 à 8,2 milliards de yens en 1938. La production de textile passa de 2,9 milliards de yens à 3,7 milliards dans le même temps. En 1938, les produits de l'industrie lourde représentaient 53 % du rendement industriel du Japon. Le besoin d'importation grandit donc, tout en réduisant leur possibilité de payer ces imports au moyen de leur exportation. En 1937, la balance commerciale défavorable du Japon dans la zone « non yen » s'élevait à 925 millions de yens, soit environ quatre fois la moyenne des années avant 1937. Les revenus obtenus par les transports furent réduits, selon les exigences militaires, ce qui généra une balance commerciale défavorable et se répercuta dans une importante sortie d'or (1685 millions de yens en 1937-1938).

L'assaut japonais, 1931-1934

Vers la fin de 1938, il était clair que le Japon perdait sa capacité financière et commerciale à acheter les matériaux nécessaires à l'étranger. La situation empira lorsque les États-Unis, l'Australie et d'autres restreignirent l'export des matériaux stratégiques ou militaires au Japon. En attaquant la Chine, ils avaient l'intention de remédier à la situation en arrêtant le boycott des produits japonais, en fournissant le matériel nécessaire notamment le coton brut sous le contrôle direct du Japon et en créant une extension de la zone du yen où l'on n'aurait pas besoin de devise étrangère à des fins commerciales. Dans l'ensemble, ces objectifs ne furent pas atteints. Les activités de la guérilla et l'inaptitude du Japon à contrôler les zones rurales rendirent impossible la création d'une zone yen, rendirent le trafic difficile et fit chuter la production cotonnière. L'export des minerais de fer de la Chine vers le Japon chuta, passant de plus de 2 millions de tonnes en 1927 à 270.000 tonnes en 1938, malgré une légère hausse dans l'export du charbon.

Dans un élan de réconciliation avec la production, le Japon commença à déverser son investissement en capital dans les régions toujours agitées du nord de la Chine à un taux qui s'approchait de ce qui fut investi dans la Mandchourie. Le plan de quatre ans de 1938 appelait à un investissement de 1420 millions de yens vers 1942. En plus du besoin de nourrir et de vêtir les habitants du nord de la Chine, le projet fit de la zone un drain sur toute l'économie japonaise de façon à ce que son export vers cette région passe de 179 milliards de yens en 1937 à 312 millions en 1938. Comme si les choses avaient besoin d'être aggravées, les gens de ce territoire occupé refusèrent d'accepter ou d'utiliser le yen nouvellement établi en raison des menaces de la guérilla qui menaçait de tirer sur quiconque serait trouvé en possession de celui-ci.

Tout cela eut un effet indésirable sur la position financière du Japon. En deux ans de guerre de Chine, de 1936-1937 à 1938-1939, le budget japonais augmenta de 2,3 à 8,4 milliards de yens dont 80 % fut alloué au secteur militaire. La dette publique et le cours des matières premières augmentaient régulièrement, mais les Japonais réagirent si facilement à la taxation, aux prêts du gouvernement et aux demandes d'augmentation de la production que le système continua de fonctionner. Cependant, fin 1939, il était clair que le triple fardeau d'un passage à l'industrie lourde, qui ruina le commerce d'exportation ainsi qu'un lourd taux d'investissement dans la Mandchourie et dans le nord de la Chine en plus d'une guerre hésitante avec la Chine nationaliste ne pouvaient pas être assumés, en particulier sous la pression de la réticence croissante des pays supposément neutres à fournir les biens stratégiques nécessaires au Japon. Les deux nécessités les plus vitales étaient les produits pétroliers et le caoutchouc.

Les militaristes, qui exerçaient un contrôle politique et économique sur le Japon après 1939, pensaient que l'occupation des Indes Néerlandaises et de la Malaisie pouvaient amoindrir ces insuffisances. L'occupation des Pays-Bas par les hordes hitlériennes en 1940, l'implication de la Grande-Bretagne dans la guerre européenne depuis 1939 semblaient offrir au Japon la saisie de ces régions sur un plateau d'argent. Cette réalisation nécessiterait une longue ligne de communication entre le Japon et l'Indonésie. Ces lignes seraient exposées pour attaquer depuis les bases américaines dans les Philippines ou depuis la base britannique à Singapour. Considérant la psychologie américaine similaire à la leur, les militaristes japonais étaient persuadés que dans ces conditions, les États-Unis n'hésiteraient pas à attaquer ces lignes de communication vulnérables. Par conséquent, il leur semblait qu'une attaque japonaise contre les Indes néerlandaises conduirait inévitablement à une guerre opposant les États-Unis et le Japon. Face à ce problème, les militaristes japonais prirent une décision qui leur paraissait inévitable. Ils décidèrent d'attaquer les États-Unis en premier. Cette décision aboutira sous la forme de l'attaque sur Pearl Harbour le 7 décembre 1941.

L'assaut italien, 1934-1936

Le gouvernement fasciste de Benito Mussolini évoquait d'un ton agressif et prétentieux son accession au pouvoir en 1922, mettant l'accent sur sa détermination à rétablir la gloire de l'Empire romain, à dominer la mer Méditerranée, et à atteindre l'autosuffisance stratégique en augmentant la production alimentaire locale. La réalité était bien plus modeste et ses actions n'allèrent pas au-delà d'un effort pour limiter l'influence yougoslave dans l'Adriatique, sur fond de vantardise au sujet d'une légère hausse dans les productions nationales de blé. De manière générale, la situation en Italie était similaire à celle du Japon : des ressources naturelles limitées (notamment une pénurie quasi-totale de charbon ou de pétrole), associées à une chute de la mortalité qui créent une pression démographique. Ce problème, tout comme au Japon, était intensifié par les restrictions sur l'émigration des Italiens ou sur l'export de bien italiens, tout particulièrement après 1918.

Les années clés de l'histoire moderne de l'Italie sont 1922, 1925, 1927, et surtout 1934. En 1922, les fascistes prirent le pouvoir dans un régime parlementaire. En 1925, ce régime parlementaire fut remplacé par une dictature politique, aux connotations latino-américaines du XIXe siècle plutôt que d'un totalitarisme typique du XXe siècle, puisque le système économique était toujours celui d'une orthodoxie financière capitaliste. En 1927, une stabilisation orthodoxe et restrictive de la lire italienne sur l'or international standard conduisit à une conjoncture économique en récession, au point que Mussolini adopta une politique étrangère beaucoup plus active, dans le but de créer une entente politique et économique avec les trois puissances vaincues d'Europe Centrale (Autriche, Hongrie, Bulgarie). En 1934, l'Italie remplaça ses mesures économiques orthodoxes par une économie totalitaire, qui fonctionnait sous une façade de fraudes sociales, tout en déplaçant sa politique étrangère dynamique d'Europe Centrale vers l'Afrique et la Méditerranée.

La volonté des Italiens à mettre en place un bloc économique et politique en Europe centrale pendant la période 1927-1934 était à la fois une stratégie antiallemande et contre la petite Entente. C'est une combinaison utopique, parce que la division de l'Europe en deux clans, révisionnistes et antirévisionnistes, rendit impossible la création d'un nouvel alignement qui passerait outre ce conflit. En menant une politique contre la petite Entente, et en faveur de la Hongrie, Mussolini était antifrançais et donc inévitablement pro-Allemagne, bien qu'il ne l'ait jamais réellement été ni souhaité être. Il lui faudra sept ans pour réaliser l'absurdité de sa position. Durant ces sept années, de 1927 à 1934, ce n'était pas l'Allemagne, mais plutôt la Hongrie qui était la force révisionniste la plus active en Europe. En travaillant main dans la main avec la Hongrie, avec les éléments réactionnaires de l'Autriche et de la Bulgarie, et les dissidents croates de Yougoslavie, Mussolini cherchait à affaiblir la petite Entente (spécialement la Yougoslavie) et à créer des eaux troubles pour la pêche fasciste. Il prétendait que l'Italie était une puissance insatisfaite à cause de sa déception sur son peu de gains coloniaux à Versailles en 1919, et à cause du refus de la Société des Nations d'accéder à la requête de Tommaso Tittoni, en 1920, en ce qui concerne la redistribution des ressources mondiales en fonction des besoins des populations. Il est vrai que les questions en matière de population et de matières premières italiennes étaient problématiques, mais les mesures prises par Mussolini ne donnèrent aucun espoir de les résoudre. La politique italienne sur le Danube aboutit à un traité d'amitié avec l'Autriche en 1930 et à une série d'accords politiques et économiques avec l'Autriche et la Hongrie, connus sous le nom de Protocole de Rome, en 1934. Le gouvernement autrichien, avec à sa tête Engelbert Dollfuss détruisit les institutions démocratiques autrichiennes, réduisit à néant les organisations sociales et ouvrières, et établit, sous l'ordre de Mussolini, une dictature corporatiste à parti unique, en février-avril 1934. Hitler en profita pour tenter un coup d'État nazi en Autriche, assassinant Dollfuss en juillet 1934, mais il ne put pénétrer dans le pays, et ce, grâce à une mobilisation rapide des troupes italiennes sur le col du Brenner et à un avertissement solennel de la part de Mussolini. Cet évènement significatif révéla que l'Italie était la seule puissance préparée à se battre pour l'indépendance de l'Autriche, et que les sept années de travail de Mussolini pour la cause révisionniste étaient une erreur. Une erreur dont le Duce ne tira aucune leçon. Au lieu de cela, il cautionna un complot d'assassinat mis au point par des éléments révisionnistes extrêmes, y compris l'Organisation Révolutionnaire Intérieure Macédonienne (ORIM), les séparatistes croates, et les extrémistes hongrois. Tout ceci conduisit au meurtre d'Alexander, le Roi Serbe centraliste de Yougoslavie, et de Jean Louis Barthou, ministre français des Affaires étrangères, à Marseille, en octobre 1934.

L'ascension d'Hitler au gouvernement allemand en janvier 1933 trouva une politique étrangère française paralysée par l'opposition britannique dans ses efforts pour soutenir la sécurité collective ou pour obliger l'Allemagne à se soumettre à ses obligations du traité. Par conséquent, la France refusa la suggestion de la Pologne en 1933, qui proposait de mettre au point une intervention armée conjointe en Allemagne pour destituer Hitler de ses fonctions. La Pologne contracta immédiatement un pacte de non-agression avec l'Allemagne et prolongea un pacte similaire avec l'Union soviétique (janvier-mai 1934). Ils inaugurèrent une politique d'équilibre entre ces deux puissances, ce qui conduira la Pologne au Quatrième partage, qui aura lieu en 1939. Après l'arrivée au pouvoir en France d'une nouvelle coalition conservatrice, avec Jean Louis Barthou comme ministre des Affaires étrangères en février 1934, la France commença à adopter une politique anti-Hitler plus active. Cette stratégie consistait à encercler l'Allemagne en intégrant l'Union Soviétique et l'Italie dans un nouvel alignement politique avec la France, la Pologne, la petite Entente, la Grèce et la Turquie. L'Entente balkanique fut conclue entre la Roumanie, la Yougoslavie, la Grèce et la Turquie dès février 1934. Les relations entre la France et la petite Entente se resserrèrent suite aux visites de Barthou dans les différentes capitales. La Russie intégra la Société des Nations en septembre 1934. Un accord franco-italien fut signé en 1935. À la conférence de Stresa, en avril 1935, l'Italie, la France et la Grande-Bretagne constituèrent un front commun contre le réarmement de l'Allemagne (qui avait été annoncé en mars), et la Société des Nations dénonça les actions de l'Allemagne la même semaine. Des alliances franco-soviétiques et tchéco-soviétiques furent conclues. Cette dernière n'entrerait en vigueur qu'après que l'alliance franco-tchèque précédemment conclue n'eut pris effet. Dans le cadre de la mise en place de ce front contre l'Allemagne, mais avant que l'Italie n'en fasse partie, Barthou et le Roi Alexander furent assassinés à Marseille, comme nous le soulignâmes (octobre 1934). Ceci ne mit aucun frein au projet, Pierre Laval ayant assuré la succession de Barthou, bien que son efficacité ne fût pas celle de son prédécesseur. En effet, Pierre Laval fut celui qui intégra dans cet accord l'Italie, en janvier 1935, et l'Union Soviétique, en mai de la même année.

Laval était convaincu que l'Italie ne pourrait intégrer le front antiallemand qu'à la condition que ses vieux griefs et ambitions non réalisés en Afrique puissent être honorés. En conséquence, Laval accorda à Mussolini 7% des parts du chemin de fer djibouto-égyptien (qui allait de la côte française des Somalis jusqu'à la mer Rouge, vers la capitale éthiopienne), une zone désertique de 30 millions d'hectares sur la frontière de la Libye, occupée par seulement une centaine de personnes (soixante-deux, selon Mussolini), un petit bout de terrain entre la côte française des Somalis et l'Érythrée italienne, une implantation de la citoyenneté et du niveau d'éducation des immigrants italiens en Tunisie française, et le « droit de demander des concessions à travers l'Éthiopie ». Le dernier point est capital, parce que Laval insista sur le fait qu'aucun des accords conclus ne mettait en péril l'indépendance de l'Éthiopie ni l'intégrité du territoire. Il dit aussi très clairement que l'appui de l'Italie pour lutter contre l'Allemagne revêtait plus de valeur à ses yeux que l'intégrité de l'Éthiopie. Pendant de nombreuses années, la France fut la seule vraie alliée de l'Éthiopie. En 1906, elle avait mis en place l'arrangement Tripartite comprenant la Grande-Bretagne, l'Italie et la France, garantissant qu'aucun changement de statut de l'Éthiopie n'était possible sans le consentement de l'Entente, et intégra l'Éthiopie dans la Société des Nations en 1923 malgré les objections des Britanniques. D'autre part, si l'Italie ne put conquérir l'Éthiopie en 1896, c'est à cause d'une défaite décisive de ses forces d'invasion face aux Éthiopiens eux-mêmes, tandis qu'en 1925, la Grande-Bretagne et l'Italie morcelèrent l'Éthiopie en sphères économiques, ce qui fut, par la suite, annulé par un appel de la France à la Société des Nations. Le renoncement de Laval au soutien habituel des Français en faveur de l'indépendance et de l'intégrité de l'Éthiopie était par conséquent, de grande importance, et rassembla les trois gouvernements concernés (Italie, Grande-Bretagne et France) autour d'un accord sur le sujet. En revanche, ce point de vue n'était pas partagé par l'opinion publique dans ces trois pays. En France, l'opinion était trop divisée pour nous permettre d'en établir une affirmation catégorique, mais il est probable que la majorité ait été en faveur d'une extension de la sécurité collective à l'Éthiopie, tandis qu'une écrasante majorité était convaincue que l'Allemagne devrait être l'objet premier de cet instrument d'action internationale. En Italie, il est probable que la majorité s'opposait à la fois à la guerre de Mussolini en Éthiopie et aux efforts de la Société des Nations d'y mettre un terme au moyen de sanctions économiques. En Grande-Bretagne, une écrasante majorité soutenait la Société des Nations et ses sanctions contre l'Italie. Cela fut mis en évidence au moyen du prétendu sondage pour la Paix, connu sous le nom de Peace Ballot, qui, sur la base d'un vote préliminaire auprès de l'électorat anglais, montra que sur 11,5 millions de sondés, plus de 11 millions soutenaient l'adhésion à la Société des Nations, plus de 10 approuvaient les sanctions économiques, et plus de 6,7 millions soutenaient (contre 2,3 qui s'y opposaient) les sanctions militaires contre les agresseurs. Le parti travailliste pacifiste de gauche s'opposait à ce point de vue, tout comme le parti impérialiste de droite du parti conservateur. Le gouvernement britannique s'y opposait. sir John Simon, secrétaire aux Affaires étrangères, sir Bolton Eyres-Monsell, premier Lord de l'Amirauté, et Stanley Baldwin, chef du parti et Premier ministre, dénoncèrent tous le Peace Ballot et sa position sur la sécurité collective alors que le sondage était en train d'être effectué, mais s'empressèrent de le soutenir verbalement dès que les résultats devenaient évidents. Baldwin, qui avait déclaré en septembre 1934 qu'un « système de paix collective » était « parfaitement impraticable » assura à ceux qui menèrent le sondage que « la politique étrangère du gouvernement est fondée sur la Société des Nations », lorsque les résultats furent publiés en 1935. L'un des exemples les plus marquants d'une politique à double volets en Grande-Bretagne fut Fondé sur cela : tandis que le gouvernement soutenait publiquement la sécurité collective et les sanctions contre l'agression italienne, il négociait en privé pour démanteler la Société des Nations et céder l'Éthiopie à l'Italie. Cette stratégie secrète fut une réussite totale.

L'agression italienne contre l'Éthiopie commença par une incursion dans le territoire éthiopien à Welwel en décembre 1934, et se transforma en une invasion totale en octobre 1935. Il devint évident que l'Italie ne craignait pas les sanctions des forces armées britanniques à leur encontre lorsqu'ils placèrent une majeure partie de leurs forces militaires, de leurs transports et de leurs forces navales dans la mer Rouge, séparés de leur pays par le Canal de Suez, alors sous contrôle britannique, et par la flotte britannique à Alexandrie. Leur usage du Canal de Suez pour transporter des munitions et des troupes révéla naturellement à la Grande-Bretagne leurs intentions belliqueuses à un stade précoce. La position du gouvernement britannique en ce qui concerne l'Éthiopie était clairement établie dans un rapport secret du comité interdépartemental sous l'égide de sir John Maffey. Le rapport, présenté au secrétaire aux Affaires étrangères le 18 juin 1935, stipulait que le contrôle de l'Italie sur l'Éthiopie laisserait la Grande-Bretagne indifférente. Ce rapport fut mystérieusement et subrepticement communiqué aux Italiens, et publié par leurs soins de la manière la moins diplomatique possible. Il ne fait aucun doute qu'il représentait l'opinion du gouvernement britannique et que cette opinion était partagée par les autorités françaises.

Malheureusement, l'opinion publique dans les deux pays et à travers la majorité du monde insistait pour mettre en place des sanctions à l'encontre de l'agresseur. Pour répondre à cette demande, les deux gouvernements collaborèrent dans une politique publique de sanctions non imposées ou partiellement imposées, ce qui divergeait largement de leurs réelles intentions. À la suite de cela, ils perdirent à la fois l'Éthiopie et l'Italie, le premier à cause de leur politique réelle, et le second à cause de leur politique publique. Au cours de ce processus, ils signèrent leur arrêt de mort auprès de la Société des Nations, du système de sécurité collective et de la stabilité politique de l'Europe centrale.

Samuel Hoare, devenu secrétaire aux Affaires étrangères, profita de la vague de soutien public pour la sécurité collective et se rendit à la réunion de l'Assemblée de la Société des Nations en septembre 1935, et donna un discours percutant pour soutenir la Société, la sécurité collective et les sanctions à l'encontre de l'Italie. La veille, avec Anthony Eden, il avait secrètement conclu un accord avec Pierre Laval pour n'imposer que des sanctions économiques partielles, évitant toutes les sanctions telles qu'un blocus ou une fermeture du Canal de Suez, qui « pourraient conduire à la guerre ». Certains gouvernements, et notamment la Belgique, la Tchécoslovaquie, la France et la Grande-Bretagne avaient interrompu l'exportation de munitions vers l'Éthiopie depuis les mois de mai et juin 1935, bien que l'appel à l'aide de l'Éthiopie à la Société des Nations n'ait été fait que le 17 mars, et l'attaque italienne n'ait eu lieu que le 2 octobre 1935. À la suite de cela, l'Éthiopie se retrouva sans défense, face à un agresseur ennuyé d'avoir été ralenti par des sanctions économiques incomplètes et tardives. L'appel de l'Éthiopie pour des observateurs neutres du 19 juin ne fut jamais reconnu, et l'appel du 3 juillet aux États-Unis en vertu du pacte Kellogg-Briand fut d'abord rejeté, mais Eden trouva le moyen d'offrir à Mussolini un territoire éthiopien dans le cadre d'un accord qui permettrait d'éviter une agression ouverte de la part des Italiens (24 juin). Le Duce était cependant déterminé à commettre une agression ouverte comme seule façon d'obtenir une once de la gloire romaine à laquelle il aspirait.

Le discours d'Hoare en faveur de la sécurité collective à Genève en septembre suscita de tels applaudissements de la part du peuple britannique que Baldwin décida de mener une élection générale à ce sujet. De cette façon, avec une promesse constante de soutenir l'action collective et la sécurité collective et de « ne pas prendre de mesures de façon isolée », le gouvernement national s'offrit aux sondages du 14 novembre 1925, et remporta une victoire manifeste. La marge des 431 sièges sur 615 du gouvernement permit de conserver le pouvoir jusqu'à la prochaine grande élection, qui eut lieu dix ans plus tard (juillet 1945).

Bien que l'article 16 du Pacte de la Société des Nations ait forcé les signataires à stopper toutes les relations commerciales et financières avec l'agresseur, la France et la Grande-Bretagne s'associèrent pour appliquer des sanctions partielles et donc inopérantes. Imposées le 18 novembre 1935 et acceptées par cinquante-deux nations, ces mesures mirent en place un embargo pour les armes et munitions, les emprunts et les crédits ainsi que sur certaines denrées de base, et établit également un boycott sur tous les produits italiens. L'embargo ne portait pas sur le minerai de fer, le charbon ou les produits pétroliers, bien que l'Italie disposât d'un stock de ce dernier pour moins de deux mois en octobre 1935, et cela aurait stoppé net l'agression italienne. La sanction sur le pétrole fut reportée à plusieurs reprises, jusqu'à ce que la conquête de l'Éthiopie s'achève, au printemps 1936, en dépit du fait que dès le 12 décembre, dix États, fournisseurs des trois-quarts des besoins de l'Italie en pétrole, se portèrent volontaires pour soutenir l'embargo. Le refus de mettre en œuvre cet embargo était dû au refus conjoint de la France et de la Grande-Bretagne qui était motivé par le fait qu'une sanction sur le pétrole serait tellement efficace que l'Italie se retrouverait obligée de mettre un terme à sa guerre en Éthiopie et, en désespoir de cause, entrerait en guerre contre la France et la Grande-Bretagne. C'était tout du moins la logique implacable émise par le gouvernement britannique plus tard.

Au lieu d'instaurer des sanctions supplémentaires ou efficaces, Samuel Hoare et Pierre Laval mirent au point un accord secret qui aurait conduit à l'attribution d'un-sixième du territoire éthiopien à l'Italie, ainsi qu'un-tiers en tant que « zone d'expansion économique et d'implantation réservé pour l'Italie ». Lorsqu'un journaliste français exposa cet accord au public, le 10 décembre 1935, une vague de protestations des partisans de la sécurité collective, particulièrement en Grande-Bretagne, se souleva au motif qu'il s'agissait d'une violation de la promesse qui avait été votée le mois précédent. Pour sauver son gouvernement, Baldwin dut sacrifier Hoare, contraint de démissionner le 19 décembre, mais il réintégra le cabinet le 5 juin 1936, dès que l'Éthiopie fut décemment enterrée. En France, Laval survécut au premier assaut parlementaire, mais il fut évincé du pouvoir en janvier 1936. Son successeur au Quai d'Orsay, Pierre Flandin, adoptera la même politique. L'Éthiopie fut conquise le 2 mai 1936, et annexée à l'Italie une semaine plus tard. Les sanctions furent levées par les États coopérants, et par la Société des Nations dans les deux mois qui suivirent, peu après être entrées en vigueur. Les conséquences de ce fiasco éthiopien furent majeures. En Italie, la popularité de Mussolini fut accrue, grâce à son apparente réussite dans l'acquisition d'un empire face à un barrage économique de cinquante-deux nations. Le parti conservateur en Grande-Bretagne resta au pouvoir pendant une décennie, au cours de laquelle il mena une politique d'apaisement ainsi que la guerre qui s'ensuivit. Pris de panique, les États-Unis firent passer une « loi sur la neutralité », qui prévoit, en vertu de dispositions de cette loi, que les Américains se réservent le droit de couper l'approvisionnement en munitions aux deux parties en cas de guerre, qu'il s'agisse de l'agresseur déjà armé, ou de l'agressé dépourvu d'armement. Au-delà de tout cela, la crise éthiopienne réduisit à néant les efforts de la France d'encercler l'Allemagne. La Grande-Bretagne avait, dès le début, manifesté son opposition et était donc en mesure de faire barrage grâce à d'autres moyens dont le pays n'était pas le principal responsable. Cette notion mérite une analyse détaillée.

Cercles et contrecercles, 1935-1939

L'accord contracté entre Laval et Mussolini en janvier 1935 avait pour vocation de rallier l'Italie à la France, contre l'Allemagne. Cet objectif semblait parfaitement atteignable étant donné le véto que Mussolini avait mis sur le coup d'État perpétré par Hitler en Autriche, en juillet 1934. Ceci aurait pu être réalisé si l'Éthiopie avait pu être prise par l'Italie sans l'intervention de la Société des Nations. Dans ce cas, Mussolini soutint que l'Afrique aurait été retirée de la zone d'intervention de la Société des Nations, comme l'avaient été les États-Unis en 1919 (par l'amendement de la Doctrine de Monroe au Pacte), ainsi que l'Asie en 1931 (lors de l'échec de l'intervention contre le Japon). La Société des Nations aurait alors été exclusivement européenne, selon Mussolini.

Cette optique était perçue favorablement en France, où le rôle principal, voire exclusif, de la Société des Nations était de garantir la sécurité face à l'Allemagne. Ce point de vue était totalement inacceptable pour la Grande-Bretagne, qui refusait toute organisation politique européenne et ne pouvait elle-même en faire partie, à cause de ses contraintes impériales et de ses préférences pour une organisation outre-Atlantique (y compris les Dominions et les États-Unis). Aussi, la Grande-Bretagne insista sur l'application des sanctions à l'encontre de l'Italie. Mais le gouvernement ne souhaita jamais la réussite de la sécurité collective. Par conséquent, la volonté de la France de ne pas appliquer de sanctions s'associa à celle de la Grande-Bretagne d'appliquer des sanctions inopérantes pour prévoir des sanctions inefficaces. À cause des sanctions, la France perdit le soutien de l'Italie face à l'Allemagne, et parce qu'elles étaient inopérantes, la France perdit également le système de sécurité collective de la Société des Nations face à l'Allemagne. La France avait tout perdu. Pire, l'implication des Italiens en Afrique retira la puissance politique italienne d'Europe centrale, et supprima par conséquent la force motrice, prête à résister à l'invasion de l'Autriche par les Allemands. Pire encore, le vacarme provoqué par la crise éthiopienne donna à Hitler une opportunité de déclarer le réarmement de l'Allemagne et le rétablissement de l'armée de l'air allemande en mars 1935, et de remilitariser la Rhénanie le 7 mars 1936.

La remilitarisation de la Rhénanie, qui violait le Traité de Versailles et les accords de Locarno, était le résultat de la crise éthiopienne et l'évènement le plus important de cette phase d'accalmie. La sécurité de la France en fut grandement diminuée et diminua encore plus la sécurité des alliés français à l'est de l'Allemagne, car une fois la zone fortifiée, il deviendrait plus difficile pour la France de venir en aide aux pays d'Europe de l'Est. La remilitarisation de la Rhénanie était un prérequis militaire essentiel pour que l'Allemagne puisse progresser en direction de l'est, contre l'Autriche, la Tchécoslovaquie, la Pologne et l'Union soviétique. Tout au long de sa vie publique, Hitler fut très clair sur le fait que cette progression était clairement l'objectif principal de sa stratégie politique.

Le réarmement de l'Allemagne avait été si lent qu'elle n'avait que vingt-cinq divisions sur le papier en 1936 et les généraux allemands exigeaient et obtinrent des ordres écrits de se replier si la France tentait une invasion de la Rhénanie. Aucune tentative de la sorte ne se produisit, bien que l'Allemagne eût moins de 30.000 troupes sur le territoire. Cet échec est imputable à deux facteurs ; d'une part, au cout de la mobilisation française, qui aurait nécessité la dévaluation du franc à une période où la France travaillait dur pour préserver la valeur du franc, et d'autre part, aux objections émises par les Britanniques, qui refusaient d'autoriser la France à entreprendre une action militaire ou à appliquer des sanctions (même économiques) à l'encontre de l'Allemagne, ou d'utiliser l'Italie (où les sanctions économiques étaient toujours en vigueur) sur le terrain contre l'Allemagne, comme stipulé dans le pacte de Locarno. Au cours d'une violente scène avec Flandin, le 12 mars, Neville Chamberlain rejeta les sanctions, rejeta l'argument de Flandin selon lequel « si un front solide est maintenu par la France et la Grande-Bretagne, l'Allemagne ne déclarera pas la guerre ». Le refus de Chamberlain d'appliquer les dispositions du pacte de Locarno n'était pas une politique personnelle ou une nouveauté. C'était la politique du parti conservateur, et cela fut le cas pendant des années, depuis le 13 juillet 1934, quand sir Austen Chamberlain avait publiquement déclaré que la Grande-Bretagne ne mandaterait pas de troupes pour faire appliquer les clauses de la Rhénanie et utiliserait son droit de véto auprès du Conseil de la Société des Nations pour empêcher que d'autres le fassent, en vertu des dispositions du pacte de Locarno.

La remilitarisation de la Rhénanie détacha également la Belgique du cercle antiallemand. Alarmée par le retour des troupes allemandes à sa frontière et par l'échec de la garantie italo-britannique en octobre 1936, la Belgique dévoila au grand jour son alliance avec la France, et adopta une neutralité absolue. En France, ceci rendit impossible l'extension du système de fortification, la ligne Maginot, construite sur la frontière franco-allemande, le long de la frontière belgo-allemande. De plus, puisque la France était convaincue que la Belgique serait à ses côtés dans l'éventualité d'une guerre contre l'Allemagne, la ligne ne fut pas étendue jusqu'à la frontière franco-belge non plus. C'est par cette frontière non fortifiée que l'Allemagne attaquera la France en 1940.

Par conséquent, les efforts de Barthou pour encercler l'Allemagne furent en grande partie ruinés au cours de la période 1934-1936 par quatre évènements : (1) la perte de la Pologne en janvier 1934, (2) la perte de l'Italie en janvier 1936, (3) le réarmement de l'Allemagne et la remilitarisation de la Rhénanie en mars

1936, et (4) la perte de la Belgique en octobre 1936. Les éléments clés laissés dans le système de Barthou étaient les alliances de la France et de l'Union soviétique entre elles et avec la Tchécoslovaquie. Afin de détruire ces alliances, la Grande-Bretagne et l'Allemagne cherchèrent, chacune de leur côté, à encercler la France et l'Union soviétique afin de dissuader la France d'honorer ses engagements vis-à-vis des Soviétiques et de la Tchécoslovaquie. Afin d'honorer ces alliances, la France avait besoin de deux choses essentielles : la coopération militaire des Britanniques face à l'Allemagne dès le premier pas contre l'Allemagne, et que la France bénéficie d'une sécurité militaire sur ses frontières non germaniques. Ces deux prérequis furent détruits par la Grande-Bretagne au cours de la période 1935-1936, et par conséquent, la France, se retrouvant encerclée, déshonora son alliance avec la Tchécoslovaquie, lorsque le moment vint, en septembre 1938.

L'encerclement de la France comptait six points. Le premier était le refus de la Grande-Bretagne de 1919 à 1939 de promettre à la France un soutien contre l'Allemagne dans la réalisation des alliances françaises avec des pays d'Europe de l'Est, ou de s'engager militairement en soutien de ces alliances. À l'inverse, en tout temps, la Grande-Bretagne fut très claire avec la France, sur son opposition à ces alliances. Les actions entreprises au nom de ces alliances ne seraient pas couvertes par les promesses faites par la Grande-Bretagne de soutenir la France dans une attaque allemande vers l'ouest ou d'une quelconque discussion militaire qui émanerait d'un effort anglo-français de résister à une telle attaque. La distinction était la motivation du Pacte de Locarno, et expliqua le refus des Britanniques de n'entrer en discussion avec la France sur des sujets militaires jusqu'à l'été 1938. L'attitude des Britanniques face à l'Europe de l'Est était très claire, et ce, à plusieurs reprises. Par exemple, le 13 juin 1934, le secrétaire des Affaires étrangères sir John Simon dénonça les efforts de Barthou visant à créer un Locarno de l'est et exigeait l'égalité en matière d'armes pour l'Allemagne.

Les cinq autres points étaient les suivants : (1) l'accord naval germano-britannique de juin 1935, (2) l'isolation de l'Italie à cause des sanctions, (3) la remilitarisation de la Rhénanie par l'Allemagne, avec l'accord et l'approbation de la Grande-Bretagne, (4) la neutralité de la Belgique, et (5) l'isolation de l'Espagne. Tous ces points furent déjà évoqués, à l'exception du dernier. Nous parlâmes également du rôle essentiel que jouait la Grande-Bretagne dans chacun d'eux, sauf pour la Belgique. Ensemble, ils changèrent la position militaire de la France de manière tellement drastique qu'en 1938, la France se retrouva dans une position où elle n'était pas en état de remplir ses obligations militaires vis-à-vis de la Tchécoslovaquie et de l'Union soviétique. C'était exactement ce qu'escomptait le gouvernement britannique, ce que les documents secrets récemment publiés montrent très clairement.

En mai 1935, la France aurait pu agir contre l'Allemagne, parce que la

Rhénanie n'était pas fortifiée, et qu'il n'y avait aucune inquiétude à avoir au sujet des frontières italiennes, espagnoles ou belges ni au sujet de la côte atlantique. Vers la fin de l'année 1938, et davantage en 1939, la Rhénanie était protégée par la nouvelle ligne Siegfried, une ligne de fortification. Une partie de l'armée française dut être laissée sur les frontières hostiles de l'Italie et de l'Espagne, et le long de la frontière neutre belge. La côte atlantique ne pouvait être protégée contre les flottes allemandes, à moins que les Britanniques ne coopèrent avec la France. La nécessité d'une coopération maritime de la part des Britanniques est imputable à deux facteurs : le traité naval germano-britannique de juin 1935 d'une part, qui autorisait l'Allemagne à construire une marine jusqu'à 35 % de la marine britannique, alors que la France n'avait droit qu'à 33 % de cette force navale. D'autre part, l'occupation des îles Baléares par l'Italie et d'une partie de l'Espagne, après le début de la guerre en Espagne en juillet 1936 exigeait que la majeure partie de la flotte française soit maintenue en Méditerranée pour assurer le transport des troupes et des vivres depuis l'Afrique du Nord vers la France métropolitaine. Les détails de la guerre en Espagne seront exposés dans le chapitre suivant, mais il faut déjà se rendre compte que le passage du contrôle de l'Espagne des mains de profrançais à celles d'antifrançais est d'une importance capitale pour la Tchécoslovaquie et l'Union soviétique, comme un facteur déterminant dans la réalisation des alliances françaises avec ces deux derniers dans l'éventualité d'une attaque allemande.

En parallèle de l'encerclement de la France, se produit l'encerclement de l'Union soviétique, et dans une moindre mesure, de la Tchécoslovaquie. Cet encerclement de l'Union soviétique était connu sous le nom de Pacte anti-Kominterm. Il scellait l'union de l'Allemagne et du Japon contre le communisme et la Troisième Internationale. Il fut signé en novembre 1936, puis l'Italie rejoignit cette union un an plus tard. Le Mandchoukouo et la Hongrie adhérèrent en février 1939, et l'Espagne un mois plus tard.

Le dernier contrecercle était celui qui allait à l'encontre de la Tchécoslovaquie. La Hongrie, sur sa frontière sud, et l'Allemagne, sur sa frontière nord-ouest, s'opposèrent toutes les deux à la Tchécoslovaquie, qu'elles percevaient comme une création artificielle ayant vu le jour à la Conférence de Versailles. L'annexion de l'Autriche par l'Allemagne en mars 1938 combla le fossé dans la sphère anti-tchèque à l'ouest, tandis que les projets belliqueux de la Pologne après 1932 bouclèrent la boucle partout, sauf sur l'insignifiante frontière roumaine à l'extrême est. Bien que les Tchèques aient offert aux Polonais un traité, et même une alliance militaire à trois reprises, en 1932-1933, leur offre fut ignorée, et l'accord germano-polonais de janvier 1934 ouvrit une campagne de diffamation contre la Tchécoslovaquie par la Pologne, qui se poursuivit, en parallèle d'une campagne allemande similaire, jusqu'à l'invasion de la Tchécoslovaquie par la Pologne.

De ces trois contrecercles aux tentatives de Barthou d'encercler l'Allemagne, le plus important de tous était l'encerclement de la France, qui rendit les autres réalisables. Dans cet encerclement de la France, le facteur majeur, sans lequel rien n'aurait été possible, était l'encouragement des Britanniques. En conséquence, il convient de parler des motivations de la Grande-Bretagne et des réactions qu'elles suscitèrent en France.

Toute analyse des motivations britanniques en 1938-1939 est, par essence difficile, parce que différentes personnes avaient des motivations différentes, des motivations qui évoluaient avec le temps. Les motivations du gouvernement n'étaient bien évidemment pas les mêmes que celles du peuple, et la confidentialité et l'anonymat ne furent jamais aussi bien préservés qu'en Grande-Bretagne. En général, les motivations deviennent vagues et moins secrètes alors que l'on s'écarte des cercles les plus intimes du gouvernement vers les moins intimes. Métaphoriquement, ce serait comme observer deux pelures d'oignon ; nous pourrions discerner quatre points de vue : les antibolchéviques au centre, les centristes partisans d'un monde tripolaire, ceux en faveur d'un apaisement, et les « pacifistes à tout prix » dans une position périphérique. Les antibolchéviques, qui étaient également antifrançais, étaient très présents de 1919 à 1926, mais devinrent un parti extrémiste, qui reprit de la valeur en effectifs et en influence après 1934, pour dominer la vraie politique du gouvernement en 1939. Les personnages importants de ce groupe étaient d'abord lord Curzon, lord D'Abernon, et le général Smuts. Ils mirent tout en œuvre pour détruire les réparations, autoriser le réarmement de l'Allemagne, et démanteler ce qu'ils appellent le « militarisme français ».

Ce point de vue était soutenu par le second groupe, connu à cette époque comme le Round Table, puis appelé à tort le Cliveden Set, du nom du domaine de lord et Lady Astor. En faisaient partie lord Milner, Leopold Mery, Edward Grigg (lord Altrincham) ainsi que lord Milner, Smuts, lord Astor, lord Brand (beau-frère de Lady Astor et directeur exécutif de Lazard Frères, groupe financier international), Lionel Curtis, Geoffrey Dawson (rédacteur au journal *The Times*), et leurs associés. Ce groupe exerçait une grande influence parce qu'il contrôlait la fondation Rhodes, la fondation Beit, le journal *The Times* de Londres, *The Observer*, la revue trimestrielle hautement influente et anonyme *The Round Table* (fondée en 1910 avec des fonds apportés par sir Abe Bailey et la fondation Rhodes, avec Lothian comme rédacteur), et il dominait le Conseil Royal des Affaires Internationales, appelé « Chatham House » (sir Abe Bailey et la Famille Astor en étaient les principaux contributeurs financiers, mais Lionel Curtis en était le fondateur), la fondation Carnegie United Kingdom, et All Souls College, à Oxford. Round Table formait le noyau des partisans du monde tripolaire, et différait des antibolchéviques tels que D'Abernon parce qu'il avait pour but de contenir l'Union soviétique entre une Europe dominée par l'Allemagne et un bloc anglophone plutôt que de le détruire, comme le souhaitaient les antibolchéviques. Les relations entre les deux groupes étaient très proches et amicales, et certains, comme Smuts, étaient affiliés aux deux.

Les antibolchéviques, notamment D'Abernon, Smuts, sir John Simon, et H.A.L. Fisher (directeur d'All Souls College) étaient prêts à aller très loin pour détruire la France et renforcer l'Allemagne. Leur point de vue est détectable dans de nombreuses affaires, mais de manière très marquée dans une lettre datée du 11 aout 1920, écrite par D'Abernon et adressée à sir Maurice (qui devint lord par la suite) Hankey, un protégé de lord Esher, qui exerçait une forte influence durant la période de l'entre-deux-guerres en tant que secrétaire au Cabinet et secrétaire lors de la quasi-totalité des conférences internationales sur les réparations, depuis Gênes (1922) jusqu'à Lausanne (1932). D'Abernon promut une alliance secrète de la Grande-Bretagne « avec les leaders militaires allemands dans une coopération contre les soviétiques ». En tant qu'ambassadeur de la Grande-Bretagne à Berlin en 1920-1926, D'Abernon appliqua cette politique et bloqua tous les efforts mis en œuvre par la Commission de Désarmement pour désarmer ou ne serait-ce qu'inspecter l'Allemagne (selon le général de brigade J.H. Morgan de la commission).

Le point de vue de ce groupe fut présenté par le général Smuts lors d'un discours prononcé le 23 octobre 1923 (après un déjeuner officiel avec H.A.L. Fisher). Ces deux groupes donnèrent naissance au plan Dawes et au Pacte de Locarno. Selon Stresemann, Smuts est celui qui suggéra en premier le Pacte de Locarno, et D'Abernon en devint son premier adepte. H.A.L. Fisher et John Simon à la Chambre des communes, et Lothian, Dawson et leurs amis de la *Round Table* et du *Times* préparèrent le terrain auprès de la classe gouvernante pour le plan Dawes et le Pacte de Locarno, dès 1923 (*The Round Table* pour mars 1923; les discours de Fisher et Simon à la Chambre des communes le 19 février 1923, le discours de Fisher le 6 mars et celui de Simon le 13, au même endroit, *The Round Table* pour juin 1923; et le discours de Smuts le 23 octobre).

Le groupe Round Table plus modéré, qui comptait parmi ses membres Lionel Curtis, Leopold Amery (qui était l'opposant de lord Milner), lord Lothian, lord Brand et lord Astor, cherchait à affaiblir la Société des Nations et détruire toutes les possibilités de sécurité collective afin de renforcer l'Allemagne en ce qui concerne la France et l'Union soviétique, et par-dessus tout, d'exclure la Grande-Bretagne de l'Europe dans le but de construire un « bloc Atlantique » constitué de la Grande-Bretagne, des dominions britanniques et des États-Unis. Ils préparèrent la voie à cette « union » par le biais du fonds des bourses d'études Rhodes (dont lord Milner était le président de 1905 à 1925, et lord Lothian au poste de secrétaire de 1925 à 1940), par les groupes du Round Table (qui avaient été constitués aux États-Unis, en Inde, et dans les dominions britanniques en 1910-1917), par la Chatham House qui institua un Institut Royal des affaires internationales dans tous les dominons, et un Conseil des Relations étrangères à New York, ainsi que par les Conférences Non-Officielles du Commonwealth qui se tenaient ponctuellement, et l'Institut des Relations du Pacifique mis en place dans divers pays en tant que branches autonomes de l'Institut Royal des Affaires Internationales. Cet influent groupe chercha à transformer la Société des Nations d'un instrument de sécurité collective en un centre de conférences internationales pour les affaires «non-politiques» telles que le contrôle des drogues ou les services postaux internationaux, à reconstruire l'Allemagne comme tampon contre l'Union soviétique et contrepoids face à la France, et à constituer le bloc Atlantique composé de la Grande-Bretagne, des Dominions, des États-Unis, et si possible, des pays scandinaves.

L'un des épanchements de ce groupe était le projet appelé Union Now, et plus tard Union Now with Great Britain, et se propagea aux États-Unis en 1938-1945 par Clarence Streit, au nom de lord Lothian et de la fondation Rhodes. Finalement, les cercles intérieurs de ce groupe arrivèrent à l'idée du «monde tripolaire». Ce système était censé forcer l'Allemagne à maintenir la paix (après qu'elle eut absorbé l'Europe) parce qu'elle serait confinée entre le bloc Atlantique et l'Union soviétique, tandis que l'Union soviétique serait forcée de maintenir la paix parce qu'elle serait prise entre le Japon et l'Allemagne. Ce plan ne marcherait que si l'Allemagne et l'Union soviétique entraient en contact l'une avec l'autre pour abandonner l'Autriche allemande, la Tchécoslovaquie et le Corridor de Dantzig. Ceci devint l'objectif des antibolchéviques et des partisans du monde tripolaire dès 1937 jusqu'à la fin 1939 (voire au début 1940). Ces deux coopérèrent et dominèrent le gouvernement à cette période. Ils se séparèrent au cours de la période 1939-1940, avec les partisans du «monde tripolaire», tels qu'Amery, lord Halifax et lord Lothian, devenant de plus en plus antiallemands, tandis que les antibolchéviques, tels que Chamberlain, Horace Wilson et John Simon tentaient d'adopter une politique fondée sur une guerre déclarée mais non combattue contre l'Allemagne ainsi qu'une lutte dans une guerre non-déclarée contre l'Union soviétique. Le schisme entre ces groupes éclata au grand jour et conduisit à la chute de Chamberlain du pouvoir quand Amery cria à l'adresse de Chamberlain à travers la pièce dans laquelle siégeait la Chambre des communes, le 10 mai 1940, «pour l'amour du Ciel, partez!»

En dehors de ces deux groupes, et bien plus nombreux (mais aussi plus reculés de l'activité du gouvernement), on trouvait les conciliateurs et les «pacifistes à tout prix». Ils étaient instrumentalisés par les deux groupes pour maitriser le soutien public pour leurs différentes politiques. Des deux, les conciliateurs étaient plus importants que les «pacifistes à tout prix». Les conciliateurs gobaient la propagande constante (diffusée en majorité par Chatham House, *The Times*, le groupe de Round Table, ou les cercles de Rhodes) que les Allemands avaient été déçus et traités brutalement en 1919. Par exemple, c'est sous la pression de sept personnes, parmi lesquelles le général Smuts et H.A.L. Fisher, ainsi que lord Milner en personne, que Lloyd George exigea, le 2 juin 1919 que les réparations allemandes soient diminuées et que l'occupation de la Rhénanie soit écourtée à deux ans au lieu de quinze. Le mémorandum, qui comportait ces requêtes, lu par Lloyd George, avait apparemment été rédigé par Philip Kerr (lord Lothian) alors que le compte-rendu du Conseil des Quatre, qui nous fournirent la trace de ces exigences fut rédigé par sir Maurice Hankey (en tant que secrétaire au Conseil Suprême, une place qu'il obtint par lord Esher). Kerr, membre britannique de la Commission des Cinq, est celui qui élabora la réponse à la protestation allemande de mai 1919. Le général Smuts refusait encore de signer le traité, à cause de sa sévérité jusqu'au 23 juin 1919.

Comme résultat de ces attaques et d'un barrage d'attaque similaires sur le traité qui continua pendant des années, l'opinion publique britannique eut mauvaise conscience à propos du Traité de Versailles, et n'était pas préparée à prendre des mesures pour le mettre en pratique d'ici 1930. Le sentiment d'avoir été déloyaux face à un opposant vaincu germa chez les Britanniques et donna naissance au mouvement de l'apaisement. Ce mouvement se fondait sur deux suppositions : (a) que des réparations devaient être faites pour la façon dont la Grande-Bretagne traita l'Allemagne en 1919 et que, (b) si les exigences les plus évidentes de l'Allemagne étaient remplies, telles que l'égalité des armes, la remilitarisation de la Rhénanie, et peut-être l'union avec l'Autriche, l'Allemagne serait satisfaite et pacifique. Le problème de cet argument était que lorsque l'Allemagne aurait atteint ce point, il deviendrait très difficile de l'empêcher d'aller plus loin (comme prendre la région des Sudètes et le corridor de Dantzig). Par conséquent, lorsque ce point fut atteint en mars 1938, beaucoup des conciliateurs basculèrent du côté antibolchévique ou du « monde tripolaire », voire même dans le groupe des « pacifistes à tout prix ». Il est probable que Chamberlain, sir John Simon et sir Samuel Hoare aient emprunté la voie de l'apaisement vers l'antibolchévisme. En tous les cas, peu de personnes influentes faisaient encore partie du groupe des conciliateurs en 1939, c'est-à-dire qui pensaient que l'Allemagne serait éternellement insatisfaite. Une fois ceci atteint, il semblait pour tous que la seule solution était de faire entrer l'Allemagne en contact, voire en collision avec l'Union soviétique.

Les « pacifistes à tout prix » étaient peu nombreux et peu influents en Grande-Bretagne, alors que nous verrons qu'en France, c'était tout l'inverse. Par contre, pendant la période allant de aout 1935 à mars 1939, et tout particulièrement durant le mois de septembre 1938, le gouvernement se fondait sur les peurs de ce groupe en exagérant le pouvoir de l'armée allemande et en amoindrissant le leur, par des indiscrétions calculées (comme la déclaration de septembre 1938 stipulant que Londres n'avait pas de véritable défense anti-aérienne), en ressassant la question d'une importante attaque aérienne imprévisible, en construisant des tranchées anti-raid aussi ostentatoires qu'inutiles dans les rues et les parcs de Londres, et en insistant quotidiennement au moyen d'avertissements que tout le monde devait être équipé d'un masque à gaz immédiatement (alors que le risque d'une attaque au gaz était inexistant).

De cette façon, le gouvernement mit Londres dans un état de panique en 1938 pour la première fois depuis 1804, voire 1678. Et grâce à cette panique, Chamberlain fut en mesure de faire accepter au peuple britannique la destruction de la Tchécoslovaquie, en l'enveloppant dans un morceau de papier, sur lequel il était écrit « la paix pour notre temps », ce qu'il obtint d'Hitler, comme il le confia à l'impitoyable dictateur « pour l'opinion publique britannique ». Quand cette panique s'évapora, il était impossible pour Chamberlain de faire suivre son programme par le peuple britannique, bien qu'il n'ait jamais tremblé, même en 1940. Il travailla sur l'apaisement et les « pacifistes à tout prix » durant l'année 1939, mais leurs effectifs chutèrent rapidement et puisqu'ils ne pouvaient invoquer le soutien ni des antibolchéviques ni celui des partisans du « monde tripolaire », il dut adopter un moyen ingénieux de prétendre résister (pour satisfaire le public britannique), tout en continuant à faire toutes les concessions possibles à Hitler, pour donner à l'Allemagne une frontière commune avec l'Union soviétique, et en mettant la pression à la Pologne pour négocier, et à l'Allemagne pour les empêcher d'avoir recours à la force, et ce afin d'avoir le temps d'atteindre la Pologne à l'usure et d'éviter le besoin de corroborer son simulacre de résistance à l'Allemagne. Cette politique dévia complètement au cours de la période d'aout 1939 à avril 1940.

Les motivations de Chamberlain n'étaient pas mauvaises : il voulait la paix pour dévouer les « ressources limitées » de la Grande-Bretagne à la sécurité sociale, mais il était obtus et ignorant des réalités du pouvoir, convaincu que la politique internationale pouvait être menée en termes d'accords secrets, comme c'était le cas pour les affaires, et il était assez impitoyable dans sa façon d'atteindre ses objectifs, particulièrement dans sa disposition à sacrifier les non-anglais, qui, à ses yeux ne comptent pas.

Pendant ce temps, le peuple et le gouvernement français étaient encore plus démoralisés. La politique de la droite, qui aurait usé de la force contre l'Allemagne, malgré la désapprobation de la Grande-Bretagne prit fin en 1924. Lorsque Barthou, qui avait été l'une des personnalités phares de l'effort de 1924, tenta de la ranimer en 1934, les choses n'étaient plus tout à fait pareilles, et il devait constamment donner au moins un soutien verbal aux efforts de la Grande-Bretagne pour modifier son encerclement de l'Allemagne dans un accord quadripartite (réunissant la Grande-Bretagne, la France, l'Italie et l'Allemagne). Cet accord quadripartite, qui était le but ultime du groupe antibolchévique en Grande-Bretagne, était en réalité un effort de former un front européen uni face à l'Union soviétique, et aux yeux de ce groupe, cela aurait été la clé de voute pour unir en un système l'encerclement de la France (qui était la réponse britannique à l'encerclement de l'Allemagne souhaité par Barthou) et le Pacte anti-Kominterm (qui était la réponse allemande au même projet).

L'accord quadripartite se concrétisa à la conférence de Munich qui eut lieu en septembre 1938, où ces quatre puissances détruirent la Tchécoslovaquie sans consulter l'Union soviétique, l'allié de la Tchécoslovaquie. Mais le mépris qu'avaient les dictateurs pour la Grande-Bretagne et la France en tant que démocraties décadentes passa un tel cap que les dictateurs n'avaient plus le minimum de respect sans lequel l'accord quadripartite ne pourrait fonctionner. Par conséquent, Hitler, en 1939, rejeta les efforts effrénés de Chamberlain pour restaurer l'accord quadripartite avec ses efforts tout aussi effrénés que secrets pour attirer l'attention d'Hitler en offrant des colonies en Afrique et un soutien économique important à l'Europe de l'Est.

À cause de cet échec de la politique de la droite française contre l'Allemagne en 1924 et de l'échec de la « politique de rapprochement » de la gauche française en 1929-1930, la France se retrouva sans politique. Convaincue que la sécurité française dépendait du soutien militaire et de la marine britannique sur le terrain avant que l'action ne commence (afin d'éviter une occupation allemande en temps de guerre des régions les plus riches de France, comme cela fut le cas en 1914-1918), déprimée par le déséquilibre grandissant de la population allemande face à la population française, et transpercée par un sentiment pacifiste et anti-guerre, l'armée française, sous l'influence de Pétain, adopta une stratégie de défense et mit au point des tactiques de défenses pour la soutenir.

En dépit des agitations de Charles de Gaulle (alors colonel) et de son porte-parole parlementaire, Paul Reynaud, cherchant à construire une force armée retentissante comme arme d'offensive, la France mit sur pied une superbe barrière fortifiée, exclusivement défensive, de Montmédy à la frontière suisse, et recycla bon nombre de ses unités tactiques dans des fonctions purement défensives au sein de ce barrage. Pour beaucoup, il était évident que les tactiques de défense de la ligne Maginot étaient contradictoires avec les obligations de la France vis-à-vis de ses alliés en Europe de l'Est. Mais tout le monde était trop paralysé par le partenariat politique national, par la pression des Britanniques en faveur d'une politique de l'Europe de l'Ouest, par la confusion intellectuelle générale et par la lassitude ambiante pour faire quoi que ce soit qui ferait des stratégies de la France et de ses obligations politiques un schéma cohérent.

C'était la nature purement défensive de ces stratégies, associée au véto de Chamberlain sur les sanctions, qui empêcha Flandin d'agir contre l'Allemagne au moment de la remilitarisation de la Rhénanie en mars 1936. En 1938 et 1939, ces influences avaient provoqué une démoralisation et une panique dans la majorité de la société française, laissant penser que les seuls plans réalistes pour la France étaient de collaborer avec la Grande-Bretagne dans une politique de défense, à l'ouest de la Ligne Maginot, avec le champ libre pour Hitler à l'est de celle-ci. Les étapes qui nous menèrent à ce stade sont claires : le traité naval germano-britannique de juin 1935 ; la crise éthiopienne de septembre 1935, la remilitarisation de la Rhénanie en mars 1936, la neutralité de la Belgique en 1936, la guerre civile en Espagne en 1936-1939 ; la destruction de l'Autriche en mars 1938 ; et la crise tchécoslovaque qui conduisit à Munich en septembre 1938. Avec toutes ces étapes, nous devons continuer notre histoire.

La tragédie espagnole, 1931-1939

De l'été 1936 au printemps 1939, l'Espagne connut un violent conflit où s'affrontaient armes, idéologies et intérêts. Le conflit était à la fois une guerre civile et une lutte internationale. C'était un problème délicat à l'époque et cela ne changea pas. Pendant plus de vingt ans, l'amertume causée par le conflit demeura si forte qu'elle rendait difficile d'identifier les faits litigieux, et quiconque essayait de faire une étude objective des faits se retrouvait harcelé par les deux camps.

Le passé historique de l'Espagne est tellement différent de celui du reste du monde occidental que l'on peut presque remettre en cause son appartenance au monde occidental. Cette différence est accentuée par le fait que, depuis la fin du XVe siècle, l'Espagne refusa de partager les expériences du monde occidental et, si beaucoup de groupes puissants avaient vu leurs vœux exaucés, serait resté dans son état du XVe ou XVIe siècle.

De l'invasion arabe de 711 à leur exil final en 1492, la vie en Espagne était dominée par la lutte contre cet intrus étranger. De 1525 à 1648, l'Espagne connut une lutte contre les nouveaux mouvements religieux éveillés par Luther. Depuis 1648, le pays fut en conflit (sauf pour de courtes périodes et pour des personnalités exceptionnelles) avec le rationalisme moderne et la science moderne, avec le siècle des Lumières, la Révolution française, et Napoléon, avec la démocratie moderne, la laïcité, le libéralisme moderne, le constitutionnalisme moderne, et la conception bourgeoise de la société moderne dans son ensemble. Après plus de mille ans de conflits de ce genre, presque tous les éléments de la société espagnole, même ceux qui en théorie n'étaient pas en désaccord avec les nouveaux mouvements culturels occidentaux, développèrent une intolérance à la limite du fanatisme, un individualisme sans compromis, et une conviction funeste que la force physique est la solution à tous les problèmes, même d'ordre spirituel.

L'influence qu'eut l'Occident bourgeois, libéral, scientifique et industrialisé du XIXᵉ siècle sur l'Espagne était semblable à celle qu'il eut sur des pays politiquement rétrogrades tels quel le Japon, la Chine, la Turquie et la Russie. Dans chacun des cas, quelques éléments de ces sociétés voulaient résister au développement politique de l'Occident en adoptant son industrie, sa science, son organisation militaire et ses structures constitutionnelles. D'autres éléments voulaient résister à toute forme d'occidentalisation, par l'opposition passive à défaut de trouver mieux, jusqu'à la mort si nécessaire, et en cachant au fond de leurs cœurs et de leurs esprits les coutumes ancestrales, même si leurs corps étaient forcés d'adopter le modèle étranger, le modèle occidental.

En Espagne, en Russie et en Chine, ce comportement de résistance fut suffisamment efficace pour retarder l'avancée de l'occidentalisation à une date où le monde occidental perdait ses traditions (ou sa foi en elles) et commençait à changer son allégeance (ou du moins son comportement) vers des modèles de pensées et d'actions qui étaient étrangers aux grandes lignes de la tradition occidentale. Cette transition, à laquelle nous faisions référence dans la première section de ce chapitre, fut marquée par la disparition de l'un des fondamentaux de modération que l'on trouvait dans la vraie tradition occidentale. Tandis que la pensée unique ou que l'autoritarisme totalitaire, par exemple, prenaient de l'importance en Occident, cela devait forcément avoir un effet négatif sur les efforts afin d'apporter la démocratie, le libéralisme et le constitutionnalisme parlementaire européens dans des zones telles que le Japon, la Chine, la Russie ou dans le cas présent, l'Espagne.

Durant le XIXᵉ siècle, les éléments cherchant un compromis avec le mode de vie occidental n'échouèrent pas complètement en Espagne, surement grâce au soutien modéré de l'armée, qui réalisait sont incapacité à combattre efficacement sans être soutenue par une grande société occidentalisée. Néanmoins, cela fut anéanti par les efforts de la « Restauration bourbonienne » de 1875 à 1931, qui cherchait le soutien des opposants à la modernisation, mais aussi par la défaite de l'Espagne contre les États-Unis en 1898. L'arrivée au trône de Alphonse XII (1874-1885) était une réaction militaire suite à une longue période de confusion révolutionnaire. La défaite contre les États-Unis, tout comme celle de la Chine face au Japon en 1894, ou la défaite turque contre la Russie en 1877, élargit le fossé qui séparait les groupes « progressifs » et « réactionnaires » en Espagne (si tant est que l'on puisse utiliser ces mots pour démontrer la volonté ou le refus de s'occidentaliser).

De plus, la guerre de 1898, en privant l'Espagne d'une grande partie de son empire, laissa son armée démesurée sans rien à faire et une zone réduite où manœuvrer. Tel un poulpe vampire, l'armée espagnole commença à drainer la force vitale de l'Espagne, et, surtout, du Maroc. Cela força l'armée (c'est-à-dire les officiers) à se liguer avec les autres forces conservatrices d'Espagne contre les modestes forces du libéralisme bourgeois et les forces en croissance rapide des prolétaires insatisfaits. Ces forces conservatrices étaient constituées de l'Église (c'est-à-dire du haut clergé), des propriétaires et des monarchistes. Les forces des prolétaires insatisfaits étaient constituées de travailleurs urbains et d'une masse bien plus grande de paysans exploités. Ces derniers groupes, qui n'avaient pas de vrais liens avec la tradition libérale occidentale et y trouvaient un maigre espoir quand ils le pouvaient, représentaient un sol fertile pour les agitateurs de la révolution prolétaire qui défiaient déjà le libéralisme bourgeois de l'Occident.

Les doutes sur l'État comme instrument, l'individualisme et le provincialisme des couches possédantes rendaient tout recours à l'autoritarisme totalitaire du communisme relativement faible en Espagne. D'un autre côté, le recours à l'anarchisme, qui était à la fois individualiste et antiétatique, était plus fort en Espagne que partout ailleurs sur Terre (plus fort même qu'en Russie ou l'anarchisme trouvait sa définition dans la bouche d'hommes tel que Bakounine).

Enfin, le recours au socialisme était presque aussi puissant que l'anarchisme, et profitait d'une organisation bien plus efficace. Beaucoup d'Espagnols mécontents (dont beaucoup d'intellectuels bourgeois et de pratiquants de professions libérales) pensaient que le socialisme pouvait offrir un mélange de réforme sociale, de progrès économique et d'État laïque et démocratique, qui semblait mieux répondre aux besoins de l'Espagne que l'anarchisme, le bolchévisme ou une attitude constitutionnelle de laissez-faire. Le maillon faible du programme socialiste était l'État démocratique, non-totalitaire envisagé par les socialistes intellectuels en Espagne, qui était incompatible avec l'individualisme espagnol (et la démocratie de base) et plutôt en désaccord avec l'intolérance espagnole. Il y avait lieu de douter qu'un tel État socialiste, s'il arrivait au pouvoir en Espagne, serait assez tolérant pour autoriser un désaccord intellectuel nécessaire à une société démocratique, même si elle a un système économique socialiste. La bourgeoisie espagnole, relativement peu nombreuse vu le retard économique de l'Espagne, était dans une situation délicate. Tandis que la bourgeoisie en France et en Grande-Bretagne avait attaqué les forces du féodalisme, de la monarchie bureaucratique, du militarisme et du cléricalisme, et avait créé une société bourgeoise avant d'être attaquée par les forces grandissantes des prolétaires mécontents de gauche, la bourgeoisie espagnole voyait déjà la menace prolétaire de la gauche avant d'avoir pu maitriser les intérêts directs de la droite. Ainsi, la bourgeoisie avait tendance à se séparer en deux. D'un côté on trouvait la bourgeoisie industrielle et commerciale, qui soutenait les idéaux libéraux de laissez-faire, le parlementarisme constitutionnel, la propriété privée, l'antimilitarisme, la liberté antibureaucratique, l'anticléricalisme et une autorité de l'État réduite. De l'autre, les intellectuels et les professions libérales membres de la bourgeoisie, qui auraient ajouté à ce programme une grande part de réformes sociales, de démocratie, d'interventionnisme économique, et de nationalisation de propriété pour se rapprocher du camp socialiste. Ces deux groupes de bourgeois eurent tendance à s'aligner plus à droite après 1931, alors que la pression grandissante de la révolution prolétaire menaçait à la fois la propriété privée et la démocratie libérale. Les bourgeois libéraux craignaient la fin de la propriété privée et, afin de la sauver, firent rapidement une croix sur leur antimilitarisme, anticléricalisme, et autres. Les bourgeois socialistes craignaient la fin de la démocratie libérale, mais ne savaient pas où aller car la démocratie libérale ne pouvait pas s'appuyer sur l'intolérance fanatique de l'Espagne, chose courante aussi bien à droite qu'à gauche. En vérité, les deux groupes bourgeois étaient largement écrasés, et leurs membres presque exterminés, par la droite à cause de leur précédente allégeance à l'antimilitarisme, à l'anticléricalisme, et à l'antimonarchisme, mais aussi par la gauche à cause de leur allégeance maintenue envers la propriété privée. Étonnamment, le groupe restreint mais très bien organisé des communistes staliniens étaient les seuls défenseurs que ces bourgeois purent trouver hors de leur propre groupe. Leurs préjugés idéologiques sur le cours naturel du développement social étaient si forts qu'ils exigeaient que l'Espagne connaisse une période de capitalisme libéral bourgeois et d'industrialisation avant d'être mure pour passer à l'étape du communisme totalitaire. Ce point de vue, spécifiquement décrit dans la lettre de Staline au dirigeant de la gauche socialiste espagnole, Largo Caballero, le 21 septembre 1936, prévenait des risques encourus par des efforts précoces pour des réformes économiques et sociales, pour lesquelles le niveau d'industrialisation de l'Espagne ne les préparait pas, et demandait un soutien général « antifasciste » pour un État libéral contre les « réactionnaires » de droite. En conséquence, les communistes d'Espagne voulaient presque autant neutraliser les révolutionnaires de gauche (en particulier les anarchistes, les communistes « trotskystes », et les socialistes de gauche) que les réactionnaires de droite.

Cette situation complexe et confuse était rendue encore plus compliquée par la lutte entre la centralisation castillane (qui était réactionnaire et rarement progressiste) et les défenseurs de l'autonomie locale et du séparatisme (qui étaient souvent progressistes, voire même révolutionnaires) en Catalogne, au Pays basque, en Galice, et ailleurs. Cette lutte fut intensifiée par la croissance de l'industrialisme, localisée uniquement en Catalogne et dans les provinces basques, et par conséquent, la puissance du prolétariat révolutionnaire était plus élevée aux endroits où le séparatisme était le plus fort.

Contre toutes ces forces se trouvait un regroupement d'officiers, de membres du haut clergé, de propriétaires et de monarchistes, qui était apparu après 1898 et revenu plus fort après 1918. L'armée était la plus faible d'Europe et proportionnellement, la plus couteuse. Il y avait un officier commissionné tous les six hommes, et un général tous les 250 hommes. La paie et le traitement des troupes étaient misérables, tandis que les officiers dépensaient des fortunes. Le ministère de la Guerre prenait environ un-tiers du budget national, et le gros de ce montant allait aux officiers. L'argent était ou gâché, ou volé, en particulier au Maroc, par millions, pour l'intérêt des officiers et des personnalités politiques monarchistes. Tout se faisait à grande échelle. Par exemple, il y avait pas moins de cinq écoles militaires. Mais l'armée demeurait tellement inefficace qu'elle perdit 13.000 hommes par an pendant dix ans en combattant les Rifains au Maroc, et en juillet 1921, elle avait perdu 12.000 hommes sur les 20.000 qui livrèrent une bataille. L'armée avait le droit, aussi incroyable que cela puisse paraitre, d'assigner des civils en cour martiale, et n'hésitait pas à utiliser ce pouvoir pour empêcher la critique de ses exactions. Toutefois, l'indignation contre la corruption et les défaites au Maroc donnèrent lieu à une enquête parlementaire. Afin d'empêcher cela, un coup d'État mené par le général Primo de Rivera, avec l'accord du Roi Alphonse XIII, renversa le gouvernement, a dissout les Cortes, et mit fin aux libertés publiques, par le biais de la loi martiale et une censure sévère à travers toute l'Espagne (1923).

Les propriétaires ne monopolisaient pas seulement la terre mais, plus important encore, ils dilapidaient leurs revenus sans efforts afin d'augmenter la productivité de leurs domaines ou pour réduire les protestations violentes des paysans locataires et des travailleurs agricoles. Des quelques 125 millions d'acres de terres arables en Espagne, près de 60% n'était pas cultivé, et 10 autres pour cent étaient en jachère. Le besoin d'irrigation, de fertilisants, et de nouvelles méthodes était urgent, mais presque rien n'était fait pour y remédier. Au contraire, tandis que les hauts dignitaires espagnols dépensaient des millions de pesetas dans les casinos français de la Riviera, l'équipement de leurs domaines se détériorait constamment. En se servant de l'excédent de population d'agriculteurs comme excuse, ils cherchaient à augmenter les loyers et réduire les salaires. À ces fins, ils feront tout leur possible pour réduire la durée des baux (pas plus d'un an) et les rendre révocables à la demande du propriétaire, et pour mettre fin aux efforts des agriculteurs de chercher l'aide du gouvernement ou des syndicats pour augmenter leurs salaires, réduire le temps de travail, ou améliorer les conditions de travail.

Pendant que tout cela avait lieu, et qu'une grande partie de l'Espagne souffrait de malnutrition, la majorité des terrains n'étaient pas exploités, et les propriétaires refusaient de se servir des dispositifs d'irrigation qui avaient été construits par le gouvernement. Par conséquent, les récoltes agricoles étaient les plus faibles d'Europe de l'Ouest. Alors que 15 hommes possédaient près d'un million d'acres, et que 15.000 hommes possédaient environ la moitié du terrain imposable, presque 2 millions de personnes possédaient l'autre moitié, souvent constituée de parcelles trop petites pour subvenir à leurs besoins. Près de 2 millions d'autres personnes, qui ne possédaient aucun terrain, travaillaient 10 à 14 heures par jour pour un salaire quotidien de 2,5 pesetas (35 centimes), et ce, pendant six mois uniquement, ou payaient des loyers exorbitants sans avoir de garantie de pouvoir rester.

Pour l'Église, bien que les prêtres ordinaires, en particulier ceux de villages, partageaient la pauvreté et les tribulations du peuple, et le faisaient avec une pieuse dévotion, le haut clergé était très proche du gouvernement et des forces réactionnaires. Les évêques et archevêques étaient désignés par la monarchie et étaient en partie soutenus par une subvention annuelle du gouvernement suite au Concordat de 1851. De plus, le clergé et le gouvernement étaient étroitement liés l'un à l'autre, le haut clergé avait des sièges dans la chambre haute, le contrôle de l'éducation, de la censure, du mariage, et l'oreille attentive du roi. Cette alliance entre le haut clergé, le gouvernement et les forces réactionnaires fit que les animosités contre les uns se répercutaient contre les autres. Bien que le peuple espagnol entier soit resté profondément catholique, et ne montrât aucun intérêt particulier pour le protestantisme et n'était que peu attiré par le scepticisme rationnel typiquement français, ils devaient indélébilement anticléricaux. Cette attitude se reflétait dans la réticence notable des hommes espagnols à aller à l'église pour recevoir les sacrements entre la confirmation à l'âge de treize ans et l'extrême onction sur leur lit de mort. Elle se reflétait aussi dans la propension qu'avaient les Espagnols à bruler les églises. Tandis que les autres peuples exprimaient leurs accès turbulents de pensées antigouvernementales par des attaques sur les prisons, les bureaux de poste, les banques, ou les stations de radio, les Espagnols brulaient invariablement les églises, et ce pendant au moins un siècle. Il y eut de grandes flambées de cette étrange coutume en 1808, 1835, 1874, 1909, 1931 et en 1936, et aussi bien la gauche que la droite s'y adonnaient.

Les monarchistes étaient divisés en au moins deux groupes. Un de ces groupes, la Renovación Española, soutenait la dynastie d'Isabelle II (1833-1868), tandis que l'autre, la Comunión Tradicionalista, soutenait les revendications de l'oncle d'Isabelle, Don Carlos. Le groupe de la Rénovation était constitué de riches propriétaires qui utilisaient leurs contrats avec le gouvernement pour éviter de payer des impôts, et obtenir des réductions et des sinécures pour eux et leurs amis. Les Carlistes étaient un groupe de fanatiques intolérants et meurtriers venu des zones rurales d'Espagne, et avaient presque uniquement des objectifs cléricaux et réactionnaires.

Tous ces groupes, les propriétaires, les officiers, le haut clergé et les monarchistes (sauf les Carlistes) étaient des groupes d'intérêts cherchant à se servir de l'Espagne pour leur fortune et pouvoir personnel. Le risque de perdre leur position suite à la Première Guerre mondiale et les défaites au Maroc les amenèrent à soutenir la dictature de Primo de Rivera. Cependant, l'instabilité personnelle du général et ses efforts pour calmer les industrialistes catalans, ainsi que son budget déséquilibré et sa volonté de construire une assise populaire en collaborant avec les groupes d'ouvriers, causèrent un changement de soutien, et il fut forcé de démissionner en 1930, suite à une révolte échouée des officiers en 1929.

En réalisant que sa dynastie était mise en danger par son association avec une dictature impopulaire, Alphonse XIII tenta de restaurer le gouvernement constitutionnel. Dans un premier temps, il donna l'ordre que des élections municipales soient tenues le 12 avril 1931. Les élections de ce genre étaient organisées avec succès par la corruption électorale généralisée avant 1923, et on pensait pouvoir conserver ce contrôle. Il fut conservé dans les zones rurales, mais dans 46 capitales provinciales sur 50, les forces antimonarchiques gagnèrent. Quand ces forces demandèrent l'abdication de Alphonse, il demanda le soutien du général Sanjurjo, commandant de la Garde Civile. Ce dernier refusa, et Alphonse dut fuir en France (le 14 avril 1931).

Les républicains commencèrent immédiatement à préparer leur victoire, ils élurent une assemblée constituante en juin 1931, et mirent en place un gouvernement parlementaire ultra moderne et unicaméral élu au suffrage universel, et promouvant la séparation de l'Église et de l'État, la sécularisation de l'éducation, une autonomie locale pour les zones séparatistes, et la possibilité de fréquenter les services publics et les grandes propriétés. Un tel gouvernement, et en particulier les dispositions pour un régime parlementaire avec suffrage universel, ne convenait pas à une Espagne avec un niveau élevé d'illettrisme, sa classe moyenne faible, et ses grandes inégalités de puissance économique.

La république ne dura que cinq ans avant que la Guerre Civile n'éclate, le 18 juillet 1936. Pendant cette période, elle fut défiée sans arrêt par la droite et par l'extrême gauche, cette dernière donnant le plus de fil à retordre car elle contrôlait les puissances économique, militaire et idéologique par le biais des propriétaires, de l'armée et de l'Église. Pendant ce temps, le pays était dirigé par des gouvernements de coalition : d'abord par une coalition de gauche, de décembre 1931 à septembre 1933 ; puis par le Centre de septembre à octobre 1934 ; ensuite par une coalition de droite d'octobre jusqu'à l'élection du Front Populaire en février 1936 ; enfin par la gauche après février 1936. Ces changements de gouvernement furent causés par des changements d'alignement des multiples partis politique. La droite forma une coalition menée par Jose Maria Gil Robles en février 1933, tandis que la gauche forma une coalition menée par Manuel Azana en février 1936. Ainsi, la coalition de droite gagna la seconde élection parlementaire en novembre 1933, et celle de gauche gagna la troisième élection de février 1936, aussi connue comme « le Front Populaire ».

À cause de ce changement de gouvernements, le programme libéral qui avait été promulgué en 1931-1933 fut annulé et arrêta d'être appliqué. Ce programme proposait une réforme de l'éducation, une réforme de l'armée, la séparation de l'Église et de l'État, une réforme agraire, et une assistance sociale à destination des paysans et des ouvriers.

Afin de réduire l'illettrisme (qui dépassait les 45% en 1930), la république créa des milliers de nouvelles écoles et postes de professeurs, augmenta le salaire des enseignants de près de 450 $ par an (cela concernait 21.500 enseignants sur 37.500), finança plus de milles bibliothèques, et encouragea l'éducation des adultes.

Des efforts furent faits pour avoir une armée plus petite, mieux payée et plus efficace. Des 23.000 officiers (dont 258 généraux), seuls 9500 furent conservés (dont 86 généraux), les autres étant mis à la retraite avec une rémunération complète. Le nombre d'hommes engagés fut réduit à près de 100.000, mieux payés. L'organisation fut entièrement modifiée. Au final, près de 14 millions de dollars furent économisés par rapport au cout de l'armée la première année (1931-1932). Malheureusement, rien ne fut fait pour rendre l'armée loyale au nouveau régime. Étant donné que le choix de partir à la retraite ou rester au service actif était purement volontaire, les officiers républicains avaient tendance à s'arrêter, les monarchistes restaient, ce qui donnait une armée républicaine qui était plus proche des monarchistes que l'armée qui existait avant 1931. Bien que les officiers, mécontents de voir leurs opportunités d'enrichissement personnel se réduire, ne respectaient ouvertement pas la république et étaient particulièrement insubordonnés, presque rien ne fut fait pour y remédier.

L'Église était soumise aux lois visant à la séparation de l'Église et de l'État. Le gouvernement abandonna son droit à désigner le haut clergé, mit fin à la subvention annuelle offerte à l'Église, prit le contrôle (mais ne prit pas possession) des biens de l'Église, interdit l'enseignement chrétien dans les écoles publiques, mit en place une tolérance religieuse et le divorce civil, et demanda à toutes les sociétés (y compris les ordres religieux et les syndicats) de s'enregistrer auprès du gouvernement et de publier leurs résultats financiers.

Pour aider les paysans et les ouvriers, des jurys mixtes furent mis en place pour entendre les différends liés aux locations rurales. L'importation de main-d'œuvre d'une municipalité à l'autre afin de casser les salaires fut rendue illégale, et des crédits furent accordés aux paysans désirant obtenir un terrain, des graines ou de l'engrais dans des conditions favorables. Les terres seigneuriales, celles des monarchistes ayant fui avec Alphonse, et les terres jamais cultivées furent expropriées contre compensation afin de fournir des fermes à une nouvelle classe de propriétaires paysans.

La plupart de ces réformes furent seulement mises en place partiellement ou pas du tout. La contribution annuelle à l'Église ne pouvait pas être arrêtée, les Espagnols refusant de contribuer volontairement à l'Église, et un système alternatif de taxe ecclésiastique imposée par l'État dut être mis en place. Peu de ces domaines abandonnés ou faiblement cultivés purent être expropriés par manque d'argent pour les compensations. Le clergé ne put pas être exclu de l'éducation à cause du manque d'enseignants qualifiés. La plupart des propriétés ecclésiastiques expropriées restèrent sous le contrôle de l'Église, soit parce qu'elles étaient nécessaires aux services religieux et sociaux, soit parce qu'on ne pouvait pas les retrouver.

Dès le début, les groupes conservateurs réagirent violemment contre la république. En fait, les monarchistes critiquaient le fait qu'Alphonse fuit sans se battre, alors que le haut clergé et les propriétaires ostracisaient le légat pontifical pour avoir encouragé ces derniers à avoir une attitude neutre envers le nouveau régime. Au final, trois complots différents furent formés contre la république, celui des monarchistes, menés par Calvo Sotelo au parlement et Antonio Goicoechea dans les coulisses, le second, une alliance parlementaire de propriétaires et membres du clergé dirigés par Jose Maria Gil Robles, et le dernier, une conspiration d'officiers, menés par les généraux Emilio Barrera et Jose Sanjurjo. Sanjurjo ne réussit pas à mener à bien une rébellion à Séville en aout 1932. Quand son plan s'écroula faute de soutien du public, il fut arrêté, condamné à mort, gracié, et enfin relâché (et rémunéré rétroactivement) en 1934. Barrera fut arrêté mais relâché par les tribunaux. Les deux généraux se préparèrent alors pour la rébellion de 1936.

Pendant ce temps, la conspiration monarchiste était organisée par l'ancien roi Alphonse de l'étranger, dès mai 1931. Dans le cadre de ce mouvement, un nouveau parti politique vit le jour sous la direction de Sotelo, une organisation de « recherche » connue comme « Action Espagnole » organisée afin de « publier des textes de grands penseurs sur le sujet de la légalité d'une révolution », une caisse de 1,5 millions de pesetas fut créée, et une conspiration clandestine prenait forme sous la direction de Antonio Goicoechea. Cette dernière décision fut prise lors d'une rencontre à Paris présidée par ni plus ni moins qu'Alphonse (le 29 septembre 1932).

Goicoechea accomplit sa mission avec beaucoup de talent, aux yeux d'un gouvernement qui refusait de prendre des mesures préventives à cause de ses propres scrupules libéraux et formalistes. Il organisa une alliance avec les officiers, les Carlistes et son propre parti alphonsiste. Quatre hommes de ces trois groupes signèrent ensuite un accord avec Mussolini, le 31 mars 1934. Selon cet accord, le Duce du fascisme promettait au mouvement révolutionnaire armes, argent, et soutien diplomatique et donnait aux conspirateurs un premier versement de 1 500.000 de pesetas, 10.000 fusils, 10.000 grenades et 200 mitrailleuses. En échange, les signataires, le lieutenant général Emilio Barrera,

Antonio Lizarza, Rafael de Olazabal et Antonio Goicoechea promettaient de dénoncer « le traité secret » entre la France et l'Espagne une fois au pouvoir, et de signer un accord mettant en œuvre une politique d'exportation commune entre l'Espagne et l'Italie, ainsi qu'un accord afin de maintenir le *statu quo* en Méditerranée occidentale.

Pendant ce temps, la coalition de Gil Roble, connue sous le nom de CEDA (Confédération Espagnole des partis de Droite autonomes), ainsi que son parti clérical (Action Populaire) et le Parti agraire des gros propriétaires, parvint à faire remplacer au poste de Premier ministre le républicain de gauche, Manuel Azana, par le républicain de droite, Alejandro Lerroux (septembre 1933). Ils demandèrent alors de nouvelles élections en novembre 1934, et remportèrent la victoire avec 213 sièges pour la droite, 139 pour le centre, et 121 pour la gauche. Le Cabinet du centre resta en fonction, soutenu par les votes de la droite. Ils abrogèrent plusieurs réformes de 1931-1933, et laissèrent les autres inappliquées. Ils libérèrent de prison tous les conspirateurs de droite (y compris Sanjurjo), offrirent l'amnistie à des milliers de conspirateurs monarchistes et d'exilés, et rétablirent les propriétés expropriées. En renforçant les portefeuilles et en bannissant des sièges au Cabinet, Gil Robles réduisit lentement le Cabinet à un effectif de treize ministres fin 1933, à neuf ministres deux ans plus tard. CEDA prit trois de ces ministres en octobre 1934 et cinq en mars 1935.

En octobre 1934, la prise de position de CEDA provoqua une forte agitation qui se transforma en révoltes ouvertes dans les deux centres séparatistes du Pays basque et de la Catalogne. Ce dernier, dirigé par la bourgeoisie de gauche, n'était pas beaucoup soutenu par les ouvriers, et s'écroula rapidement. Cependant, l'insurrection en Asturies, menée par des mineurs anarchistes lançant des bâtons de dynamite avec des frondes, dura neuf jours. Le gouvernement se servit de la Légion Étrangère et des Maures, qu'ils avaient ramené du Maroc par la mer, et écrasèrent les rebelles sans la moindre pitié. Les pertes rebelles s'élevèrent à 5 000, dont le tiers étaient morts. Après que la révolte eut été stoppée, toute la presse socialiste fut réduite au silence et 25.000 suspects furent emprisonnés.

Ce soulèvement d'octobre 1934, bien que maté, permit de diviser l'oligarchie. Les dirigeants de l'Église et le président de la République, Alcalá Zamora, étaient alarmés de voir le gouvernement envoyer les Maures dans la zone d'Espagne la plus catholique (où ils n'étaient jamais entrés pendant les invasions sarrasines) et par la demande de l'armée, des monarchistes et des propriétaires les plus influents d'avoir une dictature implacable. L'ascension au pouvoir par des méthodes parlementaires de Gil Roble fut finalement bloquée. Après mars 1935, il contrôlait les portefeuilles de la Justice, du Commerce et de l'Industrie, de la main-d'œuvre, et des communications, mais ne réussit pas à avoir celui de l'Intérieur (qui contrôlait la police). Ce dernier était détenu par Portela Valladares, un proche de Zamora. Gil Robles encourageait, en tant que ministre

La tragédie espagnole, 1931-1939

de la Guerre, le contrôle réactionnaire de l'armée, et plaça même le général Franco au poste de secrétaire adjoint à la Guerre, mais il ne put pas se débarrasser de Portela Valladares. En fin de compte, il demanda à ce que la police soit transférée du ministre de l'Intérieur vers son ministre de la Guerre. Quand on lui refusa cela, il perturba le Cabinet, mais au lieu de tirer un bénéfice de cette action, il en fit les frais et dut confier le siège de Premier ministre aux modérés (Joaquin Chapaprieta, un homme d'affaire, puis Portela Valladares) et réclama de nouvelles élections.

Pour ces élections de février 1936, les partis de gauche formèrent une coalition, le Front Populaire, et publièrent un programme et un plan d'action. Le programme n'était que modérément orienté à gauche, et promettait la restauration complète de la constitution, l'amnistie des crimes politiques commis avant novembre 1933, des libertés civiles, un système judiciaire indépendant, un salaire minimal, la protection des locataires, la réforme de la fiscalité, du crédit, des finances, de la police et des travaux publics. Il rejetait le programme socialiste qui cherchait la nationalisation des terres, des banques et de l'industrie.

Le plan d'action prévoyait que, tandis que tous les partis composant le Front Populaire soutiendraient le gouvernement de leurs votes au Cortes, seuls les partis bourgeois siègeraient au Cabinet, tandis que les partis ouvriers, tels que les socialistes, resteraient en dehors.

L'élection du 16 février 1936 arriva après une campagne de violence et de terrorisme au cours de laquelle les pires contrevenants étaient les membres d'un nouveau parti politique minuscule se faisant appeler la Phalange. S'inspirant ouvertement du modèle italien de fascisme, et ayant pour membres majoritairement quelques jeunes riches irresponsables, ce groupe était mené par le cadet de la famille Primo de Rivera. Au résultat des élections, le Front Populaire avait obtenu 266 sièges sur les 473 totaux, la droite en avait eu 153 et le centre seulement 54. Ils répartirent les sièges comme suit : 96 pour CEDA, 87 pour les socialistes, 81 pour les républicains de gauche de Azaña, et 14 pour les communistes.

Les forces de la droite, vaincues, refusaient d'accepter ce résultat. Dès que les résultats furent connus, Sotelo essaya de persuader Portela Valladares de confier le gouvernement au général Franco. Cette proposition fut refusée. Le jour même, la Phalange attaqua des ouvriers qui célébraient leur victoire. Le 20 février, les conspirateurs se rencontrèrent et ils estimaient que leur plan n'était pas encore prêt à éclore. Le nouveau gouvernement eut vent de cette réunion et fit transférer immédiatement le général Franco aux îles Canaries, le général Manuel Goded aux Baléares, et le général Emilio Mola de son poste de commandant au Maroc à celui de gouverneur général de Navarre (le bastion des Carlistes). La veille de son départ de Madrid, Franco rencontra les dirigeants des conspirateurs chez le député monarchiste Serrano Delgado. Ils mirent au point leurs plans de révolte militaire sans fixer de date précise.

Pendant ce temps, la provocation, les meurtres et les représailles montaient continuellement, encouragés par les propos de la droite. Partout, les propriétés étaient saisies ou détruites, et les églises brulées. Le 12 mars, l'avocat socialiste qui avait rédigé la constitution de 1931 se fit tirer dessus depuis une voiture, et sa compagne fut tuée. Cinq hommes furent arrêtés et jugés, le juge fut assassiné (13 avril). Le jour suivant, une bombe explosa sous une plateforme où le nouveau Cabinet inspectait les troupes, et un lieutenant de police fut tué (14 avril). Les masses se vengèrent en attaquant les monarchistes ou en brulant des églises. Le 15 mars, Largo Caballero fut victime d'une tentative d'assassinat. Dès le mois de mai, les assassins monarchistes commençaient à se concentrer sur les officiers de la Garde d'Assaut, seule branche de la police qui était entièrement loyale à la république. En mai, le capitaine de ce groupe, Faraudo, mourut sous les tirs venant d'une voiture rapide, le 12 juillet, le lieutenant Castillo, du même groupe, fut tué de la même façon. Cette même nuit, un groupe d'hommes en uniformes de la Garde d'Assaut captura Sotela dans son lit et l'exécuta. Cependant, le soulèvement commençait déjà en Grande-Bretagne et en Italie, et explosa au Maroc le 18 juillet.

L'une des têtes pensantes de la conspiration en Grande-Bretagne, Douglas Jerrold, était un rédacteur en chef bien connu, qui en révéla quelques détails dans son autobiographie. À la fin du mois de mai 1936, il avait obtenu « 50 mitraillettes et un demi-million de munitions » pour la cause. En juin, il convainquit le Major Hugh Pollard de prendre un avion pour les iles Canaries pour transporter le général Franco en avion jusqu'au Maroc. Pollard s'envola le 9 juillet avec sa fille de dix-neuf ans, Diana, et son amie Dorothy Watson. Louis Bolin, le contact principal de Jerrold avec les conspirateurs, partit immédiatement pour Rome. Le 15 juillet, certaines unités de l'armée de l'air italienne reçurent l'ordre de se préparer à partir pour le Maroc espagnol. Les insignes italiens recouvrant les avions furent couverts de peinture le 20 juillet, mais ceux-ci restaient entièrement équipés. Ces avions servirent de soutien aux révoltes dès le 27 juillet. Le 30 juillet, quatre de ces avions, transportant toujours leurs ordres du 15 juillet, atterrirent en Algérie française et furent capturés.

L'intervention allemande était bien moins planifiée. Il semblerait que Sanjurjo soit allé à Berlin le 4 février 1936, mais n'ait pu obtenir aucun engagement autre qu'une promesse de fournir des avions de transports nécessaires afin de déplacer les troupes marocaines en Espagne si la flotte espagnole, potentiellement loyale au gouvernement, rendait le transport par mer trop dangereux. Dès que Franco mit le pied au Maroc depuis les Canaries, le 18 juillet, il fit appel au sujet de ces avions par le biais d'un émissaire personnel à Hitler mais aussi par le consul allemand à Tétouan. Le premier rencontra Hitler le 24 juillet et on lui promit de l'aide. Les plans d'interventions furent rédigés la même nuit par Hitler, Göring, et le général Werner von Blomberg. Trente avions et leurs équipages allemands furent envoyés en Espagne le 8 aout, et le premier fut capturé par le gouvernement loyaliste le lendemain.

Pendant ce temps, la révolte était un échec. La marine était restée loyale car les équipages avaient renversé les officiers, l'armée de l'air était généralement loyale, l'armée de terre se révoltait, accompagnée par la majeure partie de la police, mais, sauf dans des zones reculées, ces troupes rebelles furent vaincues. Dès qu'il eut vent de la révolte, le peuple, mené par les syndicats et la milice des partis politiques ouvriers, demanda des armes. Le gouvernement était réticent à cause de la peur d'une révolution aussi bien à gauche qu'à droite, et repoussa sa décision plusieurs jours. Deux Cabinets démissionnèrent le 18 et 19 juillet plutôt que d'armer la gauche, mais un nouveau Cabinet, mené par Jose Giral, voulait bien le faire. Cependant, comme la quantité d'armes était insuffisante, on en commanda immédiatement à la France. Le gouvernement reconnu à Madrid avait le droit d'acheter des armes à l'étranger, et se devait même de le faire dans une moindre mesure grâce à un traité de commerce passé avec la France.

Suite à l'échec de la révolte, les généraux se retrouvèrent isolés aux quatre coins de l'Espagne sans le soutien populaire et ne contrôlaient aucune des trois principales zones industrielles. Les rebelles contrôlaient l'extrémité nord-ouest (la Galatie et León), le nord (Navarre), et le sud (Andalousie occidentale), ainsi que le Maroc et les iles. Ils avaient le soutien limité de l'Italie et du Portugal, ainsi que la sympathie sans borne et le soutien provisoire de l'Allemagne. Mais à la fin du mois de juillet, la rébellion n'avait plus d'espoir. Le 25 juillet, l'ambassadeur allemand informa son gouvernement que le soulèvement ne pouvait pas réussir « sauf si quelque chose d'inattendu arrivait ». Le 25 aout, le secrétaire d'État des Affaires étrangères allemand, Hans Dieckhoff, écrivit : « Il ne faut pas s'attendre à ce que le gouvernement de Franco puisse tenir longtemps, même avec des succès hors Espagne, sans le soutien à grande échelle de l'extérieur ».

Pendant ce temps, l'aide italienne et portugaise maintenait la rébellion. Les Français et les Britanniques, dont la seule envie était d'éviter un conflit ouvert découlant des Grandes Puissances qui fournissaient des armes et des troupes aux camps opposés, étaient prêts à sacrifier les intérêts de leurs pays pour éviter cette situation. Poussés par des sentiments pacifistes, et par l'envie d'éviter une guerre à tout prix, le Premier ministre français, Léon Blum et le ministre des Affaires étrangères Yvon Delbos, proposèrent, le 1er aout 1936, qu'un accord de non-intervention en Espagne devrait être signé par les dirigeants des pays concernés. Cette idée fut vivement adoptée par la Grande-Bretagne et était jugée acceptable par le gouvernement du Front Populaire en France, car il était évident que sans intervention extérieure, le gouvernement espagnol pourrait faire taire les rebelles. La Grande-Bretagne accepta immédiatement l'offre de la France, mais les tentatives pour intégrer le Portugal, l'Italie, l'Allemagne et la Russie, à cet accord étaient difficiles car le Portugal et l'Italie y allaient à contrecœur, tous deux aidant déjà les rebelles. Le 24 aout, les six Puissances s'étaient entendues, et dès le 28 aout, l'accord prit effet.

Des démarches visant à établir une supervision du Comité de non-intervention ou par des forces neutres furent refusées par les rebelles et par le Portugal, tandis que la Grande-Bretagne refusait que l'on restreigne l'envoi de matériel de guerre vers le Portugal au même moment où elle faisait pression de plusieurs façons sur la France pour l'empêcher d'envoyer de l'approvisionnement pour le gouvernement reconnu d'Espagne par les Pyrénées (le 30 novembre 1936). La Grande-Bretagne fit aussi pression sur le Portugal pour l'empêcher d'aider les rebelles, sans grand succès car le Portugal voulait résolument une victoire des rebelles. Avec l'Italie et l'Allemagne, le Portugal repoussa sa décision de rejoindre l'accord de non-intervention, jusqu'à ce qu'il juge qu'un tel accord ferait plus de mal aux troupes loyalistes qu'aux rebelles. Même dans une telle situation, au Portugal, on ne voulait pas respecter l'accord ou permettre des mesures pour l'appliquer si cela voulait dire gêner les troupes rebelles.

D'un autre côté, la France n'aidait pas beaucoup le gouvernement madrilène et la Grande-Bretagne y était résolument opposée. Les deux gouvernements arrêtèrent tous les envois de matériel de guerre vers l'Espagne en aout. La Grande-Bretagne, en insistant sur l'application de la non-intervention contre les loyalistes tout en ignorant les dérobades de grande envergure systématiques à l'encontre des rebelles, n'était ni juste, ni neutre, et s'engageait dans une violation massive de la loi internationale. La Grande-Bretagne refusait d'autoriser la moindre restriction sur l'envoi de matériel de guerre vers le Portugal (malgré leurs contestations au Portugal quand ceux-ci transféraient le matériel aux rebelles). La Grande-Bretagne ne voulait pas permettre à la marine loyaliste espagnole de tenir un blocus sur les ports maritimes tenus par les rebelles, et réagit immédiatement contre le gouvernement madrilène qui voulait empêcher toute forme de livraison vers les zones rebelles, alors que les attaques généralisées des rebelles sur les bateaux britanniques ou neutres à direction des zones loyalistes ne généra guère plus que quelques protestations de la Grande-Bretagne. En aout 1936, alors qu'un croiseur loyaliste interceptait un cargo britannique transportant du ravitaillement vers le Maroc, le croiseur de bataille britannique *Repulse* pourchassa le croiseur espagnol, autorisé à faire feu. D'autre part, en refusant de reconnaitre le gouvernement rebelle, ou de lui donner un statut de belligérant, les Britanniques catégorisaient l'interférence de ces forces avec les transports comme de la piraterie, cependant, en un an (de juin 1937 à juin 1938), la Grande-Bretagne ne fit rien alors que 10 navires britanniques avaient été coulés, 10 autres capturés et détenus, 28 sérieusement endommagés, et au moins 12 autres endommagés par les rebelles sur un total de 140 navires britanniques qui avaient été envoyés en Espagne cette année. Début 1937, la Grande-Bretagne cherchait clairement une victoire rebelle, et, plutôt que d'essayer d'imposer la non-intervention ou de protéger les droits britanniques sur les mers, soutenait activement le blocus rebelle sur l'Espagne loyaliste. Après mai 1937, cela était évident quand la marine britannique commença à intercepter les navires britanniques en direction des ports loyalistes et, sous un prétexte futile, ou par la force brute, les força à changer de destination pour aller par exemple à Bordeaux, ou à Gibraltar. Le premier Lord de l'Amirauté reconnut avoir utilisé ces tactiques à la Chambre des communes, le 29 juin 1938.

Les forces rebelles étaient moins nombreuses que les loyalistes, et se battaient moins énergiquement et avec un commandement médiocre, selon des rapports secrets allemands sur l'Espagne à l'époque, mais réussirent finalement grâce à leur artillerie, leur aviation et leurs tanks largement supérieurs, résultat de l'application à sens unique de l'accord de non-intervention. Les gouvernements concernés et le général Franco reconnurent cela dès que la guerre se termina, le 13 avril 1939. Nous vîmes que l'intervention italienne avait commencé avant même que la révolte ne débute et que l'intervention portugaise pour aider le camp rebelle avait rapidement suivi. L'intervention allemande fut quelque peu lente, malgré toute leur sympathie pour la faction rebelle. Fin juillet, un citoyen allemand au Maroc créa une entreprise espagnole, Hisma, pour récupérer les fournitures allemandes et l'aide pour les rebelles. Cette entreprise commença à transporter les troupes rebelles du Maroc à l'Espagne le 2 aout. Elle eut rapidement le monopole sur tous les produits allemands vendus à l'Espagne rebelle et mit en place un bureau central des achats à ce dessein à Lisbonne, au Portugal. En aout, tous les navires capitaux de la marine allemande étaient en eaux espagnoles, et leur amiral en chef effectua une visite d'État dans les quartiers-généraux de Franco, au Maroc, le 3 aout. À partir de ce moment, ces navires offrirent leur soutien à la rébellion.

Début octobre, le général Göring créa une société nommée Rowak, avec un crédit de trois millions de reichsmarks fourni par le gouvernement allemand. On lui donna le monopole de l'exportation des biens vers l'Espagne, et la marine allemande reçut l'ordre de protéger le transport de ces biens.

L'échec des forces de Franco à capturer Madrid donna lieu à une rencontre italo-germanique à Berlin, le 20 octobre 1936. Là-bas, il fut décidé de débuter un programme de soutien exhaustif pour Franco. Parmi les points de ce programme, le 18 novembre 1936, les deux Puissances acceptaient le gouvernement de Franco et revenaient sur leur décision de reconnaitre Madrid, et dix jours plus tard, l'Italie signait un pacte secret avec le gouvernement rebelle. Le Japon accepta le régime de Franco début décembre, suite à la signature du Pacte anti-Komintern germano-nippon le 25 novembre 1936.

L'ensemble de ces actions permit à Franco de recevoir le soutien total des États agresseurs, alors que le gouvernement loyaliste se retrouvait entravé par les Puissances éprises de paix. Alors que l'aide de l'Axe aux rebelles se retrouvait principalement sous la forme de ravitaillement et d'assistance technique, il fallait aussi envoyer beaucoup d'hommes pour faire fonctionner cet équipement ou encore pour combattre. En tout, l'Italie envoya près de 100.000 hommes et essuya 50.000 pertes (dont 6000 morts). L'Allemagne envoya 20.000 hommes, bien que ces chiffres ne soient pas certifiés. La valeur des fournitures envoyées au général Franco fut estimée par les pays concernés à 500 millions de reichsmarks pour l'Allemagne et à 14 milliards de lires pour l'Italie. À elles deux, ces sommes équivalaient à plus de 750 millions de dollars.

De l'autre côté, les fournitures étrangères en direction des loyalistes furent interrompues presque immédiatement à cause des embargos menés par les Grandes Puissances, et ne reçurent presque rien, principalement de la part du Mexique, de la Russie et des États-Unis, avant que l'accord de non-intervention y mette fin. Le 18 janvier 1937, la loi sur la neutralité américaine fut modifiée pour être appliquée aussi bien aux guerres internationales qu'aux guerres civiles, et fut immédiatement invoquée contre l'Espagne, mais une pression « non-officielle » du gouvernement américain empêchait déjà les exportations de ce type vers l'Espagne depuis quelque temps. Tout ceci mena à des problèmes évidents d'approvisionnement pour le gouvernement madrilène fin aout, qui s'aggravèrent grandement quelques semaines plus tard, alors que l'approvisionnement pour les rebelles était en croissance constante.

Le gouvernement madrilène contesta violemment contre l'intervention de l'Axe, à la fois devant le comité de non-intervention à Londres et devant la Société des Nations. Les Puissances de l'Axe nièrent tout. Une enquête sur cette accusation fut menée sous la pression soviétique, mais le comité déclara, le 10 novembre, que ces accusations n'étaient pas fondées. Effectivement, neuf jours plus tard, Anthony Eden annonça à la Chambre des communes que, concernant la non-intervention « il y avait d'autres gouvernements bien plus coupables que l'Allemagne ou l'Italie ».

Depuis, nous mîmes la main sur de grandes quantités de documents secrets allemands et italiens mais ne pûmes pas obtenir le moindre document soviétique, il est difficile de dater ou de quantifier l'intervention soviétique en Espagne, mais ils signalèrent plus tard que leur intervention était bien plus tardive et immensément moins importante que celle de l'Italie ou de l'Allemagne. Le 7 octobre 1936, le représentant soviétique informa le comité de non-intervention que l'Union soviétique ne pouvait pas se retrouver limitée par l'accord de non-intervention plus que les autres participants. L'intervention soviétique semble commencer à ce moment, trois ans et demi après l'intervention italienne, et presque trois mois après que les troupes italiennes et allemandes eurent commencé à combattre avec les rebelles. L'équipement militaire russe fut mobilisé devant Madrid entre le 29 octobre et le 11 novembre 1936.

Le 28 septembre 1936, le chargé d'affaires allemand en Union soviétique signala n'avoir trouvé aucune preuve concrète de violation de l'embargo sur les armes par le gouvernement soviétique, et le 16 novembre, il signala n'avoir aucune preuve de transport de troupes depuis Odessa. Les envois de nourriture débutèrent le 19 septembre et l'envoi intense de fourniture militaire commença à être signalé un mois après. Plus tôt, mais sans preuve concrète, des rapports d'espions allemands en Espagne étaient arrivés. La contribution soviétique d'aide à Madrid n'est pas connue. On estime que la quantité de conseillers et d'assistants techniques varie de 700 à 5000 et ne dépassait surement pas les 2 000, aucune force d'infanterie ne fut envoyée. De plus, la Troisième Internationale recrutait des volontaires partout dans le monde pour se battre en Espagne. Ces troupes furent mobilisées dès novembre 1936 devant Madrid, et dissoutes en octobre 1938.

L'intervention soviétique en faveur du gouvernement madrilène, à une période où il ne pouvait trouver de l'aide nulle part ailleurs, aida à accroitre grandement l'influence communiste sur le gouvernement, même si le nombre de communistes en Espagne même était bas et que seuls 14 des 473 députés élus en février 1936 étaient communistes. Les communistes arrivèrent au Cabinet pour la première fois le 4 septembre 1936. En général, ils agissaient pour maintenir le Front Populaire, pour concentrer leurs efforts sur la guerre, et pour empêcher toute action de l'extrême gauche visant à lancer une révolution sociale. C'est pourquoi ils renversèrent le gouvernement de Largo Caballero en mai 1937 et installèrent Juan Negrin, un socialiste plus conservateur, en tant que Premier ministre dans un Cabinet qui continua de suivre les mêmes lignes directrices jusqu'à ce que la guerre soit finie.

Le peu de Russes et autres « volontaires » du côté des loyalistes, malgré les propos outranciers des partisans de Franco depuis ce temps, est évident quand on voit l'incapacité des forces rebelles à capturer une quantité signifiante de « Rouges étrangers » malgré tous leurs efforts pour y arriver. Après la Bataille de Teruel, où ces prétendus « Rouges étrangers » auraient été très actifs, Franco dut signaler à l'Allemagne qu'il n'en avait trouvé que « très peu » parmi les 14.500 prisonniers faits. Il annonça en décembre 1937 que cela devait rester « strictement confidentiel ».

En effet, l'intervention soviétique en Espagne n'était pas limitée qu'en quantité, elle était aussi brève, d'octobre 1936 à janvier 1937 plus précisément. Pour l'Union soviétique, la route vers l'Espagne n'était pas simple, la flotte de sous-marins italiens attendait les bateaux de livraisons russes dans la Méditerranée et n'hésitaient pas à les couler. Cela arriva lors des derniers mois de 1936. De plus, le Pacte Anti-Kominterm de novembre 1936 et l'attaque japonaise sur la Chine du Nord en 1937 donnaient l'impression que les Russes allaient avoir besoin de leurs fournitures chez eux. Par ailleurs, l'Union Soviétique était plus soucieuse de faire rouvrir le ravitaillement vers l'Espagne loyaliste d'origine française, britannique ou de n'importe où, car dans un affrontement en termes de quantités de ravitaillement et de troupes en Espagne, l'Union soviétique ne pouvait pas rivaliser avec l'Italie seule, et encore moins avec l'Italie, l'Allemagne et le Portugal réunis. Enfin, en 1936, le gouvernement allemand donna des documents au dirigeant tchécoslovaque, Edward Benes, indiquant que plusieurs officiers de l'armée soviétique étaient en contact avec des officiers de l'armée allemande. Quand Benes envoya ces documents à Staline, ils donnèrent lieu à une série de purges et de jugements pour trahison en Union soviétique, ce qui éclipsa grandement la Guerre Civile espagnole et arrêta une grande partie de la contribution soviétique au gouvernement loyaliste. Afin de compenser cette baisse du soutien soviétique par une augmentation du soutien de la Troisième Internationale, des mesures furent prises mais se révélèrent insuffisantes, car bien que cette dernière pût envoyer des troupes en Espagne, elle ne pouvait pas obtenir de fournitures militaires, qui étaient ce dont le gouvernement loyaliste avait besoin pour leurs personnels.

Bien que les preuves de l'intervention de l'Axe en Espagne fussent irréfutables et reconnues par les Puissances en début 1937, les Britanniques refusaient de l'admettre et de modifier la politique de non-intervention, même si la France avait assoupli les contraintes imposées à ses frontières à un moment, entre avril et juin 1938. L'attitude de la Grande-Bretagne était si sournoise qu'il était difficile d'y voir clair, même si les résultats parlaient d'eux-mêmes. Au final, le gouvernement de gauche d'Espagne qui était proche de la France fut remplacé par un gouvernement de droite hostile à la France et grandement redevable à l'Italie et l'Allemagne. Les preuves sont formelles que le gouvernement londonien était bien plus favorable aux rebelles, même s'il avait caché cette tendance à l'opinion public britannique (car le peuple préférait les loyalistes à Franco à 57% contre 7% selon un sondage d'opinion public de mars 1938). Il défendait ce point de vue bien qu'un tel changement ne pourrait pas ne pas heurter les intérêts de la Grande-Bretagne, car cela signifiait que Gibraltar, une des sorties du passage vers l'Inde, pourrait être neutralisé par l'Italie comme Aden, l'autre sortie, avait été neutralisé par la conquête de l'Éthiopie. Que la peur d'une guerre soit un motif puissant est évident, mais cette peur était plus présente à l'extérieur du gouvernement qu'à l'intérieur. Le 18 décembre 1936, Eden reconnut que le gouvernement avait exagéré les risques d'une guerre quatre mois plus tôt afin de faire accepter l'accord de non-intervention, et quand la Grande-Bretagne voulait avoir recours à la force pour remplir ses objectifs, comme lors de l'acte de piratage des sous-marins italiens dans la Méditerranée en automne 1937, elle le faisait sans risquer de guerre. L'accord de non-intervention, en pratique, n'était ni un exemple de neutralité ni en faveur de la paix, mais était clairement appliqué d'une telle façon qu'il aidait les rebelles et mettait toute sorte d'obstacles sur le chemin du gouvernement loyaliste qui essayait de mater la rébellion.

Le comportement du gouvernement britannique ne pouvait pas être officiel, et tout fut fait pour faire en sorte que les actions du comité de non-intervention soient vues comme des actes de neutralité. En fait, les actions du comité servaient à jeter de la poudre aux yeux du monde, et en particulier aux yeux du peuple britannique. Le 9 septembre 1936, le comte Bismarck, le membre allemand du comité, prévint son gouvernement que les objectifs de la France et de la Grande-Bretagne en créant le comité n'étaient « pas tant une question de prendre des mesures réelles et immédiates que de calmer les sentiments de haine des partis de gauche des deux pays en créant un tel comité [et] de calmer la situation politique intérieure du Premier ministre français. ... »

Pendant des mois, les débats insensés de ce comité étaient transmis en détail au monde, et des accusations, contraccusations, propositions, contrepropositions, enquêtes et conclusions incertaines étaient offertes en spectacle à un monde confus, et ce faisant contribuaient à la confusion. En février 1937, un accord fut passé pour interdire l'enrôlement et l'envoi de volontaires pour combattre de quelque côté que ce soit en Espagne, et le 30 avril, des patrouilles furent instaurées sur les frontières française et portugaise de l'Espagne ainsi que sur les côtes maritimes de l'Espagne. À la fin du mois, le Portugal mit fin à la surveillance de sa frontière terrestre, alors que l'Allemagne et l'Italie abandonnaient la patrouille maritime.

Les démarches constantes du Portugal, de l'Italie et de l'Allemagne pour que les rebelles soient reconnus comme des « belligérants » sous la loi internationale, étaient bloquées par la Grande-Bretagne, la France et la Russie. Une telle reconnaissance aurait permis aux forces rebelles d'avoir une légitimité sur les mers, ce qui était refusé au gouvernement reconnu de Madrid. La Russie voulait permettre à Franco d'avoir des droits de belligérants à la seule condition que tous les volontaires étrangers se retirent d'abord. Pendant que les débats et les pinaillages du Comité de non-intervention à Londres s'attardaient sur des problèmes tel que la belligérance, la surveillance des patrouilles, le retrait des volontaires, et autres, les forces rebelles de Franco, avec l'aide des régiments étrangers de maures, d'Italiens et d'Allemands, écrasaient lentement les forces loyalistes.

Du fait de cette politique de non-intervention, la suprématie militaire des rebelles était presque totale, sauf quand il s'agissait de la morale. Les rebelles disposaient de plus de 500 avions alors que le gouvernement n'en avait jamais plus de 150. On estima que la plus forte concentration d'artillerie loyaliste comportait 180 pièces lors de la Bataille de Teruel en décembre 1937, alors que la plus forte concentration d'artillerie rebelle était de 1400 pièces contre 120 du côté loyaliste à la Bataille de Ebro en juillet 1938. L'armée de l'air italienne était très active pendant la guerre, avec plus de 1000 avions effectuant près de 86.000 vols pour 5318 opérations différentes au court desquelles 11.584 tonnes de bombes furent larguées. Avec un tel avantage, les forces « nationalistes » firent se rejoindre leurs contingents du sud-ouest et du nord-ouest courant 1936 pour écraser les Basques et créer un territoire continu traversant l'Espagne de Galatie à Navarre en 1937, avant de se mettre en route vers l'Est jusqu'à la côte orientale espagnole en 1938, coupant le terrain loyaliste en deux. Ils capturèrent la majeure partie de la Catalogne, y compris Barcelone, en janvier 1939, et firent route vers Madrid en 1939. La capitale loyaliste capitula le 28 mars. La Grande-Bretagne et la France reconnurent le gouvernement de Franco le 27 février 1939, et les troupes de l'Axe furent évacuées d'Espagne après une marche triomphale à travers Madrid en juin 1939.

Quand la guerre s'arrêta, la majeure partie de l'Espagne était ravagée, plus de 450.000 Espagnols avaient été tués (dont 130.000 rebelles, les autres étaient loyalistes), et une dictature militaire impopulaire avait été imposée à l'Espagne suite aux actions des forces étrangères. Près de 400.000 espagnols furent emprisonnés, et un très grand nombre d'entre eux étaient affamés et indigents. L'Allemagne reconnut ce problème et essaya d'inciter la France à suivre la voie de la conciliation et de réformes humanitaires, sociales, agricoles et économiques. Ce conseil fut rejeté, et depuis, l'Espagne resta faible, apathique, épuisée par la guerre, et mécontente.

Discovery
Publisher

Les Éditions **Discovery** est un éditeur multimédia dont la mission est d'inspirer et de soutenir la transformation personnelle, la croissance spirituelle et l'éveil. Avec chaque titre, nous nous efforçons de préserver la sagesse essentielle de l'auteur, de l'enseignant spirituel, du penseur, guérisseur et de l'artiste visionnaire.

Made in the USA
Columbia, SC
13 October 2023